감정과학

Paula M. Niedenthal · François Ric 공저 | 이동훈 · 양현보 · 김해진 공역

Psychology of Emotion

(2nd ed.)

학지사

이 책 번역은 부산대학교 기본연구지원사업(2년)에 의하여 지원되었음

역자 서문

감정이란 무엇일까? 하루에도 수없이 느껴지는 변덕스러운 이 감정의 실체는 무엇일까? 동서양을 막론하고 감정은 잘 다스리거나 조절해야 하는 대상이었던 반면, 논리적 이성은 인간이 성취해야 할 지혜로운 능력으로 추앙받아 왔습니다. 감정을 골칫거리로 여기는 역사는 심리학에도 고스란히 반영되어 있습니다. 일반적으로 기초심리학 분야로 여겨지는 감각과 지각, 주의, 기억, 언어, 문제해결 등 실험적 접근을 취하는 심리학 연구에서 감정을 다루는 경우는 많지 않지만, 소위 현장(field)에서 사람들의 심리적 문제를 진단하고 해결하는 임상, 상담 심리 분야에서 감정은 핵심적인 주제입니다. 이런 심리학계의 불균형을 직설적으로 표현하면, 심리적 문제해결의 핵심에는 감정이 있음에도 불구하고, 그것을 과학적으로 연구하려는 노력은 많지 않았던 것입니다. 하지만 요즘 그 분위기가 바뀌고 있습니다.

이 책은 2006년에 처음 출판되었던 『Psychology of Emotion: Interpersonal, Experiential, and Cognitive Approaches』(Paula Niedenthal, Silvia Krauth-Gruber, & François Ric 공저)의 2017년 개정판인 『Psychology of Emotion (2nd ed.)』(Paula Niedenthal & François Ric 공저)을 번역한 것입니다. 초판은 부제에서 알 수 있는 것처럼 사람들 사이에 발생하는 정서, 즉 대인간 정서(interpersonal emotion)를 중심으로 세 명의 사회인지 심리학자가 실험 상황 속에서 정서와 인지 및 행동 간의 인과 관계를 살펴본 과학적 연구성과들을 소개한 책이었습니다. 10여 년이 지나서 출판된 2판에서는 다소 길지만 책의 성격을 분명히 했던 부제는 빠졌지만, 책의 내용은 더욱 풍성해졌습니다. 정서 이론과 정서 연구방법론을 체계적으로 소개하고, 과학적 방법론을 사용한 최신 연구 결과들을 대폭 추가하였습니다. 이런 변화를 서문에서 저자들은 짧고 분명하게 이야기합니다. 이제 정서에 대한 연구는 '정서과학(emotion science)' 또는 '감정과학(affective science)'이라는 이름으로 그 자체가 하나의 과학적 연구분야가 되었다고.

번역서 제목을 정할 때 무척 많은 고민이 있었습니다. 직역을 하면 『정서심리학』 또는 『감정심리학』이 될 테지만, 정서의 개인적, 생물학적 측면만을 강조하거나, 최신의 과학적 연구 성과를 많이 담지 않은 기존 정서심리학 교재들과 다른 이 책의 특성이 부각되지 않아 고민이었습니다. 따라서 2판 서문에서 저자들이 언급한 대로 이제는 감정이 하나의 과학적 연구분야가 되었다는 점을 강조하고자 번역서 제목을 『감정과학』으로 정했습니다.

번역하면서 가장 어려웠던 부분은 'happy', 'disgust', 'jealousy'와 같은 감정 단어에 대한 번역이었습니다. 왜냐하면 관습적으로 사용되는 번역어가 있어도 정확히 일치한다고 보기 어렵고, 다수의 대용어가 존재할 경우 어떤 단어가 가장 적절한지 판단하기 쉽지 않기 때문입니다. 예를 들어, 'disgust'는 '혐오'로 번역되는 경우가 많습니다. 영어 'disgust'는 주로 미각적인 경험을 뜻하지만, 한국어 '혐오'는 사회적인 상황까지 훨씬 폭넓게 쓰며, '역겨움'과 같은 대용어도 존재합니다. 솔직히 책 제목에 있는 'emotion'이 가장 큰 문제였습니다. 한국어로 번역된 심리학 관련 대중서나 교재를 살펴보면 그 번역이 '감정', '정서', '감성', '기분' 등으로 다양합니다. 그중에서도 '감정' 또는 '정서'로 번역되는 경우가 많은데, 상대적으로 대중서에서는 '감정'으로, 학술지나 대학 교재에서는 '정서'로 번역되는 경향이 있습니다. 심리학계에서는 'emotion'은 '정서', 'affect'는 '감정', 'mood'는 '기분'으로 번역하는 것이 일반적입니다. 그러나 일상생활에서 사용되는 용례를 바탕으로 한 국어학자의 설명을 참고하면, '감정'은 순간적인 기분의 변화를 기술하는 데 더 많이 쓰이고(예: '복받치는 감정', '감정에 사로잡혀'), '정서'는 다소 오랜 시간 지속되는 심적 상태나 기질을 기술할 때(예: '국민 정서', '청소년의 정서 함양') 더 많이 쓰입니다. 이런 용례를 보면 오히려 '감정'이 'emotion'과 어감상 더 가까운 것 같습니다(독자 여러분도 한번 생각해 보시기 바랍니다). 그러나 '정서'와 '감정'이 서로 바꿔 써도 이상하지 않은 때도 있고, 영어 원문에서도 두 단어를 혼용하고 있어, 일대일 번역을 고집하는 것은 타당하지 않아 보입니다. 따라서 다음과 같은 방식을 취했습니다.

먼저, 학문적 일관성을 위해 핵심 용어들은 국내 심리학 저 · 역서 및 관련 논문에서 번역되어 사용되고 있는 기존 용어들과 가능한 한 일치하도록 번역하였습니다. 따라서 'emotion'의 경우 '감정'으로 번역해도 무방하거나 더 나은 경우가 있더라도, 표제어나 핵심 용어 안에 포함될 때는 '정서'라고 일괄적으로 번역하였습니다. 둘째, 표제어가 아닌 본문 문장에 사용될 때는 일대일 번역을 고집하지 않고 문맥에 맞게 자연스러운 표현을 사용하였습니다. 셋째, 개별적인 감정 범주를 지칭하는 명사나 감정 상태를 기술하는 형용사의 경우, 어떤 단어가 어떻게 번역되었는지 알아볼 수 있게 괄호 안에 원어를 함께 적었습니다. 나름대로 노력에도 불구하고 다소 혼란스러울 수 있음을 미리 알려 드리며, 독자 여러분의 건설적인 비판과 조언을 겸허히 기다립니다.

이 책을 번역하게 된 동기는 다음과 같습니다. 이 책의 역자들은 언어와 감정, 의사소통에 일차적인 관심이 있는 심리학자로서 언어와 감정과의 관계, 언어적 · 비언어적 감정표현의 문화차를 연구하는 과정에 이 책 초판을 알게 되었습니다. 그러던 중 연구의 이론적 배경이 되는 구성주의 이론을 이 책 2판에서 본격적으로 소개하자 반가운 마음으로 번역을 마음먹게 되었습니다. 구성주의 이론은 핵심 감정과 같은 생득적인 기제도 인정하면서, 범주화와 같은 인지적 과정이 결과적으로 경험하는 감정을 구성한다는 이론입니다(제1장 참고). 역자들이 이 이론에 주목하는 것은, 같은 감각 경험을 하면서도 서로 다른 감정을 느낄 수 있는 까닭을 과학적으로 규명할 수 있는 이론적 토대를 제공한다고 생각하기 때문입니다. 이 이론을 토대로 현재 수많은 연구가 감정의 비밀을 풀기 위해 다양한 방법으로 진행되고 있습니다. 이 책이 한국의 연구자들과 학생들에게 감정과학의 세계로 들어갈 수 있는 작은 이정표가 되기를 기원합니다.

마지막으로, 이 책이 나올 수 있도록 많은 도움을 주신 학지사 여러분께 깊은 감사를 드립니다.

금정산 기슭에서 늘 두근거리는 마음으로 언어와 감정의 비밀을 캐고 있는

역자 일동

감정과학은 심리학에서 출발하여 감정의 문화적 진화와 정서 조절에 관한 신경생리학 및 신경내분비학적인 질문과 방법론을 사용하는 독자적인 연구분야로 발전하였다. 이 책은 독자들에게 감정에 관한 다양한 주제에 대한 깊이 있는 이해를 제공한다. 도대체 감정이란 무엇이고 어떻게 발생하는지, 발달 과정에서 어떻게 출현하고 구조화되는지, 그리고 감정은 어떤 한 세트의 응집적인 과정으로 이루어지는 것인지, 아니면 각각 분리된 과정으로 이루어지는 것인지 등 감정에 대한 많은 질문에 대해 대립적인 논쟁의 역사가 있었다. 그럼에도 감정과학 분야의 일련의 연구들은 일치되고 수렴되는 결과 또한 보여 주었다. 우리는 지금까지 이러한 문제들을 다루어 온 연구들을 면밀하게 분석함으로써 새로운 세대의 질문과 연구들이 탄생하기를 희망한다. 특히 문화를 다룬 마지막 장은 미래의 감정과학자들에게 분명한 도전 거리를 제공한다. 국제 스포츠 경기에 참가한 선수들과 경기를 지켜보는 팬들을 살펴보면, 문화 공통적인 기본 정서도 있지만, 감정 표현과 경험, 그리고 감정 조절 과정에 문화적으로 독특한 과정 또한 존재한다는 것을 한눈에 알 수 있다. 새로운 자료 수집 절차와 측정 방법들은 한두 나라 또는 문화를 비교하던 기존의 방법보다 더 많은 나라와 다른 문화적 배경에 있는 실험참가자들의 행동 반응과 생리적 반응을 살펴보는 연구를 촉진시킬 것이다. 따라서 이 책은 전통적인 질문에 대한 답을 제공하는 것만큼이나 새로운 질문들을 샘솟게 할 것이다.

Paula M. Niedenthal

이 책은 감정에 관한 과학적 연구를 학부 대학생에게 소개하기 위해 기획되었다. 21세기의 시작과 함께 감정과학은 그 자체로 하나의 연구 분야로 성장하였다. 감정 연구는 심리학 외에도 신경과학, 정신병리학, 생물학, 유전학, 컴퓨터과학, 동물학 및 행동경제학을 포함한 다양한 과학 분야로부터 영감을 끌어냈기에, 그 분야는 이제 정서과학 또는 감정과학이라 불린다(이 두 명칭은 상호교환적으로 사용된다). 감정과학의 하위 분야는 감정신경과학으로 정서적 뇌에 관한 연구 분야다.

최근 감정과학 분야에서 흥미로운 연구 결과물들이 쏟아지자 저자들은 다소 부담을 느꼈고, 무엇을 넣고 빼야 할지 무척 고민해야 했다. 우리는 사회심리학, 인지과학, 사회인지 분야의 전문가로서 일반적으로 개인 안에서 발생하는 정서에 초점을 맞추기로 했다. 달리 말해, 정서와 정신건강(즉, 정서 장애)에 관한 내용은 넣지 않았고, 기본적인 정서 처리에 초점을 두었다. 우리는 학생들에게 지적 토대를 제공하는 것이 중요하다고 생각하여, 현재 과학적 방법론과 연구들을 요약하고 설명하는 데 치중하였고, 역사적이고 철학적인 분석은 생략하였다. 필요하다면 그러한 내용은 강의 도중에 제시하면 좋을 것이다.

그럼 무엇이 남았을까? 물론 많다. 우리는 감정과학의 이론과 방법론을 소개하였고, 뇌에 대한 발견들과 정서의 기능과 표현, 조절에 대해 논의하였고, 성별과 문화에 따른 유사성과 차이점을 깊이 탐구하였고, 정서와 인지의 관계성을 검토하였으며, 집단에서 정서 과정을 설명하였다. 우리는 각 장에서 선보일 연구 결과물들의 순서를 정하고, 조직화하고, 의미를 해석하기 위해 큰 노력을 기울였다. 또한 각 장에서 효과적인 학습과 강의를 위한 도구들을 다음과 같이 제공하였다.

- 핵심 용어(굵은 글씨로 표시): 학생들이 숙지해야 할 개념들
- 발달적 세부사항(상자 글): 각 장의 주제 중 생애 주기상 특정 시점(주로 유아기나 아동기)에 관련된 내용을 깊이 있게 다룬 내용
- 학습 링크: 각 장에서 언급된 주제에 대해 풍부한 아이디어나 삽화를 제공하는 인터넷 사이트(2016년 시점에서 확인된 것이므로, 사이트가 폐쇄되었거나 다른 사이트로 옮겼을 경우 연결되지 않을 수 있으니 양해 바람)
- 각 장의 논의를 확장하기 위한 표, 그림, 삽화

자, 이제 즐기시길!

차례

제1장
정서 이론

당신이 만약 정서를 경험할 수 없다면 당신의 삶이 어떠할지 상상해 보라. 만약 새로 태어난 아기를 보고도 아무런 기쁨도 느끼지 못한다면? 각고의 노력 끝에 받은 졸업장에 대해 어떤 자부심도 느끼지 못한다면? 당신 나라에서 발생한 테러리스트의 공격 소식을 듣고도 아무런 공포나 분노를 느끼지 못한다면? 당신의 여자친구나 남자친구가 파티장에서 다른 사람과 소곤대는 것을 보고도 아무런 질투도 느끼지 못한다면? 그랜드 캐니언의 정상에 서서 어떤 경외감도 느끼지 못한다면? 만약 이렇다면 당신의 삶은 어떻게 될까? 우리는 과연 이런 것을 인간의 삶이라고 할 수 있을까? 정서를 느끼지 못한다면 인간의 삶이란 과연 존재할 수 있을까?

만약 당신이 정서를 바람직하지 않은 동물적인 진화의 흔적으로만 믿는다면, 정서 없는 삶이 오히려 인간적으로 보일 수도 있다. 수백 년 동안 철학적 주제 중 하나는 정서(emotion), 또는 때로 열정(passion)으로 불렸던 것이 훨씬 더 바람직하고 숭고한 이성(reason)의 작용들과 상충한다는 점이었다(Solomon, 1976, 1993). 플라톤, 스토아학파(제논, 에픽테토스, 마르쿠스 아우렐리우스 등), 그리고 데카르트를 포함한 폭넓은 범위의 철학자들이 이성과 감정이 서로 대립된다고 주장하였다. 그들은 이성을 인간의 특별한 성취이자 미덕(美德, virtue)이라고 보는 반면, 정서는 동물의 영역으로(때로는 여성과 아이들의 영역으로!) 치부하고 이성을 방해하는 원초적인 욕망으로 보았다. 현재도 어떤 문화에서는 정서를 표현하는 것을 바람직하지 못한 것으로 여기며(특히 공공장소에서), 그러는 사람의 심리적 건강에 의심의 눈초리를 던지기도 한다. 물론 다른 문화에서는 정서의 공공연한 표현은 매우 흔해서 전혀 주목을 끌지 못하기도 한다.

요즘에는 정서과학자 대부분이 정서가 인간의 삶에 필수적이며, 정서 없이는 생존할 수 없다고 믿는다(Barrett & Salovey, 2002; Damasio, 1999; Fredrickson, 2001; Keltner & Haidt, 2001; Mehu & Dunbar, 2008; Niedenthal & Brauer, 2012). 이 책을 통해 보게 되듯이, 정서는 사람들을 다양한 관계와 사회적 집단으로 함께 엮어 주고, 관계 속에서 우위를 결정할 때 도움을 주며, 정서를 경험하는 사람에게 환경과의 관계에서 본인의 상태에 대한 신호를 준다. 그리고 우리의 신경계, 주의처리, 의사결정, 의사소통, 그리고 행동 조절이 기능적으로 진화하는 데 중요한 역할을 한다.

이 책은 정서심리학을 여러분에게 소개할 것이다. 우리의 목적은 여러분에게 어떻게 정서에 대한 가설과 예측을 과학적 방법으로 검증할 수 있는지 보여 주는 것이기 때문에 정서과학(the science of emotion)이라고도 칭할 것이다. 이번 장에서 여러분은 정서

과학자들이 정서를 어떻게 정의하는지를 배울 것이며, 아울러 정서의 주요 이론적 접근의 원리들을 배울 것이다. 제2장에서는 정서과학의 도구들을 소개한다. 여러분은 정서를 어떻게 유도하는지 배울 것이며, 그 발생을 어떻게 측정하는지 알게 될 것이다. 정서를 경험하는 것은 부분적으로 뇌에서 일어나는 사건과 관련된다. 뇌를 영상화하는 방법에 대해 배운 후, 제3장에서는 우리의 정서반응과 관련된 주된 신경회로와 화학적 작용을 소개할 것이다. 앞서 언급한 바와 같이 정서과학자들은 정서가 기능적이라고 믿는다. 따라서 제4장에서는 정서의 기능성을 보여 줄 것이다. 정서의 기능 중 하나는 다른 사람들과 소통하는 것이다. 제5장에서는 얼굴뿐만 아니라 몸과 목소리를 통해 나타나는 정서 표현에 대해 논의할 것이다. 제6장과 제7장에서는 보다 복잡한 자의식 정서와 매우 대중적인 정서인 행복에 대해 각각 배울 것이다. 제8장에서는 정서와 주의, 기억 그리고 의사결정과 같은 다른 심리적 과정 사이의 많은 관계에 대해 자세히 알아볼 것이다. 제9장에서는 그 관계가 사람들이 정서를 통제하거나 조절하기 위해 사용하는 전략들과 어떻게 연결되는지 요약하였다. 여러분이 정서를 개인적인 문제로만 생각하지 않도록, 제10장에서는 어떻게 사람들이 집단적으로 정서를 공유하는지, 그리고 어떤 집단의 구성원이라는 사실로 인해 생기는 정서에 대해 소개하였다. 마지막으로, 자신의 정서를 어떻게 표현하고, 어느 정도 경험하는지에 대한 성별(제11장)과 문화(제12장)에 따른 다양성을 살펴볼 것이다.

모든 사람이 정서를 경험하기 때문에 여러분은 이미 정서에 대해 전문가라고 생각할 수 있다. 그러나 과학적 발견들은 여러분을 놀라게 할 것이다. 정서가 중요하고 무겁게 느껴진다면, 기초 연구의 발견들을 살펴보는 것이 도움이 될 것이다. 당신은 아마도 당신 자신에 대해 중요한 것을 배우게 될 것이다! 이 탐구를 위한 여정을 시작하기 위해, 우리 주제인 정서에 대한 정의에서부터 출발해 보자.

정서의 정의

심리학에서는 다양한 종류의 심리적 상태들과 연합된 행동들을 서로 구분한다. 예를 들면, 학습(learning), 기억(memory), 지각(perception), 또는 이 책의 주제인 정서(emotion)를 구분하여 연구할 수 있다. 그러나 현실에서는 이 모든 과정이 동시에 일어나며 서로 영향을 미친다. 예를 들어, 지각(perception)은 어디까지이고 인지(cognition)

는 어디서부터 시작인지, 혹은 어떤 행동이 정서에 의해 유발되었는지, 혹은 다른 심리 작용에 의해 유발되었는지 결정하기란 매우 어렵다. 어떤 단일한 심리적인 과정을 구분해 내기란 거의 불가능하며, 코를 긁는 것에서부터 사랑에 빠지는 것까지 대부분의 과정은 동시다발적으로 일어나는 복잡한 신경계의 작용과 관련된다. 이와 마찬가지로, 공포와 같은 정서를 느끼는 것은 세계에 존재하는 어떤 것을 지각하는 능력과, 그것을 위협적인 것이라고 기억하는 능력과, 그것으로부터 도망치는 행위와 연결되어 있다. 반대로 공포와 같은 정서는 다른 인지, 행동 과정들의 구조와 내용에도 강력한 영향을 미친다. 이렇게 정서와 다른 심리 · 행동적인 상태들이 서로 얽혀 있다면, 도대체 과학자들은 정서를 어떻게 정의할 수 있을까?

정서를 다른 심리적 과정들과 구분할 수 있는 간단한 방법은 그것의 기능을 고려하는 것이다(제4장을 보라). 우리는 소네트를 작곡하고, 아이들을 키우고, 농담을 하고, 바퀴를 발명하는, 크고 주름진 뇌를 가지고 있다. 그러나 이 모든 인지적으로 복잡한 과제들은 궁극적으로 동기(motivation, 살아남으려는, 즐기려는, 탐험하려는, 위험을 피하려는, 서로 관계를 맺으려는, 그리고 우리가 살면서 원하는 이 모든 것!) 없이는 결코 성취될 수 없다. 정서는 사람들의 행동에 연료를 주입하고, 삶을 이끌어 가는 힘찬 동기를 만들어 내는 불과 같은 것이다.

정서과학으로의 첫걸음은 그 용어에 대해 보다 구체적인 정의를 내리는 것에서 시작한다. Keltner와 Gross는 정서를 "특정 물리적, 사회적 도전과 기회에 대한 반응으로 일어나는 일화적이고 비교적 짧은, 생물학적 기초를 가진 지각, 경험, 생리적, 행동적, 그리고 의사소통적 패턴"이라고 정의하였다(Keltner & Gross, 1999, p. 468). 이 정의는 간단하지도 않고, 모든 과학자가 수긍하지도 않으며, 동일한 방식으로 해석하지도 않는다. 하지만 이 정의는 우리로 하여금 어떤 대상이나 사건에 대한 반응으로 생성되는 비교적 짧은 상태에 초점을 맞추게 한다. 중요한 것은 정서가 이 세상에서 만나는 어떤 대상이나 사람, 사건 혹은 우리 자신의 생각에 대한 반응이라는 점이다. 그것은 감정적인 장애나 성격 특성 또는 기분이 아니다. 또한 이 정의는 정서가 기능적일 수 있음을 암시한다. 다른 방식으로 표현하면, "정서란 경험의 흐름 속에서 의미를 구성하고 전달하는 일종의 레이더이며, 빠른 반응 시스템이다. 정서는 우리로 하여금 경험을 평가하고, 상황에 맞게 행동을 준비하도록 하는 도구다"(Cole, Martin, & Dennis, 2004, p. 319).

정서 이론들

여러분이 정서에 관한 과학적 연구들을 평가하거나 연구자들이 왜 그러한 연구를 진행하였는지 이해하려면, 주요 정서 이론들과 먼저 친숙해질 필요가 있다. 정서 이론들이란 정서가 정확히 어떻게 발생하는지에 대한 검증 가능한 진술들이다. 이를 이해하기 위해 Schachter와 Singer(1962)에 의해 제안된 유명한 이론(즉, 2요인 정서 이론)을 예로 들어 보자. Schachter와 Singer는 ① 자동적인 각성(그 어떤 것에 의해서든)과 ② 현재 상황에 대한 경험을 기술할 수 있는 이름의 조합을 통해 정서가 발생한다고 주장하였다. 이 이론은 [그림 1-1]에 도식적으로 제시되어 있다.

이 이론이 정서를 설명하는 방식에 대한 예를 위해, 당신과 당신 친구 모두 매우 각성시킬 수 있는 고카페인 음료를 마시고, 그 결과 심박수가 증가하고 손바닥은 땀으로 축축하게 젖게 된 상황을 상상해 보라. 그리고 나서 당신은 매우 즐거운 장소에서 결혼하고, 당신 친구는 절벽 끝에 매달린 상황이 되었다고 상상해 보라. 2요인 정서 이론에 따르면, 당신 자신은 '행복'하다고 이름 붙이고 즐거움을 만끽할 것이나, 당신 친구는 '불안'하다고 이름 붙이고 공포를 경험할 것이다. 2요인 정서 이론은 이것이 정서에 대해 우리가 알아야 할 필요가 있는 모든 것이라고 말한다.

현재 정서과학자들은 각성과 이름 외에 정서에 더 많은 것이 있다고 믿는다. 우리는 정서가 어떻게 발생하는지 설명하는 세 가지 다른 방식에 대해 논할 것이다. 이 장에서 고려될 이론은 진화 이론, 평가 이론, 그리고 심리구성주의 이론이다. 각 이론의 독특한 아이디어와 기본적인 생각을 비교하기 위해서 다음에 열거된 세 가지 측면에 대해 각 이론들이 어떤 입장을 취하고 있는지 이해해 보자.

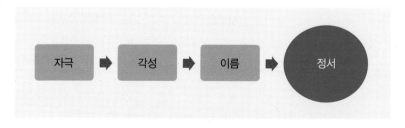

[그림 1-1] Schachter와 Singer(1962)의 2요인 정서 이론 도식

① 정서의 선행 요건들(정서의 원인이 무엇인지?)
② 생물학적 토대(타고난 정서적 능력은 무엇인지?)
③ 정서 경험의 통합(정서 요인들이 어떻게 서로 결합하는지?)

이 장에서 정서 이론을 검토할 때, 다양한 이론이 이 세 가지 측면을 모두 동일한 수준으로 고민한 것은 아님을 기억해 둘 필요가 있다. 매우 간단하게 말하자면, 전통적인 평가 이론들은 정서의 선행 요건에 대해, 진화 이론들은 생물학적 토대에 대해, 심리구성주의자들은 어떻게 학습과 경험이 정서 경험의 통합으로 귀결되는지에 대해 각각 더 많은 초점을 둔다. 그럼에도 우리는 각 이론에서 정서의 선행 요건들, 생물학적 토대들, 그리고 정서 경험의 통합이 어떤 역할을 하는지 설명해 보려고 한다.

발달적 세부사항

정서 발달 이론이란 무엇인가?

정서 발달 이론은 정서 발달이 생명체 내부에 어느 정도 사전에 프로그램되어 있다는 사실과 정서의 모든 측면이 아이의 발달 과정 맥락에 민감하다는 사실, 우리의 감정은 문화적 규칙과 규범을 포함한 사회적 경험을 반영한다는 사실을 모두 받아들이고 있다(Saarni et al., 2008). 따라서 발달 이론에서는 **본성**(유전자)과 **양육**(경험), 이 두 가지 모두가 정서적 삶의 차이와 정교화를 가능하게 한다고 보고 있다(Pollak, 2013).

정서에 대한 발달적 관점은 단지 유아나 아동에게서 처음 관찰되는 정서 구성요소가 나타나는 연령을 기록하고, 생애 주기에 따른 경과 과정을 기록하는 것 외에도 많은 것을 포함한다. 완성된 발달 이론은 정서 구성요소가 전개되는 과정과 많은 다른 기술 및 능력의 구성요소가 전개되는 과정을 연합시킨다(Saarni, 2008). 이는 시각, 운동 시스템의 성숙과 자기를 생각의 대상으로 표상할 수 있는 복잡한 인지 능력의 획득 등을 포함한다. 예를 들면, 공포의 행동 및 생리적 구성요소는 위험을 탐지하고 도망갈 수 있도록 충분히 발달된 반응 시스템을 갖춘 몸이 있어야 한다. 제5장에서 탐구할 유사한 예로, 부러움이나 자긍심과 같은 정서는 자기성찰과 사회비교를 할 수 있는 인지 능력들을 필요로 한다(Lewis, 2007).

정서와 정서 능력(예: 공감력)의 발달에 필요한 중요한 사회적 배경은 아기를 돌보는 사람과의 초기 애착관계다. 만약 유아를 돌보는 사람이 아기의 욕구(따뜻함과 부드러움, 음식, 그리고 예측가능성 등을 포함)에 대해 반응적이라면, 아기는 세계는 안전한 곳이며 다른 사람들은 신뢰할 수 있다고 배운다. 이러한 관계적 토대로부터 미래의 정서적 관계들이 출발할 수 있다. 이와 같은 욕구 충족의 경험은 정서의 신경계와 내분비계(호르몬)의 건강한 발달 또한 지원한다(Pollak, 2012).

자, 이제부터 여러분은 생의 주기에 걸친 정서 연구의 도전적인 성과를 살펴보기 위해 각 장마다 제공된 발달적 세부사항에 주의를 기울이면 된다. 각 장의 주제(예: 뇌, 정서 표현)를 이해하는 데 발달적 관점을 살펴보는 것은 유익할 것이다.

진화 이론

정서의 진화 이론은 찰스 다윈(Charles Darwin)이 쓴 글에 기초를 둔다(Darwin, 1872/1998). 다윈은 자연선택에 의한 진화 일반론을 지지하는 증거로 정서적 얼굴표정을 사용하는 데 관심을 보였다. 그의 이론을 개발하는 데 얼굴표정은 특히 유용하였는데, 다른 종들에 걸쳐 나타나는 표정의 연속성을 그는 상대적으로 쉽게 문서화할 수 있었다. 다윈은 동물들의 정서적 표현을 탐색하고 그것을 인간의 얼굴표정과 비교하였다. 또한 그는 동일한 정서적 얼굴표정들이 전 세계에 걸쳐 파악되는지 그 가능성을 검토하기 위하여 자신의 고국인 영국을 벗어난 곳에서 살고 있는 선교사들에게 자료를 요청하였다. 다윈은 그의 연구 결과가 종간 연속성(cross-species continuity)과 정서적 얼굴표정의 보편성을 보여 준다고 믿었다. 이러한 종류의 관찰로 그는 정서적 표현의 원인에 대한 가설을 수립하게 되었다.

다윈은 얼굴표정이 어떤 문제든 그것이 발생한 바로 그 자리에서 문제를 해결하는 유용한 습관(serviceable habits) 혹은 제스처였기 때문에 출현했다고 생각하였다. 예를 들어, 오염물(예: 독이나 상한 음식)에 노출되는 것은 죽을 수도 있기 때문에 생존이 걸린 문제다. 다행히 이러한 노출은 혐오(disgust)를 유발하고, 이는 당신이 입을 막고 잠재적으로 유해한 물질에 대한 접촉을 피하게 한다. 이 표정은 입으로부터 물질들을 토해 내고 코로부터 냄새를 흡입하는 것을 막도록 설계되어 있다(예: Susskind et al., 2008). 이제 우리는 위험한 음식이나 음료를 먹고 마실 때 그렇게 많은 걱정을 할 필요가 없어졌다. 그러나 진화적 과거에는 구역질과 연합된 얼굴표정이 유용하였기 때문에, 우리는 여전히 개의 배설물과 같이 혐오를 일으키는 것을 만날 때 얼굴을 찡그린다.

또한 다윈은 얼굴표정의 의사소통 기능을 제안하였다. 특히 그는 얼굴표정을 통해 같은 종족의 구성원에게 표현하는 사람이 어떤 기분일지를 알려 준다고 주장하였다. 이러한 의사소통적 기능은 현재 상황과 그것을 대처하기 위한 어떤 행동이 필요한지에 대한 매우 중요한 정보를 주기 때문에 유용하다. 만약 당신이 즐겁게 보이는 어떤 사람을 보았다면 당신은 그 사람이 하고 있는 일을 아마 하고 싶을 수도 있다. 다윈은 얼굴 표정의 의사소통기능에 대한 과학적 연구를 수행하지 않았지만, 많은 후대 과학자들이 이를 수행하였다(Buck, 1983; Buck et al., 1992; Ekman & Friesen, 1971, 1975; Horstmann, 2003; Keltner & Kring, 1998; Marsh & Ambady, 2007).

정서의 원인: 적응을 위한 도전과 기회

진화 이론에서 정서는 생존을 위한 도전과 번식을 위한 기회들, 즉 적응의 문제(adaptive problems)를 풀기 위하여 진화에 의해 고안된 행동들을 가져왔다(Cosmides & Tooby, 2000; Tooby & Cosmides, 1990). 예를 들어, 높은 절벽과 야생의 포식자들은 반복적으로 생존을 위협할 수 있다(Öhman, 1986). 이러한 것들은 곧 생존 문제를 경험하게 할 것이라는 신호를 보내는데, 이로 인해 신호 자극(때로, 생물학적으로 준비된 자극)이라 불렸다. 잠재적인 짝짓기 대상도 일종의 신호 자극이 된다. 이론적으로 이러한 신호들은 모든 사람에 대해 같은 생존적 의미를 가지고, 어떤 특별한 정서를 야기한다. 왜냐하면 정서는 적응적 이익을 제공하기 때문이다(Öhman & Mineka, 2001). 그 이익은 얼굴표정의 기능을 넘어선다. 이론적으로 정서는 행동경향성(action tendencies)과 연합되는데, 이는 사람으로 하여금 성공적으로 도전에 응하여 기회를 획득하는 특정 행동들을 수행하도록 준비시킨다(Frijda, 1986). '행동'이라기보다 '행동경향성'이라는 용어는 그 행동이 필연적으로 뒤따라 올 수밖에 없음을 강조한다. 특정 상황에 가장 잘 들어맞도록 적응되었을 것이고, 만약 그렇지 않다면 그 행동이 일어나지 않았을 것이다.

연구자들은 동물의 행동을 보면서, 인류의 적응 문제를 정의하였다. 동물들은 환경에서 무엇을 마주하는가? 그리고 살아남기 위해 어떤 행동을 취하는가? Scott(1958)의 분석에 근거하여, Plutchik(1980, 1984)는 적응의 문제들에 대한 전형적인 반응들을 반영하는 행동들을 열거하였다. 그런 다음 어떻게 특정 정서가 그 문제들에 대해 성공적으로 반응하는 행동들을 촉발시키는지 보여 주기 위해 노력하였다. 그 행동들과 해당 정서들을 〈표 1-1〉에 나열하였다. 짝짓기와 유대를 가능하게 할 신호 자극들은 즐거움과 수용(또는 사랑)과 같은 긍정적 정서를 야기한다. 이러한 감정들은 실제로 짝짓기를 가능하게 하고 유대감을 형성하게 하는 일련의 반응들을 생산한다. 위협이 일어났을 때 공포와 분노가 발생하고, 그리고 이 두 감정은 철회든 공격이든 이 위협에 대해 적절한 행동을 촉발한다.

Plutchik가 기술한 행동들 중 많은 것은 번식에 대한 기회와 위협에 대해 반응하는 것과 관련된다. 그러나 적응의 문제들을 개인의 짧은 생존과 관련하여 분류하는 것은 실수다. 최신 이론들에 따르면 진화의 관심은 유전자의 생존에 있다. 이는 어떤 종 신경계의 어떤 특징은 세대를 넘어서 전달됨을 의미한다. 왜냐하면 그 유전자는 번식 기회를 성공적으로 반복해서 가질 수 있는 가능성을 높이거나(예: 잠재적인 짝짓기 대상의 출현), 또는 번식에 위협이 되는 것(예: 성적 라이벌의 출현)을 제거하기 때문이다.

또한 이러한 기회와 위협들은 성행동, 폭력, 섭식 행동과 같은 몇몇 행동에만 국한되지 않는다. 정서에 대한 진화적 접근은 다양한 정서의 기능과 구조에 대해 다른 적응의 문제들을 지속적이고 세심하게, 양방향으로 주고받는 형식으로 대응시키는 것이 필요하다.

〈표 1-1〉 Plutchik의 이론: 근본적인 생명의 도전과 기회에 성공적인 반응 행동 및 그 행동을 유도하는 정서들

적응 문제와 정서			
적응 문제	정서	행동	결과
위협	공포, 두려움	도망가기, 날아가기	보호
장애물	분노, 격분	물기, 때리기	파괴
잠재적 짝	즐거움, 격정	감싸기, 구애하기	재생산
소중한 사람을 잃음	슬픔, 회한	도움을 청하는 울음	재결합
집단 구성원	수용, 신뢰	돌보기, 공유하기	친밀감
소름끼치는 물체	혐오, 꺼림칙함	구역질, 멀리하기	거절
새로운 영토	기대	검토하기, 기억하기	탐색
갑작스러운 새 물체	놀람	멈추기, 경계하기	주의 돌리기

생물학적 토대: 기본 정서

Silvan Tomkins(1962, 1963), Carroll Izard(977, 2007), 그리고 Paul Ekman(1992)은 진화 이론의 관점에서 정서의 생물학적 기초를 정립하였다. 그들은 기본 정서(basic emotions)라고 부르는 몇 가지 정서의 존재를 주장하였다. 기본 정서란 우리가 조금 전

에 배운 신호 자극에 의해—자동적으로—무의식적으로 빠르게 촉발되는 선천적인 신경, 신체 상태이다(Buck, 1999; Ekman, 1994; Izard, 1977; Johnson-Laird & Oatley, 1992; MacLean, 1993; Öhman & Mineka, 2001; Panksepp, 1998 참조). 몸과 머리를 열어 그 속에 기본 정서 같은 것을 찾을 수 없기에, 이론가들은 어떤 정서를 기본으로 분류할 것인지 증명 가능한 기준들을 제공해야 했다. 그 기준들은 다음과 같다.

- 보편적 표현, 얼굴표정 이상의 것까지 포함(예: 음성)
- 분별적인 생리작용
- 다른 유인원들에게도 존재함
- 환경에 대한 자동적인 해석 또는 평가

당신이 만약 정서라고 고려할 수 있는 모든 것(기쁨, 슬픔, 질투, 죄책감)을 고려한다면, 신체와 얼굴 반응에 의해 확인할 수 있고, 신체 생리에 특별한 신호가 있으며, 인류 외 다른 유인원들에게도 나타나며, 그리고 환경에 대해 예측할 수 있는 판단이 가능할 때만 기본 정서라고 불릴 수 있다. 과학자들이 모든 정서에 대해 이러한 요소들이 있는지 테스트한 것은 아니기 때문에, 아직 확정된 기본 정서 세트가 있는 것은 아니다. 그러나 현존하는 연구에 의하면, 공포(fear), 혐오(disgust), 분노(anger), 놀람(surprise), 기쁨(joy), 그리고 슬픔(sadness)이 기본 정서라고 불린다. 이 여섯 개가 구분된 얼굴표정

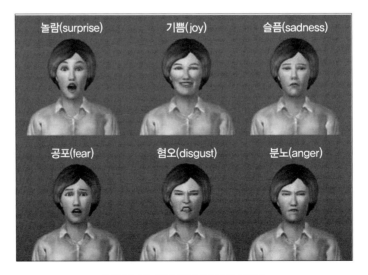

[그림 1-2] 여섯 가지 기본 정서 표정

으로 표현되어 [그림 1-2]에 제시되어 있다. 경멸(contempt)은 일곱 번째 기본 정서로 포함되었다(Ekman, 1999). 보다 최근에는 부끄러움(shame), 자부심(pride)과 같은 다른 정서들도 보편적인 표현으로 존재하는 증거를 발견하였다는 연구자들도 있지만(제5장; Tracy & Robins, 2004), 다른 연구자들은 혐오와 놀람은 기본 정서로 칠 수 없다고 주장하였다(Ortony & Turner, 1990; Panksepp, 2007). 당신이 보다시피, 소위 기본 정서 목록은 과학이 발달하면서 계속 변하고 있다.

여섯 혹은 일곱 개의 기본 정서의 존재를 지지하는 증거는 앞서 나열한 기준 목록 중 처음 두 개의 기준, 즉 얼굴표정의 보편성과 자율신경계의 분별적인 패턴에 대한 검증에서 나왔다.

제5장에서 여러분은 여섯 개의 기본 정서에 해당하는 얼굴표정들이 다른 문화에 걸쳐 재인되고 산출된다는 증거들을 읽을 것이다(Ekman, 1999; Ekman & Rosenberg, 2005; Ekman et al., 1969; Keltner & Ekman, 2000; Keltner et al., 2003). 이 표정들은 인간 의사소통의 보편적 영역을 구성하는 것처럼 보인다. 이 표정들은 다른 유인원들의 의사소통적 표현에도 존재하는 것으로 보인다(예: Parr et al., 2007; Waller & Dunbar, 2005). 이는 종(species)과 개체들(individuals) 사이에 얼굴의 해부학적 상세 구조의 차이가 존재함에도 불구하고 발생한다.

자율신경계(autonomic nervous system: ANS)는 우리를 각성시키고 활동적이게 만드는 심장, 폐, 위와 같은 신체 장기들의 활동을 조절하는 컨트롤 시스템이다. 이는 심장박동, 호흡, 소화 등을 조절한다. William James(1890)는 자율신경계가 우리로 하여금 분별적인 정서를 느끼게 한다고 제안하면서, 이러한 장기들의 조합된 작업이 우리가 분노(anger), 공포(fear), 혐오(disgust), 슬픔(sadness), 기쁨(joy)이라 부르는 다른 종류의 각성을 만들어 낸다고 주장하였다. 소위 말초신경주의자(peripheralist)—왜냐하면 이들은 정서가 대부분 말초신경계의 특정 활동들로 구성된다는 입장을 견지했기 때문에—로 불리는 사람들은 한 세기가 넘게 각성은 특정적이지 않아서 질적으로 다른 정서 경험의 원인이 될 수 없다고 믿는 과학자들과, 자율신경계는 분별적인 정서를 지원하기에는 반응이 너무 느리다고 믿는 과학자들에 의해 공격받았다.

'다른 정서는 다른 자율신경계의 특성을 가지는가?' 하는 물음은 정서과학자들에 의해 체계적으로 연구되었다. 예를 들어, Levenson 등(1990)은 소위 지시된 얼굴 행위 과제(directed facial action task)를 사용하여 실험참가자의 정서를 유도하였다. 이 과제에서는 실험자가 실험참가자의 얼굴에 있는 특정 근육을 가리키면, 실험참가자는 그

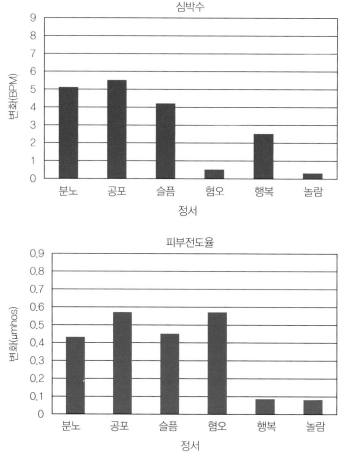

[그림 1-3] 여섯 가지 정서 조작 중 측정한 심박수와 피부전도율

출처: Levenson, Ekman, & Friesen (1990).

근육을 수축하도록 요구받았다. 특정 근육들을 선택함으로써 얼굴표정에 대한 언급
을 일절 하지 않고도 실험자는 실험참가자들로 하여금 여섯 가지의 기본 정서 얼굴표
정을 형성하도록 할 수 있었다. 실험참가자들이 각각의 얼굴표정을 유지하는 동안,
Levenson과 그의 동료들은 다른 무엇보다도 심장 박동, 손가락 온도, 피부 전도율, 즉
자율신경계의 활동을 측정하였다. [그림 1-3]에서 볼 수 있듯이 여섯 가지의 정서는 다
른 자율신경계 패턴을 가지고 있는 것처럼 보인다. 예를 들면, 분노는 다른 정서들에
비해 보다 분명한 손가락 온도 변화를 보였다. 같은 방식으로, 분노, 공포, 슬픔 그리고
혐오는 모두 놀람이나 행복에 비해 피부 전도율(즉, 보다 많은 땀)의 보다 큰 변화와 관
련이 있었다. 뿐만 아니라 거의 같은 결과가 서양 문화로부터 멀리 떨어져 살고 있는
서 수마트라(인도네시아) 섬에 살고 있는 사람들을 대상으로 한 실험에서도 관찰되었다

(Levenson et al., 1992).

후속 연구들은 공포, 분노 그리고 슬픔과 같은 정서들이 다른 생리적 특성들을 가지고 있다고 주장하였다(Friedman, 2010; Kreibig, 2010; Rainville et al., 2006). 그러나 정서의 종류에 따른 자율신경계의 분별을 보여 주는 증거들에도 불구하고, 다른 연구자들로 하여금 어떤 단일 정서에 대해서도 독특한 자율신경계 패턴이 존재하지 않는다는 주장을 이끌 만한 충분한 혼선이 연구문헌 속에 여전히 존재한다(Barrett, Ochsner, & Gross, 2007). 아마도 이런 혼선은 모든 실험이 맥락, 정서 강도 수준, 혹은 동기적 상태에 따라 달라지는 사실에 기인할 것이다(더 많은 논의를 위해 Larsen et al., 2008; Stemmler et al., 2001; Stemmler & Wacker, 2010을 보라).

경험의 통합: 감정 프로그램

이 장의 초반부에 내린 정서의 정의에 따르면, 정서는 Schachter와 Singer의 2요인 정서 이론(Two-Factor Theory)에서 상정하는 각성과 명칭보다 더 많은 요소로 구성된다. 정서 이론들은 어떤 정서가 일어날 때마다 정서 요인들이 모두 발생하는 것인지, 그리고 어떤 순서로 발생하는지를 구체적으로 기술해야 한다(예: Lazarus, 1991; Roseman, 1984, 1991; Scherer, 1998). 진화 이론은 어떤 정서를 느낄 때마다 정서의 모든 요소가 동시에 일어난다고 말하고 있다. 정서의 모든 요소는 Tomkins가 말한 감정 프로그램(affect program)에 집적되어 있기 때문에(Tomkins & McCarter, 1964) 함께 발생한다(즉, 응집한다). 감정 프로그램이란 어떤 특정 사건을 마주했을 때 몸이 무엇을 해야 하는지(즉, 앞서 논의한 적응적 과제에 맞게) 알려 주도록 미리 조정되어 있는 선천적인 뇌 시스템이다. 이 관점에서는 각각의 기본 정서를 위한 독립적인 프로그램이 있다고 믿는다. 이는 모든 사람의 분노가 완전히 같게 보이거나 느껴진다는 것을 의미하는 것은 아니다. 감정 프로그램이 모든 사람에게 선천적으로 유사하게 발달되더라도, 개인의 경험을 통해 획득한 지식을 포함하면서 변해 나갈 수 있다(Ekman & Cordaro, 2011).

정서의 요소들이 응집한다는 증거가 있다. 응집성을 지지하는 가장 강한 증거는 얼굴 표정과 자기보고(self-reported) 감정의 관련성에 대한 연구에서 왔다(Bonanno & Keltner, 2004; Fridlund, Ekman, & Oster, 1987). Mauss 등(2005)은 영화를 사용하여 감정을 유발한 연구에서 즐거움과 슬픔에 대한 응집성을 지지하는 증거를 발견하였다. 즐거운 기분과 얼굴표정들은 정적인 상관이 있었고, 자율신경계의 활동과도 정적인 상관이 있었다. 슬

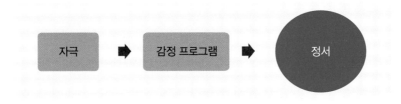

[그림 1-4] **진화 이론의 개략적 도식**

픈 기분과 얼굴표정들은 정적인 상관이 있었지만, 자율신경계의 활동과는 부적 상관이 있었다. 하지만 뒤에 다시 보겠지만, 많은 다른 연구는 정서 요소들의 응집성을 거의 보여 주지 못했다. 예를 들면, 강한 혐오를 갖는 것이 어떤 얼굴표정 또는 자율신경계 활동의 변화가 동시에 일어나는 것을 보장한다는 것을 의미하지 않는다.

[그림 1-4]에 진화 이론의 관점에서 정서가 요약적으로 묘사되어 있다. 생물학적으로 준비된 신호 자극이 적응적으로 반응하도록 디자인된 감정 프로그램을 촉발한다는 것이다.

평가 이론

진화 이론이 정서를 멀리 떨어진 과거의 생물학적 적응과 연결시켰다면, 평가 이론은 정서를 사람들이 자신을 둘러싼 환경에 대해 내리는 즉시적인 평가와 연결시킨다. 평가 이론가들은 모든 사람에게 같은 정서를 항상 일으키는 사물이나 사건이 극히 적다고 믿는다(Arnold, 1960; Frijda, 1986; Lazarus 1966; Roseman & Smith, 2001). 즉, 그들은 신호자극의 존재를 인정하지 않는다. 그 대신 그들은 시험에 실패하거나, 좋아하는 모자를 잃어버리거나, 혹은 친구와의 약속을 실수로 놓치는 일들이 어떤 사람에게는 슬픔을, 혹은 어떤 사람에게는 부끄러움이나 분노를 야기할 수 있다고 주장한다. 평가 이론들은 정서적 삶의 동질성이 아닌, 다양성을 설명하기 위해 고안되었다.

따라서 이 이론의 핵심은 정서가 한 개인이 자신을 둘러싼 환경이나 상황을 어떻게 평가하는가에 의해 결정된다는 것이다. 평가(appraisal)는 당신으로 하여금 주변의 어떤 물체나 사건을 탐지하고, 그것의 의미를 당신의 즉시적인 안녕(well-being)에 비추어 평가하는 심적 작용이다(Ellsworth & Scherer, 2003; Frijda, 1986; Lazarus, Averill, & Opton, 1970; Parkinson & Manstead, 1992; Reisenzein, 2001; Roseman, 1984; Smith, 1989;

Smith & Lazarus, 1990). 평가는 자신의 안녕을 위해 '좋고', '나쁨'을 판단하는 것처럼 간단치만은 않다. 환경은 매우 다양한 방식으로 평가될 수 있고, 평가 방식의 패턴은 정서를 예측하거나 이해하는 데 중요한 역할을 한다. 예를 들어, 많은 평가 이론은 사람들이 그들의 상황을 평가하는 데 있어, 현재 목표와 관련되는지, 새로운지, 긍정적인지 등을 고려하며, 또 그들의 상황이 일반적인 기준에 부합하는지, 그리고 자신 혹은 다른 사람이 현재 상황의 최초 원인이 되는지 등을 고려한다고 주장한다.

〈표 1-2〉에 가능한 평가 구조가 제시되었다(Ellsworth & Scherer, 2003). 이론적으로, 당신이 만약 사람들이 주어진 상황을 어떻게 평가하는지 안다면, 당신은 그들의 감정을 파악할 수 있을 것이다. 예를 들어, 어떤 사람이 공개 발표를 해야 하는 상황을 어떻게 평가하는지 안다면, 그가 공개 발표를 할 때 즐거워할지, 두려워할지 알 수 있다. 다음 섹션에서 이것이 어떻게 작동하는지 다룰 것이다. 지금은 평가가 이분법적이지 않고, 정도의 문제라는 것을 기억해 놓기 바란다. 즉, 당신이 마주치고 경험하는 것들은 단지 좋거나 싫은 것, 혹은 감당할 수 있는 것과 없는 것처럼 무 자르듯 쉽게 나눠질 수 없는 것이 대부분이다. 달리 표현하자면, 평가란 연속선상에서 이루어진다(1~10점 척도처럼). 평가 이론에서는 이런 연속선을 차원(dimension)이라 부른다. 중요한 것은 사람들이 평가를 내리는 과정이 항상 의식적이거나 의도적으로 이루어진다고 가정하지 않는다는 것이다. 사람들은 평가에 가치를 매우 빨리 부여하며, 이 과정은 일반적으로 무의식적으로, 어떤 의도 없이 일어난다.

주변 상황에 대한 평가의 기능으로, 같은 사건에 대해 사람들이 다른 정서를 경험할 수 있다는 주장은 스위스 제네바 공항에서 수행된 멋진 연구에서 증명되었다(Scherer & Ceschi, 1997). 연구자들은 수화물 취급소에서 자신의 가방을 잃어버렸다고 보고하는 여행객들을 영상에 담았다. 그리고 연구자들은 그 여행객의 현재 상황에 대한 평가와 주관적인 기분에 관해 인터뷰를 진행하였다. 평가 이론에서 기대한 대로, 가방을 잃어버렸다는 같은 경험을 하였지만 그들의 정서적 반응은 달랐다. 게다가 대부분 평가 이론의 예측과 일치하게, 그 사건이 현재 목표를 방해한다고 느낄수록 개인이 겪는 분노와 걱정 수준은 더욱 높아졌다.

서로 다른 평가의 결과로 다른 정서를 경험한다는 가설을 실험적으로 검증하기 위해, 한 연구에서는 실험참가자로 하여금 어려운 과제를 수행하게 하고, 그것에 대해 모호하고 부정적인 피드백을 주었다(Siemer, Mauss, & Gross, 2007). 그 피드백은 실험참가자들에 따라 다른 정서를 유발하였다. 어떤 이들은 부끄러움을, 어떤 이들은 죄책감을,

〈표 1-2〉 다양한 평가 이론가에 의해 제안된 주요 평가 차원들의 비교

	Frijda (1986)	Roseman (1984)	Scherer (1984)	Smith/Ellsworth (1985)
새로움 (Novelty)	변화(Change) 친숙함 (Familiarity)		새로움(Novelty) 갑작스러움 (Suddenness) 친숙함(Familiarity)	주의 활동 (Attentional activity)
정서가 (Valence)	정서가(Valence)		내재적 즐거움(Intrinsic pleasantness)	즐거움 (Pleasantness)
목표/욕구 (Goals/ needs)	초점성(Focality) 확실성(Certainty)	식욕/혐오 동기 (Appetitive/ aversive motives) 확실성(Certainty)	목표 유의성 (Goal significance) 관심 관련성 (Concern relevance) 결과 확률 (Outcome probability)	중요성 (Importance) 확실성 (Certainty)
주체성 (Agency)	의도/자기-타인 (Intent/Self-other)	주체성(Agency)	원인: 주체 (Cause: agent) 원인: 동기 (Cause: motive)	인간 주체성 (Human agency)
규범/가치 (Norms/ values)	가치 관련성 (Value relevance)		표준과 부합성 (Compatibility with standards) 외재적(External) 내재적(Internal)	정통성 (Legitimacy)

어떤 이들은 분노를, 어떤 이들은 슬픔을 경험했다. 특히 그 피드백에 대한 평가가 자신과 관련하여 얼마나 중요한지, 누가 원인을 제공하였는지, 그리고 부정적인 피드백을 기대했는지/안 했는지에 따라 그들이 겪는 부정적인 감정이 무엇인지 예측할 수 있었다.

정서의 원인: 특정 평가 패턴

평가 이론에서 특정 감정들은 다른 평가 패턴들의 결과다. 따라서 평가 이론을 주장하는 연구자들은 어떤 사람의 정서 반응을 예측하기 위하여, 특정 평가 패턴(원인)과 결과로 나타나는 공포, 분노, 즐거움 또는 슬픔과 같은 특정 정서와의 관계를 밝혔다

(예: Roseman, 2013; Siemer, Mauss, & Gross, 2007). 특정 정서를 결정짓는 평가의 면밀한 패턴을 추출하기 위해 고안된 연구에서, 참가자들은 그들의 과거 기억으로부터 정서적인 사건을 떠올리도록 요청받았고, 그것을 〈표 1-2〉와 같이 연구자들이 상정한 평가 차원으로 평정하였다(예: Frijda, Kuipers, & Ter Schure, 1989; Kuppens et al., 2007; Fischer & Roseman, 2007). 다른 연구에서는 참가자들이 특정 평가 패턴이 산출되도록 고안된 사건에 대한 기술을 읽고, 예측되는 정서적 반응을 평정하도록 요청받았다(예: Ellsworth & Smith, 1988; Reisenzein & Hofmann, 1990). 아마도 가장 강력한 증거는 실제 생활 상황에서 특정 정서를 조작하고 특정 평가를 기록하거나, 특정 평가가 이루어지도록 조작하고, 특정 정서를 기록하는 방식의 연구에서 나온 것일 것이다(Kreibig, Gendolla, & Scherer, 2010; Moors & De Houwer, 2001; Smith & Kirby, 2009).

평가 이론가들이 강조하는 다양한 발견을 요약하자면, 예를 들어 공포(fear)는 환경이 새롭고(novel), 부정적이며(negative), 통제 불가능하고(uncontrollable), 기대와 불일치할 때(inconsistent with expectations) 발생한다고 할 수 있다. [그림 1-5]는 다른 기본 정서들과 연합되는 것으로 밝혀진 몇 가지 규칙적인 평가 패턴들을 요약적으로 보여주고 있다(Smith & Ellsworth, 1985에 기반).

보다 최근에 몇몇 평가 이론가는 평가가 정서에 선행하는 원인이라는 주장을 철회하였다(Clore & Ortony, 2008; Moors, 2013; Scherer, 2009). 이 관점에서는 평가가 어떤 정서를 촉발한다고 하기보다 어떤 이의 정서 경험을 기술하는 역할을 한다고 주장한다. 이러한 이론은 우리가 앞으로 보게 될 William James(1890)의 아이디어, 즉 평가 이전에 어떤 종류의 신체 변화가 나타난다는 2요인 정서 이론(Two-Factor Theory)에 다시 주목하게 한다.

생물학적 토대: 정서가와 새로움에 대한 평가

Magda Arnold(1960)는 평가의 태생성에 대해 기술하였다. 그녀는 유기체들은 끊임없이 자신을 둘러싼 주변 환경이 그들에게 유리한지 혹은 위협적인지를 평가한다고 가정하였다. 이후 이론가들은 적응적으로 매우 빠르고 분명하게 이루어지는 1차 평가 및 상위 정신 작용들과 연관되며 아마도 학습된 것인 2차 평가를 구분하였다(Scherer, 2001). 예를 들어, 1차 평가는 뱀을 위험한 동물로 재빨리 판단하게 하는 것이라면, 2차 평가는 보다 의도적으로 이 뱀은 실제로 죽은 것이라고 판단하거나, 혹은 충분히 대응할 수 있는 무해한 종류라고 판단하는 것과 같은 미묘한 판단 과정과 관계되는 것이다.

　태생적이라고 고려되는 1차 평가는 새로움(novelty)과 정서가(valence)에 대한 평가들이다(Scherer, 2001). 새로움에 대한 평가는 환경에서 새로운 요소나 변화된 요소들의 탐지다. 새로운 것을 탐지할 수 있는 능력은 신생아 때부터 나타나며, 다른 동물들도 갖고 있다. 이러한 평가를 책임지는 뇌의 부분들은 진화적으로도 오래된 구조물이다. 예를 들어, 뇌의 변연계 깊숙한 곳에 자리 잡은 구조물인 편도체(the amygdala)는 반응을 어디로 향하게 할지 결정하는 것으로 보이며(Holland & Gallagher, 1999), 새로운 물체에 노출되었을 때 활성화된다(Schwartz et al., 2003; Wright et al., 2006). 영장류의 편도체가 손상되었을 때, 일반적으로 나타나던 새로움에 대한 반응이 나타나지 않았다(Prather et al., 2001).

　새로움이 유기체로 하여금 주목해야 할 어떤 중요한 것이 있는지 알려 준다면, 정서가에 대한 평가는 유기체로 하여금 그것에 접근해야 할지, 혹은 회피해야 할지를 말해 준다. 정서가에 대한 평가 능력 역시 신생아뿐만 아니라 동물들에게도 존재한다. 성인을 대상으로 한 연구들은 편도체가 긍정적이거나 부정적인 얼굴(예: Zald, 2003), 장

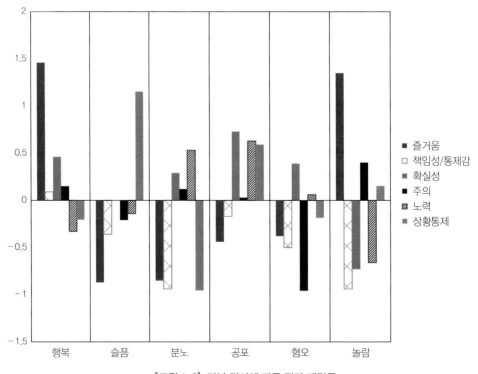

[그림 1-5] 기본 정서에 따른 평가 패턴들

출처: Smith & Ellsworth (1985).

면(예: Anders et al., 2008), 단어(예: Posner et al., 2009), 그리고 냄새(예: Anderson et al., 2003)에 대해 반응함을 보였다. 게다가 정서가의 탐지는 새로움에 대한 탐지처럼 심혈관계의 작동을 촉발시켰다(Mendes et al., 2007). 그러나 새로움에 대한 평가와 정서가에 대한 평가가 오래된 신경 시스템을 공유한다 할지라도, 각각 다른 탐지 체계를 갖춘 것으로 보인다(Weierich et al., 2009). 즉, 어떤 것이 새로운 것임을 안다고, 그것이 긍정적인 것인지를 알 수 있는 것은 아니다. 우리에게는 두 가지 평가 모두 필요하다.

경험의 통합: 독립적 요소들

초기 평가 이론가들은 정서의 모든 요소가 평가의 출현과 함께 하나의 묶음으로 일어난다고 믿었다. 이 생각은 Frijda의 주장(1988, p. 349)에 반영되어 있다: "어떤 사건에 특별한 의미를 부여하면, 특별한 종류의 정서가 산출된다." 초기 평가 이론들이 '기쁨' 및 '두려움'과 같이 일반적으로 분별적인 범주로 이름 붙여진 경험들을 예측하기 위해 개발되었지만, 요즘 평가 이론가들은 정서 요소들이 실무율(all-or-none) 방식으로 촉발되지 않는다고 생각한다.

이러한 평가 이론들을 '요소 이론(componential theories)'이라고 한다(예: Scherer, 2009). 이 이론의 관점에서 정서 요소들은 평가와 독립적으로 야기될 수 있다. 예를 들어, 공포는 다음과 같은 몇 가지 요소로 특징지을 수 있다: 얼굴표정, 자율신경계의 각성, 도망가려는 경향. 요소 이론가들은 이러한 요소들이 어떤 전체 상태와 어떻게 연결되는지보다 각각의 요소 자체에 관심을 두었다. 따라서 요소 이론가들은 기쁨 또는 분노가 일어날 것인지 예측하기보다, 거부(reject), 부동(freeze), 혹은 접근(approach) 행동이 일어날 가능성을 예측하고자 하였다(Moors, 2013). 또는 그들은 다른 얼굴 근육들의 활동이 하나의 정서 상태의 표현으로 연결되는지보다, 그 활동들이 다른 평가에 의해 촉발되는지 예측하고자 하였다(Scherer & Ellgring, 2007a, 2007b). 따라서 정서 요소들은 다른 사물 또는 사건들에 의해 유발되어 독립적으로 처리될 수 있고, 혹은 매우 미묘한 정서 경험들을 산출하기 위하여 매우 다양한 방식으로 조합될 수 있다(Clore & Ortony, 2000; Ellsworth & Scherer, 2003).

정말로 요소 이론가들은 정서의 요소가 일반적으로 응집되지 않는다는 증거에 주목하였다(Bradley & Lang, 2000; Cacioppo et al., 2000; Reisenzein, 2000). 비록 몇몇 연구가 얼굴표정과 보고된 정서 사이의 관계성을 발견했다고 하지만, Reisenzein, Studtmann,

그리고 Horstmann(2013)은 보고된 느낌들과 기쁨, 혐오, 놀람, 슬픔, 분노 그리고 공포와 같은 특정 얼굴표정들(Ekman, 1972에 기반한)의 관련성에 대해 검토한 결과, 기쁨을 제외한 다른 정서 및 얼굴표정들은 신뢰롭게 동시에 발생하지 않는다는 결론을 도출하였다.

정서가 단단히 묶여진 한 묶음인지, 아니면 느슨하게 연결된 조각들의 세트인지 하는 물음에 대해 매우 대답하기 힘든 것이 사실이다. 현실의 삶에서 자연스럽게 발생하는 강렬한 정서들은 그 요소들이 일반적으로 응집적일 것이다. 하지만 요소들의 해리는 주로 실험실에서 관찰되는 것으로, 실험실에서 참가자들은 특정 정서를 경험하도록 유도되지만 실제 그 정서에 대해 어떤 행동을 할 필요가 없는 상황이 대부분이다. 만약 어떤 개인이 실제로 행동할 필요가 없거나 실험실 환경의 특성으로 인해 행동할 수 없다면, 정서의 어떤 요소들은 발생할 필요가 없을 수 있다. 어쩌면 일반적으로 요소의 작업은 동시에 발생하고 같은 하나의 정서 경험으로 응집되지만, 매우 빨리 그것들을 분리시키는 다른 과정들이 시작될 수 있다. 예를 들면, 분노의 모든 요소가 동시에 일어난 뒤에, 현재 사회적 상황에서 그것이 용납되지 않는다면 그 감정을 바꾸거나 통제하기 위한 다른 과정들이 개입될 수 있다. 또한 어떤 문화에서 정서조절을 강제하는 사회적 규범이 있다고 할 때, 어떤 정서를 겉으로 표현하는 것에 강한 영향을 줄 수 있는 방식으로 작동할 수 있다. 산업화된 서양에서 어떤 개인이 장례식장에서 웃고 싶은 감정을 느낄 수도 있다. 만약 그가 신부님이나 랍비에 관한 농담을 갑작스럽게 기억한다면 어떻게 될까? 그러나 일정한 나이가 지나면, 웃음을 통제하고, 웃거나 킥킥거리는 행동 경향성을 억누르고, 자세를 통해 아니면 적어도 얼굴을 통해 슬픔을 표현하려고 할 것이다(Code, Zahn-Waxler, & Smith, 1994; Diener & Mangelsdorf, 1999; Eisenberg & Morris, 2002). 그러나 정서 요소가 시간의 흐름에 따라 분리될 수 있다는 사실이 처음부터 모든 요소가 응집된 방식으로 일어나지 않는다는 것을 반드시 의미하지는 않는다.

요약하자면, 평가 이론의 관점에서 정서는 [그림 1-6]에 묘사되어 있다. 환경은 새로움, 정서가, 통제가능성 등을 포함한 일련의 차원들에 따라 중요하게 탐지되고 평가된다. 다른 평가 패턴들은 정서의 요소들, 즉 표현적이고, 생리적이고, 인지적인 반응들과 행동 경향성 등을 촉발한다. 비록 이 요소들이 하나의 묶음으로 동시에 일어나는 것은 아니라 할지라도, 정서 요소들은 사회적, 문화적 규칙에 따라 증가되거나 혹은 억제되며, 결과적인 반응들이 전체 정서를 구성한다.

[그림 1-6] 평가 이론의 개략적 도식

심리구성주의

진화 심리학자들이 정서의 기능을 연구하고, 평가 이론가들은 왜 사람들이 같은 상황 속에서도 다른 정서를 느끼는지를 연구한다면, 심리구성주의는 사람들이 어떻게 정서를 지각하고 느끼는지에 대한 폭넓은 개인 내외적 다양성을 설명하고자 한다(Barrett, 2006; Cunningham & Brosch, 2012; Kirkland & Cunningham, 2012; Lindquist & Gendron, 2013; Russell, 2003, 2009; Widen, 2013). 이 이론가들은 과연 분노라는 어떤 것이 있는지, 혹시 단지 편리함을 위해 우리가 '분노'라고 부르는 많은 다른 경험이 있는 것은 아닌지와 같은 물음을 던진다. 심리구성주의자들은 정서 언어와 정서 지식에 존재하는 다양성을 다루고, '슬픔'과 '혐오'라 지칭되는 것들은 그 정서를 경험하는 사람들의 정신세계에서 그때그때 만들어지는 것이라고 간주한다: 정서는 첫째, 무엇보다도 심리적 실재이다.

특정 정서들의 구성에 대한 관심은 거슬러 올라가 앞서 언급한 2요인 정서 이론과 더욱 강력하게는 William James의 저작(1890)에서부터 시작한다고 할 수 있다. James는 그 시대의 많은 사람이(과학자이든 일반인이든 유사하게) 정서를 가진다는 것은 정서적으로 각성시키는 자극(그는 숲속의 곰을 보통 예로 들었다)을 보고, 어떤 정서를 느끼고, 그리고 행동(곰으로부터 도망하는 것)을 취하는 과정으로 이루어진다 믿는다고 지적하였다. 그러나 James는 그게 아니라고 주장하였다. 대신 그는 사람들은 정서적으로 각성을 일으키는 자극을 보고, 다채로운 작용들과 함께 행동을 취한 후, 자신의 행동과 몸을 내적으로 관찰하면서 하나의 정서로 끼워 맞춘다고 주장하였다. 정서 경험을 구성하는 것은 그 상황에 대한 스스로의 이해를 바탕으로 자신의 상태를 자신의 방식대로 생각하는 과정으로 연결된다. 즉, James는 사람들이 기초적인 생물학적, 심리적 상태들을 보고 자기 스스로 개인적인 정서 경험을 구성한다고 생각했다(Lindquist, 2013).

William James의 아이디어와 2요인 정서 이론은 모두 현대 구성주의자들의 이론적 전조였다. 구성주의 이론에서는 지각과 해석이라는 정신적 작용들에 의해 생물학적 토대를 가진 원초적 감정 상태들이 하나의 심리적 실재, 즉 '기쁨' 또는 '혐오' 등으로 불리는 경험 상태로 구성된다고 가정한다. Schachter와 Singer(1962)와 대조적으로, 현재 구성주의 이론들은 어떻게 사람들의 정서 범주 지식이 핵심 감정을 특정 정서 경험으로 구성하는지를 구체화시켰다.

정서의 원인: 감정 반응의 범주화

구성주의자들은 정서는 신호 자극에 의해 촉발되는 것이 아니라, 연합 학습의 원리를 통해 촉발된다고 주장한다(Barrett & Bliss-Moreau, 2009). 예를 들어, 어떤 한 아이가 개한테 물려 고통을 호소하는 부모를 본다면, 개는 앞으로 아이에게 부정적인 기분을 산출하게 될 것이다. 심리구성주의의 새로운 점은 특정 감정의 원인을 명시한 점이다. 특정 감정은 학습된 범주를 경험에 적용함으로써 일어나게 된다. 현재 경험을 어떤 특정 감정으로 범주화할 것인지는 정서에 대한 개인의 지식과 정교함(Kashdan, Barrett, & McKnight, 2015), 그리고 개인의 언어적, 문화적 배경(Tsai, Simeonova, & Watanabe, 2004) 등 많은 것에 의존한다.

범주화(categorization)는 경험에 구조와 의미를 부여하는 심적 작용이다(Barrett, 2006; Lindquist, 2013). 범주는 일반적인 감정들의 가용한 원인, 신체 변화 사이의 관계, 그리고 어떤 행동이 취해질 것인지 예측에 대한 정보를 포함한다(Fehr & Russell, 1984; Russell & Fehr, 1994). 대부분의 구성주의자는 어떤 특정 정서를 재인하는 것을 배우고 (예를 들어, 슬픔이 무엇처럼 보이고, 무엇으로 느껴지는지, 그리고 무슨 행동을 촉발하는지) 그 정서에 이름을 붙일 때(예: '슬픔'), 비로소 일반적인 감정 반응들을 분별된 정서 경험들로 조성되기 시작한다고 믿는다. 때때로 이를 '개념적 행위(conceptual act)'라고 부른다(Lindquist & Barret, 2008). 일단 당신이 한번 당신의 감정을 범주화하는 개념적 행위를 하게 되면, 당신은 점차 당신의 감정들을 각각 분리된 유용한 상태들로 경험하게 될 것이다.

구성주의 이론들은 감정의 경험에 있어 문화적 유사성과 다양성을 쉽게 설명할 수 있다. 어떤 정서 범주는 대부분의 사회에 걸쳐 존재하는데, 이는 아마도 그 정서들이 크고 복잡한 집단생활로 인해 발생하는 보편적인 문제들과 관련 있기 때문일 것이다. 다른 정서 범주는 문화 특정적인데, 아마도 그 문화 집단의 사회적 가치, 또는 생태 환경적 특성들과 관련된 문제들을 해결하기 위해 존재하게 되었을 것이다. 이는 각각의 언어가 정서를 매우 다른 방식으로 기술한다는 점을 인식하면 도움이 될 것이다. 예를 들어, Anuak어(아프리카 수단에 존재하는 언어)에서 정서는 간(肝)을 참조하여 기술된다. 슬픔은 '무거운 간(heavy liver)'을 가지는 것이다. 마이크로네시아의 언어인 Marshallese에서는 정서가 목구멍(throat)을 참조하여 기술된다. 자부심(pride)은 '높은 목구멍(throat)'을 가지는 것이다. 정서를 다른 신체 부위들과 연합시키는 것은 다른 의미를 만든다.

특정 문화와 언어권 내에서 특별한 정서 범주의 존재는 감정 상태들을 구분하는 가장 그럴듯한 방식이 사회적 합의로부터 도출된 것이라는 것을 암시한다. 이 관점에서 감정 상태는 실제 사회적 동기와 사회적 문제에 상응하기 때문에 명칭을 갖게 되는 것이지, '혐오', '공포', '슬픔'이라 불리는 생물학적 실체가 존재하기 때문은 아니다(Barrett, 2009). 그렇다면 이 관점에서 생물학적으로 주어진 것은 무엇인가?

생물학적 토대: 핵심 감정

심리구성주의 이론에서 정서의 태생적 요인은 핵심 감정이다. 핵심 감정은 일반적으로 자각할 수 있는 경험의 두 가지 기본적인 차원으로 구성된다. 그 두 가지 차원은 어떤 상태가 쾌(pleasant) vs. 불쾌(unpleasant) 정도[즉, 정서가(valence) 차원]와 어떤 상태가 활성(activation) vs. 비활성(deactivation) 정도[즉, 활성화(activation) 차원]에 해당한다(예: Barrett & Russell, 1999; Feldman, 1995a, 1995b; Lang, Bradley, & Cuthbert, 1990; Larsen & Diener, 1992; Mayer & Gaschke, 1988; Reisenzen, 1994; Russell, 1980, 1989; Watson & Tellegen, 1985). 어떤 연구자들은 쾌 vs. 불쾌 차원을 좋고-싫음(good-bad), 기쁨-고통(pleasure-pain), 접근-회피(approach-avoidance), 보상-처벌(rewarding-punishing), 또는 긍정-부정(positive-negative) 등으로 명명하기도 한다. 어쨌든 이 모든 용어는 '얼마나 잘 있는지(how well one is doing)'를 나타내는 주관적 상태를 지칭한다(Russell & Barrett, 1999). 아울러 활성화 차원을 나타내는 다른 명칭들로 각성가(arousal), 긴장감(tension), 활동(activity) 등이 있으나, 이 모든 용어는 경험되는 에너지 수준, 혹은 상태의 이동성(mobilization) 수준을 나타낸다.

정서가와 활성화 차원은 요인 분석(factor analysis)과 다차원 척도법(multidimensional scaling)이라는 통계 기법에 의해 입증되었다. 이 기법들은 사람들이 어떻게 두 정서 단어의 의미 유사성을 판단하게 되는지(Reisenzein, 1994; Russell, 1979), 어떻게 두 얼굴 정서 표정의 유사성을 판단하게 되는지(Russell & Bullock, 1985), 그리고 사람들이 어떻게 전형적인 정서 단어들을 사용하여 그들의 기분을 설명하는지(Barrett, 1996; Mayer & Gaschke, 1988), 그리고 몸이 정서 시뮬레이션(emotional simulation)에 반응하는 방식(Cacioppo, Gardner, & Berntson, 1999; Lang, 1995)조차도, 이 두 차원이 가장 설명력이 높은 차원임을 보여 주었다. 즐거움과 각성의 기초 감각들이 두 가지 독립적인 신경생물학적 시스템의 산물임을 보여 준 증거도 있다(Posner, Russell, & Peterson, 2005). 쾌-불쾌 차원은 전두엽의 비대칭적 활성화와 연결되며, 편도체(amydala)와 같은 뇌 변연계의 일부분들과 신경신호를 주고받는다(Davidson, 1992; Heller, 1990; Tomarken et al., 1992). 활성-비활성 차원은 뇌의 우측 두정측두영역의 활성화와 관련이 있으며 뇌간의 망상체 활성 시스템(reticular activation system)에 연결되어 있다(Heller, 1990, 1993).

자기보고식 느낌들에 대한 통계학적 모형도 이 두 차원을 지지하였다. 우리가 행복, 슬픔, 분노라고 부르는 상태들의 의미가 쾌와 활성화라는 생물학적 차원들로 축소되어 해석될 수 있으며, 어떠한 정서 상태가 주어진다고 해도 쾌와 활성화의 조합으로 기술될 수 있다는 것이다. 예를 들어, 우리가 분노라고 부르는 많은 상태는 높은 불쾌함과 약간 활성화된 상태로 표현될 수 있다. 공포는 약간 불쾌함과 높은 활성화 상태로 기술될 수 있다(예: Russell & Barrett, 1999).

또 다른 관점에서 정서의 구조는 환형구조체로 가장 잘 설명된다(예: Barrett, 2004; Barrett & Russell, 2009; Larsen & Diener, 1992; Russell, 1989; Watson & Tellegen, 1985). 아주 간단히 말해서 환형구조체는 원과 일련의 축들의 조합이다. 원은 두 감정의 유사성을 묘사한다. 축들은 그 대상의 유사성과 차이점을 설명할 수 있는 심리적 특성을 표상한다. 따라서 정서 환형구조체는 사람들이 자신이 경험하는 정서의 차이와 유사성을 어떻게 지각하는지를 표상한다.

[그림 1-7]은 정서 환형구조와 그 둘레에 정의된 몇 가지 정서 상태를 보여 주고 있다. 이 구조체는 사람들이 일반적으로 경험하는 감정 상태를 그럴듯하게 기술하고 있으며, 감정 경험의 개인차에 대한 가설들을 내포하고 있기 때문에 유용하다(Barrett & Niedenthal, 2004).

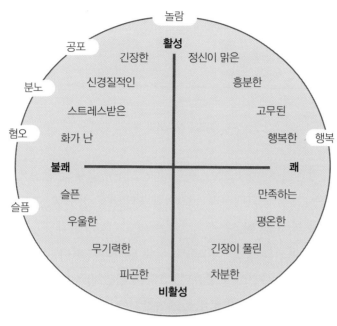

놀람
공포
활성
긴장한   정신이 맑은
신경질적인   흥분한
분노
스트레스받은   고무된
혐오
화가 난   행복한   행복
불쾌   쾌
슬픈   만족하는
슬픔
우울한   평온한
무기력한   긴장이 풀린
피곤한   차분한
비활성

[그림 1-7] 정서의 환형구조

출처: Russell & Barrett (1999).

경험의 통합

대부분의 심리구성주의자는 정서 요소가 반드시 필연적으로 모두 동시에 일어날 필요는 없다고 믿는다. 얼굴표정, 자율신경계의 활성, 또는 특정 심적 작용들이 일어날 것인지는 정서가 일어나고 있는 상황 속에서 구성되는 정서의 범주에 의존한다(Lindquist, 2013). 예를 들어, 만약 당신이 당신의 배우자와 즐거운 경험을 하고 있다면, 당신은 웃을 가능성이 매우 높다. 왜냐하면 그 상황에서 당신의 특별한 행복 경험은 타인과 함께 행복을 나누는 과정이기 때문이다. 혼자 있을 때 느끼는 행복 경험은 아마도 웃음을 포함하지 않을 것이다.

정서 구성 요소들이 함께 조합되는 방식의 다양성은 지속적인 개인차에 의해 유발될 수도 있다. 어떤 사람들은 정서적 사건들에 대해 먼저 얼굴표정으로 반응할 수 있고, 반면 다른 사람들은 강한 자율신경계의 반응들이 먼저 나타날 수 있다(Marwitz & Stemmler, 1998). 실험실에서 유발된 다른 스트레스 경험들에 대한 심장 반응의 복잡성에도 개인차가 있다(Friedman, 2003). 심리구성주의자들은 어떤 정서가 경험되는 사건의 특정 자질들에 반응하는 각각의 신경, 신체 시스템에 의해 정서의 구성요소

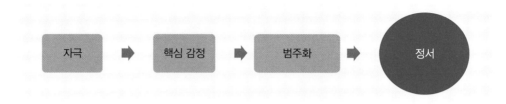

[그림 1-8] 심리구성주의의 개략적 도식

가 조절된다고 주장한다(Russell, 2003; Stemmler, 2003). 그들의 관점에서, 어떤 정서는 하나의 감정 프로그램에 의해서라기보다 다수의 반응 시스템을 촉발하는 개념화(conceptualization)를 통해 출현된다.

심리구성주의 관점에서의 정서는 [그림 1-8]에 묘사되어 있다. 학습을 통해 정서적인 중요성을 획득한 어떤 사건이 발생하면, 그것은 핵심 감정의 변화를 가져온다. 그 변화는 현재 상황에 부합하는 정서 범주로 개념된다. 그 범주화는 정서의 모든 요소를 한 묶음으로 촉발하지는 않는다 하더라도, 그 몇몇을 촉발할 수 있다. 정서 요소들은 사회문화적 규칙에 의해 증감될 수 있다. 이 결과적인 반응들이 전체 정서를 구성한다.

요약

- 정서 이론들은 ① 정서의 원인, ② 생물학적 토대(사람들이 가지고 태어나는 것), 그리고 ③ 어떻게 정서의 다른 요소들이 하나의 정서 경험으로 통합되는가에 대한 증명 가능한 진술들이다.
- 진화 이론은 정서란 환경에 의해 제기된 도전과 기회에 대한 기능적인 반응들이 생물학적으로 진화된 것이라는 입장을 고수한다. 진화 이론의 핵심 예측 중 하나는, 앞으로 이 책에서 여러 번 만날, 문화보편적으로 재인되는 일련의 얼굴 정서 표정들이 존재한다는 것이다.
- 정서의 인지적 평가 이론의 주안점은 정서가 현재 목표와 관련한 주변 환경에 대한 평가와 해석, 그리고 개인적인 정서 경험의 관심에 의해 촉발되고 달라질 수 있다는 것이다.
- 심리구성주의 이론은 정서가 범주화 과정을 통해 조성된 결과적인 현상이라고 주

장한다. 정서는 고정된 생물학적 총체들이 아니며, 언어와 문화적 맥락 속에서 정교화된다.
- 평가 이론과 구성주의 이론은 정서의 요소가 서로 분리될 수 있으며, 다른 시간적 경과 과정을 가진다는 점과 어떤 필연적인 정서 요소들이 모든 정서적 사건에 동반되는 것은 아니라는 점에 유사한 입장을 가진다.

▶ 학습 링크

1. 기본 정서에 대한 짧은 다큐멘터리 영상
   https://www.youtube.com/watch?v=V_b_jctSKZM

2. 심리구성주의와 정서에 관한 Lisa Barrett 박사와의 인터뷰
   http://emotionresearcher.com/lisa-feldman-barrett-why-emotions-are-situated-conceptualization/

3. 정서의 평가 이론에 기초한 계산 모형에 대해 알아보기
   https://vimeo.com/112594888

제 2 장
정서과학 방법론

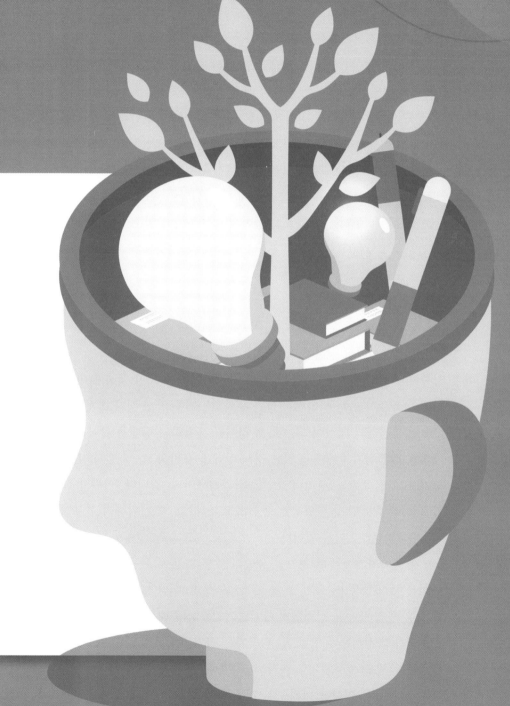

Psychology
of Emotion

어렸을 때 당신은 귀신 이야기로 어린 동생들을 무섭게 한 적이 있을 것이다. 혹은 박제된 사슴 머리를 뒤집어쓰고 지하실에 숨어 있다가, 여섯 살 난 조카가 계단으로 내려왔을 때 사슴뿔로 모서리에 몰아세운 다음 이야기를 건넸을 지도 모른다(이것은 이 책의 저자 중 한 명에게 일어난 일이다). 그 사슴 머리 방법은 통했을까? 당신이 그것을 다시 다른 연령대의 사람들이나 다른 문화적 배경을 가진 사람들에게 사용한다면 같은 반응을 얻어 낼 수 있을까? 사람의 정서에 대한 연구를 수행하기 위해서 감정과학자들은 실험실에서 정서 상태를 유발하는 반복 가능한 실험들을 고안하기 위해 노력하고 있다. 또한 그들은 실험실 안팎에서 정서를 측정하기 위해 노력하고 있다. 어떻게 신뢰로운 방법으로 정서를 유발하고 측정할까? 이에 대한 해답이 이 장의 내용이다. 이 책의 나머지 부분을 보면서 우리는 이 장으로 돌아와 종종 연구방법론을 참고해야 할 것이다.

정서 조작하기

연구자가 실험실에서 정서를 유발하는 한 가지 이유는 당연히 특정 정서 이론의 예측을 검증하기 위해서다. 예를 들어, 어떤 감정과학자가 특정 감정에 대한 자기보고와 함께 어떤 얼굴표정 또는 생리적 변화가 동반되는지를 알고 싶다고 하자. 그 연구자는 무엇보다 먼저 관심의 대상이 되는 특정 정서를 유발하는 방법을 찾아야 할 것이다. 그리고 다수의 실험참가자에게 동일한 정서 상태를 유발하고, 그 결과 나타나는 상태에 대한 자기보고, 얼굴표정, 생리적 요인들을 측정해야 할 것이다. 이런 방식으로 과학자는 사람들이 어떻게 감정을 얼굴로 표현하고, 말하고, 역겨워하거나 두려워하는지에 대한 예측을 확인할 수 있을 것이다.

연구자가 실험참가자들의 정서를 유발하는 또 다른 이유는 어떤 정서 상태가 사람들로 하여금 섭식 행동(Evers, Stok, & de Ridder, 2010)이나 도움 행동(Schaller & Cialdini, 1990)과 같은 특정 행동을 신뢰롭게 야기하는지를 검증해 볼 수 있기 때문이다. 따라서 실험실에서 특정 정서를 유발한 후, 연구자는 참가자로 하여금 먹을 기회를 주거나 그들이 소비한 금액을 측정하기도 한다. 마지막 이유는 정서가 어떻게 추론과 의사결정과 같은 인지 행동에 영향을 미치는지 연구하기 위해서다(Blanchette & Richards, 2010). 여기서도 연구자들은 특정 정서를 유발하고, 참가자들에게 도덕적 딜레마 문제를 풀게 하거나 혹은 가상의 문제를 풀기 위한 해결책에 드는 비용을 추정하기도 한다.

연구실에서 정서를 유발하는 다양한 방법을 살펴보기 전에, 우선 정서를 조작하는 것을 규제하는 윤리 지침을 자세히 살펴볼 필요가 있다.

윤리 지침

여섯 살 난 꼬마에게 말하는 사슴머리를 들이미는 것은 집에서 장난으로 할 수 있는 일이지만, 과학자들이 실험 상황에서 감정을 촉발하는 것은 개인의 재미를 위한 것일 수 없다. 그들은 일련의 윤리 지침(ethical guidelines)들을 따르도록 요구받는다. 북아메리카에는 미국심리협회(American Psychological Association: APA)가 상세히 제시한 윤리 지침이 있다. 예를 들어, 과학자들은 일상생활에서 보통 경험할 수 있는 정서 강도를 초과하는 실험 상황을 만들 수 없다. 더불어 실험적으로 유발되는 정서는 일상생활에서 마주치거나, 마주할 가능성이 있는 경험에 의해 촉발되어야 하지, 매우 특별한 방법이 사용되어서는 안 된다. 그리고 마지막으로 그 정서들은 반드시 소멸될 수 있는 것이어야 한다. 특히 그것이 부정적이거나 고통스러운 것일 경우 실험실을 떠나기 전에 반드시 경감될 수 있는 것이어야 한다. 따라서 정서 유발 절차로 인한 효과를 경감시키기 위해서라도 사후 설명(debriefing)은 매우 중요하다(예: Brock & Becker, 1966).

1950년대까지 이러한 윤리 지침들은 제정되지 않았기에, 1953년에 수행된 악명 높은 실험들은 오늘날 결코 행해져서는 안 되는 정서 조작의 종류가 어떤 것인지 분명히 알려 준다. 연구자 Ax는 분노와 공포가 특정한 자율신경계의 활동 패턴으로 구분될 수 있는지 알아보고자 하였다. 그는 심박, 호흡, 혈압, 근긴장도 등 14개의 다른 자율신경계 활동 측정 지표들을 측정하였다. 거짓말 탐지기의 타당도를 검증하기 위한 목적이라 속이고, Ax(1953)는 실험참가자들을 전기 충격 발생장치와 같은 많은 장치에 연결시켰다. 그리고 나서 그들의 자율신경계 지표들을 기록함과 동시에, 몇몇의 실험참가자에게 전기 충격 발생장치가 스파크가 튀는 것을 보여 주면서 고장이 난 것처럼 연기를 하자, 그들은 격심한 정신적 고통에 시달리게 되었다. 예상한 대로, 그 실험참가자들은 높은 수준의 공포를 경험하였다. 분노 조건에 할당된 실험참가자들은 무례한 거짓말 탐지기 운영담당자에게 5분 동안 야단을 맞았고, 이러한 처치는 높은 수준의 분노를 유발하였다. 사실상 Ax(1953)는 실험참가자들의 자율신경계 활동 패턴들로부터 상대적인 특수성을 발견하였다. 그러나 이제 더 이상 그러한 높은 수준의 부정적이고 도발적인 연구를 수행하는 것은 불가능하다. 더 나아가 이 책에서 논의되는 연구들을 보게 되면 그렇게 과도한 도발이 결코 필요하지 않다는 것을 알게 될 것이다. 자, 이제 실험실에서 정서적 반응에 영향을 주기 위해 빈번히 사용되어 왔고, 사용할 수 있는 방법들을 소개하고자 한다.

감정 사진들-국제 감정 사진집

어떤 연구들은 한 번의 실험 세션 동안 단일 실험참가자에게 많은 회수의 짧은 정서 반응들이 유발될 것을 요구한다. 예를 들어, 어떤 연구자는 기쁨 또는 공포의 감정을 유발하는 정보에 대해 사람들이 어떻게 주의를 할당하는지 궁금할 수 있다.

국제 감정 사진집(The International Affective Picture System: IAPS '아이앱스'로 불림)은 감정을 유발하는 사진 모음이다. IAPS의 절반 이상은 사람들의 상호작용이 포함된 장

[그림 2-1] 온라인으로 공개접근을 허용한 정서 유발 자극 세트 OASIS(Open Affective Standardized Image Set) 자극의 예. 위로부터 아래 순서로: 고각성 긍정, 고각성 부정, 그리고 중립 사진

출처: Kurdi, Lozano, & Banaji (2016).

면들로 구성되어 있다. 나머지 이미지들은 동물, 물체, 혹은 사람이 없는 장면들로 구성되어 있다. [그림 2-1]에 몇 가지 예가 제시되어 있다. 광범위한 연구 개발과 타당화를 위해 전체 사진은 다른 나라들의 실험참가자들에게 제시되었고, 각각의 사진에 대한 자기보고식 감정적 반응의 각성 수준과 긍정-부정 수준을 요약한 표준점수가 존재한다(Lang, Bradley, & Cuthbert, 2005).[1] 다른 연구들은 IAPS 사진들에 대한 정서 반응을 피부전도율(Bradley et al., 2001), 심혈관계 반응(Bradley et al., 2001), 신경 전기생리학적 측정치(Cuthbert et al., 2000)를 사용하여 탐구하였다.

　　IAPS 사진들은 전 세계의 모든 연구자로 하여금 신뢰롭게 감정 반응을 촉발할 수 있도록 개발되었기 때문에, 같은 사진을 사용할 경우 연구자들은 다른 사람들의 연구를 손쉽게 반복, 비교할 수 있다.

정서적인 기억 회상

　　어떤 연구 주제는 IAPS 사진들을 사용해서 짧은 정서 반응을 유발하면 되지만, 다른 연구는 보다 긴 정서 반응을 유발할 필요가 있을 수 있다. 실험실에서 수 초 수준을 넘어 보다 긴 정서 상태를 유발할 수 있는 한 가지 방법은 실험참가자로 하여금 정서를 경험하는 과정 속으로 뛰어들게 하는 것이다. 정서 유발을 위한 회상법은 실험참가자들에게 그들이 개인적으로 경험한 사건의 기억을 인출하여, 그들이 느꼈던 정서를 다시 불러일으키도록 주문한다.

　　Strack, Schwarz와 Geschneidinger(1985)와 Schwarz와 Clore(1983)는 연구실에서 정서 상태를 유발할 수 있는 정서적 기억 인출법을 체계적으로 조사하였다. 그들은 기억을 인출하는 방법이 결과적으로 느끼게 되는 정서를 결정한다는 것을 보여 주었다. 특히 그들은 대수롭지 않게 정서기억을 인출하는 방법, 즉 어떤 상황에 대한 기술은 정확하나 그 경험의 정서적인 부분에 집중하지 않은 방법으로는 원래 감정을 그대로 다시 불러일으킬 수 없음을 보여 주었다. 반면, 그 상황의 생생한 정서적 측면에 집중할 경우 원래 감정을 다시 활성화시키는 경향이 있음을 보여 주었다. 이는 우리가 어떤 경험을 생각할 때마다 매번 정서적 사건 전체를 다시 경험하지 않는다는 것을 보여 주므로

---

1) 역자 주: IAPS에 대한 한국인의 정서 평가는 박태진, 박선희(2009). IAPS 자극에 대한 한국 대학생의 정서 평가. 인지과학, 20(2), 183-195에서 수행되었다.

중요한 시사점을 준다. 즉, 과거 기억을 생각하는 방식에 따라 그것이 현재 정서 상태에 미치는 영향력을 바꿀 수 있다.

영화

　연구실에서 정서를 유발하는 세 번째 방법은 실험참가자에게 짧은 영화나 영화 일부(출처가 유명한 영화라 할지라도)를 보여 주는 것이다. 이들 영화는 대부분의 개인으로 하여금 특정 정서 반응을 산출할 수 있음을 예비 테스트를 통해 검증되었다(Gross & Levenson, 1995). 아마도 당신은 어떤 영화가 어떤 정서를 불러일으키는지 궁금할 것이다. 연구자들은 어떤 방법의 정서적 효과를 그것을 실험에 사용하기 전에 반드시 확인해야 한다.

　Philippot(1993)는 다수 영화 장면의 정서 효과를 알아보았다. 그 장면들은 약 3분에서 6분 정도 지속되는 것으로 시청자로 하여금 다섯 가지의 다른 정서(분노, 역겨움, 슬픔, 행복, 공포)와 중립 상태를 생성하는 것으로 선택되었다. 참가자들은 각 영화 클립을 보고, 그것이 어떤 기분을 불러일으켰는지 자기보고식 설문 문항에 답하였다. 그 결과, 그 영화들은 대부분의 개인에게 매우 특정적인 정서를 불러일으키는 것으로 나타났다. 예를 들어, 즐거움을 유발할 것으로 미리 선택된 영화 장면은 다른 어떤 정서보다 즐거움을 무척 특징적으로 유발하였다. 이어서 Gross와 Levenson(1995)은 재미(amusement), 분노(anger), 만족(contentment), 혐오(disgust), 슬픔(sadness), 놀람(surprise), 중립 상태(a neutral state), 그리고 공포(fear, 비록 그들이 조작한 공포 상태는 다소 약했지만)를 성공적으로 유발하는 16개의 영화 장면 세트를 개발하였다. 중립 영화 클립을 비교조건으로 사용하여, Hewig 등(2005)은 최근에 Gross와 Levenson 영화들의 효과를 독일 대학생들을 대상으로 반복 검증하였고, 그 결과 10년이 지난 후에도 선택된 영화 장면들이 정서 상태에 미치는 영향력은 다른 나라에서도 여전히 유의함을 강력하게 지지하였다. 〈표 2-1〉에 특정 정서를 유발하기 위해 사용된 영화 일부를 나열하였다.

　많은 연구자는 Philippot와 Gross가 개발한 영화 클립을 사용하여 정서의 요소들과 다른 심리 과정에 미치는 정서의 영향을 알아보는 연구를 수행하였다. 연구자들은 때때로 그들 스스로 사용할 영화를 찾기도 하였다. 물론 자신들이 선택한 영화를 사용하는 것을 선호하는 연구자들은 그 영화들이 원하는 정서효과를 일으킨다는 것을 실증적으로 보여 주어야 한다(Boiten, 1998; Niedenthal & Dalle, 2001; Tomarken, Davidson, &

⟨표 2-1⟩ 정서 유발을 위해 사용된 영화 예시

영화	목표 정서	장면 설명
해리가 샐리를 만났을 때(1989)	재미	해리와 샐리가 여자가 성적 희열을 연기했을 때 과연 해리가 그것을 알아챌 수 있는지 논쟁하는 장면/한 남자와 여자가 식당에서 서로 이야기를 하고 있다.
한나와 그 자매들(1986)	중립	한나와 홀리가 쇼핑을 가서 어젯밤에 대해 이야기를 하는 장면/두 여인이 쇼핑 센터를 함께 거닐고 있다.
자유의 절규 (1987)	분노	흑인 단체가 남아프리카의 인종차별법에 대해 항의하고 있다. 그들이 자신들의 마을을 가로질러 걸어가면서 평화로운 시위를 하고 있는 장면/그 흑인 단체가 군인들에 의해 공격을 받는다.
핑크 플라밍고 (1972)	혐오	존은 이상한 영화를 만든다. 그가 여장남자가 푸들과 함께 등장하는 영화를 만드는 장면/그 여장남자는 푸들의 똥을 먹는다.
양들의 침묵 (1991)	분노	젊은 FBI 요원인 클라리스는 연쇄살인범을 쫓고 있다. 수사를 통해 그녀는 재단사 재임스에 대해 의심을 품는 장면/한 여자가 지하실에서 위험한 살인자를 쫓고 있다.
사관과 신사 (1982)	슬픔	잭과 파울라는 그들의 친구인 시드를 찾고 있다. 모텔 방문을 두드렸을 때 아무 응답이 없자, 그들이 방으로 들어가는 장면/한 남녀가 친구가 죽어 있는 것을 발견한다.

출처: Hewig et al. (2005).

Henriques, 1990). 실험실에서 정서를 유발하기 위해 사용된 영화 대부분은 매우 복잡하고 현실적이지만, 최근 방영되는 TV 쇼들보다는 훨씬 점잖다!

음악

음악 역시 사람들에게 감정을 느끼게 할 수 있고, 실험실에서 어떤 정서를 유발하는 방법으로 사용될 수 있다(Scherer, 2004; Västfjäll, 2002; Westermann et al., 1996). 쉽게 생각하면, 어떤 특정 음악이 특정 사람의 매우 사적인 정서 상태를 야기할 수 있는 이유는 그 음악이 그 사람에게 매우 개인적인 정서적 사건이나 특별한 삶의 기간과 연합되어 있기 때문일 것이라고 생각할 수 있다. 예를 들면, 라디오에서 어떤 특별한 노래가 유행할 때 당신이 첫사랑에 빠졌을 수도 있다. 그랬다면 그 음악은 사랑에 빠졌을 시기와 연합될 것이고, 그 음악은 당신에게 특별한 기분(기쁨 또는 슬픔)을 불러일으킬 것이다.

만약 음악의 효과가 이처럼 각각의 사람에게 특별한 것이라면, 음악으로 정서를 조작하는 일은 연구자에게 매우 고달픈 일이 될 것이다. 연구자는 어떤 음악이 실험참가자 개인에게 어떤 정서를 불러일으키는지 일일이 조사해야 할 것이고, 그가 실험실에 도착하기 전에 그 음악을 구해 놓아야 하기 때문이다. 물론 가능한 방법일 수 있고, 효과적이겠지만 매우 시간이 많이 걸리는 작업임이 분명하다(예: Ellard, Farchione, & Barlow, 2012).

이렇게 세밀한 방법보다 대부분의 연구자가 사용하는 방법은 사람들의 정서 경험에 미치는 일반적인 음악의 효과이다(Sloboda, 1992). 적어도 음악의 이러한 효과는 서양 문화에서는 매우 기본적인 것으로 보인다(Costa, Fine, & Ricci Bitti, 2004). 예를 들어, Costa, Bitti와 Bonfiglioli(2000)는 불협화음들이 불안정하고, 격렬하며, 긴장되는 것으로 지각된다는 것을 발견하였다. 따라서 많은 불협화음으로 구성된 음악은 청취자의 기분을 다소 불안하게 만드는 경향이 있다. 게다가 장조(major chords)보다 단조(minor chords) 음악들이 보다 슬프고 우울하게 지각되는 경향이 있으며, 높은 톤(high-pitch)은 긍정적인 정서를, 낮은 톤은 부정적인 정서를 표현하는 경향이 있다. 빠르기(tempo) 역시 음악의 정서 상태를 표현하는 또 다른 강력한 방법이다. 늦은 템포는 저각성 정서와, 빠른 템포는 고각성 정서 상태와 주로 연합된다(Gagnon & Peretz, 2003). 이렇게 다른 음악의 특성들은 서로 조합되면 수없이 다양한 정서적 표현 방식이 될 수 있다. 주어진 클래식 음악 내에서 아다지오는 일반적으로 보다 슬프게 들리며, 알레그로는 보다 즐겁게 들린다.

음악이 정서에 영향을 준다는 것은 자기보고(Sloboda & O'Neill, 2001), 생리적 반응(Bartlett, 1996), 뇌의 활동(Koelsch, Fritz, Müller, & Friederici, 2006), 정서적 얼굴표정(Becker, 2004) 연구에서 보고되어 왔다. 그러나 음악에 의해 촉발되는 정서들은 기본 정서에 정확히 대응되는 것이 아닐 수 있다. 몇몇 연구자는 음악에 의해 촉발되는 정서들이 관능적이고, 영적이며, 찬란하고, 명상적인 뉘앙스를 지닌 단어들로 표현되는 미묘한 정서 상태를 유발함을 보여 주었다(Scherer & Zentner, 2001).

각본화된 사회적 상호작용

앞서 소개한 Ax(1953)의 실험처럼, 현대 정서에 관한 사회심리학 연구들은 실험 목적을 다른 커버스토리로 숨기고 실험진행자와 가짜 실험참가자(연기자)가 미리 짜여진 사회적 상호작용 각본을 사용하는 경우가 있다. 물론, Ax의 연구와 달리 이제는 연구윤리

위원회의 엄격한 심사를 통과해야 한다. 실험실에서 잘 짜여진 각본으로 정서를 유발하는 방법은 매우 현실적인 상황을 요구하거나, 사진이나 영화 또는 음악으로 잘 유발되지 않는 정서일 때 특히 유용하다(Harmon-Jones, Amodio, & Zinner, 2007). 그러한 정서들의 예로 분노, 공포, 죄책감(guilt), 그리고 당혹감(embarrassment) 등을 들 수 있다.

예를 들어, Stemmler와 동료들(2001)은 정서 요인들의 응집성(제1장에서 논의한)을 검토하기 위해 분노를 유발하였다. '스트레스와 긴장감'을 연구하는 실험이라는 커버스토리하에, 실험참가자들은 매우 큰 수로부터 1, 2, 3 등을 단계적으로 빼야 하는 과제를 수행해야 했다. 실험참가자들이 셈을 하는 동안, 실험진행자는 여러 차례 인터컴을 통해 무례하게 개입하여 짜여진 각본대로 그들의 저조한 수행에 대해 야단을 쳤다. 그리고 과제가 끝난 다음 결과를 물었을 때, 참가자들의 답변이 무조건 틀렸다고 대답하였다. 이와 같은 처치를 겪은 실험참가자에게 자기보고식 설문을 통해 기분을 물었을 때, 이러한 상황은 그들을 정말 화나게 했다고 대답하였다(예: Evers et al., 2014; Mauss et al., 2006).

죄책감 역시 영화나 음악 또는 사진으로 유발하기 힘든 감정 중 하나로, 짜여진 각본에 의해 유발될 수 있다. 예를 들어, Konecni(1972)는 실험실 바깥, 즉 실생활에서 사용되는 각본을 만들었다. 실험참가자가 실험보조자와 부딪쳐 그가 들고 있던 새 책들이 땅에 떨어진 것이 그들의 책임인 것처럼 느끼게 하는 절차를 만들었다. 또 다른 방법은 Brock과 Becker(1966)가 고안한 유명한 장치를 사용한 것으로, 실험참가자가 안내받은 대로 장치의 버튼을 눌렀을 때, 그 장치에 매우 심각한/혹은 덜 심각한 고장을 일으킨 것처럼 만드는 것이다. 심각한 고장 조건에서 그 장치는 갑자기 큰 소리를 내며 흰 연기를 피워 실험참가자가 죄책감을 느끼도록 유도한다. 게다가 실험진행자는 다음과 같이 말한다. "무슨 일이에요? 아, 이제 연구책임자를 볼 면목이 없게 됐네요. 도대체 이 기계에 무슨 짓을 한 거죠? 이제 실험은 완전히 망쳤네요. 기계가 고장 나 버렸어요." (Brock & Becker, 1966, p. 317) 이 처치가 제대로 되었는지 확인했을 때, 이렇게 각본화된 상호작용은 실험실 혹은 실제 상황에서 죄책감을 효과적으로 발생시킬 수 있는 방법임이 확인되었다.

마지막으로, 초창기에 Apsler(1975)는 실험참가자에게 실험진행자 혹은 청중들 앞에서 다음 네 가지 행동 중 어느 하나를 하도록 요구하여 당혹감을 유발할 수 있는 강력한 방법을 발견하였다: ① 록음악에 맞춰 1분간 춤추기, ② 우스갯소리를 들은 것처럼 30초간 웃기, ③ 애국가 부르기(가사 제공), 그리고 ④ 잠자리에 들기 싫어 베개를 집어

던지는 다섯 살 난 꼬마 연기를 30초간 하기. 이후 연구들은 이러한 처치들을 많이 사용하였다. 예를 들어, 비디오 카메라 혹은 실험진행자 앞에서 애국가를 부르는 것은 빈번하게 쓰인 (그리고 매우 효과적인!) 당혹감 유발 방법이었다(Harris, 2001; Miller, 1987).

여러분은 강하고 복잡한 정서를 유발하기 위한 방법으로 각본화된 사회적 상호작용이 유용하다는 것을 알게 되었다. 그러나 이러한 방법은 높은 수준의 연습과 사회적 협동을 요구한다는 점에서 연구자 개인에게는 시간이 많이 걸리는 방법이기도 하다.

발달적 세부사항

어린아이들의 정서 유발하기(윤리적으로)

이 장의 서두에서 이야기한 바와 같이, 어떻게 연구자들은 윤리적으로 유아나 어린아이의 정서, 혹은 정서 표현을 유발할 수 있을까?

그리 놀랍지 않게, 정서적 반응을 유발하기 위해 엄마를 이용한다. 예를 들어, 유아의 정서적 표현에 대한 얼굴표정 효과를 관찰하기 위해, Haviland와 Lelwica(1987)는 어머니들로 하여금 10주 된 아기에게 기쁨, 슬픔 그리고 분노 얼굴표정을 짓고 같은 정서를 전달하는 문장들을 말하도록 하였다. 이 절차에서 까다로운 점은 모든 엄마가 모두 좋은 연기자가 아니라는 점이다. 그럼에도 이 연구 및 다른 연구들에서 아기들은 엄마의 얼굴표정과 같은 얼굴표정을 지으려고 한다는 증거를 발견하였다(Termine & Izard, 1988).

조금 더 성장하면, 각본화된 상호작용을 정서 유발 절차로 사용할 수 있다. 예를 들어, Stenberg, Campos와 Emde(1983)는 엄마 혹은 실험진행자가 고무 젖꼭지를 주었다가 다시 뺏어서 손이 닿지 않는 곳에 두도록 함으로써, 7개월 된 아이들에게 분노 반응을 촉발시켰다. 이 시기의 아이들은 대부분 스스로 움직여 독립적으로 다닐 수 없으므로, 아이들이 원하는 결과를 통제하는 이러한 처치들은 성공적으로 실망감과 분노를 유발할 수 있다. 관심과 기쁨 반응, 그리고 공포 반응들은 낮거나 높은 강도의 장난감들을 사용하여 유발할 수 있다(Putnam & Stifter, 2002). 당신은 인형팝업상자(jack-in-the-box)를 받았을 때 얼마나 놀라 펄쩍 뛰었는지 기억하는가? 아이들도 똑같이 놀란다.

마지막으로, 동영상도 조금 나이 든 아이들의 정서 상태를 유발하기 위해 개발되었다. Eisenberg과 동료들(Eisenberg et al.,1988)은 다섯 살 난 아이들에게 다른 아이가 불안/고통(천둥, 번개가 치는 동안), 그리고 슬픔(애완용으로 기르던 새의 죽음)을 경험하는 장면을 보여 주었다. 다섯 살 난 아이들의 정서적 반응은 그 동영상에서 표현된 것과 일치하였다.

자연 발생 정서

정서 연구를 수행하는 두 번째 중요한 방법은 실제 삶 속에서 어떤 사건으로 인해 자연스럽게 발생한 다른 정서 상태를 경험하는 개인들의 행동을 관찰하는 것이다. 정서 과정을 연구하기 위해 자연적으로 발생하는 정서를 이용하는 것은 적어도 두 가지 방법이 있다. 첫 번째 방법은 유사하고 예측 가능한 정서 상태에 있을 확률이 높은 집단의 사람들을 찾아서, 거의 정서를 느끼지 않거나 다른 정서 상태에 있을 확률이 높은 집단의 사람들과 비교하는 것이다. 두 번째 방법은 실험실에서 혹은 온라인으로 심리 측정을 실시하여 현재 감정을 측정하고, 그들이 보고한 정서와 연구 관심인 행동의 관계를 살펴보는 방법이다.

준실험 설계

준실험 연구는 실험 조건과 통제 조건이 있지만 실험참가자들을 무작위로 배정하지 않는 연구를 말한다. 감정을 촉발하는 사건은 자연스럽게 발생할 수 있고, 혹은 실험진행자에 의해 배정될 수 있다. 정서 연구에서 현재 어떤 상황 때문에 특별한 정서 상태에 있을 가능성이 높을 것으로 생각되는 사람들의 행동을 중립 상태나 다른 정서 상태에 있을 것이라 생각되는 사람들의 행동과 비교할 수 있다. 예를 들어, 당신은 매우 우울한 영화로 알려진 영화를 보고 영화관을 방금 떠난 사람은 평균적으로 매우 슬픈 상태에 있을 것이라고 예측할 수 있다. 그리고 같은 시간에 도서관에서 책을 읽은 사람은 평균적으로 중립적인 감정 상태에 있을 것이라고 예측할 수 있다. 이 두 집단 사람들의 행동은 서로 비교 가능하며, 이는 슬픔이 남을 돕거나, 사회적인 활동을 하거나, 음식이나 음료를 소비하는 행동, 혹은 다른 많은 종류의 행동에 어떻게 영향을 줄 수 있는지 결론을 내릴 수 있게 한다.

준실험 현장 연구의 예로, Niedenthal과 Dalle(2001)는 행복한 상태가 범주화에 어떻게 영향을 미치는지 알아보고자 하였다. 그들은 어떤 강렬한 정서 상태가 되면 사람들은 일시적으로 정서를 형성하는 물체나 사건을 같은 심적 범주로 형성할 것이라고 예측하였다. 심적 범주의 예로 '사람을 혐오스럽게 만드는 것'을 들 수 있다. 즉, 그들은 사람들이 정서를 느낄 때 '정서 반응 범주'를 순간적으로 만든다고 생각하였다. 행복을 자연스럽게 경험하는 사람들은 정서적 등가성(emotional equivalencies)에 기초하여 범주화하는 경향성이 있을 것이라는 가설을 검증하기 위해, Niedenthal과 Dalle는 실제

두 결혼 피로연에서 실험참가자들을 섭외하였다. 그들은 결혼식에 초대된 사람들을 예식이 끝나자마자 음주를 하지 않은 상태에서 섭외한다면, 그 사람들이 매우 행복한(그리고 아직 술이 취하지 않은) 상태일 것이라고 예상하였다. 동시에 다른 실험진행자는 길거리를 걸어가고 있는 사람들을 섭외하고는, 이들은 다소 중립적인 상태일 것이라고 가정하였다.

결혼식과 거리에 있는 사람들에게 다가가 간단한 심리학 실험에 참여해 줄 것을 요청한 후, 두 가지 짧은 질문지를 완성하도록 하였다. 첫 번째 질문지는 범주화를 측정하는 것이었고, 두 번째는 정서 상태를 측정하는 것이었다. 첫 번째 질문지를 분석한 결과, 결혼식에 참여한 사람들이 정서적 등가성에 기초하여 물체의 범주를 형성하는 경향이 길거리에서 섭외된 사람들에 비해 높았다(자세한 범주화 측정 자료를 보려면 Niedenthal & Dalle, 2001을 참고하시오). 정서 측정치의 결과는 예상할 수 있는 것처럼, 예식장에 초대된 사람들이 길거리에서 섭외된 사람들보다 더욱 행복하였다.

따라서 Niedenthal과 Dalle(2001)는 자연스럽게 발생된 정서 상태에 있는 사람들을 연구함으로써 정서가 어떻게 다른 인지적 과정과 관련되는지를 실험실에 실험참가자를 데려와서 정서를 유발하는 절차 없이 결론을 내릴 수 있었다. 이러한 종류의 연구는 연구가설의 **생태학적 타당도**(ecological validity)를 높일 수 있다. 즉, 이 경우 정서 반응 범주화(emotional response categorization)라는 것이 단지 실험실에서만 나타나는 현상이 아니라 일상생활에서도 발생한다는 것을 보여 주었다.

상관 설계

여러분은 상관 연구에서 두 가지 행동 또는 사건에 대한 측정치들을 바탕으로 그 둘 간의 관계성의 방향(정적 또는 부적)과 강도(0에서 1까지)를 수량화할 수 있음을 기억할 것이다. 어떤 연구자들은 자연적으로 발생하는 정서와 일상생활에서 발생하는 다른 행동 간의 관계를 측정한다.

정서는 실생활에서 발생하므로 '온라인'으로도 연구될 수 있다. 경험 표집(experience sampling) 방법은 실험참가자로 하여금 인터넷 또는 스마트폰의 앱을 통해 하루 동안 발생하는 그들의 정서에 대해 질문지를 완성할 수 있게 한다(예: Feldman, 1995). 질문지는 응답자로 하여금 지금 어떤 정서를 경험하고 있는지를 표시하게 하고, 그 정서의 강도를 평정하며, 무슨 일로 그 정서가 야기되었는지 등을 체크할 수 있다.

경험 표집 자료 수집을 위한 세 가지 기본 스케줄이 있다. 첫째, 연구자는 참여자에게 아침, 점심, 저녁 등 하루에 정해진 시간에 컴퓨터를 통해 질문지를 완성하도록 하는 것이다. 이를 시간–조건부 반응(interval–contingent responding)이라 부른다. 둘째, 연구자는 참여자에게 어떤 특정 종류의 사건—예를 들어, 일정 시간 이상 지속되는 정서가 발생할 때마다—에 대한 반응으로 질문지를 완성하게 할 수 있다. 이를 사건–조건부 반응(event–contingent responding)이라 부른다. 마지막으로, 연구자는 참여자에게 초소형 컴퓨터(또는 스마트폰)로 신호가 올 때마다 질문지를 완성하도록 요청할 수 있다. 이를 신호–조건부 반응(signal–contingent responding)이라 한다. 경험 표집 기술 사용에 대한 보다 자세한 설명은 Christensen 등(2003)과 Feldman Barrett과 Barrett(2001)을 참고하라.

경험–표집 연구의 훌륭한 예로, Carstensen과 동료들(2011)이 정서적 경험의 발달적인 변화를 살펴본 연구를 들 수 있다. 참여자들은 일주일 동안 하루에 정해진 다섯 번씩 자신의 감정을 보고하였다. 그리고 10년 후, 그 참여자들의 정서는 같은 방식으로 하루에 다섯 번씩 조사되었다. 그 결과 나이가 들어 갈수록 정서적 웰빙이 증가하는 것으로 나타났다(보다 자세한 내용은 제8장과 제9장을 보라). 더불어, 정서는 사망률과도 연결되었다: 일상생활에서 부정적인 정서에 비해 긍정적인 정서를 경험한 참여자들이 연구 기간 동안 덜 사망하는 경향이 나타났다.

정서 유발 방법은 다 똑같지 않다

아마도 이제 당신은 어떤 정서 유발 방법을 사용할지 고민할 수 있다. 특정한 연구 문제를 탐구하기 위한 가장 적절한 방법을 결정하기 위해 여러 방법을 비교해 볼 수 있을 것이다(Rottenberg, Ray, & Gross, 2007). 아마도 가장 중요한 차원은 다음과 같다:

- 실험적 요구
- 표준화
- 복잡도
- 생태학적 타당도

실험적 요구(experimental demand)는 실험참가자들이 이 연구가 무엇을 검증하기 위한 것인지 추측하기가 얼마나 용이한가를 말한다. 만약 무척 추측하기 쉽다면 실험적 요구는 높은 것이며, 의욕 높은 참가자가 실험진행자를 돕거나 해칠 목적으로 자신의 행동을 바꿀 수 있는 경우에는 바람직하지 못한 것이 된다. 매우 분명하게 즐겁거나 슬픈 영화, 사진 또는 음악에 노출시키는 것은 실험참가자의 기분이나 정서적 반응을 조작하기 위한 아주 명백한 시도로 보이기 쉽다. 만약 실험참가자가 다수의 정서 조건이나 정서 자극에 노출된다면, 바로 그 조건들 간의 대비는 실험자가 정서를 조작하고 있다는 것을 명백히 보여 주는 것이 된다. 나아가, 정서 유발과 종속 변인의 관계가 뻔한 것일 때, 예를 들어 즐거운 영화를 보여 주고, 심리적 웰빙 척도를 완성하게 한다면, 실험참가자들은 연구자가 즐거움의 효과를 자기보고식 행복 척도로 알아보려고 한다고 손쉽게 생각할 수 있다. 만약 참가자가 연구자의 기대를 추측할 수 있어 그들의 행동을 바꾼다면, 그 연구의 타당성이 떨어지게 된다. 이러한 영향력을 피하기 위해, 연구자들은 연구의 실제 목적을 숨길 수 있는 커버스토리를 사용할 수 있다. 예를 들어, 연구의 두 부분(정서 유발을 위한 과제와 종속변인 측정을 위한 과제)이 서로 관련된 것이 아니라고 단언하거나, 두 가지 분리된 연구로 이루어졌다고 설명할 수 있다.

표준화(standardization)는 정서를 유발하는 방법이 다양한 사람과 맥락을 대상으로 그 효력과 신뢰도가 사전 검증되었는가 하는 정도를 말한다. IAPS는 많은 나라에서 많은 연령대의 사람들을 대상으로 사용하기 위해 특별히 개발되었다. 〈표 2-1〉에서 제시된 영화들은 광범위하게 사전 검증되었고 후속 연구에서 지속적으로 사용되었기에 음악이나 각본화된 상호작용 방법에 비해 보다 표준화되었다고 할 수 있다.

복잡도(complexity)와 생태학적 타당도(ecological validity)는 서로 관련된 개념이다. 복잡도가 실험실에서의 경험이 얼마나 많은 정서 요인을 불러일으키는가 하는 정도를 지칭한다면, 생태학적 타당도는 그 경험이 실제 생활에서 경험되는 것과 얼마나 유사한지 그 정도를 말한다. 실험실에서의 정서 경험은 실험진행자가 사용한 방법에 따라 영향을 받으며, 때로 한계가 있다(다음 절을 보시오). 예를 들어, 실험참가자가 MRI 스캐너 안에 누워 IAPS 사진들을 보는 것은 복잡도와 생태학적 타당도 측면에서 한계가 있을 수밖에 없다. 그 사진들은 복합한 상태를 발생시키지도 않거니와, 움직임이 제한된 점은 정서 반응의 경험에 몸이 관여하는 정도를 제한한다. 때때로 우리는 반응을 할 수 없지만 정서적인 자극에 폭격당할 때도 있다(차를 운전할 때처럼). 그때 우리는 정서적 자극에 주의를 줄 수 있더라도 즉각적인 신체 반응을 할 수는 없다. MRI 스캐너 안에서 IAPS 사진들을 제시하는 방법은 실제 생활의 정서 경험에 대한 모델이라고 말할 수 있지만, 결코 실생활이 그렇지는 않다.

정서 유발 방법에 대한 다른 고려 사항으로 비용(이미 각본화된 사회적 상호작용은 고비용이라는 점을 언급하였음), 촉발될 반응 혹은 상태의 특수함(어떤 절차들은 단지 긍정적/부정적 감정 상태를 촉발하지만, 어떤 경우는 즐거움, 분노, 공포 또는 죄책감 등 다소 분별적인 정서를 촉발할 수는 있음) 등이 있을 수 있다. 이 모든 문제를 잘 염두에 두되, 가장 중요한 것은 연구자가 어떤 정서 이론을 가지고 시작하느냐 하는 점과 그 이론에서 설명하려는 정서 상태나 반응을 유발할 수 있는 절차를 선택하는 것이다.

정서 측정하기

제1장에서 우리는 정서가 많은 요소를 가지고 있다고 배웠다. 정서를 측정하기 위해서는, 먼저 실험진행자가 특정 정서 이론을 지지함을 밝히고, 그 정서 이론에 의해 명확히 서술된 정서 요인(들)을 측정하려는 노력이 필요하다. 여기서는 정서의 다른 요인들을 측정하는 다섯 가지 종류의 측정치들을 소개한다. 각 측정치는 정서를 같은 정도의 특이성으로 측정하지는 않는다. 어떤 측정치는 '핵심 감정'의 차원(정서가와 활성화)을 측정하며, 다른 측정치는 더 많은 개별 정서 상태를 측정한다.

질문지법

당신의 경험 중 어떤 측면을 1점(전혀 없음)에서 10점(매우 많이) 사이의 등간 척도로 평정하라고 요구받은 때를 생각해 보라. 상당히 자주 있지 않았는가? 이러한 평정 체계를 리커트 응답 척도라고 부른다. 그리고 리커트 타입의 척도에서 수치들은 단어들(전혀 없음, 거의 없음, 보통 등)로 전환될 수 있기 때문에 종종 언어적 측정치(verbal measure)라고 부른다. 비언어적 측정치, 즉 단어 대신 그림이 감정 상태를 나타내는 방법 또한 주관적 감정 상태를 측정하는 방법으로 개발되어 왔다.

전반적인(혹은 '핵심') 감정을 측정하는 도구 중 가장 자주 쓰이는 것 중 하나가 Watson, Clark 그리고 Tellegen(1988)이 개발한 정적정서 부적정서 척도(Positive and Negative Affect Schedule: PANAS)[2]이다. PANAS는 간단하면서도 신뢰롭고 타당도가 높

---

2) 역자 주: 한국판 PANAS 척도는 이현희, 김은정, 이민규(2003)가 번안하여 타당화한 척도를 국내에서 사용해 왔으나, 번역의 부적절성 등으로 수정이 필요하다는 주장이 제기되어 온바, 박홍석, 이정미(2016)가 다시 번역하여 타당화하였다. 이 책에서는 박홍석, 이정미(2016)의 번안을 따랐다.

은 질문지로 20개의 감정 단어로 구성되어 있다. 응답자는 각 단어가 지칭하는 정서에 대하여 자신이 경험하고 있는 수준을 1점(매우 약함 또는 전혀 없음)에서 5점(매우 강함) 사이의 값으로 평정한다([그림 2-2]). '바로 지금', '지난주', '지난달' 또는 '일반적인'과 같은 특정한 시간대를 지정하여 응답하도록 지시할 수 있다. 이 척도는 부적정서(NA) 점수와 정적정서(PA) 점수를 각 측정 범주에 해당하는 단어들에 대한 점수의 평균으로 구할 수 있다. 다중 감정 형용사 체크리스트-개정판(Multiple Affect Adjective Checklist-Revised: MAAC-R; Zuckerman & Lubin, 1985), 현재 기분 질문지(Current Mood Questionnaire; Feldman Barrett & Russell, 1998), 그리고 약식기분내성척도(Brief Mood Introspection Scale: BMIS; Mayer & Gaschke, 1988) 등은 일반적인 긍정 혹은 부정적인 감정의 높고 낮은 각성 상태를 측정할 때 사용할 수 있다.

이와 대조적으로 차별적 정서척도(Izard et al., 1974)는 분별적인 정서 상태들을 측정하기 위하여 개발되었다. 이 척도에는 10가지 정서 범주, 즉 흥미(interest), 즐거움(joy), 슬픔(sadness), 화(anger), 공포(fear), 불안(anxiety), 혐오(disgust), 경멸(scorn), 놀람(surprise), 그리고 행복(happiness)에 해당하는 단어가 제시되어 있다.[3] 응답자는 각 단

단축형 국제 PANAS 양식

각 항목에 대해 당신이 평소 어떻게 느끼는지, 그리고 일반적으로 어느 정도로 느끼는지를 스스로 생각해 보세요.

_____ 1. 화가 났다(Upset) 　　　　 _____ 6. 긴장했다(Nervous)
_____ 2. 적대적이었다(Hostile) 　　 _____ 7. 확고했다(Determined)
_____ 3. 맑은 정신이었다(Alert) 　　 _____ 8. 주의 깊었다(Attentive)
_____ 4. 부끄러웠다(Ashamed) 　　 _____ 9. 두려웠다(Afraid)
_____ 5. 영감을 받았다(Inspired) 　 _____ 10. 활기찼다(Active)

1	2	3	4	5
결코 그런 적이 없다				항상 그렇다

[그림 2-2] 단축형 국제 PANAS 양식, 총 20항목인 전체 척도에서 타당화된 단축형 척도
출처: Thompson (2007).

---

3) 역자 주: 국내에서는 차별적 정서척도(Differential Emotions Scale-IV: DES-IV; Izard, Libero, Putnam, & Haynes, 1993) 4판을 번역하여 타당화한 이선화, 김보미, 유성은(2012)의 척도가 있다. 4판에서는 흥미, 즐거움, 놀람, 슬픔, 화, 혐오, 경멸, 공포, 죄책감, 수치심, 수줍음, 자기적대감 등 12가지의 개별적인 정서 경험을 측정한다.

어에 대해 주어진 시간대에 얼마만큼 그 정서를 느꼈는지('전혀 없음'에서 '매우 강하게'까지)를 5점 척도로 평정한다. 실험진행자는 각 범주에 해당하는 세 단어의 평정점수 평균을 산출할 수 있다.

자기 평가 마네킹 척도(Self-Assessment Manikin: SAM, [그림 2-3] 참조)는 비언어적 척도를 사용하여 감정의 정서가와 각성수준을 측정하기 위해 고안된 도구다(Bradley & Lang, 1994). 이 척도는 정서가를 나타내는 웃는 모습(행복한)에서 찌푸린 모습(불행한)으로 점진적으로 변화하는 그림들과, 각성가를 나타내는 매우 흥분되고 눈을 크게 뜬 모습에서 졸리고 편안한 모습으로 변화하는 그림들로 구성되어 있다. 응답자는 그들의 현재 기분 상태와 가장 잘 들어맞는 그림 아래에 동그라미를 치는 방식으로 체크한다. 이 평정치는 1점에서 9점 사이의 정서가 평정치와 1점에서 9점 사이의 각성수준의 평정치로 변환될 수 있다.

SAM 및 비언어적 정서 측정치들은 어린이와 성인 모두를 대상으로 정서를 측정할 수 있다는 장점이 있다. 또한 SAM은 언어의 제약을 받지 않으므로 국가와 문화권에 상관없이 사용될 수 있다(Morris, 1995).

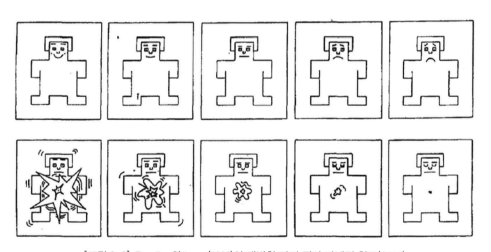

[그림 2-3] Bradley와 Lang(1994)이 개발한 자기 평가 마네킹 척도(SAM)

얼굴표정

얼굴표정 연구는 프랑스 생리학자 Guillaume-Benjamin Duchenne de Boulogne (1862/1990)가 다른 얼굴 근육의 조합이 다른 얼굴표정을 산출하는지 알아본 연구로까지 거슬러 올라갈 수 있다. Duchenne de Boulogne는 전류를 사용하여 얼굴 근육들을 수축시켰고, 그 결과로 나타난 얼굴을 사진으로 찍었다. 그가 사용한 방법은 얼굴표정을 측정하는 한 가지 방법, 소위 요인법(component method)의 시초가 되었다. 오늘날 요인법을 사용하는 감정과학자들은 Duchenne de Boulogne의 관찰에 일정 부분 영감을 받은 객관적 코딩 시스템을 주로 사용한다.

Ekman과 Friesen(1978)은 널리 사용되는 해부학 기초 코딩 시스템인 얼굴 근육 활동 코딩법(the Facial Action Coding Scheme: FACS)을 개발하였다. FACS는 근육 활동에 의해 야기되는 얼굴 형태 변화를 측정한다. 얼굴표정은 근육 활동 단위(action units: AU)의 조합으로 기술된다. 총 44개의 근육 활동 단위(AU)가 한 개 혹은 여러 개의 조합으로 시각적으로 구분 가능한 얼굴 근육 활동들을 설명한다. FACS 채점은 얼굴 근육들의 수축과 그 수축의 강도에 대한 면밀한 관찰을 요구한다([그림 2-4]). 코딩하는 사람은 주로 사진을 분석하지만, 얼굴 형태의 미세한 변화를 주해하기 위해서는 비디오 녹화 자료를 선호하기도 한다. 100시간 이상 상당한 수준의 훈련이 필요하며, 코딩 작업은 시간이 많이 걸리는 힘든 일이다(Cohn & Ekman, 2005). 예를 들어, 1분 가량의 비디오를 코딩하는 데 약 1시간이 걸린다. FACS의 타당도를 검증하기 위해 감정을 표현하는 사람의 자기보고를 사용하거나, 기본 정서 얼굴표정에 관련된 활동 단위를 확인하기 위해 관찰자가 정서 판단을 하는 연구들이 진행되었다(Ekman & Friesen, 1982).

FACS 코딩은 시간이 많이 걸리는 작업이기 때문에, 컴퓨터-보조 FACS 코딩 소프트웨어가 개발되었다(Cohn, Ambadar, & Ekman, 2007). 컴퓨터 얼굴표정 재인 툴박스(Computer Expression Recognition Toolbox)인 CERT는 시각적 얼굴표정 모사를 측정하는 한 가지 방법이다(Littlewort et al., 2011). CERT는 얼굴 근육 활동 코딩 시스템(Facial Action Unit Coding System: Ekman & Rosenberg, 2005)에서 추출한 19개의 다른 얼굴 근육 활동의 강도를 자동적으로 코딩하며, [그림 2-4]에 제시된 6개의 전형적인 정서 표정의 강도도 측정할 수 있다. 이 방법은 한번에 몇 개의 근육 활동 밖에 측정하지 못하는 근전도(electromyography: EMG)에 비해 덜 침습적이고 비용 대비 훨씬 효과적이다. Littlewort와 동료들이 개발한 CERT는 회사 Emotient에서 상업적으로 이용 가능하다. FAST-FACS(Simon et al., 2011)는 정서 연구자를 위해 특별히 개발된 것으로 또 다른 컴퓨터 보조 FACS 코딩 소프트웨어다.

지금까지 개관한 얼굴표정 측정 기술들은 대부분 얼굴을 시각적으로 검사하는 것이다. 때때로 시각적인 검사에 의해 반드시 탐지되지 않더라도 정서 반응을 나타내는 작

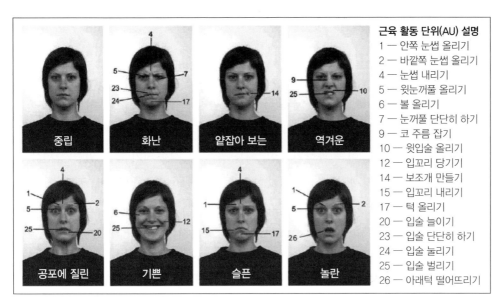

	근육 활동 단위(AU) 설명
	1 — 안쪽 눈썹 올리기
	2 — 바깥쪽 눈썹 올리기
	4 — 눈썹 내리기
	5 — 윗눈꺼풀 올리기
	6 — 볼 올리기
	7 — 눈꺼풀 단단히 하기
	9 — 코 주름 잡기
	10 — 윗입술 올리기
	12 — 입꼬리 당기기
	14 — 보조개 만들기
	15 — 입꼬리 내리기
	17 — 턱 올리기
	20 — 입술 늘이기
	23 — 입술 단단히 하기
	24 — 입술 눌리기
	25 — 입술 벌리기
	26 — 아래턱 떨어뜨리기

[그림 2-4] FACS 얼굴 활동 단위에 기초하여 8가지 얼굴표정의 핵심 근육 활동 단위를 표시한 것

출처: 타당화 작업을 거친 Radboud Faces Database; Langner et al. (2010).

지만 매우 중요한 표정들이 있을 수 있다. 안면 근전도(Facial EMG)는 얼굴 표면에 부착한 작은 전극으로 수축된 얼굴 근육들의 전기 방출을 측정한다(Cacioppo & Petty, 1981; Cacioppo, Tassinary, & Fridlund, 1990). 따라서 EMG 기록은 눈으로 보이거나, 보이지 않는 즉각적인 얼굴 변화에 대한 정확한 측정치를 제공할 수 있다. 특정 얼굴표정을 구성하는 근육들에 대한 기존 설명은 전극 배치에 도움을 줄 수 있다.

얼굴표정을 측정하는 두 번째 접근 방법은 얼굴 근육 활동 그 자체와 관련된 것이 아닌, 얼굴표정으로부터 관찰자가 추론할 수 있는 정보와 관계된 판단법(judgment method)이다. Darwin(1872/1998)에 의해 소개된 이 방법은 얼굴표정의 보편성과 생득성에 대한 가설을 검증하는 연구에 흔히 쓰인 방법이다. 판단법 연구들은 관찰자가 정서를 유발하는 상황에 대한 정보가 없어도 얼굴 하나만으로 정서를 정확히 재인할 수 있다는 가정에 기초하고 있다. 표준적인 판단 과제는 관찰자에게 얼굴표정 정지 사진을 제시하고, 그 사람이 표현한 정서를 제시된 정서 단어 리스트에서 하나 고르도록 요구한다(즉, 강제-선택 반응 형식). 이때 관찰자의 반응이 표현된 정서에 대해 일반적인 견해(사전 연구에서 확립된)와 일치하거나, 얼굴표정을 지은 사람의 자기보고와 일치하면 정확 반응으로 간주된다.

중추신경계

신경계는 전통적으로 두 부분, 중추신경계와 말초신경계로 나뉜다. 중추신경계 (central nervous system: CNS)는 뇌와 척수를 포함하고 우리의 정서 반응에 중요한 역할을 한다. 정서의 신경 기저를 연구하는 과학자들은 정서 경험과 표현의 신경 바이오마커를 찾으려고 한다. 이는 과학자들이, 예를 들어 두 강아지가 놀고 있는 장면에 대한 반응과 같이 어떤 정서적 사건이 발생함과 동시에 작동하는 뇌의 시스템을 찾고 있다는 말이다. 다르게 표현하자면, 그들은 정서적 반응과 뇌에서 일어나는 일들의 상관관계를 찾고 있다는 것이다. 뇌전도와 신경영상법, 특히 기능적 자기공명영상법은 중추신경계에서 정서 처리를 측정하기 위해 발달된 방법들이다.

뇌전도(EEG)

뇌에 있는 뉴런은 전기와 신경화학물질을 사용하여 신호를 주고받는다. 뉴런은 활성화될 때 탈분극화되는데, 그 의미는 평소 세포 외부에 비해 음극 상태인 그들의 전위가 재빠르게 극을 바꾸고, 역치(threshold)에 도달할 경우 전기 파동(소위 활동전위라 불리는)이 축색을 따라 퍼진다. 축색은 많은 가지로 나뉘어 있으며, 각 가지는 다른 뉴런과 가깝게 연접하고 있다. 두 뉴런이 거의 접촉한 지점, 이를 시냅스라 부른다. 시냅스는 실제로 틈이기 때문에, 두 뉴런이 완전히 접촉되어 있지 않다. 시냅스에 도착한 활동전위는 신경전달물질을 방출하며, 이 물질들은 틈을 지나 다른 뉴런에 있는 수용기에 안착된다. 만약 충분한 신경전달물질이 다른 뉴런에 도착하면, 그 뉴런의 전위 또한 바뀔 것이며, 역치에 도달하면 다시 활동전위가 발생되어 또 다른 뉴런들에게 전달될 것이다. 뉴런 한 집단의 전위 변화는 두피 위에 위치한 '헤드캡'에 부착된 전극을 통해 시간의 경과에 따라 측정될 수 있다(그림 2-5를 보라). 이것이 EEG가 작동하는 방법이다. 그러나 전기 신호들은 전극에 도달하기 전에 두피와 두개골을 통과해야 하고, 머리의 윗부분에서만 측정 가능하기 때문에, EEG는 뇌의 바깥쪽 층위에서 측정되는 것으로 제한하여 해석하며, 신호 출처의 위치를 면밀하게 파악하지 못하다. 대신 EEG는 뇌의 전측과 후측, 그리고 좌반구와 우반구 등 뇌의 큰 영역에서 나타나는 활동을 측정한다. 다음 장에서 논의하겠지만, 연구자들은 긍정 정서와 부정 정서를 발생시키는 데 각 반구의 역할에 대한 가설들을 검증하기 위해 EEG를 사용하였다.

과학자들은 또한 정서적 대상을 지각하였을 때 대뇌 반응의 시간적 흐름을 추정하는

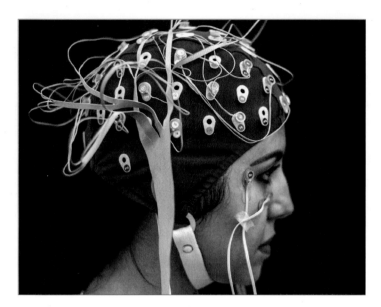

[그림 2-5] 뇌전도(EEG) 헤드캡의 예

데 EEG를 사용하였다(Bradley et al., 2007; Olofsson & Polich, 2007). 연구자들은 많은 시행의 EEG를 평균 내어 사건관련전위(event-related potential: ERP) 파형을 계산함으로써, 어떤 실험 조건하의 정서적 정보에 대한 반응들의 시간적 흐름을 파악하였다. ERP는 일련의 정적, 부적 전류의 변화들로 구성된다(P는 정적, N은 부적). P와 N 반응들은 지각된 사건의 시작점부터 1/1,000초(ms) 단위로 파악된다. 예를 들어, P100(또는 P1) 성분은 사건 발생 후 약 100ms에 나타나는 정적 전류 파형이다. 게다가 ERP 성분들은 두피 위의 정적, 부적 전류의 분포 지형도(topography)와 관련이 있다. 예를 들어, P100은 두피의 후측에서 발생하고, 이는 시각피질에 근원이 있는 것으로 생각된다. 일련의 연구들은 불쾌한 그림은 긍정적이고 중립적인 그림에 비해 보다 큰 P1 파형을 만든다는 것을 보여 주었다(Delplanque et al., 2004).

기능적 자기공명영상(fMRI)

자기공명영상은 스캐너라고 불리는 기계에 누워 강한 자기장(주로 3 Tesla)과 라디오 주파수로 몸 안 구조물의 영상을 만드는 방법이다([그림 2-6]). 결과 영상을 스캔(scan)이라 부르며, 원래 디지털 영상으로 컴퓨터에 저장될 수 있고 다양한 방법으로 분석될 수 있다. 기능적 자기공명영상(functional Magnetic Resonance Imaging), 또는 fMRI는 약간 다른 방법으로 MRI 스캐닝을 하는데, 이것은 뇌가 작동하고 있는 동안(즉, 어떤 기능을 수행하고 있는 동안) 영상을 찍는다. 뇌의 한 부위가 사용되면, 산소 소모와 함께 그 영역으로의 피의 흐름이 증가한다. 뇌의 fMRI는 혈내 산소포화정도와 혈류 변화를 탐지한다. 스캔들을 바탕으로 특정 과제를 수행하는 동안 혹은 특정 판단을 내리기까지 뇌의 어떤 부위가 관여하는지(통계적으로 활성화된)를 보여 주는 활성화 지도가 계산된다. 따라서 몸에 있는 어떤 구조물의 상태를 보여 주기(MRI 스캔의 목적)보다, fMRI는 연구자가 어떤 특정 과제를 수행하는 동안 사용되는 뇌의 다른 부분들에 대한 결론을 내리는 데 도움을 준다.

정서와 관련하여 fMRI 연구는 행복, 혐오, 불안과 같은 기본 정서에 대한 신경생물학적 표식(marker)이 있는지에 관한 물음을 던져 왔다(Barrett & Wager, 2006; Phan et al., 2002; Posner et al., 2009; Sprengelmeyer et al., 1998). fMRI는 상대적으로 피질하 영역, 특히 뇌간 영역(뇌의 깊숙한 부분에 존재하는 작은 영역)의 스캔은 부정확하기 때문에, 주로 정서에 있어 피질 영역들의 역할을 이해하는 데 주로 사용되어 왔다. 피질 영역은 실행 기능에 중요한 역할을 하기 때문에, fMRI는 정서의 바이오마커들을 찾아내기보다 정서의 조절에 관한 연구에 있어 매우 효과적인 정보를 주었다. 정서의 억제와 조절은 전전두엽에 의해 수행되고, 이는 상대적으로 fMRI에서 시각적으로 보여 주기 쉬운 영역이다(Kalisch, 2009; Ochsner et al., 2002; Wager et al., 2008).

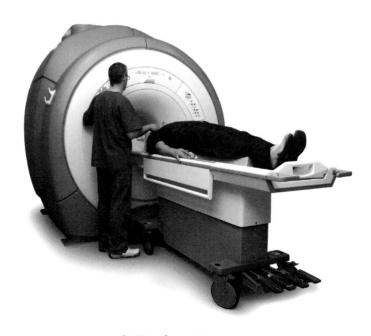

[그림 2-6] An MRI scanner

최근 감정과학 분야에서 fMRI 사용하여 해답을 얻으려는 연구가 가속화되었다. 그것은 여러 가지 이유 때문인데, 우선 fMRI 신호를 처리하고 분석하는 기술이 매우 발전하여 결과 자료를 매우 면밀하게 신뢰할 수 있기 때문이다. 더불어 이제 그 기술은 점차 발전하여 심적 사건의 시간적 추이에 대한 정보도 줄 수 있다. 과거에는 심적인 과정의 시간적인 변화에 대한 정보는 그 신호의 출처가 불분명한 EEG에 의존할 수밖에 없었다.

말초신경계

말초신경계(peripheral nervous system: PNS)는 뇌와 척수의 바깥 부분에 위치하면서, 뇌신경(cranial nerves), 척수신경(spinal nerves), 자율신경(autonomic nerves)을 포함한다. 이 신경들은 중추신경계와 눈과 귀 같은 감각 기관들을 연결한다. 그리고 중추신경계와 근육, 혈관, 내분비 선(glands)과 같은 몸의 다른 기관들도 연결한다. 말초신경계는 체성신경계와 자율신경계로 나뉠 수 있다.

체성신경계(somatic nervous system: SNS)는 수의적 통제에 따라 얼굴을 포함한 몸의 골격근들을 자극하는 기능을 한다. 우리는 걷고, 뛰고, 옷을 입고, 커피잔이나 휴대전화를 드는 등 일련의 행동을 만들기 위한 계획들을 실행할 때 체성신경계에 의존한다. 이에 반해 자율신경계(autonomic nervous system: ANS)는 우리 몸의 자율적인 기능들을 지원한다. 예를 들어, ANS는 환경의 변화에 따라 몸의 내적 균형을 조절하며, 심장과 같은 평활근(smooth muscles)과 내분비계 활동을 조정한다. ANS는 교감 신경계와 부교감 신경계로 다시 나뉜다. 교감 신경계는 신체의 활동을 준비하는 기능을 하며, 부교감 신경계는 신체의 회복을 위한 기능을 한다.

정서의 생리학을 연구하는 많은 학자는 자율신경계의 반응을 측정하려고 노력한다. 왜냐하면 자동적인 정서 반응에 관심이 있기 때문이다. 〈표 2-2〉에 자율신경계의 반응을 측정하는 다양한 방법을 요약해 놓았다. 표에서 알려 주듯이 심박률과 같은 생리적 반응들은 대부분 피부 표면에 센서를 부착하여 측정한다. 실험진행자가 센서를 사용하여 실험참가자의 피부에 직접 부착하기 때문에, 생리학적 측정은 일종의 강제적인 방법으로 고려된다. 강제적이라는 말은, 실험참가자가 어떤 것이 측정된다는 사실을 알고, 그 측정 경험이 불편하여 스트레스를 유발할 수도 있다는 뜻이다. 센서를 사용하지 않는 두 가지 예외적인 방법이 있는데, 동공반사와 눈깜박임 측정치가 그것이다. 이 반응들은 안구추적장치(eye-tracking devices)를 사용하여 측정할 수 있다. 물론 눈깜박임은 전극으로도 측정 가능하다.

전극을 부착하고, 실험참가자에게 관심 있는 자극을 노출시킨다. 실험 자극은 무례한 실험진행자와의 상호작용과 같이 대인적인 것에서부터 얼굴표정 사진이나 시끄러운 잡음과 같은 시각 또는 청각 자극까지 다양하다. 자극에 노출되는 동안, 전극은 전극 위치 주변에서 발생하는 전위의 변화(즉, 전압)를 자극에 대한 반응으로 기록한다. 전위의 수치화된 기록은 중립 기저선과 비교된다. 이 비교는 연구자로 하여금 자극에 대한 노출이 실험참가자에게 생물학적 영향력을 미치고, 어떤 생리적 체계(예: 심장박동, 피부전도 반응 등)에 영향을 주었는지를 알아볼 수 있게 한다. 그다음 연구자들은 생리적 반응과 관련된 정서를 연결시킨다.

자율신경계는 자동적인 반응—즉, 어떤 개인의 통제력을 벗어난 것—을 측정하기 때문에 '순수한' 정서의 측정치로서 고려된다. 하지만 지금까지 기본 정서(아마도 공포와 분노 외의)들에 대한 생리학적 바이오마커들은 완전히 확인되지 않았다. 그보다 연구자들은 새로움(novelty), 강도(intensity), 그리고 정서가(valence)와 같은 정서의 다른 측면들에 대해 알려 주는 생리학적 지표들을 연구한다(Mauss & Robinson, 2009).

〈표 2-2〉 **생리학적 측정치 목록**

측정치	도구	지표
피부전류 활동	전극	새로움, 감정의 강도
심박률/기간	심전도	공포, 분노, 주의집중
혈압	맥박계	과제 몰입, 분노, 스트레스
혈류량	혈관계	깜짝 놀람, 공포, 불안
동공 반응	안구추적기	피로, 새로움, 자극의 정서성
눈깜박임	안전도, 안구추적기	부정적인 감정, 신경질, 스트레스

정서 측정 방법은 다 똑같지 않다

정서를 유발하도록 가용한 절차들이 모두 같은 결과를 가져오는 것이 아니듯, 정서를 측정하는 방법들도 그렇다. 측정 방법들은 연구 질문과 목적에 따라 다소 유용하거나 정확한 정도가 다르다(Scherer, 2005). 정서 측정법을 선택하는 데 있어 중요하게 고려할 점은 다음과 같다. 그 방법이

- 언어적 방법인지
- 주관적인 방법인지, 혹은 객관적인 방법인지
- 개별 정서를 측정하는지, 혹은 보다 전반적인 정서 상태를 측정하는지
- 침습적인지
- 비용이 많이 드는지

언어 기반 측정치들은 주로 자기보고 척도들을 포함한다. 어떤 연구자들은 자기보고가 정서를 측정하는 방법의 '황금 표준'이라고 생각한다. 즉, "만약 어떤 사람이 어떻게 느끼는지 알고 싶다면, 그냥 그 사람에게 물어보라!"(Barrett, 2004). 그러나 이러한 자기보고법에는 몇 가지 문제가 있다. 첫째, 이 장 서두에서 논의한 것처럼 이 방법은 실험적 요구에 취약하다: 만약 당신이 내 기분을 묻는다면, 나는 내 대답을 실험진행자인 당신에게 맞출 수도 있고(예: 당신이 듣고 싶은 대답을 해 줄 수 있음), 아니면 나에게 맞출 수 있다(예: 나는 내 감정을 솔직하게 말하기 싫음). 둘째, 언어 기반 측정치들은 언어를 이해하지 못하는 어린아이들을 대상으로 사용할 수 없다. 비교문화 연구를 위해서는 다른 언어로 번역하는 것이 필요한데, 정서 단어들을 번역하는 것은 매우 어렵고, 또 연구 결과를 잘못 해석할 수 있게 하는 많은 종류의 오류에 취약하기 때문에 매우 조심스럽게 사용해야 한다(예: Hurtado de Mendoza et al., 2010).

정서의 자기보고법은 또한 주관적이다. 그렇기 때문에 많은 자기보고 편향에 취약하다. 예를 들어, 어떤 사람이 어떤 감정을 갖고 있는지 판단하는 것은 주의집중을 요구하는데, 당신이 어떤 감정인지 물었을 때, 당신은 당신의 감정에 집중하지 않고 있었을 가능성이 높다. 따라서 다른 연구자들은 보다 객관적인 정서 측정법을 원한다. 그러나 완벽한 객관적 측정법은 없으며, 어떤 '객관적인' 정서 측정치는 어떤 특별한 정서의 출현을 사실상 알려 주지 못할 수도 있다.

사실 많은 정서 측정 방법은 분노, 죄책감, 혐오와 같은 특정 정서를 수치화하는 것에 유용하지 않다. 앞에서 소개한 자기보고식 질문지들은 특정 정서(기본 정서를 포함한)에 대한 점수를 산출하는 데 유용할 수 있다. 그러나 기본 정서들에 대한 생리학적, 신경생물학적 지표들은 결론적으로 발견되지 않았다. 어떤 정서들을 객관적으로 측정하고자 할 때, 가장 좋은 책략은 얼굴표정, 생리적 지표, 또는 행동과 같은 정서의 많은 요인을 함께 측정하는 것이다.

또 다른 문제점은 많은 객관적 측정치가 침습적이고 비용이 많이 든다는 점이다. 여

러분은 여러분의 가슴과 머리, 또는 몸 어딘가에 전극을 부착한다면 과연 좋은가? 이러한 침습적 방법은 정서 유발 절차에 의해 만들어지는 정서의 양에도 영향을 미치며, 어떤 정서를 촉발할 수 있는지에도 영향을 미친다. 또한 이러한 방법 자체가 스트레스를 일으키는 사람에게는 실제 이 측정 자체가 공포스러운 정서를 유발할 수 있다. MRI 기계는 특정 정서에 대한 복잡한 신경회로를 확인하는 데 큰 진전을 가져왔지만, 그것은 여전히 제한적이며 불편하다. 그리고 MRI 영상 획득과 분석은 매우 많은 비용이 든다.

요약하자면, 정서의 요인들을 측정하는 방법은 매우 다양하다. 어떤 정서를 유발하는 방법을 선택할 때부터 연구자는 사실 특정 정서 이론을 갖고 시작해야 하며, 그 이론에서 설명하고자 하는 정서의 요인들을 측정하는 방법들을 선택해야 한다.

📖✏ 요약

이 장에서 우리는 감정과학자들이 정서를 연구하기 위해 연구실 안팎에서 사용하는 방법들을 소개하였다.

- 영화, 음악, 각본화된 상호작용, 정서적 사진들의 제시와 같이 연구실에서 윤리적으로 정서 상태를 유발할 수 있는 다양한 방법을 소개하였다.
- 정서는 또한 자연스럽게 발생하는 정서를 활용함으로써 연구될 수 있다. 연구실 바깥에서, 실제 상황에서 정서가 발생할 때마다 정서를 보고하는 자료 수집 기술이 사용될 수 있다.
- 개인의 정서 상태는 질문지법, 얼굴표정 측정, 뇌 및 여러 생리적 상태를 기록하는 방법 등 많은 기술을 사용하여 측정할 수 있다.
- 이 많은 방법을 사용하여, 우리가 정서라 부르는 전체 코끼리의 많은 부분을 측정함으로써, 우리는 정서의 요인과 그 요인의 조화 및 부조화에 관한 진리에 점차 다가갈 것이고, 나아가 이 책의 남아 있는 주제인 사회적 삶에서 정서의 역할과 정서적 경험을 구성하는—몸과 마음의 과정으로서—모든 '인간의 본성'의 작용에 대해 알아 갈 것이다.

▷ 학습 링크

1. 컴퓨터를 사용해 얼굴표정을 측정하는 기술에 관한 Dr. Rana el Kaliouby의 영상
   https://www.ted.com/talks/rana_el_kaliouby_this_app_knows_how_
   you_feel_from_the_look_on_your_face?utm_campaign=tedspread&utm_
   medium=referral&utm_source=tedcomshare

2. 고객의 행동을 추정하고 예측하기 위한 정서 측정 방법들의 탐색
   https://vimeo.com/146308492

3. 정서 지능(emotional intelligence)의 정의와 측정에 대해 알아보기
   https://mypages.unh.edu/jdmayer/emotional-intelligence-overview

4. 정서를 유발하기 위해 사용하는 슬픈 영화에 관한 미국 Smithsonian.com 기사를
   읽어 보기
   https://www.smithsonianmag.com/arts-culture/the-saddest-movie-in-the-
   world-33826787/no-ist

제3장
정서적 뇌

Psychology
of Emotion

일상적인 은유에서 정서는 주로 가슴과 관련이 있다. 우리는 종종 다음과 같은 표현을 쓴다. '가슴이 찢어진다.', '가슴이 가라앉는다.', '가슴이 무겁다.', '무엇에 가슴이 뛴다.' 제1장에서 배웠듯이 가슴은 정서에서 어떤 역할을 하지만, 과학자들은 이제 뇌가 심혈관계를 조절한다는 것을 알고 있다. 따라서 정서에 관한 한 머리와 가슴은 함께 작용한다고 말하는 것이 보다 정확할 것이다.

이제 정서과학자들은 뇌의 기능을 관찰할 수 있는 도구들을 갖고 있으며, 자기 자신의 정서 발생과 다른 사람들의 정서를 지각하는 과정에서 작용하는 뇌의 역할에 대해 보다 많은 것을 알고 있다. 뇌의 어디에서 정서가 발생하는지를 알고 싶은 다양한 이유가 있다. 가장 중요한 이유 중 하나는 정서 경험 모든 요소의 다양성을 이해하고, 특히 우울과 불안 같은 정서 처리 문제를 이해하고 싶기 때문이다. 정서과학자들은 다음과 같은 정서에 관한 근본적인 질문을 던진다. 특정 정서가 특정 뇌 영역의 산물인지, 혹은 서로 연결된 많은 뇌 영역에 걸쳐 있는 분산된 네트워크의 산물인지? 좌뇌에 비해 우뇌가 보다 정서적인지? 뇌의 어떤 영역이 타인이 표현한 정서를 우리로 하여금 인식할 수 있도록 하는 것인지? 이번 장에서 우리는 이런 흥미진진한 질문들에 대한 답을 제시하려고 한다.

그에 앞서 뇌 해부학과 신경과학적 발견의 기초적인 내용을 소개할 것이다. 관련된 연구들을 잘 이해하기 위해서는, 지난 장에서 배운 뇌전도(EEG), 즉 두피에 부착된 전극을 통해 시간의 흐름에 따라 측정할 수 있는 뉴런 그룹들의 전위 변화 측정치에 대한 내용을 기억해야 한다. 기능적 자기공명영상(fMRI)은 스캐너라 불리는 실린더형 기계 속에 누워 강력한 자기장과 라디오주파수 파형의 조합으로 뇌 속의 혈류 변화와 혈중 산소포화정도에 대한 영상을 다양한 각도에서 만들 수 있는 방법이다. 두 가지 방법은 뇌 활동을 측정하는 방법으로 정서 요인들에 대한 대뇌 다양한 영역의 역할들을 알아낼 수 있다.

이 장을 공부하면서 뇌의 다양한 영역을 언급할 것이다. 따라서 첫 번째 섹션에서는 말초, 중추신경계의 기본적인 요소들을 살펴보면서 대뇌 해부학적 지식을 습득할 것이다.

말초신경계

신경계는 말초신경계와 중추신경계로 구성된다. 중추신경계(central nervous system: CNS)는 뇌와 척수를 포함한다(다음 섹션을 보라). 중추신경계의 바깥 부분에 위치하는 신경(nerves)과 신경절(ganglia)을 말초신경계(peripheral nervous system: PNS)라 부른다. 그러나 이러한 구분은 다소 모호한데, 그 이유는 말초신경계의 많은 뉴런의 축색은 말초로 뻗어 있지만, 그들의 세포체는 뇌 또는 척수 안에 놓여 있기 때문이다. 말초신경계는 체감각신경계와 자율신경계로 나뉜다. 체감각신경계(somatic sensory system)는 근육의 활동과 체감각(촉각, 통각 그리고 고유감각, 즉 공간상에서 관절 위치에 관한 감각)을 담당하는 운동-감각 신경들을 포함한다. 교감, 부교감 신경으로 나뉘는 자율신경계(autonomic nervous system: ANS)는 심장, 내장과 같은 내부 장기의 기능을 조절하여, 심박, 소화, 호흡 등을 조절한다. 교감 신경계(sympathetic nervous system)의 활성화는 개체로 하여금 위협적인 자극에 대한 반응으로 '싸우거나 도망가거나' 하는 행동을 통해 주요 사건에 대해 대처하도록 한다. 반대로 부교감 신경계(parasympathetic nervous system)는 쉼, 소화, 몸의 재충전과 관련이 있다. 우리 모두 교감 또는 부교감 신경계의 활동이 증가될 때 나타나는 효과들을 경험할 수 있다. 예를 들면, 여러분은 시험 전에 긴장되는 기분을 느낄 수 있고(교감 신경), 저녁 식사 후에 졸음(부교감 신경)을 경험할 수 있다.

중추신경계

이미 언급한 바와 같이, 사람의 중추신경계는 뇌와 척수로 구분된다. 뇌는 다음을 포함한다.

- 대뇌피질(바깥층)은 신경 조직과 기능에 관한 한 가장 복잡하며, 기억, 주의, 언어, 의식 등에 필수적이다.
- 중뇌는 시상과 시상하부처럼 작은 핵들의 집합을 포함하여 감각 처리의 초기 단계와 관련된다.

- 뇌간(brainstem)은 척수의 맨 위에 위치하면서, 얼굴과 목에서 들어오고 나가는 운동, 감각 신경 다발들이 집적되어 있다. 그리고 심장 박동, 호흡 조절과 같은 생명 유지 기능에 중요한 역할을 한다.
- 소뇌는 뇌의 뒤쪽 아래에 있으며, 주로 세밀한 운동 조절에 관여한다.

인간의 뇌는 두 개 반구로 분리될 수 있으며, 뇌량으로 불리는 큰 신경 다발에 의해 연결되어 있다. 각 반구는 전두엽, 두정엽, 후두엽, 측두엽과 같이 네 개의 엽으로 구성된다([그림 3-1] 참조). 뇌의 위치는 세 가지 축, 즉 전측-후측(또는 전측-미측), 상측-하측(또는 배측-복측), 그리고 외측-내측으로 구분하여 참조될 수 있다. 각 엽의 하위 구분은 이러한 축들을 참조로 이루어지기도 하고(예: 전전두엽은 전두엽의 전측 부분), 다른 엽들을 경계로 이루어지기도 하고[예: 측두-두정 교차점(TPJ)은 측두엽과 두정엽이 만나는 곳], 다른 해부학적 구조물을 기준으로 이루어지기도 하며[예: 안와전두엽(OFC)은 눈 바로 위에 있는 전두엽의 일부분임], 그리고 주름진 대뇌피질의 구(gyrus)와 회(sulcus)를 기준으로 이루어지기도 한다[예: 상측두회(STG), 상측두구(STS)].

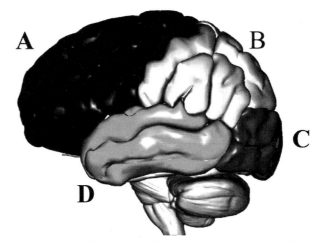

[그림 3-1] 뇌의 네 개 엽. (A) 전두엽, (B) 두정엽, (C) 후두엽, (D) 측두엽. 이 이미지는 BodyParts3D라는 프로그램으로 제작되었다.
출처: Mitsuhashi et al. (2009).

특히 정서와 정서조절의 신경학적 기초는 바깥 부분인 대뇌피질(혹은 신피질), 그 아래 피질하 영역, 그리고 뇌의 중심 부분이 일반적으로 관여한다.

신경전달물질

신경계의 가장 핵심적인 구성 단위인 뉴런은 전기적으로 그리고 화학적으로 정보전달을 한다(Kandel et al., 2013). 뉴런들이 어떤 역치를 넘어 탈분극화하면 활동전위를 발생하게 되는데, 그것은 축색을 따라 다른 뉴런들과의 접촉 부위인 많은 시냅스로 전달된다. 시냅스 수준에서 정보전달은 대부분 화학적으로 이루어진다. 시냅스 전뉴런은 시냅스 후뉴런의 수용기에 '맞아떨어지는' 자물쇠의 열쇠처럼 작용하는 신경전달물질이라 부르는 화학물질들을 방출한다. 신경전달물질로 활동하는 것으로 확인된 많은 물질은 두 가지 큰 범주로 나눌 수 있다: 미세분자 전달물질과 신경반응성 펩타이드(Schwartz & Javitch, 2013). 가장 흔한 흥분성 신경전달물질은 글루타메이트(glutamate)이며, 가장 흔한 억제성 신경전달물질은 GABA(gamma-aminobutyric acid)다.

정서 뇌 모형

정서의 신경적 기초에 대한 많은 연구는 진화 이론에 의해 고무되었다. 즉, 생존의 문제를 해결하기 위해 진화과정에 어떤 것이 출연할 때마다, 그것은 보존되고 다음 세대에 전달되며, 보다 복잡한 기관으로 발전된다는 폭넓은 믿음이 있었다. 계통발생학적으로 오래된 구조물들(진화 초기에 나타난 것들)은 뇌의 안쪽 하부에 보존되어 있는 반면, 새로운 부분들은 그 위로 바깥 주변부에 점차 부착된다고 믿었다. 그리고 사람에 있어서는 정서는 대부분 오래된 피질하 구조물에 의해 발생되고, 보다 최근에 생긴 피질 부분에 의해 조절된다고 믿었다. 이러한 생각의 출현은 20세기 초반부로 거슬러 올라간다. 이들을 보다 잘 이해하기 위해 뇌와 정서에 대한 초기 모형을 간단히 요약하였다.

고전적 모형

뇌와 정서에 관한 초창기 모형 중 하나는 1920년대 후반에서 1930년대 초반기로 거슬러 올라간다. Cannon과 Bard라는 이름을 가진 두 과학자는 실험을 통해 피질을 박탈한 고양이들(외과적 시술을 통해 뇌의 바깥층을 제거한)이 갑작스럽고 무분별한 분노 행동, 즉 '조작된 분노'와 같이 여전히 정서를 표출할 수 있음을 보여 주었다(Cannon,

1927). 이 실험은 뇌 깊숙이 자리 잡은 피질하 영역인 시상하부가 정서 반응의 원천이 며, 진화적으로 보다 최근에 발달한 피질 영역들에 의해 일반적으로 억제된다는 결론을 이끌었다. 피질이 제거되면, 시상하부는 더 이상 억제되지 않으므로 정서가 조절되지 않는다는 것이다.

뇌와 정서에 대한 또 다른 기념비적인 모형 역시 동물의 분노에 대한 작업에 기초하였는데, 1937년 Papez에 의해 제안되었다(Papez, 1995). '파페즈 회로'는 시상하부 외에도 많은 다른 영역을 포함하여 Cannon과 Bard가 제안한 모형보다 크다. 이 모형은 대부분의 중뇌 피질하 영역, 즉 시상하부, 시상, 해마, 대상회 및 그들을 연결하는 신경다발들을 포함하였다.

Paul MacLean은 파페즈 회로에 편도체를 포함하고 그것을 변연계라고 다시 이름을 붙였는데, 그 용어는 원래 19세기에 유명한 프랑스 외과의사인 Paul Broca가 사용한 것이었다(Lambert, 2003; MacLean, 1949). 진화론에 대한 그의 믿음과 일치하도록, MacLean은 '삼위일체 뇌' 모형을 제안하였다([그림 3-2]). 이 모형은 세 가지 각각 다른 특성을 가진 뇌 시스템이 진화 과정 중에 출현하였고, 현재 사람의 뇌에 동시에 존재한다고 제안하였다. 이 시스템(사실 복합체라 불렸던)은 계통발생학적 나이는 줄어들고 복잡성은 늘어나는 순서로 되어 있는데, 파충류의 복합체, 구포유류의 복합체(변연계), 신포유류의 복합체(신피질)가 그것이다. MacLean은 추동과 정서를 파충류와 구포유류의

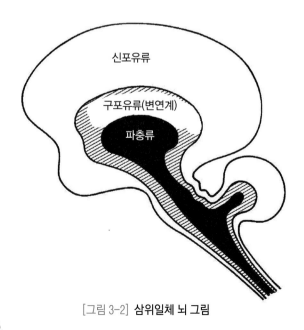

[그림 3-2] **삼위일체 뇌 그림**

출처: MacLean (1967).

뇌에 위치시켰고, 정서의 하향적 조절을 포함한 상위 인지기능들을 신포유류의 복합체에 위치시켰다.

MacLean의 삼위일체 뇌 이론은 대중 심리학에서 유명하지만, 오늘날 정서과학자들에 의해 부정확한 것으로 알려졌고, 해마는 정서 반응을 산출하는 중요한 조직이 더 이상 아니다(LeDoux, 1996). 그러나 변연계의 개념은 대략 잘 정립된 것으로 남아 있으며(물론 그것의 해부학적 경계는 여전히 논란거리임), 피질하에서 정서가 발생하고 그것이 피질에 의해 계속 조절된다는 아이디어 역시 유지된다(이에 대한 반론으로 뒤에 나올 구성주의자의 관점을 보라).

최근 모형들

오늘날 인간의 뇌에서 정서가 어떻게 그리고 어디에서 발생하는지에 대한 몇 가지 다른 모형과 이론이 있다. 이렇게 이론이 많다는 것은 한편으로는 정서의 신경기제를 적시하려는 노력을 반영하는 것이기도 하고, 동물처럼 단지 행동적인 또는 생리적인 반응으로 환원될 수 없는 인간 정서의 복잡성 때문이기도 하다. 현재 인간 정서의 신경기제에 두 개의 대립적인 개념적 접근이 있는데, **영역주의**(locationist)와 **구성주의**(constructionist) 접근이 바로 그것들이다(Lindquist et al., 2012). 반구 특성화 가설(hemispheric specialization hypotheses) 등 추가적인 모형들에 대해서는 그 이후에 논의할 것이다.

현재까지 논의에서 정서 표현에 관계된 뇌 영역들과 다른 사람의 정서지각에 관련된 뇌 영역들은 주로 함께 논의되었다. 그 이유 중 하나는 이 두 가지 측면을 서로 분리하기 힘들기 때문이다. 예를 들어, 만약 비슷한 생각을 할 수 있는 한 그룹의 사람들이 동일한 슬픈 소식(예: 사랑하는 사람의 죽음)을 접한다면, 그들은 거의 대부분 같은 슬픔의 감정을 겪고 표현할 것이다. 즉, 감정의 산출과 지각이 동시에 일어날 것이다. 따라서 많은 연구자는 시각적으로 지각된 얼굴표정들이 조건화된 자극으로 작용한다고 생각하였다. 살아오는 동안 얼굴표정들은 생물학적으로 관련된 사건들과 연합되고 그것에 대한 정서적인 반응과도 연합된다. 따라서 얼굴표정 사진들이 실험 자극으로 제시될 때, 적어도 그것과 연합된 정서 반응의 일부분을 촉발시킬 수도 있다.

보다 현실적인 또 다른 이유는 실험실에서 강한 정서를 유발하는 것이 어렵기 때문이다(윤리적 제약을 포함해서). 예를 들어, MRI 스캐너 안에서 뇌영상 촬영을 할 때, 실험참가자는 특정 과제나 자극에 특화된 신경활동을 신뢰롭게 구분해 내기 위해서, 즉 검증력을 높이기 위해 같은 종류의 자극에 반복적으로 노출되어야 한다. 그리고 뇌영상 연구를 위해서는 실험참가자들이 스캐너 안에서 가능한 머리를 움직이지 않고 누워 있어야 하는데, 만약 그들이 격한 감정을 경험한다면 불가능하지는 않더라도 얼굴이나 머리를 움직이지 않는 것은 무척 힘든 일일 것이다. 하지만 정서 표현과 경험에 관련된 뇌 활동을 동시에 보려는 더욱 흥미로운 이유가 있다. 이 장 마지막 부분에서 논의하겠지만, 많은 학자는 정서 지각과 산출에 관련된 뇌 회로가 왜 중첩되는지에 대한 생물학적 이유가 있다고 믿는다.

영역주의

영역주의(locationist) 접근은 뇌의 특정 영역이 특정 정서를 담당한다고 가정한다. 연구자들마다 면밀히 따져 보면 조금씩 다를 수 있으나, 영역주의를 지지하는 과학자들은 주로 정서를 어떤 자극들에 대해 진화적으로 조성된 구분된 생리적, 행동적 그리고 표현적인 반응들의 집합이라고 생각한다. 영역주의의 중요하면서도 실질적인 측면은 뇌해부학적 위치를 포함한 정서의 많은 특성은 사람, 유인원 그리고 설치류와 같은 작은 포유류까지도 거의 동일하다고 믿는 것이다. 이러한 생각이 동물들을 대상으로 침습적 연구를 수행하는 것을 가능하게 했다(Panksepp, 1998). 그러나 이것이 사람과 동

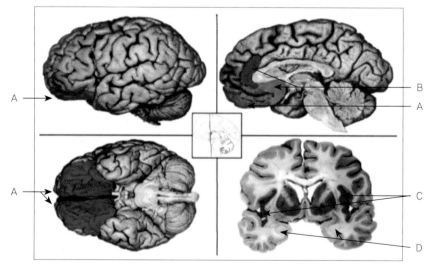

[그림 3-3] 영역주의 접근에서 특정 정서와 연결되어 있다고 가정하는 몇 가지 뇌 구조물. 공포는 편도체(D)에 있으며, 혐오는 섬엽(C), 분노는 안와전두엽(A), 그리고 슬픔은 전대상회(B)에 있다.

출처: Lindquist et al. (2012).

물의 정서가 모든 측면에서 동일하다는 것을 의미하는 것은 아니다. 사람에게는 고도로 발달된 대뇌피질이 있어 정서적 반응을 덜 전형적이고 보다 복잡하게 하며, 정서적 반응의 인식과 조절을 가능하게 한다. 대부분의 영역주의자는 정서가 피질하 영역 또는 변연계의 일부분으로 간주되는 전전두엽의 복내측 영역에서 발생한다고 가정한다. 이제 특정 정서와 연결된 몇 가지 영역을 살펴보자([그림 3-3] 참조).

발달적 세부사항

정서와 뇌의 발달

이 장에서 기술하고 있는 뇌는 전형적으로 발달하는 뇌이다. 그러나 어떤 뇌는 전형적이지 않다. 생애 초기에 학대, 방치되어 잘못 양육된 아이들은 종종 사회적-행동적 문제를 겪는다. 예를 들어, 정서 표현에 대한 반응에 결함을 보이며, 그들의 양육자와 정서적 애착 형성에도 문제가 있다(Pollak, 2008). 이러한 결함들은 학대와 무시로 인한 스트레스가 뇌의 성숙 과정에 부정적인 영향을 끼쳤다는 사실에 기초한다. 이러한 생각과 일치하게, 한 뇌영상 연구는 정서 조절에 중요한 영역인 전전두엽이 일반적인 통제 조건의 아이들에 비해 학대, 방치된 아이들의 경우에 더욱 작다는 것을 발견하였다(Tupler & DeBellis, 2006).

초기 아동기 역경은 발달하는 뇌의 신경화학 기제 또한 바꾼다. 이는 어린 시절 고아로 지내다가 나중에 입양된 아이들과 학대 경험이 없는 일반 가정에서 양육된 아이들의 뇌를 비교한 한 연구에 의해 입증되었다(Fries et al., 2005). 연구자들은 뉴로펩타이드 옥시토신(oxytocin: OT)과 아르기닌 바소프레신(arginine vasopressin: AVP)에 주목하였는데, 이 두 물질은 엄마와의 다정한 상호작용으로 느낄 수 있는 감각, 즉 부드러운 감촉과 향기와 같은 감각 경험을 보상받는 사회적 상호작용을 할 때 증가한다. 두 그룹의 아이들은 집에서 엄마와 상호작용을 하는 과정에서 검사를 받았다. 상호작용 후, 학대 경험이 없는 아이들은 OT 수준이 상승하였으나, 입양된 아이들은 그렇지 못했다. 뿐만 아니라, 두 그룹의 아이들은 AVP의 안정된 수준 자체에서 차이가 났다. 낮은 AVP 수준과 억제된 OT 반응성은 학대된 아동들이 성장해 가면서 스트레스를 조절하고 친사회적 행동을 하는 것에 장기간 부정적인 영향을 미칠 수도 있다. 또 다른 연구들은 사회적 상호작용 동안 스트레스 호르몬인 코르티솔(cortisol)의 잘못된 조절과 초기 학대경험이 연관되어 있음을 밝혔다. 이러한 연구 결과들은 생애 초기 학대와 방치가 뇌에 장기적인 영향을 미친다는 것을 보여 주기에 주목받을 만하다.

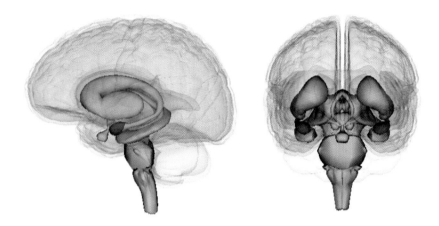

[그림 3-4] 뇌에서 편도체의 위치. 이 이미지는 BodyParts3D라는 프로그램으로 제작되었다.
출처: Mitsuhashi et al. (2009).

편도체는 의심할 여지 없이 특정 정서와 관계된 것으로 가장 잘 알려진 뇌 구조물 중하나다. 이 아몬드 형태의 구조물은 몇 개의 하부영역(또는 핵)으로 구성되어 있고, 내측 측두엽 속에 위치하고 있다([그림 3-3]과 [그림 3-4]). 편도체가 공포와 불안과 같은정서 상태의 경험과 표현에 분명한 역할을 할 것이라는 것은 과학자들과 일반 대중 사이에 존재하는 일반적인 믿음이다(LeDoux, 2007; Öhman, 2009). 이와 부합하는 경험적증거들은 이런 가정을 지지한다.

첫째, 전류 측정, 전기 자극법, 또는 뇌 영역 손상법을 사용한 동물 연구에 편도체가공포 조건화와 공포 지각에 확실한 역할을 한다는 신뢰할 만한 증거가 있다(Fendt & Fanselow, 1999). 둘째, 사람을 대상으로 하는 연구에서도 결과가 아주 간명하지는 않지만 거의 같은 방향의 결과를 보여 준다. 윤리적인 문제로 사람의 편도체를 손상시킬수는 없으므로, 자연적으로 발생한 편도체 손상을 통한 간접적인 증거를 얻을 수밖에없다. 예를 들면, 우르바흐-비테병이라 불리는 희귀병은 양측 편도체 손상을 야기한다. 이 병으로 유명한 환자 SM은 공포를 경험하지도 표현하지도 못한다. 살아 있는 뱀이나 독거미에 노출되거나 귀신의 집을 돌아다녀도!(Feinstein et al., 2011). 게다가 SM은 다른 얼굴표정은 모두 인식할 수 있지만 공포 표정은 인식할 수 없었다(Adolphs et al., 1994). SM과 유사한 환자들에 대한 연구 외에 편도체가 공포와 관련된다는 또 다른 증거는 뇌영상 연구에서 나왔다. 많은 수의 뇌영상 연구는 다른 정서에 비해 공포또는 불안 관련 상태의 지각이나 경험을 할 때 더 많은 편도체의 활성화를 보고하였다(Taylor & Whalen, 2015). 하지만 조금 뒤에 보겠지만 사람의 경우 공포와 편도체의 관련성은 동물 모형에서 성립된 것보다 확실하지 않다.

특정 정서와 관련된 다른 뇌 구조물은 **뇌섬엽**(insula)이다. 그것은 외측열 깊숙한 곳에 있는 대뇌피질의 일부로 전두엽과 측두엽 부분에 의해 감추어져 있다. 일련의 증거들은 뇌섬엽이 혐오 지각과 경험에 연관되어 있다고 제안한다. 붉은꼬리 원숭이의 뇌섬엽에 전기자극을 가하면 혐오의 생리적 반응인 얼굴표정과 행동들이 나타난다(Caruana et al., 2011). 사람의 경우에 뇌영상 연구와 두경내부 전류 측정법을 사용한 연구는 뇌섬엽이 다른 정서에 비해 혐오 얼굴표정의 지각 과정에 더욱 활성화되는 것을 보여 주었다(Krolak-Salmon et al., 2003; Phillips et al., 1997). 사람의 뇌섬엽에 대한 전기자극은 혐오 재인의 정확률을 떨어뜨린다(Papagno et al., 2016). 게다가 다른 사람의 혐오 표정을 볼 때와 혐오스러운 냄새를 맡았을 때 뇌섬엽에서 중첩된 영역이 활성화되었다(Wicker et al., 2003). 마지막으로, 좌반구 뇌섬엽과 조가비핵(putamen)에 병변이 있는 어떤 환자는 혐오 표정과 소리 재인에 선택적 장애가 있었고, 비교 집단에 비해 다른 정서보다 혐오를 덜 경험하는 것으로 보고되었다(Calder et al., 2000; 그러나 Boucher et al., 2015도 보라).

편도체와 뇌섬엽 외에 다른 뇌 구조물들도 특정 정서와 연관되어 왔다(Lindquist et al., 2012를 보라). 대뇌피질의 안쪽 전두부분에 위치한 전대상피질(anterior cingulate cortex: ACC)은 슬픔의 출처일 수도 있다(Killgore & Yurgelun-Todd, 2004; 하지만 Caruana et al., 2015를 보라). 분노는 안와전두피질(orbitofrontal cortex: OFC)에서 출발할 수 있고, 보조운동영역(supplimentary motor cortex: SMA)은 행복감과 연관되어 왔다(Fried et al., 1998; Krolak-Salmon et al., 2006; Rochas et al., 2013).

이와 더불어 동물 신경생리학자들은 중뇌의 작은 부분들과 뇌간(brainstem)의 역할을 강조해 왔다. 쥐의 뇌에 있는 매우 꼬여 있는 이 회로들을 전기로 자극했을 때, 행동 반응 및 생리적 반응을 포함한 분별적인 정서들이 발생되었다(Panksepp, 1998). 이 일련의 연구는 종 특성을 넘어 정서를 이해하는 데 무척 중요하지만, 사람을 대상으로 쓸 수 있는 비침습적 방법들(예: 신경영상법)은 그 정도까지 정밀하지 못하다.

구성주의

비록 영역주의가 현대 정서 연구에 우세한 채로 남아 있지만, 이와 경쟁하는 새로운 관점이 출현하여 최근 점차 지지를 받아 가고 있다. 영역주의에 대한 비판은 대부분 분별적인 정서에 일괄적이면서, 특별하게 연결된 뇌 영역들을 찾기 힘들다는 점에 있다

(Lindquist et al., 2012).

예를 들어, 편도체와 공포심과의 연결은 방금 전에 요약했던 연구들이 제안했던 것만큼 그렇게 확실하지 않다. 사실 양측 편도체 손상을 입은 모든 환자가 공포 표정을 재인하는 데 실패하는 것은 아니어서, 대신 편도체가 위협적이거나 위험한 자극에 특화되어 반응한다는 가설(Adolphs et al., 1999), 혹은 그 유기체에 관련된 모든 자극에 일반적으로 반응할 것이라는 가설(Sander, Grafman, & Zalla, 2003)이 제시되었다. 최근 뇌영상 연구의 결과 역시 결정적이지 않다. 공포 외에 다른 몇 가지 감정의 경험과 지각 과정에 편도체의 활성화가 관찰되었다(Adolphs, 2013; Lindquist et al., 2012).

이와 비슷하게 혐오와 뇌섬엽과의 연결도 항상 일관적이지 않다. 사실 모든 종류의 자극과 과제를 사용한 뇌영상 연구들에서 증가된 뇌섬엽의 활성화가 발견되었다. 뇌섬엽은 정서보다 신체내부지각(interoceptive awareness), 고통, 공감, 공평함, 그리고 음성 산출 등 매우 많은 기능과 연관이 있다(Corradi-Dell'Acqua et al., 2016; Craig, 2009; Nieuwenhuys, 2012). 물론 우리가 영역주의를 완전히 버릴 수는 없다 해도, 특정 뇌 영역과 정서를 일관적으로 연결하기 어려운 점은 정서의 신경적인 기반에 대한 대안적인 모델의 발전을 이끌었다. 그중 하나가 구성주의(constructionism)이다.

심리적 구성주의(psychological constructionism)는 제1장에서 일반적인 정서 이론의 하나로 조금 자세하게 소개하였다(Gendron & Barrett, 2009). 이 이론을 지지하는 과학자들은 공포, 분노, 혐오, 기쁨과 같은 분별적인 감정들은 특정 정서 범주로 존재하는 것이 아니고, 기본적인 심리 및 신경 작용으로부터 도출된다고 믿는다. 즉, 우리가 경험하는 어떤 특별한 정서는 어떤 사건이나 대상에 대한 우리의 생물학적 반응과 이 반응에 대한 우리의 심리적 이해 사이의 상호작용으로 출현한다는 것이다.

제1장에서 배웠던 이 이론의 몇 가지 기본적인 원칙들은 다음과 같다.

- 핵심 감정(core affect): 신체 변화에 대한 의식적인 경험
- 개념화(conceptualization): 신체 변화를 어떤 대상 혹은 사건에 대한 감각 지각으로 연결하는 것
- 집행주의(executive attention): 신체와 환경 변화에서 가장 중요한 요소들을 선택하는 기제
- 언어(language): 정서에 대한 의사소통과 범주화의 도구

심리구성주의 접근은 인간의 거의 모든 지각과 사고 과정에 깔려 있는 이 근본적인
과정들을 가정하기 때문에, 개별 정서들에 대한 특정 상관물이 있다는 주장에 명백하
게 반한다.

일련의 뇌영상(fMRI) 연구를 개관하면서, Barrett과 그녀의 동료들은 분산된 정서 네
트워크에 대한 증거를 제시하였다(Kober et al., 2008; Lindquist et al., 2012). 군집 분석
(cluster analysis)과 같은 자료주도적 통계 방법을 사용하여, 기능적으로 다른 여섯 개
의 뇌 영역 그룹을 규정하였다. 한 그룹의 영역은 일반적으로 함께 활성화되며, 서로
다른 연구에서조차 공통적으로 관찰되었다. 신경네트워크와 그 네트워크가 수행하
는 심리적 작용들은 분별적인 정서 범주 또는 정서 그 자체에 특정적이지 않았다([그림
3-5]를 보라). 그럼에도 대뇌피질, 피질하영역, 뇌간(brain stem) 구조물들을 포함하는,
즉 기본적으로 거의 뇌 전체에 뻗쳐 있는 복잡하고 서로 뒤엉켜 있는 신경네트워크 속
에서 정서 범주에 대해 특화된 점도 있어 보인다(Wager et al., 2015).

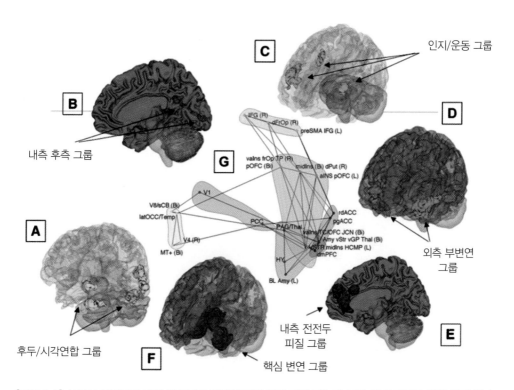

[그림 3-5] 뇌영상 연구들에 대한 메타분석 결과 밝혀낸 여섯 개의 기능적 그룹. 핵심 감정은 핵심 변연계(F)
와 외측 부변연 그룹(paralimbic group)(D)에 기원을 두고 있으며, 개념화는 내측 전전두피질(E)
과 후측 그룹(B)에, 언어와 집행 주의는 인지/운동 그룹(C)에 기원을 둔다. 가운데 있는 그림(G)은
이 기능적 그룹들에 있는 몇몇 영역과 그것들의 상호작용 방식을 평면 도식으로 보여 준다.

출처: Kober et al. (2008).

반구 특성화

분명 여러분은 뇌의 두 반구가 매우 다른 기능을 한다는 이야기를 대중 매체 등을 통해 들어 봤을 것이다([그림 3-6] 참조). 대중 심리학에서는 우반구는 정서, 창의성, 상상력, 공간지각력 등에 특화되어 있고, 좌반구는 추상적이고 논리적 사고, 계산, 언어 이해 등에 특화되어 있다는 일반적인 믿음이 있다. 이러한 이분법을 뒷받침하는 과학적 증거가 몇몇 있으며, 그 대부분은 뇌손상으로 고통받아 온 환자들에 대한 연구에 기초를 두고 있다.

근대 반구비대칭성에 대한 연구는 영역주의에 근거하고 있으며, 19세기 초 '골상학(phrenology)'에 의해 영향을 받았다. 골상학자들은 마음이 정신적 능력들로 구성되었으며, 각 능력은 뇌의 다른 영역에 표상되어 있다고 믿었다. 정신적 능력의 한 가지 예는 '자식에 대한 사랑'이다. 이 이론에서 어떤 영역의 크기는 성격 특성과 같은 개인의 성향에 해당한다. 따라서 더 발달된 정신적 능력은 더 커진 뇌 영역을 차지함으로써 개인의 두개골 표면 위치에 따른 크기는 변화해 간다(Harrington, 1995). 이 믿음은 개인의 성격 특성을 추정하기 위해 사람들의 두개골이 튀어나와 있는 부분을 읽어 내는 작업으로 이어졌다. 물론 골상학이 뒷날 과학적 이론으로 평가되지 못했지만, 많은 심리적 기능이 특화되고 분리된 뇌 영역 또는 뇌 회로에 의해 이루어진다는 생각은 현대 신경과학에 여전히 살아 숨쉬고 있다.

[그림 3-6] 지금까지 우리가 뇌의 좌우 반구에 대해 어떻게 생각해 왔는지를 보여 주는 도식

대중 문화 및 방송에서 과학적 발견들은 때로 과장되어 해석되기도 하는데, 우리의 머릿속에 완전히 독립적이고 반대되는 영혼(한 반구에 하나씩)이 있다는 생각을 이끌기도 한다([그림 3-6]). 실제로는 두 반구 차이는 매우 미묘하다. 건강한 뇌에서는 두 개의 반구가 그들을 잇는 뇌량을 통해 끊임없이 정보를 교환하며 함께 일하고 있음을 명심해야 한다. 다음 섹션에서 정서의 반구 특성화에 대한 세 가지 이론과 그에 상응하는 과학적 증거들을 살펴볼 것이다. 다른 정신적 기능의 반구 특성화에 관심 있는 독자들은 각 주제에 대한 논문들을 참고하기 바란다(Davidson & Hugdahl, 1995; Hugdahl & Westerhausen, 2010).

우반구 가설

정서의 우반구 가설은 긍정 및 부정 정서의 표현, 지각 그리고 경험은 우반구에 의해 우선적으로 처리된다는 것이다. 이 가설의 주창자는 19세기 신경해부학자인 Jules Bernard Luys다. Luys는 뇌손상(예: 뇌졸중)으로 몸의 왼쪽 마비를 겪는 환자들이 점차 정서적으로 변덕스럽고, 조울증과 망상을 보인다고 보고하였다. 이러한 현상은 몸의 오른쪽 마비를 겪는 사람에게는 나타나지 않았다. 몸의 좌우측은 반대쪽 반구의 지배를 받기 때문에, Luys는 우반구에 정서 통제 센터가 있을 것이라고 추측하였다. 우반구 손상 후 성격과 정서의 변화를 보고하는 유사한 관찰이 20세기에도 이어졌다(Demaree et al., 2005). 히스테리성 반구-무감증(hysterical hemianesthesia), 즉 확실한 원인 없이 몸의 한쪽 편 감각 손실을 야기하는 심리적 증상은 거의 왼쪽에서 일어난다는 기록도 있었다.

정서가 얼굴의 왼쪽 부분에서 보다 강하게 표현된다는 것도 경험적으로 관찰되어 왔다. 얼굴의 신경분포는(특히 아래쪽 절반은) 대부분 대측연결을 맺고 있기 때문에 (Rinn, 1984), 정서 표현에 있어 우반구가 지배적인 역할을 한다고 제안되었다(Borod, Haywood, & Koff, 1997; Sackeim, Gur, & Saucy, 1978). 얼굴표정의 재인은 좌시야에서 보다 우월한데, 이는 우반구로 연결된다(Ley & Bryden, 1979). 뇌손상 환자 연구들은 우반구의 시각 및 체감각 영역이 얼굴표정 재인에 관련되어 있음을 보여 주었다(Adolphs et al., 2000; Adolphs et al., 1996). 안쪽 경동맥에 약을 주입하여 우반구를 일시적으로 마비시키는 절차(Wada 테스트라고 알려진 이 절차는 회복 가능하며, 단지 수분간 지속된다)를 사용하면, 정서적인 얼굴표정을 보다 낮은 강도로 지각하게 된다(Ahern et al., 1991). 좌반구를 마비시키면 이러한 변화가 전혀 나타나지 않는다.

정서 지각과 표현에 있어 우반구 우세는 청각에서도 나타난다. 좌반구보다 우반구 손상이 운율, 즉 화자의 목소리 톤, 억양 및 리듬의 산출과 지각 능력의 손실을 가져왔다(Ross, Thompson, & Yenkosky, 1997).

이와 같이 뇌손상 연구들은 우반구 가설을 지지해 왔지만, fMRI나 EEG 연구들은 정서 표현과 지각과정 동안 강한 편재화를 보여 주지 못했다(예: Schirmer & Kotz, 2006 참조). 결국 정서의 반구 우세성에 대한 대안 가설이 발전하였는데, 그것이 바로 정서가 가설이다.

정서가(valence) 가설

정서가 가설은 부정 정서가 주로 우반구에 의해 지각, 경험, 표현되는 반면, 좌반구는 긍정 정서에 특화되어 있다는 주장이다([그림 3-7]). 조금 다른 가설은 좌-우 반구 특성화는 정서의 표현과 경험에만 존재하며, 긍정 정서와 부정 정서 모두 지각은 우반구에서 일어난다는 것이다. 정서가 가설을 다소 지지하는 증거들은 뇌손상 연구와 한쪽 반구를 억제시키는 연구에서 나왔다. 예를 들어, 좌반구를 마취시키면(즉, Wada 테스트를 통해) 우울한 기분을 야기하며, 우반구를 마취시키면 미소와 웃음 그리고 긍정적 기분을 야기한다(Damaree et al., 2005). 게다가 우반구 손상은 부정 정서의 재인을 손상시킬 수 있으나 기쁨 정서는 그렇지 않다(Adolphs et al., 1996). 그러나 정서 재인의 반구 편재화에 관한 환자 자료는 다소 일관적이지 않다. 보다 강한 증거는 EEG를 사용

[그림 3-7] 정서가 가설은 부정적인 감정은 우반구에서 처리되며, 긍정적인 감정은 좌반구에서 처리된다는 것이다.

한 연구들인데, 부정적인 정서 상태의 표현 또는 지각 과정 동안 우반구의 전두엽 전극들에서 보다 큰 활성화(10Hz대역의 신호가 낮아지는 것으로 측정됨)가 반복적으로(심지어 10개월 된 유아에서도) 관찰되었으며, 긍정적인 정서 상태 동안에는 좌반구에서 유사한 패턴이 나타났다(Davidson & Fox, 1982; Davidson & Irwin, 1999). 그러나 최근 뇌영상 연구는 대부분 이러한 반구 차이를 확인하는 데 실패하였다(Hamann, 2012; Lindquist et al., 2012; Phan et al., 2002).

접근-회피(approach-withdrawal) 가설

정서를 범주화하는 또 다른 방식은 접근 또는 회피 정서로 구분하는 것이다. 즉, 우리로 하여금 상호작용하는 대상에게 다가갈 것인지, 혹은 그 대상으로부터 물러날 것인지를 유발하는 정서를 말한다. 반구 특성화의 접근-회피 가설은 접근 행동 경향은 좌반구 전전두 영역에 의해, 회피 경향은 우반구로부터 나타난다는 것이다(Harmon-Jones, Gable, & Peterson, 2010). 구체적인 정서에 대해 언급하면 접근-회피 가설은 거의 대부분 정서가 가설과 일치한다. 그러나 두 가설의 큰 차이점은 분노의 편재화에 있다. 부정적인 감정인 분노는 이 접근-회피 가설에서는 좌반구와 관련이 있다. 정서가 가설에서 이미 살펴본 것처럼 접근-회피 가설을 지지하는 증거들은 EEG 연구에서 왔다. 예를 들어, 분노와 즐거움(접근 정서) 얼굴표정들을 자발적으로 만들어 내는 것은 더 큰 좌반구 전두엽 활성화를 유발하며, 공포 및 슬픔(회피 정서) 표정들을 만들어 내는 것은 더 큰 우반구 전두엽 활성화를 가져온다(Coan, Allen, & Harmon-Jones, 2001).

반구 특성화 요약

이 섹션에서 대뇌 반구의 정서 특성화에 관한 세 가지 이론을 살펴보았다. 우반구 가설에 따르면, 정서는 주로 우반구에 의해 경험되고, 지각되며, 표현된다. 정서가 가설은 두 반구 모두 정서에 중요한 역할을 하지만, 부정적인 정서는 우반구와 긍정적인 정서는 좌반구와 각각 관련된다. 마지막으로, 접근-회피 가설은 정서가 가설과 유사하지만, 분노(접근-관련)라는 부정 정서는 좌반구에 의해 만들어진다. fMRI처럼 활동 중인 뇌를 연구할 수 있는 새로운 기술이 계속 개발된다면, 어떤 가설이 데이터를 가장 잘 설명하는지 판단하는 데 도움이 될 것이다.

정서 지각과 산출을 위한 공유된 표상

체화된 인지 이론과 같은 맥락으로(제8장을 보라), 신경과학은 큰 범위에서 어떤 사람이 어떤 정서를 경험할 때 활성화되는 뇌 회로가 그 정서를 다른 사람이 표현하는 것을 지각할 때 활성화되는 뇌 회로와 중첩된다고 가정한다(Decety & Sommerville, 2003; de Vignemont, 2013; Niedenthal et al., 2010). 자신과 다른 사람이 공유된 표상을 가진다는 이 가설은 행위와 고통 및 촉각을 포함하는 체감각까지 해당된다. 지각 과정 동안 정서, 운동, 체감각 영역의 활성화는 다른 사람의 정서, 행위, 그리고 감각의 재인과정에도 해당 영역들이 기여한다는 것을 암시한다(Iacoboni, 2009; Keysers, Kaas, & Gazzola, 2010; Niedenthal, 2007; Wood et al., 2016). 이 가정하에 뇌영상 연구는 얼굴표정의 지각과 산출 과정에 나타나는 대뇌 활성화가 상당 부분 중첩된다는 것을 확인하였다(Van der Gaag, Mindera, & Keysers, 2007). 게다가 자신의 얼굴과 몸으로부터 체감각 피드백을 처리하고 통합하는 체감각 피질의 손상은 얼굴표정 재인의 정확률을 떨어뜨렸다(Adolphs et al., 2000).

경두개 자기 자극술(transcranial magnetic stimulation: TMS)로 운동 및 체감각 영역의 활동을 일시적으로 억제하면, 얼굴표정 모방률이 떨어지는 유사한 결과가 관찰되었다(Korb et al., 2015; Pitcher et al., 2008; Pourtois et al., 2004). TMS는 자기장을 생성하는 코일을 사용하여 실험에 참가한 사람의 머리 바로 아래 부위를 자극한다. 전자기 유도를 사용하여 그 코일은 대뇌 영역에 작은 전류를 생성하여 소위 '가상의 뇌손상'을 만들어 낸다. 가상의 뇌손상은 강하고 짧은 자기파에 의해 아주 짧은 기간 동안 뇌 영역(주로 대뇌피질 영역에만)을 억제하도록 한다.

운동 및 체감각 영역은 정서 표현 과정 동안 주로 활성화되는데, 얼굴표정을 수동적으로 지켜보는 동안 활성화되거나, 그 영역의 억제 또는 손상이 얼굴표정 재인을 손상시킨다는 사실은 이 영역이 정서 재인에도 중요한 역할을 한다는 것을 암시한다.

거울신경과 정서

자기 자신과 다른 사람에 대한 공유된 표상 가설의 기원은 **거울신경**의 발견이다. 거울신경은 운동뉴런의 특별한 집단으로 구성되어 있고, 이탈리아 생리학자 그룹이 붉은꼬리 원숭이의 전두엽과 두정엽에서 발견하였다(di Pellegrino et al., 1992). 이 흥미로운
이름은 이 뉴런들이 행위의 산출(예: 원숭이가 땅콩을 집는 행동)과 지각(원숭이가 실험자
가 땅콩을 집는 것을 보는) 과정에서 모두 발화하기 때문에 붙여진 것이다. 이것은 뇌가
단일 시스템으로 두 가지 구분된 작업, 즉 환경에 대한 행위와 다른 이들의 행위 목표를
이해하는 것을 멋지게 해내는 예로서 해석되었다(Gallese et al., 1996).

수년 동안 인간의 거울신경이 존재하는가에 대한 논쟁이 있었는데, 그것은 윤리적
인 이유로 사람에게 단일-신경 측정법을 사용할 수 없기 때문에 연구자들은 보다 간접
적인 신경활동(EEG, fMRI, TMS)을 측정할 수밖에 없었다. 오늘날 인간의 거울신경 시스
템의 존재는 일반적으로 받아들여지고 있지만, 그것의 해부학적 경계, 기능적 역할, 그
리고 계통발생학적 기원에 대해서는 여전히 열띤 토론의 주제로 남아 있다(Cook et al.,
2014; Heyes, 2010a, 2010b).

중요한 것은 인간의 거울신경시스템(MNS)은 붉은꼬리 원숭이에서 최초 발견되었을
때보다 더 많은 뇌 영역을 포함한다는 것이다. 거울신경이 처음 발견된 복측 전운동피
질과 하두정소엽 외에 인간의 거울신경시스템은 보조운동영역, 해마, 해마방회, 그리
고 1차 운동 피질과 체감각 피질을 포함한다([그림 3-8]; Keysers, Kaas, & Gazzola, 2010;

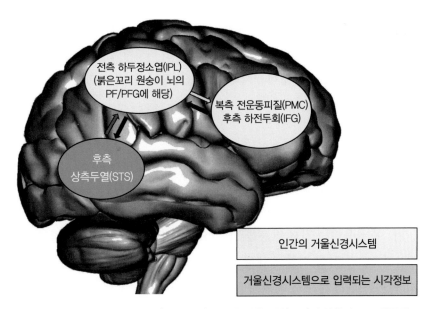

[그림 3-8] 인간의 거울신경시스템의 고전적 영역(백색 영역)과 후측 상측두열(STS)의 연합령. IPL=하두정소
엽, PMC=전운동피질, IFG=하전두회
출처: Iacoboni & Dapretto (2006). 이 그림은 Mitsuhashi 등(2009)이 만든 BodyParts3D 프로그램을 사용하여 다
시 만든 것이다.

Keysers & Gazzola, 2010; Mukamel et al., 2010).

많은 뇌영상 연구는 정서 재인과정에서 거울신경시스템의 역할을 알아보기 위하여 정서 경험과 정서 지각, 혹은 정서 표현과 정서 지각 동안 중첩되는 뇌 활성화를 찾아왔다. 어떤 연구는 참가자가 역겨운 냄새를 맡을 때, 그리고 혐오 얼굴표정을 보는 동안에 전측 뇌섬엽에서 중첩되는 뇌 활성화를 발견하였다(Wicker et al., 2003). 또 다른 연구에서는 뇌섬엽, 편도체 그리고 체감각 영역을 포함한 넓은 네트워크에서 기쁨, 혐오, 공포 얼굴표정을 능동적으로 묘사하거나, 수동적으로 보는 과정에 중첩되는 뇌 활성화를 발견하였다(van der Gaag, Mindera, & Keysers, 2007).

다른 연구들은 거울신경시스템의 부분적 손상 또는 억제가 정서 재인을 늦추거나 손상시킴을 보여 주었다. 예를 들어, 우측 체감각 영역을 TMS로 억제하였을 때 정서 재인이 방해받았으며(Pitcher et al., 2008; Pourtois et al., 2004), 여성의 경우 얼굴표정을 따라하는 정도가 낮아졌다(Adolphs et al., 2000).

요약하면, 거울신경은 이론적인 매력으로 매우 다양한 심리적 기능의 토대가 된다고 주장되어 왔다. 그 기능들은 다른 사람의 목표와 상태를 이해하는 것, 모방, 음성 지각, 체화된 시뮬레이션(제8장을 보라), 공감 그리고 정서 지각 등을 포함한다. 거울신경 연구가 보다 비판적으로 검토되면서, 적어도 그 역할에 대한 많은 의혹 중 일부는 분명 재고될 가능성이 있다(Lamm & Majdandžić, 2015). 그럼에도 설득력 있는 증거들은 인간의 거울신경시스템을 정서 재인과 연결짓는다. 앞으로의 연구는 정서 이해에 있어 거울신경의 정확한 역할을 규명하고, 또 그것이 촉진할 수 있는 다른 많은 기능을 밝히는 데 많은 기여를 할 것이다.

정서의 신경화학

자, 이제 우리는 정서 반응을 산출하고 유지하는 과정에서 신경조절물질(즉, 신경전달물질과 호르몬)의 역할에 대해 논의하고자 한다. 안타깝게도 신경과학에서 이 분야의 연구는 그리 많이 진척되지 못했다. 지금까지 매우 소수의 연구가 특정 정서를 특정 신경조절 시스템에 연결시키는 시도를 했을 뿐이다(Lövheim, 2012; Panksepp, 1998). 그리고 뇌와 정서를 다루는 대부분의 개관 논문과 북챕터 등에서도 대뇌 영역과 회로를 다룬 내용은 상세한 데 비해, 이 주제는 거의 주목을 받지 못하거나 빠져 있었다

(Dalgleish, 2004). 그리고 정서에 있어 신경조절물질의 역할이 언급되는 때는 주로 특정 정서보다 기분 장애와 보상에 대한 것이었다(물론, 공포의 신경화학이 조금 주목을 받기도 했다. 예: Adolphs, 2013). 앞서 언급한 대로 신경조절물질과 감정 상태에 대한 대부분의 연구는 사람이 아닌 동물을 대상으로 수행되었고, 이는 유용하지만 사람의 감정에 대한 모형으로는 불충분한 점이 있다. 사람에게는 신경조절물질이 광범위한 대뇌 네트워크에 작용하여, 넓게 확산되면서 불특정한 효과들을 만들어 낸다는 사실은 정서 연구자들이 관심을 두지 않는 이유이기도 하다.

정서와 관련하여 가장 잘 알려진 신경조절물질들로는 세로토닌, 노르아드레날린, 도파민, 오피오이드, 그리고 최근에 주목받고 있는 옥시토신이 있다. 특정 행동이나 심리적 기능에 있어 단일 신경조절물질의 역할을 시연하기 위해서는 일반적으로 그 물질의 가용성이나 뇌에서 흡수되는 비율을 증가/감소시킬 수 있는 조작이 필요하다. 이 절차에는 투약 과정이 포함되기도 하며, 때로 뇌에서 특정 신경조절물질의 농도를 줄이거나, 아예 제거하는 유전적 조작을 쥐를 대상으로 하기도 한다.

도파민은 처음에 뇌에서 쾌락의 주된 원천으로 간주되었다(Wise, 1980). 해부학적으로 말해서 중뇌의 복측피개 영역(ventral tegmental area: VTA)은 도파민을 측핵(nucleus accumbens: NAc), 복측선조피질, 편도체와 같은 피질하영역과 전전두엽으로 방출한다.

그러나 도파민은 보상의 측면에서 단순히 좋아하기(즐기기)보다 원하기(구하기와 갈망하기)에 더 큰 역할을 하는 것으로 보인다(Berridge & Kringelbach, 2015). 물론 원하기와 좋아하기는 긍정적으로 서로 관련이 있지만, 각각 다른 행동과 심적 상태로 구분될 수 있다. 예를 들어, 도파민 수준을 70% 정도 높게 유전적으로 조작한 쥐들은 달콤한 보상을 보다 강하게 원하는 행동을 보였지만(즉, 그 보상을 받기 위해 더욱 열심히 일했다), 그것을 더 좋아하는 반응(쥐의 주둥이 부분의 얼굴표정을 분석한 결과)을 보이지 않았다(Peciña et al., 2003). 이와 유사하게, 도파민 효능제(가용한 도파민의 양을 높여 환자의 운동능력을 향상시키는 약물)를 처방받은 파킨슨병 환자는 충동적인 쇼핑과 도박을 하였지만, 그 행동으로부터 더 큰 쾌락을 보고하지 않았다(Berridge & Kringelbach, 2015).

사람을 대상으로 한 흥미로운 연구는 좋아하는 것과 원하는 것이 오피오이드 시스템과 연관된다고 제안하였다(Chelnnokova et al., 2014). 모르핀 처방(오피오이드 효능제의 한 종류)은 남성 실험참가자로 하여금 매력적인 여성의 얼굴을 더욱 오래 볼 수 있도록 버튼을 보다 길게 누르게 했으며(원함), 그 얼굴들을 더욱 매력적이라고 평가하였다(좋아함). 그러나 같은 실험참가자들이 오피오이드 수용체 길항제인 날트렉손(naltrexone)

을 처방받았을 때는 여성 얼굴들을 보기 위한 노력이 줄었고, 그 얼굴 또한 덜 매력적이라고 평가하였다.

이러한 연구들은 매우 흥미로운데, 도파민과 오피오이드 시스템이 동물과 사람의 보상 체계에 어떤 역할을 하고 어떤 영향을 미치는지 확실히 이해하기 위해서는 더 많은 연구가 필요할 것이다. 이처럼 정서에 있어 신경조절물질의 역할은 이제 막 이해되고 있는 시점이며, 이 분야의 많은 중요한 발견은 우연에 의해 나타났다. 예를 들어, 기분 조절에 있어 세로토닌의 역할은 약 50년 전에 뜻밖의 우연으로 발견되었다. 결핵의 처방으로 새로운 약제를 투여하자, 기분 상승과 전반적인 활력 증가가 나타났다(Castrén, 2005; Mukherjee, 2012). 이와 같은 항우울제 성분이 있는 약들은 훗날 두 가지 모두 모노아민 계열인 세로토닌과 노르아드레날린의 농도를 증가시키는 것으로 확인되었다. 그 결과 나타난 모노아민 가설은 우울증이 이 두 가지 신경조절물질의 부족으로 나타난다고 제안하며, 오늘날에도 항우울 약제의 주요 타깃으로 남아 있다. 그러나 모노아민을 증가시키는 약들의 효능과 세로토닌과 노르아드레날린의 고갈이 우울증의 주요 원인이라는 이론은 현재 심각한 질문에 봉착해 있다(Castren, 2005; Mukherjee, 2012).

지난 십 년간 과학계와 일반 대중으로부터 가장 많은 관심을 받은 신경조절물질은 바로 옥시토신(oxytocin)이다. 옥시토신은 호르몬이기도 하면서 신경펩티드(신경전달물질)이기도 한데, 광범위한 행동 층위에서 작용하며, 특히 애착, 탐색행동 그리고 성행동 등 사회적 행동의 출현에 매우 중요한 역할을 한다(Carter et al., 2008; Donaldson & Young, 2008; Meyer-Lindenberg et al., 2011). 사람에게 옥시토신은 주로 비강 스프레이 형태로 처방되는데, 사실 그것이 어떻게 혈뇌장벽을 통과해서 뇌로 들어가게 되는지는 잘 알려져 있지 않다(Churchland & Winkielman, 2012). 인간의 유대와 협력행동에서 옥시토신의 중요성은 매우 많은 관심을 받고 있고, 그것의 분자구조는 일반 대중도 쉽게 알아볼 수 있으며, 주얼리나 감사카드 디자인에도 종종 사용된다([그림 3-9])!

현재 얼굴표정과 같은 사회적 자극을 지각하는 과정에 미치는 옥시토신의 긍정적인 효과는 많은 관심을 받고 있으며, 자폐스펙트럼장애의 사회적 증상 완화에 이 약물의 처치가 도움이 될 것이라는 희망이 존재한다(Anagnostou et al., 2012; Bartz et al., 2011; Domes et al., 2007; Macdonald & Macdonald, 2010; Meyer-Lindenberg et al., 2011). 건강한 남성 참가자들을 대상으로 한 연구에서는 비강내 옥시토신 투여가 얼굴표정 모방 정도를 증가시키는 것으로 보였다: 특히 곤궁에 처한 어린아이들의 사진을 보았을 때(Korb et al., 2016). 이러한 발견은 얼굴표정 모방을 통해 얼굴표정의 정확한 재인 능력을 향

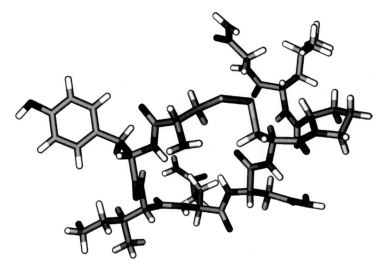

[그림 3-9] **옥시토신의 분자구조**

상시킬 수 있음을 암시한다(정서 재인 과정에 얼굴표정 모방의 역할에 대한 논의는 제5장을 참조하라).

요약하면, 대뇌의 정서적 신경화학작용은 아직 미지의 영역이다. 하지만 의심할 여지 없이 이 분야의 흥미로운 발견들은 다가올 가까운 미래에 잘 수립된 실험 절차에 의해 과학적으로 규명될 것이다. 물론 신경약물학에서 우연에 의한 발견도 계속될 것이다.

📝 요약

- 정서의 신경과학 이론은 크게 두 가지 범주로 나뉜다: 영역주의와 구성주의.
- 영역주의는 뇌의 특정 영역이 특정 정서의 경험을 담당한다는 믿음을 말한다. 영역주의에 따르면, 개별 정서 범주(예: 공포, 분노, 행복)는 대략 대뇌 또는 피질하 영역의 분리된 영역 또는 네트워크에서 나타나며, 이것은 다른 동물과 유사하다.
- 정서 경험에 있어 두 대뇌 반구의 역할을 구분하는 몇 가지 이론이 있다.
- 구성주의는 정서가 정서에 특화되지 않은 근본적인 인지 기능들의 결과라는 입장을 갖고 있으며, 광범위하고 유동적인 대뇌피질−피질하 영역 네트워크로부터 결과적으로 나타난다고 본다.
- 체화된 인지 이론은 정서에 관한 신경과학 연구에서 영향력이 높다. 왜냐하면 다

른 사람의 정서 표현을 지각하는 과정과 자신의 정서 경험/표현 과정에서 모두 활성화되는 대뇌의 중첩 영역이 나타났기 때문이다.

• 사람의 특정 정서에 대한 신경화학작용에 대해서는 거의 알려진 것이 없지만, 도파민, 세로토닌, 옥시토신 등은 정서적 삶과 분명히 관련되어 있다.

• 정서의 신경학적 기초를 이해하고, 사람과 동물 연구의 벌어진 간격을 메우기 위해서는 다양한 과학적 방법을 활용한 보다 많은 연구가 필요하다.

▶ 학습 링크

1. 정서신경과학의 도전을 알아보려면 다음 기사를 읽어 보라.
   http://www.brainfacts.org/sensing-thinking-behaving/mood/articles/2016/feeling-our-way-thechallenge-of-studying-emotion-and-the-brain-011216/

2. 인간 정서의 신경 기초를 이해하기 위해 쥐와 초파리의 뇌를 연구하는 David Anderson 박사의 강연
   http://www.npr.org/2015/11/06/453995372/what-can-fruit-flies-tell-us-about-human-emotions

3. 사회, 정서적 학습이 어떻게 뇌를 바꾸는지에 관한 Richard Davidson 박사의 강연
   https://www.youtube.com/watch?v=o9fVvsR-CqM

4. 정서에 있어 우반구의 역할을 알려 주는 대표적인 애니메이션을 보라.
   https://www.youtube.com/watch?v=JuyB7NO0EYY

제**4**장
정서의 기능

Psychology
of Emotion

여러분은 스스로 도대체 정서가 무엇에 유익한지 물어본 적이 있는가? 아마도 없을 것이다. 정서는 너무 흔하기 때문에 당신도 정서를 갖고 있고, 여러분의 어머니도, 여러분의 친구도 갖고 있다. 그럼에도 왜 이러한 질문을 해야 할까? 만약 정서가 아무짝에도 쓸모없다면, 우리 사회는 그것을 없애거나, 적어도 그 빈도를 사회적 상호작용 과정에서 줄였을 것이다. 만약 대부분의 사람이 스타트렉의 Mr. 스포크처럼 감정이 없다면 더 좋을까? 만약 우리가 감정이 없는 가상의 친구들과 하루 종일 지내야 한다면 무슨 일이 생길까? 만약 우리가 아기들을 로봇 보모에게 하루 종일 맡길 수 있다면 삶은 변할까? 만약 컴퓨터 과학자가 사람과 같은 감정을 가진 로봇을 만들려고 노력한다면 과연 좋은 생각일까? 이 모든 질문에 대해 답하기 위해, 우리는 도대체 정서가 무엇에 좋은지 생각할 필요가 있다.

제1장에서 우리는 지난 몇 십 년 동안 대부분의 감정과학자가 정서가 기능적이라는 믿음을 갖게 되었다고 배웠다(예: Barrett, 2006; Barrett & Campos, 1987; Cosmides & Tooby, 2000; Frijda, 1986; Johnson-Laird & Oatley, 1992; Keltner, Haidt, & Shiota, 2006; Niedenthal & Brauer, 2012; Plutchik, 1980). 비록 처음에 우리가 정서가 기능적이라는 생각을 다윈과 정서의 진화 이론으로 연결시켰지만, 정서가 기능적이라는 생각을 하기 위해 그것이 우리의 유전자에 아로새겨져 있다는 생각을 반드시 할 필요는 없다. 대부분의 평가 이론가와 심리구성주의자도 정서를 유용하다고 생각하고 문제해결 현상이라고 생각한다. 설령 정서가 선천적인 것이 아니라 해도, 사회 생활의 문제들을 풀기 위해서 학습될 수 있고 문화적으로 전수될 수 있다.

이 장에서 우리는 다양한 크기의 사회적 단위에서 다양한 정서의 기능을 살펴볼 것이다. Keltner와 Haidt(1999, 2001)는 개인, 대인(쌍방), 그리고 집단과 같은 세 가지 종류의 사회적 단위를 구분하였다. 그리고 각 단위에서 다른 정서 기능을 중심으로 살펴볼 것이다: 기본 생존 기능(개인), 의사소통 기능(대인), 사회적 조화(집단). 우리가 정서를 기능적이라고 말하는 데 있어서, 정서의 병리학적 상태, 즉 임상적 우울 또는 불안을 지칭하는 것은 아니며, 우울해지거나 불안해지는 것이 쓸모 있다는 것도 아니다. 정서의 기능성을 고찰할 때 정서란, 우리가 애초에 내린 정서의 정의, 즉 '특정 물리적, 사회적 도전과 기회에 대한 반응으로 일어나는 일화적이고, 상대적으로 짧은 시간 지속되는 지각, 경험, 생리, 행동, 그리고 의사소통적 패턴'에 기반한다는 것을 명심하기 바란다.

정서가 기능적이라는 것을 어떻게 알 수 있을까

지금까지 배웠듯이, 다윈을 제쳐 두고 모든 심리학자와 철학자가 정서가 기능적이라고 믿은 것은 아니다. 지난 한 세기 동안에도 몇몇 이론가는 정서가 동물적이고 파괴적이라는 관점을 제시했었다. 여러분 스스로 정서가 동물적이고 파괴적이라고 생각할 가능성도 있다. 만약 여러분이 어떤 사람을 "너무 정서적이야."라고 지칭한 적이 있다면, 적어도 어떤 상황에서는 그 사람의 정서가 별 도움이 안 되거나, 문제가 있음을 의미한 것일 것이다. 그렇다면 왜 과학자들은 정서가 평균적으로 우리에게 유용하다고 주장하는 것일까(Parrott, 2001)?

정서 결함에 따른 결과

정서가 기능적이라는 점을 알 수 있는 한 가지 방법은 사람의 정서가, 또는 정서 발달이 정상적이지 않을 때 무슨 일이 일어나는지를 연구하는 것이다. 심리학자들은 개인들이 정서적으로 각성되는 상황에서 다른 사람에게 그들의 정서를 표현하지 않았을 때(Butler et al., 2003; Impett et al., 2014; Srivastava et al., 2009), 그리고 정서적 사건을 경험하고 나서 다른 사람과 자신의 정서에 대해 이야기를 나누는 것에 실패할 때(Rimé, 2007) 무슨 일이 일어나는지를 연구하였다. 그리고 다른 사람이 표현한 정서를 이해하는 데 결함이 있는 사람들에게 무슨 일이 일어나는지를 연구하였다. 이런 결함은 뇌 손상에 의한 것일 수도 있고(예: Heberlein et al., 2008; Kennedy et al., 2009), 파킨슨 병과 같은 병의 심화에 의한 것일 수도 있고(Wieser et al., 2006), 자폐증(예: Clark, Winkielman, & McIntosh, 2008; McIntosh et al., 2006) 또는 아동기 학대(Pollak, 2008)에 의한 것일 수도 있다.

이런 경우 무슨 일이 일어나는지 살펴보면, 원칙적으로 기능적이지 않다. 얼굴표정을 알아보는 데 생긴 결함은 반사회적 행동으로 연결된다(Fairchild et al., 2009; Marsh & Blair, 2008). 예를 들어, 다른 사람의 고통(공포감이나 슬픔 같은)을 표현하는 얼굴표정을 알아보지 못하는 사람은 아마도 고통에 대한 공감의 부족으로 보다 쉽게 공격적이 되거나 다른 해로운 행동을 하기 쉽다(Blair, 2005). 다른 정서 처리의 결함도 비효율적인 행동 제어로 이어질 수 있다(Tranel, Bechara, & Damasio, 2000). 예를 들어, 사람들이 의사결정 상황에서 어떤 대상이나 사건에 대한 이전 정서 반응을 기억하지 못하고 사용하지 못할 때, 그들의 결정은 나빠질 수 있다(Hinson, Jameson, & Whitney, 2002). 일반적으로 말해, 정서처리의 문제, 즉 정서 이해, 표현, 경험 그리고 조절 능력의 결함은 나쁜 선택과 제한적인 사회적 참여, 경제적 생존력 저하로 이어질 수 있다.

정서 지능의 이점

반면, 정서를 특히 잘 다루는 사람은 삶에서 긍정적인 결과물을 가져올 가능성이 높다(예: Mayer, Salovey, & Caruso, 2004; Salovey et al., 2003). Salovey와 Mayer(1990)는 정서 지능(emotional intelligence)의 개념을 자기 자신의 정서와 다른 사람의 정서에 주의를 기울이고 이해하며, 행동과 의사결정에 그 정서를 이용하는 능력으로 소개하였다. 정서 지능이 높은 사람은 낮은 사람에 비해 정서에 보다 많이 주의를 기울이고, 그들 자신과 다른 사람의 정서를 보다 정확하게 해석하며, 긍정적인 결과로 이어지는 의사결정을 하는 데 그 정서들을 적절하게 사용한다.

많은 연구는 정서 지능이 높은 사람이 많은 삶의 영역에서 더욱 성공적임을 보여 준다(Mayer, Salovey, & Caruso, 2008). 예를 들어, 그들은 남들을 덜 괴롭히거나, 공격적인 행동을 하지 않으려고 하고(Rubin, 1999), 약물과 알코올 남용에 빠질 가능성도 낮다(Brackett, Mayer, & Warner, 2004). 그들은 더욱 성공적인 관계를 가질 가능성이 높으며, 대인관계에 더욱 민감하며(Brackett et al., 2006; Lopes, Salovey, & Straus, 2003), 정서 지능이 낮은 사람에 비해 조직에서 더욱 좋은 매니저가 될 수 있다(Rosete, 2007).

정서-처리 능력의 결함은 좋지 않은 결과를 초래하고, 잘 발달된 정서 기술들은 좋은 결과를 낳는다. 이 사실은 정서가 평균적으로 기능적이라는 것을 암시한다. 이제 어떻게, 누구를 위한 기능인가라는 질문이 남는다.

개인 차원: 정서의 생존 기능

개인 차원에서 정서의 기능을 고려할 때, 우리가 던질 수 있는 질문 중 하나는 정서가 도전과 기회에 직면했을 때 생존을 이어 갈 능력을 높이는가 하는 것이다. 비록 어떤 느낌이 주관적으로 불쾌하더라도, 정서의 내분비계 또는 자율신경계 반응이 몸을 힘들게 하더라도, 일반적으로 정서가 대부분의 사람에게 제공하는 유익한 생존 기능이 있다.

이제부터 우리는 개인 차원에서 정서가 기능하는 세 가지 방법에 대해 이야기하고자 한다. 특히 우리는 어떻게 ① 정서의 생리작용이 적응적 행동을 지지하는지, ② 정서적 느낌이 목표 추구를 조절하는지, ③ 정서적 행동 경향성이 세계에 대한 선택적 반응들을 발달시켜 가면서 개인의 인지적, 행동적 반응의 레퍼토리를 확장시키는지를 보여 줄 것이다. 개인 차원에서 얼굴표정의 기능성은 제5장에서 보다 자세히 언급할 것이다.

생리적 측면

우리가 경험하는 정서는 생리적 각성 정도에 차원에서 다르다(Levenson, 2003). 제3장에서 이미 살펴본 바와 같이, 각성과 관련된 자율적인 생물학적 과정들(예: 숨쉬기, 땀 흘리기, 소화하기)을 조절하는 몸의 주요 시스템은 자율신경계다. 자율신경계는 일반적으로 상반된 작용을 하는 두 개의 하위 시스템으로 구성되어 있다. 교감 신경계는 흥분성이며, 자율신경조절 시스템의 활동을 증진시킨다(예: 심장 박동의 증가). 교감 신경계의 활동은 물리적, 심리적 스트레스를 받을 때 증가하며, 마주친 문제에 대응하기 위하여 에너지를 쓰는 과정에 각성이 증가한다. 교감 신경계는 그 흥분적 기능 때문에 자율신경계의 '공격·도피' 담당이라 불린다. 반면, 부교감 신경계는 억제성이며, 자율신경조절 시스템의 활동을 감소시키고(예: 심장 박동의 감소), 핵심적인 생물학적 유지 기능(예: 소화기능)을 조절한다. 상대적으로 조용하고 안전한 기간에 부교감 신경의 활동이 우세하며 낮은 수준의 생리적 각성을 유지한다. 부교감 신경계는 억제적이고 생물학적 유지 기능을 갖기 때문에, 자율신경계의 '휴식·소화' 담당이라고 일컬어진다.

교감 신경과 부교감 신경의 구분에 대한 이해를 돕고, 자율신경 하위 시스템의 기능을 직관적으로 이해하기 위해 다음 예를 보자. 자, 당신과 당신의 친구들이 숲에서 캠핑을 하고 있다고 생각해 보라. 당신들은 하루 종일 산행을 하고, 카누를 탄 후에 맛있는 캠프파이어와 저녁식사를 방금 마쳤다. 모두 무서운 이야기를 듣기 위해 모닥불을 둘러싸고 앉아 있는데, 갑자기 당신 뒤에 있는 나무에서 거친 숨소리와 으르렁거리는 소리가 들린다면, 당신의 몸은 그 상황에 대처하기 위해 긴급하게 반응할 것이다. 심장은 쿵쾅거리기 시작할 것이고, 땀이 나기 시작할 것이다. 그리고 자신을 방어하기 위해 가까이 있는 마시멜로 꼬챙이를 꽉 쥘 것이다. 이것이 현재 상황을 해결하기 위해 당신을 흥분시키는 교감 신경계의 작용이다. 당신이 도망가기 직전, 당신의 친구, 매리는 나무 뒤에서 튀어나오며 모두에게 으르렁거리며 그녀의 '곰 발톱'으로 모두를 할퀴는 시능을 한다. 모두는 안도하며 웃고, 매리는 앉아서 모두를 위해 마시멜로 굽는 것을 도와준다. 당신은 안도하면서 심장 박동수가 내려감을 느낄 것이다. 이것이 당신의 몸을 안정시키고 생물학적으로 필수적인 휴식과 이완을 준비하도록 하는 부교감 신경계의 억제 작용이다. 이후 당신이 침낭에 들어가 자면서 숲에서 곰을 타고 노는 친구 매리에 대한 꿈을 꿀 때, 당신의 부교감 신경계는 소화를 촉진시키며 당신의 몸을 회복시켜 내일 있을 또 다른 모험을 준비하도록 할 것이다.

　과학적 연구들은 정서를 촉발하는 사건 과정에 발생하는 자율신경계의 변화가 몸이 적절할 행동을 취할 수 있도록 돕는다는 것을 보여 준다. 특정 정서는 특정 기능이 있는 행동, 예를 들어 공포에 질렸을 때 도망가는 것, 분노했을 때 공격하는 것과 같은 행동을 촉발한다(예: Levenson, 1992; Stemmler et al., 2001). 예를 들어, Stemmler, Aue와 Wacker(2007)는 축구부 선수들이 분노 또는 공포를 유발하는 축구 시나리오를 읽고 스스로를 상상할 때 자율신경계의 활동을 측정하였다. 두 가지 정서는 이러한 상황에 필요한 빠르고 격렬한 행동을 돕는 자율신경계의 활동과 연결되었다. 분노는 상대적으로 더 강한 노르아드레날린 반응(즉, 노르아드레날린에 민감한 세포들이 매개한 반응)을 수반하였다. 공포는 상대적으로 강한 아드레날린 반응(즉, 아드레날린에 민감한 세포들이 매개한 반응)을 수반하였고, 중추신경계에서 부교감 신경계로 가는 통로인 미주신경으로부터 더 큰 철회 반응이 나타났다. 이러한 발견들은 공포와 분노가 자율신경계의 생물학적 반응과 연결되어 현재 환경에 존재하는 문제를 대처할 때 적절하고 유용한 행동을 준비하는 것을 돕는다는 것을 뒷받침한다.

　각성 측면에서 슬픔은 높은 각성 수준과 관련되는 분노 또는 공포의 반대다. 슬픔은 일반적으로 중요한 것이나 중요한 사람을 되돌릴 수 없게 상실했을 때 발생하는 것으로 행동 철회와 에너지 보존과 관련된다(즉, 낮은 각성 수준). 이러한 행동들은 자기 보존을 위한 적응 행동들이다(Kelsey et al., 2002). 생리적 측면에서 보존-철회 행동은 심박의 이완과 같은 부교감 신경계의 활동과 관련된다(예: Bosch et al., 2001; Ritz et al., 2000). 따라서 분노, 공포, 슬픔에 관계된 생리적 상태들은 그 정서를 유발하는 문제에 부합하는 각기 다른 기능들을 제공한다(Kreibig et al., 2007).

다미주신경 이론

Porges(1995, 2001, 2007)는 자율신경계가 정서의 생리적 상태들을 기능적이고 적응적인 행동들과 어떻게 연결하는지 설명하기 위하여 진화론에 기초한 이론을 제안하였다. 그는 포유류의 미주신경(10번 뇌신경, 뇌와 나머지 몸을 연결하는 주된 부교감 신경 통로)의 각기 다른 부분들이 기능적으로 다른 행동의 생물학적 결과를 매개하기 위해 진화되었다고 주장하였는데, 이를 다미주신경(Polyvagal) 이론이라 부른다.

다미주신경 이론에 따르면, 포유류의 자율신경계는 진화 시기의 환경적 요구에 맞게 세 단계로 진화되었다. 포유류의 자율신경계는 진화의 3단계에 따른 구조적 흔적을 유지하고 있는데, 정적 행동[예: 동결(freezing)], 동적 행동(예: 공격-도피), 그리고 사회적 의사소통(예: 얼굴표정)이 그것이다. 첫째, 포유류의 계통발생학적 역사에서 정적 행동 시스템은 무수초 미주신경(unmyelinated vagus)과 관련이 있는데, 이것은 대부분의 파충류도 갖고 있는 미주신경의 원시적 형태다. 수초(많은 신경세포 주변을 둘러싸고 있는 지방과 단백질로 이루어진 보호막)는 신경세포를 전기적으로 절연하기 때문에, 무수초 신경은 유수초 신경보다 전기 전도가 느리다. 무수초 신경이 핵심을 이루고 있는 자율신경계는 상대적으로 느리고 비효율적이다. 왜냐하면 개체가 환경의 요구에 대한 생물학적 반응을 준비하는 과정을 제약하기 때문이다. 다미주신경 이론에 따르면, 환경의 복잡성이 증가함에 따라 포유류의 자율신경계는 2단계의 발단 단계로 진입하게 된다. 무수초 신경을 유지한 채, 그 위에 세워진 포유류의 자율신경계 2단계는 동적 행동 시스템으로, 핵심 요소로 교감 신경계가 있다. 환경의 요구에 더 빠른 생물학적 반응을 가능케 하는 동적 행동 시스템은 그것이 활성화되면, 매우 빠르고 활발한 행동을 산출하게 한다. 포유류의 자율신경계의 계통발생적 마지막 단계에 출현하는 것은 유수초 미주신경(myelinated vagus)이다. 미주신경의 한 가지(branch)로서, 유수초 미주신경은 심장의 교감신경적 자극을 방해하고, 시상하부-뇌하수체-아드레날린 분비축(hypothalamic-pituitary-adrenal axis: HPA)의 활동을 잠재운다. 더 나아가 다미주신경 이론은 유수초 미주신경이 '사회적 의사소통' 시스템을 책임지고 있다고 설명한다. 최근 실험에 따르면, 주변 환경에 매우 반응성이 높은 미주신경을 가진 개인이 더 사회적으로 민감하다고 한다(Muhtadie et al., 2015).

종합하면, 다미주신경 이론에서 상정한 세 가지 시스템(즉, 정적 행동, 동적 행동, 사회적 의사소통)은 끊임없이 변화하는 환경의 변화에 적절한 생물학적 반응을 산출하기 위한 것으로 생각해 볼 수 있다. 이 관점에서 자율신경계는 적응적인 정서 반응들을 촉진시키거나 제약하는 일련의 생리, 행동 상태를 산출하는 하위 시스템으로 구성된다. 하지만 지금까지 과학자들은 각각의 기본 정서를 특정 자율신경 상태로 연결하는 대뇌 회로를 발견하지 못하였고(Quigley & Barrett, 2014), 몇몇 과학자는 미주신경 활동을 측정하는 것이 매우 복잡해서 아직 잘 이해되지 않는다고 경고하고 있다(Berntson, Cacioppo, & Grossman, 2007; Grossman & Taylor, 2007).

정서와 목표 수정

개인의 생존을 위한 정서 기능에 대한 통합적인 설명은 Oatley와 Johnson-Laird (1987)의 정서에 관한 인지 이론(Cognitive Theory of Emotion)에 의해 이루어졌다. Oatley 와 Johnson-Laird(1987)는 진화론자들처럼 정서가 진화 과정 동안 반복적으로 존재하는 환경에 대한 도전과 기회로 인한 적응의 산물이며, 그 적응적 행동들을 조절하는 것이 정서의 주요 기능이라고 믿었다. 그러나 그들은 정서가 목표를 유지 관리하는 차원에서 어떤 조정 능력으로서 작용한다고 보았다. 그들의 관점에서 정서는 개인이 의식적, 또는 무의식적으로 그들의 행동에 어떤 조정이 필요하다고 인식했을 때 출현한다. 즉, 특정 정서는 특정 종류의 목표—보편적이며 반복적으로 일어나는—성취가 방해받을 때 발생한다. Oatley와 Johnson-Laird의 관점에서, 정서는 개인의 활동을 재조직하고 새로운 목표로 방향을 수정하거나, 적어도 방금 일어난 사건에 대처하는 방식으로 작용한다.

〈표 4-1〉은 다섯 가지 기본 정서에 대해 Oatley와 Johnson-Laird가 경험적 증거와 이론적 고려를 바탕으로 하여 제안한 것이다. 각각의 정서는 현재 목표/활동의 **변곡점**

〈표 4-1〉 정서에 관한 인지 이론

정서	현재 계획의 변곡점	전환이 일어난 상태
기쁨	하위 목표들이 성취되었을 때	계획대로 진행하면서, 필요하다면 계획을 수정
슬픔	주된 계획이 성사되지 못했거나, 현재 목표를 상실했을 때	아무것도 하지 않음/새로운 목표 탐색
불안	자기를 보존하려는 목표가 위협받을 때	멈추고, 환경을 긴장한 상태로 주시하거나/도망감
분노	현재 계획이 좌절되었을 때	더 열심히 하거나 화를 냄
혐오	미각 목표에 위배되었을 때	그 물질을 거부하거나 철회함

출처: Oatley, K., & Johnson-Laird, P. N. (1987). Towards a cognitive theory of emotion. *Cognition and Emotion, 1*, 29-50.

(juncture)에서 촉발되며, 각 정서는 뒤따르는 상태로의 **전환**(transition)을 야기한다. 예를 들어, 어떤 개인이 목표 상실이나 중요한 계획의 실패를 경험한다면, 이것을 슬픔 경험을 활성화시킬 것이다. 그리고 슬픔은 가만히 있거나 철회 행동(보호를 요청할 수 있는 이점이 있는 행동)으로 이어지거나, 또는 새로운 목표를 찾으려는 행동(슬픔을 경감시키는 이점이 있는)으로 이어질 수 있다. Oatley와 그의 동료들(예: Oatley & Duncan, 1992, 1994)은 일기를 쓰게 하는 방법을 이용하여 이 생각들을 지지하는 증거들을 모았다. 이 논문의 저자들은 정서가 현재 진행되고 있는 목표 지향적 행동에 대한 내적 평가를 제공하며, 정서적 반응의 의미에 상응하는 방식으로 행동을 수정해 간다고 주장하였다.

긍정 정서의 확장-구축 이론

지금까지 우리는 공포, 분노 그리고 혐오와 같이 대부분 부정적인 정서의 기능에 대해 이야기해 왔다. Fredrickson(1998, 2013)은 확장-구축 이론(broaden-and-build theory)을 제안하였는데, 그는 그의 이론에서 즐거움, 흥미 그리고 만족과 같은 긍정 정서를 개인의 성장 기회에 상응하는 방식으로 기술하였다.

그의 이론은 다음과 같은 사항을 제안한다. 첫째, 긍정적인 정서 상태는 개인의 생각과 행동의 레퍼토리를 일시적으로 **확장**한다. 예를 들어, Fredrickson은 긍정 정서가 시각적 주의 초점의 팽창 또는 확장과 연결된다고 주장한다(Derryberry & Tucker, 1994). 긍정적인 정서 상태에 있는 사람은 세세한 것 각각에 주목하기보다, 환경에 존재하는 의미와 많은 수의 단서를 고려한다(예: Bless et al., 1996; Isen et al., 1985). 더 나아가 즐거운 상태에 있는 사람들은 시각적 장면을 보다 광범위하게 탐색하며, 장면의 주변부에 보다 많은 주의를 주고(Wadlinger & Isaacowitz, 2006), 일반적으로 시각 및 의미에 주의를 주는 행동을 보다 유연하게 한다(Johnson, Waugh, & Fredrickson, 2010; Rowe, Hirsh, & Anderson, 2007). 즉, 그들은 주의의 초점을 쉽게 변경할 수 있으며, 새롭고 일상적이지 않은 단어의 의미에 더 쉽게 접근할 수 있다. 사람들은 즐거운 기분일 때, 신체 움직임이 더 커지고 범위도 넓어진다(Gross, Crane, & Fredrickson, 2012).

주의가 확장되는 예를 보자. Fredrickson과 Branigan(2005)은 영화를 사용하여 실험참가자로 하여금 고각성 긍정 정서(즐거움)와 저각성 긍정 정서(편안함), 또는 중립 감정(통제조건)을 만들어 냈다. 그리고 나서 주의의 폭을 측정하기 위하여 실험참가자들에게 [그림 4-1]에 제시된 것과 같은 '전역-국소(global-local) 자극'을 보여 주었다. 실험참가자들은 각각의 전역-국소 자극을 볼 때마다, 아랫부분에 제시된 두 개의 도형 집단 중 어떤 것이 상단에 있는 표적 도형 집단과 유사한지를 선택해야 했다. 예시에서 왼쪽에 있는 자극 집단을 선택한다면 주의 초점이 넓다고 할 수 있다. 왼쪽편에 있는 자극 집단이 표적 집단과 '전체(global)' 수준에서 유사하기 때문이다. 즉, 자극 집단의 전체적인 형태가 표적 집단의 전체 형태와 유사하기 때문이다. 반면, 좁은 주의는 자극 집단 전체보다 그것을 이루고 있는 개별 도형의 형태의 유사성에 기반하여 반응하는 경우를 말한다. [그림 4-1]에서는 오른쪽 하단에 있는 도형 집단이 그러한 조건이 된다. Fredrickson과 Branigan은 통제조건에 비해 즐거움 또는 편안한 정서를 느끼는 실험참가자들이 확장된 주의 반응(즉, 왼쪽을 선택)을 유의하게 많이 하였음을 확인하였다. 그러나 이 실험의 한계점에 대한 비판들이 계속 제기되었고, 긍정 정서의 효과를 위한 맥락이 재차 고려되어야 한다는 의견들이 많았다. 이것에 대해서는 제8장에서 자세히 살펴볼 것이다(Harmon-Jones, Gable, & Price, 2013).

Fredrickson(1998)에 따르면, 아마도 한 개인이 매 순간 모든 주의 및 행동 반응을 확장하는 것의 중요한 결과는 긍정적인 정서가 미래에도 계속 유지될 수 있도록 물리적, 심리적 자원들을 축적하게 한다는 것이다. 많은 동물의 새끼들이 행복할 때 보여 주는 놀이에 대한 욕구는 새로운 물리적 기술의 발달을 가져온다. 예를 들면, 동물의 세계에서 마구잡이 놀이는 근육과 혈관을 강화시키고, 사회적 대면과 위험 대처와 같이 성장한 이후에 점점 중요해질 다양한 기술을 연마하는 역할을 한다. 일반적으로 상관 연구

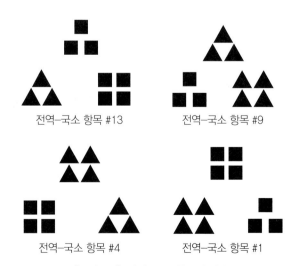

[그림 4-1] 전역-국소 항목의 예시

출처: Fredrickson & Branigan (2005).

들은 긍정적인 정서를 자주 경험하고 표현하는 사람은 보다 회복력이 강하다는 것을 보여 준다. 즉, 그들은 부정적 경험으로부터 쉽게 회복하고, 변화되는 삶의 요구들에 대해 보다 잘 대응한다(Fredrickson et al., 2003). 또한 빈번한 긍정 정서는 다른 사람들과 더 강한 사회적 관계를 맺을 수 있게 한다(Gable, Gonzaga, & Strachman, 2006; Waugh & Fredrickson, 2006). 심리사회적 자원을 구축하는 것이 중요한 이유 중 하나는 긍정 정서가 건강상으로도 좋은 결과를 가져온다는 것이다(예: Kok & Fredrickson, 2010). [그림 4-2]에 완성된 확장-구축 모형이 제시되어 있다.

긍정 정서가 건강에 좋은 이유 중 하나는 부정 정서의 해로운 생리적 효과를 없애는 것이다. 예를 들면, 공포와 분노 상태에서 사람의 자율신경계는 일반적으로 매우 높게 활성화된다. 이 장의 전반부에서 배운 바와 같이, 이러한 정서가 기능적인 행동을 지지하는 동안 자율신경계는 변화한다. 그러나 자율신경계가 장기간 매우 각성된 상태로 있는 것은 몸을 피로하게 하므로 건강에 좋지 못하다. 긍정 정서는 이런 종류의 부정 정서의 각성 이후에 균형 상태로 돌아오는 데 도움을 준다. 이 가설을 증명하기 위해, Fredrickson과 Levenson(1998)은 실험참가자들에게 공포를 유발하는 영화를 보여 주고 심혈관 활동을 고조시켰다. 그다음 실험참가자들을 네 가지 영화 중 하나를 추가로 보도록 무선 할당하였다. 네 가지 영화는 편안함, 유쾌함, 슬픔 그리고 중립 정서를 유발하였다. 두 가지 긍정 정서 조건의 실험참가자들은 중립 정서가 유발된 실험참가자들보다, 그리고 슬픔이 유발된 실험참가자들보다 더 빨리 심혈관 활동이 기저 수준으

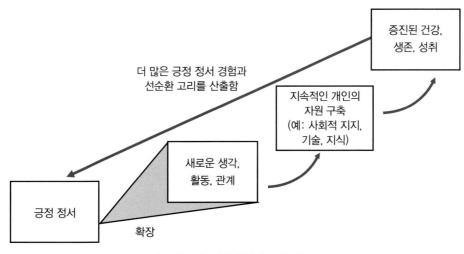

[그림 4-2] 정서의 확장-구축 이론

출처: Fredrickson & Cohn (2008).

로 되돌아갔다. 즉, 처음에 본 공포 영화는 몸에 부담이 되는 물리적 증상을 유발하였고, 긍정 정서는 이를 치료한 셈이다. 따라서 공포와 분노와 같이 부정적인 정서의 경험으로 생기는 몸의 변화를 긍정 정서가 되돌려 놓음으로써 몸의 물리적 건강 상태를 지킬 수 있다.

요약하면, 정서의 생리적 측면과 동기적 요소들은 개인으로 하여금 환경에 존재하는 위협과 기회에 적응적으로 반응할 수 있도록 돕는 것으로 보인다. 그러나 이러한 이익은 모두 개인에 해당하는 것으로 집단을 위한 것이 아니다. 이제 우리는 가장 작은 단위의 집단, 즉 두 사람의 대인관계를 살펴볼 것이다. 그리고 정서의 목적이 어떻게 생존을 넘어 존재하는지 살펴볼 것이다.

대인관계 차원: 정서의 의사소통 기능

대인관계는 두 사람이 어떤 방식으로든 상호작용하는 것을 말한다. 대인간 상호작용에서 우리는 상대방이 무엇을 느끼는지 알 필요가 있다. 우리가 상대방의 정서를 안다면, 우리는 그들이 무엇을, 왜 하는지 이해할 수 있고, 같은 상황에서 우리가 해야 하는 것에 대해서도 알 수 있다(Buck, 1983, 1988). 몸의 움직임, 목소리, 얼굴표정을 통해서 정서는 두 사람의 목표와 그들이 서로에게 어떤 존재인지, 그리고 현재 상황이 앞으로 어떻게 전개되거나, 전개되어야 하는지에 대한 정보를 효과적으로 전달한다(Buck, 1983; Keltner & Kring, 1998; Shiota et al., 2004). 이것은 다윈이 제안한 의사소통적 기능이다. 그러나 다윈의 시대 이후의 이론과 연구는 이 아이디어를 훨씬 더 발전시켰다.

얼굴표정 세부특징들의 기능

우리 얼굴표정의 특정 요소들은 다른 사람에게 정보를 전달하도록 돕는다. 예를 들어, 공포 표정을 지을 때 눈을 크게 뜨는 것은 다른 사람 역시 두려워해야 한다는 것을 알리는 사회적 신호로 볼 수 있다(Marsh, Adams, & Kleck, 2005). 공포 표정의 이 의사소통적 요소는 사람이 눈 속의 흰자위를 드러냄으로써 촉진된다. 이것은 다른 유인원들에 비해 독특한 점이며, 인류가 사회적 집단으로서 살아가는 경향성과 함께 진화한 것으로 보인다(Kobayashi & Koshima, 1997). 연구들은 공포 표정의 눈을 응시하는 사람

[그림 4-3] 홍채 영역의 크기가 주변 시야에 정확히 예고된 표적에 대한 반응시간을 예측함. 좌측 그림은 눈 형상에서 추출한 네 가지 세부 특징을 보여 준다. 우측 그래프는 눈을 크게 떴을 때 보여지는 홍채 영역의 크기와 정확히 예고된 표적에 대한 반응시간 사이의 상관관계를 보여 준다($r = -0.378$).

출처: Lee, Susskind, & Anderson (2013).

들이 그들이 처한 환경에 대해 많은 것을 알 수 있다는 점을 보여 주었다. 한 연구에서 실험참가자들은 한 쌍의 눈의 시선이 왼쪽 또는 오른쪽을 응시하는지를 말해야 했는데, 그들은 공포 표정처럼 눈이 크게 확장되었을 때 그 과제를 더 빨리할 수 있었다. 즉, 눈동자 주변의 공막(흰자위)이 확장되어 눈이 어디로 쏠려 있는지 쉽게 확인할 수 있었기 때문에, 눈이 어디를 보는지 쉽게 말할 수 있었다(Lee et al., 2013).

눈을 크게 뜨는 것은 관찰자로 하여금 눈동자의 방향을 빨리 알아채도록 도울 뿐만 아니라, 그 시선이 가리키는 목표물(즉, 잠재적 위협) 쪽으로 그들의 시선을 돌리게 하는 역할을 한다. 다른 연구에서(Lee et al., 2013), 실험참가자들은 정면을 응시하고 있는 크게 뜬 눈동자 또는 그렇지 않은 눈동자를 보고 있다가, 그 눈동자가 오른쪽 또는 왼쪽으로 시선을 옮기면, 컴퓨터 화면에 나타나는 별표가 오른쪽 또는 왼쪽에 있는지를 판단해야 했다. 이때 눈을 크게 뜬 조건이 그렇지 않은 조건에 비해 실험참가자로 하여금 별표를 더 쉽게 찾도록 하였다([그림 4-3]).

눈은 분명히 중요한 사회적 단서다. 그리고 공간상 위치를 알려 주는 공포 표정의 효과는 아이들에게도 나타나며, 이는 시각 시스템이 발달하자마자 이것을 사용한다는 것을 암시한다(Dawel et al., 2015). 어린 시절부터 아이들도 얼굴표정의 세부요소들에 의한 의사소통 정보가 필요한 것으로 보인다.

행동 조절장치로서 얼굴표정

정서적 얼굴표정은 더욱 일반적인 정보를 전달하며, 특히 비언어적(nonverbal) 또는 전언어적(preverbal) 방식이기 때문에 유용하다. 다양한 연구 방법을 사용한 연구들은 아이들이 한 살 이전에 얼굴표정들을 구별할 수 있다고 한다(Schwartz et al., 1985; Young-Browne, Rosenfeld, & Horowitz, 1977). 예를 들어, 3개월 정도까지 유아들은 기쁨과 놀람 표정을 구분할 수 있고(Young-Browne, Rosenfeld, & Horowitz, 1977), 기쁨과 화난 표정도 구분할 수 있다(Barrera & Maurer, 1981). 또한 그 시기의 유아들은 같은 기쁜 표정이라도 그 강도에 따라 다른 표정들로 구분할 수 있다(Kuckuck, Vibbert, & Bornstein, 1986). 7개월쯤 되면, 유아들은 다양한 강도의 기쁨 얼굴과 화난 얼굴표정들을(Striano, Brennan, & Vanman, 2002), 화난 표정과 공포 표정을(Kobiella et al., 2008) 신뢰롭게 구분할 수 있다고 한다.

정서적 얼굴표정은 발달하는 아동의 행동을 몇 가지 방식으로 조절하는 데 도움을 준다. 첫 번째 방식은 처벌과 보상을 알려 주는 것이다. 환경에 존재하는 도전과 기회에 대해 이미 형성된 정서 반응들이 있다고 할지라도(Mineka & Cook, 1993), 보호자는 아동으로 하여금 (처음에는) 잘 모르는 물체와 사건에 대해 적절하고 효과적인 행동을 할 수 있도록 하기 위해 특정 정서 반응을 가르쳐야 한다. 감전될 수 있는 물체가 좋은 예일 수 있다. 그것은 현대 기술 발전으로 만들어진 산물이기 때문에 현재 모습으로는 사람들이 자동적으로 두려움을 느낄 하등의 이유가 없다(예를 들어, '번개'와는 다르다). 만약 갓난아이가 전기 소켓 또는 벗겨진 전선 등에 가까이 간다면 공포 표정을 지음으로써, 보호자는 아이에게 공포를 유발할 수 있다. 이것은 보호자의 공포를 지각하도록 아동을 발달시킴으로써 차후에 전기 소켓을 조심할 수 있는 적절한 행동을 하게 하는 좋은 교육이 된다(Askew & Field, 2007; Hertenstein & Campos, 2004). 이러한 의미에서 Campos와 동료들(2003)은 정서적 얼굴표정들을 '행동 조절장치'라고 불렀다. 보상으로서의 얼굴표정(Matthews & Wells, 1999), 처벌로서의 얼굴표정(Blair, 2003)은 마치 도구적 조건화로 행동을 증가 또는 감소시키는 역할을 한다(개관을 원한다면 다음 논문들을 참고하라. Blair, 2003; Gerull & Rappe, 2002; Mumme et al., 1996).

Klinnert(1984)의 고전적 연구는 보호자의 얼굴표정이 유아의 행동을 효과적으로 유발할 수 있음을 보여 주었다. 그는 12개월과 18개월이 된 유아 앞에 친숙하지 않은 장난감을 제시하였다. 장난감이 제시되었을 때, 아이들의 엄마는 즐거운 표정을 짓거나, 공포에 질린 표정을 짓거나, 또는 중립적인 표정을 유지하였다. 중립 조건과 비교했을 때, 엄마가 공포 표정을 지을 경우 아이들은 엄마에게로 다가갔고(안정을 취하기 위해), 엄마가 즐거운 표정을 지을 경우, 아이들은 안심하고 밖으로 나갔다(세상을 탐색하러). Klinnert 등(1986)은 친숙한 실험자가 같은 즐거운 표정이나 공포 표정을 지었을 때 같은 결과가 나타남을 보여 주었다.

생애 첫해에 유아들은 정서적인 목소리를 구분할 수 있는 능력을 발달시킨다 (Walker-Andrews & Lennon, 1991). 어른들은 아이들에게 말을 하지만 아이들이 그 말을 아직 못 알아듣기 때문에, 어른들은 대부분 소통을 위해 그들의 목소리에 정서를 사용한다(Trainor, Austin, & Desjardins, 2000). 따라서 얼굴표정처럼 목소리의 정서도 행동을 조절하는 장치이다(Mumme, Fernald, & Herrera, 1996). 예를 들어, Vaish와 Striano (2004)는 시각 절벽 연구법(visual cliff paradigm)을 사용하여, 유아들을 앞으로 나아가면 절벽에서 떨어질 것 같은 인상을 주는 투명 플라스틱 유리판에 올려놓았다. 아이들의 엄마가 시각 절벽 반대편에 서서 긍정적인 목소리 제공했을 때, 아이들은 안심하고 시각 절벽을 건너서 엄마에게로 다가갔다. 목소리 없이 긍정적인 얼굴표정만을 제공했을 때도 같은 결과를 보였다. 이는 목소리의 정서가 얼굴표정처럼 유아들의 행동을 조절할 수 있다는 것을 보여 준다(Grossmann, 2010).

발달적 세부사항

아기 울음은 곧바로 엄마의 뇌로 간다

혹시 비행기 안에 울음을 그치지 않는 아이와 함께 갇혀 본 적이 있는가? 물론 짜증 났을 것이다. 그러나 아기의 울음은 어떤 기능이 있다. 특히 울음은 부모로 하여금 돌봄 반응을 신뢰롭게 유발하여 아이의 생존을 연장하는 진화적 기능을 하는 것으로 보인다(Bell, 1974). 사실 모든 포유류 새끼들의 성가신 울음소리는 매우 비슷하며, 과학자들은 엄마 사슴이 음높이를 조정해서 녹음한 바다표범, 고양이, 박쥐, 개, 사람의 아기 울음소리 모두에 대해 반응한다는 것을 발견하였다. 여러분은 아마도 아기들이 배고픔 또는 고통과 같이 특정한 요구들을 나타내기 위해 다른 음향의 울음을 만들어 낸다는 이야기를 들어 본 적이 있을 것이다. 하지만 보호자들이 울음소리의 각각 다른 의미를 지각하고, 아기들에게 특정 행동으로 반응한다는 것을 지지하는 경험적인 증거는 없다. 그보다는 울음소리의 음역대가 달라지는 것은 현재 아기들의 불편한 정도를 반영하는 것으로 보인다(Porter, Porges, & Marshall, 1988). 매우 성가신 울음은 보호자의 접근과 달래기, 그리고 아픔, 공포, 다른 불편함 등 울음의 원인이 무엇인지를 알려고 하는 일련의 행동 패턴들을 야기한다(Gustafson & Harris, 1990).

아기들의 울음은 부모의 행동에 영향력을 미치는 것과 동일하게 엄마의 뇌에도 영향을 준다. Lorberbaum과 동료 연구자들은 MRI 스캐너 안에서 엄마들에게 아기의 울음소리와 백색소음(통제조건)을 들려주면서 뇌 활동을 측정하였다(Lorberbaum et al., 2002). 그들은 이전 연구에서 쥐의 모성행동과 관련된 뇌 영역으로 알려진 영역에서 신호가 증가하는 것을 관찰하였을 뿐만 아니라, 아기의 울음소리가 사람의 공감 뇌 회로(즉, 전, 후대상회, 시상, 시상하부, 배측 및 복측 선조피질, 내측 전두엽, 그리고 우측 안와전두영역 및 뇌섬엽)를 활성화시키는 것을 관찰하였다. 이는 아기들이 비록 언어를 사용할 수 없지만 그들이 필요한 것을 얻기 위하여 사용하는 정서적 신호체계를 가지고 세상에 태어나게 된다는 것을 분명히 보여 준다.

대인간 상호작용에서 미소의 기능

어떤 이론들은 특별한 얼굴표정인 미소가 의사소통의 특별한 기능을 제공한다고 제안하였다(Niedenthal et al., 2010). 이론적으로 세 가지 종류의 미소가 있다: 보상의 미소, 친화의 미소, 지배의 미소. 각 미소의 기능은 ① 자신 또는 다른 사람의 즐겁고 적응적인 행동에 대한 보상, ② 사회적 유대를 요청하고 유지하는 것, ③ 사회적 위계를 이용한 협상이다.

Niedenthal과 동료들은 보상으로의 미소가 소위 진실된 웃음 또는 즐거운 미소와 가깝고, 미소짓는 사람은 긍정적인 사회적, 감각적 경험을 느끼고 있음을 반영한다고 제안하였다. 보상으로서의 미소의 핵심 기능은 미래에도 웃음이 계속되도록 하는 사회적, 감각적 경험의 확률을 높이는 것이다. 예를 들면, 당신이 누군가에게 뽀뽀받은 것이 좋았고, 그래서 보상으로서의 미소를 지었다면, 뽀뽀를 한 사람은 다시 뽀뽀하려고 할 것이다. 이러한 미소는 미소를 지은 사람과 미소를 받은 사람 모두를 기분 좋게 하기에 이것을 가능하게 한다(제5장을 보라). 이와 달리 친화를 위한 미소는 소위 친절한 미소, 당혹스러울 때 짓는 미소, 인사를 위한 미소와 같이 다른 하위 분류의 미소를 포함한다. 사람들이 이러한 미소를 지을 때, 그들은 접근 가능하며 접근해도 해를 끼치지 않을 것이라는 점을 알려 주는 것이다(Cashdan, 1998). 친화를 표현하는 부분적인 방법은 미소를 지을 때 입술로 치아를 덮는 것인데([그림 4-4]를 보라), 이는 미소 짓는 사람이 공격적으로 되는 것을 원하지 않는다는 것이다. 마지막으로 지배를 위한 미소는 사회적, 도덕적 지위를 갖고 있다는 것을 보여 주기 위해 짓는 것으로, 위계에서 자신의 위치를 설정하는 것을 돕는다. 이러한 종류의 미소는 조롱과 경멸의 표시이며(Ekman,

[그림 4-4] **보상의 미소, 친화의 미소, 지배의 미소**

1992), 자부심의 표현이기도 하다(Tracy & Robins, 2007). 보상과 친화의 미소와 달리 지배를 위한 미소는 부정적인 느낌을 촉발하고 전달할 수 있다.

이러한 세 가지 종류의 미소가 존재하는 것을 증명하는 초기 증거들은 북미, 유럽, 아시아 그리고 환태평양 제도 사람들의 미소를 비교하는 비교문화 연구에 의해 나타났다(Rychlowska et al., 2015). 연구자들은 이들 나라에서 미소를 일으키는 감정과 동기에 대한 글을 분석하였다. 통계 분석(요인 분석) 결과, 동기와 감정은 크게 세 가지 그룹으로 나뉘었는데, 이론과 일치하게 참가자들의 반응은 보상, 연대(친화) 그리고 위계-유지 기능에 해당하는 세 가지 군집으로 나뉜 것이다.

또 다른 연구는 이 미소들이 각각 구분되는 얼굴 근육들을 수축하기 때문에 서로 다르게 보인다는 것을 밝혔다([그림 4-4]). 프랑스와 미국 참가자들의 얼굴표정은 유의한 상관을 보였는데, 보상의 미소는 대칭적인 미소 근육의 움직임과 눈썹을 들어올린다. 친화의 미소는 입을 다물고 입술을 보다 양옆으로 늘리는 것을 포함한다. 지배의 미소는 다소 비대칭적이며 혐오적인 표정을 담고 있다(Niedenthal et al., 2016).

사회 기능 이론

정서는 단지 정서를 표현하기 위한 얼굴표정과 목소리를 넘어서는 보다 복잡한 반응체계다. 진화심리학에서 많은 영향을 받은 정서의 사회 기능 이론(social functional theories)은 사회적 의사소통 과정에서 개별 정서의 기능들을 전체적으로 고려하기 위하여 발전되었다(Dunbar, 1993; Gonzaga et al., 2001; Shiota et al., 2004; Spoor & Kelly, 2004).

사회 기능 이론은 진화적 힘의 중요성을 가정하는 것 이외에 정서는 문화적 요소에 의해 영향을 받는다고 가정한다. 각각의 정서가 다른 사회적 기능을 제공하기 때문에

[그림 4-5] 영화 〈인사이드 아웃〉에서 주인공 라일리가 슬픔을 표현할 때, 그녀는 부모님으로부터 그녀가 필요로 하는 보살핌을 얻는다.

(Keltner, Haidt, & Shiota, 2006), 우리는 개별 정서들이 어떻게 다른 사람에게 잠재적 관계에 대한 정보를 제공하고, 우리가 필요한 요구를 전달할 수 있는지를 살펴보아야 한다(van Kleef, 2009).

슬픔은 그 좋은 예다. 2015년에 개봉된 〈인사이드 아웃(Inside Out)〉이라는 영화는 주인공 소녀 라일리(Riley)가 부모님을 따라 다른 도시로 이사를 가면서, 이전에 살았던 미네소타의 생활(연못에서 하키를 즐겼던)을 그리워하는 내용이다. 영화 마지막에 라일리는 그녀의 슬픔을 단지 말뿐만 아니라 온몸과 목소리를 통해 부모님에게 표현하는데, 이 장면에서 관객은 슬픔의 기능을 이해할 수 있다. 슬픔의 표현은 지지와 보호를 요청하는 신호다([그림 4-5]). 당신이 슬플 때, 당신은 종종 느려지고, 축 처지며, 때로 주저앉아서 다른 사람으로부터 보호를 요청하게 된다(Leary, Koch, & Hechenbleikner, 2001).

분노는 다른 종류의 요구를 표시한다. 어떤 이론적 모형에서 분노는 화난 사람으로 하여금 원하는 방식으로 분쟁을 풀어 갈 수 있도록 돕는 하나의 협상 도구로서 진화한 것으로 본다(Tooby et al., 2008). 즉, 우리는 어떤 사람이 우리의 안녕을 충분히 고려하고 있지 않다고 믿을 때 분노하게 된다. 분노를 보여 줌으로써 우리는 다른 사람이 이 문제에 대한 관심을 증가시킬 수 있도록 한다. 다른 사람들이 우리가 바라는 대로 우리의 분노에 반응할지, 안 할지는 그들에게 어떤 비용을 지불하게 하거나, 어떤 이익을 빼앗아 갈 수 있는 우리의 능력에 달려 있다. 그렇지 않으면 그들은 신경 쓰지 않는다. 만약 우리가 더 많은 비용을 청구하고, 더 많은 이익을 빼앗아 갈 수 있다면, 우리는 분노를 사용하여 우리를 화나게 한 사람에게 우리의 요구에 대한 주의 집중 수준을 '재조정(즉, 증가)'하도록 할 수 있다.

개인의 많은 특성이 비용을 부과하거나 이익을 줄 수 있는 잠재력과 관련되는데, 특히 진화적으로 유용한 두 특성이 힘과 매력이다. 남자의 상체 힘은 물리적 상해를 통해 비용을 부과하는 능력과 연관된다. 매력은 건강함을 알리는 특성으로, 여성의 경우 출산력은 성적 파트너로서의 매력과 가치를 높인다. 따라서 매력적인 사람은 이익을 보류하는 능력을 갖고 있어서(즉, 파트너가 안 될 수 있기 때문에) 협상에서 더 나은 위치를 차지한다. 이런 추론은 다음과 같은 사항들을 제안한다. 첫째, 강하고 매력적인 개인들은 더 나은 대우를 받을 것이라고 느끼고(왜냐하면 분노의 대상을 압도할 수 있는 더 큰 영향력을 갖고 있기 때문에), 둘째, 더 나은 대우를 받지 못했을 때 화를 내고(더 많이 화를 낼 경향이 있고), 다른 사람들과 더 많은 갈등을 빚을 것이다. Sell, Tooby, 그리고 Cosmides(2009)는 일련의 연구에서 이러한 가설들을 검증하였다. 그들은 힘센 남자들이 약한 남자들에 비해 더 나은 대우를 받을 것이라고 느낀다는 것을 확인하였다. 그들은 또한 힘의 크기와 남자들이 얼마나 쉽게 그리고 자주 분노하는지가 정적 상관관계가 있다는 것을 보였고, 갈등 상황에서 공격의 효용성에 대해 찬성하고 사용하는 빈도와도 정적 상관관계가 있다는 것을 보였다. 힘은 남자들이 국제 분쟁에 군사력을 사용하는 것과 국내 범법자를 처벌하는 것에 대해 찬성하는 정도와도 정적 상관관계를 보였다. 뿐만 아니라, 연구자들은 여성들 역시 자신의 매력에 대해 스스로 평가한 점수와 분노하는 경향성, 대우받을 것이라는 느낌, 갈등에서 이기는 것, 그리고 대인 및 정치적 갈등 상황에서 분노의 효용성에 대한 태도 등에서 정적 상관관계를 보인다는 발견하였다. 짧게 말해서 매력적인 여성은 강한 남자와 같이 분노를 사용한다는 것이다.

상실, 위협, 부당함에 대한 대처와 더불어, 사람들은 배우자와 친구들을 찾고, 자식들과 유대감을 형성하며, 안정적인 관계를 유지하고, 집단적으로 일을 하기 위해 사회적 위계를 형성한다(Buss, 1989, 1994; Hrdy, 1999). 사회적 도전과 더불어 사회적 기회를 고려하기 위해 사회 기능주의자들은 진화적 접근에 긍정 정서에 대한 관점을 첨가하였다. 욕망과 사랑 그리고 연민과 같은 정서들은 자손의 재생산을 위해 필수적인 사회적 유대감의 형성과 유지를 성공적으로 달성하는 데 중요한 역할을 한다(Keltner, Haidt, & Shiota, 2006). 예를 들어, 사랑은 결혼과 같이 어떤 관계를 유지하는 데 필수적인 장기간 지속하는 상호 헌신적인 소통작용이다. 이러한 긍정적인 정서와 그 기능들을 〈표 4-2〉에 제시하였다.

〈표 4-2〉 정서의 사회적 기능

해결해야 하는 문제	정서	기능
짝 찾기	욕망	성적 접촉 가능성을 증가시킴
	사랑	장기간 유대에 대한 약속
짝을 유지하기	질투	다른 이성으로부터 짝을 보호함
자손을 보호하기	사랑	부모 자식 간 유대를 증가시킴

출처: Keltner, Haidt, & Shiota (2006).

요약하면, 정서는 어른과 아동의 적절한 반응행동들을 전달하며 서로의 관계에 대한 정보를 표시한다. 그리고 정서는 두 사람 사이의 의도와 동기의 본성에 대해 많은 것을 전달한다(Buck, 1988).

집단 차원: 사회 조정 기능

어떤 연구자들은 개인과 대인 차원을 넘어 더 큰 집단의 사람들 사이에서 작동하는 정서의 기능을 큰 규모의 사회 차원에서 살펴보았다(Frijda & Mesquita, 1994; Haidt, 2003; Keltner & Haidt, 1999, 2001). 정서는 집단을 형성하고 유지하는 데 기능적인 역할을 하며, 집단의 목적을 성취하기 위해 충성을 다하겠다는 장기간의 약속을 형성하는 데에도 역할을 한다(Chekroun & Brauer, 2002, 2004; Frijda & Mesquita, 1994; Haidt, 2003; Keltner & Haidt, 1999).

집단 형성

첫째, 정서는 처음에 집단을 형성하는 이유가 된다(Spoor & Kelly, 2004). 집단 정체성과 결속감은 특히 즐거움, 경외, 열정과 같은 긍정적인 정서에 의해 만들어진다. 이러한 정서를 공유하는 것은 집단 구성원이 서로 같은 감정을 느끼고, '집단감'을 더 크게 느끼도록 한다(Walter & Bruch, 2008). 예를 들어, 어떤 스포츠팀의 팬들은 자기 팀이 승리했을 때 모두 같은 즐거움을 느끼고, 그 경험은 그들을 더욱 결속시킨다. 그리고 그들은 집단 소속감을 겉으로 표시하기 위해 같은 유니폼을 입고, 이벤트 기간이 끝난 후에도 배지 같은 것을 달기도 한다(Cialdini et al., 1976; [그림 4-6]).

[그림 4-6] 집단 구성원들이 모두 같은 정서를 느낄 때, 집단은 더 결속하게 된다.

부정적인 정서도 사람들을 함께 모을 수 있는데, 그 이유는 슬픔을 느끼는 사람은 같은 정서를 경험하는 운명 공동체로서 시련을 함께할 수 있는 사람들과 같이 있고 싶어하기 때문이다(Gump & Kulik, 1997). 예를 들어, 매우 민감한 선거기간 후, 선거에서 패한 후보의 정당원들은 서로 매우 연결되어 있다고 느끼고, 서로를 쉽게 알아볼 수 있으며, 반대 정당 사람들과 그들을 평소보다 훨씬 더 첨예하게 구분한다.

집단 구성원이 불안을 경험할 때도 유사한 집단 역동이 나타난다(Wohl, Branscombe, & Reysen, 2010). 이런 배타적 집단 구분을 알아보기 위해서 Wilder와 Shapiro(1989)는 네 명으로 이루어진 집단이 다른 집단과 경쟁(또는 협력)하도록 하고 집단의 불안 수준을 높게(또는 낮게) 유발하였다. 어떤 과제를 함께 수행한 후, 한 집단의 구성원은 다른 집단 구성원이 자신의 수행을 평가하는 장면을 TV 모니터로 함께 보았다. 비록 실제 집단 참가자들을 알지 못했지만, 다른 집단은 실험보조자들로 구성되었고, 넷 중 세 명은 부정적인 평가를 내리고 나머지 한 사람만 긍정적인 평가를 내렸다. 다음으로 실제 실험참가자들은 이 가짜 평가 그룹의 구성원에 대해 평가를 내렸는데, 집단의 불안 수준은 긍정적인 평가를 내린 나머지 한 사람에 대한 평가도 다른 구성원과 유사하게 부정적으로 평가하는 원인이 되었다. 높은 불안 수준의 실험참가자들이 낮은 불안 수준의 참가자들보다 더 부정적으로 평가하였다. 이러한 발견은 다른 방식으로 불안을 조작한 연구에 의해 반복 검증되었다. 이는 집단간 대립 구조에서 집단 정서는 내집단과 외집단의 구분을 보다 첨예하게 하는 효과가 있다(van Zomeren, Fischer, & Spears, 2007).

집단 구성원의 행동 규제

정서는 집단 구성원으로 하여금 집단이 바라는 대로 계속 행동하도록 하는 데에도 영향을 미친다. 예를 들어, 공개적으로 수치심을 주는 관례는 사람들로 하여금 집단의 규칙을 따르도록 하고, 수치심을 느낀 대상뿐만 아니라 그것을 지켜보는 나머지 사람들에게 집단의 규칙을 다시 생각해 보게 하는 효과를 지닌다. 중세 시대부터 전해오는 각종 고문과 처벌 방식에 대한 기록을 보관하고 있는 독일 로젠버그의 유명한 범죄 박물관에는 다양한 '수치의 가면들'을 전시하고 있다. 여러 중세 사회에서는 법이나 규칙을 어긴 사람에게 하나의 처벌로서 다른 사람들의 조롱을 유발하는 가면을 씌웠다. 흥미로운 예가 '수치의 플루트'인데, 그것은 궁정에서 연주하는 악사들이 수준에 못 미치는 연주를 할 때 이를 벌하기 위해 사용되었다고 한다([그림 4-7]을 보라). 요즘 시대에도 어떤 나라에서는 교도소에 다녀온 사람으로 하여금 그가 지은 죄를 명기한 티셔츠를 입게 하는 방법을 고려하고 있다. Frijda와 Mesquita(1984)는 다음과 같이 말한다. "수치심은 집단이 수용하는 행동을 하도록 자극하고, 집단으로부터 배척당하지 않도록

[그림 4-7] 수치의 플루트. 중세 시대에 공개적인 모욕과 수치심을 유발하기 위해 사용되었다.
사진은 독일 로젠버그 범죄박물관(Kriminalmuseum)에서 제공.

자극하는데, 이로 인해 집단의 규칙을 따르게 한다. 따라서 결국 수치심은 집단의 결속을 자극하는 것으로 볼 수 있다."(p. 78)

집단 통치

집단을 위한 정서의 또 다른 중요한 기능은 집단 통치 문제를 해결하는 것이다(Shiota et al., 2004; Keltner, Haidt, & Shiota, 2006). 집단 통치를 위해 일반적인 사회 집단들은 암묵적이든 명시적이든 개인 또는 하위 집단의 위계를 만든다. 대인관계에서 소통되는 정서와 같이, 분노, 시기, 자부심과 같은 정서는 낮은 집단의 구성원에게 우월함과 힘을 보여 준다. 그러한 정서는 낮은 지위 구성원의 경외심을 촉발하고, 이는 높은 지위에 있는 사람의 권위를 보존하는 기능을 한다(Fiske, 1991). Keltner와 동료들은 낮은 지위 구성원이 표현하는 당혹감은 높은 지위 구성원에 대한 굴욕을 전달하며, 그들을 달래 주는 기능을 한다(예: Keltner et al., 1998).

Keltner 등이 수행한 독창적인 실험실 연구에서, 미국 대학의 남학생 사교 모임(fraternity)[1] 구성원을 대상으로 두 명씩 높은 지위 대학생과 낮은 지위의 대학생이 짝을 지어 서로를 놀리고 괴롭히도록 하였다. 그 놀리는 행동을 분석한 결과, 높은 지위 대학생들이 낮은 지위 대학생들을 놀렸을 때, 낮은 지위 대학생들은 보다 많은 당혹감을 표현했으며 웃음을 짓는 등 놀리는 사람을 달래기 위한 행동을 많이 하였다. 반대로 낮은 지위 대학생들이 놀렸을 때, 높은 지위 대학생들은 더 적대적인 얼굴표정을 지었으며, 사회적 위계에서 자신의 위치를 강조하는 표현을 많이 하였다.

어떤 집단의 리더들은 그들이 위에 있다는 것을 표시할 때, 자신감을 나타내는 표현을 사용한다(Gilbert, 2001). 어떤 개인이 자신감을 표출할 때, 그들은 집단의 다른 구성원들보다 지배적으로 지각되며 점점 더 많은 이익을 가져간다. 예를 들어, 그들은 더 쉽게 승진하거나 상을 받을 수 있다(Shiota, Campos, & Keltner, 2003).

---

1) 역자 주: 미국 대학생들의 사교 클럽으로, 남학생들의 모임은 Fraternity(라틴어로 형제를 뜻함), 여학생들의 모임은 Sorority(라틴어로 자매를 뜻함)라 하며, 둘을 합쳐 흔히 Greek Letter Organization(GLO)이라고 부른다. 델타 카파 오메가(ΔΠΩ) 등 그리스 문자들로 클럽 이름을 지으며, 입회와 멤버십 유지를 위한 규칙이 매우 까다롭고, 회원의 지위에 따른 위계가 분명하다. 그들은 보통 선배들의 기부금으로 지어진 전용 기숙사에서 생활하며, 졸업 후에도 끈끈한 인맥을 유지한다.

집단 행동

마지막으로, 제10장에서 다룰 집단 정서는 집단 행동(사회적 변화를 실행하기 위해 모든 구성원이 노력하는 과정)을 유발하고 유지하는 데 중요한 역할을 한다. 예를 들어, 어떤 집단 사람들이 범죄 피해를 입었다면, 그들은 행정 기관 부서의 사과와 배상을 요구할 가능성이 매우 크다(Berndsen & McGarty, 2010; Branscombe, Doosje, & McGarty, 2002; Doosje et al., 1998; McGarty et al., 2005; Wohl & Branscombe, 2005). 집단 구성원이 도덕적 폭력과 분노를 느꼈다면, 그 집단은 차별과 편견을 포함한 사회적 불평등을 바로잡기 위한 집단 행동을 실행에 옮길 가능성이 더욱 커진다(Crisp et al., 2007; Leach, Iyer, & Pedersen, 2006; Thomas & McGarty, 2009; van Zomeren et al., 2005; Wakslak et al., 2007).

집단 정서는 축적될 수도 있으며 사회 전체 수준의 변화를 일으키는 기능을 한다. 정서적 분위기(emotional climate)는 사회적 사건이나 정치 사회적인 조건에 대한 반복된 집단적인 정서 반응의 축적이다. 이는 어떤 사건에 대한 정서 반응이 일반화되는 것처럼 어떤 나라나 사회의 일반적이고 지속적인 정서적 분위기를 형성할 수 있다(Bar-Tal et al., 2007). 예를 들어, de Rivera와 Páez(2007)는 어떤 나라의 정서적 분위기를 개인이 사회적 분노, 공포 또는 신뢰를 느끼는 수준으로 규정했다. 이런 식으로 규정되는 정서적 분위기는 그 나라의 평화를 존중하는 문화 수준과 독립적이다. 연구는 특정 정치적 사건 중후반에 나타나는 정서적 분위기를 살펴보았는데, 스페인의 테러 사건(예: Conejero & Etxebarria, 2007)이나 르완다의 대학살 사건(Kanyangara et al., 2007)이 그러한 사건의 사례다. 정서적 분위기는 집단 행동의 필요성을 알리고 동기화시키는 데 중요한 역할을 하며, 집단행동의 성공여부를 평가한다.

요약하면, 집단 수준에서 정서는 집단의 경계를 형성하고 집단 내 규율과 사회적 구조를 유지하는 기능을 한다. 다양한 관심과 견해 그리고 성격 차이로 인해 갈등이 일어날 가능성이 있기 때문에 집단을 이루고 사는 것은 분명 도전거리다(Trivers, 1971). 집단의 기능을 발전시키기 위하여, 집단의 규칙이나 규범에 복종하고 집단의 리더를 존중하게 하는 근본적인 방법 없이 어떤 사회는 존속하기 힘들 것이다. 적어도 정서는 집단 생활을 성공적으로 이끄는 중요한 해결책 중의 하나일 것이다.

📓 요약

    정서가 기능적이라는 생각은 보편적으로 인정된다. 하지만 어떻게 기능적인지에 대한 생각은 무척 다양하다. 더 나아가 그 기능은 사회적 단위의 크기에 따라 다양할 수 있다. 이 장에서는 정서의 기능을 세 가지 사회적 단위, 즉 개인, 대인간, 집단을 중심으로 살펴보았다.

- 개인 차원의 기능은 기본적인 생존 기능이다. 몸의 생리, 구분되는 얼굴표정, 긍정 정서의 확장–구축 기능은 환경이 부과하는 생존에 관계된 도전과 기회들을 개인이 처리하는 데 도움이 된다.
- 두 사람이 상호작용하는 대인관계 차원에서 정서는—전체적인 정서 경험뿐만 아니라 얼굴표정 부분이나 목소리 톤 같이 정서의 세부특징들을 모두 포함해서—중요한 정보의 의사소통적 기능을 한다. 정서는 다른 사람에게 우리 또는 그가 위험에 처했는지, 어디를 쳐다보아야 할지 등을 알려 준다. 정서는 보호받고 싶다는 요구를 전달하기도 하며, 우리 또는 다른 사람의 안녕을 보다 신경 써야 하는지를 알려 준다. 정서의 사회 기능 이론들은 이러한 의사소통적 기능이 배우자를 찾거나 자손들과 유대를 형성하는 등 사회적 삶의 많은 과제를 해결하는 데 도움을 준다고 주장한다.
- 보다 큰 집단 수준에서 정서는 사회를 조직하고 조정하는 기능을 한다. 정서는 집단 응집력을 강화하는 데 도움을 주며, 집단에서 허용 가능한 행동의 범위를 결정하는 데 도움을 준다. 정서는 집단 내에서 사회적 위계에 따른 행동을 가능하도록 한다. 마지막으로, 정서는 집단 구성원으로 하여금 어떤 바람직한 결과를 만들기 위해 에너지를 모으는, 소위 집단 행동을 하도록 돕는다.

⊙ 학습 링크

1. 영화 〈인사이드 아웃〉에서 나타난 감정의 기능에 대한 리포트
   https://www.npr.org/sections/health-shots/2015/06/13/413980258/science-of-sadness-and-joy-inside-out-gets-childhood-emotions-right

2. Leonardo라는 로봇 인형이 어떻게 사회적 참조(social referencing, 다른 사람이 언급하거나 참조하는 물건을 함께 바라보고 인식하는 과정) 과정에 참여하게 되는지를 보여 주는 Youtube 영상
   https://www.youtube.com/watch?v=7ddlVsSoQJg

3. 음악으로 유발되는 감정의 기능에 대한 논문
   https://www.ncbi.nlm.nih.gov/pmc/articles/PMC3872313/

제5장
정서 표현

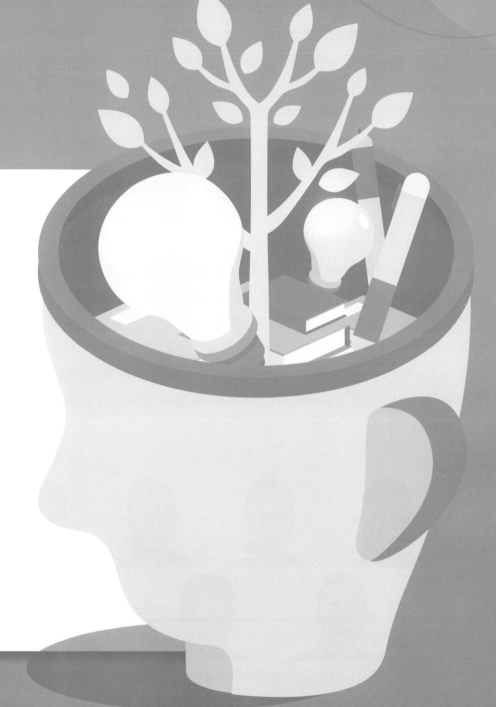

얼굴은 아마도 사람들이 보는 것 가운데 가장 중요하며 주의를 끄는 대상일 것이다. 얼굴은 아기가 태어나 가장 먼저 보는 대상이며, 유아의 시선은 얼굴에 이끌린다(Kato & Konishi, 2013). 여기에는 그럴듯한 이유가 있다. 아기가 언어 이해 능력을 발달시키기 전까지, 얼굴—특히 얼굴표정—은 바람직한 행동에 보상을 주고 잠재적 위험을 알리며, 새로운 음식 혹은 장난감이 안전하고 좋은지를 알려 주는 양육자의 비언어적 행동이기 때문이다. 그리고 우리가 언어적으로 소통하는 법을 배운다고 해도 얼굴과 얼굴표정의 중요성은 사라지지 않는다. 그 어떤 시각 자극보다도 얼굴은 우리의 주의를 끄는 대상이며, 우리는 얼굴을 재빠르게 찾아낸다(사람들이 토스트나 구름에서 얼굴을 본다고 얼마나 자주 말하는지를 생각해 보라). 이처럼 우리가 얼굴에 주목하는 것은 적응적이기 때문이다. 주변 사람들의 표정은 우리와 사물에 대한 그들의 태도뿐 아니라 그들의 정서에 관한 정보를 제공한다([그림 5-1] 참조). 그리고 이러한 정보는 우리 스스로의 행동과 정서에 영향을 준다. 얼굴표정의 의사소통적 기능은 채팅처럼 우리가 얼굴표정을 볼 수 없는 경우를 생각하면 명확해진다. 사람들이 점점 더 문자메시지와 이메일에서 이모티콘을 많이 사용하는데, 이것은 타인과의 의사소통에서 우리의 내면을 드러내거나 미묘한 의미를 더해 주는 얼굴표정의 중요성을 시사한다. 비록 만화 같고 과장스럽더라도, 웃거나 찡그린 이모지(emoji)을 붙이는 것은 "그를 사랑하는 건 두말하면 잔소리지."라고 친구에게 보내는 문자메시지가 진심인지, 비꼬는 말인지를 분명하게 한다.

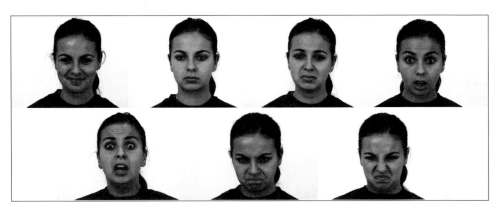

[그림 5-1] 기쁨, 중립, 슬픔, 놀람, 공포, 분노, 혐오 표정(왼쪽에서 오른쪽으로, 위에서 아래로)
출처: http://blog.eiworld.org/facial-emotion-recognition-deficits-in-schizophrenia-patients/

앞서 논의한 많은 이유 때문에 얼굴표정은 정서 연구자들의 관심의 중심에 있었다. 여러분은 이 장에서 그들이 발견한 것들에 대해 배우게 될 것이다. 먼저, 우리는 놀랄 만큼 복잡한 얼굴표정의 역학과 신경생물학적 기제를 제공한다. 다음으로, 우리는 얼굴표정의 기능과 기원, 그리고 얼굴표정이 보편적인 것인지, 문화 특수적인 것인지에 대한 질문을 개략적으로 살펴본다. 세 번째 주제는 얼굴이 전달하는 정보의 정밀한 특성과 관련된다. 여기서 우리는 얼굴표정이 어떻게 표현하는 사람의 정서 상태와, 그들의 사회적 동기 및 의도에 관한 정보를 전달하는지를 살펴본다. 네 번째로 얼굴표정이 어떤 정서 상태의 결과물일 뿐 아니라, 특정 정서적 느낌을 유발하는 데 어떤 기여를 하는지를 알아본다. 이러한 가능성과 관련하여, 우리는 얼굴표정 따라하기(facial mimicry)가 타인의 정서를 이해하도록 도울 수 있음을 살펴볼 것이다. 마지막으로, 몸과 목소리가 정서를 전달하는 방식과, 이 모든 신호가 결합되었을 때 사람들에게 어떻게 지각되는지에 관한 연구들을 살펴볼 것이다.

얼굴표정 역학

얼굴표정이 어디에서 왔고, 왜 발생하는지에 대한 가설을 세우고 싶다면, 얼굴 근육을 어떻게 조절하는지를 아는 것이 중요하다. 얼굴표정은 얼굴 피부에 주름을 만들어 내는 조직화된 근육 집합의 수축을 통해 만들어진다. 체내의 다른 골격근들은 뼈에 고정되어 골격을 움직이는 반면, 얼굴표정과 관련된 43개의 근육은 피부에 고정되어 있다(Cattaneo & Pavesi, 2014). 이 근육들이 얼굴의 감각기관을 조절하며(예: 악취를 피하기 위해 눈을 깜박이고 입을 벌리며 코를 찡그림), 더욱 중요하게는 정서를 표현하기 위해 얼굴의 모양과 표면을 바꿀 수 있게 한다. 인간과 특정 영장류들은 분명하게 알아보기 쉬운 얼굴표정을 만들 수 있도록 진화했다. 실제로, (우리를 포함한) 일부 영장류는 다른 종들에 비해 얼굴 털이 적고 피부 색소가 고르기 때문에 얼굴표정을 쉽게 알아볼 수 있다(Changizi, Zhang, & Shimojo, 2006; Santana, Dobson, & Diogo, 2014).

안면 근육은 뇌와 독특한 관계를 갖는다. 우리 몸 대부분의 골격근은 팔에 있는 근육처럼 근육이 얼마나 늘었거나 수축됐는지를 뇌에 알려 주는 고유수용체(proprioceptors)를 가지고 있어 우리는 보지 않고도 팔의 위치를 알 수 있다. 그러나 안면 근육에는 이러한 고유수용체가 부족하므로, 뇌는 얼굴 피부의 위치 변화와 뒤틀림에 대한 정보를

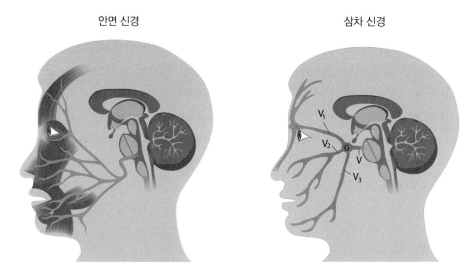

안면 신경

삼차 신경

[그림 5-2] 안면 신경(7번 뇌신경) 및 삼차 신경(5번 뇌신경)의 다이어그램. 안면 신경은 얼굴표정의 근육에 운동 출력 신호를 보내는 반면, 삼차 신경은 다른 여러 기능과 함께 얼굴 피부로부터 체성 감각 피드백을 받는다.

제공하는 피부 속 기계수용체(mechanoreceptors)에 의존한다. 기계수용체는 피부가 움직이지 않을 때보다 움직일 때 뇌에 더 강한 신호를 전달한다. 아마 여러분도 친구가 알려 주기 전까지는 표정을 짓고 있는지조차 깨닫지 못한 경험이 있을 것이다.

안면근육은 뇌간에서 발원하는 운동신경세포를 통해 뇌의 피질 및 피질하 영역들로부터 신호를 받는다(Rinn, 1984, 1991). 이마, 눈썹, 입술의 안면근육은 안면 신경(facial nerve)이라고 불리는 7번 뇌신경에 의해 자극되며, 이 신경은 다양한 표정을 짓기 위해 근육의 수축을 일으키는 데 가장 중요한 역할을 한다. 또한 3번 뇌신경인 안구운동 신경(occulomotor nerve)은 놀란 경우처럼 눈꺼풀을 들어 올리는 데 관여하며, 동공 팽창과 안구 운동을 관장한다. 5번 뇌신경인 삼차 신경(trigeminal nerve)은 씹거나 이를 악무는 데 사용되는 근육을 자극한다. 삼차 신경은 무척 복잡해서 얼굴 감각과도 관계가 있다. 특히 삼차 신경은 얼굴에서 뇌로 감각을 돌려보내는 역할을 한다. 안면 신경과 삼차 신경은 [그림 5-2]에 묘사되어 있다.

팔다리 운동 조절에 비해 얼굴 움직임을 유발하는 뇌 시스템은 훨씬 더 복잡하고 분산되어 있다. 얼굴표정은 뇌의 여러 피질 및 피질하 체계를 통해 발생하는데, 이 중 일부는 즉각적인 정서 표현 생성에 중요한 반면(예: 농담을 듣고 걷잡을 수 없이 웃을 때), 나머지는 안면 근육을 수의적으로 통제할 수 있도록 한다(예: 사진을 찍기 위해 웃을 때). 안면 신경의 발원지인 뇌간의 안면운동핵(facial motor nucleus)은 수의적인 팔다리 운동과 마찬가지로 운동피질에서 정보를 받지만, 편도체, 뇌간, 시상하부와 같이 좀 더 반사적인 정서와 항상성 유지와 관련된 뇌의 여러 부분에서 간접적인 정보를 받는다. 얼굴 움직임이 정서와 관련된 피질하 뇌 영역을 포함한 광범위한 뇌 체계에 의해 발생한다는 점은 얼굴표정과 정서 상태 간의 밀접한 관계를 암시한다.

요컨대, 얼굴표정의 생성은 다른 종류의 근육 운동들과 여러 측면에서 다르다. 몸의 다른 골격근들은 관절을 움직인다면, 안면 근육은 얼굴 피부에 붙어 무리 지어 피부를 움직인다. 이를 통해 안면 근육의 수축은 단순히 피부 아래에서 일어나는 것이 아니라 다른 사람에게도 보이게 된다. 뇌가 안면 근육으로부터 현재 상태에 대한 피드백을 받는 방법 또한 독특하다. 근육의 늘어남과 수축, 관절 각도에 대한 지속적인 정보를 제공하는 다른 근육 속 고유수용체와 달리, 안면 근육은 위치 변화에 가장 민감한 피부 속 기계수용체에 의존한다. 수의적인 팔다리 움직임과 달리 보다 분산된 뇌 시스템이 정서 표현을 생성하는 역할을 한다. 안면 운동 시스템과 비 안면 운동 시스템 간의 이러한 차이는 다양한 과정(감각, 에너지 소비, 언어적 소통)에서 얼굴의 고유한 기능을 강조하며, 그 가운데 가장 중요한 것이 정서 표현이다.

얼굴표정의 기원

정서 연구의 오랜 논쟁은 특정 정서들이 보편적인지, 즉 모든 인간(및 아마도 우리의 포유류 친척들)이 경험하는 특정 정서가 있는지, 아니면 언어처럼 문화적 학습과 사회화의 산물로서 서로 달라지는지에 대한 것이었다. 당신은 이것을 또 다른 유형의 본성 대 양육 논쟁(제1장 정서 이론 참조)으로 생각할 수 있다. 진화론의 관점에서 보면, 얼굴표정은 특정 정서 상태의 선천적인 표현 방식이다. 이런 표정들은 동물적인 행동으로 간주되므로, 반드시 보편적이어야 한다. 즉, 연령, 성별, 인종, 문화와 상관없이 모든 사람에 의해 공유되어야 한다. 반대로, 얼굴표정이 언어처럼 모든 문화에 존재하지만, 그것이 유전이나 진화의 산물이기보다 문화적 산물로 생각할 수 있다. 이럴 경우, 우리는 여러 문화의 얼굴표정들 사이에서 유사성을 거의 발견하지 못할 것이라 기대할 수 있다. 따라서 우리는, 첫째, 특정 표정들의 적응적 기능에 대한 가설을 인간 얼굴표정과 동물의 얼굴 움직임을 비교함으로써 검증하고, 둘째, 다양한 문화에 속한 사람들의 표정을 서로 비교함으로써 얼굴표정의 기원을 탐구할 수 있을 것이다.

얼굴표정의 진화와 기능

제1장에서 배운 것처럼 Darwin(1872/1998)은 인간의 얼굴표정이 어떤 생존의 문제를 해결할 수 있는 기능적 동작에서 진화된 것이라 주장하였다. 예를 들어, 화가 날 때 당신의 입술을 들어 올리는 것은, 진화적으로 오랜 과거에 당신이 깨물 준비를 하였기 때문이다(이 표정은 개의 으르렁거림과 유사하다). 깨물기 같은 적응 행동을 위해 유기체를 준비시키는 것 외에도, 어떤 표정들은 우리의 다양한 감각 경로를 통해 들어오는 자극의 양을 조절하기 위해 얼굴을 조작한다. 눈은 시각 정보(시야)를, 코는 후각 정보(냄새)를, 입은 미각 정보(맛)를 받아들인다. 예를 들어, 공포를 경험할 때 우리는 현재의 위협을 탐지하고 이를 피할 필요가 있다. 다윈은 공포 표정을 지을 때, 눈이 커지는 것은 위험 상황에서 개인의 경계 능력을 향상시키도록 진화했다고 생각했다. 또한 혐오 표정은 코를 찡그리면서 오염 자극을 흡입하는 것을 막도록 진화했다고 제안했다(Rozin & Fallon, 1987).

Susskind와 동료들(2008)은 공포 및 혐오 표정의 기능에 대한 Darwin의 주장을 검증하였는데, 실험참가자들이 중립적인 표정에 비해 공포 표정을 짓도록 지시받은 경우에 시각 및 후각 정보를 더 효율적으로 받아들였다는 것을 발견했다: 시각장이 확장되고, 시각적 표적을 더 빨리 찾았으며, 비강을 통해 숨을 더 빠르게 많이 들이마셨다(Susskind & Anderson, 2008; West et al., 2011; 놀람 표정도 유사한 시각적 이점을 가질 수 있다). 또 다른 실험 결과는 혐오 표정이 정반대의 효과를 지님을 보여 주었다. 중립적인 표정에 비해 혐오 표정은 외부 감각에 대한 입력을 차단하는 역할을 했다. 시각장이 축소되고 비강을 통한 산소 흡입은 더욱 제한되었다(시각 및 후각에 관한 결과는 각각 [그림 5-3]의 상단과 하단을 참조). 공포는 위협받는 도중 생기고, 혐오는 오염에 노출되었을 때 생기므로 이러한 관계는 매우 기능적으로 보인다(Krusemark & Li, 2011도 참고하라).

대부분의 포유류에서 감정은 얼굴보다는 주로 몸과 귀, 자세 및 발성을 통해 전달된다(Panksepp & Biven, 2012). 따라서 (여러 영장류와 마찬가지로) 정서적 정보를 얻고자 얼굴을 쳐다보는 종들에게 얼굴표정은 단지 정서와 관련된 발성을 생성하는 데 필요한 안면 운동의 과장되고 의례적인 형태일 뿐이라는 주장이 제기되었다(Andrew, 1963). 예를 들어, 미소는 입과 성도(聲道)의 모양을 변화시켜 음고(pitch)를 높이고 말 또는 발성의 소리 세기를 증가시킨다(Tartter, 1980). 고음의 발성은 순종적이고 친근하며 덜 위협적인 것으로 여겨지지만, 종에 걸쳐 저음은 공격성을 동반하는 경우가 많다(이는 아

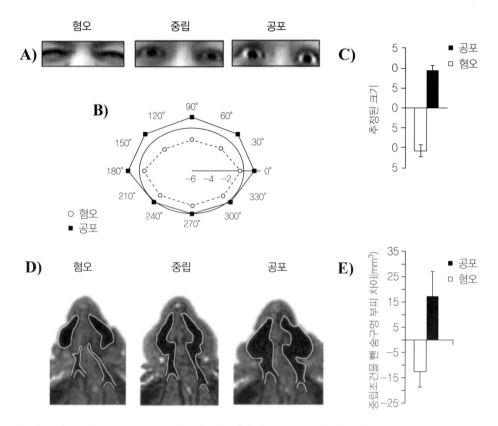

[그림 5-3] A) 혐오, 중립, 공포 표정을 짓는 참가자의 평균적인 눈뜨기. B) 수평, 수직, 사선 축에 따른 추정 시
각장의 변화. 중앙의 타원은 중립 표정일 때 기저선이다. 단위 표시는 시각도 9.5도에 대응한다. C)
시각장 위치를 평균했을 때, 중립 표정에 비해 공포 및 혐오 표정에 대해 추정된 시각장 크기의 변
화. D) 호흡 점막 하비갑개골 통로. 중립 표정(중간)에 비해 혐오(왼쪽) 및 공포(오른쪽) 표정은 각각
폐쇄와 확장이 일어났다. E) 막대 그래프는 중립 표정에 비해 공포 및 혐오 표정에 대한 평균 전체
숨구멍 부피 차이를 나타낸다.

출처: Susskind et al. (2008).

마도 발성하는 동물이 덩치가 커서 저음을 지탱하는 몸을 가지고 있으리란 착각을 일으킨다).
음이 높고 위협적이지 않은 소리를 내는 데 필요한 안면 운동은 심지어 가청 발성이 없
는 경우에도 그 자체로 긍정적인 정서의 신호가 될 수 있다(이 생각을 뒷받침하는 침팬지
에게서 볼 수 있는 증거는 Davila-Ross et al., 2015 참조).

　일단 얼굴표정이 표현하는 사람이 느끼는 바를 남에게 전달하는 의사소통 단서가 되
고 나면, 얼굴을 움직인 이유가 사라진 뒤에도 의사소통 기능이 계속 유지될 수 있다.
말이나 개처럼 귀를 움직일 수 있는 포유류에게 귀 움직임은 그 동물의 의도와 사회적
지위에 관한 많은 것을 전달한다. 대부분의 사람은 귀를 움직일 수는 없지만 여전히 정
서를 표현할 때 눈썹을 찌푸리거나 들어 올리는데, 아마도 우리가 귀를 움직일 수 있었

던 시절부터 남은 흔적일 것이다(van Hooff, 1976).

얼굴표정과 관련된 근육 움직임의 적응적 기능을 확인하는 것 외에도, 우리는 종 간의 표정을 비교할 수 있다. 동물이 무엇을 느끼고 있는지를 그들이 우리에게 직접 말해 줄 수 없으므로 알기 힘들지만, 비교심리학자나 생태학자들은 다양한 맥락과 자극이 어떤 비언어적 표현 방식을 유발하는지를 확인한 다음, 그것이 유사한 맥락에서 나타나는 인간의 표현 및 행동과 동질적(homologous; 진화적 기원이 유사한지)인지를 살펴볼 수 있다. 예를 들어, 침팬지가 놀면서 입을 편하게 벌리고서 주기적으로 헐떡거리는 '웃음'은 사람들이 놀면서 웃거나 미소짓는 것처럼 인간의 웃음과 동질적일 것이다. 침팬지들은 소속감과 친근감을 전하기 위해 '조용한 이 드러내기'라고 불리는 다른 종류의 '웃음'을 짓는다([그림 5-4]; Parr & Waller, 2006; Waller & Dunbar, 2005 참조). 흥미롭게도, 즐거운 웃음과 사회적 소속감의 웃음은 인간에게도 서로 다른 것으로 보인다(Niedenthal et al., 2010).

요컨대, 정서 표현의 타당한 기능들을 확인하고 종 간 비교를 통해 정서 표현의 진화 과정을 추적하는 것은 얼굴표정의 기원을 알아보는 하나의 방법일 것이다.

[그림 5-4] 침팬지는 놀거나 간지럼을 탈 때 노는 얼굴(왼쪽)을 나타내고, 소속감과 달래기의 표시로 조용한 이 드러내기 얼굴(오른쪽)을 나타낸다. 이러한 표현은 각각 즐거움과 친절한 의도를 신호하는 인간의 미소와 동질적인 것으로 여겨진다.

사진 제공: Lisa Parr 박사.

문화보편성에 관한 질문

특정 얼굴표정이 진화적으로 나타난 것인지에 대한 질문에 답하는 또 다른 접근법은 전 세계 사람들이 동일한 정서를 나타내고 동일한 표정을 인식하는지를 살펴보는 비교문화 연구일 것이다(Ekman, 1972; Ekman, Sorenson, & Friesen, 1969; Izard, 1971). 이러한 연구에서 상이한 문화의 참가자들은 여섯 가지 기본 정서(basic emotions)—분노(anger), 기쁨(happiness), 슬픔(sadness), 공포(fear), 혐오(disgust), 놀람(surprise)—를 연출한 얼굴표정 사진에 대해 각 정서에 대응하는 모국어의 여섯 가지 정서 명칭 중 하나를 선택하여 짝짓는다. 여러 나라의 사람들은 우연 수준을 넘는 비율로 정서 표정과 명칭을 짝짓는 경향을 보였다(메타분석은 Elfenbein & Ambady, 2002 참조).

얼굴표정의 보편성을 입증했다고 주장하는 연구들의 한 가지 문제점은 여러 문화의 사람들이 거의 한 세기 동안 얼굴표정, 특히 서구 문화권의 사람들에 의해 만들어진 표정에 광범위하게 노출되어 왔다는 점이다. 즉, 많은 나라의 사람들은 얼굴표정과 그 표정이 발생하는 상황을 그린 영화나 텔레비전을 보았다. 따라서 얼굴표정과 그 표정의 의미가 보편적인 것처럼 보이는 것은 실은 문화 간에 발생한 학습과 영향력 때문일 수 있다. 이러한 가능성을 해결하고자, Paul Ekman은 서구식 얼굴표정에 노출된 경험이 없을 만한, 고립된 원시 문화의 구성원을 연구하였다. 여러 연구에서 파푸아뉴기니의 포레족 구성원들은 정서적 상황에 대한 간단한 이야기들을 읽고서 그 이야기들을 연출된 얼굴표정 사진들과 짝지어야 했다(Ekman, 1973; Ekman & Friesen, 1971). 실험 결과, 문화가 달라도 상황에 맞는 얼굴표정을 일치시킬 수 있음이 관찰되었다. 연구자들은 여섯 가지 '기본' 표정 외에도, 수치심(shame), 당혹감(embarrassment), 재미(amusement), 연민(compassion), 경멸(contempt), 그리고 자의식 정서(self-conscious)와 관련된 세 가지 표정(혀 물기, 입을 떡 벌림, 손으로 얼굴을 가림)들에 대해서도 높은 일치를 발견했다(Haidt & Keltner, 1999).

얼굴표정 재인에 대한 문화 간 일치성을 보편성 이론의 증거로 보는 해석은 기술적, 방법론적 측면에서 반복적으로 비판되어 왔다(Nelson & Russell, 2013; Russell, 1994 참조). 예를 들어, 사람들은 객관식 시험에서 정답이 아닌 것을 제거하는 절차를 통해 우연 수준 이상의 수행을 보일 수 있다. 즉, 참가자들은 제시된 표정이 친숙한 정서 중 하나가 아니라면, 의미를 모르더라도 나머지 정서 명칭을 선택하는 전략을 사용할 수 있다. 따라서 특정 정서 상태가 연구자들에 의해 유발되거나, 자연스럽게 발생하는 상황

에서 참가자들을 관찰한 후 그들의 얼굴표정을 코딩한 연구를 살펴보는 것이 매우 중
요하다. 다양한 문화 및 여러 정서 상태의 참가자들을 포함한 수십 개의 연구는 정서
적 사건이 일어나는 동안 자연스럽게 나타나는 얼굴표정에 대해 어느 정도의 문화 간
일치성을 보여 준다(리뷰는 Matsumoto et al., 2008 참조). 예를 들어, 얼굴 움직임 코딩법
(FACS; 제2장에서 설명)을 이용하여 35개국에서 온 올림픽 선수들의 자발적인 얼굴표정
이 코딩되었다. 그 결과, 금메달 수상자들은 진정한 기쁨 표현으로 여겨지는 뒤센 미소
(Duchenne smile)[1]를 짓는 경향이 있었던 반면, (조금 전 경쟁에서 패배한) 은메달 수상자
들은 슬픔이나 경멸을 나타낼 가능성이 더 높았다(Matsumoto & Willingham, 2006).

이후 같은 심리학자들이 선천적 시각장애가 있는 패럴림픽 메달 수상자들과 정상 시
력 선수들의 표정을 비교하였으나, 자발적인 얼굴표정에서 어떠한 차이점도 발견하지
못했다(Matsumoto & Willingham, 2009). 선천적 시각장애인은 타인의 얼굴을 관찰함으
로써 문화적으로 구성된 얼굴표정을 배울 기회가 없으므로, 이 연구는 적어도 일부 정
서 표정들이 보편적이라는 설득력 있는 근거를 제공한다([그림 5-5]; 자부심의 표정에 대

[그림 5-5] 경기에서 패배한 직후의 시각장애인(왼쪽)과 정상 시력(오른쪽) 선수

출처: Matsumoto & Willingham (2009).

---

1) 역자 주: 뒤센 미소는 19세기 프랑스 해부학자 Guillaume Duchenne이 다양한 유형의 미소와 얼굴 근육 움직임을 분석
   하여 진정한 미소로 제안한 것으로, 광대뼈 주요 근육과 눈 둘레 안륜근을 수축시켜 뺨과 입꼬리를 들어 올리고 눈꼬리
   는 내리는 특징을 지닌다.

한 유사한 연구는 Tracy & Matsumoto, 2008 참조). 나아가, 선천적 시각장애 아동들은 사회적 놀이를 할 때 미소짓고, 벌을 받을 때 입을 삐죽이고, 낯선 환경 속에서 우는 등 전형적인 정서 유발 상황에서 앞이 보이는 아이들과 거의 차이가 없었다(Darwin, 1872/1998; Eibl-Eibesfeldt, 1973; Thompson, 1941; 보다 최근의 리뷰는 Matsumoto & Willingham, 2009 참조).

얼굴표정이 유전적으로 전해진다고 생각하는 연구자들 사이에서도 무엇이 선천적인지에 대해서는 상당한 의견 차이가 있다(Fridlund, 1994 참조). 극단적인 입장에서는 인간이 매우 전형적이고 반사적인 여섯 가지 얼굴표정을 생성하는 능력을 타고났으며, 정서를 느낄 때마다 그런 표정을 생성한다고 말할 것이다. 만약 사람들이 정서를 느낄 때 그런 표정을 짓지 않는다면, 그건 그들이 표정을 억누르거나 숨기는 법을 배웠기 때문이다. 반면, 좀 더 온건한 입장에서는 마치 화가 났을 때 공격하고 싶은 충동처럼, 적응적이고 진화된 행동 경향성과 결합된(제1장 참조) 특정 얼굴 구조가 사람들 간에 유사한(우리는 얼굴 형태 및 행동 경향성을 공유하므로) 얼굴표정을 생성하도록 발달하였으나, 그 생성 과정이 학습, 맥락, 문화의 영향을 받기 쉽다고 주장할 것이다.

실제로 앞서 언급한 강한 입장은 문화마다 재인 정확도 수준에서 차이가 있었던 비교문화 연구들과 쉽게 상응하지 않는다(Elfenbein & Ambady, 2002; Haidt & Keltner, 1999; Nelson & Russell, 2013). 연구자들은 관찰자들이 자신의 문화에 속한 구성원의 표정을 더 정확히 판단하는 내집단 이득(in-group advantage)이라 불리는 편향을 반복적으로 발견했다. 내집단 이득은 일부분 표현 방언(expression dialect)으로 설명될 수 있다. 한 언어의 방언에서 문화적 차이가 나타나는 것과 마찬가지로, 상이한 문화는 때로 어떤 정서가 남들 앞에서 표현하기에 적합한지에 관한 규범들로 인해 선천적 표정들에 약간의 변형을 가져올 수 있다. 흥미롭게도, 다른 문화의 구성원들에 대한 노출이 증가할수록 내집단 이득은 감소한다(Elfenbein, 2013; Elfenbein & Ambady, 2002). 이러한 요인들을 비롯하여 문화 특수적이고 상황에 따른 얼굴표정의 발생 원인과 해석(예: Haidt & Keltner, 1999), 사회문화적으로 학습된 표현 규칙(Ekman, 1972; Matsumoto et al., 2005) 등 문화적 차이의 또 다른 원인들은 제12장에서 더 자세히 논의될 것이다.

이처럼 포유류의 진화에 뿌리를 둔, 정서적 얼굴표정의 강력한 선천적 요인을 뒷받침하는 풍부한 증거들이 있다. 동시에, 문화적 해석 및 표현 규칙들은 얼굴을 통한 정서 표현 방식에 영향을 미친다. 많은 과학자는 얼굴표정의 생물학적/사회문화적 결정요인을 모두 고려하는 '상호작용적 관점'을 지지한다(Ekman, 1972, 1994; Elfenbein &

Ambady, 2002).

발달적 세부사항

괴로움과 미소 표정이 가장 먼저 나타난다

생후 몇 달 동안, 유아들은 젖꼭지를 찾기 위해 눈 깜빡이기, 파고들기, 빨기 등을 하며, 입에서 원치 않는 대상을 제거하려고 혀로 밀어내는 등의 다양한 안면 반사를 보인다. 이러한 반사작용은 정서 표현과는 거리가 먼데, 이는 대개 (볼을 두드리는 것과 같은) 무해한 감각적 입력에 대한 자동적 반응일 뿐 아니라, 어떠한 뚜렷한 의사소통 기능도 가지고 있지 않기 때문이다. 그렇다면 유아들은 정서 표현을 할까? 일부 연구자들은 '아니라고' 말한다. 이들은 얼굴표정이 타인을 관찰하는 과정에서 학습된다고 주장하거나(Barrett, 2006), 앞서 언급한 원시적인 안면 반사로부터 출현한다고 주장한다(Fridlund, 1994).

아기의 반사작용과 정서 표현을 구분하기 위해, 유아에게서 보이는 사회적 의사소통 기능을 지닌 두 얼굴표정, 즉 괴로운 표정과 미소를 살펴보는 것이 유용하다. 신생아가 괴로워하면 얼굴이 구겨지고, 입이 벌어져 누구나 소리를 들을 수 있으며, 얼굴이 빨개진다(그림의 왼쪽 사진 참조). 괴로운 표정은 아기의 울음처럼 부모로부터 보살핌을 유발한다(제3장, Donovan & Leavitt, 1985). 어른과 비슷한 공포, 분노 표정처럼 좀 더 구분된 부정적 정서 표현들은 그런 정서에 관한 의사소통 상황이 갖춰질 무렵 발달 과정 후기에 나타난다. 예를 들어, 시간이 지나 돌아다닐 수 있게 된 유아는 신체적으로 저지될 때 분노의 좌절감을 표현한다(Stenberg & Campos, 1990).

생후 6주쯤이면, 유아들은 사람들을 보거나 상호작용에 반응하며 미소를 짓기 시작한다. 심지어 선천적 시각장애 유아도 부모의 자극에 반응하며 미소를 짓는다(Trevarthen, 1979). 미소는 부모에게 지극히 보상적이며, 부모-유아 사이의 긍정적 유대감을 강화하는 기능을 하는 것으로 보인다. 건강한 부모-유아 상호작용은 미소에 크게 의존하는 지속적인 안면 모방(facial mimicry)을 포함한다(Feldman, 2007). 따라서 두 표정은 생후 6주 이내에 부모-유아 상호작용을 위한 사회적 의사소통 기능을 갖게 된다는 점에서 반사작용과는 구별되는 것으로 보인다.

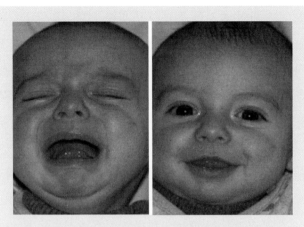

아기의 괴로움 및 미소 표정은 생애 초기에 출현하며, 양육자와 하는 의사소통의 주요 형태이다.
출처: Gil et al. (2011).

얼굴표정이 전달하는 것: 정서 판독 vs. 사회적 동기

얼굴표정이 선천적이든 학습의 결과든, 그것은 생물학적 기능뿐 아니라 의사소통적 기능도 있는 것이 분명하다. 오래된 학술적 논쟁은 얼굴표정이 개인의 실제 내적 정서를 전달하는 것인지, 아니면 남에게 영향을 미치려는 개인의 욕구를 반영하는 것인지 여부다.

어떤 연구들은 얼굴표정이 표현 주체의 내적 정서 상태를 반영한다는 생각을 뒷받침한다(Ekman, 1972; Izard, 1971; Tomkins, 1962, 1963). 즉, 당신이 공포를 느낀다면, 당신이 두려워하고 있음이 얼굴표정에 솔직하고 정확하게 드러난다는 것이다. 이러한 판독(read-out) 관점은 정서와 얼굴표정 사이에 밀접한 관계가 있으며, 이러한 관계가 선천적 감정 프로그램(affect program)의 기능 때문이라고 말한다(예: Buck, 1978; Camras, Holland, & Patterson, 1993; Johnson, Waugh, & Fredrickson, 2010; Manstead, Fischer, & Jakobs, 1999; Mauss et al., 2005). 각 기본 정서들에 대한 프로그램에서, 안면 근육은 내면의 정서를 외부로 드러내는 역할을 한다. 사회화를 통해 바람직하지 않은 정서들을 억누르거나 숨기는 법을 배울 수는 있지만, 참된 느낌들은 미묘한 안면 근육 움직임의 형태로 '유출될' 것이다(Ekman & Friesen, 1969).

반면, 행동 생태학(behavioral ecology) 관점에 따르면, 얼굴표정은 특정 사회적 상황에서 표현 주체의 사회적 동기를 전달하기 위해 진화되었다(Fridlund, 1992, 1994, 1997). 이 관점에서 얼굴표정은 표현 주체가 무엇을 하려고 의도하는지와 남들이 무엇을 하길 원하는지를 나타낸다. 예를 들어, 미소는 소속되려는 의도를 신호하는 반면, 슬픈 얼굴은 도움과 위로를 요청하는 신호를 보낸다. 이처럼, 샘이 많은 사람은 아마도 거절과 분노를 피하고 공감과 우려를 이끌어 내기 위해 상대방 앞에서 슬픈 표정을 지을 것이다.

행동 생태학 관점은 얼굴표정이 대개 상호작용 상황에서 나타나며, 실제 또는 상상 속 타인의 존재에 따라 그 강도가 달라진다고 주장한다. 예를 들어, Kraut와 Johnston (1979)은 볼링 선수가 볼링핀을 볼 때보다 함께 경기하는 선수를 볼 때 더 많이 웃는 것을 발견했다(Ruiz-Belda et al., 2003 참조). 또 다른 연구자는 참가자들이 다양한 사회적 맥락에서 멀어진 아슬아슬한 상황, 즉 거의 일어날 뻔한 극적인 결과에 관한 이야기를 듣는 동안의 얼굴표정을 촬영했다(Chovil, 1991). 참가자들은 녹음된 테이프로 이야기를 듣거나, 수화기로 같은 방에 있지만 칸막이로 시각적으로 분리된 실험보조자로부터 듣거나, 그리고 면대면 소통을 통해 이야기를 들었다. 이때 말문 막힘, 얼굴 찡그림, 움찔거림 같은 동정적 고통의 표시는 이야기를 듣는 상황이 사회적일수록 더욱 빈번하게 나타났다. 이처럼 사회적 맥락의 차이는 표현하는 사람과 듣는 사람 사이의 친밀도, 정서적 상황의 정서가(valence), 정서를 촉발하는 원인의 강력함 등과 함께 사람들의 표현 정도를 바꿀 수 있다(Buck et al., 1992; Hess, Banse, & Kappas, 1995; Jakobs, Manstead, & Fischer, 1999, 2001; Lee & Wagner, 2002). 또한 행동 생태학 관점은 일상에서 사람들이 만들어 내는 얼굴 제스처 가운데 정서 표현은 극히 일부에 불과하다는 점을 강조한다. 예를 들어, 사람들은 말하는 의미를 강조하거나 재현하거나 바꾸려고 안면 근육을 움직이는데, 이것들은 일반적으로 '정서' 표정으로 분류되는 표정들이 아니다(Fridlund, 1994). 따라서 얼굴표정은 표현 주체의 느낌과 사회적 동기 및 행동 의도에 관한 정보를 함께 전달하는 것으로 보인다. 이는 얼굴표정이 진짜 상태를 반영하지 않는다는 의미가 아니라, 사회적 환경에 영향을 미치려는 사람들의 얼굴에 나타난다는 것이다.

얼굴표정은 정서 경험 및 지각에 영향을 미친다

안면 신경이 얼굴표정을 구성하는 근육들을 수축시킨다는 것을 떠올려 보자. 그사이 삼차 신경은 얼굴에서 뇌로 감각 정보를 다시 돌려보낸다. 따라서 얼굴표정은 다른 사람들에게 우리가 느끼는 것을 말해 주기도 하지만, 감각 피드백을 통해 우리가 어떤 것을 느끼게 할 수도 있다. 이런 생각은 행복해지고 싶거든 미소를 지으라고 말하는 표현이나 노래 속에도 있다. 안면 피드백 가설(facial feedback hypothesis)은 얼굴표정은 얼굴이 뇌로 전달하는 피드백을 통해 우리 자신의 정서 상태에 영향을 준다고 말한다. 다윈 이후의 정서 이론가들, 특히 Izard(1971, 1990), Tomkins(1962, 1963), Zajonc, Murphy, 그리고 Inglehart(1989)는 안면 근육 움직임이 정서 경험을 활성화하거나 조절할 수 있다는 생각을 발전시켰다. 그들은 얼굴표정을 지어 얼굴로부터 감각 피드백을 받는 것이 정서 경험의 강도를 조절할 것이라고—가설적으로는 정서 경험을 만들어 낼 수 있다고—제안했다(Adelmann & Zajonc, 1989; Buck, 1980; McIntosh, 1996 참조).

안면 피드백 가설에 따르면 어떤 정서와 일치하는 얼굴표정을 짓는 것은 그 정서를 강화시키지만, 일치하는 얼굴표정을 억제하거나 일치하지 않는 표정을 짓는다면 그 느낌을 약화시킨다. 예를 들어, 당신이 이미 슬픈 상태라면 인상을 찌푸리고 입을 삐죽일수록 당신은 더 슬퍼짐을 느끼게 된다. 이 생각을 검증하기 위해, 연구자들은 전기 충격을 사용하기(Kopel & Arkowitz, 1974; Lanzetta, Cartwright-Smith, & Kleck, 1976), 유쾌하거나 불쾌한 영화 보여 주기(Zuckerman et al., 1981), 좋거나 역겨운 냄새 맡게 하기(Kraut, 1982), 몇 가지 일반화된 기쁜 상황('복권 당첨') 혹은 슬픈 상황('가족의 죽음')을 상상하는 과제(McCanne & Anderson, 1987) 등을 통해 유발한 참가자들의 자발적 정서 표정을 과장하거나 숨기도록 명시적으로 지시하였다. 가설과 일치하게 얼굴표정의 억제는 스스로 평가한 유쾌함 정도를 감소시키는 반면, 얼굴표정의 과장은 유쾌함을 증가시켰다(Laird, 1974; Lewis, 2012; Hyniewska & Sato, 2015 참조). 당신은 어쩌면 안면 피드백을 연구하는 이러한 접근이 요구 특성(demand characteristics), 즉 참가자들이 연구자들이 탐구하는 바를 추측하고 그들이 듣고 싶은 것을 말했을 가능성에 취약하다는 것을 들어 본 적이 있을 것이다.

요구 특성을 극복하기 위해 연구자들은 참가자들의 근육 수축을 증진하거나 억제하는 보다 간접적인 방법을 발명했다(Strack, Martin, & Stepper, 1988). 자신이 정신운동 조정과 관련된 연구에 참여하고 있다고 믿었던 참가자들은 펜을 이로 물어서 미소짓거나, 입술로 물어서 미소를 억제하거나, 덜 익숙한 손으로 펜을 쥔 상태로 우스운 만화가 얼마나 재밌는지를 평가하였다([그림 5-6] 참조). 여기서 마지막 조건의 사람들은 통제집단에 해당했다. 실험 결과, 만화는 '이' 조건에서 가장 재미있다고 평가되었고, '입

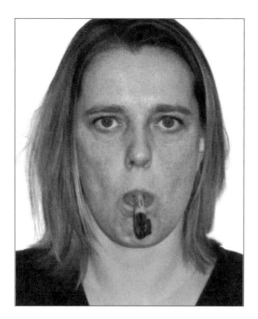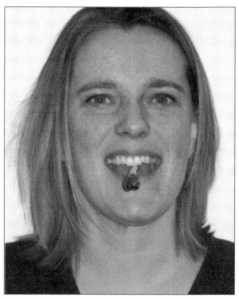

[그림 5-6] 연구자들은 안면 피드백의 효과를 연구하기 위해 참가자들의 표정을 은밀하게 조작한다. 입술로 물체를 물면 미소가 방지되는 반면(왼쪽), 이로 물체를 물면 억지로 웃게 된다(오른쪽). 현재 심리학자들은 이러한 펜 기법을 사용한 연구의 반복검증 실패가 알려짐에 따라, 연출되고 지연된 미소가 실제로 정서 상태에 영향을 미치는지에 대해 의문을 제기하고 있다(Wagenmakers et al., 2016).

출처: Niedenthal (2007).

술' 조건에서 가장 덜 재미있다고 평가되었으며, 통제 집단은 그 둘 사이에 놓였다. 또 다른 연구에서, 유사한 절차를 사용하여 미소를 짓도록 유도된 참가자들은 미소를 짓지 않은 참가자들에 비해 더 오랫동안 얼음물이 담긴 양동이에 손을 넣고 있을 수 있었으며(이것은 상당히 고통스러운 절차다), 과제에 대한 스트레스 반응이 더 적었다(Kraft & Pressman, 2012). 또한 화난 표정을 흉내 내도록 지시받은 참가자들은 화난 표정을 눈으로만 보았던 참가자들에 비해 더욱 현저한 동공 확장 및 피부 전도성(자율 각성의 두 지표)을 보였다(Lee et al., 2013).

안면 피드백 가설의 함의는 임상 집단에서도 탐구되었다. 주요 우울 장애를 앓고 있는 환자들이 부정적 정서와 관련된 움직임인 눈썹 미간 찡그림에 관여하는 근육에 (안면 근육을 마비시키는) 보톡스 주사를 맞는 경우, 증상의 심각성이 감소되는 것으로 나타났다(Finzi & Rosenthal, 2014). 안면마비 환자의 경우, 광대뼈 근육(이른바, 미소 근육)이 굳을수록 우울 증상이 더 심해진다(VanSwearingen, Cohn, & Bajaj-Luthra, 1999). 이러한 발견들은 특정 얼굴표정을 오랫동안 만들어 내지 못하는 것이 관련 정서의 강도를 감소시킬 수 있으며, 결과적으로 정신 건강에도 영향을 미침을 시사한다. 종합하면, 여러 강력한 증거는 사람들의 표현 행위가 그들의 정서 경험에 일정한 역할을 한다는 것을 보여 준다. 그러나 이러한 피드백 효과는 작거나 중간 크기의 효과를 보이며(Matsumoto, 1987), 대체로 정서 유발 사건의 효과보다는 작다. 실제로, 최근 17개 심리학 연구소 및 수백 명의 참가자가 참여하여 Strack 등(1988)의 원래 연구에 대해 대규모 반복검증을 실시한 결과, 펜 조작이 참가자의 유쾌함 평가에 미치는 영향을 재확인하는 데 실패하였으며, 이는 심리학자들로 하여금 원래의 연구와 안면 피드백 가설 모두에 대해 의문을 품게 만들었다(Wagenmakers et al., 2016). 이 '다중 연구실' 반복검증은 1988년 연구 결과의 신뢰성에 강한 의문을 제기하지만, 연구자들은 전체 이론을 부인하기에 앞서, 안면 피드백 가설을 지지하는 보다 최근의 결과들에 대해서도 반복검증을 수행해야 할 것이다.

체화된 시뮬레이션과 정서 지각

비록 안면 피드백이 정서의 활성화와 조절에 적은 역할만을 하는 것으로 입증될지라도, 정서적 얼굴표정의 재인에 있어서는 매우 중요할 수 있다. 만일 얼굴표정이 의사소통 기능을 한다면 다른 사람이 그 표정을 재인할 수 있어야 한다. 일상생활에서 나타나는 얼굴표정은 복잡하고, 순간적이고, 미묘하기 때문에 이것은 단순한 과제가 아니다. 점차 주목받고 있는 정서 지각(emotion perception; 타인의 정서 표현에 기저하는 의미의 재인) 이론은 체화된 시뮬레이션(embodied simulation; Niedenthal et al., 2010; Wood et al., 2016)이라 불린다. 이 이론에 따르면, 사람들은 다른 사람의 표정을 재현하거나 시뮬레이션하기 위해 자신의 뇌와 운동 정서 체계를 사용할 수 있으며, 이것은 사람들로 하여금 지각된 표정에 기저하는 정서에 즉시 접속할 수 있도록 한다. 시뮬레이션 과정은 지각한 얼굴표정을 생성하는 데 관여하는 뇌 영역에서 이루어지며, 지각자의 안면 근육이 실제로 수축되는 안면 모방(facial mimicry)을 동반하기도 한다([그림 5-7]). 예를 들어, 친구가 무엇을 생각하고 느끼는지 보려고 힐끗거린다고 상상해 보자. 친구의 입꼬리는 당겨 올라가고, 턱은 살짝 벌어지며, 눈꺼풀이 모이고, 눈썹은 치켜올라간다. 당신의 뇌는 특정한 맥락(그녀는 재미있는 유튜브 영상을 보고 있을 것이다)에 놓인 친구의 얼굴표정을 만들어 내는 운동 및 감각 경험을 빠르게 시뮬레이션한다. 당신의 안면 근육은 심지어 미세한 수축까지도 만들어 낸다. 친구의 얼굴표정을 구현한 이 무의식적이고 체화된 시뮬레이션은 그 표정과 연관된 정서적 상태를 간단한 버전으로 생성하며, 이는

[그림 5-7] 안면 모방은 공감의 중요한 기초이며, 서로를 아끼는 사람들 사이에서 가장 많이 발생한다.

친구가 무엇인가를 보고 즐거움을 느끼는지, 충격을 받고 있는지를 암묵적이고 겉보기에 별다른 노력 없이 알아챌 수 있게 해 준다.

우리는 이러한 무의식적 과정이 발생하고 있으며, 나아가 다른 사람의 정서를 인식하도록 돕는다는 것을 어떻게 알 수 있을까? 안면 모방에 관한 많은 연구는 정서적 얼굴표정이 담긴 사진이나 영상에 노출되는 것이 관찰자에게 자신이 관찰한 얼굴표정에 대응하는 불수의적이고 무의식적으로 재빠른 안면 근육 활동을 유발함을 보여 주었다[이는 근전도 검사(electromyography: EMG)를 이용하여 측정된다](Dimberg, Thunberg, & Grunedal, 2002; Künecke et al., 2014; 리뷰는 Hess & Fischer, 2013 참조). 체화된 정서 접근(Niedenthal, 2007)에 따르면, 안면 모방은 관찰된 얼굴표정의 체화된 시뮬레이션을 반영하며, 앞서 배운 개인의 정서 경험에 영향을 미치는 것으로 드러난 안면 피드백을 제공한다.

이러한 안면 모방이 정서적 얼굴표정 재인에 사용된다는 증거들은 참가자들에게 펜을 가로로 물게 하거나(Niedenthal, 2001), 마우스피스를 착용하게 하거나(Rychlowska et al., 2014), 보톡스 주사를 통해 안면 근육 활동을 마비시킨(Neal & Chartrand, 2011) 사례들처럼, 일시적으로 참가자들의 얼굴표정을 방해한 연구들로부터 나왔다. 일반적으로 안면 모방을 차단하는 것은 참가자들이 정서를 재인하는 속도와 정확도를 낮춘다(Stel & van Knippenberg, 2008).

이것은 정서 재인이 안면 모방 그리고/또는 체화된 시뮬레이션 없이는 불가능함을 뜻하는가? 물론 그렇지 않다. 안면 모방은 식별하기 쉬운, 아주 전형적인 얼굴표정의 재인에 있어서는 덜 중요하며(Adolphs, 2002; Hess & Fischer, 2013), 역동적이고 모호한 표정으로부터 미묘한 의미를 추출하는 데는 더 중요한 것으로 보인다(Rychlowska et al., 2014; Sato & Yoshikawa, 2007). 또한 사회적 맥락은 안면 모방에 영향을 미친다. 여러 연구는 사람들이 좋아하거나, 강력하거나, 사회적으로 밀접한 상호작용 파트너의 얼굴표정을 모방할 가능성이 더욱 높음을 밝혀냈다(리뷰는 Hess & Fischer, 2014 참조). 결과적으로, 안면 모방과 신체 모방은 소속감과 호감을 증가시킨다(Lakin et al., 2003). 이는 모방이 어떤 사람들의 얼굴표정 재인에는 도움이 되지만, 다른 사람들에 대해서는 그렇지 않을 수 있음을 뜻한다.

얼굴을 너머: 정서 표현의 다른 요소들

지금까지 우리는 얼굴에 나타나는 정서 표현에 초점을 맞추었다. 그러나 정서 표현이 생물학적으로 기능적이면서 또한 의사소통적이라고 생각한다면 우리는 정서가 신체와 목소리에도 상응하는 변화를 만들어 낼 것이라 기대할 수 있다. 따라서 우리는 정서의 신체 및 발성 표현에 대한 연구들을 살펴볼 것이다.

신체 정서 표현

정서는 사람들이 자극에 반응하여 적절한 행동을 준비하도록 한다. 예를 들어, 공포를 경험하는 사람들은 얼어붙거나, 움츠러들거나, 도망갈 준비를 할 것이다. 분노를 경험하는 사람들은 주먹을 꽉 쥐고, 자신들을 크고 위협적으로 보이게 할 것이다. 기쁨을 경험하는 사람들은 활기차게 움직이며, 즐거운 발걸음으로 걸을 것이다. 이러한 행동은 모두 각 정서의 이론적 기능, 즉 위협을 피하고, 가해자를 공격하고, 즐겁게 탐험하고 교제하려는 목적과 면밀하게 일치한다는 점에 주목하자. 만일 이러한 움직임 패턴 혹은 행동 경향성이 정서의 구성요소라면, 더 이상 정서의 원래 대상이 존재하지 않는 경우에도 누군가 정서적 상태에 놓일 경우 이러한 행동 양상이 출현할 것이라고 기대할 수 있다. 아마도 당신은 눈앞에 없는 누군가에게 몹시 화가 났을 때, 벽이나 베개를 때리고 싶은 욕구를 느낀 경험이 있을 것이다. 심지어 이러한 공격성이 목적 달성에 기여하지 않을 것임에도 말이다.

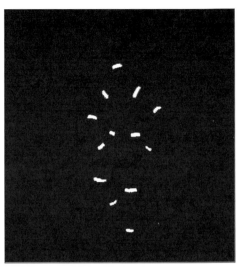

[그림 5-8] 전체 반사 조건(왼쪽)과 점광 조건(오른쪽) 모두 배우가 분노를 역동적으로 묘사하고 있는 동일한 프레임이다. 전체 반사 조건에서 배우의 얼굴은 가려져 있었으므로, 신체 움직임으로 표현되는 정서에 대한 참가자들의 평가는 얼굴표정의 영향을 받지 않을 것이다.

출처: Atkinson et al. (2004).

만일 정서와 관련된 신체 움직임에 특정한 패턴이 있다면, 우리는 다른 사람들의 신체만으로 그들이 무엇을 느끼고 있는지를 확인할 수 있을 것이다. 이러한 기대를 검증하는 일반적인 기법에는 점광 표시 묘사(point-light display portrayals)가 있다(예: Brownlow et al., 1997). 한 연구에서 연구자들은 어두운 방 안에서 주요 부위들(예: 손목과 머리, [그림 5-8])에 반사 물질이 부착된 전신 특수복을 입은 채 신체 동작으로 혐오, 공포, 분노, 기쁨, 슬픔을 묘사하는 배우들을 촬영했다(Atkinson et al., 2004 참조). 그들은 참가자들에게 배우의 전신이 보이는 경우와 특수복의 반사점만 보이는 경우에 대해 영상으로 표현된 정서를 판단하도록 지시하였다. 참가자들은 점광 표시 묘사 조건에서도 움직임을 정서로 분류하는 데 매우 높은 정확도를 보였으며, 이는 아주 적은 정보만으로도 신체로부터 정서를 탐지할 수 있음을 시사한다(De Meijer, 1989; Dittrich et al., 1996).

배우들은 분노를 묘사하기 위해 카메라를 향해 불규칙하게 움직이거나, 주먹을 휘두르거나, 발을 구르는 등의 행동 경향을 보였다. 공포는 몸 움츠리기, 카메라에서 멀어지기, 손을 올려 방어하기 등의 행동을 동반했다. 기쁨은 깡충깡충 뛰놀기, 위아래로 뛰기, 팔 흔들기 등의 펼쳐 나가는 움직임들을 동반했다. 슬픔은 종종 축 처진 자세, 얼굴이나 몸 곳곳에 손을 대는 것 같은 자기 위안적 행동들을 동반했다. 혐오 표현으로 배우들은 종종 입과 코를 가리거나 카메라로부터 고개를 돌렸으며, 악취를 떨쳐내듯 얼굴 앞에서 손을 휘둘렀다(Atkinson et al., 2004).

다른 연구자들은 특정 정서와 관련된 구체적인 몸짓(예: 공포를 느낄 때 움츠러듦)에 초점을 맞추기보다는 강도(amplitude)나 유체성(fluidity) 같은 정서적 움직임의 자질들을 식별하였다(Castellano, Villalba, & Camurri, 2007). 과학자들은 신체 정서 표현의 주요 식별 자질을 만드는 과정에서 점광 표시 묘사보다 한층 더 나아간 방법을 사용하였다: 한 연구 집단은 특정 정서를 전달하는 움직임의 측면을 식별하기 위해 인간 형태 대신 튕기는 공 애니메이션을 사용했다(이 작업에 대한 자세한 설명은 제12장; Sievers, Polansky, Casey, & Wheatley, 2013 참조). 예를 들어, 불규칙하고 재빠르며 아래를 향한 움직임은 분노를 전달한다.

요약하자면, 정서 상태와 특정한 신체 제스처, 또는 움직임의 자질 사이에는 재인 가능한 체계적인 관계가 있다. 신체로부터의 피드백은 안면 피드백 못지않게 정서 상태의 강도를 조절하는 것으로 보이며(Flack, 2006), 체화된 시뮬레이션은 타인의 신체 움직임으로부터 정서 표현을 재인하는 데 관여하는 것으로 보인다. 예를 들어, 경험 많은 댄서들은 다른 사람의 춤을 볼 때 뇌의 운동 영역에서의 활동 증가가 관찰된다(Cross, Hamilton, & Grafton, 2006). 체화된 시뮬레이션이 댄서들의 춤 동작에 대한 지각과 이해를 뒷받침하는 것이라면, 그것은 타인의 신체 표현에 대한 사람들의 이해 역시 뒷받침할 것이다.

목소리에 담긴 정서

우리의 목소리는 한숨이나 웃음과 같은 비언어적 발성을 통해, 그리고 말하는 동안 운율(prosody)이라 불리는 목소리의 비언어적 측면을 통해 우리의 정서를 드러낸다. 목소리는 부분적으로 우리의 정서를 주변 사람들에게 알림으로써 타인에게 영향을 미치지만, 많은 경우 자동적이며 제어할 수 없다. 만약 여러분이 수업시간 도중 아무리 노력해도 키득거림을 멈출 수 없었거나, 중요한 발표에서 긴장하며 목소리가 떨리지 않도록 할 수 없었다면, 여러분은 이미 이것을 알고 있는 것이다.

얼굴표정과 마찬가지로 목소리 표현에 관한 많은 연구는 특정 정서 상태에 대응될 수 있는 뚜렷한 발성 패턴을 확인하려고 노력해 왔다. 이러한 생각을 검증하는 한 가지 방법은 자연스럽거나 연출된 정서적 목소리 표현을 기록한 뒤 음향적 자질들을 분

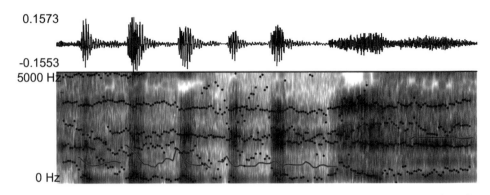

[그림 5-9] 남자 웃음소리 클립의 시각화. 이것은 발성의 음향 자질을 분석하는 무료 프로그램 프랏(Praat)을 통해 생성되었다. 상단의 오실로그램(oscillogram)의 X축은 시간, Y축은 음파의 강도를 나타낸다 (각 파열음은 웃음 속 한 번의 'ha' 소리다). 하단의 스펙트로그램(spectrogram)의 Y축은 주파수 또는 음고를 나타낸다. 어두운 음영 영역은 그러한 주파수 가운데 더 높은 강도를 가진다. 스펙트로그램의 얇은 선은 음고를 추적하며, 점들은 음성의 조화 공명 층인 포먼트의 주파수를 나타낸다.

출처: Cummings & Clements (1995).

석하는 것이다. 이러한 음향적 자질들에는 음고, 소리세기, 리듬, 템포, 숨소리나 콧소리 등의 발성 자질, 모음과 자음에 따라 달라지는 발성 특징을 설명하는 성문 흥분(glottal excitation) 등이 포함된다(웃음소리 클립의 시각화는 [그림 5-9] 참조, Cummings & Clements, 1995).

사람들이 서로 다른 정서를 느끼며 만들어 내는 소리의 분석은 일부 연구자들로 하여금 목소리가 정서 상태에 대한 약간의 정보를 전달하는 것은 맞지만, 특정 정서 상태 자체를 전달하는 것은 아니라고 결론 내리게 했다. 구체적으로, 생리적 각성(arousal)은 목소리의 특성에 직접적인 영향을 미치는데, 일부 연구자들은 이것이 우리가 목소리로부터 감지할 수 있는 유일한 정서적 자질이라고 주장한다(Bachorowski, 1999; Cowie, 2000). 정서가 등의 다른 차원들이나 개별 정서 상태들은 음향적 자질의 측면에서 설명하기가 더욱 어렵다. 예를 들어, 분노와 기쁨은 음고 및 소리세기의 유사한 증가와 연관되는데 이는 아마도 두 정서 모두가 고각성 상태이기 때문이다(Johnstone & Scherer, 2000).

그러나 목소리 정서 표현들이 아무런 차이가 없다고 결론짓는 사람들은 잘못된 음성 자질에 주목하고 있을 가능성이 있다(Juslin, 2013). 앞서 언급한 분노와 기쁨 사이에 차이가 없었던 결과는, 목소리 시작점(attack; 분노 발성은 기쁨 발성보다 더 갑작스러운 소리라고 제안된다)과 주파수 변동률(jitter; 분노 발성은 음고가 경미하게 흔들리며 좀 더 불규칙하다; Juslin & Scherer, 2005)처럼 소리의 다른 자질들의 조합으로 보다 더 잘 판단될 수 있다. 실제로 연구자들이 발화 패턴의 불규칙성, 발음 변화 등 다양한 음향 특성을 포함하자 자질들의 조합을 통해 배우들이 말한 문장으로부터 정서를 구분할 수 있었다(Johnstone & Scherer, 2000). 웃음 생성의 생리학적 자질들—콧소리, 숨소리, 입 벌림 소리의 정도에서 드러나는—은 그 웃음이 얼마나 자발적이고 '진짜인' 것인지와 관련 있다[이러한 자질들은 프랏([그림 5-8] 참조) 같은 음향 소프트웨어에서 쉽게 추출되지 않으므로, 숙련된 청취자를 필요로 한다; Lavan, Scott, & McGettigan, 2015].

Charles Snowdon은 인간의 음악이 영장류들의 정서적 발성의 근본 자질들로부터 출현했다고 주장한다. 그는 화음과 관련된 음악적 아이디어를 사용하여 원숭이 호출 방식을 설명하였다(그가 제안한 이종 간 정서적 의사소통의 음향적 특성은 〈표 5-1〉 참조). 그는 특히 원숭이와 인간이 위협과 경고를 전달하기 위해 **불협화음**(dissonant) 음 간격 (Stravinsky의 **봄의 왈츠**를 들어 보라)을 사용하고, 공감이나 슬픔을 전달하기 위해 **단조** (minor, Beethoven의 **엘리제를 위하여**)를 사용하며, 긍정적이고 생동감 있는 감정을 전달하기 위해 **장조**(major, Mozart의 **작은 밤의 음악**)를 사용한다고 제안한다(Snowdon & Teie, 2013). 이 연구가 시사하듯, 연구자들이 정서적 발성의 구체적인 범주들을 식별하길 원한다면 양적, 질적 음향 요소들의 전반을 고려할 필요가 있을 것이다(예: Yang & Lugger, 2010).

목소리가 개별 정서를 전달할 수 있는지 여부를 판단하는 또 다른 방법은 참가자들에게 목소리로 표현된 정서를 식별하게 한 다음 의견이 얼마나 일치하는지를 보는 것이다. 60개의 실험을 포함한 메타분석은 평가자들이 어느 문화 출신인지, 목소리가 자발적인 것인지 연출된 것인지와 상관없이, 분노, 공포, 기쁨, 슬픔, 부드러움의 표현에 대해 상당히 높은 의견 일치를 보인다고 제안했다(Sauter et al., 2010 참조). 한 연구단은 배우들에게 일반적으로 연구되는 작은 수의 기본 정서보다 더 많은 다양한 정서적 발성을 만들어 달라고 요구했는데, 그들은 참가자들이 연민, 흥미, 당혹감을 포함한 22가지 정서를 정확히 식별할 수 있다는 신뢰할 만한 결과를 확인하였다(Simon-Thomas et al., 2009).

앞에서 논의한 안면 피드백 가설의 배경이 되는 아이디어는 목소리 표현에도 동일하게 적용될 수 있다. 예를 들어, 분노를 유발하는 주제에 대해 토론할 때 느리고 조용한 목소리를 사용하는 것은, 빠르고 시끄럽게 말하는 것에 비해 화자 스스로 보고한 분노 및 자율적 각성을 감소시킨다(Siegman, Anderson, & Berger, 1990). 한 기발한 연구에서, 참가자들은 방음 헤드폰을 착용한 채 자신의 목소리가 실시간으로 재생되는 것을 들으며 글을 읽었다(Aucouturier et al., 2016). 이때, 연구자들은 일부 참가자들의 목소리를 눈치채지 못하게 미세하게 바꿈으로써 자신의 목소리가 기쁘거나 슬프거나 두려운 것처럼 들리도록 조작했다. 그 결과, 슬픈 조건의 참가자들은 긍정적인 느낌을 덜 느끼고, 기쁜 조건의 참가자들은 긍정적인 느낌을 더 많이 느낀다고 보고했으나, 두려움 조건에서는 별다른 효과가 관찰되지 않았다. 그러나 세 피드백 조건의 참가자들은 모두 통제 조건 참가자들보다 더 높은 피부 전도율(각성에 대한 측정치)을 보였다. 따라서 안면 근육의 움직임과 더불어 목소리의 정서적 특성에 대한 감각 피드백은 우리의 정서 경험을 조정할 수 있는 것으로 보인다.

〈표 5-1〉 인간을 포함한 영장류에게 중요하게 여겨지는 감정-의사소통 신호들과 이에 해당하는 전형적인 음향적 특징들. 이 차원 중 일부는 단순히 소리 표본의 특성을 평균하는 음향 분석만으로도 포착된다.

차분한/감정적:	활발한/감정적:	동적/표현적:	위협	경고
올라간 후두	올라간 후두	내려간 후두	전설모음	광모음
순수 파형	발성 파형	발성 파형	복잡한 파형	날카로운 파형
닫힌 모음(oo)	열린 모음(ah)	중간 정도 닫힌 모음(oh)	열린 모음들	열린 모음들
적당한 템포	빠르고 짧은 음	느리고 내려가는 악구	강조된 음들	일관적인 음들
높은 발성 범위	중간 정도 높은 발성 범위	중간 정도 낮은 발성 범위	낮은 발성 범위	높은 발성 범위
열린 자음 간격	메이저 온음계 간격	마이너 온음계 간격	불협화음 간격	불협화음 간격
조용함	적당함	조용함	적당히 시끄러움	시끄러움

출처: Snowdon & Teie (2013).

맥락 내에서 정서 표현 요소들의 결합

지금까지 우리는 얼굴, 신체, 목소리가 어떻게 정서를 표현하는지를 각각 따로 살펴보았다. 그러나 사람들은 말을 하면서 얼굴과 신체를 모두 사용하는 경향이 있으므로, 지각하는 사람은 보통 세 가지 경로로부터 정보를 동시에 수집한다. 그렇다면 이 단서들은 어떻게 통합될까?

아마 놀라울 것도 없이, 참가자들은 매우 짧은 순간(250밀리세컨드) 동안 보여 준 비디오 클립에서도 얼굴 또는 신체만 제시된 조건보다 한 사람의 전체 모습이 제시된 조건에서 정서를 더 정확히 재인했다(Martinez et al., 2015). 이처럼 더 많은 정보가 정서 재인의 정확도를 높인다면, 단편적인 정보들이 서로 충돌할 때는 어떤 일이 일어날까? 보통 한 사람의 목소리와 얼굴은 같은 정서를 표현하지만, 연구자들은 서로 다른 단서들이 어떻게 통합되어 전체를 형성하는지를 이해하기 위해 다양한 컴퓨터 기술을 사용하여 얼굴표정과 목소리가 불일치하는 쌍들을 구성하였다. 이러한 불일치 쌍들은 지각 처리과정의 매우 초기에 탐지되었으며, 일치 쌍들은 처리과정을 더욱 촉진시켰는데, 이는 상이한 양식의 정보(청각적 및 시각적)가 신속하게 통합됨을 시사한다(de Gelder et al., 1999; Dolan, Morris, & de Gelder, 2001). 우리의 뇌는 타인의 기분을 추론하기 위해 그 사람이 나타내는 모든 종류의 정서 표현을 결합하려고 하지만, 그러한 정보들이 서로 모순될 경우 처리 능력이 저하된다(Hassin, Aviezer, & Bentin, 2013; Meeren, Heijnsbergen, & de Gelder, 2005). 예를 들어, 배우의 얼굴 또는 목소리로 표현되는 정서를 분류하되 신체 자세는 무시하라는 지시를 받았을 때, 신체에서 표현되는 정서가 얼굴 또는 목소리와 불일치할 경우 참가자들의 판단은 보다 느려진다(Van den Stock, Righart, & De Gelder, 2007).

실생활에서 하나의 경로(예: 얼굴, 목소리, 신체)로 나타나는 정서적 정보는 모호하거나 판단하기 어려울 때가 있는데, 이는 표현하는 사람의 정서가 미묘하거나 그 사람이 표현을 억제하는 법을 배웠기 때문일 수 있다. 한편, 극단적인 정서 상태에서는 얼굴표정으로 정서를 파악하기가 어려워지는데, 그 이유는 극단적으로 긍정적이거나 부정적인 상태에서는 사람들이 비명 같은 큰 소리를 내는 행동이 얼굴을 장악하기 때문이다(Aviezer, Trope, & Todoror, 2012). 한 연구에서 연구자들은 테니스 선수들의 긍정 정서 강도가 가장 높은 순간(경기 승리 후)과 부정 정서 강도가 가장 높은 순간(경기 패배 후)의 사진들을 편집하여 패배한 얼굴에 승리한 신체를 결합하였다(반대의 경우도 마찬가지로 제작하였다. [그림 5-10] 참조). 선수들이 표현하는 정서가(valence)에 대한 참가자들의 평가는 전적으로 신체에 의존적이었는데, 화난 얼굴이 승리에 기뻐하는 신체 자세와 결합될 경우 기쁜 얼굴처럼 보였을 정도다.

연구자들은 이제 얼굴처럼 단일 경로 정서 표현을 전체적인 사람과 환경의 맥락 속에서 제시하는 것이 중요하다는 점을 보다 진지하게 고려하고 있다. 그러나 앞서 살펴본 것처럼 현재까지의 결과 중 일부는 예상 외로 꽤 복잡하다.

[그림 5-10] 승리 또는 패배한 순간의 선수들의 사진을 편집하여 같은 얼굴표정이 승리(1, 2) 및 패배(3, 4) 신
체와 함께 나타나게 했다. 보이는 것처럼, 신체 맥락은 극단적 얼굴표정에 대한 해석을 바꾼다.

출처: Aviezer, Trope, & Todorov (2012).

요약

- 정서 표현은 아마도 사회적 삶에서 가장 중요한 자극일 것이다. 정서 표현들은 자
  동적으로 주의를 끈다(Lundqvist & Öhman, 2005). 얼굴표정은 표현하는 사람의 정
  서 상태와 그 사람의 동기 및 욕구에 관한 방대한 양의 정보를 전달한다.
- 특정 얼굴표정은 기능적 기원을 가지며, 다른 포유류에서도 유사한 얼굴 움직임이
  관찰된다. 비록 정서가 언제 어떻게 표현되는지는 문화와 사회화의 영향을 받지
  만, 많은 얼굴표정이 모든 인간에게서 나타난다.
- 정서 표현은 표현하는 사람의 정서 상태 및 사회적 의도를 모두 반영한다.
- 안면 피드백 가설에 대한 연구는 이러한 표정들이 표현하는 사람의 주관적 상태를
  나타낼 뿐만 아니라 그 상태에 영향을 미치기도 한다는 것을 보여 주었다. 실제로,

사람들은 타인의 얼굴표정을 모방하며, 모방된 표정은 다시 주관적 상태에 피드백을 줄 수 있다는 점에서 얼굴표정은 타인을 더 잘 이해하고 공감하는 데 있어 유용한 정보의 단편이다(Zajonc et al., 1987).

- 비록 얼굴이 정서 표현 연구에서 가장 많은 관심을 받았지만, 신체와 목소리 또한 정서의 경험과 표현에 중요하다. 정서 표현에 대한 향후 연구들은 실험 자극으로 환경적 맥락 안에서 역동적이고 움직이는 사람들을 더 많이 포함할 것이며, (얼굴 혹은 목소리만이 아니라) 사람 전체에 대한 분석들을 실시할 것이다(예: Bänziger, Grandjean, & Scherer, 2009; 이러한 자극은 몰입형 가상 현실 패러다임에서 사용될 수 있다. Gutiérrez-Maldonado, Rus-Calafell, & González-Conde, 2014 참조). 이를 통해 실험실 실험들은 현실에서 우리가 정서와 정서 표현들을 경험하는 방식을 보다 실제에 가깝게 재현하게 될 것이다.

▶ 학습 링크

1. 디즈니가 얼굴표정에 생명을 불어넣는 방법 알아보기
   https://www.youtube.com/watch?v=wQYD9ioKLqQ

2. 컴퓨터로 한 사람의 얼굴표정을 다른 사람에게 전송하는 새로운 기술을 탐구하기
   https://www.youtube.com/watch?v=9zvTgL2e044

3. 얼굴표정 생성에 관여하는 근육에 대해 더 알아보기
   https://www.youtube.com/watch?v=zGqfKY1rjkM

4. 과학자들이 로봇의 신체적 정서 표현을 만들기 위해 노력하는 과정 살펴보기
   https://www.youtube.com/watch?v=euW9rKGxSEk

제6장
자의식 정서

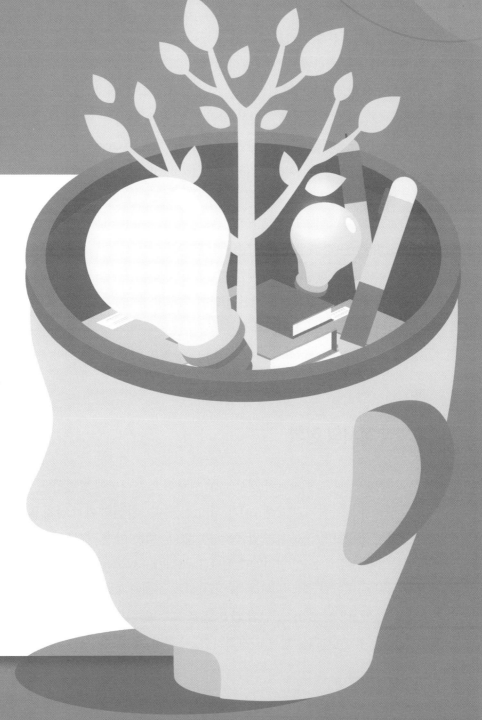

Psychology
of Emotion

학생들은 인간의 정서를 주제로 다루는 수업을 들을 때 이런 질문을 자주 한다. "질투하는 게 건강하지 못한 건가요?" 그들의 남자친구 혹은 여자친구는 아마도 그들이 질투를 너무 많이 한다고 비난하곤 했을 것이다. 혹 더 최악의 경우는 그들이 질투하는 것 때문에 그들의 관계가 깨진 것이다. 제1장에서는 소위 기본 정서라고 불리는 정서들을 설명하였고, 제4장에서는 그것의 기능적 분석에 대하여 살펴보았다. 하지만 개개인들에게 기본 정서보다 복잡한 정서가 더 많은 관심과 흥미를 유발할 수 있다. 복잡한 정서에는 질투(jealousy), 수치심(shame), 죄책감(guilty), 선망(envy),[1] 당혹감(embarrassment), 자부심(pride) 그리고 자만심(hubris) 등이 있다. 이 정서들은 대인관계에서 중요한 의미를 지니며, 사회적·도덕적 기능을 갖는다(Fischer & Manstead, 2008; Haidt, 2003; Niedenthal & Brauer, 2012). 이 장에서 논의할 정서들을 '자의식 정서(self-conscious emotion)'라고 부르며, 이 정서들은 거의 모든 사람의 생각, 정서 그리고 행동의 동기부여와 조절 과정에 핵심적인 역할을 한다(Fischer & Tangney, 1995). 대부분의 사람은 사회적 반감이나 거절을 당하지 않기 위해 정말 많은 시간을 쓰는데, 그러한 상황은 그들에게 수치심이나 죄책감 또는 부끄러움을 유발시킬 수 있기 때문이다. 또한 사람들은 사회생활을 관리하기 위해서 질투나 선망의 정도를 조절해야 한다.

자의식 정서의 정의

기본 정서와는 다르게 자의식 정서는 ① 발달적으로 나중에 발현된다. 자의식 정서는 사고 능력에 의존하기 때문에 2세가 되기 전까지는 완전히 자리 잡지 않는다. ② 자의식 정서는 뚜렷하게 구분되는 얼굴표정이 없다. 비록 어떤 정서는 문화 보편적으로 인식되는 몸짓(얼굴과 몸)이 있지만 말이다(Tracy, Robins, & Shrieber, 2009). ③ 대부분의 자의식 정서는 개인의 생존을 위해서라기보다는 사회관계를 관리하기 위해 진화되었다(〈표 6-1〉의 요약을 보라). 인간과 많은 동물 모두에게 사회관계 관리는 전형적인 사회적 유대감('함께 있기')을 만들고 강화하며, 사회적 지위('출세하는')를 얻고 관리하는

---

1) 역자 주: 영어 envy는 선망, 부러움 또는 시기심 등으로 번역된다. 차운아(2009)는 선의의 선망을 '부러움'으로, 악의의 선망을 '시기'로 번역하였다. 이 책에서도 envy를 선의의 선망과 악의의 선망으로 구분하여 설명하는데, 선의의 선망은 '부러움'으로, 악의의 선망은 '시기'로 이해하면 좋을 것이다.

일을 포함한다(Fischer & Manstead, 2008; Trach & Robins, 2004).

자의식 정서의 인지적 기초

자의식 정서는 인지 의존적(cognition-dependent) 정서다(Izard, Ackerman, & Schultz, 1999). 이 명칭에 내포된 뜻은 이러한 종류의 정서들이 특정 인지 능력이 발달되기 전에는 완전히 발생하지 않는다는 것을 말한다(Harter, 1999; Lewis et al., 1989; Tangney & Fisher, 1995).

자의식 정서 경험은, 첫째, 자신을 타인으로부터 신체적으로 구분하는 능력을 필요로 한다(예: 엄마로부터 떨어지기, [그림 6-1]). **자기개념(self-concept)** 혹은 자아감은 약 2세 정도의 유아기부터 발달하기 시작한다. 이 시기에 일반적인 발달 과정의 아동은 '나', '저(희)' 같은 대명사를 사용하기 시작한다. 립스틱 과제라고 불리는 실험 과제는 아동이 자기개념을 갖고 있다는 증거를 보여 준다. 립스틱 과제에서는 아동의 코에 작은 빨간 점을 살며시 붙이고, 아이가 거울을 볼 기회를 준다. 만약 아이가 자신의 코에 붙어 있는 빨간 점을 건드리거나 떼어 내려고 한다면, 아이는 자기개념이 발달되었다고 말할 수 있다(Lewis & Brooks-Gunn, 1979). 거울 속에 있는 사람이 자기 자신이라는 인식이 없다면, 아동은 자신의 얼굴에 붙어 있는 이상한 점을 지우려고 시도하지 않을 것이다. 자의식 정서를 느끼는 데 있어 자기 개념이 필요하다는 점은 오랑우탄이나 침팬지와 같은 유인원들도 자기 표상을 형성한 경우, 부끄러움이나 자부심 같은 자의식 정서를 지속적으로 표현한다는 것을 보여 준 연구로 강조되었다(Hart & Karmel, 1996; Russon & Galdikas, 1993). 대조적으로 자아개념이 없는 동물들은 이러한 정서들을 경험

〈표 6-1〉 기본 정서와 자의식 정서의 비교

정서의 종류	기본 정서	자의식 정서
발달	생후 9개월 동안	18개월 후
기능	개인의 생존	집단 생활
인지적 능력	지각, 범주화	자기성찰(self-reflection), 자기평가(self-evaluation), 사회적 비교
범문화적 표현	얼굴표정	타인을 향한 복잡한 표현 양식

[그림 6-1] 두 살이 지나면 아이들은 자기개념을 갖기 시작한다. 자기개념은 다른 사람과 자신을 구별할 수 있게 해 준다.

하지 않는다(동물들의 주인들은 그들이 이런 정서를 경험한다고 주장하지만 말이다).

아동의 자기개념에서 발생한 또 다른 두 가지 인지적 능력은 자기평가와 사회비교다. 자기평가(self-evaluation)도 대략 2세가 지나면 발달하는데, 아이들은 양육자의 가르침에 의해 기준과 규범을 내재화하면서 사회적으로 강화된다(Lewis, 2000). 아이들은 기준이나 규범을 따르며 자신을 판단하고, 자신의 행동이 좋은지 나쁜지 평가한다. 사회비교(social comparison)는 2세가 훨씬 지난 뒤에 발현하는데, 아이들은 자신이 얼마나 매력적이고, 수줍음을 많이 타고, 똑똑하고 혹은 가난한지를 다른 사람의 외모, 성격 혹은 부와 비교하여 평가한다. 사회비교는 거의 모든 사람이 자기 자신에 대해서, 자신의 능력과 자신의 업적에 대해서 어떻게 느끼고 있는지 이해할 때 사용하는 절차다(Mussweiler, Rüter, & Epstude, 2004).

현재 장의 앞부분에서 우리는 자기평가(self-evaluative) 정서를 살펴볼 것이다. 이 정서에는 죄책감, 수치심, 부끄러움, 자부심 그리고 자만심이 있으며, 대체로 자기에 대한 평가와 관련되어 있다. 그리고 개인적 기준이나 도덕적 가치(무엇이 옳고 그른지)를 비교하는 근거가 된다. 이 장의 뒷부분에서는 사회비교(social comparison) 정서에 대해 검토할 것이다. 선망과 질투 같은 정서들은 주로 타인의 능력과 소유물 그리고 성취들을 자기 자신의 것들과 비교하는 과정을 포함한다.

자기평가 정서

자기평가 정서는 자기 자신에 대해 좋고 나쁨을 판단하는 능력에서 기인한다. 수치심, 죄책감 그리고 부끄러움 같은 정서는 자기 자신 혹은 자신의 어떤 것이 부정적인 평가를 받을 때 유발된다(Taylor, 1985).

죄책감과 수치심

죄책감과 수치심은 자기 자신을 벌하는 상태로, 특정한 느낌과 행동 경향성을 가진다(예: Lindsay-Hartz, 1984; Tangney, 1990, 1991; Tangney & Tracy, 2012). 죄책감으로 인한 느낌은 고조된 각성과 후회다. 죄책감은 자신이 행한 행동이 누군가에게 상처를 주거나, 자기 자신 또는 사회 기준을 충족하지 못했다는 것을 인식할 때 발생한다(Berndsen et al., 2004). 죄책감을 느끼는 사람들은 대체로 자신이 상황을 통제하고 책임지고 있는지 평가한다. 또한 그들은 적어도 미래에 자신의 행동을 변화시킴으로써 상황을 바로잡을 수 있다고 믿는다(Wicker, Payne, & Morgan, 1983). 죄책감과 관련된 행동 경향성은 직접적 혹은 간접적 속죄에 대한 갈망이다. 특히 죄책감을 느낄 때 사람들은 일을 바로잡아야 할 필요성을 느끼며, 그들의 도덕 체계에 대한 신념을 재확인하고, 그들이 상처 줬던 행동에 대해 용서를 구할 방법을 찾아야 한다고 생각한다(Frijda, Kuipers, & Ter Schure, 1989; Lindsay-Hartz, 1984).

수치심은 두 가지 자기평가 정서 중, 더욱 고통스럽고 스트레스를 주는 정서로 간주한다. 수치심(shame)은 절망스럽다는 것이 특징이고, 자기 전체가 가치 없고, 무기력하며, 작게 느껴지는 느낌이다(Lindsay-Hartz, 1984). 수치심은 자신이 사회적 규범에 맞지 않는 행동을 했거나 혹은 이를 위반했다고 인식할 때 생기며, 그러한 위반이 자신의 특성 중 변화시키거나 바꿀 수 없는 부분에서 유래되었다고 생각할 때 수치심이 일어난다. 수치심과 관련된 행동은 도망쳐서 숨거나, 작아지고, 그 상황으로부터 벗어나려는 경향이 포함된다(De Hooge, Zeelenberg, & Breugelmans, 2007). 수치심은 또한 명확한 신체 표현과 관련 있어 보인다. 수치심을 느낄 때, 사람들은 머리와 어깨를 늘어뜨리고, 두 팔을 양옆으로 축 떨어뜨리며 시선은 아래로 향한다. 이러한 표현 양식은 많은 문화에서 수치심과 관계 있는 것으로 인정받고 있다(Tracy & Robins, 2008). 더욱이,

이런 표현 양식은 선천적인 맹인에게도 나타나기 때문에 문화 공통적이라고 제안된다(Tracy & Matsumoto, 2008).

수치심을 유발하는 사건에 대한 연구를 살펴보면, 사람들은 특정 도덕 위반 행동으로 누군가에게 상처를 준 경험을 묘사하는 경향을 보였다(Ausubel, 1955; de Rivera, 1977; Lewis, 1971; Taylor, 1985). 그러한 경험에는 거짓말, 부정행위, 도둑질, 외도가 있었다. 수치심은 자신에 대한 사회적 존경이나 사회적 지위, 혹은 사회적 인정을 위협하는 상황에서 더 자주 발생한다(Kemeny, Gruenewald, & Dickerson, 2004). 예를 들어, 실패나 패배의 공개, 사회적 거부(타인으로부터 성적 거절이나 경멸을 포함해서), 개인의 사생활이 노출되거나 침해받는 것 등이 있다. 하지만 주목할 것은 어떠한 상황도 두 가지 자기평가 정서 중 하나하고만 관련 있는 경우는 드물다는 것이다. 도덕적 위반은 수치심도 불러일으키지만, 누군가에게는 죄책감도 유발한다(Tangney, 1992; Tracy & Robins, 2006).

죄책감과 수치심의 구분

죄책감과 수치심은 유사한 상황에서 발생하기 때문에, 어떻게 똑같은 상황이 한 사람에게는 죄책감을, 다른 사람에게는 수치심을 느끼게 하는지 궁금할 것이다. Lewis(1971)는 부정적인 상황이 일어난 이유에 대한 개인의 평가에 따른 문제라고 주장하였다. 죄책감은 용납하지 못할 자기 자신의 행동을 원인으로 둘 때 일어나며, 수치심은 자신 전체를 원인으로 초점 맞출 때 생겨난다. 두 정서는 자신에 대한 평가이지만, 평가의 대상은 각기 다르다. 예를 들어, "나는 내 행동에 대해 죄책감을 느낀다."와 "나는 나 자신에 대해 수치심을 느낀다."로 대조된다. 이러한 차이를 이해하기 위해, 다음 상황을 상상해 보자.

> 당신의 친구는 거의 데이트를 하지 않는데, 당신과 크리스를 파티에 초대했다. 그날은 친구가 크리스와 처음 데이트하는 날이었다. 파티에 따라가 보니, 크리스는 아주 매력적이었고 심지어 당신을 유혹했으며, 당신도 크리스에게 치근덕거렸다. 당신은 크리스에게 진지한 관심을 가지지 않았지만, 그날 밤 헤어질 때 크리스의 전화번호를 받기까지 했다. 다음 날, 친구는 당신에게 화를 내며 자신이 크리스를 얼마나 좋아하는지 소리치며 말했다.
>
> (Niedenthal, Tangney, & Gavanski, 1994에서)

이 상황을 보자. 만약 이 일이 당신에게 일어났다면, 당신은 안 좋은 감정을 느꼈을 것이다. 그런데 당신은 죄책감을 느꼈을까 혹은 수치심을 느꼈을까? Lewis(1971)에 따르면, 당신의 유혹과 크리스의 전화번호를 얻었던 것이 당신의 친구에게 상처가 될 행동이라고 평가했다면 당신은 죄책감을 느낄 것이다. 하지만 당신이 "나는 나쁜 사람이야."라고 자신을 평가하면, 당신은 아마 수치심을 느낄 것이다.

Niedenthal, Tangney와 Gavanski(1994)는 사후가정사고(counterfactual thinking) 연구를 통해 Leiws의 구별을 더 발전시켰다. 사후가정사고는 이미 일어난 상황에 대해서 '실패의 원인'을 심적으로 처리하는 것이다(Roese & Olson, 1995). 이러한 사고는 주로 '무언가 달랐더라면, 이런 상황은 일어나지 않았을 텐데' 같은 형식을 가진다. 예를 들어, 휴가에서 누군가의 자동차가 고장 났다면, 그는 이렇게 생각할지도 모른다. "동네를 떠나기 전에 자동차 점검을 받았더라면, 자동차가 고장 나지 않았을 텐데."

중요한 것은 과거 상황을 반추하여 심적으로 변화시키는 사람들은 행위자가 그 상황의 원인이라고 생각한다는 점이다(Wells & Gavanski, 1989). 앞서 제시한 자동차 상황에서, 주인공은 사후가정사고를 통해 자신을 문제의 원인으로 규정하고, 자신의 행동을 심적으로 변화시켜 보거나, 자신이 하지 않은 행동(차 점검을 받지 않은 것)을 바꿔 본다. 대안적으로 그 사람은 이렇게 생각할 수도 있다. "내 아내가 차 점검을 받았다면, 차가 고장 나지는 않았을 텐데." 이 사고는 그의 배우자를 문제의 원인으로 바라보고 있음을 반영한다. 또는 그는 이렇게 생각할 수도 있다. "포드(자동차 회사)가 이렇게 믿음직하지 못한 자동차가 아니었다면, 내 차는 고장 나지 않았을 텐데." 이 사고는 자동차 회사가 문제의 근원임을 함축하고 있다.

Niedenthal과 동료들은 죄책감과 수치심을 유발하는 실험들을 통해 사후가정사고의 내용을 분석하였다. 한 실험에서는 사람들의 수치심과 죄책감과 관련된 과거의 자전적 경험에 대한 사후가정사고들을 탐구하였고, 다른 실험에서는 참가자들에게 죄책감이나 수치심을 유발시킬 수 있는 시나리오를 제공하였다. 두 실험에서 참가자들은 상황의 결과를 되돌리기 위한 사후가정사고를 세 개씩 적어 내려가도록 지시받았다. 그들이 적은 사후가정사고의 내용이 연구 관심사였다.

사후가정사고들을 분석한 결과, 죄책감이 유발되는 상황들을 회상한 사람들은 그들의 행동이나 사고를 심적으로 변경시켰다. "[내가 한 잘못된 일]을 하지 않았다면, 이런 일이 일어나지 않았을 텐데." 같은 식으로 말이다. 반대로 수치스러운 상황을 상상하거나 회상했을 때, 사람들은 심적으로 그들 자신을 변경시켰다. "내가 [나쁜 사람]이 아니었다면, 이런 일이 일어나지 않았을 텐데."라고 말이다. 이 연구 결과와 다른 많은 연구는 두 정서를 사건의 결과에 대한 귀인방식에 따라 구별할 수 있다고 한 Lewis의 설명을 지지한다(Tangney & Dearing, 2002; Tracy & Robins, 2006). 즉, 죄책감은 행동에 귀인하며, 수치심은 자기 자신에게 귀인한다.

죄책감과 수치심의 기능

이론가들은 죄책감과 수치심이 도덕적 행동을 조절하는 역할을 한다는 것에 동의하는 듯하다(Tangney & Tracy, 2012). 두 정서는 종종 사회적 규범이나 공식적 혹은 비공식적 사회적 제재를 어길 때 발생한다(Dienstbier, 1984, 2000; Harris, 1989; Lewis, 1993). 유년 시절부터 성인기까지, 일반적인 사회화 방법은 규범을 위배하거나 부적절한 행동을 했을 때 수치심이나 죄책감을 느끼게 하는 것으로 구성된다(Scheff, 1988, 1990; Scherer, 2001).

죄책감과 수치심에 대한 현상학적 연구들은 이러한 정서들이 실은 자신의 행동에 대한 개인의 책임감을 강조한 것이라고 설명한다(예: Ferguson, Stegge, & Damhuis, 1991; Lindsay-Hartz, de Rivera, & Mascolo, 1995). 그래서 자기평가 정서들의 일반적인 기능은 자기조절(self-control)을 비롯해, 부도덕한 일을 저지르거나 스스로 죄를 짓는(self-incriminating) 행위를 자제하는 능력을 발달시키는 것이다(Tangney, 2002b). 두 정서는 행동경향성과 관련하여 특수한 기능도 갖고 있다. 죄책감은 옳다고 여겨지는 행동을 증진시키며, 수치심은 미래의 위협으로부터 자신을 보호하는 행동을 촉진시킨다.

많은 연구는 죄책감의 배상기능(the reparative function)에 대해 언급해 왔다(Amodio, Devine, & Harmon-Jones, 2007). 예를 들어, Cryder, Springer과 Morewedge(2012)의 연구는 죄책감이 사람들로 하여금 그들이 잘못한 행동에 대해 더 관대해지도록 한다는 것을 보여 준다. 이 연구에서 참가자들은 자신이 참가할 실험에 대한 배경 정보 일부에 노출되었다. 하지만 참가자들 중 누구도 그 정보를 실제로 읽은 사람은 없었다. 왜냐하면 실험 설계상 정보들이 아주 작은 글씨로 불필요하게 장황하게 쓰여 있었기 때문이다. 그리고 나서 참가자들에게 빨간색 사과맛 젤리나 쓴맛 젤리를 맛볼 기회가 주어졌다. 당신이라면 뭘 선택하겠는가? 거의 모든 사람이 빨간색 사과맛 젤리를 선택했다. 이때, 사전 실험에서 죄책감을 불러일으키는 가장 효과적인 방법으로 밝혀진 실험 방법을 사용하였다. 절반의 참가자는 그들이 주의 깊게 읽어 보지 않았을 배경 정보를 들었는데, 거기에는 그들의 파트너인 다른 참가자는 그들이 먹지 않기로 한 젤리를 먹게 될 것이라고 명시되어 있었다. 물론 그들의 파트너는 실험자와 일하는 공모자였으며, 어떤 젤리도 먹을 필요가 없었다(통제 조건의 참가자들은 파트너가 선택하지 않은 젤리를 먹게 될 것이라는 정보를 받지 못했다). 그다음 모든 참가자는 행동 경제학 게임을 했다. 게임에서 참가자들은 어느 정도의 돈을 그들의 파트너에게 분배할지 결정해야 했다. 참가자 중 자신이 쓴맛 젤리를 파트너에게 주게 되었다는 걸 알게 된 사람들은 더 많은 돈을 자신의 파트너에게 주었다. 즉, 죄책감을 느낀 참가자들은 그들의 행동에 대해 배상을 하려고 했고 관계를 개선하려고 노력했다.

다른 연구는 죄책감이 높은 공감과도 관련이 있음을 보여 주었다(Joireman, 2004; Silfver et al., 2008). 게다가 사람들은 단순히 죄책감을 예상하기만 해도 자기절제(self-constraint)와 같은 보다 바른 행동을 하려는 경향이 있었으며(Giner-Sorolla, 2001), 자기탐닉적(self-indulgent)인 행동은 하지 않으려고 했다(Zemack-Rugar, Bettman, & Fitzsimons, 2007).

죄책감과 다르게 수치심은 평소보다 공감을 덜 표현하고, 타인의 관점을 덜 수용하는 경향과 연관이 있다(Yang, Yang, & Chiou, 2010). 공감결핍은 숨고 싶고 자기 자신에만 집중하는 사람들에게서 예상할 수 있다. 하지만 사회집단이나 조직에서 탈퇴당하거나 배제됨으로써 사회적 존경(social esteem), 사회적 지위(social status), 또는 사회적 인정(social acceptance)에 손상을 입었거나 손상을 입을 가능성이 있는 사람들에게 이러한 행동경향성은 기능적이다. 수치심을 느끼는 사람들은 철회와 불참을 통해 위협받을 수 있는 상황 속에 더 이상 자신을 놓아 두지 않는다. 수치심에 대한 신체 표현 양식은 그 자체로 사회적 위험을 감소시키는 역할을 한다. 이런 표현 양식들은 상호작용하는 사람들에 의한 공격적이거나 징벌적 행동들을 줄여 주고 협조를 촉구하는 경향이 있다(Keltner, Young, & Buswell, 1997). 다른 사람들은 수치심을 느끼는 사람이 자신의 패배나 위반 또는 실패를 인정했다는 것을 표시하는 수치심 표현들을 알아볼 수 있다. 그렇기 때문에 사람들은 수치스러움을 느끼는 사람을 더 용인할 수 있을 것이다(Keltner, 1995). 죄책감의 기능은 사람들로 하여금 사회적 규범을 지키게 하고 다른 사람에게 상처 주는 행동을 하지 않도록 하는 것이라면, 수치심은 사회적 존경을 잃는 것이나 뒤따르는 사회적 위험을 차단하는 기능을 한다(Tangney & Tracy, 2012).

요약하면, 죄책감과 수치심은 모두 자신에 대한 부정적인 평가가 포함되어 있는 불쾌한 정서이지만, 죄책감은 개인의 미래 행동을 변화시키는 데 더 생산적인 방법인 것으로 보인다. 개인의 행동을 변화시키기 위해 수치심을 이용하면, 공감적 반응을 이끌어 내거나 실수를 바로잡으려는 개인의 노력을 제한하는 부작용이 있을 수 있다.

당혹감

　당신이 당혹스러웠을 때를 기억해 보자. 어떤 일이 있었나? 아마 당신은 사람이 꽉 찬 엘리베이터 안에서 트림을 하거나 방귀를 뀌었을지도 모른다. 혹은 당신은 아마도 수업이 이미 한창인 커다란 대학교 강의실에 교수님이 말하는 도중에 들어갔을 수도 있다. 당신의 등장에 교수님은 강의를 멈췄을 것이고, 당신은 부정적인 자기노출로 인해 어떤 불쾌한 정서를 느꼈을 것이다. 당혹감(embarrassment)은 허둥지둥하는 느낌, 자신에 대한 집중(self-focus), 어쩌면 굴욕, 즉 스스로 가치 없다는 느낌을 넘어 어리석다는 느낌까지를 포함한다(예: Buss, 1980; Plutchik, 1980).

　Keltner(1995)는 당혹감의 문화보편적인 몸짓을 정리하였다. 그의 분석에 따르면 당혹감은 일련의 연속적인 행동들로 표현된다. 먼저, **시선 회피**, 그리고 얼굴 주변의 근육들을 수축하여 웃음을 억제한다. 뒤이어 입꼬리만 올라가고 눈은 웃지 않는, 멋쩍은 웃음과 닮은 **가짜 뒤셴 미소(non-Duchenne smile)**를 짓거나 **웃음을 참으려고** 시도한다. 그러고 나서 고개를 아래로 숙이고 **얼굴을 만지는** 경향이 있는데 주로 입이나 눈을 가린다([그림 6-2]). Keltner와 Buswell(1997)은 이 연속적인 행동이 수치심이나 재미를 동반하는 것은 아니라고 설명하였다.

　또한 당혹감은 얼굴이 붉어지는 생리적 특징을 동반한다. 오직 당혹감을 느낄 때만 얼굴이 붉어지거나 뺨이나 목이 눈에 띄게 빨개진다(Miller, 2004). 당혹감을 느낄 때 얼굴이 빨개지는 것은 운동을 하거나 성적인 각성, 만취로 인한 홍조와는 다르다(Leary et al., 1992). 사람들은 당혹감을 느낄 때 어느 정도 얼굴을 붉힐 것인지 조절할 수 없다(Drummond, 2001). 하지만 사람들은 자신이 당혹감을 느낄 때 행동을 조절할 수 있다. 예를 들어, 자신의 실수를 사과하거나 잘못을 바로잡으려고 하는 것이다. 죄책감을 느낄 때 자신의 잘못을 바로잡는 이유는 다른 사람들에게 피해를 줬기 때문이지만, 당혹감을 느낄 때 자신의 과오를 바로잡는 것은 드러난 자기(presented self) 또는 타인이 보는 자기에 대한 손해를 회복하기 위해서다.

　수치심과 다르게 당혹감은 더 사소한 실수에서 발생한다(Buss, 1980; Lewis, 1992). Parrott, Sabini와 Silber(1998)는 당혹감이 특히 사회적으로 정형화된 역할이나 도식(scripts)에 벗어나는 행위를 했을 때 일어난다고 제안하였다. 예를 들어서 고등학교 졸

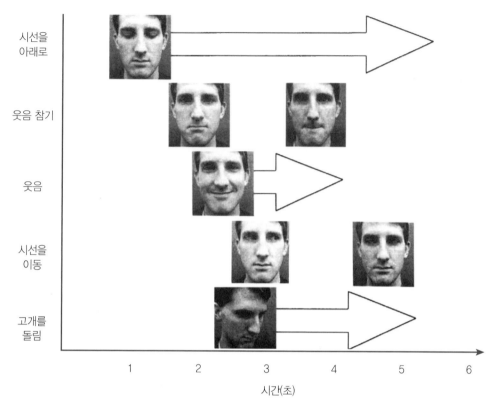

[그림 6-2] 전형적인 당혹감 반응의 묘사. 각 행동의 평균 시간은 시작 사진의 왼쪽 끝에서부터 화살표 끝인 종료시점이다.

출처: Keltner (1995).

업생 대표가 단상으로 걸어갈 때 발을 헛디디는 상황은 능력 있는 사람의 도식에서 벗어난 경우다. 당혹감은 주로 대중적인 상황에서 발생하는 것으로 보이며, 잠재적으로 혹은 진짜로 존중감을 잃을 수 있는 상황에서 일어난다(Lewis, 1995). 어떤 사람이 자신이 부주의하게 화장실 휴지를 신발 발꿈치에 끌고 다니는 걸 누군가 보고 있다는 것을 알게 되었을 때, 그는 다른 사람들로부터 받는 존중을 잃었다고 느낀다(Miller, 1996; Miller & Leary, 1992; Sabini et al., 2000).

당혹감의 기능

당혹감의 비언어적 의사소통 기능은 일종의 진정시키는 것이다. 당혹감의 몸짓은 용서를 구하고, 집단이나 어떤 관계에 다시 들어가기를 바라는 것을 표현한다. 이러한 견해와 일치하게, 개개인들은 공공연하게 그들의 당혹감을 전달하고 싶어 했으며, 만약 그런 소통이 어떤 방식으로든 방해받을 때는 꽤 허둥대며 계속 굴욕감을 느꼈다(Leary, Landel, & Patton, 1996). 더욱이, 당혹감의 표현은 쑥스러운 사람이 원하는 친사회적인 효과를 갖는다. 예를 들어, 다른 사람이 당혹스러워할 때 어떤 반응을 했었는지 물어본 한 연구는 다음과 같은 경향이 있음을 밝혔는데, 그들의 실수나 공개 노출에도 불구하고 우리가 그 사람을 수용한다는 걸 알려 줌으로써 당혹감을 표현하는 사람들을 도와 주려 한다는 것이다. 또한 누군가 당혹감을 표현할 때, 우리는 당혹스러웠던 유사한 경험을 공유하려고 한다.

친사회적인 반응을 보이는 이유는, 사람들이 실수한 뒤에 당혹감을 표현하지 않는 사람들보다 표현하는 사람들을 더 좋아하기 때문일지도 모른다. 한 연구실의 연구 결과는 이를 지지했는데, Semin과 Manstead(1982)는 참가자들에게 마트에서 높이 쌓인 휴지 더미에 걸려 넘어지는 한 남자의 영상을 보여 줬다. 한 영상은 그 남자가 당혹감을 표현하는 영상이었고, 다른 영상에서는 남자가 전혀 당혹감을 보이지 않았다. 참가자들은 영상 속 주인공이 당혹감을 표현하지 않을 때보다 표현할 때 더 호감을 표현하였다. 얼굴이 붉어지는 것 또한 유사하게 긍정적인 반응을 이끌어 내는 효과를 가진다. De Jong(1999)은 참가자들에게 한 손님이 식료품점에 우연히 손해를 입히는 내용의 시나리오를 읽게 했다. 손해를 입히고 나서 그 손님은 얼굴을 붉히거나 붉히지 않았다. 얼굴이 빨개진 손님을 그렇지 않았던 손님보다 더 호감 있다고 평가하였다. 따라서 당혹감의 신체적 표현 양식과 얼굴 붉힘은 뜻하지 않은 사회적 기대의 손상으로 인해 무너진 사회적 관계를 회복시키는 기능을 한다(Feinberg, Willer, & Keltner, 2012).

발달적 세부사항

유아기 당혹감의 출현

비록 어린아이가 청소년보다 자의식이 덜 형성되었다고 생각하더라도, 그들도 당혹감으로부터 완전히 자유로운 것은 아니다. 심리학자 Michael Lewis는 발달과정에서 당혹감의 출현에 대해 연구하였다(Lewis, 1995; Lewis et al., 1989). 그는 두 가지 중요한 사실을 찾았다. 첫 번째는 당혹감에 두 종류가 있다는 것으로, 그는 이를 '노출' 당혹감과 '평가' 당혹감이라고 일컬었다. 노출 당혹감(exposure embarrassment)은 주목의 대상이 되었을 때 일어난다. 예를 들어, 당신이 크게 재채기를 해서 모든 사람이 뒤를 돌아 당신을 바라보는 것이다. 평가 당혹감(evaluation embarrassment)은 무언가 형편없게 했을 때 일어난다. 예를 들어, 과제를 잘 마치지 못했거나 혹은 할당된 시간 안에 끝내지 못한 것이다. 두 번째로, Lewis는 노출 당혹감이 생후 2년 후반에 출현한다고 주장하였다. 그 시기에 유아들은 자신들이 누군지에 대해서 알기 시작하고 다른 사람이 자신을 바라보고 있다는 걸 알게 된다. 어떤 것이 좋고 싫은지, 어떤 것이 옳고 그른지에 대한 차이를 알고 나면, 최소한 1년 뒤에 아이들은 당혹감을 평가하는 조짐을 보이기 시작한다.

더 나아가 노출 및 평가 당혹감을 느끼는 이유를 탐구하기 위해, Lewis와 Ramsay(2002)는 네 살 아동에게 평가 당혹감을 유발하기 위해서 실패할 과제에 할당하였고, 노출 당혹감을 유발하기 위해 '늙은 맥도날드'와 같은 춤을 실험자와 함께 추도록 하였다. 아이들의 코르티솔(스트레스 호르몬) 수준을 측정하였을 때, 그 결과는 평가 당혹감이 높은 코르티솔 반응과 관련이 있었고, 노출 당혹감은 낮은 코르티솔 반응과 관련이 있었다. 이 결과가 의미하는 것은 주목의 대상이 되는 것보다 부정적인 자기평가 반응이 더 스트레스를 준다는 것을 의미한다.

자부심과 오만

자부심(pride)은 자신을 긍정적으로 평가할 때 발생하는 정서다(Lewis, 2000b). 자부심에는 개인적 기준이나 목표를 충족시켰을 때의 만족감이 포함되는데, 개인적 기준의 예로는 옳고 그름에 대한 내재된 신념을 들 수 있다(Tangney, 2002a; Tracy & Robins, 2004b). 물론 누군가는 이렇게 물을 수 있다. 자부심은 듣기에 좋은 말인데, 왜 유대교와 기독교, 그리고 다른 종교들의 경전들에서 공통적으로 '자만은 실패의 아버지'라고 가르칠까? 왜 자부심은 마치 큰 죄를 지은 것 같은, 피해야만 할 것 같은, 그래서 우리가 억눌러야 할 것 같은 정서라는 부정적인 의미를 함축하고 있을까?

사실 자부심에는 두 가지 종류가 있다. 자부심은 종종 진정한 자부심(authentic pride)과 오만한 자부심(hubristic pride)으로 나눌 수 있다(Tracy et al., 2014). 이것을 각각 '자부심'과 '오만'이라고 부르자. 자부심과 오만은 이 장에서 죄책감과 수치심을 구분한 것과 비슷한 방식으로 구별된다. 자부심은 어떤 일이나 행동을 잘 마쳤을 때 오는 즐거움을 포함하는 반면에, 오만은 전반적인 자신에 대한 우쭐한 만족감을 포함한다(Tracy & Robbins, 2014). 자부심을 느낄 때, 누군가는 이렇게 말할지도 모른다. "나는 이 강의에 열심히 노력했기 때문에 결과적으로 높은 성적을 받았어." 반대로 오만한 사람은 이렇게 믿고 있을지도 모른다. "나는 대단한 사람이기 때문에 이걸 성취한 거야."(Tracy & Robbins, 2007) 후자의 생각은 오만한 자기만족의 전형으로, 우리가 죄악으로 여기는 자만심이 다(Tracy et al., 2011).

자부심은 오만과는 다른 결과물과 행동을 갖는다. 예를 들어, 자부심은 개인이 자랑스러움을 느낄 수 있는 영역에서 긍정적인 결과를 얻었을 때 느낀다고 알려져 왔고 (Weiner, 1985), 긍정적인 자존감의 발달과 상관이 있다(Herrald & Tomaka, 2002). 자부심의 긍정적인 효과를 알아보고자 Verbeke, Belschak과 Bagozzi(2004)는 판매원의 행동에 미치는 자부심의 역할을 검증하고자 하였다. 자부심을 느끼는 것은 효과적인 전략을 세우고 열심히 일하도록 동기부여했을 뿐만 아니라, 자기효능감도 강화하였다. 또한 자부심은 더 긍정적인 사회적 행동, 또는 시민의 자질에 맞는 행동을 하도록 했다. 일반적으로 남을 돕거나 회사의 발전에 기여하는 행동들이었다. 따라서 자부심은 창의성과 생산성 그리고 이타심을 강화시키는 긍정적인 효과가 있는 것으로 보인다 (Bagozzi, Gopinath, & Nyer, 1999; Fredrickson, 2001).

대조적으로 오만은 공격성이나 적대적인 행위경향성 같은 더 부정적인 결과와 관련된다(Tangney, 1999). 이러한 반응들은 자기애적 요소에 상처를 받음으로써 분노를 느끼기 때문에 일어나기 쉬운데, 특히 자신을 훌륭한 사람이라고 생각할 때 더욱 자기애에 상처를 받는다(Bushman & Baumeister, 1998; Morf & Rhodewalt, 2001). 예상할 수 있듯이 오만은 높은 자존감과 관련이 없다. 하지만 오만과 관련된 자존감은 순간적인 사회적 피드백과 연관되어 있기 때문에 변동성이 크다(예: Rhodewalt, Madrian, & Cheney, 1998). 게다가 오만에서 파생된 교만과 자기중심주의는 사회적으로 파괴적일 수 있다. 사람들은 오만한 사람을 피하거나 꺼려하고, 때로 거부하기도 한다. 결과적으로 오만한 정서를 표출하는 것은 가까운 관계에서 분쟁을 일으키거나 심지어 관계를 끝내게 되는 원인이 될 수 있다.

자부심과 동반되는 몸짓에는 미소, 고개를 뒤로 젖히고 턱이 올라가는 것, 그리고 양팔을 엉덩이 위에 올리거나 머리 위로 올려서 자신감 혹은 승리감을 표현하는 것이 있다([그림 6-3]을 보라). 자부심의 자세는 아이들일수록 자연스럽게 드러나는데, 세 살 정도의 어린아이들은 성공을 경험했거나 자부심을 표현할 상황에서 자부심 자세를 취한다. 또한 많은 문화권에서 유사한 상황에서 일반적인 사람들뿐만 아니라, 후천적 시각장애인들과 선천적 시각장애인들도 자부심 자세를 취하였다(Belsky, Domitrovich, & Crnic, 1997; Lewis, Alessandri, & Sullivan, 1992; Stipek, Recchia, & McClintic, 1992; Tracy &

[그림 6-3] 자부심의 표현: 활짝 벌린 자세, 턱이 올라가 있다. 그리고 두 팔을 엉덩이 위에 올리거나 두 팔을 올려 승리의 자세를 취한다.

출처: Tracy, Robins, & Schriber (2009).

Matsumoto, 2008). 미국과 이탈리아 사람들은 우연보다 높은 정확률로 자부심 자세를 인식할 수 있었고(Tracy & Robins, 2004b), 그것을 행복이나 놀람과 구별할 수 있었다. 피지섬 사람들뿐만 아니라(Tracy, Shariff, Zhao, & Henrich, 2013) 서양 문화에 전혀 노출된 적이 없는 아프리카 부족의 문맹인들도(Tracy & Robins, 2004a) 자부심 자세를 인식할 수 있었다. 따라서 자부심 자세는 범문화적인 것으로 보인다. 그렇다면 어떤 목적으로 자부심이 진화되었을까?

자부심의 기능

자부심은 아마도 성공을 알리는 기제로 진화되어 왔을 것이다. 그렇게 함으로써 집단 내 자신의 지위를 강화하고, 집단이 관리하는 자원에 접근할 수 있게 되었을 것이다. 이 생각은 침팬지를 대상으로 한 연구에 의해 지지되었는데, 지배적 위치를 차지하고 있는 침팬지는 자부심 넘치는 사람들이 하는 표현 양식(아마도 미소는 뺀)과 유사한 행동을 한다는 것을 보여 줬다(Tracy et al., 2014).

또한 실험 중에 자부심을 조작하는 것은 지위에 따른 행동을 증가시키는 효과를 가져왔다. 한 연구에서 일부 참가자들은 집단 과제를 하기 전에 자부심을 촉발하는 긍정적인 피드백을 받았는데, 그들은 자부심을 느끼지 않은 사람들과 달리 집단 구성원이나 다른 관찰자들이 보기에 높은 지위를 과시하는 방식으로 행동한다고 지각되었고, 더욱 호감 있게 평가되었다(Williams & DeSteno, 2009). 종합하면 자부심은 지위 성취와 관련되어 있으며, 유능함과 자신감의 발달에 동기를 부여하는 것으로 보인다. 비록 오만(hubris)도 지위 획득을 용이하게 하기 위해 진화한 것으로 보이지만, 아마도 더 사회적 비용이 많이 발생하는 방식으로 진화되었을 것이다. 오만은 유능함보다는 공격성이나 지배성을 사용하여 지위의 획득을 용이하게 한다. 다시 말하면, 이 두 가지는 높은 지위에서 사람을 통솔하는 아주 다른 방식, 즉 자부심은 **명성**(prestige)을, 오만은 **지배**(dominance)를 촉진시킨다(Cheng, Tracy, & Henrich, 2010). 현재 시점에서는 오만보다 자부심에 대해 더 잘 알려져 있긴 하지만, 앞으로는 일곱 가지 대죄 중 하나인 오만에 대해 더 많은 연구가 진행될 것이다.

사회비교 정서

사회비교 정서는 자기에 대해 생각하고 인식할 수 있는 능력, 또한 타인과 자신을 비교할 수 있는 능력에서 출현한다. 우리가 앞으로 심도 있게 살펴볼 사회비교 정서인 선망과 질투 모두 이런 특징을 가지고 있다(Parrott, 1991; Salovey & Rothman, 1991; Silver & Sabini, 1978). 즉, 이 두 정서에 대한 대부분의 예시에서 어떤 사람의 성격, 외모, 능력, 또는 다른 자질들이 다른 사람의 것들과 비교되며, 특정 사회적 맥락에서 그 비교의 결과가 두 정서의 중요한 전제조건이 된다는 것을 가정한다.

선망

선망(envy)은 불쾌한 정서로, 갈망(longing), 불만족(dissatisfaction), 그리고 열등감(impression of inferiority)으로 특징지을 수 있다(Parrott & Smith, 1993; Smith & Kim, 2007). 이러한 정서들은 자신이 원하지만 아직 갖지 못한 것, 또는 영원히 가지지 못할 것을 다른 사람이 가졌다고 여길 때 발생하며, 자신을 타인과 부정적으로 비교한다.

그래서 선망을 경험하는 상황에는 선망을 느끼는 사람과 선망을 받는 사람 두 사람이 존재한다. 그러나 우리가 선망을 느끼는 조건이 있다. Schaubroeck과 Lam(2004)이 은행에서 진행한 연구에서처럼, 보통 우리는 월등하게 우월한 배경을 가진 사람보다 우리와 비슷한 사람을 선망한다. 연구자들은 은행 직원들에게 스스로를 자신의 동료와 유사한 정도를 평정하게 했다. 몇 달 뒤 일부 직원들은 승진하였고 일부는 그러지 못했는데, 이전에 한 유사성에 대한 평정은 그들이 얼마나 선망을 느끼는지를 예측했다. 즉, 승진한 동료가 자신과 유사하다고 인식할수록 승진한 사람을 더욱 선망했다. 다른 연구는 개인적 관련성이 높은 영역에서 자신의 단점이 드러날 수 있는 사회 비교가 일어날 때 선망이 발생함을 보여 주었다(Salovey & Rodin, 1984). 이 연구에서 참가자들은 진로적성 검사에 대한 피드백을 받았는데, 자신이 선호하는 분야의 진로 전망이 아주 좋은지 혹은 아주 나쁜지에 대한 피드백이었다. 그리고 나서, 참가자들은 그들과 같거나, 다른 진로(자신과 덜 관련 있는)의 참가자들이 진로적성 검사에서 본인보다 더 잘했는지 혹은 못했는지에 대해서 들었다. 자신과 같은 진로 분야에서 진로적성 검사를 다른 참가자가 자신보다 더 잘했으며, 자신은 잘하지 못했다는 걸 알게 되었을 때, 선망이 발생하였다.

선망도 오만처럼 일곱 가지의 대죄 중 하나로 여겨진다. 물론 자부심처럼 선망에도 두 가지 다른 종류가 있을 수 있다. 어떤 이론은 무해한 선망(benign envy)과 악의적 선망(malicious envy)이라고 불리는 증오와 복수심의 선망을 구분한다(Neu, 1980; Rawls, 1971; Taylor, 1988). 이러한 구분은 선망이 한편으로는 갈망과 자신에 대한 실망, 그리고 선망하는 대상을 모방하려는 욕구를 포함하고, 다른 한편으로는 신랄함, 악의, 그리고 파괴적인 행동을 하고 싶은 욕구를 포함하고 있다는 사실을 강조한다(Parrott, 1991). 물론, 경전에서 이야기하는 죄는 악의적 선망이다.

선망을 느끼는 상황에서 어떤 측면이 적개심(hostility)을 일으킬까? 언제 선망이 악의적이 될까? 분명한 것은, 적개심은 선망하는 대상이 삶에서 불공평한 혜택을 누린다는 믿음에서 야기된다(Smith et al., 1994). Smith와 동료들은 Fritz Heider의 선망 분석을 토대로 연구하였다. Heider의 '균형 이론(balance theory)'의 핵심 아이디어는 유사한 수준의 사람들이 비슷한 또는 **균등한** 결과물을 갖는다는 것이다(Heider, 1958). 만약 비슷한 두 사람이 다른 결과물을 갖는다면, 덜 가진 사람은 더 많이 가진 사람이 불공평한 이점을 갖고 있다고 지각할지 모른다. 여기서 '지각한다(perceive)'는 단어를 주목하라. 이것은 선망받는 사람이 객관적으로 더 운이 좋았는지와는 전혀 상관이 없다. 사실과 상관없이 불공평하다고 여겨진다면, 덜 가진 사람은 악감정과 증오를 느낄 것이다(van de Ven, Zeelenberg, & Pieters, 2012).

선망의 기능
무해한 선망과 악의적 선망의 차이를 고려했을 때, 당신은 전자가 후자보다 더 유용한 정서라고 생각할지 모른다. 몇몇 연구는 정말 그러하다고 제안한다. Van de Ven, Zeelenberg와 Pieters(2009)는 독일인 참가자들에게 선망을 느낀 경험에 대하여 질문하였는데, 무해하게 선망한 사람에 대해 떠올릴 때 참가자들은 그 대상을 더 좋아하고 동경한다는 것을 발견하였다. 비록 그들은 좌절감을 보고하기도 했지만, 동시에 그들은 더 나아지고 싶은 동기를 가졌고 선망하는 대상을 더 좋아하게 되었다. 악의적 선망도 좌절감과 관련이 있지만, 또한 부당함을 끝내야 한다는 믿음과 선망하는 대상을 비하하고 심지어 상처 주고 싶은 욕망과도 관련이 있다. 이러한 발견은 무해한 선망이 자기 향상과 새로운 기술 획득에 대한 동기를 부여하는 반면, 악의적 선망은 그렇지 않다는 것을 제안한다. 사실 동기나 수행의 향상은 실험에서 사회적 상향 비교 상황을 조성했을 때 무해한 선망의 결과로 나타났다(van de Ven, Zeelenberg, & Pieters, 2011). 즉, 다른 사람들의 행운은 때때로 사람들을 고취시키고 향상을 위해 보다 많은 노력을 기울이게끔 한다(Smith & Kim, 2007).

질투

질투(jealousy)는 분노, 상실의 두려움 그리고 의심과 관련된다(Parrott & Smith, 1993; Salovey & Rothman, 1991). 이러한 감정들은 중요한 관계가 다른 이로 인해 위협받고 있다는 개인적인 믿음으로부터 생겨난다. 따라서 질투는 세 사람을 필요로 한다. 질투를 느끼는 사람, 질투를 느끼는 사람과 관계 맺은 사람, 그리고 이 관계를 위협하는 사람이다. 우리는 종종 질투를 로맨스와 관련짓지만, 자신의 부모나 상사와의 관계를 위협하는 다른 형제자매나 동료들에게도 질투를 느낀다(DeSteno, Valdesolo, & Bartlett, 2006; Harris, 2003). 비록 질투와 선망이 매우 다르게 들리지만, 이 단어들은 종종 상호교차적으로 사용된다. 그렇기 때문에 우리는 먼저 두 정서를 경험적으로 구분할 것이다. 그리고 나서 질투에 대한 두 가지 이론에 대해 논의할 것이다. 첫 번째 이론은 질투에 대한 진화론적 측면(Buss, 1995; Buss, Larsen, Westen, & Semmelroth, 1992)이고, 두 번째 이론은 질투의 자기-평가 유지 모형이다(DeSteno & Salovey, 1996b).

질투와 선망의 구별

우리가 앞서 봤던 것처럼, 선망을 불러일으키는 상황에는 다음과 같은 예도 있다. 당신은 곱슬머리를 갖고 있는데, 습도가 높은 날이면 곱슬머리는 마치 당신을 광대처럼 보이게 한다. 당신의 친구는 실크처럼 아름답게 찰랑거리는 머리카락을 갖고 있다. 그래서 그녀는 소나기를 맞고 있든, 사막을 여행하든, 또는 격식 있는 파티에 있든지 상관없이 완벽해 보인다. 당신은 그녀의 머리카락을 원하지만, 가질 수 없다. 당신은 자신이나 혹은 다른 사람에게 친구를 선망하고 있다고 말할 것인가? 혹은 그녀를 질투하고 있다고 말할 것인가?

　이제 우리는 그녀가 갖고 있는 것과 같은 머리카락을 갖고 싶다는 마음과 그것이 절대 불가능한 일이라는 믿음 때문에 당신이 친구를 선망하고 있다는 것에 동의할 수 있을 것이다. 하지만 여전히 당신은 질투한다고 말할지도 모른다. 질투라는 단어와 선망이라는 단어가 제대로 사용되고 있는지 알아보는 많은 방법이 있다. Smith, Kim 그리고 Parrott(1988)는 실험참가자들에게 살면서 자신이 질투 혹은 선망을 느꼈던 상황을 묘사해 달라고 요청하였다. 그러면 평가자들은 참가자들이 기술한 상황이 두 용어의 정의에 부합하는지 혹은 그렇지 않은지로 구분했다. 연구 결과, 사람들은 자신이 원했지만 갖지 못한 것을 누군가가 가진 상황을 언급할 때 선망이라는 단어를 분명하고 명확하게 사용한다는 것을 보여 주었다. 질투를 느낀 상황을 회상할 때 참가자들은 그들의 중요한 대인관계가 경쟁자에게 위협받고 있다고 믿는 고전적인 상황(질투)과 자신이 원하지만 갖지 못한 것을 다른 사람이 갖고 있을 때의 상황(선망) 모두를 질투 상황으로 묘사하는 경향을 보였다.

〈표 6-2〉 Smith 등(1988)의 연구에서 참가자들이 각각 다른 감정상태들을 질투와 선망에 관련지은 결과

질투	선망
의심	나아지려는 동기
거부	갈망
적개심	동경
타인을 향한 분노	열등감
상실의 공포	자기 인식
상처	자기 비판적
외도	불만족
복수하려는 욕망	낙담
분개	
앙심을 품음	
적의	
격렬함	

이는 질투와 선망이 구분되지 않는다는 것을 의미하는가? 바꿔 말하자면, 이런 연구 결과들이 의미하는 바가 두 정서 상태가 사실 동일하다는 뜻일까? 이 연구의 다른 결과들을 살펴보면 그렇지 않다. 두 가지 정서 상태를 특징짓는 감정들에 대한 평정분석은 질투와 선망이라는 두 정서 상태가 많은 세밀한 느낌들을 함께 고려할 때 분명히 구별된다는 것을 제안한다(Salovey & Rodin, 1986 참조). 〈표 6-2〉는 Smith와 동료들의 연구에 참여한 참가자들이 질투와 선망을 다른 정서를 통해 어떻게 특징 지었는지 보여 준다. 대체로 일반인들은 두 정서 상태의 차이를 보고할 때, 선망은 동경, 열등감 그리고 향상을 위한 동기부여로 특징짓는 반면, 질투는 거부나 의심 그리고 분노와 더 관계되었다. 비록 사람들은 질투라는 용어를 선망보다 더 일반적으로 사용하는 것처럼 보이지만(그리고 아마 틀리게 사용하는 것이겠지만), 일반인들은 두 정서 상태를 구별해서 느낀다고 보고한다(이는 Parrott과 Smith의 1993년도 연구 결과를 통해서도 확인된 것이다).

질투라는 단어가 실은 선망과 관련된 상황에서 사용되는 한 가지 이유는, 사람들이 선망에 내포된 도덕적 의미를 싫어하기 때문이다(Schoeck, 1969). 그래서 많은 나라와 문화에서 선망이라는 단어를 정서를 표현하기 위해 사용하는 것은 사람들에게 엄청난 혐오를 느끼게 했을지도 모른다. 왜냐하면 선망은 역사적으로 대죄로 간주되었기 때문이다(Sabini & Silver, 1982).

질투의 진화 이론

우리가 제1장에서 알게 되었듯이, 진화적 접근은 심리적 기능에 대한 다음과 같은 질문으로 시작된다. 이 종의 구성원들이 맞닥뜨린 적응적 문제가 무엇인가? 그다음 질문은 이것이다. 이러한 문제들을 해결하기 위해 이 종은 어떻게 진화하였는가? 질투를 연구할 때 중요한 사실은 생물학적인 이유로 남성이 마주한 문제와 여성이 직면한 문제가 다르다는 것이다. 중요한 차이점은 여성들이 수정과 임신을 경험한다는 것이며, 여성들은 임신 상태에서 불확실성을 마주할 경우가 절대로 없다는 것이다. 그녀들은 자신의 자식들이 누구인지 100퍼센트 확실하게 알지만, 남성들은 그렇지 않다. DNA 테스트가 없으면, 남자들은 자신이 아버지인지 장담할 수 없는 어느 정도의 불확실성을 경험한다. 그래서 남성들은 항상 바람난 아내의 남편(cuckolded)이 될 가능성을 마주해야 하며, 또는 기르는 아이가 자신의 아이가 아니라는 것을 알아차리지 못할 가능성에 직면해야 한다. 바람난 아내의 남편은 본인의 유전자를 존속시킬 수 없는 자식에게 시간과 에너지, 그리고 다른 자원들을 투자할 위험을 부담하게 된다. 이 문제는 남성에게 아내가 바람피는 것을 막는 기제를 진화시키게 된다. 이러한 기제는 사자와 같은 포유류(Bertram, 1975)와 영장류(Hrdy, 1979)에서 발견되며 특히 인간 남성에게서 발달 진화하는데, 왜냐하면 다른 포유류에 비해 인간은 자식을 낳으면 많은 자원을 투자하기 때문이다(Daly, Wilson, & Weghorst, 1982; Symons, 1979). 따라서 성적 질투는 아내가 바람피는 것을 막는 효과적인 방법이 될 수 있다.

말했듯이, 여성은 대부분 자신의 아이의 아버지가 누군지 안다(산부인과에서 우연히 아이가 바뀌는 걸 제외하고 말이다). 하지만 그들은 양육 투자와 관련한 다른 적응적 문제에 직면한다. 그 문제는 바로 시간, 자원 그리고 남성의 헌신을 유지하는 것이다. 여성이 남성의 투자를 잃을 수 있는 두 가지 상황이 있는데, ① 그가 불륜관계에 있기 때문에, 두 관계 사이에서 자원을 나눠서 사용하는 것, 또는 ② 그가 새로운 관계에 투자하기 위해서 여성과 자식을 버리고 떠나는 것이다. 두 번째 상황은 남자가 다른 배우자와 깊은 정서적 애착 관계로 발전할 때 자주 일어난다. 정서적 애착에 대한 질투의 발달은 투자를 잃을 가능성을 막는 이상적인 기제다.

질투의 진화 이론은 선험적 분석에 기반한다. 이 이론은 질투가 양육 투자를 가능하게 하는 관계를 유지시킬 수 있도록 행동을 감시하고 동기부여하는 기제로 진화했다고 주장한다. 이 이론은 질투의 성차에 대한 적어도 두 가지의 검증 가능한 가설을 제안하는데, 두 가설은 진지한 경험적 연구 대상이 되어 왔다. 하나는 성적 불륜과 정서적 불륜의 구분이고, 다른 하나는 잠재적 배우자의 짝짓기 유인가(mate value)에 초점을 맞추는 것이다.

성적 vs. 정서적 불륜 가설

진화 이론에서 발생되는 질투에 대한 하나의 가설은 **난잡한 성행위**(sexual promiscuity)를 포함한 관계의 위협은 유달리 남성이 신경 쓰는 것이며, 반면에 **정서적 애착**(emotional attachment) 같은 관계 위협은 특히 여성이 우려한다는 것이다(Daly & Wilson, 1983). 이 가설에 대한 연구로 Buss와 그의 동료들은 202명의 대학생에게 당신의 연인이 다른 사람과 성관계를 맺거나 혹은 정서적 애착을 형성한다면, 둘 중 어떤 것이 더 화가 날 것 같은지 질문했다(Buss et al., 1992). 남성들은 성적 불륜에 화가 날 것이라고 더 많이 응답하였고, 여성들은 정서적 애착을 형성했을 때 가장 화날 것이라고 응답했다.

두 번째 연구에서 참가자들은 다음과 같은 세 가지 장면을 상상하라고 지시받았다.

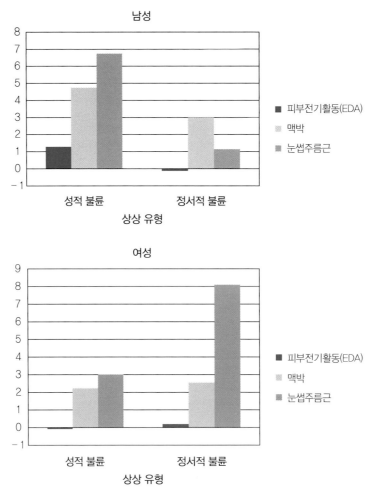

[그림 6-4] 두 가지 상상 조건 동안 관찰된 생리적 측정치들의 평균[피부전기활동(EDA), 맥박 그리고 EMG로
측정한 눈썹주름근의 수축]
출처: Buss et al. (1992).

중립적인 정서로 교실로 걸어가는 상황, 그들의 파트너가 다른 사람과 성교를 맺은 상
황, 그리고 그들의 파트너가 다른 사람과 사랑에 빠지고 강한 정서적 애착을 형성하는
상황이었다. 각 장면을 상상하는 동안 참가자들의 이마(**눈썹주름근**)에서 피부전기활동
과 맥박 그리고 근전도를 측정해서 얼마나 각성되는지 알아보고자 하였다. [그림 6-4]
에 제시되어 있듯이, 두 질투 장면에서 차이가 없었던 여성의 맥박 수를 제외하면, 남
자들은 성교 상황에 더 많은 신체 반응을 보인 반면, 여성은 정서적 애착 상황에 더 반
응을 보였다. 더 나아가 이 결과는 남성이 성적 경쟁자에게 더 위협을 느끼고, 여성은
정서적 애착을 경쟁할 때 더 위협을 느낀다는 증거가 될 수 있다.

이 놀라운 발견에 비판이 없지는 않다. DeSteno와 Salovey는 질투가 일어나는 상황에 왜 성차가 있는지를 설명하기 위해 '더블샷(double-shot)' 가설을 제안하고 강제선택(forced-choice) 질문지를 사용하여 연구하였다(예: 성적 불륜과 정서적 불륜 중에 어떤 것이 너를 더 괴롭게 하는가?). DeSteno와 Salovey(1996a)의 연구에서 여성들은 대부분 그들의 파트너가 정서적 불륜을 저지른다는 것이 성적 불륜을 함축하고 있다고 믿지만, 성적 불륜이 반드시 정서적 불륜을 의미하는 것은 아니라고 믿었다. 반면에 남자들은 그러한 믿음을 갖고 있지 않았다(즉, 그들은 여성이 성관계 없이도 정서적 불륜을 할 수 있을 것이라 믿었다). 더 나아가 그들은 질투의 성차가 근본적으로 생물학적인 성에 의한 것이 아니라 이와 같이 각기 다른 믿음 때문에 생기는 것이라고 주장하였다. 비록 여성은 불륜의 두 가지 종류가 모두 정신적인 고통의 원인이 된다고 보고하였지만, 정서적 불륜은 불륜의 더블샷에 맞는 것을 함축하고 있기 때문에 정서적 불륜이 더욱 고통스러운 것이라 선택했다(DeSteno & Salovey, 1996a). 이러한 발견과 해석은 두 가지 입장으로 나뉘어 이에 대한 증거들을 바탕으로 활발한 논의가 이루어지고 있다(예: Buss et al., 1999; DeSteno et al., 2002; Harris & Christenfeld, 1996).

Harris(2002, 2003)의 연구도 정서적 불륜과 성적 불륜의 질투 성차에 대한 설명을 시도하였다. Harris는 많은 남성이 여성들에 비하여 정서적 불륜보다 성적 불륜에 더 질투를 느낀다는 연구들을 다시 검증하고자 하였다. 과거 연구들의 결과는 가상 상황에 대하여 강제선택 질문으로 연구했다는 한계가 있었는데, 실제 그들의 불륜 경험에 대해 질문했을 때는 이 효과가 사라졌다. 이 연구는 이성애자와 동성애자 모두에 대한 결과였다(Harris, 2002). 더욱이, 과거 연구 분야에서 사용된 가정적 상황들을 살짝 수정하였을 때, 진화적 예측과는 반대되는 결과가 나왔다(Harris, 2003). 예를 들어, Harris가 참가자들에게 한때 발생했던 불륜에 대해 상상하라고 지시했을 때, Harris는 여성과 남성 모두 정서적 불륜에 더 화가 난다는 것을 발견했다. 이는 더블샷 가설에 반한 결과였다.

관계에 대한 경쟁자의 특징

다른 연구에서는 남성이 질투하는 대상이 여성이 경쟁 대상으로 삼는 사람과 매우 다르다는 가설을 검증하였다. 진화 이론에 따르면, 남성들은 배우자와 자식에게 제공할 많은 자원이 있을 때, 높은 짝짓기 유인가(mate value)를 가진다. 반대로 여성들은 임신할 수 있고, 많은 건강한 자식을 낳을 수 있을 때 높은 짝짓기 유인가를 갖는다. 남성

의 짝짓기 유인가가 암시하는 것은 남성들에게는 신체적 힘과 자원을 획득할 능력을
갖춘 사람이 질투할 대상이 된다는 것이다(예를 들어, 지위와 재력으로 대표될 수 있다).
이에 반해, 여성들은 대부분 젊음과 아름다움처럼 수태 능력을 뽐내는 다른 여성에게
질투를 느낄 것이다(Buss, 1989; Buss et al., 2000).

이 가설은 Dijkstra와 Buunk(2002)의 연구로 지지할 수 있다. 이 연구에서 참가자들
은 질투를 유발할 수 있는 56가지의 특징들에 대해 평가했다. 참가자들은 만약 자신의
배우자가 어떤 특징을 갖고 있는 사람에게 관심을 받는 모습을 본다면 얼마나 질투를

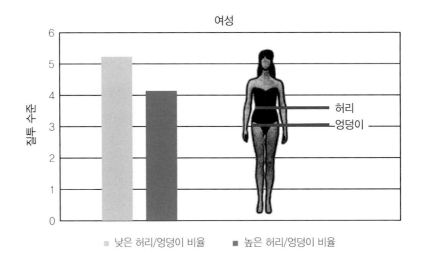

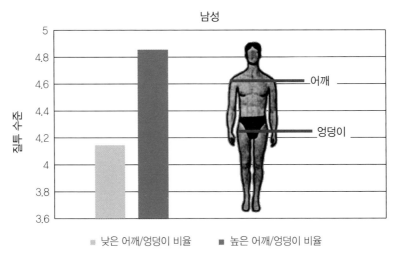

[그림 6-5] 여성 경쟁자의 허리/엉덩이 비율과 남성 경쟁자의 어깨/엉덩이 비율에 따른 질투. 표준오차는 모
든 평가에서 거의 같았고, 0.26과 0.29 사이의 변산이 있었다.

출처: Dijkstra & Buunk (2001).

느낄지 질문받았다. 질투를 유발하는 경쟁자의 주요 특징에는 다섯 가지가 있었다. 사회적 지배, 신체적 매력, 매혹적인 행동, 그리고 사회적 지위였다. 남성들은 경쟁자가 높은 사회적 지배, 신체적 우세, 그리고 사회적 지위를 갖고 있을 때 더 질투를 느낀다고 보고하였다. 대조적으로 여성들은 경쟁자가 가진 신체적 매력도가 더 높을 때 더 질투를 느낀다고 응답하였다. 다른 많은 문화에 걸쳐 유사한 연구 결과들이 얻어지고 있으며(Buss et al., 2000), 심지어 체격 측면에서는 여성의 짝짓기 유인가보다 특히 남성의 짝짓기 유인가와 더 관계 있었다(Dijkstra & Buunk, 2001). 예를 들어, 남성의 경우 어깨 대 엉덩이 비율이 높은 것(넓은 어깨와 좁은 엉덩이)이 신체적 성공과 관련이 있었고, 여성의 경우 허리 대 엉덩이 비율이 낮은 것(좁은 허리와 넓은 엉덩이)이 수태능력과 관련이 있었다. 짝짓기 유인가로 예상할 수 있듯이, 연구들은 여성이 낮은 허리/엉덩이 비율을 가진 경쟁자(높은 비율에 비하여)를 더 질투하고, 남성들은 높은 어깨/엉덩이 비율을 가진 경쟁자(낮은 비율에 비하여)를 더 질투한다는 것을 보여 준다([그림 6-5]를 보라).

질투의 자기평가 유지 모형

질투의 자기평가 유지 모형을 이해하기 위해서, 우리는 반드시 이것의 근거에 대해 먼저 검토해야 한다. Tesser(1988)는 일반적인 자기평가 유지 모형(self-evaluation maintenance model: SEM model)을 사람들이 어떻게 자신의 긍정적인 평가를 유지하려고 하는지 탐색하는 방법으로 제안하였다. Tesser가 특별히 질투를 탐구하려고 한 것은 아니었으나 후속 연구자들은 어떤 경쟁자가 한 개인의 중요한 심리적 영역에서 자기평가를 위협하는 정도를 질투의 주요 결정요인으로 이론화하였다(DeSteno & Salovey, 1995, 1996b; Salovey, 1991; Salovey & Rothman, 1991). Tesser의 일반 이론은 자기에 대한 긍정 평가를 유지하는 대부분의 활동이 자신과 유사한 사람과의 사회적 상호작용에서 발생한다고 가정한다. 즉, 우리는 완전히 다른 외국 문화에서 오거나, 세대 차이가 나거나, 또는 특이한 사회적 지위를 가진(예: 전임 대통령들과 외국의 왕족들은 우리의 자기평가와 아주 작은 관련이 있다) 사람들과 우리 자신을 비교하지는 않는다.

자기평가 유지 모형에서 중요한 두 가지 사회적 상호작용은 반영 과정(reflective process)과 비교 과정(comparison process)이다. 두 과정은 우리가 자신보다 더 우월한 사람에게 노출될 때 발생한다(질투에 가장 중요하다). 반영은 가까운 사람이 우리의 자기개념을 위협하지 않으면서 우리보다 뛰어날 때 일어난다. 이때 우리는 타인의 성취나 우수함으로 인한 후광을 누리고, 스스로를 대단하게 여긴다(Cialdini et al., 1976). 하지만 나의 자기개념에 아주 중요한 영역에서 가까운 이가 나보다 더 성공하거나 우수한 상황도 있다. 이 상황에서 우리는 대부분 비교 과정을 하게 되고, 자신에 대해 형편없게 느낀다. 예를 들어, 당신의 오빠나 언니가 학교에서 좋은 성적을 받았다면, 학문적 성취가 매우 중요한 당신은 상대적으로 낮은 성적을 받은 것에 대해 무능하다고 느낄 수 있다. 반영은 전혀 일어나지 않고 오직 야박한 비교가 당신 자신에 대한 긍정적인 정서를 유지할 수 없도록 만든다.

비교할 때 무엇이 사람들을 기분 나쁘게 만들까? 사람들은 자기평가를 긍정적으로 유지하고 싶은 욕구가 있기 때문에, 야박한 비교로 야기되는 부정적인 정서는 어떤 방식으로든 자기평가를 향상시키려는 행동을 하게끔 한다. 이러한 행동에는 가까운 사람과의 관계에서 거리를 두는 행동도 포함된다(예: Tesser & Campbell, 1982). 타인에 대한 생각을 왜곡해서 상대방을 자기보다 더 나쁘게 보는 것(예: Tesser & Campbell, 1982), 자신에 대한 생각을 왜곡시켜서 자신이 타인보다 더 낫다고 보는 것(예: Salovey & Rodin, 1988; Tesser, Campbell, & Smith, 1984), 또는 가까운 사람의 성공적인 수행을 어떤 방식으로든 폄하하는 것이다(예: Tesser & Smith, 1980). 이 모든 행동은 자기에 대한 긍정적인 평가를 회복하는 데 도움을 준다.

자기평가 유지 모형은 많은 인간의 행동을 설명하는 데 사용될 수 있다. 하지만 우리의 목적은 자기평가 유지를 이해함으로써 질투를 더 잘 이해하는 데 있다. 자기평가 유지 모형의 관점에서 우리가 살펴본 내용 중 하나는 질투가 양자택일해야 하는 상태는 아니라는 것이다. 즉, 사람들은 질투를 다른 정도로 느끼며, 그 강도는 그들이 지각하는 위협의 정도에 달려 있다(Bringle, 1991). 자신을 규정하는 제일 중요한 영역에서 경쟁자가 뛰어나게 잘하면, 개인은 경쟁자에 의해 가장 격렬한 위협을 느낄 것이고, 그에 따라 경쟁자에게 가장 큰 질투를 느낄 것이다(Salovey, 1991; Salovey & Rothman, 1991). 그래서 질투는 오히려 경쟁자와 객관적인 비교보다 경쟁자와 자신을 비교하는 만큼 혹은 그 이상으로 결정된다.

가장 강한 질투는 경쟁자가 자기 개념의 중요한 영역에서 더 뛰어나게 잘할 때 경험하게 될 것이라는 가설을 검증하기 위해서, DeSteno와 Salovey(1996a)는 실험참가자들의 자기개념(self-concept)에 중요한 지능, 운동신경, 인기의 정도를 평가하였다. 그리고 참가자들은 시나리오를 읽었는데, 그들의 배우자가 이성의 누군가로부터 추파받는 내용이었다. 각 시나리오에서 경쟁자는 관심 있는 세 가지 영역 중 한 가지가 더 뛰어나다고 묘사되어 있었다. 그리고 나서 참가자들은 만약 당신의 배우자가 그 특별한 경쟁자에게 추파를 받는다면, 얼마나 질투를 느낄지 평가하였다.

각자의 자기개념에 특히 중요한 영역에서 뛰어난 경쟁자에게 배우자가 추파를 받는 상황이면, 사람들은 훨씬 더 질투를 느꼈다. 두 번째 연구에서 DeSteno와 Salovey는 질투가 유발되는 상황이 일어나지 않았을 때, 각 경쟁자를 어느 정도로 좋아했을 것 같은지 물어보았다. 추파를 던지는 상황을 제외하면, 참가자들은 실제로 자기개념에 중요한 영역에서 뛰어난 경쟁자를 좋아하였다. 이것은 놀랍지 않을지도 모르는데, 종종 유사함은 호감을 예측하기 때문이다(예: Stroebe et al., 1971).

질투의 기능

이렇게 계속 신경 쓰이고 고통스러운 질투의 기능은 무엇일까? 어떤 기능이 있긴 할까? 물론 우리의 주의를 끄는 중요한 경쟁자가 있다는 걸 눈치챘을 때, 우리의 관계는 손상을 입을 수도 있다. 왜냐하면 아주 극단적인 경우에는 우리의 질투가 아주 파괴적인 방식으로 작동하기도 하기 때문이다. 하지만 많은 사람이 강조하듯이, 약간의 질투는 관계에 좋을 수도 있다. 왜냐고? 질투는 서로에게 관계의 중요성을 생각하게 하고, 보상의 원인이 되며, 관계의 향상을 일으키기도 하기 때문이다(Buss, 2000). 이러한 기본적인 효과는 심지어 영아에게서도 나타난다. 영아들은 엄마와의 관계가 경쟁자로 인해 위협받는다고 느낄 때, 아이들의 주의는 끊임없이 엄마에게로 향하며 그녀에게 가깝게 다가가려고 시도한다(Hart et al., 2004).

요약하면, 선망과 질투 같은 사회비교 정서는 비록 더 나은 정도 혹은 더 별로인 정도를 비교하는 것을 포함하기에 고통스러울지도 모르지만, 두 정서는 더 좋은 결과를 만들 수 있음을 암시하거나, 더 높은 성과나 성취의 기준을 새롭게 설정하게 하도록 함으로써 우리 자신과 우리의 관계들을 개선시키도록 이끈다.

📓 요약

- 자의식 정서는 자아감 형성에 관련된 인지능력과 자기성찰 및 자기평가에 의존한다. 이 중 몇 가지 정서는 한편으로는 규범, 도덕, 이상적인 상황을 비교하는 능력을 요구하며, 다른 한편으로는 자신이 관련된 실제 경험과 행동을 비교하는 능력을 요구한다.

- 자신의 행동을 용납될 수 없는 행동이라 여길 때 경험하게 되는 부정적인 자기평가는 죄책감이며, 반면에 자신을 나쁘거나 가치 없다고 여길 때 생겨나는 부정적인 자기평가는 수치심이다.

- 당혹감은 수치심과 구별되는데, 당혹감은 자기 전체보다는 겉으로 드러난 자기가 주목받는 상황에서 사회적 어색함과 다른 사람이 보기에 자존감에 상처를 받은 것으로 보일 때 일어나는 당황스럽고 굴욕적인 느낌을 말한다.

- 자부심과 오만은 긍정적인 자기평가로 일어난다. 자부심은 어떤 일을 잘 마쳤다는 경험과 관련되며, 오만은 자기도취적인 전반적인 자기만족이 원인이 된다.

- 자기평가 정서는 자신과 다른 사람의 특성들을 비교하는 능력으로부터 출현한다. 그로 인한 정서는 상황적 요인에 따라 다르지만, 선망이나 질투가 해당된다. 선망은 오직 두 사람만 포함되지만, 질투에는 세 사람이 관여한다.

- 이 정서들도 긍정적인 기능이 있는데, 특히 사회적 관계에 긍정적인 기능이 있다. 질투는 중요한 관계에 더 노력이 필요하다는 신호가 될 수 있으며, 죄책감은 특별한 상황에서 사람들로 하여금 변상을 하게 하고, 앞으로 도덕적 실수를 피하도록 할 수 있다. 무해한 선망은 경쟁을 부추기거나 스스로 더 나은 사람이 되도록 노력하는 동기를 부여할 수 있다. 비록 많은 자의식 정서들이 고통스러울 수 있더라도 복잡한 사회 시스템에서 장기적으로 원활하게 기능하기 위해서 필수적일 수 있다.

▶ 학습 링크

1. 자의식정서 연구의 전문가인 Jessica Tracy 박사와의 인터뷰
   https://www.youtube.com/watch?v=N9YKsv_ukTQ

2. 영장류 심리학에 대한 TED 강연을 보라. Laurie Santos 박사의 질투 분석이 포함되어 있다.
   https://www.ted.com/speakers/laurie_santos

3. 쑥스러운 상황에 대한 애니메이션
   https://www.youtube.com/watch?v=B4NfStkDz50

제7장
행복

Psychology
of Emotion

행복의 표상들은 우리 주변에 널려 있다. 휴대전화에는 웃는 얼굴과 긍정적이고, 열광하고, 만족하는 이모티콘들이 저장되어 있다. 잡지 표지 속에서 웃으며 우리를 바라보는 모델들, TV 게임쇼에서 유명인들이 상금을 탔을 때 기쁨으로 펄쩍펄쩍 뛰는 장면까지 매우 다양하다.

대중문화에 만연해 있는 행복에 대한 표상들을 미루어 봤을 때, 우리의 판단을 설명하는 이유로 행복을 든다는 것이 놀랍지 않다. 예를 들어, 당신은 애완견을 기르는 이유에 대해 그 애완견이 당신을 행복하게 해 주기 때문이라고 설명할지 모른다. 당신은 행복에 대한 관념으로 밤에 슬픈 영화를 보러 가는 것을 거부할 수도 있고(그건 당신을 행복하지 않게 하므로), 지루한 일을 줄일 수도 있다(충분히 즐겁지 않으므로).

어떤 사람들은 현대 사회에서 행복이 일종의 강박이 되었다고 말한다: 너무 많이 이야기되고, 무조건 추구하며, 또 행복하지 못해서 걱정한다. 왜 사람들은 행복에 집착할까? 행복이 기분을 좋게 하고, 그 자체로도 좋은 것이기 때문에 행복하려고 노력하는 것일까? 혹은 행복과 연관된 큰 이득이 있기 때문일까? 세상 사람들이 행복에 관심을 두는 이유 중 하나는 행복이 긍정적인 결과와 관련된 긍정적인 감정이기 때문일 것이다. 우리가 앞으로 보게 되겠지만, 행복한 사람일수록 더 건강하고, 더 생산적이며, 다른 사람에게 더 매력적인 경향이 있다. 이 장에서 우리는 행복이 무엇인지 먼저 설명하고, 그다음에 행복의 이점을 정리할 것이다. 그리고 우리는 사람들이 왜 그리고 어떻게 자신의 행복을 예측하고, 행복해지는 데 어려움을 겪는지 논의할 것이다. 마지막으로 행복의 원인을 탐색할 것인데, 자신의 생활 환경과 자신의 세부적인 일상 활동에서 자기 자신과 세상에 대해 행복을 느끼는 유전적 소인이 있다는 연구도 소개할 것이다.

행복이란

최근 온라인 기사 헤드라인을 보면, '소셜미디어가 우리를 행복하게 할 수 있나?' 또는 '직장에서 행복할 수 있는 16가지 방법' 등과 같은 것이 눈에 띈다. 이 헤드라인의 의미를 이해하기 위해서도 행복의 정의가 필요하다. 이 주제에 대해 생각할 때, 행복에 대해 오랫동안 연구해 온 학자 Martin Seligman(2004)은 이렇게 말했다. "어떤 철학적 물음보다 행복을 정의하기 위해 기록된 말들이 더 많다."(p. 15) 그럼에도 행복이 잘 지낸다는 느낌과 관련된 긍정적인 정서를 갖는 것을 의미한다는 것에 과학적 합의가 있는 것처럼 보인다. 예를 들어, Veenhoven(2000)은 행복을 "자신의 현재 삶 전체의 전반적인 질을 긍정적으로 평가하는 정도"(p. 267)라고 정의하였다. 더욱 정량적인 방법으로, Linley와 Joseph(2004)은 행복을 다음과 같이 정의한다.

삶의 만족도 총합(삶 전체의 긍정적인 평가) + 긍정적인 감정(주어진 기간 내에 경험한 긍정적인 정서)−부정적인 감정(주어진 시간 내에 경험한 부정적인 정서)(p. 32)

두 정의에 내포된 관점은 자신이 세상에서 어떻게 살고 있는가에 대한 객관적인 평가로 행복이 정의되는 것이 아니라 주관적인 평가에 기초한다는 것이다. 그래서 행복은 심리학 문헌에서 종종 주관적 안녕감(subejctive well-being: SWB)으로 불린다.

이 장에서 우리는 Lyubomirsky, King, 그리고 Diener(2005)의 행복에 대한 자기보고가 자신이 일상에서 경험하는 긍정적인 정서의 정도에서 유래된다는 주장을 지지할 것이다. 다시 말해, 사람들이 자신이 '행복하다'고 말하는 이유는 그들이 많은 시간을 긍정적인 상태로 보내고 있기 때문이다. 그들은 일상을 즐겁게 보내고 있다. 그래서 만약 당신이 행복하다고 말한다면 당신은 대부분 긍정적인 감정을 경험하고 있다는 것을 인식하고 있는 것이다.

주의할 것은 행복이 삶의 문제들에 관여하고 그것을 잘 다룰 수 있다고 지각하는 심리적 안녕감(psychological well-being)과 구별된다는 것이다(Keyes, Shmotkin, & Ryff, 2002, p. 1007). 심리적, 주관적이라는 두 가지 종류의 안녕감은 구별되지만, 두 안녕감에 대한 연구는 가끔 중첩된다(Ryan & Deci, 2001; Waterman, 1993). 두 안녕감은 고대 그리스 철학에 뿌리를 두고 있는데, 바로 쾌락주의(hedonism, 헤도니즘)와 에우다이모니아(eudaimonia 또는 행복)에 대한 철학적 전통들이다([그림 7–1] 참조).

쾌락주의(hedonism)는 주관적 안녕감과 연관되어 있다. 헤도니즘에 대한 철학은 아리스티푸스(Aristippus)가 처음으로 제시하였지만, 에피쿠로스(Epicurus)가 가장 많이 언급된다. 쾌락주의 전통에 따르면 행복은 찰나의 즐거움의 총합인데, 에피쿠로스는 그 관념을 확대하여 행복은 찰나의 즐거움에 삶 전반의 즐거움을 합한 것이라고 주장하였다. 이건 Diener(2006)의 삶의 만족도란 개념과도 유사하며, Kahneman 등(2010)의 최근 이론인 쾌락적 행복 이론과도 비슷하다.

심리적 안녕감에 대해 조사한 연구는 에우다이모니아라는 철학적 전통에 뿌리를 두

[그림 7-1] 아리스토텔레스(Aristotle, 왼쪽)와 에피쿠로스(Epicurus, 오른쪽)는 행복에 관해서 서로 약간 다른 생각에 사로잡혀 있었다. 아리스토텔레스는 에우다이모니아라는 자아실현(self-realization)과 유사한 관념을 발전시킨 반면에, 에피쿠로스는 대학생들에게 친숙할 쾌락주의라는 관념과 연관된다.

고 있는데, 에우다이모니아(eudaimonia)[1]는 개인의 신성(daimon) 또는 참된 자기의 실현(true self)과 관련이 있다. 아리스토텔레스에 따르면, 에우다이모니아는 우리의 가치, 충만함과 의미를 표출하는 도덕적인 활동을 통해 길러진 자아실현 상태로 심리적 안녕감이라는 현대적 개념과 유사하다.

Kahneman(2011)은 행복이라는 개념을 경험하는 행복과 기억하는 행복으로 나누었다. 그는 우리 각자는 삶의 질을 경험하는 자아와, 누가 물었을 때 그것을 보고하는 자아, 이 두가지를 통해 구성된다고 주장했다. Kahneman에 따르면, 경험하는 자아(experiencing self)는 찰나에 존재하며 현재 삶의 작은 요소들 때문에 행복을 느끼는 자아다. 기억하는 자아(remembering self)는 한 개인이 과거 삶에서부터 쌓아 온 것을 포함해서 자신의 삶에 대한 이야기를 구성하고, 그 이야기에 대해 점수를 주고 행복해하는 자아다. 경험하는 자아와 기억하는 자아의 구별을 이해하기 위해서, 병원에 간 상황을 상상해 보자. 의사는 당신에게 이렇게 물을 것이다. "여기를 누르면 아픈가요?" 경험

---

1) 역자 주: Eudaimonia는 그리스어로 행복을 뜻한다. Eu: 잘 + Daimon: 신성 = good-blessed라는 뜻을 담고 있다.

하는 자아가 그 순간에 무언가를 느끼고 압박이 있었을 때의 고통을 보고할 것이다. 의사는 또한 이렇게 물을 것이다. "지금까지 어떻게 지냈나요?" 이 경우에 당신은 기억하는 자아를 끌어내어 당신 삶의 최근 과거에 접속하고, 전반적인 수준을 평가할 것이다. "꽤 괜찮게 지냈어요."

경험하는 자아와 기억하는 자아를 구별할 수 있는 또 다른 예는 부모가 된 경험을 보고하는 것에서 찾을 수 있다. 예를 들어, 많은 연구는 엄마들이 부모가 되기 전보다 더 부정적인 정서를 경험하며, 긍정적인 정서는 잘 경험하지 못한다고 보고했는데(Hansen, 2012; White & Dolan, 2009; Deaton & Stone, 2014 참조), 이것은 육아로 인한 희생과 걱정, 스트레스와 피로가 생기기 때문일 것이다. 하지만 자신의 전반적인 삶을 평가할 때, 부모들은 매우 빈번하게 아이를 기르는 것이 삶에서 얻을 수 있는 가장 높은 만족감을 준다고 보고한다. 이것은 경험하는 자아가 개별적인 순간을 높은 행복이라고 평가하지 않더라도, 기억하는 자아가 훨씬 더 긍정적으로 다른 평가를 내릴 수 있다는 것을 뜻한다.

이러한 차이를 명심하고, 당신이 다음 파티에 갔을 때나 다른 나라로 여행을 갔을 때, 혹은 친구와 해변에 누워 있을 때 스스로 이렇게 질문해 보라. "내가 지금 기억하는 자아를 위해 이걸 하고 있는 걸까? 혹은 경험하는 자아를 위해서일까?" 만약 애초의 동기가 소셜미디어에 게시할 수 있는 사진을 찍는 것이었다면, 당신은 기억하는 자아를 위해 하는 것이다. 혹시 당신이 지금 순간의 즐거움에 빠져 있다면, 당신은 경험하는 자아를 위해 그 행동을 한 것이다.

행복이 하는 일

기분 좋은 것을 넘어 행복하다는 것은 두터운 이익이 있다. 수십 년 동안 행복에 대한 연구들은 행복과 긍정적인 결과물에 대한 상관 관계들을 보고하였다. 성공(좋은 직업을 갖는 것, 돈을 버는 것), 사랑(친밀하고 충만한 관계를 갖는 것), 그리고 건강한 마음과 신체적 건강이 그런 것들이다. 이러한 상관관계는 아마 당신에게 성공, 사랑, 건강이 사람들을 진짜로 행복하게 한다고 생각하게 했을 것이다. 게다가 어느 정도는 인과적 해석을 뒷받침하기도 한다. 하지만 이러한 연구는 정반대의 생각 또한 지지하는데, 즉 행복이 성공, 사랑 그리고 건강을 야기한다는 것이다. 더 나아가, 행복이 성공, 사랑,

건강에 미치는 효과가 성공, 사랑, 건강이 행복에 미치는 영향보다 강하다는 것을 보여
준다. 행복과 여러 이익의 상관관계를 넘어서, Lyubomirsky와 동료들(2005)은 종단연
구(행복감을 성공, 사랑, 건강에 대한 결과가 나오기 훨씬 미리 측정)와 실험 연구(행복한 느
낌을 직접 조작)를 살펴보았다. 실험 연구가 중요한 이유는 인과적 결론의 도출을 가능
하게 하기 때문이다. 그 결과, 행복이 확실히 성공, 사랑, 그리고 좋은 건강의 원인이 된
다는 것을 보여 주었다.

　　인과적 해석에 대한 증거로서, Roberts, Caspi, 그리고 Moffitt(2003)는 종단연구를 실
시했는데, 그 결과 18세 때의 긍정적인 감정이 26세 때의 더 나은 업무 성과를 예측한
다는 것을 보여 줬다. 예를 들어, 18세 때 더 행복했던 참가자일수록, 8년 뒤에 더 훌륭
한 재정적 독립과 업무의 자율성을 성취하였다. 행복은 다른 유형의 업무 관련 성취와
도 연관되었는데, 예를 들어 더 나은 직업수행을 보였고 그리고 업무 중 소진(burnout)
되는 정도가 낮았다(Staw & Barsade, 1993). 사랑의 영역에서는 행복과 결혼에 관한 종
단 연구들은 보다 행복한 싱글이 몇 년 안에 결혼할 확률이 높음을 지속적으로 보여
주었다(Lucas et al., 2003; Marks & Fleming, 1999). 그리고 행복한 사람은 노년에 건강
상태가 양호한 범위에 속했는데, 건강과 관련된 이상증상들을 잘 겪지 않고(Graham,
Eggers, & Sukhtankar, 2004), 뇌졸중 발병률이 낮았다(Ostir, Markides, Peek, & Goodwin,
2001). 따라서 행복한 사람일수록 더 오래 살았다(Danner, Snowdon, & Friesen, 2001). 행
복과 건강 간의 관계는 세계 전역에서 계속 연구되어 오고 있다(Pressman, Gallagher, &
Lopez, 2013).

행복은 어떻게 그 일을 할까

　　과학자들이 두 변인 간의 관계를 연구할 때, 그들은 두 변인이 어떻게 관련되었는지
(즉, 인과의 방향) 알고 싶어 하는 것뿐만 아니라, 둘의 관계가 어디서 출현했는지도 알
고 싶어 한다. 심리학에서 현상이 어떻게 일어나는지를 연구할 때, 우리는 어떤 현상의
기제(mechanism)를 연구한다고 말한다. 행복이 어떻게 성공, 사랑, 건강의 원인이 되는
지 검증할 때, 과학자들은 최소한 세 가지 기제를 제안하였다.

　　첫 번째 기제는 제4장에서 논의한 확장-구축 모형(broaden-and-build model)에 의지
한다. 이 모형에 따르면 행복과 다른 긍정적인 감정들은 환경 속에 존재하는 모든 것이

안전하다고 유기체에게 신호를 보낸다. 이 안전하다는 신호는 사람들로 하여금 주변을 탐색하고, 배우고, 심지어 창의적인 생각까지 촉발시켜 그 결과 자신의 지식과 행동의 레퍼토리를 확장시킬 수 있다(Fredrickson, 2001). 이렇게 행복한 동안 이뤄지는 자원의 축적은 일과 관계에서 성공을 얻는 것과 연관된다.

두 번째 기제는 사람들이 행복할 때 타인에게 그걸 알리는 신호, 즉 웃음(Whalen et al., 1998)이나 심지어 냄새(de Groot et al., 2015) 같은 것들과 관계가 있다. 이 신호들은 타인의 뇌에 있는 보상 중추(reward centers)를 자극하고 그들도 행복하게 만든다. 행복한 사람 주변에 있는 것이 기분 좋으므로, 행복한 사람일수록 더 성공적으로 매력적인 짝을 만나고, 관계를 유지하며, 다른 사람과 더 잘 일할 것이다.

마지막 기제는 행복과 건강 간의 관계를 가장 잘 설명해 주는 것으로 행복의 생리적 측면과 관련된다. 행복한 상태는 좋은 호르몬, 즉 회복력 있고 건강한 신체 조건을 만들어 주는 생화화적 물질을 방출시킨다(Fredrickson, 2009; Steptoe, Wardle, & Marmot, 2005; Wager, Scott, & Zubieta, 2007).

당신은 행복의 이점에 대해 어느 정도 알고 있기 때문에, 아마도 인생에서 행복을 찾을 준비가 되어 있을 것이다. 그런데 문제는 당신을 포함한 대부분의 사람은 실제로 무엇이 자신을 행복하게 하는지 잘 모른다는 사실이다.

당신을 행복하게 만드는 것이 무엇인지 정말로 알고 있는가

당신은 아마도 친구의 선택에 눈동자를 굴리며 이렇게 생각할지도 모른다. '그녀는 자신을 속이고 있어. 그건 그녀를 행복하게 만들지 않을 거야.' 하지만 당신은 한 번이라도 그 생각을 멈추고, 당신의 친구도 당신의 선택에 대해 똑같이 생각할지도 모른다는 의문을 가져 본 적 있는가? 당신은 무엇이 당신을 행복하게 만드는지 정말로 알고 있는가? 당신은 아마도 그렇다고 생각할 것이다. 하지만 과학에서 자주 발견되는 사례처럼, 이 모든 이야기는 당신이 생각한 것보다 훨씬 복잡하다.

많은 사람이 고려하는 행복의 확실한 두 가지 차원을 고려해 보자: 엄청나게 많은 돈을 갖는 것과 쾌청한 기후에 사는 것. 돈과 햇살이 개인을 행복하게 하는 것은 직관적으로 명백해 보인다. 다시 말해, 우리의 직관은 다음과 같이 말해 주고 있다.

- 돈 → 행복
- 햇살 → 행복

하지만 우리가 이 관계를 가까이 들여다보면, 우리는 무엇이 우리를 행복하게 하는 가에 대한 직관이 항상 과학적으로 지지되지 않는다는 것을 알 수 있다. 비록 '돈으로 행복을 살 수 없다'라는 속담이 있긴 하지만, 사람들의 행동이 보여 주는 것은 그 속담을 믿지 않는다는 것이다. 대부분의 사람은 마치 돈으로 행복을 살 수 있다고 확신하며 행동한다. 그들은 더 많은 돈을 벌기 위해 더 많은 시간 일하고, 확률을 무시하고 복권을 산다.

현실은 [그림 7-2]에 그래프로 표현되어 있다. 행복은 초기에 수입이 증가함에 따라 함께 증가하지만, 이 관계는 한 가구당 소득이 약 75,000달러(약 8천만 원)인 지점부터 약화된다. 즉, 75,000달러 이상 수입이 증가하는 것은 인생에 긍정적인 감정을 더 유의하게 증가시켜 주지 않는다. 또는 75,000달러 이상 버는 것이 슬픔, 스트레스 혹은 걱정과 같은 부정적인 감정도 없애 주지는 않는다.

행복에 대한 돈의 약한 긍정적 효과를 보여 주는 또 다른 사례가 여기 있다: 지난 50년 동안 개인의 평균 수입은 3배로 뛰었지만, 같은 시기 동안 설문 조사에서 나타난 행복에 대한 평가 수준은 변하지 않았다는 점이다. 이 변하지 않는 관계는 전 세계에서 관찰되는데(Easteriln et al., 2010), 이것이 시사하는 바는 기본적인 욕구가 충족되고 나면 수입이나 물질적인 것의 증가가 한 사람의 인생에서 긍정적인 감정의 우세를 필수

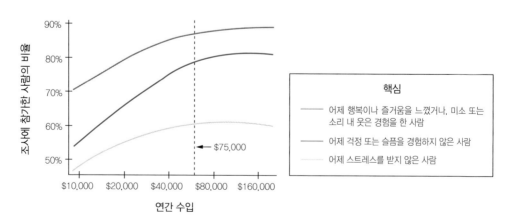

[그림 7-2] 약 75,000달러 이상 수입의 증가는 행복의 증가 또는 스트레스나 걱정의 감소와는 상관이 없다.
출처: Kahneman & Deaton (2010).

적으로 증가시키지는 않는다는 것이다. 이것들은 모두 돈으로 살 수 있는 것은 무엇인가라는 질문으로 귀결된다. 만약 돈으로 안전을 살 수 있고, 교육을 통해 당신의 인생을 더 의미 있게 만들 기회를 살 수 있게 해 준다면, 돈은 아마도 행복의 수단이 될 수 있을 것이다.

그럼 쾌청한 기후에 사는 것이 당신을 행복하게 만들 것이라는 생각을 고려해 보자. 많은 과학자는 날씨가 기분에 직접 영향을 준다는 가설을 검증해 보았는데, 대부분 효과가 적거나 전혀 효과가 없다고 보고했다. 결국 미시간(Michigan)에 사는 사람들이나 애리조나(Arizona)에 사는 사람들이나 비슷하게 행복하다고 밝혀졌다(Keller et al., 2005). 하지만 햇살의 양이 긍정적인 감정과 상관이 있다는 것은 사실인데, 즉 더 많은 햇살이 긍정적인 기분을 야기한다(Kööts, Realo, & Allik, 2011). 이것은 긍정적 기분과 관계되는 신경화학물질인 세로토닌(serotonin)의 분비가 빛의 증가에 따라 같이 증가하기 때문이다(Lambert et al., 2002). 날씨의 영향은 그 날씨에 야외에서 충분한 시간을 보내는 사람에게만 해당된다는 보고도 있다(Keller et al., 2005; Kööts et al., 2011). 물론 날씨의 간접적인 효과도 있을 수 있는데, 예를 들어 사람들은 날씨가 좋을 때 소셜미디어에 날씨에 대해 글을 적을 수 있기 때문에 아마도 기분이 더 좋을 수도 있다.

연구들은 무엇이 우리를 행복하게 하는가에 대한 우리의 신념과 실제로 우리를 행복하게 하는 것 사이에 많은 차이가 있음을 보고해 왔다. 무엇이 잘못된 것일까? 왜 우리의 예측이나 신념이 맞지 않는 걸까? 다음 단락에서 우리가 행복을 예측하고 통제하는 것에 대해 어떤 한계가 있는지 살펴보고, 행복의 원인에 대해 과학이 밝혀낸 것들을 요약하면서 결론을 내리고자 한다.

정서 예측

우리는 행동의 다른 측면들이 어떻게 정서에 규칙적으로 영향을 주는지 설명할 수 없다. 이러한 무능력과 의사결정 편향들은 행복에 관한 판단을 내릴 때도 영향을 주는 우리 능력의 한계다. 이러한 한계들은 결국 우리가 행복을 컨트롤할 수 있는 정도에 영향을 준다.

정서 예측(affective forecasting)이란 사람들이 장래 사건의 정서적 효과를 예측하는 과정을 말한다(Wilson & Gilbert, 2003). 정서 예측 연구들은 정서에 대한 수많은 착각

(illusion)을 밝혀 왔다. 이러한 연구들은 행복 추구에 대한 착각이 가져온 결과들에 대해서도 시사하는 바가 있다. 다음 단락에서 살펴보겠지만, 사람들은 결코 훌륭한 정서 예측자가 아니다.

충격 편향

우리는 모두 착시가 어떻게 우리를 속이는지에 대해 친숙하다. 예를 들어, 두 개의 원이 같은 크기가 아님에도 불구하고 그렇게 보이는 것처럼 말이다. 몇 가지 정서적 착각의 예를 보여 주는 연구도 있다. 만약 당신이 한 번이라도 가슴 아픈 경험을 해 본 적이 있다면, 당신은 아마도 당신이 절대로 극복하지 못할 것이라 확신한 적이 있을 것이다. 하지만 당신은 극복했다. 당신의 초기 예측은 충격 편향(impact bias), 즉 예상하는 혹은 미래의 정서적 반응의 지속기간이나 강도를 과장하는 경향성 탓이었다(Gilbert, Driver-Linn, & Wilson, 2002). 예를 들어, 고용되거나 혹은 해고되거나, 사랑을 찾거나 혹은 잃고 난 후의 당신의 삶을 상상할 때, 충격 편향은 당신이 그 일이 진짜로 일어날 때보다 더 충격적이라 상상하게 한다. 충격 편향에 대한 한 연구에서 학생들은 만약 그들의 기숙사 방 배정이 만족스럽거나 그렇지 않을 때, 얼마나 행복할지 혹은 그렇지 않을지를 예측하라고 요청받았다. 그리고 실제 방을 배정받고, 그곳에서 살게 된 후 다시 학생들의 행복을 측정하였다. 연구 결과는 학생들이 만족스러운 배정에 대한 행복의 정도를 실제 방 배정의 효과보다 유의하게 과대 추정하였고, 만족스럽지 않은 배정에 대한 불행의 정도는 과소 추정하는 것을 보여 주었다(Dunn, Wilson, & Gilbert, 2003). 다른 연구들은 사람들이 연인과 헤어진 뒤 몇 달 동안 얼마나 불행할지에 대해 물어보거나, 교수들이 종신 재직권을 받지 못했을 때 이후 5년 동안 얼마나 불행할지에 대해 물어보거나, 그리고 여성들이 만약 임신테스트에서 원치 않은 결과를 받는다면 얼마나 불행할지에 대해서 물어보았을 때 모두 과대 추정한다는 것을 보여 주었다(예: Mellers & McGraw, 2001).

충격 편향은 초점주의(focalism)라고 알려진 현상으로 일부 설명될 수 있는데, 초점주의는 사람들이 자신의 삶의 한 요소에 초점 맞추고 다른 요소들은 무시하는 것이다(Wilson, Meyers, & Gilbert, 2001). 심지어 강한 정서적 영향과 관련된 무언가를 경험할 때도, 당신의 삶의 다른 많은 요소는 전과 같이 흘러간다. 하지만 단일한 사건의 정서적 영향력에 대해 당신이 생각할 때, 초점주의는 당신을 사건 그 자체에 초점을 맞추고, 감정을 야기하고 행복에 영향을 주는 당신 인생의 다른 요소들은 전부 잊게 만든다. 인생의 반려자와 결혼을 해도 당신의 일은 여전히 짜증스럽다. 당신이 꿈의 직장에서 해고되어도 당신의 가족은 여전히 곁에 있다.

초점주의에 대한 Schkade와 Kahneman(1998)의 흥미로운 연구에서 연구자들은 미국 중서부 지역과 캘리포니아 소재의 대학에 다니는 학부생들에게 그들이 얼마나 행복한지 보고하고, 그리고 다른 대학에 있는 학생들이 얼마나 행복한 지 추정해 달라고 했다. 물론 당신이 추측하는 대로 두 지역 학생들의 평균 행복 수준은 다르지 않았다. 비록 학생들은 자신이 다른 학생들보다 더 행복하다고 생각했지만, 모두 캘리포니아 학생들이 중서부 학생들보다 더 행복할 것이라고 판단했다. 사실은 아니다. 하지만 왜 그렇게 응답했을까? 참가자들이 캘리포니아의 날씨가 캘리포니아의 학생들을 중서부 학생들보다 더 행복하게 했을 것이라고 믿었다는 것이 드러났다. 바꿔 말해, 학생들은 캘리포니아의 날씨가 학생들을 행복하게 만든다고 믿었고(이건 실증적 지지를 받을 수 없다), 거의 유일하게 날씨에만 초점을 맞췄기 때문에, 캘리포니아 사람들이 행복하다고 믿었다(이 또한 실증적 지지를 받지 못한다). 때때로 사람들은 날씨에 너무 많은 초점을 두는 것 같다!

기억 편향

미래 정서에 대한 우리 예측의 또 다른 제한점은 기억 편향(memory bias)으로, 이것은 사람들로 하여금 과거 유사 경험들에 대한 기억을 기반으로 정서 예측을 하게 한다는 것이다. 기억 편향에는 여러 유형이 있다. 한 유형은 정서일치 인출(emotion-congruent retrieval)로, 사람들은 과거 사건이나 사건의 특징들을 떠올릴 때, 있는 그대로 기억하는 것이 아니라 현재 정서 상태와 유사한 기억을 떠올린다는 것이다(Bower, 1981). 예를 들어, 만약 당신이 슬플 때 보트를 탈지 말지 결정하려고 한다면, 당신은 과거에 보트를 탈 때 실망했던 경험을 회상할 가능성이 있다(아마도 그때 날씨가 매우 나빴거나, 보트 타기 경주에서 패했던 기억). 당신은 보트 타기를 즐길 수 있고, 보트 탈 기회를 갖는 것이 더 좋을지 모르지만, 나쁜 기억을 떠올리는 것은 당신이 보트 타는 것을 거부하도록 유도할 수도 있다. 이 예는 부정확한 정서 예측이 어떻게 당신으로 하여금 잠재적인 행복을 놓치게 하는지를 보여 준다(정서일치 인출에 대한 본격적인 논의는 제8장을 보라).

두 번째 기억 편향은 정점-종점 법칙(peak-end rule)으로 묘사되는데, 이것은 사람들이 그들의 정서를 회상할 때 정서를 일으킨 그 사건의 지속기간을 무시하고, 가장 강렬했던 시점과 그 사건의 가장 마지막에 느꼈던 정서의 강도를 평균하는 방식으로 회상하는 경향을 말한다(이런 이유로 정점-종점 법칙이라 한다). 이 편향을 보여 주는 고전적인 예시로 Kahneman과 그의 동료들이 수행한 실험을 들 수 있다(Kahneman et al., 1993). 그들은 실험참가자들을 모집하여, 모든 참가자가 처음에 아주 차가운 물에 60초 동안 손을 담그게 한 다음(사건 A), 다시 60초 동안 아주 차가운 물에 손을 담근 뒤 이어서 약간 덜 차가운 물에 30초를 더 담그도록 하였다(사건 B). 두 사건 모두 불쾌하기 때문에 참가자들은 사건 A보다 B가 더 불쾌하다고 말할 것이라 예측할 수 있다. 하지만 실제로 참가자들은 B보다 A가 더 불쾌한 사건이라고 응답했다. 결과는 그들이 경험의 끝에서 어떻게 느꼈는지가(사건 A를 경험하는 마지막에서 아주 차가운 물의 인상이 여전히 강하다) 그 경험에 대한 그들의 기억을 결정함을 의미한다. 환자들이 대장내시경을 받을 때의 불편함 정도를 추정할 때도 동일한 결과를 발견할 수 있었는데(Redelmeier & Kahneman, 1996), 결과는 [그림 7-3]에 제시되어 있다.

정서 예측의 오류를 유발하는 편향들을 이 외에도 많다. 예를 들어, 우리는 종종 '다채로운 경험은 인생을 즐겁게 한다.'와 같은 단순한 말에 근거해서 결정을 내리기도 한다. 하지만 우리는 정해진 일상과 적은 선택들에 더 자주 만족한다는 것을 보여 준 연구(Iyengar & Lepper, 2000)에도 불구하고, 선택과 다채로움을 유지하기를 바란다.

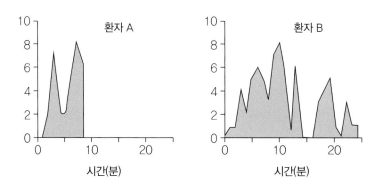

[그림 7-3] 정점-종점 법칙은 사람들이 사건의 정서적 경험을 판단할 때 사건의 정점에서 그들이 느꼈던 가장 강렬한 순간의 느낌과 마지막에(종점에서) 느낀 느낌을 평균한다고 말한다. 이것은 Redelmeier와 Kahneman이 A, B, 두 명의 환자에게 대장내시경 시술 후 그들이 느낀 고통에 대해 보고해 달라고 요청한 결과에 나타나 있다. 환자 B가 두 배나 오래 더 고통을 겪었음에도 불구하고, 그는 환자 A가 기억하는 고통보다 덜 고통스러운 것으로 기억했는데, 그것은 마지막에 시술이 편안하게 끝났기 때문이다.

출처: Redelmeier & Kahneman (1996).

쾌락 적응

행복을 추구할 때 또 다른 문제점은 어떤 것이 행복을 가져오는 경우, 시간이 지날수록 우리가 거기에 익숙해진다는 것이다. 우리는 왜 행복한 상태로 머물 수 없나? 오늘은 왜 당신이 졸업했던 날만큼 행복하지 않은가? 왜 오늘은 당신의 할머니가 돌아가신 날만큼 슬프지 않은가? 그 이유는 인생에서 당신이 무엇을 만나든 간에 거기에 적응하기 때문이다. 쾌락 적응(hedonic adaptation)이라는 용어는 사람들이 반복되는 정서적 경험의 영향에 습관화되는 경향을 일컫는다.

복권 당첨의 정서적 영향이나 심신을 쇠약하게 만드는 사고의 정서적 영향에 대한 유명한 연구로, Brickman, Campbell과 Janoff-Bulman(1978)이 보고한 중요한 긍정적, 부정적 사건에 대한 쾌락 적응 연구가 있다. 사람들은 엄청난 복권에 당첨된 사람은 평생 행복할 것이라고, 그리고 충격적인 사고로 인해 하반신 마비가 된 사람은 평생 불행할 것이라고 생각하는 경향성이 있다. 하지만 그렇지 않다. 이 두 가지 유형의 사건을 겪은 사람들의 감정들을 [그림 7-4]에 묘사하였다. 시간이 지날수록 복권 당첨자들의 행복은 점점 낮아져서 결국 복권에 당첨되지 않은 사람과 별다른 차이가 없고, 충격적인 사고를 겪은 사람들의 불행도 점점 줄어들었다. 이 분야에서 저명한 학자가 한 말에 따르면,

> 이건 팬케이크를 먹는 것과 같다: 첫 번째 팬케이크는 맛있다, 두 번째 것도 좋고, 세 번째도 괜찮다. 다섯 번째가 되면, 당신은 더 많은 팬케이크로서는 만족할 수 없는 어떤 지점에 도달한다. 하지만 50,000달러를 번 후, 돈 버는 것을 그만두거나 더 많은 돈을 추구하지 않는 사람은 없다.

과학자들은 일반적으로 쾌락 적응이 인간의 생존에 적응적이라 믿는다(Fredrick & Loewenstein, 1999). 이 추론은 우리의 정서적 반응이 환경에 대한 유용한 정보를 구성한다는 생각에 기반한다. 예를 들어, 당신이 절벽 끝에 섰을 때 겁먹는다는 것은 중요한 정보다. 이건 당신이 무엇을 해야 할지 알려 준다―절벽 끝에서 물러나라! 만약 사람들의 정서가 시간이 지나도 사라지지 않으면, 그들은 자신의 생존에 어떤 객체나 사건이 더 중요한지(새로운 정보를 제공하는) 혹은 덜 중요한지(이미 아는 정보를 제공하는) 잘

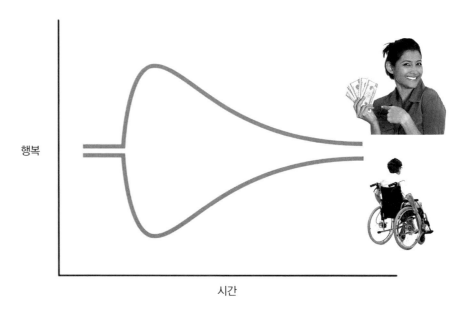

[그림 7-4] 복권에 당첨된 뒤나 충격적인 사고를 경험한 뒤에 사람들이 보고한 행복의 변화는 당신이 예상한 방향일 것이다. 하지만 시간이 지날수록 그들의 행복은 그 사건이 일어나기 전의 수준으로 돌아갔다.

구분하지 못할 것이다. 게다가, 만약 사람들이 쾌락 적응을 경험하지 않는다면, 그들은 고조된 정서에 압도당하거나 지칠 것이고, 환경 속 중요한 변화를 탐지하는 능력을 잃을 것이다. 그저 당신이 차가운 수영장에 뛰어들고 몇 분 지나면 덜 차갑게 느끼는 것처럼, 당신은 기쁨과 공포 그리고 다른 감정들의 새로운 수준에 적응할 수 있다. 이 현상은 우리의 행복에 영향을 주는 더 많은 돈과 좋은 날씨의 힘이 왜 점차 시간이 흐를수록 약화되는지 부분적으로 설명해 준다. 삶은 이러한 것들 사이에서 일어난다.

사회비교

사회비교(social comparison)는 우리의 정서 예측을 방해하는 또 다른 방식이다. 올림픽 연단에 서 있는 운동선수들의 사진을 보면, 당신은 종종 은메달리스트보다 동메달리스트가 더 행복해 보인다는 걸 알 수 있다(Medvec, Madey, & Gilovich, 1995). 당신은 은메달리스트가 더 행복해 보인다고 생각할 수도 있다—어쨌든 은메달리스트는 절대적으로 더 낫다, 왜냐하면 은메달은 동메달보다 더 높은 성취니까. 하지만 우리의 만족, 우리의 행복은 오로지 절대적인 것에만 매달려 있는 것이 아니다. 이건 비교에 달려 있다. 동메달리스트는 자신을 연단에 올라오지 못한 사람과 비교하기 때문에, 승자인 금메달리스트와 비교하는 은메달리스트보다 더 행복하다.

사회비교에 대한 연구들은 행복의 상대성을 다양한 방식으로 검증해 왔다. Wheeler 와 Miyake(1992)는 2주 동안 학생 집단에서 발생하는 사회비교를 추적했다. 어떤 학생들은 자신보다 더 나은 성적을 받거나, 더 사회성이 좋거나, 더 나은 외모, 더 많은 돈 등을 가진 사람과 자신을 비교하는, 즉 상향 비교를 하였다. 다른 학생들은 자신보다 낮은 성적을 받거나, 돈이 적은 사람 등과 자신을 비교하는, 즉 하향 비교를 했다. 결과는 매우 분명했다: 상향 비교는 끊임없이 부정적인 감정을 야기하였고, 하향 비교는 긍정적인 감정을 낳았다.

사회비교의 필연적인 문제는 우리가 행복해지려고 노력할 때 우리 스스로 사회적 상향 비교를 하는 상황에 처하게 된다는 것이다. 예를 들어, 사람들이 돈을 더 벌게 되면 더 큰 집을 사거나 더 값비싼 여행을 떠나는 등, 더 큰 행복을 가져온다고 생각하는 것에 돈을 쓰게 된다. 새로운 사회적 환경으로 가 보면 그들은 자신보다 더 많은 것을 가진 사람들과 접하는 상황에 놓이게 된다. Boyce, Brown과 Moore(2010)는 사람들의 수입과 행복을 조사한 80,000여 개의 자료를 살펴보았을 때 이 효과를 발견하였다. 연구자들은 개인 수입의 상대적 순위, 즉 사회 환경에서 다른 사람에 비해 자신이 어느 정도 수준인지가 개인의 전반적 삶의 만족도를 예측한다는 것을 알아냈다. 따라서 사회적 지위가 비슷한 사람들을 따라잡으려는 노력은 실제로 행복을 침해한다. 그럼에도 사람들은 계속 사회비교를 한다.

행복의 파이 나누기

지금까지 살펴보았듯이, 무엇이 우리를 항상 행복하게 만드는지 우리는 알 수 없다. 쾌락 적응과 사회비교가 행복감을 희석시킨다는 통찰의 부족과 인지적 편향은 우리의 정서 예측을 형편없게 한다. 그럼 도대체 무엇이 우리를 행복하게 하는가? 이건 그저 학문적 물음이 아니다. 우리를 행복하게 하는 것이 무엇인지를 아는 것은 우리를 실제로 더 행복하게 만들 수도 있다. Tal Ben Shahar(2007)가 "행복의 본질에 대해 더 잘 아는 것, 그리고 더욱 중요한 것은 그러한 앎을 실제 삶에 적용할 때 대부분의 사람이 대부분의 상황에서 더 행복해지도록 도와줄 수 있다."라고 주장한 것처럼 말이다.

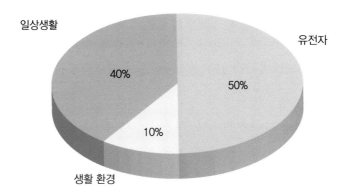

[그림 7-5] 과학적 연구는 당신 행복의 약 50%는 당신의 유전자로 결정되고, 10%는 생활 환경, 즉 인구통계학적 변인들(성별, 나이, 지리적 위치)에 의해 결정되며, 그리고 나머지 40%는 당신이 어떻게 직장에 가는지, 누구와 어울리는지 그리고 당신이 장미 냄새를 맡기 위해 멈춰서는지 아닌지와 같이 당신 일상생활의 사소한 것들에 의해 결정된다고 알려 준다.

출처: Lyubomirsky, Sheldon, & Schkade (2005).

과학자들은 행복을 유발하는 요인들을 밝혀 왔다. 예를 들어, 유전자, 생활 환경, 그리고 일상에 사소한 것들(당신이 듣는 음악, 친구와 먹은 점심)이 이러한 요인들에 해당된다. [그림 7-5]의 파이 그래프는 이러한 요인들의 추정된 영향력을 보여 준다. 다음 단락에서 좀 더 자세히 살펴보자.

생물학적 요인

어떤 사람들은 그저 다른 사람보다 더 행복하게 태어난 걸까? 타고난 쾌활한 성향 같은 것이 있을까? 행동 유전학(behavioral genetics) 연구는 행복이 부분적으로 유전자에 의해 결정된다는 주장을 실제로 지지한다(Lykken & Tellegen, 1996; Nes et al., 2006). 일부 통계자료에 따르면, 행복의 50%는 우리의 유전 형질(genetic material)로 설명될 수 있다(Lyubomirsky, 2007). 이 의미는 성격 특성(personality trait)을 결정하는 생물학적 변인들이 우리의 즐거움, 고통, 그리고 행복 및 불행 경험들과 관련 있다는 것을 뜻한다(Weiss, Bates, & Luciano, 2008). 하지만 이것이 우리의 행복 수준이 정해져 있다는 것을 의미하는 것은 아니다. 개인의 몸무게나 콜레스테롤 수치 같이 생물학적 특성에 영향을 받는 것도 식이요법이나 운동을 통해 변화될 수 있는 것처럼, 행복 수준이 생물학적 영향을 받더라도 다른 요인들에 의해 변할 수 있다.

생활 환경

생활 환경에는 인구통계학적 변인(성별, 나이, 그리고 지리적 위치)뿐만 아니라 삶의 지위 변인(예: 사회경제적 지위)도 포함된다. 좋은 직업을 가진 어떤 사람이 돈을 넉넉하게 벌고, 건강이 좋으며, 결혼했다는 사실을 들었다고 가정하자. 당신은 그 사람이 반드시 행복할 것이라 생각할 수 있다. 하지만 사실 당신은 그 사람의 행복수준에 대해 아는 것이 아무것도 없다. 그럼에도 우리는 여전히 어떤 사람의 행복을 생활 환경을 바탕으로 추정하려고 한다. 예를 들어, 당신은 샌프란시스코에 사는 35세 건축가 Claire보다 미시간에 사는 Sandra라는 55세 가정부가 덜 행복할 것이라 생각할 수 있다. 만약 당신이 그렇게 생각하지 않았다고 주장한다면, 이렇게 스스로에게 물어보자. 선택할 수 있다면 당신은 어떤 사람이 되길 원하는가? Claire 또는 Sandra? 대부분의 사람은 Claire를 고른다. 그렇지만 생활 환경은 당신이 생각하는 것보다 행복에 훨씬 덜 영향을 미친다. 과학자들은 행복 수준의 10%가 수입, 지리적 위치, 그리고 사회경제적 지위 같은 생활 환경의 차이로 설명된다고 추정한다.

일상생활

그렇다면 일상생활은? 과학자들은 행복의 나머지 40%가 일상생활에서 발생하는 사소한 것들로 설명된다고 추정한다. 즉, 우리가 가는 콘서트, 우리 곁에 있는 사람들, 우리 직업의 구체적 요소, 그리고 우리가 저녁으로 무엇을 먹기로 했는지 같은 것들이 행복의 일부를 설명한다. 예를 들어, 준비가 안 된 시험을 치르러 가는 것보다 쾌적한 환경에서 친구와 저녁을 먹을 때 당신은 아마도 더 행복할 것이다.

행복을 증진시키는 행동

지금까지 연구된 바에 의하면 행복은 일상생활에서 괜찮은 선택을 했을 때 일궈 낼 수 있다고 한다. 무엇보다 당신이 개인적인 경험을 통해 아는 바와 같이, 긍정적인 감정은 종종 즉각적인 환경 요인에 의해 유발된다.

우리가 마치 피아노 치는 법을 배우는 것처럼, 우리는 행복을 증가시키는 활동도 배울 수 있다고 연구자들은 이야기한다. 우리의 컨트롤하에 일어나는 일들 중 우리를 행복하게 하는 것은 무엇인가? 이건 최근 광범위하게 연구되고 있는 주제이며 다음 단락의 주제이기도 하다.

행복 증진을 위한 기술에 대해 Seligman(2011)이 말하길,

> 부처부터 현대 대중심리학까지, 행복을 증진시킬 방법으로 최소 200가지가 넘는 시도가 제안되어 왔다. 이 중 어떤 것이 정말로 웰빙을 지속적으로 증진시키고, 어떤 것은 일시적으로 증진시키며, 어떤 것이 그저 가짜일까?

여기 우리가 조사한 행복을 유발하거나, 지속시키는 몇 가지 행동을 제시한다. 물론 여기에 국한되는 것은 아니지만, 다음과 같은 행동들이 포함된다.

- 감사하기(gratitude)
- 향유하기(savoring)
- 마음챙김(mindfulness)
- 긍정적인 관계(positive relationships)
- 관대함과 돕기(generosity and helping)

감사하기

감사하기(gratitude)는 경이로운, 고마운 느낌, 그리고 다른 사람에게 표현하는 감사함뿐만 아니라 인간이 아닌 것(자연)이나 인간 이외의 존재(신)를 향한 감사로 특징지을 수 있는 상태로 정의되어 왔다(Emmons & Shelton, 2002). 많은 연구에서, 연구자들은 사람들에게 잠시 멈추어 자신이 가장 감사하게 여기는 것들에 대해 곰곰이 생각해 보게 했을 때의 효과를 탐색했다(Emmons & Crumpler, 2000; Emmons & McCullough, 2003; Lyubomirsky, Scheldon, & Schkade, 2005; Seligman et al., 2005). 구체적인 내용은 연구마다 다르더라도 결과는 항상 같았다. 수시로 당신이 받은 축복을 헤아리는 것은 당신을 더 행복하게 하고, 삶에 대해 더 만족하게 한다.

Emmons와 McCullough(2003)는 개별적인 두 연구에서 사람들을 매주, 또는 매일 감사를 느낀 다섯 가지 목록을 작성하도록 한 집단에 무선 배정하고, 통제 집단과 비교했

을 때 그들의 심리적, 사회적, 그리고 신체적 웰빙이 유의하게 향상된다는 것을 확인했다. 매주 다섯 가지 좋은 일의 목록을 적으라고 요청받은 사람들은 더 기분이 좋다고 보고할 뿐 아니라, 신체적 각성과 에너지, 열정, 그리고 미래에 대한 낙관도 증가되었다. 또한 사회적 웰빙도 향상되었는데 감사하기 집단에 할당된 사람들은 다른 사람들로부터 더 도움받았다고 느끼고, 다른 사람들과 더 연결되어 있다고 느꼈다. 마지막으로 신체적 웰빙도 증가하였는데 감사하기 집단의 사람들은 신체적인 불만(두통, 복통, 체중)이 덜했고 통제 집단에 비해서 체력 단련 운동도 증가하였다.

감사는 왜 이렇게 효과적일까? 그 이유를 이해하기 위해서는 오늘날과 매우 다른 환경에 적응하기 위해 사람의 마음이 수만 년의 시간 동안 어떻게 진화되어 왔는지 곰곰이 생각해 볼 필요가 있다. 과거에 생존 가능성을 증가시켰던 특정 경향성은 현대 개인의 웰빙을 위해할 수도 있다. 이러한 경향성들은 오늘날 번영한 산업화 사회에서 만연한 만성적인 스트레스 비율의 증가를 부분적으로 설명한다. 이러한 두 가지 경향성은 긍정적인 것보다 더 부정적인 것에 초점을 맞추도록 하는 부정 편향(negative bias)과 (예: Baumeister et al., 2001), 노력의 열매를 즐기기보다 일을 추진하고 더 많이 쟁취하는 자체에 더 민감해지도록 하는 우리 뇌의 성취지향 시스템(seeking system)이다. 과거에 끊임없이 더 많은 것—더 많은 음식, 더 따뜻한 집, 아이들을 위해 더 안전한 환경—을 원하던 사람들은 그들이 현재 가진 것에 만족하는 사람들보다 더 잘 살았다. 멈추지 않는 성취 지향자들의 후손들로서 우리는 실제로 그것을 성취했을 때보다, 목표를 향해 일할 때 도파민이 넘쳐나는 뇌를 갖고 있다(Ikomoto & Panksepp, 1999; O'Doherty et al., 2002). 감사하기를 실천하는 것은 부정적 편향과 우리 뇌의 성취지향 시스템의 작용에 반하기 때문에 행복을 증가시키는 데 효과가 있을 수 있다. 어떤 사업가들은 감사의 실천을 촉진시키는 어플을 개발하여 감사하기의 효과를 활용하기도 한다(예: Munson et al., 2010).

향유하기

당신이 운전해서 어디론가 가는 대신에, 걸어서 아름다운 공원을 지나갈 때를 생각해 보자. 얼마나 빨리 걸었나? 사실 당신은 산책하였고, 경관을 향유하는 시간을 보냈었다. 당신은 그것들에 집중했었다. 바라건대 당신은 휴대전화를 보지도 않았고 심지어 그때 다른 것에 대해 생각하지도 않았다. 왜냐고? 당신은 그 순간을 향유하고 싶었기 때문이다. 당신은 산책에 집중함으로써 즐거움을 확대시키고 더 많은 즐거움을 누릴 수 있다는 걸 본능적으로 안다.

신경학적 수준에서 즐거움은 '보상 회로의 연속된 낮은 수준의 활성화'라고 생각할 수 있다(Fredrickson, 2009). 집중하는 것이 어떤 경험에서 유발되는 즐거움 전체(total pleasure)를 증가시킨다는 것은 사실이다. 초콜릿에 집중하고 있다고 말한 사람들은 집중하지 못한 사람들보다 더 기쁘다고 보고했다(LeBel & Dube, 2001). 인생의 긍정적인 경험을 향유할 수 있는 능력은 행복의 가장 중요한 구성요소 중 하나다. 현재에 집중하고 향유할 수 있는 사람들은 다양한 측정 점수에서 더 낫다. 연구자들은 향유하기(savoring)를 경험의 즐거움과 기쁨에 집중할 수 있는 능력이라 기술한다. 향유하기는 경험의 즐거움과 기쁨에 집중할 수 있는 '능력'으로 정의된다는 것을 명심하라. 이는 어떤 것을 향유하는 능력은 우리가 배울 수 있는 기술과 같이 우리가 개발할 수 있다는 것이다.

일련의 연구에서 연구자들은 향유와 행복 사이의 관계를 살펴보기 위해서 패스트푸드 식당에서 음식을 제대로 느끼지 못하는 것이 즐거움의 감소로 연결되는지 살펴보았다(House, DeVoe, & Zhong, 2013). 첫 연구에서 연구자들은 참가자들의 주변에 있는 패스트푸드점의 수(참가자들 거주지 우편번호를 사용하여 패스트푸드 식당들의 존재를 확인)와 긍정적인 감정과 기쁨에 대한 응답들과의 상관관계를 살펴보았다. 동네에 있는 패스트푸드 식당 수는 다른 변인들을 통제한 뒤에도 향유하기와 부적 상관이 있었다. 이는 사람들이 먹기와 같은 쾌락적인 경험에 대해 인내심 없이 달려들 때, 덜 행복하다는 것을 의미한다. 이후 실험실 연구에서도 이와 같은 패턴이 반복적으로 확인되었다.

마음챙김

마음챙김은 당신의 행복 수준을 증가시킬 수 있는 또 다른 행동이다. 마음챙김(mindfulness)이라는 용어는 아무런 판단 없이 의도적으로 현재 이 순간에 집중함으로써 유발되는 인식을 일컫는다(Kabat-Zinn, 2003). 즉각적인 경험에 집중함으로써 당신의 마음이 환경에 어떻게 반응하는지에 대한 통찰을 얻을 수 있다. 마음챙김은 사실관계보다는 정신적 사건으로서 생각과 감정에 대해 볼 수 있게 해 준다. 생각과 감정에 대한 이해는 스트레스나 반응, 불안이나 우울을 유발하는 정신적 습관으로부터 점진적으로 벗어나게 해 준다.

성인을 대상으로 한 상당수의 연구에서 마음챙김 수행이 폭넓은 범위의 신체적, 정신적 건강 요인들에 미치는 이로운 효과에 대해 검증하였다. 그 요인들로는 사회적, 정신적 웰빙과 학습, 기억, 그리고 주의와 같은 인지능력이 있다(Grossman et al., 2004; Keng, Smoski, & Robins, 2001). 뇌영상 연구들은 마음챙김 수행으로 행동이 변화할 때 뇌의 구조와 기능이 변화됨을 보여 주었다(Brefczynski-Lewis et al., 2007; Chan & Polich, 2006; Weare, 2013). Davidson과 Lutz(2008)의 연구를 예로 들면, 사람들이 마음챙김 수행을 할 때 나타나는 주의와 정서적 통합이 대뇌피질에서 혈류량을 증가시키고, 피질 두께의 증가와 관련이 있음이 나타났다. 이와 같은 결과는 특히 경험이 풍부한 명상가들에게서 강하게 나타났지만, 8주간의 마음챙김 수련 프로그램에 참석한 사람들에게서도 학습 및 기억과 관련된 뇌 영역의 회백질 밀도가 증가하고, 불안 및 스트레스와 관련된 뇌 영역의 회백질 밀도가 감소한 것을 찾을 수 있었다.

경험적 연구의 영향으로 인해, 이제 전 세계의 200개가 넘는 병원들과 의료센터의 직원들이 마음챙김을 수련하고 있고, 하버드나 옥스퍼드와 같은 대학들에서도 의학, 경영학 그리고 법학 분야에서 마음챙김이 사용되고 있다. 현재 미국의 국립보건원(National Institutes of Health: NIH)과 영국의 국립보건임상연구원(National Institutes of Clinical Excellence: NICE)에서 마음챙김을 공식적으로 인정하였다.

마음챙김 기반 프로그램들은 다양한 활동을 포함하고 있다.

- 바디스캔 명상: 숨쉬기에 대한 주의를 다양한 수준으로 나누어 개별적인 신체 부분에 의도적으로 집중하는 것
- 앉아서 하는 명상: 앉아서 의도적으로 자신의 숨쉬기에 집중하는 것
- 걷기 명상: 걸을 때 일어나는 신체적인 변화에 의도적으로 초점을 맞추는 것

긍정적인 관계

행복에 영향을 주는 모든 것 중에 다른 사람과의 관계가 가장 중요한 변인인 것으로 보인다(Reis & Gable, 2003). 수백 개가 넘는 연구는 가깝고 서로 지지하는 관계로 이루어진 사회적 네트워크를 가진 사람들이 그러한 관계가 부족한 사람들보다 개인적으로 더 행복하고 더 건강하다는 것을 보여 주었다(Baumgardner & Crothers, 2009). 사회적 관계의 질은 심리적 건강뿐만 아니라 신체적 건강을 예측하는 가장 중요한 변인들 중 하

나라고 밝혀져 있다(Cohen, 2004).

Diener와 Biswas-Diener(2008)는 경험 표집 기술(experience-sampling techniques)을 사용하여 관계의 영향에 대한 연구를 수행하였다. 참가자들은 실험을 시작하기 전에 자신의 내향성과 외향성 수준에 대해 평정하였다(왜냐하면 외향적인 사람들만 다른 사람과 있을 때 행복할 수도 있기 때문이다). 참가자들은 실험을 통해 하루 중 여러 시간대에 자신의 감정을 0점(전혀 긍정적이지 않은 감정)에서 6점(아주 강한 긍정적인 감정)까지의 척도로 평정하였다. 연구 결과 외향적인 사람과 내향적인 사람 모두 혼자 있을 때보다 다른 사람과 있을 때 더 긍정적인 감정을 느끼는 것으로 나타났다. Kahneman 등(2004)은 1,000명이 넘는 여성 참가자들에게 행복에 대해 질문했을 때 유사한 결과를 발견하였다. 참가자들은 그들이 하루 중 혼자 있을 때(출근하거나, 컴퓨터를 사용할 때) 제일 행복해하지 않았고, 다른 사람과 있을 때 가장 행복해했다(누군가와 어울리거나 같이 먹을 때).

Diener와 Seligman(2002)은 대학생들의 행복 수준을 검토하여 '매우 행복한' 사람들을 뽑아 보다 면밀히 살펴보았다. 연구자들은 그들 모두가 각각 훌륭한 사회적 관계를 갖고 있다는 것을 관찰하였다. 덜 행복한 사람들은 매번 훌륭한 관계를 갖지 못했다. 우정의 양과 더 중요하게는 우정의 질이 행복과 정적 상관을 가졌고, 지각된 외로움은 우울과 매우 강한 상관이 있었다.

물론, 여기서 살펴본 연구 결과들이 우리가 항상 누군가와 함께 있기를 바란다는 것을 의미하는 것은 아니다. 그렇지만 우리가 다른 사람들과 함께할 때, 또 강한 사회적 결속으로 함께할 수 있다는 것을 알 때, 우리는 일반적으로 더 행복해지는 것 같다. 사람들에게 사회적 기술을 가르치는 것은 당신이 아는 것보다 훨씬 더 유익하다!

관대함과 돕기

앞에서 우리는 돈으로 행복을 살 수 없다는 것을 보여 주는 연구에 대해 논의했는데, 그건 안전한 진실은 아닌 것으로 밝혀졌다. 돈을 옳은 방향으로 사용할 때, 돈으로 행복을 살 수 있다. 어떻게? 다른 사람에게 돈을 씀으로써!

Dunn, Aknin과 Norton(2008)은 사람들에게 5달러 또는 20달러를 넣은 봉투를 주고, 당일 오후 5시 전까지 자신을 위해 그 돈을 쓰거나 다른 사람을 위해 쓰라고 일러 줬다. 그날 이후에, 연구자들은 참가자들에게 다시 연락해 기분이 어땠는지 물었다. 액수와 상관없이, 자신을 위해 돈을 쓴 사람보다 다른 사람을 위해 돈을 썼다고 보고한 사람들의 웰빙 수준이 더 높았다. 타인에게 돈을 주는 기쁨은 뇌에서도 탐지된다. 다른 연구에서 참가자들은 자기공명영상(fMRI) 스캐너 안에서 돈이 자선단체로 송금되는 걸 보거나(컴퓨터 화면에 표시된) 또는 실제로 자선단체에 돈을 보낼 것인지 선택할 수 있는 기회를 부여받았다. 돈을 주는 두 가지 유형 모두에서 뇌의 쾌락 중추가 활성화되었다 (Harbaugh, Mayr, & Burghart, 2007).

물론 관대함을 베풀거나 돕는 것에는 다양한 방식이 있고, 이러한 대부분의 행동이 행복을 불러일으킨다. 예를 들어, Schwartz(1990)는 다발성 경화증(multiple sclerosis: MS) 환자들에게 건 동료들의 응원 전화의 효과를 검증하는 연구를 수행하였다. 다발성 경화증을 겪는 72명의 여성 환자를 표집하였고, 이 표본에서 5명의 여성은 동료 지지자로 선택되었으며, 적극적이고 연민 어린 경청을 할 수 있도록 훈련받았다. 그리고 나서 이 여성들은 각 환자에게 한 달에 한 번 전화를 걸어 15분 동안 대화를 나눴다. 연구 결과, 매달 이뤄진 15분 동안의 동료 응원은 환자들의 안녕감에 유익한 효과를 가져왔다. 그러나 연구 결과에서 더욱 흥미로운 점은, 응원을 보냈던 사람들에게서 가장 큰 효과가 나타났다는 것이었다. 5명의 동료 지지자는 만족감, 자기효능감, 그리고 전문가가 된 느낌이 증가하였다고 보고하였다. 그들은 더 많은 사회 활동에 참여하였고, 더 적은 우울을 경험하였다. 다른 사람을 돕는 행위가 가져오는 정신적 건강은 우울을 물리치는 방법으로 돕기가 사용될 수 있음을 암시한다.

요약하자면, 관대함과 돕기는 그것이 필요한 사람을 넘어 더 많은 사람을 도울 수 있다. 타인에게 베푸는 사람은 자신이 한 좋은 일의 결과로 인해 큰 행복을 얻을 수 있다. 게다가, 관대함, 돕기 그리고 행복 간의 관계는 미국 이외의 일본과 같은 다른 나라에서도 나타난다(Otake et al., 2006).

발달적 세부사항

기부 행위는 유아들도 행복하게 만든다!

성인들은 돈을 기부할 때 행복해지고, 심지어 돈을 받을 때보다 더 행복해진다(Aknin et al., 2013)! 아이들은 어떨까? 아마도 아이들은 자기 것을 지키려고만 하는 이기적인 존재라고 생각할 수도 있다. Aknin, Hamlin과 Dunn(2012) 같은 과학자들은 그렇지 않다고 생각했다. 그들은 자신들이 수행했던 유아의 사회적 행동에 대한 연구들을 다시 살펴보았는데,

그 모든 연구에서 유아들은 기부 행위가 포함되거나 포함되지 않은 장난감 게임을 하였다. 과거 대다수의 연구에서, 유아들이 인형에게 장난감을 양보하면 인형이 긍정적으로 반응하거나, 또는 인형이 알려 준 매력적인 소리를 내는 장난감을 가지고 놀면 인형이 긍정적으로 반응하였다. 훈련된 얼굴표정 분석가들은 유아들이 어떤 게임을 하고 있는지는 모르는 채로, 유아들이 이 두 종류의 게임을 하는 영상을 보면서 아이들의 얼굴표정의 행복도를 7점 척도로 평가하였다. 결과는 모든 아이가 좋은 시간을 보내고 있었음에도 불구하고, 인형에게 장난감을 양보했을 때 더 큰 행복을 표현했다(표의 A 부분을 보라).

이후 연구자들은 새로운 실험을 했다. 이번에 유아들은 맛있는 크래커를 선물로 받았고, 개인적 손해가 있거나 혹은 없는 조건에서 크래커를 나눠 줄 수 있었다. 특히 처음에 유아들은 선물받기를 좋아한다고 말하는 여러 인형을 만났고, 실험자가 인형들에게 선물 주는 걸 관찰했다. 그리고 나서 유아들은 새로운 인형을 소개받았고, 이 인형도 선물을 좋아하는 인형임을 알게 되었다. 선물이 부족해 보이는 조건에서도, 유아들은 받은 선물을 새로운 인형에게 나눠 주었다. 실험 과정의 각기 다른 장면에서 유아들의 얼굴표정을 평가하였을 때, 결과는 선물을 받을 때보다 선물을 인형에게 나눠 줄 때 더욱 행복한 표정을 짓는다는 것을 보여 주었다(표 B). 그리고 이 행복 표정은 인형이 감사함을 표현하는 반응에 의해 비롯된 것이 아닌, 주는 행위 그 자체에 의한 것이었다.

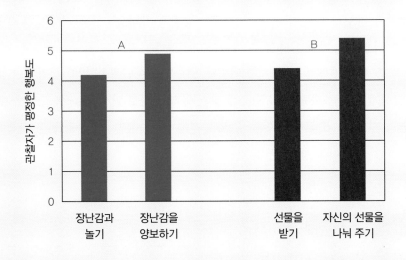

낙관주의와 방어적 비관주의

대부분의 사람은 직관적으로 행복을 낙관주의(optimism)라는 개념과 연관시킨다. 낙관주의는 미래에 대해 일반화된 긍정적 예측이라 정의된다. 일반적으로 낙관주의는 어떤 사람의 습관적인 방식, 즉 어떤 성향(성격 특성처럼)으로 생각된다. 행복과 유사하게 낙관주의는 긍정적인 결과들과 인과적으로 연합된 것으로 보인다. 예를 들어, 비관주의에 비해 미래에 대한 낙관주의는 더 나은 기분, 더 적은 정신병리적 증상과 관련되고, 대학 진학, 임신, 심혈관 건강, 그리고 육아와 관련된 스트레스 같은 삶의 도전들에 대해 더 잘 적응하는 것과 관련이 있다(Carver & Scheier, 1999). 하지만 낙관주의가 항상 좋은 것만은 아니다. 낙관주의와 건강 간의 관계에 대해서는 상반된 증거도 있다(Segerstrom, 2005): 어떤 경우에는 낙관주의가 긍정적인 결과와 관련이 있지만, 다른 경우에는 부정적인 결과와 더 관련된다. 한 가지 가설은 실망 가설(the disappointment hypothesis)인데, 낙관주의는 사람들이 부인할 수 없거나 통제할 수 없는 부정적인 결과(예: 암 진단)를 마주하였을 때 뒤따라오는 고통에 취약하게 만든다고 제안하였다. 몇몇 연구는 이 가설을 지지하였다(Sieber et al., 1992). 두 번째 또한 일부 경험적인 지지를 받는 가설로 개입 가설(the engagement hypothesis)이라고 한다(Segerstrom, 2001). 이 가설은 어려운 상황을 마주했을 때 낙관적인 사람들은 계속 그 문제에 개입하여 씨름하려고 하는 반면에 비관적인 사람들은 포기한다고 말한다. 가끔은 포기하는 것이 나쁜 생각이 아니다. 포기하는 것은 어려운 상황의 부정적인 효과를 피할 수 있게 해 주기 때문에 생리적으로 보호하는 것이 될 수 있다.

또한 낙관주의는 의사결정 과정에 복잡한 역할을 한다. 일반적으로 사람들은 미래에 대해 비현실적으로 낙관적 예측을 하는데, 특히 자신의 미래에 대해 그러하다(Lench & Ditto, 2008). 이를 낙관주의 편향(optimism bias)이라고 부르는데, 낙관주의 편향은 어느 정도 유익함이 있다(Sharot, 2011). 예를 들어, 비현실적 낙관주의는 사람들이 우울해지는 것을 막아 준다(Taylor & Brown, 1988). 하지만 단점도 있다. 낙관주의 편향은 가끔 나쁜 의사결정을 낳는다. 담배 피기나 과속하기, 그리고 예방접종 맞기를 거부하거나 은퇴를 위해 적금을 붓는 것을 마다하는 것처럼 미래를 위한 계획을 세우지 않고 위험한 행동을 계속하는 것이 그 예다(Brewer et al., 2007; Jackson & Aiken, 2000; Madrian & Shea, 2001). 다시 말해, 모든 것을 장밋빛으로 가정하는 것은 때때로 사람들로 하여금 적절한 준비를 하지 못하게 하거나 객관적 통계 자료에 신경 쓰는 것을 막을 수 있다.

역으로 비관주의가 어떤 사람들에 대해선 유용할 수 있다. 타고난 성향이 낙관적이지 않은 사람들은 방어적 비관주의자(defensive pessimists)라 불린다. 낙관주의자가 하는 방식처럼 미래에 대해 장밋빛 예측을 하기보다는(예를 들어, 다가올 시험에서 좋은 평가를 장담하는 것), 방어적 비관주의자들은 목표를 낮게 정하는 경향이 있고("나는 그렇게 잘 하지 못할 거야.") 실패에 대한 예측으로 대안적 계획이나 결과를 생각한다. 낮은 기대치를 설정하는 것은 이러한 사람들에게 아주 잘 먹힌다. 왜냐하면 그 예측이 그들을 더 노력하도록 동기부여를 하며 실망할 가능성으로부터 그들을 보호해 주기 때문이다(Norem & Cantor, 1986; Showers, 1992). 방어적 비관주의자들에게 방어적인 방식의 사고를 금지하면 그들의 수행은 실제로 더 나빠진다(Norem & Illingworth, 1993). 그래서 그들이 어려운 상황에 처하기 전에 그들에게 긍정적이고 낙관적이 되라고 말하는 것은 그들이 최선을 다하도록 돕는 최고의 방법이 아니다!

낙관주의와 방어적 비관주의에 대한 고려는 이 장에서 보고한 발견들의 의미를 장기적인 안목에서 보도록 돕는다. 긍정적인 감정들은 신체와 인간관계에 좋을 수 있다. 하지만 어떤 사람들에게는 부정적인 감정이나 상태는 일시적으로 도움이 된다. 우리가 제4장에서 배웠듯이, 부정적인 감정도 중요한 기능이 있다.

📝 요약

수 세기 동안 사람들은 행복에 대해 얘기해 왔다. 17세기의 프랑스 철학자이자 신학자, 그리고 수학자인 Blaise Pascal은 이렇게 말했다.

모든 사람은 행복을 추구한다. 이건 예외가 없다. 사람들이 사용하는 다양한 수단이 무엇이든지 간에 모두 같은 결론을 추구한다. 어떤 이들이 전쟁을 일으키는 이유나 또 다른 이들이 전쟁을 피하는 이유, 모두 각자 다른 관점에서 볼 뿐, 사실 같은 욕망이다. 그 의지는 최소한의 단계도 거치지 않고 이 목표로 향한다. 이것은 모든 사람의 모든 행동의 동기이며, 스스로 목을 매는 사람들의 동기이기도 하다.

만약 Pascal이 옳다면, 이 장은 사람들이 왜 행복을 추구하는지에 대해 당신을 납득시킬 수 있어야 한다.

- 우선, 행복은 더 나은 직장, 관계 그리고 건강과 같은 많은 긍정적인 결과물과 상관이 있다. 비록 과거에 사람들은 좋은 직장, 좋은 인간관계, 그리고 좋은 건강이 행복을 야기한다고 생각해 왔지만, 최소한 이러한 상관이 강력한 만큼 그 역의 인과관계도 강력하다. 다시 말해, 행복은 앞에서 이야기한 긍정적인 결과물들에 영향을 준다.
- 사람들은 행복을 불러일으키는 것이 무엇인지 많이 알고 있다고 생각하지만, 사실 종종 틀린다. 실제로 사람들은 형편없는 정서 예측자다. 사람들은 정서 유발 사건들이 훨씬 강하고 오래 지속되는 영향력을 갖고 있다고 생각하지만, 실제로 그렇지 않다. 그리고 사람들은 과거 사건들의 정서적 영향을 잘 기억하지 못해서, 자신의 기억을 이용한 정서 예측을 잘하지 못한다.
- 더욱이 사람들은 쾌락 적응을 경험하거나, 처음에 그들에게 행복을 가져다줬던 것들에 습관화되는 경향을 잘 알지 못한다. 다른 사람과 자신을 비교하는 것은 부와 같은 것이 행복에 대해 가지는 효과를 감소시키는 경향이 있다.
- 우리의 유전자와 삶의 환경이 우리가 얼마나 행복한지에 한 몫을 하긴 하지만, 우리 일상의 사소한 것들도 역시 영향을 미친다. 과학자들은 다음과 같은 행동이 더 많은 행복을 불러일으킴을 발견하였다.
  - 감사하기
  - 향유하기
  - 마음챙김
  - 긍정적인 관계
  - 관대함과 돕기
- 지금까지 이 장에서 살펴봤던 것처럼, 행복, 주관적 웰빙 그리고 심리적 웰빙은 복잡하다. 하지만 이 복잡함이 우리로 하여금 앞으로 이 주제에 대해 연구하지 못하도록 하는 것은 아니다. 사실 Pascal처럼, 또 다른 이들이 지적해 온 것처럼, 무엇이 이보다 더 중요할 수 있을까?

▶ 학습 링크

1. 트위터에 표현된 행복의 평균을 실시간으로 추적해 주는 웹사이트

   http://hedonometer.org/index.html

2. 82개 직업의 행복도 평균을 보여 주는 그래프

   http://www.wsj.com/articles/SB10001424052748703466704575489790936423402

3. 당신이 행복해하는 생각이나 순간들을 포스팅하고 친구들이나 모든 사람과 공유할 수 있는 happier.com(https://www.happier.com)이라는 사이트를 개발한 Nataly Kogan 박사의 TED 강연

   https://www.youtube.com/watch?time_continue=917&v=tKaCN0-kpVE

4. 동물의 도덕적 행동(너그러움과 긍정적인 감정들과 관련된)에 대한 Frans de Waal의 TED 강연

   https://www.ted.com/talks/frans_de_waal_do_animals_have_morals?language=en

제8장
정서와 인지

Psychology
of Emotion

최근에 분노를 느낀 순간을 떠올려 보자. 어쩌면 차와 관련된 사건이 당신을 흥분케 했을지도 모른다. 예컨대, 주차를 위해 한참을 맴돌아 찾은 자리에 당신이 들어가려고 하는데 은색 BMW를 타고 있는 누군가가 그 자리를 꿰차고 말았다. 이때의 분노는 그 뒤로도 계속되었는가? 집에 가는 동안 다른 운전자들에게 짜증이 나지는 않았는가? '다들 운전이 너무 형편없어!' 당신은 좌회전이 너무 오래 걸린다고 나이 많은 여성에게 경적을 울리고선 투덜댔을지도 모른다. 집에 도착했을 때, 당신은 룸메이트가 싱크대에 더러운 접시를 잔뜩 쌓아 둔 것을 보았다. '이런 돼지 같으니.' 당신은 주말에 그 친구와 파티에 가려 했으나, 이젠 그러지 않으려 한다. 가도 별로인 파티가 될 것 같다…….

이런 이야기가 친숙하게 들리는가? 당신의 주의, 지각, 기억, 판단 그리고 의사결정은 모두 당신의 정서 상태로부터 영향을 받는다. 이 장에서 우리는 사람들이 지각하고, 기억하고, 평가하고, 의사결정을 내리는 방식에 정서 상태가 어떻게, 그리고 왜 영향을 미치는지에 대하여 탐구할 것이다.

주목할 것은 정서가 인지에 영향을 미칠 수 있다고 얘기할 때, 우리는 정서가 기억과 같은 정신적 처리과정과 분리되어 있음을 가정한다는 점이다. 그러나 정말로 정서와 인지가 두 개의 구분된 처리과정일까? 어쩌면 정서는 인지의 한 종류일지도 모른다. 또는 인지 없이는 정서가 나타나지 않을 수도 있다. 어느 쪽이든, 우리는 어떤 방식으로 정서가 인지에 영향을 미친다고 말할 수 있을까? 정서가 인지와 구분되는지는 철학에서 수 세기에 걸쳐 논의되어 왔으며, 근래에는 심리학에서 논의되어 온 물음이다. 일부 이론가들에게 정서와 인지는 뇌의 독립된 두 체계를 가리킨다(Descartes, 1644; Zajonc, 1980, 1984). 이 견해에 따르면, 정서는 인지에 앞서 발생할 수 있고, 인지 처리와 독립적이되 그 과정에 영향을 미칠 수 있다(Zajonc, 1980). 다른 이들에게 인지는 정서에 선행하며 정서의 발생에 필수적인 조건이다(Lazarus, 1982). 특히 두 번째 관점에서 정서는 상황에 대한 인지적 평가로부터 유발된다(제1장 참조). 만약 정서가 인지에 의존한다면, 정서가 인지에 영향을 미칠 수 있다는 주장은 그다지 의미 있지 않다. 이 관점에서는 정서가 인지에 영향을 미친다는 것이 썩 흥미로운 가설이 아니다. 정서와 인지를 어떻게 정의할 것인가에 대한 문제는 여전히 해결되지 않았다. 우리는 정서와 인지가 독립적인지, 무엇이 먼저 일어나는지 답하지 못한다. 적어도 정서와 인지가 상호의존적이라고 말하는 것이 정확할 것이다(Storbeck & Clore, 2007). 인지적 처리는 정서를 바꿀 수 있고(예를 들어, 인지적 재평가는 어떤 정서를 경험할지에 영향을 미칠 수 있다), 정서는 우리가 이 장에서 설명하는 여러 방법으로 인지적 처리에 영향을 주거나 그것을 조절할 수 있다.

우리는 인지 체계 내에서 정서가 어떻게 표상되는지에 관한 모형들을 소개하면서 출발할 것이다. 특히 정서 지식이 인지 체계 내에 저장되고 구조화되는 방식에 관한 두 가지 보편적 모형, 즉 정서의 연상 네트워크 모형과 체화된 시뮬레이션 모형을 간략히 설명하고 비교할 것이다. 다음으로, 이 모형들이 정서와 인지가 언제, 어떻게 상호작용하는지를 설명하는 것에 대해 살펴볼 것이다.

정서 지식의 심적 표상

우리는 특정 대상에 대한 재인에서부터 복잡한 추론 및 의사결정에 이르기까지 다양한 정신적 과제를 수행하기 위해 정보를 기억 속에 저장한다. 인지심리학에서 기억에 관한 지배적인 모형은 연결망 모형(associative network models)이다(Anderson, 1983; Collins & Loftus, 1975). 이 모형에 따르면, 기억은 대상과 사건을 기술하는 의미 개념들의 연결망이라고 생각할 수 있다. 사고의 기본 단위는 명제다. 대상이나 사건은 기술적 명제들의 집합으로 기억 속에 기록된다. 예를 들어, 우리가 개를 지각할 때, 개에 대한 정보는 우선적으로 시각, 청각, 때로는 정서 체계 같은 뇌의 감각 양상 체계들(modality systems)을 통해 받아들여진다. 이러한 체계들은 개를 보고, 듣고, 느끼게 하는 일들을 담당한다. 이후, 뇌에서 이 감각 정보는 요약되고 뉴런처럼 여길 수 있는, 정보의 '노드(node)' 또는 '유닛(unit)'으로 저장된다. 이 노드는 '개'라는 단어를 저장하며, '짖기', '털로 덮인', '무서운'과 같이 대부분 개가 지닌 다른 특징들을 나타내는 노드들과 연결된다. 다음에 당신이 개를 떠올릴 때, 기억에서 추출되고 그 개나 다른 개들에 대한 추론에 사용되는 것은 이러한 단어들, 즉 '개'라는 개념의 명칭과 전형적인 개들의 특징을 나타내는 단어들이다.

연결망 모형에서, 노드는 연상 링크(link)들을 통해 다른 노드들과 연결된다. 연상 링크는 경험을 통해 만들어지며, 두 명제 사이의 연결 강도에 관한 정보를 보존한다. 만일 어떤 생각이나 대상(예를 들어, 어떤 개)에 노출됨으로써 한 노드가 흥분될 경우, 연상 링크로 연결된 다른 노드들이 활성화 확산(spreading activation)이라 불리는 과정을 통해 활성화된다(Collins & Loftus, 1975; McNamara, 1992). 따라서 이 모형은 당신이 특정 범주의 사례('해변')에 노출된다면, 그와 관련된 다른 생각들('야외 파티')이 인출되기 쉽다고 예측한다. 연상 네트워크 내 노드와 링크는 개인의 기억을 구성한다(정보의 단편들이 개념 체계 내에서 서로 어떻게 영향을 미치는지에 관한 대립적인 설명들도 존재한다. 예: Neely, 1991). 이 모형에 따르면, 어떤 생각은 그에 대응하는 노드가 일정 역치를 넘어 활성화될 때, 그 생각을 자각하게 되는 식으로 '떠오르거나' 의식할 수 있다.

Bower(1981, 1991)는 기억 네트워크 모형에 정서 개념을 추가하였다. 그는 우리가 개나 해변에 대한 노드들을 갖는 것처럼, 정서 상태에 대한 노드들을 가지고 있다고 제안하였다(관련 모형은 Ingram, 1984; Niedenthal, Setterlund, & Jones, 1994; Teasdale, 1983 참조). 여기서 주목할 것은, 정서 그 자체가 아니라, 우리의 마음이 우리가 정서에 관해 알고 있는 것들을 어떻게 표상하는지에 대해 이야기하고 있다는 점이다. 처음에 Bower는 우리의 정서 경험이 분노, 혐오, 공포, 기쁨, 슬픔의 다섯 가지 기본 정서(basic emotions)로 체제화되어 있다고 제안하였다. 그 모형에서 각각의 정서 노드는 연상 경로를 통해 주관적 느낌, 얼굴표정, 정서 유발 대상 및 사건에 대해 우리가 아는 것 등 정서에 관한 명제들을 표상하는 노드들과 연결된다. 또한 각 정서 노드는 그 정서를 경험했었던 자서전적 기억들과도 연결된다. [그림 8-1]은 정서 연상 네트워크의 일부를 도식적으로 그리고 있다.

누군가 기쁨을 경험해서 정서 노드(예컨대, '기쁨'을 표상하는 유닛)가 역치 이상으로 흥분하면, 네트워크 전체에 걸쳐 연상 정보들이 활성화된다. 이러한 흥분성 링크들은 [그림 8-1]의 실선으로 표현된다. 물리적 반응, 표현적 행동, 정서 관련 사건 및 개인적 기억에 대한 명제들은 이를 통해 흥분되고, 개인의 의식에 들어갈 수 있다. 예를 들어, 기쁨을 느낄 때면 기쁨과 관련된 기억들이 활성화된다. 그 결과, 사람들은 기쁨이 어떻게 느껴지는지에 대한 표현, 기쁨과 연합된 단어 및 기억에 대한 접근성이 향상되는 것을 경험할 수 있다. 이 모형의 일부 버전에서, 기쁨과 슬픔처럼 '반대' 상태를 표상하는 노드들은 한 가지 정서 노드의 활성화가 다른 정서의 억제를 유도하는 억제성 링크를 통해 연결되어 있다(Bower, 1981). 억제성 링크는 [그림 8-1]에서 점선으로 표현된다. 예를 들어, 기쁨의 활성화는 슬픔의 활성화를 억제할 것이라고 예상할 수 있다.

연상 네트워크 모형에서 우리가 접하는 대상 및 사건들은 우리의 지각 체계(예: 시각, 청각)에서 가장 먼저 경험된다는 점에 주목하라. 그러나 그 후, 해당 경험은 그 사건에 관한 명제를 표상하는 단어처럼 추상적인 형태로 추출되어 저장된다(Fordor, 1975; Newell & Simon, 1972; Pylyshyn, 1984). 우리가 단어를 개념의 추상적 표상이라고 말하

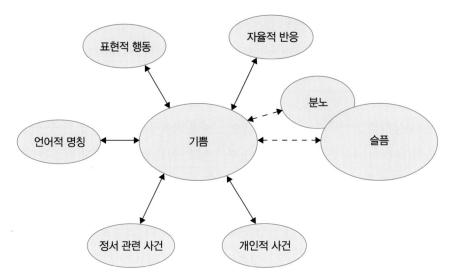

[그림 8-1] 정서의 연상 네트워크 모형. 기쁨에 대한 노드는 연상 링크를 통해 개인적 사건, 정서 관련 사건, 언어적 명칭, 그리고 정서에 관한 신체적 표현들과 연결된다. 기쁨 노드와 슬픔 등 반대되는 정서 표상들 사이에는 억제성 링크가 존재한다.
출처: Bower (1981).

는 이유는, 단어는 지칭하는 대상 및 사건의 경험에 관해 아무것도 보존하지 않기 때문이다. 단어는 자의적으로 대상에 할당된다. 서로 다른 언어들이 동일한 대상, 사건, 경험에 서로 다른 단어들을 갖고 있다는 사실에서 이를 알 수 있다. 이것이 정서에 주는 함의는 사람들이 정서에 대해 아는 것(개념 체계에 저장된 것)과 그들의 신체적 정서 경험이 분리되어 있다는 점이다.

  체화된 시뮬레이션 모형(embodied simulation models)은 정서가 기억에 어떻게 저장되는지를 다른 방식으로 설명하는 이론이다(예: Niedenthal, 2007). 이 모형에서 지식은 감각 및 운동 체계와 분리되지 않으며, 일부 지식은 추상적 형태로 저장되지 않는다(Barsalou, 2008; Wilson, 2002). 따라서 비록 도구나, 가구, 노래, 정서적 얼굴에 관한 단어들에 대한 추상적 체계가 존재하더라도, (혹은 아마도 주로) 그런 지식 또한 경험 도중에 발생했던 최초의 감각-운동적 뇌 상태로 기억 속에 저장된다. 어떤 대상이나 사건을 떠올리는 것은, 실제로 물체를 접하거나 사건을 경험할 때 발생했던 뇌의 감각운동 상태 일부의 재활성화를 수반한다(Barsalou, 1999, 2008). 예를 들어, 친구에게 특정 개를 묘사하듯 정보를 회상할 때면, 그 개의 짖음이 재현되거나 그 개가 우리에게 주던 느낌을 재구성함으로써 그 개와 있었던 직접적인 지각 및 운동 경험의 흔적들이 마음속에 떠오르게 된다.

체화된 시뮬레이션 모형은 특히 정서 정보가 개념 체계에 저장되는 방식을 설명하는
데 유용하다(Niedenthal et al., 2005; Winkielman, Niedenthal, & Oberman, 2008). 당신이
슬펐던 경험에 대해 구체적으로 생각할 때면 슬픈 느낌들이 부분적으로 재현된다는 것
을 알 수 있을 것이다. 당신이 끔찍하게 슬퍼지지는 않을지라도, 당신이나 다른 누군가
가 다시 그 상황에 놓인다면 무슨 일이 일어날지에 대해 판단과 예측을 할 수 있을 정도
로 충분히 슬픔을 재경험하게 된다. 앞서와 동일한 예를 들자면, 개의 개념은 네 다리,
짖는 소리, 털의 느낌, 기쁨(또는 두려움)의 느낌 등 개의 경험에 연합된 감각, 운동, 정
서 상태의 집합체다. 뇌의 이러한 감각운동 상태는 양상-특정적(modality specific) 감
각, 운동, 또는 정서 체계의 뉴런 집합들에 의해 포착된다([그림 8-2] 왼쪽). 어떤 대상
이나 사건을 생각하는 것은 양상-특정적(감각, 운동 및 정서적) 체계 내 뉴런의 부분적
재활성화를 수반한다([그림 8-2] 오른쪽). 이는 대상이나 사건의 정서적 의미를 이해하

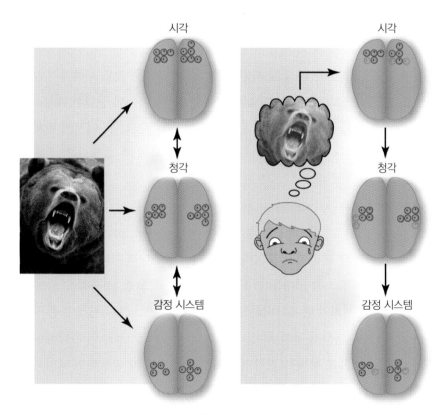

[그림 8-2] (왼쪽) 으르렁거리는 곰의 지각에 대한 시각, 청각 및 감정 시스템의 뉴런 집합들의 활성화. (오른
쪽) 나중에 곰의 모습을 기억해 낼 때는 원래 시각 시스템의 일부가 복원된다. 이것은 다른 시스템
에서 활성화되었던 상태들의 일부를 재활성화하는 역할을 할 수 있다.

출처: Niedenthal (2007).

는 것이 그 정서와 관련된 자세, 표정 및 느낌의 부분적 재활성화를 수반함을 의미한다 (Niedenthal, 2007; Winkielman & Kavanagh, 2013).

이제 우리는 체화된 시뮬레이션 모형이 정서 단어(예: '괴로움')나 얼굴표정(예: 역겨워하는 표정)의 의미 이해가—연상 네트워크 모형에서 설명한 단순한 추상적 개념화보다는—자기 내부에서 대응하는 정서의 재경험에 기반한다고 예측함을 이해하였다. Niedenthal, Winkielman, Mondillon과 Vermeulen(2009)은 단어 의미 이해에 관해 이러한 예측을 검증하였다. 그들의 연구에서, 참가자들은 일부 정서적인 단어들[예: '태양(SUN)', '달팽이(SLUG)' 등의 구체적인 명사, 또는 '더러운(FOUL)', '기쁜(JOYFUL)' 등의 추상적인 단어]을 제시받았다. 이때 일부 참가자들은 각 단어가 대문자로 쓰여 있는지 여부(지각적 과제)를 질문받았던 반면, 다른 참가자들은 그 단어가 정서적 의미를 지니고 있는지 여부를 질문받았다. 실험 도중 근전도 검사(electromyography: EMG)를 통해 참가자들의 안면 근육 활동을 측정하였다. 참가자들은 대문자 여부를 판단할 때와 달리, 단어가 정서적 의미를 지니는지 이해하려 시도할 때 의미에 대응하는 정서 표정을 자동적으로 생성하였다. 이는 참가자들이 그 단어가 정서적 의미를 갖는지 판단하는 과정의 일부로 해당 정서를 스스로 시뮬레이션하였음을 보여 준다.

인지 체계에 정서가 표상되는 방식에 대한 연결망 모형과 체화된 시뮬레이션 모형은 우리가 정서에 대해 알고, 이해하는 것이 어떻게 마음속에 떠오르고, 세상을 대처하는 데 쓰이는지를 이론화하는 두 가지 주요 방식이다. 이 모형들은 정서 정보가 우리의 감각을 통해 받아들여지고, 기억에 저장되고, 사용되기 위해 검색되는 방식에 있어 상이한 주장들을 내놓는다. 우리는 정서가 인지 처리과정에 어떻게 영향을 미치는지를 살펴보면서 두 모형을 모두 참고할 것이다.

정서가 지각에 미치는 영향

당신은 아마 사람들이 특정 정서 상태에 있을 때, 다른 정서 상태에 있을 때에 비해 대상과 사건을 다르게 본다는 상식적인 믿음을 가지고 있을 것이다. 그 믿음이란, 기쁠 때는 당신의 친구, 고양이, 대학 캠퍼스가 다 아름답게만 보이지만, 슬플 때는 칙칙하고 활기 없게 보인다는 것이다. 상식을 넘어서, 정서가 주변 환경 중에 주의를 기울이는 것에 영향을 미치고, 실제로 무엇이 어떻게 지각되는지에 영향을 미침으로써 지각을 형성한다는 것을 보여 주는 상당한 실험적 증거들이 존재한다.

우리의 환경은 복잡하고 엄청난 양의 정보를 포함하고 있다. 우리가 주의를 줄 수 있는 범위는 한정되어 있으므로 우리는 그 모든 정보에 주의를 기울일 수 없다. 주의란 특정 대상에 선택적으로 초점을 맞추고, 그것을 유지하거나 원하는 대로 그 초점을 옮길 수 있는 능력을 포함하는 일련의 과정이다. 멋진 외모를 가진 누군가가 얼굴에 미소를 띠고 당신에게 다가오고 있다고 상상해 보자. 만약 당신이 그 사람의 얼굴에 주목하고 있다면, 당신은 그 사람이 우호적이라고 생각하며 그만큼 우호적으로 행동할 준비를 할 것이다. 하지만 만약 당신의 주의가 그 사람과 걷고 있는 공격적인 개에게 쏠린다면, 당신은 불안감을 느끼고 분명 우호적이지 않은 방식으로 행동할 것이다. 주의에 관한 연구들은 정서가 우리가 주목하는 대상(즉, 웃는 얼굴 vs. 위협적인 개)과 주의의 범위(즉, 두 자극 중 하나에 주의를 기울일지, 혹은 둘 다에 주의를 기울일지) 모두에 영향을 미칠 수 있음을 보여 주었다.

주의를 사로잡는 정서적 대상들

정서적으로 중요한 대상들은 우리의 주의를 끌어당긴다. 어쩌면 당신은 캠퍼스를 가로지르는 수많은 학생 가운데 당신이 아주 좋아하거나 싫어하는 누군가에게 자동적으로 주의를 뺏긴 경험을 했을지도 모른다. 어떻게 이런 일이 일어났을까? 사람들은 매우 빠르게 무언가에 정서적 반응을 나타내기 시작하는 것으로 보인다(Schupp et al., 2003). 당신이 그 대상이나 사건을 의식적으로 자각하기도 전에 말이다(Pasley, Mayes, & Schultz, 2004; Rotteveel et al., 2001; Williams et al., 2004). 당신은 자동적으로 그것에 주의를 돌릴 것인데, 아마도 그것은 당신에게 상당히 중요하기 때문일 것이다(Compton, 2003). 결과적으로 당신은 환경 속에서 그 대상의 존재와 그 위치를 의식하게 됨으로써 적응적으로 행동할 준비를 하게 된다(Yang, Zald, & Blake, 2007).

정서적 대상은 기쁨처럼 긍정적 느낌을 일으키는 것이든(Becker & Leinenger, 2011; Williams et al., 2005), 공포처럼 부정적 반응을 일으키는 것이든(Frischen, Eastwood, & Smilek, 2008) 우리의 주의를 끌어당긴다. 하지만 위협을 주거나 공포나 불안을 유발하는 대상은 주의를 끄는 데 특히 뛰어나다(Fenske & Eastwood, 2003). 대상을 위협하여 주의를 사로잡는 것은 강력한 효과다. 이러한 효과는 여러 주의 과제(예: 주의 깜박임 과제, 스트룹 과제, Pratto & John, 1991; 시각탐색 과제, Fox et al., 2001; MacLeod, Mathews, &

Tata, 1986)에서, 사람 얼굴이나 얼굴 도식, 사물의 이미지, 단어 등 다양한 대상에 대해 관찰되었다. 예를 들어, 사람들은 중립 얼굴들 사이에서 우호적인 얼굴보다 위협적인 얼굴을 더 빨리 발견하며(Hansen & Hansen, 1988; Öhman, Lundqvist, & Esteves, 2001; [그림 8-3]은 이러한 연구에 사용된 시각 자극의 예를 보여 준다), 뱀들 사이의 꽃보다 꽃들 사이의 뱀을 더 빨리 발견한다(Öhman, Flykt, & Esteves, 2001).

정서적 반응을 일으키는 대상들은 우리가 하고 있는 일과 무관한 방해물들에 의해 주의가 분산될 때처럼, 주의자원이 한정된 조건에서도 매우 빠르게 주의를 사로잡는다. 예를 들어, 컴퓨터 화면에 얼굴이 20ms 동안 짧게 제시될 때도 중립 얼굴보다 겁먹은 얼굴을 향해 좀 더 효과적인 안구 움직임을 보이며(Bannerman, Milders, & Sahraie, 2010), 얼굴을 거의 알아보기 어렵게 만드는 조건에서도, 겁먹은 얼굴을 중립적이거나 행복한 얼굴보다 더 빠르게 탐지할 수 있다(Milders et al., 2006; Yang, Zald, & Blake, 2007).

일단 정서적 대상에 주의를 주고 나면, 우리는 계속해서 그것에 주의를 유지하는 경향이 있다. 우리는 위협적인 대상으로부터 주의를 거두어 다른 무언가로 옮기는 데 많은 어려움을 겪는다(Fox et al., 2001; Fox, Russo, & Dutton, 2002). 따라서 당신은 공격적인 개에게 주의를 뺏길 뿐 아니라 좀 더 보기 좋은 어떤 것으로 주의를 옮기는 일에 어려움을 겪게 될 것이다! 게다가 사람들이 이미 불안이나 공포 상태에 놓여 있다면, 그들은 위협적인 것에 주의를 기울일 가능성이 더욱더 높다(Bar-Haim et al., 2007; Fox,

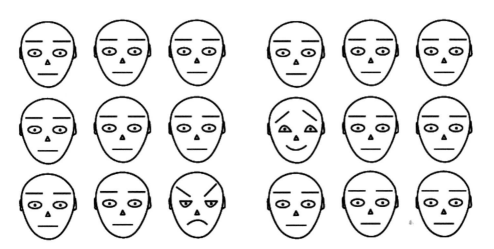

[그림 8-3] Öhman과 동료들이 사용하는 3×3 화면의 두 예시. 하나는 중립적인 얼굴들 사이에서 위협적인 얼굴을 제시하고(왼쪽 화면), 하나는 중립적인 얼굴들 사이에서 우호적인 얼굴을 제시한다(오른쪽 화면).

출처: Öhman, Lundqvist, & Esteves (2001).

Russo, & Dutton, 2002; LoBue, 2014; MacLeod, Mathews, & Tata, 1986).

위협적인 대상이 우리의 주의를 끈다는 사실은 진화론에 부합하는 것으로 해석되어
왔다(LeDoux, 1996; Öhman, Flykt, & Esteves, 2001). 이 관점에 따르면, 인류는 위협적인
자극에 대한 정서적 반응을 진화 과정에서 생존을 보장하기 위해 선택하였다. 그러나
이것이 인간의 진화에 지속적으로 위협을 가할 수 있는 대상들(예: 뱀, 거미, 화난 얼굴)에
게 국한된다는 뜻은 아니다. 중립적인 얼굴이나 기하학적 형상처럼, 중립적인 대상들도
사람들이 공포와 연합되도록 학습한다면, 실험실에서 짧은 시간 내에 같은 방식으로 주
의를 사로잡을 수 있다(Milders et al., 2006; Theeuwes, Schmidt, & Belopolsky, 2014).

정서는 주의의 범위에 영향을 미친다

정서는 우리가 주목하는 대상뿐 아니라 주의의 범위에도 영향을 미친다(예:
Fredrickson & Branigan, 2005). 우리가 제4장에서 보았듯이, 긍정적인 정서 상태에서 사
람들이 주의를 주는 범위는 중립적인 상태보다 더 넓어지거나 포괄적이게 되는 것으로
보인다(Fredrickson & Branigan, 2005; Gasper & Clore, 2002). 그러나 다른 상태들도 주의
에 영향을 미친다. 오래전 한 과학자는 고각성의 불쾌한 상태인 추동 상태(drive state)가
주의의 범위를 축소함으로써 사람들이 그 상태와 관련된 단서들(정보)에 더욱 집중하
게 만든다고 제안하였다(Easterbrook, 1959). 이 효과는 단서-활용 가설(cue-utilization
hypothesis)의 측면에서 기술되었으며, 위협적인 자극이 개인의 각성 수준을 증가시킨
다고 설명한다. 이는 지엽적인 단서들을 희생시키며 개인의 주의 범위를 중심적인 단
서들로 축소시킨다.

주의-축소 가설이 처음 제안된 이래로, 여러 연구는 실험자가 유발한 스트레스
(Chajut & Algom, 2003), 전기 충격의 위협(Wachtel, 1968), 가상의 위험(Weltman &
Egstrom, 1966), 부정적 정서를 나타내는 표정에 대한 노출(Fenske & Eastwood, 2003) 등
의 부정적인 경험을 통해 주의의 축소가 일어날 수 있음을 보여 주었다.

고각성 상태에서 이러한 주의 축소가 적용된 결과 중 하나는 무기 집중(weapon
focus)이라 불리는 현상이다(Loftus, Loftus, & Messo, 1987). 우리는 위협적인 자극이 사
람들의 주의를 사로잡고 유지하는 경향이 있으며, 특히 사람들이 위협받는 상황에서
그것은 두드러진다. 사람들이 무기와 관련된 범죄를 목격할 경우, 그들은 높게 각성되
며 무기에 주의가 사로잡히는 경향이 있다. 더욱이 그들은 주의의 범위가 좁아져 다른

정보를 받아들이지 못하게 된다. 무기 집중은 구체적으로 목격자의 주의가 무기로 좁혀져 가해자의 세부사항에 관한 기억이 감소함을 일컫는다. 한 사례 연구에서, 참가자들은 무기가 눈에 띄거나, 거의 안 보이게 숨겨진 조건의 모의 범죄 장면 비디오를 시청하였다. 다음으로, 참가자들은 범죄 가해자의 세부사항에 관한 기억 측정과 함께 각성 수준을 스스로 보고하였다. 실험 결과, 무기가 눈에 띄었던 조건의 참가자들은 가해자에 대한 세부사항을 더 적게 회상하였다(Kramer, Buckhout, & Eugenio, 1990).

무기 집중 현상이 보여 주듯, 정서가 주의의 범위에 미치는 영향은 경험하는 정서의 정서가(valence)에 따라 더 작을 수도, 각성가(arousal) 혹은 동기 수준(즉, '행동하려는 충동')에 따라 더 클 수도 있다(Gable & Harmon-Jones, 2010, p. 211). Harmon-Jones와 동료들은 동기 수준이 높은 정서 상태들(예: 욕망 또는 혐오)이 중립적인 상태에 비해 주의의 범위를 좁히는 것을 관찰하였다. 이와 대조적으로, 동기 수준이 낮은 정서 상태들(예: 즐거움 또는 슬픔)은 정서가와 상관없이 주의의 범위를 넓혔다(Gable & Harmon-Jones, 2008, 2010; 리뷰는 Harmon-Jones, Gable, & Price, 2012 참조).

정서 일치 단어와 얼굴 처리

일단 당신이 정서적인 무언가로 주의를 돌렸다면, 당신은 신체와 뇌의 지각 체계를 이용하여 그 정보를 받아들일 수 있다. 당신은 매우 재빠르게 범주화를 수행한다. 정서의 연상 네트워크 모형은 이러한 범주화에 대해 정서 부합 가설(emotion-congruence hypothesis)을 내놓는다. 정서 부합 가설이란 개인의 현재 정서 상태와 부합하는 정서적 의미를 갖는 대상과 사건이, 중립이나 정서 비부합 대상보다 더 효율적으로 분류된다는 것이다. 여기서 '효율성(efficiency)'이란 대상이 범주화되기 전에 해당 대상의 지각적 정보가 더 적게 필요함을 의미한다. 정서적으로 부합하는 사건이나 대상은 그것을 표상하는 노드들이 현재 정서 상태에 의해 이미 사전에 활성화되어 있었으므로, 더 적은 지각적 정보가 요구된다(Gerrig & Bower, 1982). 따라서 당신이 슬픔을 느끼는 동안은 라디오에서 나오는 슬픈 노래나 우울한 그림의 이름을 더 쉽게 분류할 것이다. 당신의 정서 상태에 의해 그러한 생각들이 기억 속에서 이미 어느 정도 활성화되었기 때문이다.

과학자들은 이러한 매우 재빠른 범주화를 어떻게 연구할까? 한 가지 방법은 어휘 판단 과제(lexical decision task)라고 불리는 것으로서, 사람들이 일련의 낱자들이 단어인지(예: BACON) 아닌지(예: BUPLE)를 빨리 판단하는 과제다. 이 과제를 이용한 한 연구에서 참가자들이 제시된 문자열이 단어인지를 정확히 식별하는 속도는 그 단어의 의미와 그들의 현재의 정서 상태가 일치하는 경우에 그렇지 않은 경우보다 더 빨랐다(Niedenthal & Setterlund, 1994). 예를 들어, 기쁜 참가자들은 슬픈 참가자들에 비해 '신나다(GLEE)'라는 문자열이 단어라는 것을 더 빨리 나타낼 수 있었다. 유사한 결과들은 단어 명명 과제(word-naming task)라 불리는 또 다른 과제에서도 관찰되었다(Niedenthal, Halberstadt, & Setterlund, 1997). 이 연구에서, 클래식 음악을 통해 슬프거나 중립적이거나 기쁜 상태가 유발된 참가자들은 화면에 제시된 단어들을 최대한 빠르게 큰 소리로 말해야 했다. 기쁜 상태의 사람들은 슬픈 상태나 중립적인 상태의 사람들보다 기쁜 의미를 지닌 단어들을 더 빠르게 말할 수 있었다([그림 8-4] 참조). 슬픈 상태의 사람들은 기쁘거나 중립적인 상태의 사람들보다 슬픈 의미를 지닌 단어들을 더 빠르게 말할 수 있었다. 흥미롭게도, 기쁨은 사랑과 관련된 단어의 명명을 촉진하지 않았으며, 슬픔은 분노와 관련된 단어의 명명을 촉진하지 않았다. 이러한 결과는 정서가 그 정서와 범주적으로 연관된 의미를 지닌 단어들의 지각에만 영향을 미침을 뜻한다. 기쁨의 긍정적 정서가 모든 긍정적 단어를 지각하기 쉽게 만들지는 않았으며, 슬픔의 부정적 정서가 모든 부정적 단어를 지각하기 쉽게 만들지는 않았다. 또 다른 연구는 정서 표정

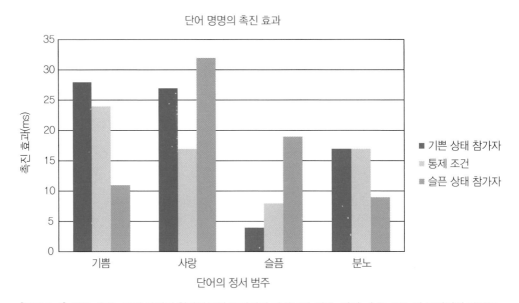

[그림 8-4] 기쁨, 슬픔, 중립 상태의 참가자들이 중립적인 단어보다 기쁨, 사랑, 슬픔, 분노의 동의어인 단어들을 말할 때 촉진되는 정도(밀리세컨드 단위)

출처: Niedenthal, Halberstadt, & Setterlund (1997).

지각 과정에서 이와 유사한 결과들을 보고하였다(Niedenthal et al., 2000).

이제 우리는 정서가 세상에 존재하는 정보를 범주화하는 방식에 영향을 미친다는 것을 알게 되었다. 일단 정보가 들어오고 나면 그 정보는 기억된다. 정서는 기억에 어떤 영향을 미칠까?

정서가 기억에 미치는 영향

기억은 과거의 경험과 생각을 정교화하고, 저장하고, 인출하는 일련의 정신적 과정이다. 그러나 기억은 사진을 촬영하고, 컴퓨터 속 정성스럽게 이름 붙인 앨범에서 그것을 찾는 것처럼 작동하지 않는다. 오히려 기억은 능동적인 구성 과정이다. 이것은 당신이 어디에 있는지, 누구인지, 무엇을 원하고 신경 쓰는지가 당신이 기억을 기록하고 인출하는 방식에 모두 영향을 미친다는 것을 의미한다(Schacter, 1999). 정서는 이러한 구성과정에서 중요한 역할을 한다. 정서는 우리가 무엇을 기억하는지뿐만 아니라, 언제, 어떻게 특정 기억을 인출할 가능성이 높은지에도 영향을 미칠 수 있다.

발달적 세부사항

노인의 뇌는 부정적이기보다 긍정적이다

노화는 인지능력, 특히 주의와 기억의 저하와 관련이 있다. 그러나 이러한 능력 감퇴가 당신이 생각하는 만큼 일반적인 것은 아니다. 한 연구는 성인 후기로 갈수록 불쾌한 정보보다 유쾌한 정보에 주목하고 그것을 회상하는 능력이 향상된다고 제안한다(Charles, Mather, & Carstensen, 2003). 이를 긍정성 효과(positivity effect)라 부른다. 긍정성 효과는 시각 주의 사용에서 나타난다. 예를 들어, 노인들은 다음 그림에 나타난 것처럼 부정적인 정보보다는 긍정적인 정보에 더 많은 주의를 기울이는 경향이 있다(긍정성 효과에 관한 메타분석은 Reed, Chan, & Mikels, 2014를 참고하라). 젊은 성인들이 부정적인 정보를 더 잘 회상하는 경향이 있는 반면, 나이 든 성인들은 부정적인 기억보다 긍정적인 기억을 더 잘 회상한다.

나이가 들수록 사람들은 인생에서 남은 시간이 한정적이라는 사실을 더욱 자각하게 되는 것으로 보인다. 이러한 자각은 그들을 부정적인 정보보다 긍정적인 정보에 더 많이 노출되도록 이끈다(Charles, Mather, & Carstensen, 2003). 최근 연구 결과는 긍정적인 내용으로 초점을 옮기는 것이 (의식적이든 무의식적이든) 동기의 결과라는 증거를 제공한다 (Kennedy, Mather, & Carstensen, 2004). 노인들이 정보의 특정 측면에 주의를 기울이도록 제약을 할 경우(예: 자극의 정서가를 평가하거나, 자극의 이름을 포함한 문장을 만들어야 할 때) 긍정성 효과가 감소하며, 그들은 젊은 사람들과 같이 부정적 정보와 긍정적 정보를 동일한 양으로 회상한다(Kalenzaga et al., 2016). 달리 말하자면, 긍정적인 것에 주목하고 부정적인 것은 피하려는 동기화된 선호에 어떤 제한을 가한다면 긍정성 효과가 사라질 수 있다. 그러나 과연 누가 이렇게 하기를 원할까?

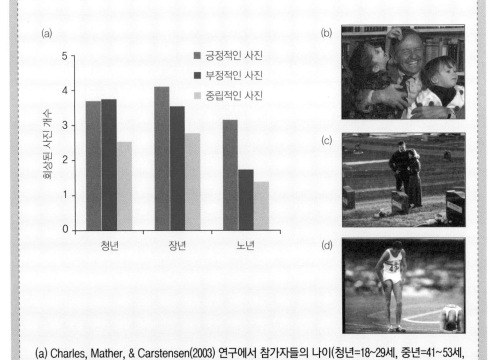

(a) Charles, Mather, & Carstensen(2003) 연구에서 참가자들의 나이(청년=18~29세, 중년=41~53세, 노년=65~80세)와 사진의 정서가에 따른 32장 중 정확히 회상된 사진의 수. 긍정적(b), 부정적(c), 중립적(d) 사진들의 예시. 이 결과는 나이 든 참가자들이 젊은 참가자들에 비해 부정적인 사진보다 긍정적 사진을 상대적으로 더 많이 회상함을 보여 준다.

정서적 사건에 대한 기억

정서 및 기억 영역에서 아마도 가장 오래되고 보편적인 경험적 관찰 중 하나는, 정서를 유발하는 대상과 사건이 중립적인 대상과 사건보다 더 쉽게 회상된다는 것이다 (Cahill & McGaugh, 1995; Houston et al., 2013). 예를 들어, 만약 당신이 자전거 사고를 목격한다면, 당신은 자전거와 관련된 시시한 일들보다는 그 사건에 대해 더 나은 기억을 갖게 될 것이다. 또한 정서적 정보에 대한 회상은 무기 집중 효과에서 보았듯이 같은 사건의 비정서적 측면이나 그 사건이 발생한 맥락에 대해 기억의 손상을 동반한다. 자전거 사고로 돌아가면, 우리의 주의는 한정적이므로 사고의 핵심적인 특징에 대해서는 훌륭한 기억을 가질지라도, 배경에 있었던 자동차의 색깔처럼 사건의 지엽적인 특징들에 대해서는 열악한 기억을 가지게 될 것이다(Christianson & Loftus, 1991; Christianson et al., 1991; Kensinger, Garoff-Eaton, & Schacter, 2007). 연구자들은 또한 우리가 정서적 사건(예: '자전거 사고')의 요지(gist), 또는 주된 테마와 관련된 정보에 대해서는 무관한 세부사항들보다 더 나은 기억을 갖는다는 것을 보여 주었다. 요지에 대한 기억은 핵심적인 주제에 관한 정보일수록 잘 통합되고 쉽게 인출되기 때문에 발생한다(Adolphs, Denburg, & Tranel, 2001). 지엽적인 정보라도 그것이 사건의 요지와 관련된 것이라면, 요지와 관련 없는 정보에 비해 기억해 내기 쉬울 것이다(Kensinger, Garoff-Eaton, & Schacter, 2007).

긍정적인 사건과 부정적인 사건을 비교하면 어떠할까? 이것들은 똑같이 기억하기 쉬울까? 일부 연구는 사람들이 긍정적인 정보보다 부정적인 정보를 더 잘 기억한다는 것을 보여 주었다(예: D'Argembeau & Van der Linden, 2005; Kensinger, Addis, & Atapattu, 2011; Kensinger, Garoff-Eaton, & Schacter, 2007). 이는 아마도 부정적인 대상과 사건이 긍정적인 대상과 사건보다 평균적으로 더 많은 행동과 적응을 요구하기 때문일 것이다. 부정적인 것은 우리의 안전과 생존을 위해 중요할 뿐만 아니라 일반적으로 더 높은 생리적 각성을 초래한다(Schmidt, Patnaik, & Kensinger, 2011). 따라서 어쩌면 자극이 부정적이기 때문이 아니라, 이로 인한 높은 각성 수준이 향상된 기억을 설명하는 것일지 모른다. 사람들은 정말로 저각성 정보에 비해 고각성 정보를 더 잘 회상할 수 있다(Mather, 2007).

이러한 연구들로부터 결론을 도출할 때 발생하는 난제는 정서가 흔히 기억될 정보 그 자체에 의해 유발된다는 점이다. 따라서 정서적 정보가 언제나 더 잘 기억되는 것인지, 학습에 동반되는 부수적인 정서가 어떤 종류의 정보라도 더 잘 기억하게 만드는 것인지 불분명하다. Nielson과 Powless(2007)는 정서 자극의 효과와 자극의 기억을 생성하는 정서의 효과를 분리하기 위하여, 참가자들에게 단어들을 외우게 하고서 즉시 혹은 10분, 30분, 45분 뒤에 정서적 영상을 보여 주는 방식으로 참가자들의 정서를 조작하였다([그림 8-5] 참조). 이들은 기억해야 할 단어들이 제시되고 난 직후부터 30분 뒤까

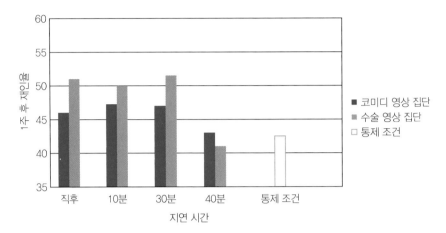

[그림 8-5] 시청한 영상의 종류(긍정: 코미디 영상 vs. 부정: 수술 영상) 그리고 단어 목록 제시와 영상 사이의 지연 시간에 따른 1주일 뒤 중립 단어들의 평균 재인율

출처: Nielson & Powless (2007).

지 수행된 정서 유도가 1주일 후에도 여전히 해당 단어들의 회상을 향상시킨다는 것을 관찰하였다(45분 뒤에 정서적 영상을 제시한 경우에는 유의한 효과가 관찰되지 않았다). 이러한 결과는 정서가 학습 도중뿐 아니라, 정보를 기억에 남기는 과정 전반에 걸쳐 해당 정보를 더 잘 기억되게 만든다는 것을 보여 준다(Phelps, 2006; Sharot & Yonelinas, 2008 참조).

정서적 사건에 대한 향상된 기억 외에도, 정서가 기억에 영향을 미치는 두 가지 다른 방식이 존재한다. 이것은 기분-부합 기억과 기분-상태-의존 기억이라 불린다.

기분-부합 기억

잠시 시간을 들여 지난 몇 주간 일들을 떠올려 보자. 만약 지금 당신 기분이 기쁘다면, 당신은 아마 기뻤을 때나 그때 있었던 일들을 회상할 것이다. 이와 대조적으로, 만약 당신이 슬픔을 느낀다면, 당신은 아마도 슬픈 사건들을 떠올릴 것이다(Snyder & White, 1982). 기분-부합 기억(mood-congruent memory)은 특정 정서 상태나 기분을 느끼는 사람이 동일한 정서 혹은 감정톤을 띤 기억으로부터 정보를 인출하는 경향을 말한다. 이것은 이 장 앞부분에서 배운 정서 연결망 모형으로 쉽게 설명된다(Bower, 1981). 기본적인 생각은 정서 상태가 기억 속의 관련 정서 노드를 흥분시킨다는 것이다. 이러한 흥분은 네트워크 전체로 확산되고, 해당 정서에 연합된 기억들을 떠오르게 만든다.

기분-부합 기억은 음악(Eich, Machulay, & Ryan, 1994), 최면(Bower, Gilligan, & Monteiro, 1981), 개인적 사건의 유도된 회상(Fiedler & Stroehm, 1986), 냄새(Ehrlichman & Halpern, 1988), 자연스럽게 발생하는 정서 상태 등 다양한 방법을 통해 관찰되었다. 기분-부합 기억에 관한 한 연구에서, 실험자들은 음악을 이용하여 참가자들에게 서로 다른 정서 상태를 유발하였다(Halberstadt, Niedenthal, & Kushner, 1995). 다음으로, 실험자들은 참가자들에게 동음이철어(소리가 비슷하나 철자와 의미가 다른 단어)를 듣고 그 단어를 적어 달라고 요청했다. 동음이철어들은 철자가 서로 다르므로, 참가자가 철자를 어떻게 적었는지로부터 그들이 기억에서 인출한 의미를 명확히 알 수 있었다. 관심을 둔 동음이철어들은 각각 하나의 정서적 의미(예: 'mourning', 애도)와 하나의 중립적 의미(예: 'morning', 아침)를 지니고 있었다(〈표 8-1〉 참조). 예상대로, 참가자들이 떠올린 단어의 의미는 그들의 현재 정서 상태의 영향을 받았다. 예를 들어, 슬픈 참가자들은 'mourning'이라는 단어를 적을 가능성이 높았던 반면, 행복한 참가자들은 'morning'이라는 단어를 적을 가능성이 높았다(Nygaard & Lunders, 2002 또한 참조).

흥미롭게도 정서 상태는 기억의 인출을 돕는 과정에서 사람들로 하여금 실제로 일어난 적 없지만 그들의 정서 상태와 일치하는 것들을 회상하게 만들 수 있다. 즉, 사람들은 자신의 정서 상태와 일치하나, 결코 경험하거나 배운 적이 없는 정보를 **거짓으로** 회상할 수도 있다(Knott & Thorley, 2014; Ruci, Tomes, & Zelenski, 2009).

〈표 8-1〉 **행복 및 슬픔 동음이철어 예시들. 정서 단어는 이탤릭체로 표기되어 있다.**

행복	슬픔
bridal-bridle	*banned*-band
dear-deer	*bored*-board
heal-heel	*die*-dye
hymn-him	*fined*-find
medal-metal	*missed*-mist
peace-piece	*mourning*-morning
presents-presence	*pain*-pane
pride-pried	*poor*-pore
rose-rows	
sweet-suite	
won-one	

출처: Halberstadt, Niedenthal, & Kushner (1995).

기분-상태-의존 기억

기분-상태-의존 기억(mood-state-dependent memory)은 특정 정서 상태에서 학습한 정보를 다른 정서 상태보다 동일한 정서 상태에서 더 잘 인출하는 현상이다. 정보의 의미 자체는 중립적일 수 있다. 중요한 요인은 부호화할 때와 회상할 때의 상태 간 일치 여부다. 예를 들어, 만약 당신이 어떤 과목을 공부하며 즐거움을 느끼고 있다면, 기분 좋은 상태로 시험을 칠 때 그 내용에 대해 더 나은 기억을 가지게 될 것이다.

이런 일이 어떻게 발생할까? 당신이 특정 기분 상태에서 어떤 일을 하거나 학습할 때, 경험 또는 학습한 정보의 요소들은 당신의 기분 상태와 함께 기억 속에 저장된다. 따라서 기분 상태는 이후 저장된 정보에 관한 단서로 작용할 수 있다. 기분-상태-의존 기억은 정서 연결망 모형을 생각하면 가장 이해하기 쉽다. 어떤 기분을 경험하면 해당 상태에 관한 기억 속의 노드가 활성화된다. 다음으로 그 노드는 연합된 기억들로 활성화를 확산시킨다. 이러한 기억들은 동일한 상태에서 이전에 학습한 정보들을 포함한다. 이러한 방식으로, 특정 감정 상태에서 부호화된 기억들은 다른 상태에 비해 동일한 감정 상태에서 인출하기 쉬워진다.

기분-상태-의존 회상은 실험자가 학습할 정보를 제공할 때보다 참가자가 그것을 직접 만들어 낼 때 더욱 뚜렷하게 관찰된다. 만일 누군가 당신에게 표적 단어를 주고 가장 먼저 떠오르는 단어를 말하게 한다면, 당신은 그 단어를 스스로 만들어 낼 것이다. 만약 이때 당신의 기분이 좋았다면, 나중에 당신 기분이 나쁠 때보다 기분이 좋을 때 그 단어를 더 잘 회상할 것이다. 그러나 만약 실험자가 당신에게 표적 단어와 연합 단어를 모두 준다면 기분-상태-의존 회상의 효과는 훨씬 약해질 것이다(Mayer & Salovey, 1988).

저장된 정보의 인출에도 동일한 내용이 적용된다. 기분-상태-의존 기억은 실험자가 이미 제시한 내용과 (앞서 본 적 없어 기억해 낼 필요 없는) 새로운 내용을 구별하는 재인 과제(recognition task)보다는, 참가자가 스스로 기억한 것들을 떠올리도록 지시받는 자유 회상 과제(free recall task)에서 나타날 가능성이 더 높다(Eich, 1995; Eich & Metcalfe, 1989; 또한 Bower, 1981 참조). 이것은 왜일까? 재인 과제에서 단어들은 처음 볼 때 학습된다. 따라서 이러한 단어들은 정보 인출을 위한 단서를 제공하며, 결과적으로 사람들은 자신의 기분 상태를 인출 단서로 거의 사용하지 않을 수 있다. 이와 대조적으로 자유 회상 과제의 참가자들은 이전에 학습한 항목들을 단순히 회상하도록 요청받는다.

이때는 다른 단서들이 제공되지 않으므로 참가자들은 회상을 위해 그들의 정서 상태에 훨씬 더 의존하게 된다(Eich & Metcalfe, 1989; Kanayama, Sato, & Ohira 2008).

예상한 바대로, 정서는 기억이 처리되는 과정에 영향을 미친다. 사람들은 기억에서 중립적인 내용보다는 정서적인 내용을 더 잘 회상하는 경향이 있다. 게다가 슬픔과 같이 구체적인 정서는 그와 유사한 슬픈 기억을 떠오르게 하는 경향이 있다. 끝으로 정서 상태는 기억을 위한 인지적 맥락으로 작용한다. 따라서 정서 상태는 후에 그 상태에서 기억된 정보의 단서가 되며, 이는 해당 정보들의 인출을 돕는다.

정서가 판단 및 의사결정에 미치는 영향

이 장의 첫머리부터 당신은 정서가 주의를 주게 되는 정보의 종류에 영향을 미치고, 사건과 대상을 지각하고 기억하는 방식에 영향을 미친다는 것을 배웠다. 이제 마지막으로 당신은 정서가 사람들의 판단과 의사결정에 영향을 미치는 방식에 대해 배울 것이다. 최근 이 주제는 심리학(Lerner, Li, Valdesolo, & Kassam, 2015), 행동경제학(Rick & Loewenstein, 2008), 신경과학(Phelps, Lempert, & Sokol-Hessner, 2014) 등 여러 관련 분야의 연구자로부터 상당한 관심을 받고 있다. 이러한 관심은 2006년과 2013년 사이 연간 발행된 논문의 수가 두 배 이상 증가한 것에서 나타난다(Lerner et al., 2015).

우선, 판단과 의사결정을 구분짓는 것은 무엇일까? 심리학자들에게 판단이란 무언가가 얼마나 좋은지, 일어날 가능성이 높은지, 혹은 중요한지와 같이 상황의 어떤 측면들에 대한 평가를 일컫는다. 의사결정은 여러 선택지 사이에서의 선택을 수반한다(Blanchette & Richards, 2010). 이 두 정신적 과정은 분명 서로 연관된다. 예를 들어, 의사결정자가 고를 수 있는 상이한 선택에 대한 판단(또는 평가)은 적어도 부분적으로 어떤 선택을 할지 결정하는 일에 포함된다. 따라서 먼저 판단에서의 정서의 역할을 논한 다음, 의사결정이나 선택 행동에서의 정서의 영향을 논의하는 것이 자연스러울 것이다.

정서와 판단

기분-부합 판단

당신은 슬픔을 느낄 때 불쾌하게 느껴지는 어떤 활동들이 기쁨을 느낄 때는 흥미진진하게 경험된다는 것을 알고 있을 것이다. 이러한 평가의 변화는 감정과 인지에 관한 문헌들에서 가장 강력한 발견 중 하나인 기분-부합 판단(mood-congruent judgment)을 잘 보여 준다. 이 효과는 사람들이 현재 정서 상태와 일치하는 판단을 내리는 경향이 있다는 사실을 나타낸다. 기분-부합 판단의 확률에 대한 고전적 연구에서, Johnson과 Tversky(1983)는 참가자들에게 다소 우울한 짧은 글을 읽게 함으로써 그들을 부정적인 상태로 만들었다. 다음으로 참가자들은 상이한 유형의 정서적 사건들이 일어날 가능성에 대해 확률적 판단을 내리도록 요청받았다. 중립적인 상태의 참가자들에 비해, 부정적인 상태에 있던 참가자들은 부정적인 사건(질병, 위험물, 폭력)이 발생할 가능성을 일반적으로 더 높게 추정하였다. 이와 대조적으로, 긍정적인 정서 상태의 참가자들은 중립적인 참가자들에 비해 위험 추정에 있어 좀 더 낙관적이었다. 또한 사람들은 감각 경험(Winkielman, Berridge, & Wilbarger, 2005)을 비롯하여, 타인(Esses & Zanna, 1995; Innes-Ker & Niedenthal, 2002) 혹은 심지어 그들 자신(Sedikides, 1995; Wright & Mischel, 1982)에 대해서도 기분-부합 판단을 보인다.

정서가 판단에 영향을 미치는 방식을 이야기할 때, 흔히 '기분' 부합이라는 용어가 사용되지만, 순간적이거나 어쩌면 무의식적인 느낌들 또한 판단에 유사한 영향을 미칠 수 있다. 예를 들어, 한 연구에서 참가자들은 컴퓨터 화면을 통해 웃고 있거나 매우 역겨워하는 표정을 짓는 사람의 사진이 짧게 제시된 것을 보았다. 처음 사진이 사라지자마자 만화 캐릭터가 그려진 두 번째 사진이 동일한 위치에 더 긴 시간 동안 나타났다. 이때, 첫 번째 얼굴은 뒤따르는 만화 캐릭터에 의해 효과적으로 가려졌으므로 의식적으로는 볼 수 없었다. 한 종류의 정서적 얼굴(기쁜 또는 역겨워하는 얼굴)이 만화 캐릭터와 쌍을 이루는 여러 차례의 시행이 끝나고, 참가자들은 만화 캐릭터에 대한 그들의 전반적인 인상을 일련의 성격 속성들로 평가하였다. 실험 결과, 참가자들은 기쁜 얼굴과 만화 캐릭터가 반복적으로 나타난 경우보다, 역겨워하는 얼굴과 만화 캐릭터가 반복적으로 나타났을 때 만화 캐릭터에 대해 더 많은 부정적 판단을 내렸다(Niedenthal, 1990; Anderson, Siegel, White, & Barrett, 2012 또한 참조).

기분-부합 판단의 초기 검증이 긍정적이거나 부정적인 기분이 긍정적이거나 부정적인 대상과 사건의 판단에 미치는 광범위한 영향에 초점을 맞춘 반면, 후속 연구는 개별 정서가 판단에 특정적인 영향을 미침을 보여 주었다(Lerner & Keltner, 2001). 한 연구에서, 실험적으로 슬픔이 유발된 참가자들은 슬픈 사건이 일어날 가능성(예: 6만 명의 루마니아 고아 중에서 식량 부족으로 영양실조에 걸린 사람은 몇 명인가?)을 화나는 사건들이 일어날 가능성(예: 올해 중고차를 사려는 200만 명의 미국인 중에서 부정직한 자동차 판매상의 의도에 따라 불량품을 사게 될 사람은 몇 명인가?)보다 더 높게 판단한 반면, 분노가 유도된 참가자들은 이와 정반대의 판단을 내렸다(DeSteno et al., 2000).

기분-부합 판단의 설명들

기분-부합 판단이 어떻게 작동하는지 이해하는 한 가지 방식은 그것을 기분-부합 기억의 특수한 사례로 보는 것이다. 정서 상태는 그 판단과 관련성이 있는 기억들을 더 쉽게 떠오르도록 만들 것이다. 다시 말해, 당신이 슬플 때는 슬픈 일들이 쉽게 떠오르기 때문에 슬픈 것들이 더욱 슬프게 보일 수 있다. 정보로서의 감정(affect-as-information)이라는 또 하나의 모형은 다른 방식으로 기분-부합 판단을 설명한다(Greifeneder, Bless, & Pham, 2011).

정보로서의 감정 모형은 개인이 평가적 판단을 할 때 자신의 감정 상태(감정 상태가 활성화하는 기억 속 정보들을 포함하여)를 관련 정보로 사용한다고 주장한다(Clore & Huntsinger, 2007; Schwarz, 1990; Schwarz & Clore, 1983). 누군가에 대해 좋은 느낌을 갖는 것과 그 사람을 좋아하는 것이 서로 연관되는 것처럼, 때때로 느낌은 판단의 핵심이다. 당신은 어떤 사람을 잘 알게 되고 나서 그 사람의 매력에 대한 견해를 바꾼 적이 있는가? 만일 당신이 그 사람의 얼굴보다 성격을 좋아하게 되었다면, 결과적으로 당신은 처음의 평가보다 그 얼굴이 좀 더 매력적이라고 판단했을 것이다. 그리고 만약 우리의 느낌이 판단을 내리기 위한 최고의 정보나 유일한 정보가 아닐지라도 우리는 느낌을 효율적인 판단을 위한 **어림법** 혹은 단순한 '책략'으로 사용할 수 있다. 예를 들어, 대상에 대한 정보가 너무 많아서 평가하는 일이 복잡하거나, 판단하는 일에 노력을 쏟고 싶지 않다면 '나는 이걸 어떻게 느끼지?'라고 질문해 볼 수 있다. 만약 느낌이 좋다는 답이 돌아온다면 판단 역시 긍정적일 것이지만, 부정적 감정 상태라면 판단 역시 부정적일 것이다. 당신은 아마도 고등학교 시절 긍정적으로 판단했던 영화나 노래를 떠올릴 수 있을 것이다. 그때 처음의 긍정적 판단은 아마도 당신이 그 영화나 노래를 처음 접할 때 경험했던 감정 상태로부터 비롯되었을 것이다. 장편 영화는 수많은 정보가 포함되어 있으므로 신중하고 사려 깊은 평가를 하기에는 많은 노력이 든다. 따라서 이 경우 우리는 종종 느낌의 어림법을 사용한다. 만약 당신이 그 영화를 함께 본 사람을 좋아했었다면, 당신은 아마도 영화의 복잡한 특성들과 상관없이 그 영화에 애정을 갖고 있을 것이다. 중요한 것은, 이 모형에 따르면 사람들이 자신의 정서가 눈앞의 판단 대상과 아무 관련이 없다는 것을 깨달을 경우, 정보로서 감정의 사용이 줄어든다는 것이다. 만약 그들이 기쁘거나 슬픈 이유가 삶의 다른 이유 때문이라는 것을 안다면, 더 이상 그 정서는 고려대상에 포함되지 않으며 판단에도 영향을 미치지 않을 것이다(Hirt et al., 1997; Lantermann & Otto, 1996; Schwarz & Clore, 1983).

연결망 모형은 이러한 교정 과정을 예측하지 않을뿐더러, 더 나아가 기분-부합 판단에 대한 설명으로 정보로서의 감정 모형과 기분-부합 기억을 직접 비교한 몇몇 연구는 정보로서의 감정 모형을 지지하는 것으로 보인다. 예를 들어, DeSteno와 동료들(2000)은 유발된 감정 상태가 가능성 판단에 미치는 효과가 참가자들의 세상에 대한 지각(그들의 감정에 대한 정보가를 나타내는 지표)으로 설명되는 반면, 자전적인 부합 기억들(연결망 모형을 바탕으로 예상되는)로는 설명되지 않음을 관찰하였다.

부합성을 넘어: 개별 정서의 고유한 역할

다른 결과들은 기분-부합의 관점에서 해석하기가 더욱 힘들다. 예를 들어, Lerner와 Keltner(2001)는 분노와 공포의 두 부정적 감정 상태가 위험 추정에 상이한 영향을 미치는 반면, 분노 상태의 참가자들과 행복한 상태의 참가자들 사이에는 차이가 없음을 관찰하였다. 공포는 참가자들에게 위험을 과대평가하게 만드는 반면, 분노와 행복은 위험을 과소평가하게 만드는 것으로 보인다. Lerner와 Keltner는 특정 정서가 판단과 의사결정에 미치는 영향을 설명하고자 정서 평가 이론(제1장 참조)을 접목한 평가 경향틀(Appraisal Tendency Framework; Lerner & Keltner, 2000, 2001)을 제안하였다. 이 틀에 따르면 각각 다른 개별 정서와 연합된 평가들은 상황의 현재 상태에 대한 평가를 예측할 수 있는 효과를 지닌다. 예를 들어, 분노와 행복은 개인이 통제할 수 있는 사건들에 대한 평가와 연합된 반면, 공포는 (개인이 통제할 수 없고) 상황에 따라 좌우되는 사건들에 대한 평가와 연합되어 있다. 그 결과 화난(혹은 행복한) 사람들은 겁먹은 사람들에 비해 위험이 발생할 가능성을 더 낮게 추정한다(Lerner & Keltner, 2001; [그림 8-6] 참조).

Lerner와 Tiedens(2006)는 평가는 정서 노드가 포함된 연결망의 일부로서 생각할 수 있다고 제안하였다. 그렇다면 한 정서 노드의 활성화는 관련된 평가들의 활성화를 동반할 것이다. 이와 달리 평가를 정서에 의해 제공되는 정보의 일부로서 생각할 수도 있다. 예를 들어, 공포의 경험은 유기체에게 현재 상황에 문제가 있다는 것을 알려 줄 뿐 아니라, 그 상황이 불확실하고 자신의 통제 밖에 있다는 것을 알려 줄 것이다.

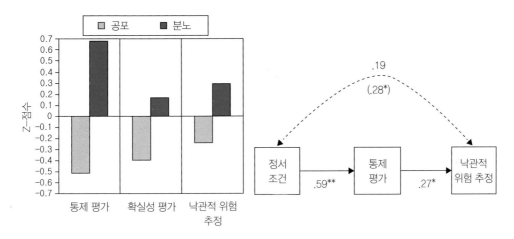

[그림 8-6] (왼쪽) 공포와 분노가 인지적 평가(값이 클수록 통제 또는 확실성이 높음) 및 위험 추정(값이 클수록 위험 추정에 더 낙관적임)에 미치는 영향. (오른쪽) 통제에 대한 평가가 위험 추정에 대한 정서의 영향을 매개함. 정서 조건의 낙관적 위험 추정에 대한 직접 효과(점선, β=.28)가 유의하지만, 이 효과는 정서의 영향을 받는 통제에 대한 평가를 통계적으로 통제할 경우 더 이상 유의하지 않게 된다(β=.19).

출처: Lerner & Keltner (2001).

정서와 처리 전략들

정서는 사람들이 생각하는 내용에 직접적인 영향을 미치는 것 외에도 우리가 얼마나 열심히 정보를 획득하고 이용하는 정도 또는 정보처리 전략에도 영향을 미치는 것으로 밝혀졌다. 정서가 인지 전략과 관련된다는 생각은 행복한 사람들이 더 넓은 범주를 사용하고 불필요한 세부사항을 쉽게 배제하는 과제를 더욱 효율적으로 수행한다는 것을 보여 준 연구에서 처음으로 제안되었다(Isen & Means, 1983). 이러한 효율성은 정보를 보다 단순하게 처리한 결과다.

특정 정책에 대한 당신의 생각에 영향을 주려는 메시지를 받았다고 상상해 보라. 당신은 그 메시지에 제시된 주장의 강도와 영향력을 평가하기 위해 그 내용을 신중하게 검토함으로써 당신의 의견을 형성할 수 있다. 이것은 시간과 인지적 노력을 필요로 하는 과정이다. 다른 방식으로, 당신은 메시지 작성자의 전문성 수준이 어떠한지와 같이 단순한 책략적인 단서들에 의존하여 의견을 형성할 수도 있다. 이미 논의한 바와 같이, 세부적인 정보에 주의를 기울이지 않고 의견을 형성하는 주먹구구식의 법칙을 어림법(heuristics)이라 한다. 연구들은 기쁨을 느끼는 사람들이 슬픈 상태의 사람들보다 설득하려고 하는 메시지 안에 있는 주장에 영향을 받을 가능성이 낮으며, 어림법의 영향을 더 많이 받는다는 것을 보여 준다(예: Bohner et al., 1992; Schwarz, Bless, & Bohner,

1991). 실제로 기쁨은 고정관념처럼 일반화된 지식에 대한 의존도를 증가시키는 반면(Bless et al., 1996; Bless & Fiedler, 1995; Bodenhausen, Kramer, & Süsser, 1994), 슬픔은 사람들을 상세한 정보에 더 민감하게 만들고(Bless & Fiedler, 1995; Forgas, 2013), 판단을 내릴 때 어림법에 덜 의존하도록 만든다(Krauth-Gruber & Ric, 2000).

이러한 결과들에 대해서 쾌락적 관점과 정보적 관점이라는 두 가지 주요 설명이 제시되었다. 쾌락적 관점(hedonic view; Isen, 1987)에 따르면, 사람들은 긍정적인 감정 상태를 경험하거나 유지하려고 노력한다. 사람들이 이미 긍정적인 감정 상태라면, 그들은 현재의 감정 상태를 변화시킬 수 있는 그 어떤 일에도 관여하려 하지 않을 것이다(Carlson, Charlin, & Miller, 1988). 결과적으로 그들은 세심한 정보처리에 관여하지 않으며 현재의 감정 상태를 유지하도록 허용하는 어림법에 의존한다. 이와 대조적으로 부정적인 상태에 있는 사람들은 그들이 느끼는 것을 바꾸려고 시도하는 것에서 희열을 느낀다. 그들은 현재 감정 상태를 변화시킬 방법을 찾기 위해 들어오는 정보들을 세심하게 처리할 가능성이 높다.

정보적 관점은 전혀 다른 처리과정으로 이러한 효과들을 설명한다. 정보로서의 감정 모형과 유사하게, 정보적 모형은 감정 상태가 환경의 상태에 대해 무언가를 우리에게 알려 준다는 기본 가정을 세운다. 긍정적인 감정 상태는 우리에게 현재 환경이 안전하며 상황을 바로잡으려는 어떤 행동도 필요하지 않다는 것을 알려 주므로, 특별한 상황적 요구로 인해 세심한 처리가 필요해지기 전까지는 들어오는 정보 처리에 관여할 필요가 없다(Bless et al., 1990). 결과적으로 행복할 때 우리는 자연스럽게 정보의 어림적 처리 및/또는 보편적인 지식 구조에 의존하는 경향을 띠게 된다(Bless et al., 1996). 이에 반해 슬픔처럼 부정적인 감정 상태는 환경에 문제가 있고, 문제를 해결하기 위하여 정보처리에 자원을 투자해야 한다는 것을 알려 준다. 이러한 동기는 우리로 하여금 들어오는 정보를 세밀하게 처리하고, 세부사항에 주의를 기울이며, 어림 전략 사용을 피하도록 유도한다(Forgas, 2013). 이 모형을 확장한 사례들은 심지어, 정서가 현재 생각하고 있는 내용을 평가하는 데에도 사용된다고 제안한다. 이 생각은 긍정적인 정서는 그 순간에 우리가 생각하고 있는 내용을 정당화하는 한편, 부정적인 정서는 그것을 부정하는 역할을 한다는 것이다(Clore & Huntsinger, 2007).

기분-부합 판단의 사례처럼 다른 연구들은 모든 부정적인 정서가 같지 않다는 것을 보여 주었다. 예를 들어, 일반적으로 슬픔이 세심한 처리와 관련되는 것과 대조적으로, 분노와 혐오는 사회적 정보의 피상적인 처리를 이끄는 것으로 밝혀졌다(Small & Lerner,

2008; Tiedens & Linton, 2001). 앞서 설명한 평가 경향들(Lerner & Keltner, 2001; Lerner et al., 2015)은 다시금 이러한 결과들에 대한 설명을 제공한다. 분노와 혐오는 확실성의 평가 경향과 연합되어 있으므로 상황을 예측 가능한 것으로 평가하게 하며, 이로 인해 사람들이 두렵거나 슬플 때에 비해 더욱 어림법을 사용한 판단 방식에 의존하도록 만든다(Han, Lerner, & Keltner, 2007).

정서는 판단에 두 가지 영향을 미칠 수 있는 것으로 보인다. 한 가지는 많은 경우 판단이 정서적으로 부합하는 방식으로 내려진다는 것이다. 당신이 특정 정서를 느낄 때 당신의 판단은 그 정서를 매우 구체적인 방식으로 반영한다. 두 번째, 정보처리 방식이나 판단 전략들은 정서의 영향을 받는다. 일부 긍정적인 정서들이 피상적이지만 효율적인 전략을 더 많이 사용하게 하고, 슬픔과 아마 다른 부정적인 정서들은 선택을 위해 보다 체계적인 전략(관련된 모든 정보를 고려하는 것)을 사용하게 만든다. 다음 절에서 살펴볼 것처럼, 이러한 판단들은 우리의 의사결정에 반영된다.

정서와 의사결정

의사결정은 여러 대안 가운데서 한 가지 선택을 내리는 것이다. 각각의 대안은 '효용(utility)' 또는 '가치(value)'라고 불리는 기대된 결과에 대한 만족도와 연합되어 있다(Phelps, Lempert, & Sokol-Hessner, 2014). 특정 대안의 기대 결과가 긍정적이라면 그 대안은 높은 효용 또는 가치를 가진다. 예외가 있기는 하지만 사람들은 대개 효용을 극대화하는 방식으로 선택을 한다. 여러 선택지의 효용은 그것이 (부정적인 정서에 비해) 긍정적인 정서를 초래하는 정도에 기인할 수 있다. 예를 들어, 복권을 사는 행위는 부모님께 새집을 마련해 드리거나, 새 차를 살 수 있는 능력에서 오는 기쁨을 상상하는 것을 초래하기에 높은 가치를 지닐 수 있다(Slovic et al., 2007). 파티에서의 과음은 사고를 당할 수 있다는 공포와 관련될 것이며, 종국엔 당신의 잘못된 행위에 대한 죄책감과 관련됨으로써 부정적인 효용을 지닐 수 있다(Bjälkebring, Västfjäll, Svenson, & Slovic, 2015). 이처럼 예상한 정서들은 '합리적' 의사결정자의 의사결정 과정에 반영된다([그림 8-7])(Loewenstein et al., 2001).

기대 정서가 의사결정을 유도한다는 생각은 체감각 표지가설(somatic marker hypothesis)이라고도 불린다(Damasio, 1994). 이 이름은 선택들이 기억 속에 저장된 특정 정서적 기대로 '표시되어' 있다는 생각을 의미한다. 체감각 표지가설에 따르면, 사람

[그림 8-7] 일상생활의 다양한 상황은 대안들 사이에서 의사결정을 요구한다. 연구들은 정서가 종종 이러한 의사결정을 보다 효율적으로 만드는 가이드로 사용됨을 보여 준다.

들은 의사결정을 내릴 때 가능한 선택의 결과에 대한 체화된 시뮬레이션을 생성한다. 그러면 예상된 정서는 의식적이든 무의식적이든 의사결정을 유도한다(Damasio, 1994). 이를 검증한 고전적 연구에서, Bechara 등(1996)은 참가자들에게 네 벌의 카드 뭉치에서 카드를 한번에 하나씩 고르는 게임을 하게 했다. 각각의 카드는 이익 또는 손실과 연관되어 있었다. 두 벌의 뭉치에는 전반적으로 참가자에게 유리한(손실보다 이득이 많음) 카드들이 포함되어 있는 반면, 다른 두 벌의 뭉치에는 참가자에게 불리한 카드들이 포함되어 있었다(이득보다 손실이 많음). 여러 번의 시행 이후, 참가자들은 카드를 고를 때 자신에게 유리한 뭉치를 선택하는 법을 학습했다. 흥미롭게도, 참가자들이 자신에게 유리한 뭉치가 무엇인지 의식적으로 알기 전부터, 그들의 생리적 정서 반응은 나쁜 뭉치에서 카드를 고르는 순간 피부 전도 반응의 진폭이 증가함으로써 '좋은' 뭉치와 '나쁜' 뭉치를 구별할 수 있음을 보여 주었다. 더 나아가 Bechara와 동료들은 양쪽 복내측 전전두피질(ventromedial prefrontal cortex)의 손상으로 두 종류의 뭉치에 상이한 생리적 반응을 보이지 않는 환자들은 '좋은' 뭉치를 선택하는 법을 학습하지 못한다는 것을 관찰하였다. 이러한 결과들은 (심지어 무의식적인) 때로는 정서적 반응들이 사람들이 좋은 결정을 내리도록 도움을 줄 수 있다는 것을 시사한다.

정서는 또한 다른 단계에서도 의사결정 과정에 반영된다. 우리가 정서와 판단에 대해서 배운 것처럼, 결과에 대한 평가는 의사결정 과정에서 선택과 무관한 요소들에 의해 유발된 정서의 영향을 받을 수 있다. 예를 들어, 기쁨은 위험을 과소평가하고 결과의 긍정성을 과대평가하게 만듦으로써 당신의 선택에 영향을 미칠 수 있다

(Winkielman, Berridge, & Wilbarger, 2005). 마찬가지로 도박 과제에 앞서 겁먹은 얼굴을 제시할 경우 사람들은 좀 더 신중해진다(Schulreich, Gerhardt, & Heekeren, 2015). 정서는 우리의 현재 정서 상태가 나타나게 된 동기와 부합하는 결과의 특정 자질들을 보다 중요하게 여기도록 만들 수 있다. 예를 들어, 슬픔을 느끼는 사람들은 새로운 세금이 '슬픈' 문제들을 해결해 줄 것으로 보인다면, 그 세금이 '화나는' 문제들은 해결해 주지 못하더라도 해당 세법의 도입을 보다 찬성하는 반면, 분노를 느끼는 사람들에게는 정반대가 적용된다(DeSteno et al., 2004).

역설적으로 이러한 과정들은 행복한 사람들이 위험을 피하도록 만들 수 있다(Blanchette & Richards, 2010). 이미 언급한 것처럼 행복은 현재 상태를 유지하려는 동기를 갖고 있는 긍정적인 상태다(Nygren et al., 1996). 따라서 사람들에게 어떤 결정이 금전적 손실을 가져올 것처럼 위험하게 지각된다면, 행복은 그들의 안위를 위협할 수 있는 요소를 피하도록 이끌 것이다. 즉, 행복을 느끼고 있는 사람들은 위험한 선택에 덜 관여하는 경향이 있다. 이러한 효과는 개인의 현재 상태 때문일 수도 있지만, 현재 상태를 바꿀 수 있는 예상 정서(잠재적인 부정적 결과들) 때문일 수도 있다. 실제로, 예상한 결과는 개인의 현재 정서 상태에 영향을 미칠 것이며, 이는 행복한 사람이 부정적인 결과를 예상하는 과정에서 죄책감을 느끼게 함으로써, 주의를 기울여야 할 정보와 상황을 지각하는 방식을 수정하도록 만든다(Lerner et al., 2015).

앞서 제시한 예에서 볼 수 있듯 의사결정은 복잡한 다중처리 현상이며, 우리는 현재 여기서 정서가 중요한 역할을 한다는 강력한 증거들을 보유하고 있다(Hsee, Hastie, & Chen, 2008; Lerner et al., 2015; Loewenstein et al., 2001; Winkielman, Knutson, Paulus, & Trujillo, 2007). 그러나 전체 의사결정 과정과 함께 이에 동반되는 각 처리과정에서 정서의 정밀한 역할을 완전히 이해하기까지는 아직 한참 멀었을 것이다.

📓 요약

- 비록 정서와 인지가 구분된 정신적 처리과정인지 여부는 불분명하지만, 여전히 지각, 기억, 평가, 의사결정 등 다른 정신적 능력들과 정서 사이의 상호작용을 탐구할 수 있다.

- 대상이나 사건에 대한 지각이 활성화 확산을 통해 연상 노드들을 흥분시킨다는 기억의 연결망 모형은 우리의 개념 체계와 신체적 정서 경험이 서로 구분됨을 상정한다. 이와 대조적으로, 체화된 시뮬레이션 모형은 지각과 함께 우리의 감각 체계와 감정 체계가 동시에 활성화되며, 이로 인해 기억에 접속할 때 초기의 정서를 재경험하게 된다고 주장한다.

- 정서적인 대상은 주의를 사로잡으며, 정서는 주의의 초점이 얼마나 넓거나 좁을지를 결정한다.

- 각성 수준이 높은 경험들은 중립적인 사건이나 대상보다 쉽게 회상되며, 부정적인 정보는 보다 높은 수준의 각성을 유발하는 경향으로 인해 회상되기 쉬워진다. 그러나 정서적인 정보가 언제나 더욱 기억에 남는 것인지, 아니면 학습 도중의 부수적인 정서가 정보를 더욱 기억에 남게 만드는 것인지는 불분명하다. 우리는 현재 경험하는 기분과 부합하는 정서적, 감정적 어조를 지닌 정보를 회상하는 경향이 있다.

- 판단 역시 기분 및 개별 정서들의 영향을 받는다. 우리는 보다 신속하게 평가하기 위한 어림법으로 기분을 이용하며, 따라서 긍정적인 감정 상태를 경험하는 동안 새로운 정보를 처리하는 데 보다 효율적이게 된다. 하지만 더 사려 깊거나 심사숙고하게 되지는 않는다.

- 의사결정 과정에서 우리는 기대되는 정서의 효용을 평가하지만, 현재 정서 상태에 의해 영향을 받기도 한다.

▶ 학습 링크

1. 기억에 얽힌 정서가 기억이 사라진 뒤에도 마음속에 남아 있다는 것을 보여 주는 기억상실증 환자 연구 읽어 보기
   http://www.npr.org/templates/story/story.php?storyId=125869707

2. 정서, 인지, 의식에 관한 원탁토론 들어 보기
   http://ww.npr.org/templates/story/story.php?storyId=1461612

3. 정서와 인지를 컴퓨터 시스템에 연관시키는 꽤 흥미로운 기사 읽어 보기
   https:///www.infoq.com/articles/emotion-cognition

제9장
정서조절

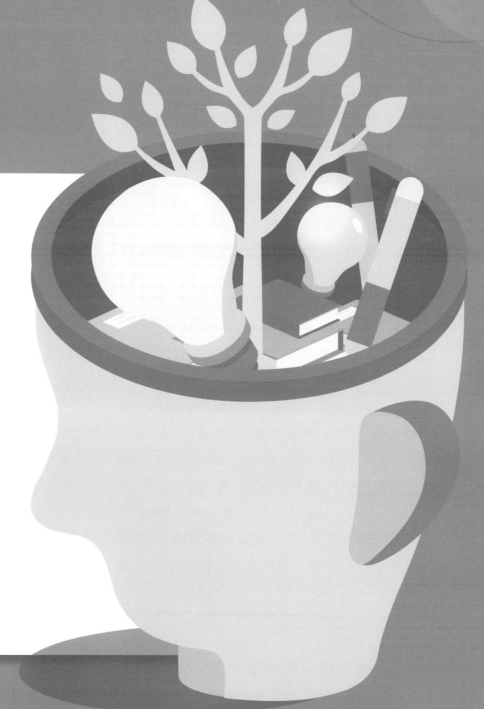

Psychology
of Emotion

어떤 사람들은 대중 앞에서 이야기하는 것을 무척 좋아한다. 하지만 대부분의 사람은 그것을 공포스러워한다. 적어도 처음 시도한 경우에는 말이다. 심지어 15개의 다른 대학교 학생들이 있는 수업에서 앞에 나와 서는 것은 너무 긴장되어 속이 울렁거리고, 손바닥에 땀이 나고, 도망가고 싶게 만들 것이다. 만약 감정이 당신을 휩쓸어 가도록 둔다면(또는 당신을 '장악'하도록, Goleman, 1995), 당신은 심지어 겁에 질려 벌떡 일어나 강의실을 뛰쳐나갈 수도 있다. 마치 만화 속 캐릭터처럼, 당신의 학우들은 당신이 지나간 흔적만 볼 수 있을 만큼 멀리 달아날 것이다.

하지만 고등학교 토론 상황이든, 과학적인 실험에 관한 대학 수업 발표든, 대부분의 순간에, 당신은 사실 다음과 같은 과정을 겪게 된다. 잘하기 위해 당신은 '감정의 자연스러운 흐름을 되찾아야' 한다(Koole, 2009). 대중 연설의 경우, 당신은 아마도 숨을 깊게 들이쉬고, 볼 안쪽을 물거나 심지어 청중들이 속옷만 입고 있다고 마음속으로 그려 보기도 할 것이다. 일상생활에서 우리는 눈물을 참기 위해 노력하고, 즐거움을 꾸며 내거나 과장하고, 쓰레기통을 찬다거나 문을 쾅 닫는 것으로 누군가를 향한 분노를 풀기도 한다. 이 모든 전략은 정서를 조절하는 데 사용되는 것이다.

정서조절(emotion regulation)이라는 용어는 개인이 경험하거나 경험하지 않은 정서의 강도, 지속시간 및 종류에 영향을 주는 것을 지칭한다. 그리고 어떤 상황에서 주어진 정서를 경험하게 될 것인지, 그리고 이러한 정서들을 표현할 것인지 말 것인지 그리고 어떻게 표현할 것인지를 통칭한다(Gross, 1999, 2015). 사람들은 다음과 같은 발언에서 드러나는 것처럼 자신의 정서를 의도적으로 조절한다. "그 영화는 나를 너무 슬프게 할 것 같아서 나는 보러 가고 싶지 않아." 또는 "나는 내 친구에게 엄청 화가 났어, 그러니 아이스크림이나 먹으러 가자!"(Ochsner & Gross, 2005, 2008; Tice & Bratslavsky, 2000). 물론 사람들은 자신의 정서를 비자발적으로 조절하기도 한다. 예를 들어, 자동차 사고 장면을 보지 않으려고 갑자기 고개를 돌릴 때처럼 말이다(Mauss, Bunge, & Gross, 2007).

우리는 이 장을 사람들이 정서를 왜 조절하는가에 대해 논의하며 시작하려고 한다. 정서조절 동기들을 고려하고 나서 우리는 사람들이 어떻게 조절하는가로 넘어갈 것이다. 우리가 예를 통해 묘사한 수많은 정서조절 방법은 정서조절전략(emotion regulation strategies)이라 불린다. 우리가 '전략'이라 이름 붙인다고 해서 많은 정서조절 과정이 의도적이라는 것을 의미하는 것은 아니다. 정서조절이 자동적일 수 있음을 이미 이야기했다. 여기서 '전략'의 의미는 정서조절 방식이 그 당시 개인의 목표와 능력, 그리고 기회와 일치한다는 뜻이다. 우리가 기술하는 정서조절전략은 인지적, 생리적, 행동 표현(behavioral-expressive) 및 경험적 측면을 포함한 정서의 여러 다른 요소에 영향을 줄수 있다. 마지막으로, 우리는 정서조절의 결과를 평가할 것이다. 비록 자신의 정서를 관리하는 것에 목적이 있을 수 있지만, 그에 대한 비용 또한 있을 수 있다. 그 비용에는 기억, 사적인 관계, 그리고 건강에 미치는 부정적인 효과가 포함될 수 있다.

정서조절의 동기

정서 경험이나 표현을 바꾸고 싶은 이유는 수없이 많다(Koole, 2009). 이 모든 것은 현재의 정서 상태가 왠지 '탐탁지 않은' 상태라는 생각에서 출발한다. 무엇이 정서를 탐탁지 않게 만들고, 조절하고 싶게끔 만드는가? 어떤 정서가 바람직하지 못한 한 가지 이유는 부정적인 느낌—즉, 심리적 불쾌함이다. 만약 당신이 기분이 더 나아지고 싶어서 정서를 조절하려고 했다면 당신은 쾌락적 동기(hedonic motivation)로 인해 행한 것이다(Larsen, 2000). 쾌락적 동기는 당신의 기분이 처졌으니 오늘 밤 코미디 클럽에 가고 싶다고 말하도록 부추기는 것이다. 기분이 나빠서 기분이 좋아지고 싶은 것은 도박(Dickerson, 1991)이나 음주(Sayette, 1993)와 같이 더 해로운 정서조절 행동과도 상관이 있다.

가끔은 당신의 정서 상태가 그저 그렇다고 느낄 수도 있지만, 당신은 이 느낌이 특정 과제를 더 잘 수행하도록 해 주지는 않을 것이라는 알고 있다. 예를 들어, 당신이 유기 화학 시험을 치러 강의실에 들어갔을 때 위축된 기분을 느끼는 것은 그렇게 유용하지 않을 수 있다. 만약 어떤 과제를 위해 특정 정서가 적절하다고 믿어서(그리고 다른 것들은 부적절하다고 믿어서) 정서를 조절하려 했다면, 당신은 도구적 동기(instrumental motivation)로 움직인 것이다(Erber, Wegner, & Therriault, 1996; Parrott, 1993). 어떤 연구에서는 참가자들이 공포와 분노가 도움이 된다고 생각할 때, 그들은 공포(Tamir & Ford, 2009)와 분노(Tamir, Mitchell, & Gross, 2008)를 증가시키려고 노력했다. 예를 들어, Tamir와 그의 동료들(2008)이 수행한 연구에서, 참가자들은 적과 대립하는 컴퓨터 게임을 하기 전에 자신을 화나게 하는 활동에 참여하려고 했고, 어떤 왕국을 건설하는 컴퓨터 게임을 하기 전에는 하려 하지 않았다([그림 9-1]).

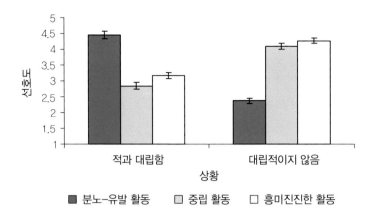

[그림 9-1] 참가자들이 적과 대립하는 게임을 하거나, 그렇지 않은 게임 상황일 때, 분노-유발, 중립, 흥미진진한 활동에 대한 참가자들의 선호도

출처: Tamir, Mitchell, & Gross (2008).

　　사람들이 느끼거나 표현하고 싶어하는 것은, 특정 감정을 드러냈을 때 예상되는 대인관계의 결과에 대한 우려로 결정될 수도 있다. 즉, 다른 사람들의 감정을 보호하기 위해 자신의 정서를 조절하는 친사회적 동기(prosocial motives)에 의해 감정을 조절할 수도 있다. 예를 들어, 친구의 애인에게 느끼는 호감을 숨기는 것은 좋은 생각이다. 적어도 친구와 친한 상태를 유지하고 싶다면 말이다.

　　자기-보호 동기(self-protection motives) 또한 정서조절의 이유가 될 수 있다. 개인의 신변 보호를 위해, 또는 다른 사람으로부터 도움 행동을 끌어내기 위해 자신의 정서를 억제하거나 정서를 꾸며 낼 수도 있다. 예를 들어, 직장에서 부정적인 결과를 피하기 위해 직원은 고용주 앞에서 분노를 느끼거나 표현하는 것을 조절할 수 있다. 또한 그 직원은 자신이 저지른 실수에 대해 용서를 구하기 위해 당혹감을 과장할 수도 있다.

　　마지막으로, 인상 관리 동기(impression management motive), 즉 부적절한 정서를 표현함으로써 다른 사람에게 부정적으로 판단되는 것에 대한 두려움은 종종 정서조절의 원인이 된다. 다른 사람에게 비호감으로 평가되는 걸 피하고 싶은 동기는 특정 맥락에 어떤 정서들이 적절한가에 대한 규범에 대한 지식들이 기반이 되어 일어난다(Fischer et al., 2004; Manstead & Fischer, 2000). 정서 규범(emotion norms)은 겉으로 드러나는 정서 표현 양식을 규정할 뿐만 아니라 주어진 상황에서 경험할 수 있는 정서 자체도 규정한다(Hochschild, 1983). 정서 표현 규칙(display rules)은 특정 상황에서 적절한 정서 표현이 무엇인지 구체화하고, 느낌 규칙(feeling rules)은 사회적, 문화적 관습에 따라 사람이 경험해야 하는 느낌을 규정하는 것을 말한다. 정서 표현 규칙의 예로, 때때로 서비스

부문에서 일하는 종업원들이 '미소로 응대하기'를 할 것이라고 기대하는데, 이건 고객 만족을 증가시키기 위해 부정적인 정서는 억제하고, 긍정적인 정서를 표현하기를 바라는 것이다(Grandey, 2000).

지금까지 우리는 개인들이 왜 자신의 정서를 조절하려는지, 그 동기에 대해 알아보았다. 이제 우리는 **어떻게** 정서를 조절하는지 알아보고자 한다. 다음 절에서는 사람들이 정서를 변화시키는 과정에 사용하는 다소 효과적인 전략들을 논의할 것이다.

정서조절전략

정서조절전략의 개념적 구조를 살펴보는 한 방법은 어떤 정서를 경험하기 이전의 과정과 이후의 과정을 구별하는 것이다(Gross, 1988, 1999; Gross & Thompson, 2007). Gross의 정서조절 과정 모형(process model of emotion regulation)은 정서가 촉발되는 상황을 경험하는 과정 동안 각각 다른 시점에 각기 다른 전략들을 사용한다고 가정한다. 사전초점(antecedent-focused) 정서조절은 어떤 정서가 촉발되기 전에(우리는 무엇이 닥쳐올지 알기 때문에) 그 정서를 조절하거나 변경하려는 시도를 말한다. 반응초점

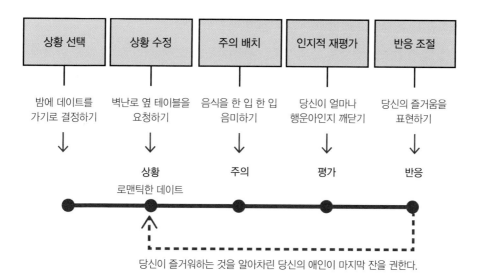

[그림 9-2] Gross의 정서조절 과정 모형. 모형은 정서 반응을 촉발하는 각자 다른 시점에서 발생하는 다섯 가지의 정서조절을 강조한다(시간은 왼쪽에서 오른쪽으로 흐르는 까만 선으로 표시된다). 여기서 우리는 긍정적인 감정이 강화되는 걸 보고 있다.
출처: Quoidbach, Mikolajczak, & Gross (2015).

(response-focused) 조절은 어떤 정서 경험이 이미 발생했을 때, 그 정서의 주관적, 표현적, 그리고 생리적 측면을 수정하는 것을 일컫는다.

Gross는 [그림 9-2]에서 나타낸 것처럼 시간에 따른 정서조절전략을 다섯 가지로 분류하였다. 이 중 네 가지는 사전초점이고, 하나는 반응초점이다. 정서조절의 사전초점 전략부터 살펴보자.

사전초점 조절전략

첫 번째 사전초점 전략은 상황 선택(situation selection)으로, 원하는 감정을 일으킬 것으로 알고 있는 사건이나 사람을 선택하거나, 원하지 않는 감정을 일으키는 사건이나 사람을 피하는 것을 말한다. 예를 들어, 당신은 당신에게 주로 슬픔이나 분노를 유발하는 특정 인물을 피하기 위해 파티에 참석하지 않겠다고 결정할 수 있다. 반대로 당신은 당신을 기분 좋게 만들어 줄 것이라 알고 있는 사건이나 사람을 만날 수 있는 파티에 가기로 결정할 수 있다.

두 번째 사전초점 전략은 상황 수정(situation modification)으로, 상황의 특성이 가지는 정서적 영향력을 수정하기 위해 그 특성을 변화시키려고 시도하는 것이다. 친구 집에 방문했을 때 친구에게 강아지를 줄에 묶어 놓아 달라고 요청하거나, 룸메이트에게 음악 소리를 낮춰 달라고 부탁하는 것이 상황 수정의 예다.

세 번째 사전초점 전략은 주의 배치(attentional deployment)로, 당신은 환경에 존재하는 정보를 어떻게 받아들이느냐에 따라 상황이 갖는 정서적 효과에 영향을 줄 수 있다. 주의 배치는 개인이 선택적 주의를 사용해서 어떤 사건을 정서적으로 환기하는 측면만 보도록 제한(혹은 강화)할 때 발생한다(Gross & Thompson, 2007). 예를 들어, 당신이 무서운 영화를 볼 때 당신은 피투성이 손이나 무섭게 생긴 좀비로부터 눈을 돌리고 영상의 중립적인 부분만 볼 수도 있다. 주의를 전략적으로 사용하는 것은 나쁜 기분(Rusting, 1998), 화난 감정(Gerin et al., 2006), 그리고 심지어 스트레스(Bennett et al., 2007) 같은 다양한 종류의 부정적인 감정 경험을 감소시키는 것으로 알려져 있다.

넷째, 사람들은 특정 감정의 발생을 감소 또는 증가시키기 위해 상황에 관한 생각을 변경할 수 있다(인지적 재평가). 예를 들어, 당신의 이웃이 당신을 계속 아는 척하지 않고 당신을 의도적으로 무시하는 것처럼 보인다면 당신은 화가 나기 시작할 수 있다. 하지만 그 이웃이 인사하지 않는다는 사실을 그 사람의 만성적 무례함(모든 사람을 향한)

때문으로 해석하거나, 그가 개인적 문제로 정신이 없어서, 또는 시력이 좋지 않기 때문이라고 해석할 수도 있다. 만약 당신이 이와 같은 이유 중 하나로 그 상황을 재평가한다면 그가 인사하지 않는 것에 대해 좀 다르게 느낄 수 있다.

반응초점 조절전략

반응초점 조절전략들은 이미 정서가 유발되었을 때 사용하는 전략들로 구성된다. 이러한 전략들은 특정 정서의 주관적, 생리적 그리고 표현적 양상을 수정하려는 시도를 포함한다. 표현 행위 조절(regulation of expressive behavior)과 같은 전략은 특정 정서의 얼굴표정뿐만 아니라 몸짓 또는 목소리를 통한 정서 표현을 억제하거나 증가시켜 결과적으로 정서 경험을 조절할 수도 있다.

심리학자들은 이 외에 추가적인 반응초점 조절전략을 확인해 왔다. 생리적 각성 조절(regulation of physiological arousal)은 약물에 의해 가능한데, 근육 긴장을 감소시켜 주는 진정제나 아드레날린성 베타-수용기의 작용을 억제하여 교감 신경계의 활성화를 감소시키는 베타-차단제(beta-blockers)를 사용할 수 있다. 베타-차단제는 고혈압 치료제로 주로 사용되지만, 무대 공포증(fighting stage fright)이나 시험 불안을 치료하기 위해서도 사용된다. 근육 긴장도나 생리적 각성에 영향을 주는 다른 약물들에는 알코올성 음료나 커피, 마리화나 그리고 담배가 있다. 대학생들은 알코올이 그들의 기분을 상승시키는 데 사용될 수 있다고 믿고, 그 목적을 위해 알코올을 사용한다(Merrill & Read, 2010). 또한 자기 스스로 근육을 이완시키거나, 바이오 피드백 또는 운동을 통해서 보다 긍정적으로 생리적 각성을 조절할 수 있다(Thayer, Newman, & McClain, 1994).

또 다른 반응초점 조절전략은 경험 조절(regulation of experience)로, 감정을 수반하는 강렬한 생각에 몰두하거나 그 생각을 억제하는 것이다. 첫 번째는 주로 반추(rumination)라 불리는 것으로, 특히 부정적인 생각이나 느낌을 이해함으로써 그것의 부정적인 영향을 줄이려는 목표를 갖고 의식적으로 주의를 주는 것을 말한다. 반추는 주로 불안이나 우울 같은 정신병리학적 증상의 맥락에서 연구되어 왔으며, 특히 강요하는 방식으로 발생할 때 우울 증상을 더 악화시킨다고 알려져 있다(Aldao, Nolen-Hoeksema, & Schweizer, 2010; Nolen-Hoeksema & Morrow, 1993). 두 번째는 정서적 생각을 의식적으로 억제하는 것으로서, 기분이 나빠지지 않기 위해 떠나간 연인을 생각하지 않는 것과 같이 익숙한 경험으로 설명할 수 있다. 이 장 후반부에 논의하겠지만, 정서적 사고 억제(emotional thought suppression)는 일반적인 사고 억제가 유발하는 것과 비슷하게 역설적인 효과를 낳을 수 있다(Wegner, 1994). 즉, 그것은 역설적으로 억제한 정서의 회귀를 촉진시킬 수 있다.

세 번째 반응초점 조절전략은 정서 발설, 또는 소위 정서의 사회적 공유(social sharing of emotions)라 일컫는 것이다. 강렬한 긍정적 혹은 부정적 정서 경험 직후 사람들은 다른 사람에게 자신의 감정에 대해 말하고 싶어 하는데, 이는 역으로 그들의 정서에 영향을 미친다.

이 장의 나머지 부분에서 우리는 활발하게 연구된 네 가지의 정서조절전략들, 인지적 재평가(cognitive reappraisal), 표현 억제(expressive suppression), 정서적 사고 억제(emotional thought suppression), 그리고 정서 발설(emotional disclosure)의 효과에 대해 자세히 논의할 것이다. 우리는 각 전략이 정서의 특정 혹은 모든 측면을 수정할 수 있는지 논의할 것이고, 또한 각 전략이 그 개인의 대인관계나 건강에 생각하지 못한 대가를 초래하지 않는지 논의할 것이다.

인지적 재평가

우리 행동 대부분은 의도적이다. 그래서 일상에서 우리는 대개 다음에 무슨 일이 일어날지 알고 있다. 또한 다음에 일어날 일에 대해 일반적으로 어떻게 정서적으로 반응할지도 알고 있다. 우리는 이렇게 정서적 예측을 할 수 있기 때문에, 앞으로 일어날 상황의 정서적 파급을 변화시키기 위해 그 상황에 대한 생각을 바꾸는, 즉 인지적 재평가 전략을 사용할 수 있다. 사람들은 종종 재평가를 부정적인 사건을 덜 부정적인 것으로 생각하는 방식으로 사용하며, 그럼으로써 부정적인 감정을 누그러트리려고 한다(Giuliani & Gross, 2009). 슬픔(Ochsner et al., 2004)이나 분노(Stemmler, 1997)와 같은 부정적인 감정의 강도는 인지적 재평가(cognitive reappraisal)로 인해 약화된다고 알려져 왔다. 어떤 연구들은 대학생들이 다가올 시험에 대한 걱정이나 스트레스를 그 상황으로부터 더 거리를 두거나 긍정적인 방향으로 생각함으로써 성공적으로 부담을 줄일 수 있음을 보여 주었다. 예를 들어, 시험 상황을 그들의 무지가 드러날지도 모르는 상황으로 해석하기보다 그들이 알고 있는 것을 보여 주는 기회(도전)로 해석하는 것으로 말이다(Tomaka et al., 1997).

 긍정적 경험들도 감정을 조절하는 방향으로 재평가될 수 있다. 즐거운 감정이나 표현을 바꾸려고 시도하는 것은 아마도 매우 친숙한 일일 것이다. 종교적 행사처럼 매우 진지한 행사로 향하는 길에, 당신과 같이 가는 친구나 형제자매가 매우 웃기려고 하는 때를 떠올릴 수 있을 것이다. 당신은 아마도 차 안에서 도착하기 전부터 정서를 조절하기 시작했을 것이다. 즐거움을 조절하기 위해 재평가를 사용하는 연구에서 실험 참가자들은 몇 가지 재밌는 영상을 보았다. 각 영상이 시작되기 전에 참가자들은 영상을 보고 재평가를 통해 자신의 즐거움을 증가시키거나 감소시키라는 지시를 받았다. (초반에 참가자들은 즐거움을 증가 혹은 감소시키기 위해 어떻게 재평가를 사용해야 하는지 설명받았다.) 영상을 보는 동안, 참가자들의 얼굴표정과 목소리, 혈압, 심박 그리고 피부 전기 반응 같은 생리적 반응들을 측정하였다. 그리고 참가자들은 영상을 보고 난 뒤에 자신이 경험한 즐거움 정도를 보고하였다.

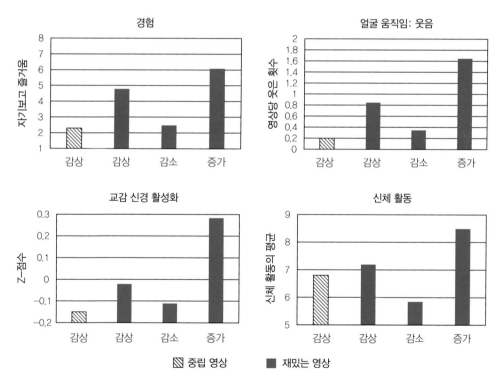

[그림 9-3] 각 영화 영상을 본 뒤, 참가자들은 영화를 보는 동안 얼마나 즐거움을 느꼈는지를 주관적으로 평정했다. 영상을 보는 동안 참가자들의 얼굴표정을 녹화하였고, 나중에 웃음 표정을 코딩하였다. 심혈관의 교감신경 활성화는 손가락 맥박 진폭, 손가락 맥박 시간, 귀 맥박 시간, 그리고 손가락 온도 정보를 합성하여 만들어진 것으로 평가하였다. 신체 활동은 참가자들의 의자에 부착된 전기장치를 이용해 전반적인 신체 움직임에 비례하는 전기신호를 통해 측정되었다.

출처: Giuliani, McRae, & Gross (2008).

연구 결과는 재평가를 사용하여 참가자들이 성공적으로 정서적 반응의 많은 양상을 의도한 방향으로 수정할 수 있었음을 보여 준다([그림 9-3]을 보라). 다른 연구도 부정적 감정을 유발하는 자극의 재평가가 경험적, 행동적, 생리적, 그리고 정서의 신경적 요소들을 의도한 대로 조절할 수 있음을 증명하였다(Gross, 1998; Ochsner et al., 2004). 이는 재평가가 많은 요소를 수정하기 위한 성공적인 전략임을 시사한다.

종합하면, 재평가에 관한 연구는 정서조절전략이 긍정적이거나 부정적인 정서 경험, 표현 및 생리적 흥분을 감소시키는 데 성공적임을 시사한다(Gross, 2002). 더불어 재평가는 기억을 손상시키지 않는다는 점에서 인지적 자원의 소모를 줄일 수 있다.

표현 행동의 억제

당신은 웃는 것이 부적절한 장소에서 즐거운 감정을 갑자기 억제해야 하는 상황에 웃음이 터질 뻔한 경험이 있을 것이다. 이 경우, 당신은 웃음을 겉으로 드러내지 않으려고 애를 썼을 것이다. **표현 억제**(expressive suppression)는 얼굴표정 및 신체적 정서 표현을 자발적으로 억제하는 것으로, 많이 연구된 반응초점 정서조절전략이다. 표현 억제에 대한 많은 연구에서, 실험참가자들은 정서 유발 영상이나 사진을 접하고 그들의 솔직한 정서 반응이 일어날 때 그 반응을 억제하라고 지시받는다. 그리고 통제조건 참가자들은 어떤 조절 지시도 받지 않는다. 참가자들의 얼굴표정을 녹화하고[또는 그들의 안면 근육 활동을 근전도(electromyography: EMG)로 측정하였다], 그들의 생리적 반응을 기록하며, 주관적 감정의 자기보고를 수집한다. 정서의 여러 가지 요소를 측정하는 것은 사람들이 정서 표현을 잘 조절했는지 그리고 억제가 정서 반응의 다른 부분에 영향을 주었는지 혹은 주지 않았는지를 확인할 수 있게 한다.

Gross와 Levenson(1997)은 참가자들에게 세 개의 영상을 보게 했는데, 하나는 슬픈, 다른 하나는 즐거운, 그리고 나머지 하나는 중립적인 영상이었다. 참가자 일부는 얼굴표정을 억제하라고 지시받았고, 반면에 다른 집단은 어떤 특정한 지시도 받지 않았다. 정서적 영상을 보는 동안 정서 표현을 억제하려고 노력한 참가자들은 억제 지시를 받지 않은 집단과 비교했을 때, 유의한 정도로 정서 표현을 억제하였다. 하지만 억제한 사람들도 여전히 중립 영상을 볼 때보다는 정서적 영상을 볼 때 더 많이 표현했다. 이 결과들이 암시하는 것은 비록 사람들이 표현을 억제할 수 있더라도 완전히 억제할 수는 없다는 것이다(Richards & Gross, 1999). 중요한 것은 억제가 교감 신경의 흥분을 증가시키기도 했는데, 이는 정서 표현을 억제하려는 시도에 꽤 노력이 들어감을 알려 준다. 다른 연구에서도 표현을 억제하는 동안 교감 신경의 흥분이 증가되는 것이 반복검증 되어 왔다(Demaree et al., 2006). 게다가 정서 표현 억제자들은 웃긴 영상을 볼 때 즐거움을 덜 느꼈다고 보고하였지만, 슬픈 영상을 봤을 때는 억제하지 않은 사람들에 비해 덜 슬프지 않았다. 또 다른 연구에서는 절단 수술을 보여 주는 영상을 시청하는 동안 혐오 표현을 억제하는 것이 혐오의 주관적 경험을 감소시키지는 않았다(Gross & Levenson, 1993).

인지적 재평가와 표현 억제 비교하기

인지적 재평가는 정서의 많은 요소를 변화시키는 정서조절전략으로 보인다. 반대로 표현 억제는 대개 겉으로 드러나는 정서 표현을 조절하는 것으로 보이는데, 두 가지 방법 모두 의도적으로 자신의 감정을 조절하는 방법이다. 하지만 두 전략에는 각기 다른 숨겨진 대가가 요구될 수 있다.

인지적 재평가와 표현 억제의 인지적 결과

정서 표현 행위의 억제는 신중하고 노력이 필요한 행위로, 표면적 모습이나 신체적 각성을 바꿀 뿐만 아니라 개인의 인지적 기능에도 영향을 준다. 정서 유발 사진에 대한 반응으로서의 정서 표현을 억제하는 것은, 억제하는 동안 마주하는 정보들을 기억하지 못하게 한다고 알려졌다. 이는 억제가 인지적인 비용을 요구한다는 것을 암시한다. 억제하는 사람들은 억제하지 않는 사람들에 비해 사진 정보를 기억하는 것에 자신이 없다고 보고하였는데, 이는 그들이 자신의 기억 문제를 이미 인지하고 있음을 암시한다 (Richards & Gross, 1999, 2000).

재평가는 이와 같은 인지적 비용을 발생시키지 않는 것으로 보인다. 두 정서조절 방식을 비교한 연구들에서 재평가는 정서 유발 사건들과 함께 제시된 언어적 정보 회상에 결함을 보이지 않는 것으로 나타났다(Richards & Gross, 2000). 유사한 결과들이 더 복잡한 상호작용 상황에서 발견되었다. 예를 들어, 결혼한 연인들에게 관계 갈등에 대해서 논의해 달라고 요청하면서 긍정적인 말로 그 상황을 재평가하게 지시하거나, 혹은 어떤 정서 표현이든 억제하라고 지시할 수 있다(Richards, Butler, & Gross, 2003). 전과 같이 억제는 대화의 언어적 내용을 기억하는 것에 결함을 일으켰지만, 재평가는 그렇지 않았다.

억제자들의 기억손상은 억제로 인해 인지 주의 자원들이 감소하기 때문일 수 있다. 자신의 감정을 숨기라는 지시는 자기의 내면에 주의를 집중하기 때문에 외부 상황의 부호화에 필요한 주의 자원을 감소시킨다. 게다가 억제는 자기 감시를 강화시킨다. 즉, 억제는 억제자들이 우려하는 바대로, 자신의 감정을 성공적으로 숨기고 있는지 신경 쓰는 것을 증가시킨다("내가 무언가 보여 줬나?" 또는 "나는 반드시 내 표정을 유지해야 해."). 언어기반 감시는 언어적 정보 부호화를 방해하며, 억제가 다른 어떤 유형의 기억들보다도 왜 언어적 기억을 떨어트리는지를 설명한다(Richards & Gross, 2000). 반대로, 재평가는 끊임없는 자기감시를 포함하지 않기 때문에 인지적 비용이 적게 든다. 상황을 비정서적 용어로 재평가하면 추가적인 자기조절 노력이 요구되지 않으면서도 온전한 정보 처리를 할 수 있도록 주의 및 인지적 자원을 남겨 둘 수 있다.

따라서 이 두 가지 정서조절전략의 인지적 결과물은 다르다. 억제는 정서적 사건의 구체적인 요소의 회상에 결함을 일으키지만, 재평가는 그렇지 않다. 이 결과는 개인의 사회적 기능에 대해 함의를 가질 수 있다. 사회적 만남 동안 자신의 감정을 억제하는 사람들은 들었던 말의 구체적인 요소를 잊기 쉬우며, 이는 그들이 상호작용한 사람에 대해 지각하고 평가하는 방식에 영향을 줄 수 있다.

인지적 재평가와 표현 억제의 사회적 결과

방금 살펴봤듯이, 표현 억제는 자기초점과 자기감시 수준을 변화시키며, 주의를 상황에서 자기의 내적 측면으로 이동시킨다. 하지만 이러한 인지적인 변화들은 표현 억제의 유일한 결과물이 아니다. 표현 억제는 결과적으로 사회적 상호작용에도 영향을 미친다. 예를 들어, 억제가 상호작용하는 사람에 대한 주의를 집중하는 것을 방해한다는 것은 합리적으로 할 수 있는 예측이다. 따라서 표현 억제는 사회생활에서 만나는 사람에 대한 적절한 반응을 하는 과정에 결함을 일으킬 수 있다. 즉, 상호작용하는 상대방에게 적절한 반응을 하지 못하고 자연스럽게 어울리는 행동을 하지 못할 수 있다. 게다가 표현 억제는 개인의 감정, 사회적 동기 그리고 행동 의도를 감춘다. 표현 억제의

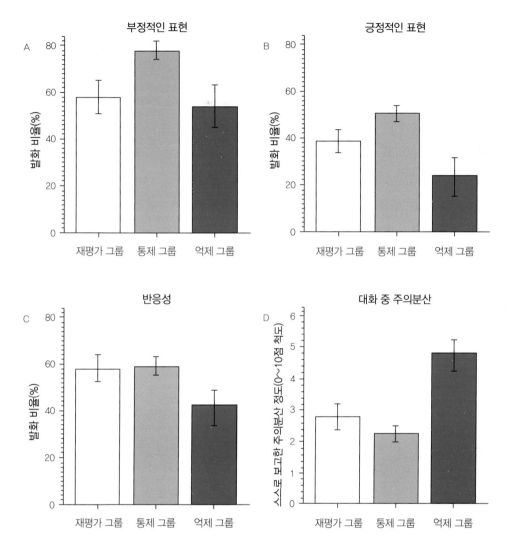

[그림 9-4] 이 연구에서 자신의 감정을 억제하라는 지시를 받은 사람들은 지시에 따라 자신의 정서 표출을 잘 억제하였다. 이는 주의가 분산되고 상호작용하는 상대방에 대해 잘 반응하지 못하는 사회적 비용을 산출하였다.

출처: Butler et al. (2003).

사회적 비용을 알아보는 한 연구에서, 연구자들은 실험참가자들이 파트너와 상호작용하면서 불편한 영상을 볼 때, 자신의 정서적 반응을 억제하도록 한 집단과 재평가를 통해 자신의 정서를 조절하는 집단을 구성하였다. 어떠한 지시도 받지 않은 통제 집단에 비해, 억제를 통해 정서 표현을 줄이라고 지시받은 참가자들은 파트너와 상호작용할 때 덜 책임감 있었고, 주의가 더 분산되었다([그림 9-4]; Butler et al., 2003). 더욱이, 정서를 억제했던 사람들의 상대방은 상호작용하는 동안 혈압이 더 높아졌다는 것이 발견되었는데, 이는 정서를 억제하는 사람과의 상호작용이 많은 스트레스를 가져온다는 것을 알려 준다. 이러한 사회적 비용은 대학에 갓 들어간 젊은 청년이 새로운 도전으로 인한 정서적 사건들을 표현 억제로 다루는 것과 다른 정서조절전략을 사용해서 다루는 것을 비교하는 현실적인 연구에서도 발견되었다(Stivastava et al., 2009).

사회적 관계에 미치는 억제의 유해한 효과에 대한 추가적 증거는 부부간의 상호작용에 대한 연구에서도 나타난다. 결혼한 부부 중 표현력이 낮은 부부는 부정적인 감정이 높았고, 양측 모두 결혼 만족도가 낮다고 보고되었다(Gottaman & Levenson, 1986), 반면에 반응적 듣기(상대방에게 주의를 기울이고 상대방을 이해하려는 태도를 보여 주는 것)는 결혼 만족도를 높인다고 알려져 있다(Pasupathi et al., 1999).

물론 앞에서 언급했듯이, 사회적 상호작용을 하는 동안 자신의 감정(특히 부정적인 감정)을 감추는 것은 긍정적인 사회적 결과도 가져올 수 있다. 감정을 감추는 것은 타인의 감정을 보호하고 대인간 갈등을 예방할 수 있기 때문이다. 표현 억제가 이로울지 혹은 유해할지는 감추는 정서의 종류, 억제가 일어나는 상황, 그리고 그 정서가 억제되는 빈도에 달려 있다. 또한 억제는 직장 상사처럼 대인간 거리감이 요구되는 상황에서는 바람직할 수 있다. 자신의 감정을 감추는 것은 개인으로 하여금 주어진 맥락에서 개인적 욕구나 사회적 요구에 부응하게 해 주는 일시적인 도구로 사용될 때 유용할 수 있다. 하지만 만성적인 억제는 현존하는 관계를 위험하게 할 수 있고 새로운 관계의 발전을 방해한다. 또한 만성적인 억제는 감춘 감정을 오래 지속시킬 수도 있다. 예를 들어, 동료의 반복되는 부당하고 무례한 발언으로 인한 분노를 억제한다면, 그 동료가 자기 발언의 해로운 효과를 알아차리는 것을 방해할 것이다. 사과함으로써 그 행동을 수정하는 대신 그 사람은 무례한 발언을 고수할 것이며, 이는 분노를 더 부채질하여 관계 악화를 야기할 것이다.

결론을 내리면, 표현 억제는 생리적 비용뿐만 아니라 인지적, 사회적 비용도 갖고 있다. 하지만 주목할 것은 표현 억제의 부정적인 효과들이 정서 표현을 명확하게 하는 것이 가치 있게 여겨지는 서양 문화에 국한된 것일 수 있다는 점이다. 정서를 컨트롤하는 것이 더 일반적인 아시아 문화에서는 동일한 부정적 효과들이 반복 검증되지 않았고(Butler, Lee, & Gross, 2007), 뇌파 반응을 살펴본 연구에서는 동아시아 문화의 사람들이 표현 억제를 해야 하는 상황에서 효과적으로 정서 처리를 조절할 수 있다고 제안하였다(Murata, Moser, & Kitayama, 2012).

하지만 서양 문화에서는 재평가가 더 효과적인 정서조절전략인 것으로 보이며, 개인에게 보다 적응적인 결과를 안겨 준다. 세 가지 정서조절전략(주의 배치, 인지적 재해석, 그리고 반응 조절)의 효과를 비교한 메타분석 연구에서 이러한 효과들을 확인할 수 있었다. 정서 유발 상황에서 자신의 주의를 돌리거나 그 상황을 재해석하는 것은 원하지 않는 정서를 방어하는 가장 효과적인 방법으로 밝혀졌다. 표현 억제는 개인의 표현적 행동을 수정하는 것에는 효과적이지만, 그들의 감정이 변화되지 않은 채로 있는 동안 나타나는 생리적 반응에는 부정적인 영향을 미친다는 것이 입증되었다(Webb, Miles, & Sheeran, 2012). 하지만 여기서 명심해야 할 것은 재평가의 효과에도 불구하고 재평가가 모든 상황에서 선호되는 전략은 아니라는 것이다. 예를 들어, 재평가는 낮은 강도의 부정적인 정서가 유발되는 상황일 때 주의 배치에 비하여 더 선호되며(Sheppes et al., 2011), 어떤 정서 유발 자극에 반복적으로 노출될 것이라고 예상할 때는 보다 장기적인 조절 목표를 세우게 된다(Sheppes et al., 2014).

정서적 사고 억제

지금까지 우리가 주목해 온 것은 정서를 유발하는 대상이나 상황을 맞닥트리게 될 때, 사람들이 자신의 정서를 어떻게 조절하는가였다. 하지만 사람들은 자신의 생각으로 인해 그들이 통제하고 싶은 긍정적이고 부정적인 정서 모두를 경험하게 될 수도 있다. 예를 들어, 기말 시험 같이 곧 닥쳐올 사건에 대해 생각하는 것은 불안을 유발할 수 있다. 원치 않는 사고의 억제(suppression of unwanted thoughts)는 꽤 흔하다. 사람들은 담배를 끊고 싶을 때 담배에 대한 생각을 하지 않으려 하고, 살을 빼고 싶을 때 음식을 생각하지 않으려고 노력한다. 마찬가지로 사람들은 원하지 않은 즐겁거나 고통스러운 감정 또는 불쾌한 감정을 유발할 수 있는 사고를 억제해서 그들의 정서를 조절하려고 한다. 흔하긴 하지만 아쉽게도 이 정서조절전략은 그렇게 효과적이지는 않다. 원치 않는 사고를 나의 마음에서 없애려는 시도는 역설적이게도 마음속에서 그러한 사고가 계속 떠오르게 할 수 있다.

억제된 사고의 반등

원치 않는 사고의 적극적인 억제가 갖는 이 아이러니한 역효과는 반등 효과(rebound

[그림 9-5] Daniel Wegner는 흰곰 사고의 억제에 대한 연구 아이디어를 러시아 소설가 도스토옙스키가 그의
형제로 하여금 흰곰을 생각하지 않게 하려고 한 이야기에서 얻었다.

effect)라 불린다. 반등 효과는 심리학자 Daniel Wegner가 고전적인 실험으로 처음 입
증하였다([그림 9-5]). 모든 실험참가자는 실험에 들어가기에 앞서 모니터상에서 흰곰
한 마리를 보게 된다. 그리고 일부 참가자들은 흰곰에 대한 생각을 하지 말라는 지시와
함께 자신의 의식의 흐름을 녹음기에 기록하라는 지시를 받았다. 흰곰에 대한 어떤 지
시도 받지 않은 참가자들은 흰곰에 대한 생각을 피하지 않고 자신의 의식의 흐름을 기
록하였다. 그 결과 흰곰에 대한 사고를 억제하지 않은 참가자들에 비하여, 초기에 사고
를 억제했던 참가자들의 의식에 흰곰이 더 많이 떠올랐다(Wegner et al., 1987). 왜 억제
한 사고가 이후에 다시 마음속에 떠오르는 것일까? 그리고 현재 맥락에서 더 중요한 것
은 정서적으로 떠오르는 사고의 억제 후에도 반등이 일어나는가 하는 것이다.

　　Wegner의 정신 통제 모델(Wegner's model of mental control; Wegner, 1994)에 따르
면, 사고 억제에는 두 가지 처리과정이 있다. 첫 번째는 자동적 감시 과정(automatic
monitoring process)으로 노력 없이 일어나는 비자발적인 처리인데, 이것은 의식적 자
각(conscious awareness) 밖에서 작동하며, 어떤 인지적 자원도 필요로 하지 않는다. 두
번째는 통제된 조작 과정(controlled operating process)으로 의식적이고 의도적이며 인
지적 자원을 필요로 한다. 감시 과정은, 예를 들어 원치 않는 사고가 있는지 정신적 내
용들을 탐색한다. 감시 과정이 억제해야 할 원치 않는 사고의 존재를 탐지할 때마다,

조작 과정은 소위 방해(distracter) 사고라고 불리는 또 다른 사고를 찾아내는 목표를 가지고 활성화된다. 방해 사고는 의식적인 주의를 포획함으로써 원치 않는 사고를 마음 속에서 계속 내쫓는 역할을 한다.

Wegner의 정신 통제 모델은 억제된 사고의 반등에 대한 여러 가지 설명을 제안한다. 연상 설명(association explanation)은 원치 않는 사고를 대체하기 위한 방해 사고가 원치 않는 사고와 점점 강하게 결합된다고 설명한다. 방해물이 마음에 떠오를 때나 환경에서 나타날 때, 원치 않는 사고를 상기시키는 기억의 단서로서 작동한다. 이 해석은 사고 억제와 이후 표현 시기가 동일한 신체적, 정서적 환경에서 발생할 때, 반등효과가 왜 더 강하게 나타나는지 설명한다(Wegner et al., 1991; Wenzlaff, Wegner, & Klein, 1991).

반등 효과에 대한 두 번째 설명은 접근성 설명(accessibility explanation)이다. 이 설명에서는 자동적 감시 과정이 원치 않는 사고를 계속해서 (심지어 억제가 더 이상 필요하지 않을 때에도) 탐색하기 때문에, 억제가 억제할 사고에 대한 접근성을 증가시킨다고 주장한다. 그래서 억제는 방해자극들이 단서로 작용하지 않아도 이전에 억제된 사고가 반등할 가능성을 증가시킨다(Macrae et al., 1994; Page, Locke, & Trio, 2005).

마지막 설명은 인지부하 설명(cognitive load explanation)으로, 반등 효과가 동시에 발생하는 과제나 시간 압박, 혹은 스트레스 때문에 인지적 자원이 줄어들 때 생겨날 가능성이 있다고 말한다. 인지부하는 조작 과정의 인지적 노력을 약화시키고, 그래서 감시 과정이 더 많이 원치 않는 사고의 사례를 찾도록 한다. 왜냐하면 인지부하 상태에서 감시 과정은 앞으로 억제할 사고를 끊임없이 탐색하기 때문이다. 하지만 조작 과정이 더 이상 그 사고를 방해자극으로 대체할 수 없기 때문에 원치 않는 사고는 보다 쉽게 접근 가능하다(Reigh & Mather, 2008; Wenzlaff & Wegner, 2000).

정서적 반등

지금까지 연구들은 정서 또는 정서적 사고의 억제가 고전적인 사고 반등을 야기하지는 않는다고 보여 주었다. 예를 들어, 치명적인 차 사고에 대한 생각이나(Muris et al., 1992), 그리운 전 연인을 생각하는 것(Wegner & Gold, 1995) 같은 정서적 각성이 일어나는 사고의 억제는 반등을 일으키지 않는다. 적어도 인지적 자원이 다른 일에 쓰이지 않을 때, 억제는 사람들의 마음속에서 정서적 사고가 사라지도록 하는 것에 꽤 효과적인 것으로 보인다.

정서적 반등의 부재는 문득문득 떠오르는 정서적 사고를 통제하려고 했던 사람들의 이전 경험 때문일 수 있다. 매일의 일상에서 사고 억제는 중립적 사고보다 정서적 사고일 때 특히 더 자주 일어난다. 그렇기 때문에 사람들은 정서적 사고를 회피할 때 주로 사용하는 아주 다양한 대체물을 가질 수 있다. 더욱이 정서적인 대체물의 존재는 정서적 사고로부터 주의를 철회시킴으로써 반등을 줄여 준다. 예를 들어, 혐오스러운 사진을 보고 일어나는 혐오 감정은 청결함을 보여 주는 사진이 함께 제시되었을 때 억제될 수 있었지만, 혐오와 무관한 중립적인 사진이 제시되었을 때는 그러지 않았다(Vogt & De Houwer, 2014).

그렇다면 아마도 누군가는 정서적 사고 억제가 원치 않는 정서를 경험하는 것도 막아 줄 수 있는지에 대해 물어볼 것이다. 여러 연구는 정서적 사고 억제가 마음을 안정시켜 줄 수는 있지만 신체를 안정시켜 주지는 못한다고 제안한다. 정서적으로 화나게 만드는 작업장 사고에 대한 영상이나(Koriat et al., 1972), 성적 각성을 일으키는 나체 사진(Martin, 1964), 혹은 성적 각성을 일으키는 이야기(Wegner et al., 1990)에 대한 반응으로 일어나는 정서적 사고를 억제할 때, 오히려 생리적 각성이 증가하는 것으로 나타났다.

이것은 지난 관계를 마음에서 몰아내려고 할수록 불쾌한 신체적 각성으로 더 괴롭게 된다는 뜻인가? 실제로 여전히 그리워하는 헤어진 연인에 대한 생각을 억제하라고 요청받은 참가자들은 이후 그 사람에 대한 말을 적게 했지만, 생리적 반등을 암시하는 피부전도반응은 증가하였다(Wegner & Gold, 1995). 그렇다면 더 복잡한 상호작용 상황에서 감정을 억제할 때 어떤 일이 일어나는가? 최근 당신의 인간관계에서 일어난 문제에 대해 친구와 대화를 나눠야 해서 친구를 만날 계획을 하는 것을 상상해 보라. 당신이 약속된 시간에 약속한 장소에 도착했을 때, 당신은 친구가 잘 모르는 그녀의 지인을 데리고 나온 것을 발견하였다. 당신의 문제에 대해 대화를 나눌 수가 없었고, 그래서 당신은 새로운 영화에 대한 논의에 성의 없이 참여하였다. 당신은 당신이 진짜로 논의하고 싶은 주제에 대해 생각하는 것을 막아야 했기에 특히 흥분되는 기분을 느꼈을 수도 있다. Mendes 등(2003)에 따르면, 정서적 주제에 대한 사고를 억제해야 했던 참가자들이 일반적인 흥분 수준에 비해 더 큰 생리적 흥분을 보였고, 비정서적 사고를 억제한 사람들에 비해서도 더 큰 생리적 흥분을 보였다([그림 9-6]).

따라서 정서적으로 흥분되는 사고의 억제는 역효과를 낳을 수 있다. 왜냐하면 억제해야 할 사고의 빈도를 줄이더라도 억제된 사고가 다시 마음속으로 들어오는 몇몇 순

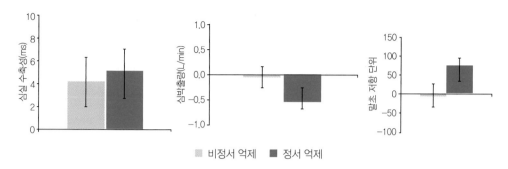

[그림 9-6] 정서 억제 조건과 비정서 억제 조건에서 심혈관계 반응 비교. VC=심실 수축성(ventricular contractility), CO=심박출량(cardiac output), TRR=말초 저항(peripheral resistance). 연구 결과, 정서 억제는 비정서 억제보다 심혈관계 반응을 높였다.

출처: Mendes et al. (2003).

간에 사람들은 신체적으로 더욱 흥분된다. 원치 않는 정서적 사고를 점진적으로 조금씩 대면하는 것은 생리적 반등에 대한 치료제가 될 수 있다. 원치 않는 정서적 사고를 피하기보다는 조금씩 받아들이는 것은 시간이 흘러가면서 습관화를 용이하게 하고 수반되는 다른 정서반응들을(예: 신체적 각성)을 감소시킨다. 이는 원치 않는 정서적 사고를 직면할 수 있게 돕고, 정서적 사고를 참을 수 있는 것으로 만들기 위해 정서적 내용들을 처리하고 재평가할 수 있도록 돕는다(Wegner, 1989).

정서의 사회적 공유

정신분석학적 전통 속에서(Bucci, 1995; Freud, 1920/2005) 표출되지 않은 정서의 누적은 정신적 그리고 신체적 장애와 상관이 높다. 트라우마 사건 및 사건과 관련된 정서를 말로 표현하는 것은 개인에게 유익한 것으로 간주된다. 상식적으로도 자신의 정서에 대해 말하는 것은 유용하고 좋은 일인데, 왜냐하면 개인의 기분을 더 나아지게 만들기 때문이다. 정서적 회복뿐만 아니라, 개인의 감정을 타인에게 드러내는 것은 신체적, 심리적 건강과 사회적 관계에 유익한 것으로 여겨진다(Zech, 1999). 그럼 연구 결과들이 이 견해를 지지하는지 살펴보자.

정서의 사회적 공유에 대한 초기 연구들은 양적인 측면에 주로 관심을 가졌다. 예를 들어, 사람들이 어떤 정서적 사건을 공유하는지, 언제, 얼마나 자주, 그리고 누구와 공유하는지 말이다(Luminet et al., 2000; Rimé et al., 1998). 연구 방법을 막론하고 연구 참가자 대부분이 사회적 공유에 참여한 적이 있다고 보고하였고, 대부분 그 정서적 사건이 일어난 바로 그날에 공유하였다고 응답했다. 사회적 공유의 빈도는 정서 경험의 강도와 정적 상관이 있었고, 이는 사람들이 강렬하거나 충격적인 정서적 일화에 대해서 더 많이 이야기하는 경향이 있음을 암시한다. 자신의 정서에 대해 말하는 것은 나이, 성별 그리고 문화에 따라 크게 다르지 않다(Rimé et al., 1998; Rimé et al., 1992). 그렇다면 자신의 정서에 대해서 말하는 것이 정말 기분을 나아지게 하는가? 우리는 이 질문을 다음 단락에서 살펴볼 것이다.

사회적 공유와 정서 회복

사람들은 대부분 자신의 정서에 대해 다른 사람과 이야기할 뿐만 아니라, 자신의 정서를 누군가와 공유하는 것이 감정의 해소에 도움이 된다고 믿는다(Zech, 1999). 하지만 정서의 사회적 공유가 정서적 회복에 기여한다고 가정하는 표현 방출 가설(expression discharge hypothesis)을 지지하는 어떤 경험적 증거도 없다(Rimé, 2009).

일반적으로 사회적 공유와 정서적 회복은 유의한 관계가 없다. 이는 정서적 사건에 대한 회상이나 말로 표현하는 것이 적어도 단기적으로는 정서적 영향을 감소시키지 않는다는 것을 의미한다(Finkenauer & Rimé, 1998a; Rimé, 2009). 반대로 사회적 공유는 공유하는 정서를 재활성화시킨다고 알려져 왔다. 즉, 지나간 정서적 사건에 대해 이야기하는 것은 관련된 정신적 심상과 신체감각, 그리고 주관적 감정을 재촉발한다고 알려졌다. 하지만 부정적 정서일화를 밖으로 끄집어내는 것은 불쾌하거나 고통스러운 것으로 인식되지 않고 오히려 유용하고 유익한 것으로 여겨진다(Zech & Rimé, 2005). 사람들은 사회적 공유를 하는 동안 부정적 정서를 다시 경험하는 것을 견딘다. 왜냐하면 사회적 공유가 사회 정서적 욕구를 충족시키고, 정서적 사건의 인지적 재평가를 가능하게 하기 때문이다(Rimé, 2009 참조).

정서적으로 속상한 사건들은 전반적으로 고통스럽고 무력함이나 불안전하다는 느낌을 유발할 수 있으며, 편안함과 친밀함 그리고 자신에 대한 지지를 얻고 싶은 느낌을 유발할 수 있다. 과거의 속상한 경험에 대해 이야기하는 것은 참가자들에게 중요한 주관적인 이점이 있다고 알려졌다. 사회적 공유는 사람들로 하여금 이해받고 위로받는 기분을 느끼게 하고, 자신을 더 분명하게 이해할 수 있도록 해 주기 때문에 의미 있으며 도움이 되고 감정을 완화하는 것으로 인식되었다(Zech & Rimé, 2005). 자기보고에 따르면 자발적인 사회적 공유에 대한 동기는 지지와 위로, 위안과 유대감에 대한 욕구와 주로 관련되었다(Wetzer, Zeelenberg, & Pieters, 2005).

동화와 조절

정서—특히 부정적인 정서—는 세상에 대한 사람들의 신뢰를 무너뜨리며, 사람들에게 세상을 불공평하고 안전하지 않고 또 통제할 수 없는 것으로 생각하게 할 수 있다. 정서적 사건에 대해 이야기하고자 하는 사람들의 의지는 기분이 더 나아지고 싶다는 열망에서 비롯될 뿐만 아니라, 정서적 사건의 의미를 이해하고 이에 적응하고 싶은 동기 때문에 생겨난다. 말로 나타내고 자신의 정서 경험을 언어로 표현하는 것은 자신을 정서 경험으로부터 거리 두게 함으로써 정서적 정보를 다시 처리할 수 있게 하고 세상에 대한 위태로운 신뢰를 회복시키게 한다. 정서 경험을 통한 이 작업은 사람들이 기존에 갖고 있는 정서적 스키마와 스크립트에 정서적 사건을 통합하거나(동화), 수정할 수 있게 한다(조절). 그럼으로써 새로운 현실, 특히 인생에서 주요한 정서적 사건에 관해 적응할 수 있게 한다(Horowitz, 1976/1992). 이 인지적 사회적 공유는 부정적 정서일화를 극복하는 것에 기여한다([그림 9-7]).

[그림 9-7] 정서의 사회적 공유는 사람들을 정서적 사건에서 회복하도록 돕는다. 공유는 사람들에게 경험을 헤쳐 나갈 수 있게 도우며, 세상을 새롭고 더 현실적이고 밝은 관점으로 이해할 수 있게 한다.

몇몇 실험실 연구는 사실 '승인하는' 청자와 대화하는 것보다 '도전적인' 청자와 대화하는 것이 침투적인 사고와 심리적 고충, 그리고 생리적 각성을 덜 일으킨다는 점에서 더 유익하다고 보았다(Lepore et al., 2004; Nils & Rimé, 2012). 여기서 '승인하는(validating)' 청자는 서술자의 반응과 감정에 공감적으로 동의해 주는 사람을 말하며, '도전적인(challenging)' 청자는 정서적으로 객관적인 방식으로 행동하며, 밝혀진 정서 일화에 대해 대안적인 견해를 표현하는 사람을 말한다. 하지만 승인하는 청자는 더 친화적이고, 공감적이고, 더 비슷하게 지각되며(Lepore et al., 2004), 말하는 사람을 덜 외롭게 하여(Nils & Rimé, 2012) 처음에 더 갈구하게 된다.

비록 자신의 정서에 대해 누군가에게 이야기하는 것이 즉각적인 정서적 회복을 낳지 않더라도, 이야기하는 것은 단기적인 사회정서적 이익을 제공할 뿐만 아니라 장기적으로도 유익하다. 왜냐하면 말하기가 사람들에게 그 정서적 사건을 더 긍정적인 방향으로 재평가할 수 있게 해 주기 때문이다.

마지막으로, 정서를 글로 드러내는 것에 대한 연구들은 스트레스나 트라우마 일화에 대한 글쓰기가 사람들의 신체적, 정신적 건강에 유용하다고 보고하였다[Pennebaker & Beall, 1986; 개관을 위해서는 Frattaroli(2006)를 보라]. 이는 정서조절이 갖는 건강에 대한 함의가 무엇인지에 대한 질문을 하게 한다.

발달적 세부사항

나이 든 성인일수록 정서를 더 잘 조절한다!

사람들이 자신의 정서를 조절하는 방식은 인생에 걸쳐 계속 발전한다(Charles & Carstensen, 2007). 오늘날 연구들은 젊은이들과 비교했을 때, 나이 많은 사람들은 긍정적인 경험을 증가시키는 정서조절 방법을 사용하는 데 더 많은 자원을 기꺼이 사용한다는 것을 보여 주었다. 이건 아마도 젊은 성인들보다 나이 많은 성인들이 안녕감 수준을 더 높게 보고하는 이유일 수 있다(Urry & Gross, 2010). 당신이 이 장에서 배운 정서조절 과정 모형([그림 9-2]를 보라)에 따르면, 시간상 다섯 개의 시점 중 하나에서 다음과 같은 정서조절 과정이 발생할 수 있다: 상황 선택, 상황 수정, 주의 배치, 인지적 재평가, 또는 정서를 경험한 뒤에 하는 반응 조절. 사람들은 나이를 먹으면서 이 전략 중 몇 가지를 덜 사용하기 시작하며, 어떤 것들은 정서를 관리하기 위해 더 많이 사용한다. 예를 들어, 젊은 성인들이 완전히 소모적인 정서 표현 억제에 의존하는 것에 비해 나이 많은 성인들은 이를 덜하는 경향이 있는데 이것은 아마도 표현 억제가 많은 자원을 요구하기 때문이다.

당신이 지난 장에서 인지와 정서에 대해 배운 것처럼, 나이 많은 성인들은 자신을 행복하게 하는 것에 더 많은 초점을 맞고, 자신을 슬프게 하는 것에 주의 초점 맞기를 회피한다. 이건 시작에 불과하다. 나이 많은 성인들은 상황 선택에 있어 보다 전략적이다. 관련 연구에서 나이가 들수록 성인들은 하나의 자원일 수 있는 더욱 작고 긴밀한 사회적 지지 네트워크에 대한 의존이 증가한다. 더욱 제한된 네트워크는 나이 많은 성인들이 다양한 상황에서 어떻게 느낄지 예측할 수 있도록 해 주며, 그로 인해 젊은 성인들에 비하여 위태로운 사회적 상황을 더 효과적으로 피할 수 있도록 한다. 게다가, 나이 많은 사람들은 대인관계 상황에서 분노를 덜 경험하고 인식하며(Charles & Carstensen, 2008), 애초에 대인간 대립을 피함으로써 젊은 성인들보다 전반적으로 이득을 본다(Charles, Piazza, Luong, & Almeida, 2009). 정서조절에 관해서라면, 나이 많은 성인들이 정말로 더 현명하다!

사람들은 나이를 먹으면서 덜 행복해질까? 연구들이 보여 주는 것은 그렇지 않다. 나이 많은 성인들은 젊은이들에 비해 긍정적인 사회 경험을 갖는 것을 훨씬 잘한다.

정서조절과 건강

정서조절은 흔히 정신적, 신체적 건강의 중심이자 필수적인 것으로 간주된다. 정서 조절 곤란(cmotional dysregulation)은 섭식 상애, 알코올 남용, 그리고 불안과 기분장애, 특히 우울과 같은 임상적 문제의 원인으로 여겨진다(Gross & Muñoz, 1995). 만성적 정서 억제는 자기보고 우울증상과 더 많은 관련이 있으며(재평가와 비교해서), 낮은 삶의 만족도와 낮은 자기효능감, 그리고 더 낮은 전반적인 안녕감과 상관이 있다고 밝혀졌다(Gross & John, 2003). 여러 연구에서는 인지적 정서조절전략들과 우울과 불안 측정치들 간의 관계를 탐구했는데(Garnefski, Kraaij, & Spinhoven, 2001; Garnefski et al., 2002), 다음의 '부적응적' 인지적 조절전략들은 우울 및 불안과 정적 상관이 있었다.

- 반추(rumination): 부정적 감정에 대해 반복적으로 생각하기
- 파국화(catastrophizing): 사건의 부정적 측면을 노골적으로 강조하기
- 자기비난(self-blame): 일어난 일에 대해 자신을 비난하기
- 타인비난(other blame): 일어난 일에 대해 타인을 비난하기

다음의 '적응적인' 전략들은 불안 및 우울과 부적 상관을 갖는다.

- 긍정적 재평가(positive reapprasial): 부정적 사건을 개인의 성장 측면에서 긍정적인 방향으로 해석하기
- 긍정적 재초점(positive refocus): 부정적 사건에서 주의를 돌려 유쾌하고 즐거운 것들에 대해 생각하기
- 넓은 관점으로 보기(putting into perspective): 다른 사건들과 비교해서 그 사건의 상대성을 강조하기
- 수용(acceptance): 일어난 일을 수용하고 감수하기
- 계획에 재초점두기(refocus on planning): 부정적인 사건을 다루기 위해서 필수적인 단계들에 대해 생각하기

우울과 심혈관 건강에 긍정적 결과를 갖는 또 다른 인지적 조절전략은 자기-거리두

기(self-distancing)다(Kross, Ayduk, & Mischel, 2005). 정서나 사고를 억제하기보다는 정서 경험에 대해 생각할 때 자기-거리두기(관찰자 관점으로 생각하기)를 취할 수 있는데, 이는 자기-빠져들기(self-immersing; 자신 관점으로 생각하기)와 반대된다. 자기-거리두기는 경험을 다시 이야기하기보다는 사람들에게 경험을 재해석하도록 이끎으로써 혈압 반응을 감소시키고(Ayduk & Kross, 2008), 회복을 용이하게 하며 반추를 포함한 우울 증상을 줄이는 효과가 있다(Kross & Ayduk, 2009).

정서조절 곤란은 심리적 문제와 기분 장애뿐만 아니라 신체적 질병도 유발할 수 있다. 부정적 정서의 회피, 억압, 억제, 참기 등은 물리적 건강에 해로운 결과를 가져오며 스스로 평가한 삶의 만족도를 낮춘다는 것은 꽤 일관적인 보고다(Finkenauer & Rimé, 1998b). 만성적인 정서 억압은 심지어 암 발병 위험성을 높일 수도 있고 암의 진행을 가속화시킬 수도 있을 뿐만 아니라(Gross, 1989; Kune et al., 1991) 심혈관과 면역 질환들도 가속화시킨다(Mund & Mitte, 2012).

정서 억압의 역효과는 억압이 산출하는 교감 신경계 활성화의 증가 때문일 수 있다. Pennebaker와 동료들의 억압 이론(inhibition theory)에 따르면, 정서적 사고나 감정, 정서 관련 행동을 억압하려는 의식적인 노력은 생리적 흥분을 발생시킨다(Pennebaker, 1989; Pennebaker & Beall, 1986; Pennebaker, Hughes, & O'Heeron, 1987). 만성적 억압은 생리적 흥분을 누적시키고 스트레스와 관련된 심리적, 신체적 건강문제 발생 가능성을 증가시킨다는 것이다. 정서 억제를 통해 건강에 미치는 영향의 또 다른 기제는 선택적인 억압이 면역 기능에 영향을 준다는 것이다(Petrie, Booth, & Davison, 1995; Petrie, Booth, & Pennebaker, 1998). 특히 누적된 교감 신경계의 흥분은 유전자 발현의 변화를 일으킬 수 있는데, 이 유전자 발현은 염증성 질환(예: 심장병, 신경퇴행성 질병, 그리고 몇 종류의 암)과 바이러스 감염에 대한 취약성을 증가시킨다는 것이다(Cole, 2009). 반면, 스트레스나 트라우마를 유발한 사건들을 밖으로 끄집어내는 것은 면역 기능을 강화시켰고(Easterling et al., 1994; Pennebaker, Kiecolt-Glaser, & Glaser, 1988), 심혈관 질환의 위험을 감소시켰다(Frattaroli, 2006). 재평가를 통한 정서조절도 심혈관 질환 위험을 낮추는 것으로 보고되었다(Appleton & Kubzansky, 2014).

물론 지금까지 정서조절과 건강에 대해 공부한 것에 기초해 볼 때, 우리가 정서를 더 많이 표현하거나, 반대로 더 적게 억압할수록, 우리가 훨씬 더 건강해질 것이라고 추론할 수는 없다. Gross와 Muñoz가 다음과 같이 언급한 것처럼, "…… 건강 등과 관련된 것은 환경의 위험에 정서를 조절하는 방식을 유연하게 잘 수정하는 능력이지, 얼마나 자주 조절하느냐가 아니다"(Gross & Muñoz, 1995, p. 160). 이러한 추론은 상황의 요구에 따라 정서 표현을 유연하게 증감시킬 수 있는 능력은 장기간 고통의 감소를 예측한다는 연구와 일치한다(Bonanno et al., 2004).

문화차와 개인차

우리는 이 장을 사람들의 정서가 현재 상태를 바람직하지 않은 것으로 간주할 때, 그 정서를 조절하려 한다는 생각으로 시작했다(Mesquita, de Leersnyder, & Albert, 2014). 물론 여기서 '바람직하지 않음'의 정의는 문화적 배경에 따라 다르다(Mesquita & Leu, 2007; Tsai, Knutson, & Fung, 2006). 우리는 이미 다른 문화들이 대중적으로 다른 사람에게 어떤 정서를 표현할 수 있는지를 규제하는 다른 정서 표출 규칙을 가지고 있음을 살펴보았다(Rychlowska et al., 2015). 따라서 정서조절전략의 기본적인 부분은 여러 문화에 걸쳐 동일하다 해도, 정서조절전략의 사용 빈도나 사용되는 맥락은 다를 수 있다.

예를 들어, 자신의 정서를 표현하는 것이 일부 동아시아 문화에서는 사회적 분열을 야기할 수 있다(Kim & Sherman, 2007). 그래서 서양인들보다 동아시아 사람들 사이에서 표현 억제가 더 흔한 정서조절전략으로 나타나는 것은 놀랍지 않다(Gross & John, 2003; Murata, Moser, & Kitayama, 2012; Tsai & Levenson, 1997). 더구나 정서 억제에 따른 비용이 표현 억제를 하지 않는 사람들에 비해 표현 억제를 가치 있게 여기는 사람들에게는 더 낮아 보인다(Butler, Lee, & Gross, 2007). 서양인들은 동아시아인들에 비하여 괴로움을 더 많이 표현하고 지지를 더 많이 요청하는 경향이 있다. 동아시아인들의 관점에서 정서적 지지를 요청하는 것은 스트레스다. 그러한 행위가 관계 화합에 압박을 주기 때문이다(Kim, Sherman, & Taylor, 2008; Taylor et al., 2007).

같은 문화 안에서도 정서조절전략의 사용에 있어 견고한 개인차가 존재한다. 특히 상황을 재평가하거나, 표현 억제를 하려는 뚜렷한 성향들이 관찰되어 왔다(Gross & John, 2003). 재평가자라 불리는 어떤 사람들은 사건이 발생하기 전부터 정서를 조절하려는 경향이 있다. 그래서 자신의 정서, 경험, 심지어 사회적으로 정서를 공유할 때의 내용도 어느 정도 성공적으로 수정한다. 부정적 정서가 유발되는 상황에서 재평가는 많은 인지적, 생리적, 또는 대인간 비용 없이 정서의 표현과 주관적 측면들을 감소시킨다는 것을 많은 실험 결과가 입증하였다(John & Gross, 2004). 이에 반해 습관적 억제자들은 대부분 자신이 이미 느낀 것을 표현할 때 많은 노력을 들여 수정하려고 한다. 자신의 정서를 조절하기 위해 재평가보다 억제를 사용하는 습관을 가진 사람들은 이러한 전략을 사용하는 데 필요한 고질적인 인지적, 사회적 비용을 들인다.

📖 요약

- 비록 정서가 적응이란 측면에서 가치 있기 때문에 진화되어 왔다 할지라도, 정서가 항상 바람직한 것은 아니다. 왜냐하면 어떤 정서는 주어진 상황에서 사회적 규범에 부합하지 않을 수도 있고, 또는 물리적, 심리적 고통을 야기할 수도 있기 때문이다. 따라서 사람들은 일반적으로 고통스럽거나 부적절한 정서를 억제하거나 감소시키려 노력하고, 유쾌하거나 사회적으로 바람직한 정서를 발생시키거나 강화하려고 노력한다.
- 사람들은 자기 마음대로 사용할 수 있는 폭넓고 다양한 정서조절전략을 갖고 있으며, 이 중 일부는 실제로 정서를 경험하기 전에, 다른 일부는 정서를 경험한 후에 나타난다.
- 인지적 재평가 전략과 표현적 행위, 감정과 생각의 억제 전략을 비교하면, 이 두 정서조절 방법이 상당히 다른 정서적, 생리적, 인지적 그리고 사회적 결과를 가져온다는 것을 알 수 있다.
- 정서적 상황의 재평가는 정서적 반응의 억제나 억압 그리고 회피보다 더 효과적이다. 재평가는 주관적 경험을 줄이며, 기억 손상 없이 정서의 표현적 측면을 감소시킨다. 이는 재평가에 인지적으로 추가 비용이 들지 않음을 의미한다.
- 표현 억제는 정서의 행동 표현을 줄일 수 있다. 하지만 표현 억제는 억제하는 사람과 상호작용 상대방 모두의 교감 신경 활성화 증가와 연결되며, 동시에 억제를 하는 동안 마주치는 정보들에 대해 기억에 결함을 가져온다. 그래서 억제는 생리적, 인지적, 그리고 사회적 비용이 많이 드는 전략이 될 수 있다.
- 정서적으로 흥분시키는 사고의 억제는 가능할 수 있지만 때때로 역효과를 낳는다. 억제된 사고가 다시 마음속에 떠오를 때, 사람들이 신체적으로 흥분되기 때문이다.
- 특정 조건하에서, 정서의 사회적 공유는 장기적으로 정서적 적응을 용이하게 하

고, 심리적, 물리적 건강을 증진시킬 수 있다.
- 정서조절전략 각각은 반드시 문화적 가치와 문화적 적합성의 측면에서 평가되어야 한다. 정서의 표현과 억제는 문화 보편적으로 동등한 가치를 지니지 않는다.

▶ 학습 링크

1. 정서조절 전문가 James Gross 박사의 강연
   https://www.youtube.com/watch?v=9n5MqKLitWo

2. 정서 통제에 대한 앵그리버드 영상
   https://www.youtube.com/watch?v=pFkRbUKy19g&list=PLd5JFRsnPq7H5Qrh
   dikqO_3muc-a4FUd8

3. 마음챙김 명상과 정서조절 간의 관계에 대한 개관 논문
   http://www.hindawi.com/journals/bmri/2015/670724/

4. 유아들이 자신의 정서를 통제하기 위해 정서 정보를 사용하는 실험에 대한 영상
   https://www.youtube.com/watch?v=7FC4qRD1vn8

제10장
정서와 집단 과정

Psychology
of Emotion

　　월드컵 경기의 축구 결승을 떠올려보라. 당신은 80,000명의 관중과 함께 경기장에 있을 때와 텔레비전 화면 앞에 혼자 있을 때 유사한 방식으로 감정을 느낄 것이라 생각하는가([그림 10-1])? 아마도 아닐 것이다. 마치 파도타기 응원을 할 때 사람들의 조직화된 행동처럼, 단일 유기체마냥 정서는 물결처럼 집단으로 퍼져 나간다. 물론 당신이 텔레비전으로 경기를 봤다고 하더라도 당신의 정서는 부분적으로 경쟁하고 있는 팀들과 결과에 의해 결정된다. 만약 어떤 팀이 당신의 국가를 대표한다면, 당신은 그 팀이 모국을 대표하지 않는 팀일 때에 비해서 더 강한 감정을 느낄 수도 있다. 그리고 당신의 팀이 이겼고, 모국의 많은 친구와 함께 밖으로 나갔다고 가정해 보자. 그러다 패배한 팀의 국가에서 온 군중을 봤을 때 어떻게 느끼겠는가? 당신의 집단은 상대편 집단에게 어떤 감정을 느끼고 표현할 것 같은가? 그리고 왜 그렇게 할까? 정서는 개인의 몸과 마음에서 벌어지는 일 그 이상이다. 정서는 두 사람 혹은 많은 사람 간의 상호작용에서 공유되는 경험이다.

　　정서를 집단 과정(group processes)이라고 부르는 데에는 최소 두 가지의 중요한 방식이 있다. 첫째는 경기장에 있는 사람들처럼, 정서가 집단 내에서 공유될 수—조성될 수—있다는 견해다. 이를 집단 정서(group emotions)라 한다. 둘째는 개인은 그들이 소속된 집단의 다른 구성원이 경험하거나 혹은 그들이 원인이 된 정서적 사건들 때문에 정서를 느낀다는 견해다. 국가 대항 경기에서 국가대표 수영선수가 신기록을 수립했을 때 당신은 자부심을 느낄 수도 있고, 당신의 종교집단에 있는 사람이 인종차별적 행위에 가담했을 때 당신은 수치심을 느낄 수 있다. 이러한 정서들은 집단을 대신한 정서(emotion on behalf of a group)다. 물론 집단 정서와 집단을 대신한 정서를 분리할 수

[그림 10-1] 좌우의 사람들은 모두 같은 축구 경기를 보고 있다. 그들의 정서가 완전히 똑같을까? 만약 아니라면 어떻게 다른가?

있는 것처럼 보이더라도, 사실 두 정서는 일상에서 서로 얽혀 있다. 이 두 정서 현상은 두 집단이 상호작용하는 상황에서 자주 발생하기 때문에 중요하다. 정서와 집단 과정의 이해는 정서가 중요한 역할을 하는 집단 갈등에 대한 설명을 돕고 잠재적인 해결방안을 제공할 수 있다. 우리는 정말로 집단간 맥락에서 사람들 사이의 강한 분노와 증오 혹은 공포를 관찰하는 불편한 경험을 일반적으로 한다.

집단 정서

집단 정서(group emotions)는 집단적으로 상호작용하는 사람들 사이에서 순식간에 발생하고 공유된다. 소규모 집단이 흥분과 기쁨으로 활기를 띨 때나(Barsade, 2002; Bartel & Saavedra, 2000; Kelly & Barsade, 2001), 집단이 공포로 사로잡혀 있거나 분노가 가중될 때처럼 말이다(Hatfield, Cacioppo, & Rapson, 1994; Le Bon, 1895). 우리의 정서는 우리를 둘러싸고 있는 사람들의 정서로부터 몇 가지 방식으로 영향을 받는다(Parkinson, 1996; Parkinson, Fischer, & Manstead, 2005). 첫째, 다른 사람들은 우리가 확신할 수 없는 상황에서 우리가 무엇을 느끼고, 그 원인이 무엇인지를 이해하는 데 영향을 준다(Schachter & Singer, 1962). 둘째, 우리의 정서 표현과 정서 강도는 다른 사람이 그저 존재한다는 것만으로도 영향을 받는다. 왜냐하면 다른 사람은 정서적 의사소통에서 수신인의 역할을 하고 표현을 증폭시키는 역할을 하기 때문이다. 제5장에서 봤듯이, 우리는 누군가 우리 주변에서 있을 때 더 미소 짓는 경향이 있고, 특히 그 누군가가 친구일 때 더 그렇게 하는 경향이 있다(Hess, Bance, & Kappas, 1995).

집단 정서에 대한 관심은 오랫동안 있어 왔다. 프랑스의 인류학자였던 Gustave Le Bon은 군중과 군중행동에 대하여 연구하였다. 관찰을 통해, 그는 집단이 강하고 전염성 있는 정서 경험 상황을 제공한다고 주장하였다(Le Bon, 1895/1963). 비록 집단 정서에 대한 연구들은 수십 년 동안 거의 사라졌었지만, 시계추는 다시 돌아왔고, 이 주제에 대한 관심이 재개되었다(최근 연구인 Collins et al., 2013과 Niedenthal & Brauer, 2012를 읽어 보라). 집단 정서라는 개념은 여전히 문제가 많은 개념으로 남아 있는데, 그 개념을 정의하고 측정할 수 있는 뚜렷하고 합의된 수단이 없기 때문이다(Kuppens & Yzerbyt, 2014). 첫째, 집단의 규모는 어떻게 정의할 것인가? 네 명으로 이루어진 집단과, 4,000명으로 구성된 집단이 같은 방식으로 정서를 공유할 것이라고 생각할 수 있나? 집단 정서의 측정 자체에 대한 개념적 문제 또한 여전히 존재한다. 집단 속 모든 사람의 정서를 평균하여 계산한 정서의 '평균 수준'은 공유된 정서의 유무에 대해 아무것도 말해 줄 수 없다. 평균값이 집단 내 정서 경험의 변산성(variability)에 대해 무엇도 설명해 줄 수 없기 때문이다. 집단 내의 일부 구성원이 아주 강렬한 감정을 느끼더라도 다른 구성원들은 그 감정의 상당 부분을 전혀 느끼지 못할 수도 있다. 집단 구성원 간 정서의 변산성은 그 정서의 특색을 나타낼 수 있다는 점에서 중요하며, 심지어 그 집단을 정의한다고 말할 수도 있다(George, 1990).

연구자들은 집단 내 구성원이 경험하는 정서가 높은 동질성을 갖는다는 것이 집단 정서의 존재를 증명하는 좋은 지표라고 동의하고 있다. 높은 동질성은 전체 집단이 비슷한 상태를 경험한다는 것을 암시하기 때문이다. 이 추론에 따라 우리는 사람들이 집단 정서를 경험하는 경우는 집단 내 구성원들이 매우 일치하는 정서 상태에 있거나, 혹은 시간이 지날수록 정서가 수렴되는 경향이 있을 때라고 결론 내릴 수 있다(George, 1990; Sy, Côté, & Saavedra, 2005; Totterdell et al., 1998).

비록 집단 정서의 '집단'이라는 부분에 약간의 개념적 어려움이 존재하지만, 집단 정서의 '정서'는 제1장에서 봤던 정서의 정의와 개념적으로 달라 보이지는 않는다. 이는 개인의 정서에 대한 연구처럼, 대부분의 연구자는 동일한 정서 범주를 사용하고 있고, 동일한 심리적 처리를 연구했다는 뜻이다. 그래서 일단은, 그리고 집단 정서의 독특성에 대한 다른 증거가 생기지 않는 한, 집단은 (개인) 정서의 또 다른 자원으로서 또는 개인 정서의 강도나 표현의 조절기(modulator)로서 바라볼 것이다. 예를 들어, 집단 정서는 개인적 수준에서의 정서에 비하여 더 강렬하고 더 오래 지속될 수 있다.

다음 절에서 우리는 정서가 어떻게 집단에서 발생하고 집단 내로 퍼져 나가는지에 대해 기술할 것이다. 만약 집단 구성원이 같은 시간에 같은 정서를 유발 경험에 노출된다면, 집단 구성원에게 어떤 정서가 유발될 수 있다는 것은 확실하다(예를 들어, 당신이 좋아하는 축구팀의 승리나 패배 혹은 자연 재난과 같은 경우 말이다). 하지만 어떻게 집단 과정이 이러한 정서를 강화시키고 유지하는지 그 메커니즘은 아직 확실하지 않다. 우리는 먼저 연구들이 집단 내 정서의 확산을 어떻게 설명하는지 알아보고자 한다.

정서 전염

정서 전염(emotional contagion)은 "다른 사람의 정서(그 사람의 정서적 평가, 주관적 느낌, 표현, 생리적 처리 양상, 행동경향성, 그리고 도구적 행동)를 '따라가는(catch)' 경향"이라 정의된다(Hatfield, Cacioppo, & Rapson, 1992, p. 153). 정서 전염은 정서가 전이되거나 정서를 따라간다는 어떤 인식이나 의도 없이도 발생할 수 있다. Hatfield와 그의 동료들(Hatfield, Cacioppo, & Rapson, 1992, 1994; Hatfield, Cacioppo, & Rapson, 1993)은 그들이 '원초적 정서 전염'이라 불러 온 것을 강조해 왔다. 이는 특히 집단 정서와 관련 있으며, 그들은 이를 "다른 사람의 움직임, 표현, 자세 그리고 발성을 자동적으로 따라하고 동기화하는 경향성이며, 그 결과 정서적으로 수렴된다"고 정의한다(Hatfield, Cacioppo, & Rapson, 1992, pp. 153-154). 정서 전염은 진화적 관점에서 중요하다. 왜냐하면 정서 전염이 다른 사람의 관점 취하기(perspective taking)와 공감(empathy)을 키우는 기본적인 과정으로서 작용할 수 있기 때문이다(De Waal, 2012). 이 견해와 일치하게, 정서적 반응의 유사성은 집단 내 사회적 유대감을 증대시키며(Anderson, Keltner, & John, 2003), 특히 집단 구성원이 긍정적 경험을 할 때 그것을 증대시키게 된다(Knight & Eisenkraft, 2015). 나중에 우리가 보게 되듯, 정서 전염은 인간과 같은 사회적인 동물의 생존에 제일 중요하다고 가정되는 집단 행동(collective action)을 야기할 수 있다(Nakahashi & Ohtsuki, 2015).

정서 전염은 아마도 당신뿐만 아니라 마케팅이나 광고업계에 종사하는 사람들에게도 익숙할 것이다. 텔레비전 쇼나 광고에서 자주 사용되는 녹음된 웃음소리로 알 수 있듯이 말이다. 녹음된 웃음소리는 청중들의 웃음, 긍정적 감정 상태, 궁극적으로 TV 시리즈나 제품을 향한 긍정적인 태도를 유도하기 위해 의도된 것으로 꽤 효과적이다(Bust et al., 1989). 정서 전염은 집단 구성원 간의 실제 상호작용에서도 입증되어 왔다. 예를 들어, Barsade(2002)는 이를 알아보기 위해 참가자에게 협상 과제에 참가하도록 하였다. 3명에서 5명으로 구성된 각 집단의 구성원 사이에 실험조력자가 포함되었는데, 조력자는 긍정적(빈번한 웃음) 또는 부정적 감정 상태(전혀 웃지 않는)를 표현하도록 훈련받았다. 더불어 조력자는 높은 에너지(그는 빠르게 말하고, 강한 목소리 톤을 갖고 있었다) 또는 낮은 에너지(그는 낮은 톤의 목소리로 아주 느리게 말했다)를 전달하도록 훈련받았다. 참가자들의 행동은 영상으로 녹화되었고, 독립적인 평가자들이 영상 속 참가자들의 기분과 행동을 평가하였다. 결과는 조력자와 같은 집단 참가자들은 실험 조력자의 에너지 수준과는 독립적이나 조력자와 같은 감정 상태를 경험하는 경향을 보였다(Neumann, Seibt, & Strack, 2001; Sy, Côté, & Saavedra, 2005).

비록 정서 전염 현상이 주로 실험실에서 연구되었지만 현장 연구에서도 관찰되었다(Totterdell et al., 1998). 예를 들어, 건강 결과에 대한 대규모 연구의 일환으로 과학자들은 우리의 실생활 속 사회적 네트워크가 20년 넘게 장기적으로 지속되는 우리의 기분(우울과 행복과 같은)에 미치는 영향을 분석하였다. 이 연구 결과의 일부분이 [그림 10-2]에 제시되어 있는데, 기분은 사회적 네트워크를 통해 유사한 정서 상태를 경험하는 가까운 사회적 관계를 맺고 있는 사람들에게 전파되었다(Fowler & Christakis, 2008).

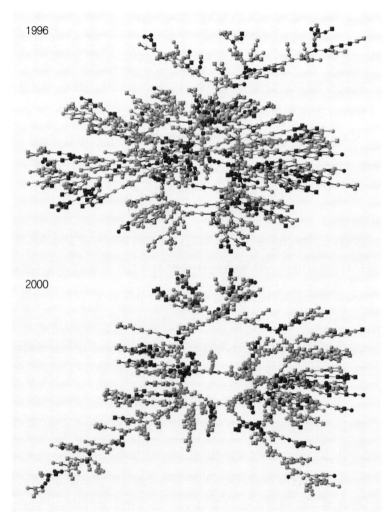

[그림 10-2] 각 점은 한 사람을 표상한다(원은 여성, 사각형은 남성). 점들 간의 선은 관계를 지칭한다(검정색은 형제자매, 빨간색은 친구와 배우자). 점들의 색은 한 사람과 직접적으로 연결된 네트워크 속 구성원의 행복의 평균을 의미한다. 파란색은 가장 낮은 수준의 행복을, 노란색은 가장 높은 수준의 행복을, 초록은 중간 수준을 표상한다. 색들은 무선적으로 분포되어 있지 않고 우연 수준보다 높은 확률로 함께 모여 있다.

출처: Fowler & Christakis (2008).

요즘 우리는 면대면이 아닌 소셜 미디어를 많이 사용하므로, 소셜 네트워크를 통한 가상적 만남에서도 정서 전염이 발생하는지 궁금할 수 있다. 최근 논란이 된 방법을 사용해서(왜냐하면 유력 소셜 미디어 자료 사용에 대해 윤리적 문제가 제기되었음), Kramer, Guillory, 그리고 Hancock(2014)은 650,000명 이상의 페이스북 사용자들이 익명으로 참가한 연구를 진행하였다. 이 연구에서 연구자들은 사람들의 뉴스피드에 있는 긍정적 혹은 부정적 내용을 약간 줄이는 조작을 가하였다. 이 조작은 페이스북 사용자들의 정서 상태에 영향을 주었는데, 긍정적 게시물을 줄였을 때 사람들은 긍정적 게시글을 덜 쓰고 부정적 게시글을 더 많이 올렸다. 그리고 부정적 표현이 줄었을 때는 그 반대 양상이 관찰되었다.

여러분이 짐작할 수 있는 바와 같이, 우리는 모두 동일하게 정서 전염에 예민하지 않다. 다른 사람의 감정을 포착하는 것의 민첩함에는 개인차가 존재한다. 접근-회피 경향성과 같은 기질이나, 주의 산만함과 주의 지속 시간, 그리고 정서적 반응의 강도와 같은 것들이 정서 전염 민감성과 관련이 있다(Eisenberg et al., 1991). 성별, 초기 경험 그리고 성격특질 같은 다른 개인차 특성들도 정서 전염 민감성에 영향을 준다. 실제로 한 연구자는 사람들의 이러한 변산성을 측정하기 위해 정서 전염 척도(Emotional Contagion Scale)를 개발하였다(Doherty, 1997). 정서 전염의 문화차 또한 존재하는데, 집단 규범에 순응하는 정도와 집단 규범을 고수하는 것에 대해 부여하는 가치에 문화차가 있기 때문이다(Ilies, Wagner, & Morgeson, 2007).

정서 전염의 설명

정서가 어떻게 집단 전체로 퍼져 나갈까? 이에 대한 설명은 학습 이론의 기본 원리에 기대거나, 공감(empathy)과 같은 더 복잡한 심리적 현상까지 모든 범위를 포괄한다. 우리는 이 설명을 정서 전염의 바탕이 되는 기제가 자동적 처리라는 측면(무의식적으로, 노력 없이, 의도 없이 일어난다는 것)과, 혹은 통제 처리라는 측면(의식적으로, 노력을 기울여서, 의도를 갖고 처리에 개입한다는 것)으로 나누어 살펴보고자 한다. 정서 전염이 의도적인 방식이라기보다 자동적인 방식으로 일어난다고 제안하는 것은, 전염이 원하지 않은 것이거나 해로운 것일 때 이걸 바꾸거나 대응하기 위해 다른 처리가 필수적이라는 것을 함축한다. 정서 전염에 대한 일부 설명은 이미 제5장에서 얼굴표정에 대한 논의를 할 때 설명되었기 때문에, 이 장에서 그 부분은 아주 간단하게 언급할 것이다.

정서 전염의 자동적 처리

학습

정서 전염에 대해 생각하는 한 가지 방법은 그것을 학습된 반응이라고 보는 것이다 (Bandura, 1976). 일반적으로 우리는 타인이 공포를 표현할 때 뒤따라 몇 초 이내에 어떤 겁나는 일이 발생할 것이라고 학습한다. 그래서 공포와 도피 행동은 타인의 얼굴에서 공포를 지각하는 것과 자동적으로 연관되어 있다. 이를테면 아주 불안하거나 짜증 나는 상황에서 나타나는 타인의 반응은 당신을 짜증나게 하는 행동 변화(동요, 빠른 움직임, 소음)를 만들어 낼 수 있다. 수년 동안 이걸 학습했다면, 정서 상태의 첫 번째 신호가 타인으로부터 감지되자마자 당신으로부터 조건화된 반응을 이끌어 낼 확률이 크다. 하지만 상대방에게서 정서가 유발될 수 있는 자극이 관찰되어도, 그 자극이 지각자에게 직접적으로 영향을 주지 않을 가능성 또한 존재한다. 예컨대, 사람들은 다른 사람이 행복할 때 친절하고 관대하게 행동해서 타인이 긍정적인 기분을 느끼도록 만든다는 것을 배울 수 있다. 그 결과로 사람들은 다른 사람의 행복을 알려 주는 아주 작은 것을 감지하자마자 자동적으로 기쁨을 느낄 수도 있다.

발달적 세부사항

유아들도 정서에 전염될 수 있다!

타인의 감정에 전염되는 것은 생애 초기부터 시작된다. 정서적 동조(emotional synchrony)를 이루거나, 정서로 인한 생리적 반응을 다른 사람의 생리적 반응과 동조를 맞추는 것은 상대방에 대한 공감의 기본이다(De Waal, 2012). 어린아이가 삶에서 처음 구축하는 사회적 유대감은 엄마하고의 유대감이다. 엄마와 유아 간에 정서적 동조가 이루어지는 것을 심혈관 반응(Waters, West, & Mendes, 2014)과 정서 호르몬 수치(Williams et al., 2013)에 대한 조사 연구에서 관찰하였다.

그러한 연구 중 하나로, 12개월 된 유아를 가진 엄마들은 아이가 없을 때 세 조건의 청중 앞에서 5분간 발표를 하게 하였는데, 첫 번째 조건의 청중들은 비판적인 청중이었고(예: 찡그리고 고개를 절레절레 흔드는), 두 번째 조건의 청중들은 지지적인 청중이었고(예: 웃는, 고개를 끄덕이는), 세 번째는 통제 조건으로 청중 없이 혼자 발표했다. 발표를 하고 나서 엄마들이 일련의 질문에 답을 하는 동안 엄마와 유아는 다시 만났다. 발표 전후로, 엄마와 아이의 심장 반응을 측정하여 두 측정치의 유사한 정도를 평가하였다. 예상한 것처럼,

엄마의 심장 활동은 그녀가 경험한 상황(부정적 vs. 긍정적 vs. 통제)에 따라 결과가 달라졌고, 부정적인 상황이 가장 큰 스트레스를 일으켰다. 가장 중요한 것은 다음 그래프에서도 볼 수 있듯이 유아가 발표 세션 동안에 함께 있지 않았음에도 불구하고 유아의 심장 활동은 엄마의 심장 활동과 동조를 이루었다. 비판적인 청중 앞에서 발표를 수행했던 엄마들의 유아는 자신도 스트레스를 받았다. 게다가 청중의 유형에 상관없이 발표하는 것에 스트레스를 겪었던 엄마의 유아는 실험 후 상호작용에서 낯선 이와 접촉하는 것을 피하려고 했다. 유아들은 엄마와 동조되어 사회적 후유증을 보였다!

정서는 어떻게 엄마에게서 아이로 전이되고, 그리고 다시 반대로 전이되는 걸까? 얼굴 표정, 신체적 접촉, 그리고 목소리의 정서적 어조 모두 정서적 영향의 후보군들이다. 앞으로의 연구에서는 다른 사람에게 자신의 정서를 가장 잘 전염시킬 수 있는 통로가 무엇인지 확인되어야 할 것이다.

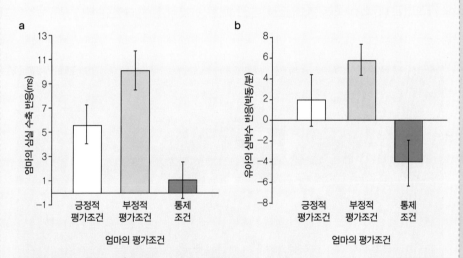

정서적 상황(긍정적 vs. 부정적 vs. 통제)은 엄마의 생리적 반응(a)과 유아의 생리적 반응(b)에 유사한 양상을 야기한다. 이때, 유아는 그 상황을 알지 못했다.

모방

정서 전염은 우리가 타인, 특히 자신의 집단에 속하는 사람의 얼굴표정, 자세 그리고 음성표현을 자동적으로 모방함으로써 일어나기도 하며, 모방은 우리에게 유사한 정서를 활성화시키기도 한다(Niedenthal, 2007; Niedenthal et al., 2005; Zajonc & Markus, 1984). 좀 더 구체적으로 말하면, 정서를 경험하고 있는 사람을 보는 것은 지각자에게 동일한 감각-운동 상태를 활성화시킨다. 감각-운동 상태가 활성화된다는 말은 그 정서 반응을 일으킨다고 알려진 뇌의 활성화가 동일한 양상으로 나타난다는 의미다. 더 나아가 자신이 속한 집단의 구성원처럼 개인이 공감하고 싶은 사람을 관찰할 때 그 상태는 전부 또는 부분적으로 공유된다.

공통주의

공통주의(co-attention)는 타인과 주의를 동기화하는 것으로 정의되며, 이 또한 정서 전염의 중요한 원인이다(Shteynberg et al., 2014). 동일한 대상이나 사건에 주의를 기울이는 것은 사람들이 동일한 정서를 가지도록 이끄는데, 이는 사람들이 감정의 동일한 원인에 대해 생각하느라 더 많은 시간을 쓰게 되기 때문이다(Shteynberg, 2010). 예를 들어, Boothby, Clark와 Bargh(2014)의 연구에서 참가자들은 함께 초콜릿을 시식하거나 혼자 시식했는데, 참가자들은 서로 이야기 나누는 것이 금지되었음에도 불구하고 그들

[그림 10-3] 집단 내 사람들이 동일한 정서 유발 대상 혹은 사건에 모두 집중하고 있을 때, 그들의 정서는 융합되고, 증폭되는 경향이 있다.[1]

---

1) 역자 주: 이 장면은 영화 〈이미테이션 게임(The Imitation Game, 2014)〉에서 주인공 앨런 튜링(Alan Turing, 베네딕트 컴버배치 역)이 동료들과 함께 자신이 만든 기계(세상 모든 컴퓨터의 전신이 된 튜링 머신)가 내놓은 값으로 독일군 암호를 최초로 해독하는 장면이다.

은 혼자 시식할 때보다, 다른 사람들과 함께 시식하는 경험을 공유할 때 고품질의 초콜 릿을 먹는 것을 훨씬 더 즐겼고 저품질의 초콜릿을 먹을 때는 덜 좋아했다. 마치 타인 의 존재가 자신의 즐거움과 불쾌함의 원인에 집중하게 되는 정도에 영향을 주는 것 같 았다([그림 10-3]). 이 실험이 제안하는 것은 직접적인 상호작용이 없거나 타인을 관찰 하지 않아도 집단은 정서의 원인에 함께 주목하기 때문에 정서적 반응을 증폭시킨다는 것이다.

정서 전염의 의도적 처리

의사소통적 모방

의도적 행위 또한 정서 전염의 원인이 된다. 예컨대, 흉내를 내는 것은 항상 자동적 인 것은 아니며, 때로 타인에게 우리가 그들이 어떤 기분인지 알고 있고 그들이 느끼는 것을 우리도 동일하게 느끼고 있다는 걸 보여 주는 의도적인 의사소통 행위도 할 수 있 다(Buck et al., 1992; Fridlund, 1991). 관련 연구에서 한 실험자가 이미 다친 자신의 손가 락 위로 텔레비전 모니터를 떨어트리고 아픔을 표현했을 때, 실험자와 눈을 맞췄던 참 가자들은 그렇지 않았던 참가자들에 비하여 실험자의 고통을 따라 느끼는 경향을 보였 다(Bavelas et al., 1986). 그리고 흉내 내는 행동은 감정을 표현하는 사람이 그것을 볼 수 있을 때만 발생하는 것처럼 보였다. 더구나 참가자들이 눈치 채지 않게 실험자의 고통 에 반응할 때의 표정을 녹화해서 다른 집단의 참가자들(관찰자)에게 보여 주었는데, 관 찰자들은 눈 맞춤 하지 않은 조건의 참가자들에 비하여 눈 맞춤 조건의 참가자들이 실 험자가 어떻게 느끼는지 더 잘 이해하고 있다고 판단하였으며 일어난 일에 대해 더 많 이 걱정한다고 판단하였다[Kraut & Johnston(1979) 연구도 보라]. 따라서 개인 간의 정서 적 의사소통의 목적으로 정서 흉내 내기(emotional mimicry)가 나타날 수 있으며, 의식 적이고 의도적인 방식으로 전파될 수 있다.

사회비교

정서 전염을 일으키는 또 다른 통제된 처리는 사회비교(social comparison)다 (Wrightsman, 1960). 사회심리학자들은 사람들이 많은 삶의 영역에서 자신의 적성이나 의견 그리고 감정을 평가하기 위해 자신을 다른 사람과 비교하는 경향이 있음을 보여 주었다. 관련 연구에 따르면, 특히 적절한 감정이 무엇인지 모호한 상황에서 집단 구성원이 서로를 비교하며 그들의 감정과 정서적 반응이 유사하다고 해석하는 경향을 보인다고 한다. 한 연구를 예로 들면, 참가자들은 다른 참가자와 함께 기다리는 5분 동안 그들과 대화를 나누지 않았는데도 다른 참가자와 정서적으로 수렴되는 경향을 보였다. 정서적 수렴은 다른 참가자가 그들과 동일한 실험에 참가할 예정이라고 들었을 때 더욱 분명하게 일어났다(Sullins, 1991).

공감

마지막으로 정서 전염은 물론 공감(empathy) 때문에 일어날 수도 있다. 우리는 공감을 관찰자가 자신을 다른 사람의 입장에 놓아 보는 과정으로 정의할 수 있다(Davis, 2004; Kelly & Barsade, 2001). 만약 당신이 공감을 잘한다면 당신은 정서를 촉발하는 상황을 어떤 사람과 같은 방식으로 평가하고 그 사람이 경험한 것을 유사하게 경험할 것이다(Stocks et al., 2011). 예를 들어, 주인공이 자신이 사랑하는 사람의 아이를 임신했다는 걸 알게 된 직후에 사랑하는 사람이 죽는, 매우 슬픈 영화를 본다고 생각해 보자. 만약 당신이 그녀의 입장이 되어 본다면, 당신은 배우가 표현하는 것과 동일한 정서 경험인 슬픔을 느끼기 시작할 것이고, 심지어 배우가 바라본 방식대로 그 사건을 바라볼 것이다.

지금까지 알아본 것을 토대로 생각해 봤을 때, 자동적 처리와 통제적 처리가 정서 전염에 함께 기여할 가능성이 있다고 가정하는 것은 당연하다. 예를 들어, 당신이 상대방의 웃음을 자동적으로 흉내 내었더라도, 당신은 그 사람의 웃음을 지각했다는 것을 알리기 위해서 당신의 표정을 의도적으로 강조할 수도 있다. 당신은 또한 부정적이거나 중립적인 정서 표현이 요구되는 상황이라면 의도적으로 웃음을 감출 수도 있다. 이와 관련해서 Neumann과 Strack(2002)이 진행한 목소리에 의한 정서 전염 연구에서는, 자동적 처리와 통제적인 처리는 타인의 감정 상태에 대한 관찰에 다른 효과를 가져온다고 제안하였다. 그들의 연구에서 참가자들의 기분은 어떤 메시지를 들을 때 목소리의 정서적 어조에 영향을 받았다. 하지만 참가자들에게 화자의 관점을 취하고 그 상황에서 화자가 어떻게 느낄지에 대해 생각하라고 요청함으로써 참가자들의 주의를 말하는 사람의 정서 상태로 향하게 했을 때, 참가자들은 화자의 정서 상태뿐만 아니라 그 이유에 대해서도 상상할 수 있었다. 이러한 조건에서 목소리 톤은 참가자의 정서 상태를 바꿀뿐더러 기분도 바꿔서, 목소리가 표현하는 정서와 참가자의 정서를 일치시키게 하였다. Neumann과 Strack에 따르면, 기분의 자동적 전염은 존재한다. 하지만 개인 간에 이루어지는 정서 전이는 상대방의 상황을 평가하는 데 쓰이는 추가적인 인지적 노력을 필요로 한다.

집단을 대신한 정서

사람들이 자신을 어떤 집단의 구성원으로 여길 때, 그 집단의 관점에서 바라본 정서, 또는 집단을 위한 정서를 경험한다(Branscombe & Doosje, 2004; Mackie, Devos, & Smith, 2000). 당신이 실제 혼자일 때도 집단을 대신한 정서를 경험할 수 있다. 그때의 정서 경험은 어떤 집단 정서가 아니다. 다음과 같은 연구에서는 그 정서가 자신을 위한 것이 아니라 집단을 위한 것이라고 분명히 했다(Doosje et al., 1998; Leach, Iyer, & Pedersen, 2006; Smith, 1993). 예컨대, 심지어 제2차 세계대전 시기에 태어나지도 않았던 독일인들도 부인할 수 없는 조국의 구성원으로서 죄책감을 경험한다. 유사한 예로, 비록 자신은 호주 원주민들을 몰아내는 어떤 행위에도 관여하지 않았지만, 한 연구의 호주 국적 참가자들은 과거에 일어났던 행동들에 대해 국가를 대신하여 죄책감을 느낀다고 보고하였다(McGarty et al., 2005).

정서가 집단 소속감(group membership)에 의해 결정된다는 견해는 오랫동안 있었다. 한 고전적 연구에서는 개인은 자신이 속한 집단의 성공 혹은 실패에 따라 자부심이나 수치심을 각각 느낀다고 주장했다. Cialdini와 동료들(1976)의 연구는 미국 대학생들이 자신의 대학팀이 졌을 때보다 우승한 후에 유니폼을 더 자주 입었음을 보여 줬다. 사람들은 또한 팀의 패배를 이야기할 때보다 우승을 이야기할 때 '우리'라는 대명사를 더 많이 사용했다. 우리는 또한 팀 덕분에 기분이 좋아지거나 나빠진다(Branscombe, Doosje, & McGarty, 2002; Hirt et al., 1992).

매우 감정적인 사건을 인용한 한 연구에서는 벨기에와 독일 대학생들을 대상으로 2001년 9월 11일에 발생한 뉴욕과 워싱턴 D.C의 테러 공격 후 몇 주 이내에 설문지를 작성하였다(Dumont et al., 2003). 참가자들은 연구의 목적을 9·11 테러 공격에 대한 유럽인들과 미국인들의 정서적 반응을 비교하는 것이라고 설명 들었거나, 혹은 그 사건에 대한 아랍인과 서양인의 태도를 비교한다고 설명을 들었다. 이 연구 방식은 암묵적으로 첫 번째 조건의 참가자들로 하여금 자신을 미국인과 다른 집단이라고 범주화하게 하고, 두 번째 조건의 참가자들은 자신을 미국인과 동일한 집단(예: '서양인')이라고 범주화하게 했다. 첫 번째 조건의 참가자들에 비하여, 두 번째 조건의 참가자들이('서양인'이라고 범주화한) 테러 공격에 대해 더 강렬한 공포를 보고하였고, 공포 관련 행동들(예: 테러리스트 네트워크에 대한 정보를 연구)을 더 많이 하였다.

집단을 대신해서 정서를 느끼는 정도는 우선 집단과 자신을 얼마나 동일시하는가에 달려 있다. 집단을 대신한 정서에 대한 기의 모든 연구는 집단에 대한 소속감이 개인에게 중요한 것일 때 그 감정이 가장 강력해진다고 말한다(Bizman et al., 2001; Gordijn et al., 2006; Iyer et al., 2004; Leach & Tiedens, 2004; Magee & Tiedens, 2006; Miller et al., 2004; van Zomeren, Postmes, & Spears, 2008). 한 연구를 예로 들면, Louvain-La-Neuve(벨기에) 대학의 벨기에 학생들은 다른 벨기에 대학(Ghent 대학)의 이사회가 내린 불공정한 결정(기소된)에 대해 다른 집단과 의견을 비교하는 연구에 참여해 달라고 요청받았다. 한 조건의 참가자들은 그 결정에 대한 학생들의 의견과 교수들의 의견과 비교할 것이라고 설명을 들었고, 이는 자신을 Ghent 대학의 학생들과 같은 집단(즉, 벨기에 '학생 집단')으로 범주화하게 유도되었다. 두 번째 조건에서는 Louvain-La-Neuve 대학의 학생들은 그들의 반응이 Ghent 대학 학생들의 반응과 비교될 것이라고 설명을 들었고, 이러한 처치는 자신을 Ghent 대학 학생들과 다른 그룹으로 범주화하도록 유도했다. 예상한 바와 같이, 정서적 반응(특히 분노)은 학생들이 불공정한 결정을 경험한 집단과 자

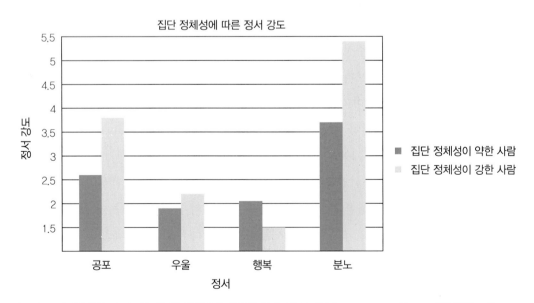

[그림 10-4] 일시적으로 자신을 벨기에 학생으로 범주화하도록 유도되었던 Louvain-La-Neuve 대학생들(그래서 불합리한 의사결정으로 피해를 입은 타대생들과 같은 범주로 자신을 분류했던)은 벨기에 학생으로 정체성이 강할수록 더욱 강한 감정을 느꼈다(짙은색: 약한 정체성 vs. 옅은색: 강한 정체성).

신을 같은 집단이라 범주화할 때 더욱 강해졌다. 그리고 이 정서적 반응은 특히 자신을 그 집단으로 인식하는 정도가 강할수록 두드러졌다([그림 10-4]에 묘사된 바와 같이; Yzerbyt et al., 2003).

마지막으로, 정서의 동기적 요인 때문에(제1장을 보라) 집단을 대신한 정서는 집단 행동(collective action) 출현에 기여한다. 집단 행동은 이미 존재하는 집단이나 자발적으로 생긴 집단이 하나의 결과물이나 변화를 성취하기 위해 수행하는 조직화된, 혹은 동기화된 노력으로 정의할 수 있다(Wohl et al., 2011). 이를 보여 주는 연구로, van Zomeren, Spears, Fischer, 그리고 Leach(2004)는 대학생들이 전체 집단에 영향을 주는 등록금 인상으로 분노를 더 많이 경험할수록, 그 결정에 반대하는 집단 행동에 더 많이 참여하고자 하는 것을 관찰하였다(Leonard et al., 2011의 연구도 보라). 한걸음 더 나아가서, 집단 구성원이 현재 경험한 정서와 자신이 현재 경험한 정서의 일치성은 그 집단에 대한 개인의 소속감을 증가시킬 뿐만 아니라 집단 행동에도 기꺼이 참여하도록 하였다(Livingstone et al., 2011). 이렇듯 최근 연구들은 집단 정서의 존재를 입증하고, 집단 과정와 집단 행동에 대한 집단 정서의 영향력을 증명하고 있다.

요약하면, 당신이 속한 집단 또는 집단의 구성원에게 영향을 미치는 사건은 당신에게 정서를 일으킬 수 있다. 집단을 대신한 이러한 정서들은 자신을 집단과 강하게 동일시하고, 집단으로부터 자신을 쉽게 분리하지 못할 때 가장 강렬하다. 집단을 대신한 정서는 중요한 집단 경험이 없었더라면 취하지 않을 행동들을 당신이 하도록 고취한다.

다른 집단에 대한 정서

이 장의 도입에서 언급한 것처럼 집단 정서와 집단을 대신한 정서는 다른 집단을 향한 정서 상태가 될 수 있다. 그래서 두 집단 구성원 간의 상호작용, 집단 대 집단 상황에서 우리는 강렬한 분노, 증오 또는 공포를 관찰할 수 있다. 당신이 봤거나 들었던 가장 마지막 뉴스를 한번 생각해 보자: 얼마나 많은 패배, 학대, 살인, 그리고 공격—모두 정서적으로 높게 각성되는 상황—이 한 집단 구성원과 다른 집단 구성원과의 대립에 관련되어 있는가? 집단간 대립은 자기 집단과 다른 집단에 대한 행동을 야기할 수 있는 강렬한 정서를 생성하는 조건을 만들어 준다. 이 장의 나머지 부분에서, 우리는 편견

(prejudice)과 집단간 행동(intergroup behavior)에 대한 생각과 연구를 살펴보고, 집단간 역동에서 정서의 핵심적인 역할을 밝혀보고자 한다.

편견의 기반이 되는 정서

편견(prejudice)은 일반적으로 외집단을 향한 전반적인 부정적 태도로 개념화되며, 종종 다른 집단을 향한 소속 집단을 대신한 정서가 된다. 전반적인 부정적 감정은 사람들의 고정관념에 대한 구체적 내용보다도 사회적 집단에 대한 사람들의 태도를 잘 예측하는 것으로 알려져 있다(Jackson et al., 1996; Stangor, Sullivan, & Ford, 1991). 예를 들어, Jussim 등(1995)은 실험참가자들에게 긍정적('록 공연자') 또는 부정적('아동 학대자')인 사회적 집단에 속하는 가상적 인물을 알려 줬다. 그리고 난 뒤 연구자들은 참가자들에게 그 사람의 정신질환 가능성을 평정해 달라고 요청했다. 참가자들의 그 집단 구성원에 대한 감정은 정신질환 평정 점수를 예측했지만 그 집단에 대한 신념(즉, 편견)은 정신질환 평정 점수를 예측하지 못했다. 한걸음 더 나아가 신경심리학적 증거는 이 관점을 지지한다. Phelps와 동료들(2000)은 백인 참가자들이 낯선 백인 미국인 얼굴을 볼 때보다 낯선 흑인 미국인 얼굴을 볼 때 편도체에서 더 큰 활성화를 관찰하였다(정서 처리에 관여하는 신경 구조는 제8장을 참조하라). 여기서 더 중요한 것은 편도체의 활성화가 참가자들의 아프리카계 미국인에 대한 편견을 예측했다는 것이다.

편견과 정서의 관계는 정확히 무엇인가? 여기에는 몇 가지 가설이 있다. 첫째, 편견을 부분적으로 결정하는 것은 외집단에 대한 고정관념에서 비롯되는 개인의 정서 반응이다(Esses, Haddock, & Zanna, 1993). 예를 들어, 만약 당신이 어떤 집단에 대해 주로 부정적인 고정관념을 갖고 있다면(예를 들어, 그들은 오만하고 자기중심적이고 인색하다는 고정관념), 이 고정관념은 그들을 향한 부정적인 감정을 촉발할 것이고, 그 정서는 그 집단을 향한 당신의 전반적인 편견을 구성하게 될 것이다. 또한 개인의 현재 정서 상태는 고정관념의 내용 중 자신의 기분과 일치되는 것을 마음속에서 떠오르게 하는 가능성을 증가시킬 수 있다(예: Bower, 1981; 제8장을 보라). 마음속에 떠오르는 고정관념의 이러한 측면들은 최소한 그 순간에 고정관념 내용의 긍정성 또는 부정성을 결정하고(Esses & Zanna, 1995), 결국 집단을 향한 순간적인 편견을 결정한다. 예를 들기 위해 어떤 집단의 구성원을 만났을 때 당신이 부정적인 정서 상태였다고 상상해 보라. 이 가설에 따르면 당신의 현재 정서 상태는 당신의 집단에 대한 고정관념이 더 부정적인 내용이 되도록 영향을 줄 것이다. 그 결과, 당신은 더 부정적인 감정을 갖게 될 것이고 그 집단의 구성원에게 차별적인 방식으로 행동할 것이다.

전반적인 부정적 감정에 초점을 둔 것과 달리, 어떤 연구들은 편견이 외집단을 향한 전반적인 부정적 감정으로 정의되기보다는 개별 감정들로 정의되어야 한다고 주장한다. 예를 들어, Cottrell과 Neuberg(2005)는 참가자들이 아프리카계 미국인 집단과 북미 원주민을 향한 부정적 감정을 동일하게 갖고 있더라도 그들의 구체적인 부정적 감정은 아주 다르다는 것을 관찰하였다. 예를 들어, 참가자들은 아프리카계 미국인들에 대한 공포를 더 많이 보고하였고, 북미 원주민에 대해서는 연민을 더 많이 보고하였다([그림 10-5]). 이 구체적 정서들은 그 집단들과 관련된 정책에 대한 태도도 예측했다. 한 연구에서 게이와 레즈비언에 대한 혐오가 동성애 권리 정책에 대한 태도를 예측했고, 반면에 아랍계 무슬림에 대한 분노는 모국의 안보정책에 대한 태도를 예측했다(Cottrell, Richards, & Nichols, 2010; 또한 Tapias et al., 2007).

편견에 대한 개별 정서들의 역할을 지지하는 다른 증거는 외집단에 대한 암묵적 편견을 보여 준 연구에서 발견되는데, 그 연구는 어떤 정서 상태가 유발될 때 적어도 유발된 정서가 그 집단과 관련된 고정관념(그리고 위협)과 일치해야지 외집단을 향한 사람들의 암묵적 편견이 강화된다고 보고하였다(Dasgupta et al., 2009). 예를 들어, 화가 나지만 혐오스럽지는 않을 때 아랍인에 대한 부정적 편견이 증가하였고, 대조적으로 혐

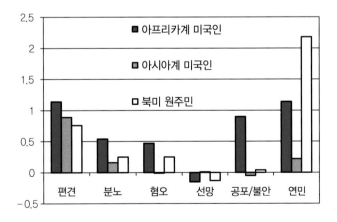

[그림 10-5] 아프리카계 미국인, 아시아계 미국인, 그리고 북미 원주민에 대해 느끼는 특정 정서와 편견의 수준. 보고된 자료는 내집단인 유럽계 미국인에 대한 평가와 세 개 외집단에 대한 평가 간의 평균 차이를 계산한 것이다. 따라서 높은 값이 의미하는 바는 그 차원에서 내집단에 비하여 외집단에 대해 높은 점수를 주었다는 것이다.

출처: Cottrell & Neuberg (2005).

오스럽지만 화가 나진 않을 때 게이나 레즈비언에 대한 편견이 증가하였다.

정서와 집단간 행동

우리는 지금까지 외집단을 향한 특정 정서가 편견을 예측하고 심지어 공공정책에 대한 태도도 예측한다는 것을 살펴봤다. 그렇다면 정서는 집단간 행동에도 영향을 줄까? 한 연구에서 밝힌 바에 따르면, 테러범의 부당한 공격으로 인한 위협이 테러범에 대한 분노를 유발하며, 그 분노는 특히 테러범에 대해 공격적인 행동을 취하려는 의도와 연관되었다(Giner-Sorolla & Maitner, 2013). 57개의 각기 다른 연구를 메타분석한 결과, 외집단을 향한 정서 반응은 행동 의도를 예측하고, 그래서 고정관념을 넘어서 행동하게 된다는 것을 밝혔다(Talaska, Fiske, & Chaiken, 2008).

다른 연구들은 집단을 향한 정서가 어떻게 특정 행동 반응과 의도를 야기하는지를 검증하였다. 영국에서 수행한 한 연구는, 참가자들에게 폭력적이고 다른 반사회적 행동과 연합된 '후드족(모자 달린 옷을 입는 사람)'이라는 범주에 대해서 생각하도록 유도했을 때, 그들은 불안을 느끼는 경향이 있었다. 불안은 결과적으로 참가자들이 모르는 사람과 더욱 거리를 두려는 행동을 증가시켰다(Wyer & Calvini, 2011; Wyer et al., 2010). 유사한 연구에서 연구자들은 각성 반응으로 해석되는 피부 전도율을 관찰했는데, 네덜란드 사람들의 피부 전도율은 그들 자신과 모로코 사람 모습을 한 아바타 사이의 물리적 거리 정도를 예측했다(Dotsch & Wigboldus, 2008). Masicampo, Barth와 Ambady(2014)는 혐오에 대해서도 동일한 효과를 발견하였다. 연구 참가자들은 혐오의 대상이 되는 집단 구성원(예: 히피 또는 비만인)이 그 집단이 혐오와 관련 없는 부당 행위(예: 강의 노트 공유 거부, 다른 사람을 놀리기)를 하지 않았을 때에 비하여, 혐오와 관련된 부당 행위(예: 지저분하게 있기, 성인비디오 보기)를 할 때, 그 집단을 향해 더 가혹한 처벌 판단을 내렸다.

우리는 지금까지 분노와 공포를 집단간 비극적 관계의 핵심으로 보았으며, 집단간 관계에서 정서의 역할을 논의했다. 하지만 다른 정서에서도 유사한 결과들이 관찰된다. 예를 들어, Leach와 동료들(Leacy, Iyer, & Pedersen, 2006)은 자신의 내집단이 불공정한 이득을 취하는 것을 보고 불이익을 받을 사람들에 대한 죄책감을 느끼게 했고, 내집단 구성원에게 분노를 느끼게 했으며, 이는 궁극적으로 불이익받은 집단에게 기꺼이 보상하려는 마음을 증가시켰음을 발견하였다(Iyer, Schmader, & Lickel, 2007; Leach, Iyer, &

Pedersen, 2006).

종합하면, 지금까지 살펴본 연구는 집단간 관계에 대한 정서의 역할을 강조한다. 수년간 편견에 대한 이론과 연구에서 상대적으로 정서에 대한 고려가 이루어지지 않았다. 그래서 한편으로는 이전 연구에서 고정관념 내용의 부정적인 정도와 스스로 보고한 편견의 정도가 왜 일반적으로 약한 상관 관계를 가지는지(예: Brigham, 1971; Jussim et al., 1995; Strangor, Sullivan, & Ford, 1991), 편견과 행동의 관계가 왜 또 약한 상관 관계를 가지는지(예: LaPiere, 1934)를 추측할 수 있다. 이런 연구에서는 모두 편견을 외집단에 대한 전반적인 반감, 또는 싫음 정도로 측정하였다. 분명히 말하자면, 편견은 단순한 반감보다 훨씬 더 복잡한 무엇이다.

정서와 집단간 행동에 대한 모형

정서는 편견과 집단 간 행동에 중요한 요소다. 그런데 정서가 하는 역할이 정확히 무엇일까? 설명을 위해 세 가지 일반 모형이 제안되었다. 모형은 모두 편견이 외집단 구성원에 대한 특정 행동을 촉발시키는 사회적 정서로 간주되어야 한다고 주장한다(Smith, 1993). 하지만 각 모형은 이 효과에 대한 처리 과정들을 다르게 보고, 특히 정서의 원인과 결과에 대해 다르게 생각한다.

집단간 정서 이론

집단간 정서 이론(Intergroup Emotions Theory: IET, Smith, 1993; Mackie, Devos, & Smith, 2000 역시 참조)은 우리의 집단 정체성(group identity)이 개인 정체성(individual identity)을 능가할 때가 있는데, 그때 우리는 집단 정서를 이용하여 외집단을 평가하고 외집단과 상호작용하는 경향이 있다고 주장한다. 앞으로 설명하겠지만, 이 이론은 사회 정체성 이론(social identity theory, Tajfel, 1982; Turner et al., 1987)과 정서의 인지 평가 모형을 결합한 것이다(예: Smith & Ellsworth, 1985; 제1장을 보라).

사회 정체성 이론의 원칙에 기반하여, IET는 한 사람의 정체성은 일부분 개인적 경험과 성격에 의해, 나머지 일부는 개인의 사회적 범주에 대한 소속감(one's social category membership)에 의해 결정된다고 가정한다. 상황에 따라 사회적 범주에 대한 소속감은 더 두드러지거나, 덜 두드러진다. 만약 어떤 범주에 대한 소속감도 분명하지 않다면, 당신은 색다른 특성들을 바탕으로 자신을 독특한 개인으로 규정하고, 이에 기초해서 다른 사람들에게 행동할 것이다. 하지만 당신의 집단 소속감이 두드러질 때는(예를 들어, 애국가를 부르거나 또는 스포츠 경기를 관람할 때), 이와 관련된 사회적 정체성이 일시적으로 당신 정체성의 중심이 될 것이다. 당신 자신을 집단 구성원의 한 명으로 지각하고, 집단의 특성으로 자신을 규정할 것이다. 그리고 다른 사람들을 향한 당신의 감정과 행동은 당신이 가진 집단 소속감의 의미에 영향을 받을 가능성이 크다. 왜 그럴까?

정서 평가 이론에 따르면, 정서는 상황의 다양한 측면을 평가함으로써 유발된다(제1장을 보라). 예를 들어, 당신이 어떤 상황을 부정적이고 불안정한 것으로 평가하고, 그 상황을 극복할 힘이 없다고 느낀다면, 당신은 공포를 경험할 것이다. 반대로 상황이 부정적이지만 통제 가능한 것으로 평가한다면, 당신은 분노를 경험할 가능성이 더 크다. 평가 이론에 따르면 개인이 정서를 경험하기 위해서는 자기가 그 상황에 관련되어야 한다. Smith와 동료들은 사회 정체성이 현저할 때 사회 정체성은 자기를 구성하는 필수적인 부분이 되기 때문에, 집단 수준에서 정서 평가 이론이 적용될 수 있다고 주장한다. 따라서 내집단 구성원들 사이에 특정 정서를 유발하는 사건 혹은 상황은 그것을 직접 겪지 않은 다른 구성원들에게도 영향을 준다. 정서 평가 이론이 예측한 것처럼, 이런 경우에 개인들은 자신의 집단을 대신해서 정서를 경험할 수 있을 뿐만 아니라, 이에 부합하는 외집단을 향한 직접적인 행동 경향성을 보일 수도 있다(〈표 10-1〉을 보라). 이러한 정서는 외집단에 대한 편견의 기반이 될 것이다. 이런 관점에서는 편견이 매우 상황 특정적인 것으로 간주된다. 하지만 외집단에 대한 전반적인 고정관념에 기초한다면 더 일반적인 태도를 형성할 수도 있다(Smith, 1993). 편견에 의한 정서는 결국 외집단 구성원들에 대한 행동 반응을 조성하게 된다. 예를 들어, 만약 자신의 집단에 대해 강한 정체성을 형성한 사람은 외집단 구성원에 의해 친한 내집단 구성원이 목표를 성취하는 과정을 방해받았다고 믿고, 내집단이 외집단에 맞설 충분한 힘이 있다고 여긴다면(외집단이 내집단보다 무력하다고 지각해서), 그의 편견은 좀 더 분노를 반영할 것이고, 공격적인 행동(예: 공격과 차별)에 관여할 가능성이 높을 것이다(〈표 10-1〉의 첫 행을 보라). 반대로 외집단이 더 강력해서 자신의 집단이 그 상황을 바꿀 수 없다고 믿는다면, 느끼게 되는 정서는 불안이나 공포에 보다 가까울 것이고, 이 정서들은 외집단 구성원을 피하는 것 같은 방어적 행동을 촉발시킬 것이다.

〈표 10-1〉 집단간 정서 이론(Smith, 1993)과 사회기능 이론(Neuberg & Cottrell, 2002)에 기반하여 작성된 집단간 정서와 가능한 원인, 이 정서들로 인해 촉발될 행동 경향성, 그리고 전이될 수 있는 집단간 행동을 요약한 표. 두 이론은 비록 다른 처리에 기반하고 있지만 상대적으로 유사하기 때문에, 이 두 이론에 의해 예측되는 일련의 사건들은 이 표에 혼합되어 있다.

정서	원인	행동 경향성	집단간 행동
분노	힘없는 외집단에 의해 목표 달성이 방해된 경우	공격적으로 다가가 방해 작용을 억압(즉, 대항하기)	공격, 차별
혐오	낮은 지위의 외집단에 의해 혼탁해짐	거부	외집단 구성원을 회피하기
공포	힘센 외집단에 의해 집단의 안전에 위협이 가해진 경우	상황에서 벗어나기, 방어하기	외집단 구성원을 회피하기
죄책감	자기 자신 혹은 소속 집단의 불공정함에 대한 인식	배상	화해를 청하는 행동
슬픔(연민)	어려움에 처한 타인, 불공정함의 대상	자기숙고, 성찰, 무관심(apathy)	친사회적 행동

사회기능 이론

Cottrell과 Neuberg(2005)는 관련 모형을 제안하였는데, 이 모형에서 외집단을 향한 편견은 이들 집단이 내집단에 가하는 위협에 대한 정서적 반응 행동을 더욱 직접적으로 반영한다. 이 모형은 두 가지 가정에 기초한다. 첫 번째 가정은 정서가 인간에게 번식을 위해 생존하려는 기본적인 동기를 성취하는 데 도움을 준다는 것이다(제4장을 보라). 이 동기를 만족시킬 수 있는 개인의 능력을 방해하는 것이라면 어떤 것이든 위협으로 간주된다. 정서의 역할은 이 위협에 적응적으로 반응할 수 있는 행위 프로그램을 활성화시키는 것이다. 두 번째 가정은 인간이 집단 생활을 하는 종으로 진화했고, 고립된 생활보다 협력적인 집단 안에서 생활하는 것이 더 높은 생존과 번식값을 갖는다는 것이다. 집단 생활이 위협에 대한 성공적인 대응뿐만 아니라 자원에 대한 접근을 촉진하기 때문에 사람들은 집단 수준의 위협을 매우 우려한다. 집단 수준의 위협은 집단의 자원(예: 신체 안전과 영토)과 집단의 사회적 통합(예: 신뢰와 사회적 합동 그리고 가치) 모두에 위협이 된다. 앞서 논의한 이론들에 따르면, 위협의 종류에 따라 다른 평가가 이뤄지며 이는 상응하는 정서와 관련된 행동 경향성을 활성화시킨다. 예를 들어, 집단의 안전에 대한 위협은 공포를 유발시키며, 공포가 유발된 사람은 위협으로부터 도망가야만 한다고 느낀다. 반면에 소유물이 어떤 집단에 의해 위협받으면, 사람들은 분노를 경험하고 아마 외집단 구성원을 향해 공격적으로 행동할 것이다.

Cottrell과 Neuberg가 제안한 모형은 그래서 집단간 정서 이론과 많은 특징을 공유한다. 두 모형은 모두 사람의 정체성이 개인의 특성 부분과 집단 소속감으로 나타나는 부분으로 구성된다고 가정하고, 상황에 대한 평가에 따라 외집단을 향한 특정 행동들을 이끄는 다른 각각의 정서들에 대응하여 편견이 작동한다. 하지만 사회기능 모형은 주로 편견의 진화적 기반을 강조하고 이를 집단간 대립으로 연결시킨다는 점에서 집단간 정서 이론과 다르다. 이 관점에서 편견과 집단간 행동은 시대와 문화에 걸쳐 나타나는 기본적인 과정으로 인식된다.

집단간 감정과 고정관념에 따른 행동

마지막으로 집단간 감정과 고정관념에 따른 행동(Behaviors from Intergroup Affect and Stereotypes: BIAS) 지도는 정서와 집단 구성원들을 향한 행동경향성 간의 관계에 대한 또 다른 이론을 제공해 준다(Cuddy, Fiske, & Glick, 2007). BIAS 지도는 행동경향성에 대한 고정관념 내용 모형(Stereotype Content Model)에서 확장된 것이다. 고정관점 내용 모형에서 외집단의 구성원들에 대한 고정관념의 내용은 다음 두 가지의 핵심 차원으로 조직화된다고 가정한다: 능력(competence)과 따뜻함(warmth). 어떤 개인이 특정 집단에

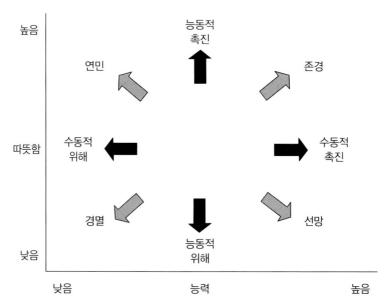

[그림 10-6] BIAS 지도상 가설의 도식적 표현. X축과 Y축은 각각 능력과 따뜻함으로 고정관념의 두 차원이다. 고정관념 내용으로 인해 유발되는 정서(회색 화살표)와 행동경향성(검정색 굵은 화살표)은 이 두 차원의 함수로 나타난다.

출처: Cuddy, Fiske, & Glick (2007).

대해서 특별한 정서를 느끼는 것은 그 집단을 이 두 차원에서 지각한 결과다. 만약 그 집단을 따뜻하지만(경쟁적이지 않은) 능력이 없다고(낮은 지위) 평가한다면, 동정심과 연민을 느끼게 할 것이다. 어떤 집단을 차갑고(경쟁적이고) 유능하지 않다고 평가하는 것은 경멸이나 혐오를 유발할 것이다. 그리고 어떤 집단을 차갑고 유능하다고 평가한다면 시기와 질투를 유발할 것이다. 마지막으로 집단을 유능하고 따뜻하다고 평가한다면(일반적으로 내집단), 존경과 자부심을 유발할 것이다([그림 10-6]). 이 이론에 기초하여, BIAS 지도는 집단의 따뜻함과 능력에 대한 평가로 유발된 정서가 집단에 대한 행동경향성을 예측한다.

Cuddy와 동료들은 집단간 행동의 두 차원을 다음과 같이 세분화하였다: 능동적/수동적과 정서가(촉진/위해) 차원. 이 두 차원을 교차하여 고려하면 다양한 집단간 행동들을 아우를 수 있다([그림 10-6]을 보라). 능동적 촉진은 외집단을 향해 노력을 들인 긍정적 행동을 일컫는다(예: 도와주거나 방어해 주기). 능동적 위해는 외집단을 향해 노력을 들인 부정적 행동을 말한다(예: 신체적, 언어적 공격). 수동적 촉진은 협응과 같이 외집단을 향해 수동적인 긍정적 행동을 뜻하고, 수동적 위해는 외집단에게 가하는 수동적인 부정적 행동을 말한다(예: 무시하기). Cuddy와 동료들(2007)은 모형과 일치하게, 존경하는 집단(따뜻하고 유능하다고 평가되는)은 능동적이거나 수동적인 촉진 활동을 활성화시키는 데 반해, 증오하는 집단은 능동적이거나 수동적인 위해 활동을 활성화시켰음을 발견하였다. 게다가 질투하는 집단은 능동적 위해뿐만 아니라 수동적 촉진 활동을 활성화시켰으나, 반면에 동정하는 집단은 능동적 촉진 활동과 수동적 위해 활동을 활성화시켰다.

정서와 집단간 행동에 대한 다른 두 이론과 마찬가지로 BIAS 지도 이론도 편견이 외집단 구성원을 향한 전체적인 반감을 개념화하는 것이 아니라고 주장한다. 오히려 각기 다른 종류의 편견들은 외집단에 대한 각기 다른 정서들로 특징지어지고, 이는 특정 행동반응을 야기한다고 주장한다. 하지만 다른 이론들과 달리 SCM은 집단을 향한 정서가 전반적으로 섞여 있다고 제안한다. 즉, 외집단에 대한 긍정적이고 부정적인 정서를 동시에 느낄 수 있고 맥락에 따라 다른 집단간 행동을 유발할 수 있다.

집단간 접촉과 정서

우리는 다른 집단 구성원을 직접 만나는 특수한 상황을 고려하면서 이 장을 마치고

자 한다. 때때로 집단간 접촉은 외집단을 향해 보다 긍정적인 태도를 낳을 수 있음에도 불구하고(Pettigrew & Tropp, 2006), 이런 상황은 종종 편견의 강화와 관련된다(예: Amir, 1969; Worchel, 1986). 이것의 핵심적인 이유는 집단간 접촉이 상호작용하는 집단의 구성원 사이에서 불안을 증폭시키기 때문이다(Islam & Hewstone, 1993; Stephan & Stephan, 1985). 우리는 먼저 집단간 집촉이 어떻게 불안을 증기시키는지 보여 줄 것이고, 그래서 불안이 어떻게 집단간 관계를 악화시키는지 차례로 살펴볼 것이다.

집단간 접촉은 다양한 이유로 불안을 가중시킨다(Stephan & Stephan, 1985). 첫째, 사람들은 집단간 접촉이 자기가치감에 부정적인 결과를 가져올까 봐 두려워하며(당혹감을 느끼거나), 혹은 안전에 대한 공포감(신체에 대한 위협)을 가져올 수도 있다. 보다 단순하게 사람들은 단지 외집단 구성원들이 자기를 부정적으로 평가할 것이라고 예측하기 쉽고, 특정 외집단 구성원을 만나는 것을 내집단 구성원들이 부정적으로 생각할 것이라고 예측하기 쉽다. 예를 들어, 집단의 규범에 따라 외집단에 대한 행동이 너무 친절하다고 평가되거나(즉, 반역자로 간주되거나), 너무 차별적이라고 평가될 수 있다.

집단간 태도와 행동에 미치는 불안의 결과는 무엇일까? 한 결과는 불안이 편견에 불을 지핀다는 것이다. 예를 들어, Amodio와 Hamliton(2012)은 미국 백인학생들이 같은 미국 백인학생과 상호작용할 것이라 예상할 때보다 아프리카계 미국인 학생들과 상호작용할 것이라 예측할 때 더 불안해진다는 것을 관찰하였다. 중요한 것은 불안이 미국 백인학생들로 하여금 흑인에 대한 전반적인 암묵적 편견을 더 표현하게끔 했다는 것이다. 또 다른 연구에서는 영국과 일본 간의 관계에 대해 살펴보았는데, Greenland와 Brown(1999)은 집단간 범주화, 즉 내집단에 대한 편애와 외집단에 대한 부정적인 감정 모두가 집단간 불안으로 예측된다는 것을 발견하였다. 집단간 불안은 또한 다양한 사회 집단간 관계에서 외집단에 대한 부정적 태도를 가장 잘 예측하는 예측치로 알려졌다. 캐나다 원주민에 대한 백인의 부정적 태도(Corenblum & Stephan, 2001), 아프리카계 미국인에 대한 유럽계 미국인들의 부정적 태도(Britt et al., 1996; Stephan et al., 2002도 보라), 또는 에이즈 바이러스를 가진 아이들에 대한 선생님들의 부정적 태도(Greenland, Maser, & Prentice, 2001)를 예로 들 수 있다.

불안은 심지어 더 미묘한 방식으로 상호작용에 영향을 줄 수 있다. 상황에 압도된 개인은 예상되는 긍정적 감정보다 더 적게 표현할 수도 있고, 또는 심각하거나 어떤 부정적인 얼굴표정을 표현할 수도 있다. 심지어 그렇게 하고 있다는 것을 인식하지 못한 채 말이다. 그러므로 집단간 접촉 상황에서 사람들은 그 상황 자체로(예: 자신의 반응을 조절하려는 시도로) 또는 외집단 구성원이 단지 존재한다는 것만으로도 촉발되는 부정적인 감정을 얼굴표정으로 드러낼 수 있다(예: Vanman et al., 1997). 외집단 구성원은 이 표정들을 정확하든 정확하지 않든 자신들을 향한 부정적인 태도로 해석할 가능성이 있다. 물론 사람들이 자신의 얼굴표정이 부정적이라는 것을 의식한다면, 자연스럽게 보이기 위해서나 외집단 구성원들로부터 직접적인 부정적 반응을 피하기 위해서 자신의 표정을 조정하거나 약화시키려고 노력한다. 하지만 일반적으로 사람들은 이렇게 잘하지 못한다. 이미 살펴보았듯이 사람들은 자신의 표정을 잘 인식하지 못하기 때문이다(제5장을 보라). 게다가 자신이 잠재적으로 외집단에게 부정적인 정서 표현을 할 수 있다는 것을 인식하는 상황이더라도, 이러한 정서 표현을 조절하려고 하는 노력이 역효과를 낳을 가능성이 있고, 예상치 못한 부정적인 결과를 갖게 될 수 있다. 예를 들어, Leyens 등(2002)은 벨기에 백인 참가자들이 사진가 앞에서 정서가 나타나는 포즈를 취할 때, 사진가가 벨기에 백인일 때보다 흑인 아프리카인(외집단 구성원)일 때 자신이 더 잘한 것 같다고 응답했다. 그러나 객관적인 평가자들은 그들의 '모델' 역할이 사진가가 외집단일 때에 비해서 내집단일 때 더 낫다고 평가하였다. 이 결과는 자신의 정서 표현을 조절하는 것은 자신이 생각하는 것보다 훨씬 더 못하다는 걸 뜻한다.

역설적으로 집단간 접촉이 외집단 구성원 때문에 시작되었다고 인식되면 더 심한 문제가 될 수 있다. 불안은 회피와 관련이 있어서 외집단 구성원으로 인해 시작된 접촉은 이 규범의 위반으로 간주될 수 있다. 그 결과로 접촉으로 인해 지각된 위협으로부터 자신과 내집단 구성원을 보호하기 위해서 집단간 불안은 분노와 공격적 행동을 증폭시킬 수 있다. 예를 들어, Van Zomeren, Fischer와 Spears(2007)는 접촉을 시도하는 노숙자를 향한 학생들의 공격적 행동이 그들을 향한 집단간 불안을 증폭시켰고(설문지로 측정됨), 이 관계로 분노 감정이 매개하는 것을 발견하였다.

또 다른 집단간 상황에서 발견되는 불안의 부정적인 결과는 외집단 구성원을 다 동일하게 보는 정도를 증가시킨다는 것이다. 이 효과는 인위적으로 구성한 집단을 통한 실험실 연구에서도(Wilder & Shapiro, 1989a, 1989b), 더 자연스러운 상황에서도 관찰되었다. 예를 들면, Islam과 Hewstone(1993)이 방글라데시의 힌두교와 무슬림교 학생들에 대해 수행한 설문조사 연구를 살펴볼 수 있다. 학생 참가자들은 외집단 접촉에 대한 양적 측정치(예: 대학교에서 외집단 구성원들과 접촉하는 횟수) 및 질적 측면에 대한 일련의 질문들(예: 그 접촉이 평등하게 여겨지는지 아닌지)과 접촉의 집단간 측면(예: 개인으로서 그 집단과 접촉하는지 혹은 자신이 속한 집단의 구성원으로서 접촉하는지), 그리고 지각된 외집단의 동질성에 대한 질문들에 응답하였다. 참가자들은 외집단에 대한 집단간 불안을 탐색하는 질문지에도 응답하였다(집단간 불안 척도, Stephan & Stephan, 1985). 이 연구에서 집단간 불안은 집단간 접촉의 횟수 및 질과 부적 상관이 있었고, 집단간 접촉 수준과 정적 상관이 있었다(대인간 접촉 수준과는 반대). 결과적으로 집단간 불안의 증가는 지각된 외집단 동질성의 증가와 상관이 있을 뿐만 아니라 외집단에 대한 더 부정적인 태도와도 관련이 있었다.

대부분의 설명에 따르면, 지각된 동질성의 증가는 일관성 없는 정보에 대한 주의감소로 나타난다. 불안은 사람들의 주의집중을 감소시킨다(제8장을 보라). 주의가 줄어들면, 불안한 사람들은 외집단 구성원에 대한 공통적인 정보는 쉽게 알아차릴 수 있지만, 외집단 구성원 사이에 일치되지 않는 다양한 점을 통합하는 데 실패한다. 그 결과, 외집단 구성원에 대한 동일한 인상을 갖게 되고, 그들의 차이점을 과소평가하게 된다. 이러한 처리는 또한 집단간 의사소통에도 문제를 일으킨다(예: Gudykunst & Shapiro, 1996; Stephan, Stephan, & Gudykunst, 1999). 불안이 임계치를 넘어가면 집단간 의사소통은 덜 효율적이게 되는데, 불안이 사람의 주의집중을 약하게 하고 사람들로 하여금 정보를 단순한 방식으로 처리하게 만들기 때문이다. 요약하면, 불안은 사람들에게 집단간 구성원의 유사성을 과장하게 하고, 외집단 메시지를 피상적으로 취급하게 한다.

집단간 지각과 집단간 관계에 미치는 정서의 영향을 처음 살펴봤을 때는, 아마도 상황을 비관적으로 보게 했을 것이다. 하지만 이러한 결과들은 긍정적인 측면에서 생각해 볼 수 있다. 우리가 편견을 집단간 관계가 실패하는 핵심 원인으로 받아들인다면, 그리고 그 편견이 외집단 구성원에 의해 유발되는 정서로 인해 결정되는 것임을 알게 된다면, 협력이나 외집단 구성원을 차별의 희생자로 바라보게 하는 것과 같이 외집단에 대한 긍정적 감정을 증가시킬 수 있는 요인들을 잘 찾아낸다면, 궁극적으로 편견과 집단간 갈등을 감소시킬 수 있을 것이다. 이러한 관점과 일치하게, 연구 결과 긍정적 정서는 종종 집단간 접촉과 편견 간의 관계를 매개한다는 것을 보여 준다. 다시 말해, 집단간 접촉이 결과적으로 긍정적 정서를 야기하면 편견을 감소시킨다(Miller, Smith, & Mackie, 2004; Tropp & Pettigrew, 2004). 이러한 긍정적인 정서들은 결국 외집단 구성원과 접촉하고 싶은 개인의 의지를 증가시킨다(Esses & Dovidio, 2002). 게다가 최근 연구는 긍정 정서를 증가시키는 것이 집단간 불안을 감소시키는 것보다 더 강력한 방법이 될 수 있다고 제안한다(Seger et al., 출간 중).

📒 요약

- 정서는 사회 집단 구성원 안에서 발생하고, 그리고 집단 구성원 사이에서 발생한다.
- 한 집단의 사람들 사이로 퍼져 나가는 정서는 마치 플래시몹처럼 집단의 구성원에게 강한 동질성을 느끼게 하는데, 이를 집단 정서라 부른다.
- 집단 정서는 정서 전염이라 불리는 과정을 통해 발생된다. 전염 자체는 학습, 정서 표현과 행동의 모방, 사회비교 및 공감이 원인이 된다.
- 사람들은 자신이 속한 집단을 대신한 정서를 경험할 수 있다. 자신이 속한 집단이 자신에게 매우 중요하고 집단과 자신을 매우 동일시할 때, 사람들은 집단을 대신한 정서를 특히 강하게 느낀다.
- 다른 집단을 향한 특별한 정서는 편견으로 개념화할 수 있다. 다른 집단의 사람들에 대한 특별히 편견적인 감정은 부분적으로는 자신이 속한 내집단과 외집단간의 관계를 평가함으로써 생긴다.
- 집단간 정서 이론, 사회 기능 이론, 그리고 집단간 감정과 고정관념에 따른 행동을 포함한 여러 이론은 집단간 관계에서 언제, 어떤, 그리고 왜 집단간 정서가 경험되는지를 설명하려고 시도했다.
- 집단이 상호작용할 때, 집단의 구성원은 종종 불안을 경험한다. 불안은 많은 부정적인 효과를 가지고 있는데, 외집단 구성원을 서로 아주 비슷하게 여기고, 결국 '다 똑같다'라고 생각하게 되는 경향성도 그 결과 중 하나다.

▶ 학습 링크

1. Jochen Menges 박사의 경영 대학 관점에 바라본 집단 정서에 대한 논의를 들어 보기

   https://www.youtube.com/watch?v=WT2WvKOE9Xg

2. Nicholas Christakison 박사의 사회적 네트워크가 갖고 있는 숨겨진 영향력에 대한 TED 강연

https://www.ted.com/talks/nicholas_christakis_the_hidden_influence_of_social_networks?language=en

3. 정서 전염에 대해 배워 보기

https://www.youtube.com/watch?v=HTFdMwCXpMw

4. 페이스북에서 진행한 정서 전염에 대한 보고서를 읽어 보기

http://www.forbes.com/forbes/welcome/?toURL=http://www.forbes.com/sites/gregorymcneal/2014/06/28/facebookmanipulated-user-news-feeds-to-create-emotionalcontagion/&refURL=&referrer=#79ca427c5fd8

제11장
성별과 정서

Psychology
of Emotion

미국의 컨트리웨스턴 음악은 남녀와 그들의 정서에 관한 수천 곡의 노래를 만들어 냈다. 그 노래들은 어떤 이야기를 담고 있을까? 당신이 컨트리웨스턴 전통에 익숙하지 않더라도, 그런 노래들이 주로 사랑에 빠져 감정을 주체하지 못하는 여자들과 모자를 눌러쓴 채 어깨와 턱을 올리고, 뒤를 돌아보지 않은 채 석양을 향해 걸어가는 남자들의 이야기라고 추측할 수 있을 것이다. 그런 추측을 한다면, 당신은 여성은 감정적이며 자신의 감정을 많이 표현하는 반면, 남성은 냉담하고 여성의 감정 표현에 못 이기는 경향이 있다는 고정관념을 갖고 있는 것이다. 그러나 남자들이 부르는 컨트리웨스턴 노래 속 단어들을 실제로 들어 본다면, 남자들도 수많은 감정이 있음을 알게 될 것이다. 사실 자신의 감정을 주체하지 못하는 남자는 매우 흔하다.

서구 문화권 사람들은 보편적으로 여성은 좀 더 부드러운 성별로서 뛰어난 정서적 통찰력과 미세하게 조정된 정서적 민감성을 가지고 있지만, 정서적으로 불안정하며 심지어 히스테리 성향을 가지고 있다고 믿는다. 그에 비해 남성은 시원시원하고 자제력이 있다는 고정관념이 있다.

감정적인 여성과 감정적이지 않은 남성에 관한 믿음은 실제일까, 신화일까? 만약 실제라면, 이 차이는 어떻게 생겨났을까? 이 장에서 우리는 성별과 정서 사이의 복잡한 관계를 탐구한다. 먼저, 남성과 여성의 정서에 관한 고정관념적 내용을 검토할 것이다. 다음으로 정서적 행동과 그러한 고정관념이 일치하는지 살펴볼 것이다. 끝으로 사회적 역할과 사회화 과정 그리고 문화가 정서의 성차에 어떻게 영향을 주는지 논의할 것이다.

먼저, 용어를 명확히 할 필요가 있다. 앞으로 살펴볼 연구들 가운데 생물학적 성(性)을 직접 조사한 경우는 매우 적다. 우리는 실험참가자의 분류가 남성 대 여성이었음을 표시하기 위해 '성별(gender)'이라는 용어를 사용한다. 일부 연구에서는 참가자 스스로 자신을 남성 또는 여성이라고 밝혔으며, 다른 연구들에서는 실험자가 참가자들의 성별을 표시하였다. 이 분류는 모든 사람이 남성 아니면 여성으로 분류될 수 있다는 성별 이분법(gender binary)에 기초한다. 오늘날 우리는 이 두 범주 이외의 범주가 있을 가능성을 알고 있다. 어떤 사람들은 자신을 젠더퀴어(genderqueer)라고 하는데, 이는 그들이 남성 혹은 여성의 범주에 정확하게 들어맞지 않는다는 것을 의미한다. 이 장에서 우리가 탐구할 성별과 정서에 관한 연구들은 성별 이분법을 가정하고 진행되었으므로, 오늘날의 다양한 범주를 모두 반영하고 있지는 않다. 우리는 선행연구에서 조사된 바와 같이 참가자들을 정해진 범주로서 남성과 여성으로 언급할 것이다. 그러나 이는 성차나 다른 주제에 관한 심리학 연구들이 성별 이분법을 지지한다는 것을 의미하는 것은 아니다.

남성과 여성의 정서에 관한 고정관념들

여성의 정서적 고정관념은 말처럼 단순하지 않다. 일상 용어로, '감정적이게 된다'라는 표현은 감정을 자극하는 사건들에 대해 통제 없이 지나치게 빠르고 과하게 반응하는 경향성으로 이해할 수 있다(Robinson & Johnson, 1997). 그러나 남성과 여성이 강한 정서를 전달하는 것처럼 행동하더라도, 반드시 그들을 '감정적'이라고 부를 필요는 없다. 예를 들어, 사람들은 남성이 분노하는 사건(예컨대, 그의 차가 도난당했다)에 대한 정서적 반응을 그럴듯한 상황(예컨대, 그는 차를 타고 휴가를 떠나려던 참이었다) 탓으로 돌린다. 대조적으로, 사람들은 동일한 사건에 대한 여성의 정서적 반응을 성격 탓으로 돌린다(예를 들어, 그녀는 '히스테릭하다'; Barrett & Bliss-Moreau, 2009; Brescoll & Uhlmann, 2008). 다시 말해, 동일한 사건에 대한 동일한 반응을 보면서 남성에 대해서는 '감정적'이라고 하지 않지만, 여성에 대해서는 그렇다고 말한다(Fischer, 1993; Shields, 2002). 이처럼 남성보다 여성이 감정적이라는 단정적인 생각 외에도 성별과 정서에 관한 더욱 구체적인 고정관념들이 존재한다([그림 11-1]).

[그림 11-1] 흔한 고정관념에 따르면 여성은 지나치게 감정적이며, 남성은 자신의 감정을 거의 표현하지 않는다.

정서 종류에 따른 고정관념들

성인들은 특정 정서의 전형적인 경험 및 표현에 대해 성별 고정관념을 가지고 있다. 연구들은 남성과 여성 모두가, 여성이 남성보다 대부분의 정서 상태를 더 자주 경험하고 표현한다고 믿고 있음을 보여 준다(Brody & Hall, 2008; Grossman & Wood, 1993). 기쁨, 당혹감, 놀람, 슬픔, 공포, 수치심, 죄책감 등은 일관되게 여성적 정서라는 고정관념이 확인된다. 한편, 사람들은 남성이 여성보다 분노, 경멸, 자부심을 더 자주 경험하고 표현한다고 믿는다(Hess et al., 2000; Plant et al., 2000). 더욱이 고정관념은 정서의 **경험**(experience)보다 정서의 **표현**(expression) 측면에서 좀 더 강하며, 이에 대해 많은 사람이 동의한다(Fabes & Martin, 1991). 즉, 사람들은 남성과 여성이 내면으로 느끼는 것보다 얼굴, 신체, 목소리를 통해 표현하는 것에 더 큰 차이가 존재한다고 믿는 것처럼 보인다.

매우 어린아이들도 이와 유사한 정서 특수적 성별 고정관념들을 가지고 있는 것으로 보이며, 이는 해당 신념들이 발달 초기부터 학습됨을 시사한다. 한 연구에서는 세 살에서 다섯 살 사이의 아이들과 어른들을 대상으로 기쁨, 분노, 공포, 슬픔의 정서를 묘사하고 있는 성별이 불분명한 강아지들이 수컷인지 암컷인지를 질문하였다(Birnbaum, Nosanchuk, & Croll, 1980). 그 결과, 어른뿐 아니라 아이들 또한 기쁘고, 슬프고, 무서워하는 것처럼 보이는 강아지는 암컷이고, 화난 것처럼 보이는 강아지는 수컷이라고 생각했다. 비슷한 연구에서, 남자아이들과 여자아이들은 분노 또는 슬픔을 유발하는 사건의 시나리오를 들었다(Brechet, 2013). 예를 들어, 분노 시나리오에서는 주인공인 아이가 비디오를 보려 하는 동안 다른 아이가 계속 말을 걸어와서 내용을 듣지 못하게 되는 내용이 포함되었다. 이때, 주인공은 여성 혹은 남성의 이름을 가지고 있었다. 그 후, 참가자들은 주인공이 느끼는 정서를 묘사하기 위해 얼굴 그림을 그렸다. 실험 결과, 남자아이들이 여자아이들보다 분노를 유발한 시나리오에 대한 반응으로 화난 얼굴을 그리는 경우가 더 잦았다. 그리고 화난 얼굴표정의 강도는 등장인물이 여자 이름일 때보다 남자 이름일 때 더욱 높았다([그림 11-2]).

주목할 점은 슬픔, 수치심, 공포, 죄책감 등 정형화된 여성적 정서들이 다소 사회적 취약성을 전달하는 정서라는 것이다. 이러한 이유로 연구자들은 때로 이 정서들을 약한 정서(powerless emotions)라고 기술한다. 분노, 자부심, 경멸 등 정형화된 남성적 정서들은 공통적으로 지배성(dominance)을 전달한다. 이 정서들은 주로 강한 정서

[그림 11-2] 분노 반응을 보이는 남녀 아이들을 그린 예시들. 참가자가 남자아이든 여자아이든 그들은 남자아이의 분노를 여자아이의 분노보다 더 강하게 그렸다.

출처: Brechet (2013).

(powerful emotions)라고 불린다(Timmers, Fischer, & Manstead, 2003; Zammuner, 2000). 여기서 '약한', '강한'이라는 용어는 정서에 대한 성별 고정관념이 여성들은 사회적 민감성을 반영하는 행동을 하고, 남성들은 능동성을 반영하거나 세상에 실질적인 행동을 한다는 보다 광범위한 사회적 기대와 연관되어 있다는 사실을 강조하기 위해 사용된다 (Brody & Hall, 2010).

상황에 따른 고정관념들

정서를 경험하는 상황의 본질, 특히 그 상황이 자신에게 초점이 맞추어져 있는지, 타인에게 초점이 맞추어져 있는지가 남성과 여성의 정서에 관한 고정관념에 중요한 요소다(Brody & Hall, 2010). Johnson과 Shulman(1988)은 참가자들에게 타인(예컨대, 친구들과 휴식을 취하며 만족을 느끼거나, 친척의 건강에 관해 두려움을 느낌) 또는 자신(예컨대, 반에서 최고점을 받거나, 다른 사람의 더 나은 점수를 부러워함)에게 유쾌하거나 불쾌한 감정을 유발하는 여러 상황의 남성 혹은 여성 친구를 상상하도록 지시했다. 다음으로, 참가자들은 남성 혹은 여성 친구가 그러한 정서들을 경험하고, 표현할 가능성을 평가했다. 그 결과, 참가자들은 여성 친구가 남성 친구보다 타인을 향한 정서를 표현할 가능성이 더 높고, 자신에 관한 정서를 표현할 가능성은 더 낮다고 판단하였다. 대조적으로, 남성 친구는 여성 친구보다 자신에 관한 정서를 표현할 가능성이 더 높고, 타인을 향한 정서를 표현할 가능성은 더 낮다고 평가하였다. 이러한 결과는 정서에 관한 성별 고정관념이 여성은 타인에게 관심을 가지고 반응하는 반면, 남성은 성취와 자기과시에 관심을 가질 것이라는 보다 광범위한 믿음을 내포한다는 사실을 강조한다.

관련 연구에서, 자신의 성공에 자부심을 표현하는 성 중립적 인물은 남성일 가능성이 더 높다고 평가된 반면, 타인의 성공에 자부심을 표현하는 대상은 여성일 가능성이 더 높다고 평가되었다(Stoppard & Grunchy, 1993). 더 나아가 여성은 대인관계와 관계지향적 상황에서 보다 많은 표현을 나타낼 것이라고 기대되는 반면, 남성의 표현성은 성취 상황과 그들의 자율성이 도전받는 상황과 관련된다고 기대되었다(Brody, 1997; Kelly & Hutson-Comeaux, 1999). 이러한 결과들은 정서 표현의 고정관념적 믿음들이 주어진 정서가 표현되는 구체적 상황에 따라 서로 다른 성별과 관련되어 있음을 보여준다.

처방적 규범들

남녀 정서에 관한 고정관념은 성차에 대해 사람들이 믿는 것을 기술하는 것으로 끝나지 않는다. 고정관념적 신념에는 또한 남성과 여성이 사회적으로 받아들여질 수 있는 정서적 반응을 규정하는 처방적 규범들(prescriptive norms)이 포함된다. 당신은 '남자는 울면 안 된다'는 규범을 접해 보았을 것이다. 또 다른 익숙한 규범은 여성이 남성보다 더 친절하고 얌전할 것을 지시한다(Heilman, 2001; Rudman, 1998). 여성들은 많은 미소로 친절함을 전해야 한다고 여겨지며, 특히 다른 사람들에게 그러하다(Hess, Adams, & Kleck, 2005; LaFrance & Hecht, 2000).

남성과 여성은 이러한 규범을 자각하고 순응해야 한다는 압박을 받는다. 사람들은 일반적으로 성별 고정관념에 일치하는 정서들은 사회적으로 받아들여지지만, 성별 고정관념에 불일치하는 정서들은 받아들여지지 않고 제재를 당할 것이라고 믿는다. 개인적으로 동의하지 않을지라도 사람들은 사회적 규범과 제재가 존재함을 알고 있다. 예를 들어, 여성들은 분노와 공격성을 표현하는 것이 부정적인 사회적 결과를 가져올 것이라고 예상하며, 그러한 정서를 표현하는 것은 사회적 관계에 해로울 것이라고 염려한다(Davis, LaRosa, & Foshee, 1992; Eagly & Steffen, 1986). Matsumoto와 동료들의 서로 다른 네 문화에 관한 연구에서, 여성은 남성보다 분노, 경멸, 혐오를 조절하려고 노력한다는 보고를 더 많이 한 반면, 남성은 여성보다 공포와 놀람을 조절하려고 노력한다는 보고를 더 많이 하였다(Matsumoto et al., 1998).

규범 위반에는 사회적, 경제적 비용이 따른다는 점에서 여성들이 분노 표현을 염려하는 것은 타당해 보인다. 일련의 연구에서 남성과 여성 참가자들은 직업적 맥락에서 분노, 슬픔 또는 중립적인 정서를 표현하는 남성과 여성의 영상 클립을 보았다. 다음으로 참가자들은 그 사람이 받을 만하다고 생각되는 급여와 지위를 평가하였다. 그 결과 분노를 표현한 남성들은 슬픔이나 중립적인 정서를 표현한 남성들보다 더 높은 지위와 급여가 추정되었지만, 대조적으로 분노를 표현한 여성들은 더 낮은 지위와 급여가 추정되었다. 실제로 평균적으로 분노를 표현한 남성에게는 가장 높은 급여가, 분노를 표현한 여성에게는 가장 낮은 급여가 추정되었다! 또한 이 장에 인용된 다른 연구들과 마찬가지로, 여성의 정서적 반응은 내적 특성들(예컨대, '그녀는 화를 잘 내는 사람이다')로 귀인된 반면, 남성의 정서적 반응은 그가 경험한 외부 환경으로 귀인되었다(〈표 11-1〉; Brescoll & Uhlmann, 2008).

흥미롭게도 성별-정서 고정관념에 따라 행동해야 한다는 압력에도 불구하고, 고정관념적인 여성들은 실제로 더 **선호되지** 않는다. 실제로 사람들은 감정적인 남성보다 감정적인 여성에 더 심한 부정적 태도를 지니고 있음을 보고한다. 남성들이 약한 정서를 표현하는 것은 그들을 전형적인 여성 역할에 적합하게 만들지만, 기존 남성 역할에 부적합하다고 만들지는 않음으로써 그들에게 추가적인 가치를 부여하는 것으로 보인다(Fischer et al., 2004; Timmers, Fischer, & Manstead, 2003). 따라서 남성보다 지나친 여성은 딜레마에 직면하게 되는데, 종종 과도하고 과장된 것이라 여겨지는 그들의 정서 표현과 정서 억제가 모두 부정적 평가를 초래할 수 있기 때문이다(Hutson-Comeaux & Kelly, 2002; Kelly & Hutson-Comeaux, 2000).

요약하자면, 정서에 대한 강하고 일관적인 성별 고정관념들과 처방적 규범들이 존재하며 그중 일부는 상당히 상황 특정적이다. 이러한 믿음들과 규범들은 무엇보다도 정서의 공개적 표현에 대해 적용된다. 여자아이와 여성은 그들이 사회적으로 관계를 맺고 있다는 사실을 전달하는 여러 약한 정서를 나타낼 것이라고 기대된다. 남자아이와 남성은 분노, 경멸, 자부심과 같이 좀 더 강한 정서들을 표현할 것이라고 기대된다. 그렇다면 남성과 여성의 실제 정서적 행동은 정말 그러한 규범 및 믿음에 일치할까? 이는 우리가 이어서 살펴볼 물음이다.

〈표 11-1〉 분노 및 슬픔을 표현하는 남성과 여성의 지위, 수입 및 유능성의 평균 평정 점수

	분노		슬픔	
	남성	여성	남성	여성
지위	6.47	3.75	4.05	5.02
연간 수입	$37,807	$23,464	$30,033	$28,970
유능성	7.55	5.44	5.79	6.17
외부 환경 귀인	7.72	5.80	6.57	6.94

출처: Brescoll & Uhlmann (2008)의 연구 1.

발달적 세부사항

고무젖꼭지는 남자아이들에게 정서적 결과를 초래할 수 있다

부모는 아이에게 고무젖꼭지를 주어야 할까? 유아와 아동의 고무젖꼭지 사용은 논란이 많은 주제인데, 이 질문의 답은 누구에게 물어보는지에 따라 다르다. 정서 연구자라면 당신에게 신중히 생각해 보라고 조언할 것이다. 이전 장들에서 배운 바와 같이, 타인의 얼굴표정을 이해하는 데 있어 안면 모방(facial mimicry)이 인과적인 역할을 한다는 증거가 있다. 타인의 표정을 이해하기 위한 이 능력은 정서 발달의 기초가 된다. 고무젖꼭지는 입 주변의 근육을 붙듦으로써 안면 모방을 방해할 여지가 있다. 고무젖꼭지의 사용은 정서 발달에 어떤 영향을 미칠까?

Niedenthal과 동료들(2012)은 유년기의 결정적 시기(critical period)에 고무젖꼭지를 사용하는 것이 정서 발달에 장애를 가져올 수 있다는 가설을 수립했다. 이 가설을 검증하고자, 그들은 7세 아동들의 안면 모방과 고무젖꼭지 사용 이력 간의 관계를 검토하고, 젊은 성인들을 대상으로 고무젖꼭지 사용 여부, 조망수용 능력, 정서 지능을 조사하였다. 그들의 결과는 남아의 경우 유아기 고무젖꼭지 사용 기간이 길수록 더 적은 자발적 안면 모방, 더 적은 조망수용, 더 낮은 정서 지능과 관련됨을 보여 준다(그림 참조). 그러나 여아에게서는 이러한 영향들이 전혀 관찰되지 않는다! 해당 연구자들은 이러한 성차에 여아들에게 풍부한 표현성을 선호하는 강력한 사회적 규범들이 영향을 미쳤을 것이라는 가설을 제시한다. Rychlowska와 동료들(2014)의 또 다른 연구에 따르면, 성인들은 고무젖꼭지를 사용한 3세 남녀 유아들이 그렇지 않은 아이들보다 정서적으로 덜 능숙하고 덜 발달했다고 지각한다. 하지만 여아들은 일반적으로 '정서 전문가'가 될 것이라고 기대하므로 부모들은 그들을 정서적으로 자극하고자 추가적인 노력을 기울임으로써 고무젖꼭지 사용이 발달에 미칠

잠재적인 영향을 보완한다. 그러나 남아의 전형적인 사회적 규범은 그들이 감정적이지 않아야 한다는 것이다. 따라서 남아의 양육자들은 보완적 행동을 적게 취할 가능성이 높으며, 남자아이들은 방해된 안면 모방의 결과에 더욱 취약한 채로 남게 된다.

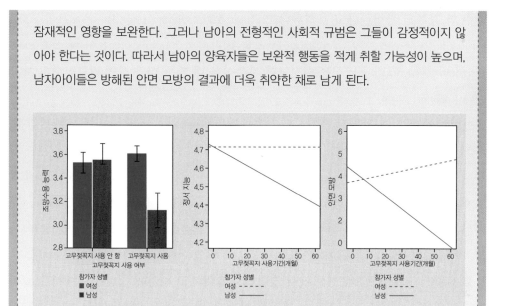

고무젖꼭지 사용은 남아가 보이는 자동적 안면 모방의 정도와 그들의 조망수용 능력 및 정서 지능 설문 점수와 부적 관계가 있다.

출처: Nedenthal et al. (2012).

남성과 여성의 정서적 행동

느낌(또는 정서적 경험)의 표현과 정서조절은 우리의 정서적 삶의 거의 모든 측면이다. 이들 가운데 성별에 따라 체계적인 차이를 보이는 것은 무엇일까?

정서 경험

고정관념과 일치하게, 일반적인 자신의 정서 강도에 대한 사람들의 보고, 특정 정서 경험에 대한 보고, 상상/회상한 정서적 상황에서 정서 경험에 대한 보고에서 성차가 관찰된다. 여성은 남성보다 긍정적, 부정적 감정의 강도를 더 높게 보고한다(Fujita, Diener, & Sandvik, 1991). 여성은 또한 남성에 비해 기쁨, 사랑, 애정과 같은 긍정적 정서와 슬픔, 공포, 분노, 괴로움, 당혹감, 수치심, 죄책감과 같은 부정적인 정서를 더 자주 더 강하게 경험한다고 보고한다(Brebner, 2003; Brody, 1999; Brody & Hall, 2000; Ferguson & Crowley, 1997; Ferguson, Eyre, & Ashbaker, 2000; Ficsher & Manstead, 2000; Tangney, 1990). 그러나 남성은 여성보다 자부심을 더 자주 더 강하게 경험한다고 보고한다(Brebner, 2003).

여성의 강한 정서 경험은 부분적으로 정시 전염(emotional contagion)에 대한 민감성, 즉 타인의 정서를 무의식적으로 '포착'하고 그 정서에 부합하는 방식으로 반응하는 경향 때문일 수 있다(Hatfield, Cacioppo, & Rapson, 1994). 여성은 정서 전염 척도(제10장 참조)에서 남성보다 점수가 높고, 남성보다 타인의 정서 표현에 민감함을 보고한다. 즉, 여성은 남성보다 행복한 사람들과 함께 있을 때 더 많은 활기를 얻고, 병원에서 아이들의 비명을 들을 때 더 많은 긴장을 느낀다고 보고하였다(Doherty, 1997).

고정관념처럼 스스로 보고한 정서 경험에서 관찰되는 성차는 정서 표현에서 관찰되는 것보다 적다. 실제로 사람들의 정서 경험과 정서 표현을 직접 비교한 연구들은 명시적 정서 표현과 달리 정서 경험에서는 성차가 더 적거나 전혀 없음을 자주 발견한다(Kring & Gordon, 1998; Wagner, Buck, & Winterbotham, 1993).

정서 표현성

여성의 더 높은 정서 표현성은 근전도 검사(electromyography: EMG) 기록, 관찰자 평가, 정서 표현에 대한 자기평가 등 표현성에 관한 다양한 측정 도구에서 관찰되었다. 더불어 정서 표현성의 성차는 표현이 나타나는 상황과 구체적인 정서종류에 따라 다르다.

얼굴표정

눈썹(눈썹주름근, corrugator occulis)의 활성화는 부정적 반응들과 관련된 반면, 웃음 근육(큰광대근, zygomaticus major)의 활성화는 긍정적 반응들과 관련된다. EMG(제2장 참조)를 통해 안면 표현성을 측정한 연구들은 정서 표현에 관여하는 근육들의 활성화가 남성보다 여성에게 더 큰 것을 발견했다. 예를 들어, 여성은 자동차 운전 도중 브레이크 고장을 알게 되는 것과 같은 부정적인 상황에 대한 상상(Schwartz, Brown, & Ahern, 1980)이나 불쾌한 정서 이미지(Bradley et al., 2001; Grossman & Wood, 1993)에 대하여 남성보다 더 큰 눈썹주름근 활성화가 관찰되었다. 유쾌한 정서적 이미지에 대해

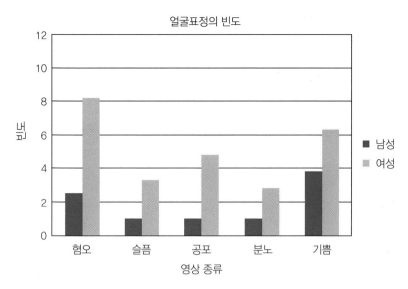

[그림 11-3] 정서 유발 영상을 시청한 남녀의 다섯 가지 정서 표정 빈도

출처: Kring & Gordon (1998).

서도 여성은 남성보다 더 큰 큰광대근 활성화가 관찰되었으며, 이는 가족이 나오는 장면과 아기들을 묘사하는 사진에서 특히 그러하였다(Bradley et al., 2001).

정서 표현성의 성차는 정서 유발 사진과 영화에 대해 남녀의 얼굴표정을 비교하는 연구에서도 관찰되었다(Kring & Gordon, 1998; Wagner, Buck, & Winterbotham, 1993). 예를 들어, 기쁨, 슬픔, 혐오, 분노, 공포 유발 영상을 통해 각 정서가 유발된 여성들의 녹화된 얼굴표정들은 모든 영상에서 남성의 얼굴표정들보다 표현성이 크다고 관찰자에 의해 평가되었으며, 이러한 성차는 분노에 대해 가장 작았다([그림 11-3], Kring & Gordon, 1998).

여성들은 또한 실제 사회적 상호작용에서 정서를 더 많이 표현하는 경향이 있다. 예를 들어, 갈등적인 부부 관계에서 여성은 자신의 정서를 더 많이 표현하는 경향이 있는 반면, 남성은 이른바 돌담처럼 반응하는 경향이 있다. 즉, 남성들은 그 상황에서 물러나고 정서를 드러내는 것을 억제하며 눈 맞춤을 피한다(Levenson, Carstensen, & Gottman, 1994). Hall과 Friedman(1999)은 25~65세의 직원들의 비언어적 행동을 조사하였는데, 이때 두 가지 과제(업무와 무관한 주제의 토론, 빌딩 건축과 관련한 창의적인 과제)를 수행하는 동안 두 직원 사이의 상호작용을 촬영하였다. 이들의 비언어적 행동을 살펴보면, 여성들은 이러한 직업적인 상황에서도 정서적으로 더 많은 표현을 하였다.

스스로 보고한 표현성

여성은 그들 자신이 남성보다 정서를 더 잘 표현한다고 묘사하는 경향이 있다. 이를 측정하는 연구들은 정서 표현성 척도(Emotional Expressivity Scale: EES; Kring, Smith, & Neale, 1994), 정서 표현성 질문지(Emotional Expressivity Questionnaire: EEQ, King & Emmons, 1990), 버클리 표현 질문지(Berkeley Expressivity Questionnaire: BEQ, Gross & John, 1995) 등 정서 표현성에 대한 몇 가지 자기보고식 측정 도구들을 사용한다. 이러한 설문지는 대부분의 상황에서 정서를 표현하고자 하는 개인의 일반적인 성향을 측정하는데, 여성은 일반적으로 남성보다 높은 점수를 보고한다(Kring & Gordon, 1998).

여성들은 또한 특정 정서를 표현하는 데 있어, 보다 높은 빈도와 강도를 보고한다. 일반적으로 스스로 보고한 정서 표현의 성차는 고정관념과 매우 유사하다. 예를 들어, 여성은 남성보다 기쁨, 사랑, 슬픔, 공포를 더 강하고 빈번하게 표현한다고 보고하는 반면, 남성은 여성보다 분노를 더 강하고 빈번하게 표현한다고 보고하는 경향이 있다 (Grossman & Wood, 1993). 또한 남성 참가자들은 여성 참가자들보다 경멸과 자부심을 더 강하고 빈번하게 표현한다고 보고한다(Stapley & Haviland, 1989).

분노 표현의 성차가 복잡하다는 점은 주목할 만하다. 상황에 대한 정보가 제공될 때, 때로 여성은 남성과 동일하거나 심지어 더 많은 분노를 표출한다고 보고한다(Frost & Averill, 1982). 남성과 여성이 그들의 분노를 표현하는 방식에서도 차이가 발견된다. 남성은 물건을 때리고 던지며 신체적으로 반응하거나, 이름을 부름으로써 언어적으로 반응하는 반면, 여성은 울음을 통해 분노를 더 많이 표현한다. 더욱이 남성은 상대가 남성이거나 낯선 사람일 때, 그리고 상대가 분노의 원인일 때(지각한 동료에게 분노를 표현하는 경우 등) 분노를 더 많이 표현하는 경향이 있다. 한편, 여성은 성별과 상관없이 분노의 원인이 아닌 가까운 타인에게 분노를 더 많이 표현한다. 예를 들어, 상사의 부당한 대우에 대한 분노를 친구에게 표현할 수 있다(Kring, 2000; Timmers, Fischer, & Manstead, 1998).

정서적 유능함

우리가 제4장에서 정서의 기능에 대해 배운 것처럼, 어떤 사람들은 그들 자신과 타인의 정서를 이해하고 행동하는 데 특히 능숙하다(예: Mayer, Salovey, & Caruso, 2004; Salovey et al., 2003). 이와 같이 정서를 정확히 지각하고, 정서와 정서 지식을 효과적으로 사용하며, 정서를 적절히 조절하는 능력을 정서 지능(emotional intelligence)이라 부른다(Salovey & Mayer, 1990). 여성은 남성보다 정서 지능을 측정할 때 더 높은 점수를 받는 경향이 있다(Brackett et al., 2006; Mirgain & Cordova, 2007). 여성이 보다 우수한 정서적 유능함을 보유하고 있다는 구체적인 증거는 무엇일까?

얼굴표정의 전달과 이해

여성이 남성에 비해 전반적으로 표현을 더 많이 할 수 있지만, 그들이 전달하는 정서적 신호는 얼마나 분명할까? 사람들은 여성의 표정을 남성의 표정보다 더 쉽게 해석할 수 있을까? 타인의 얼굴표정을 읽어 내는 여성과 남성의 능력은 어떠할까?

전달 정확성

연구들은 일반적으로 여성이 남성에 비해 더 분명하고 쉽게 해석되는 표정들을 전달함을 보여 준다(Hall, 1984; Rotter & Rotter, 1988). 예를 들어, Buck과 동료들은 '발신자'에 해당하는 남녀 대학생들에게 유쾌한, 불쾌한, 성적인, 운치 있는, 특이한 사진들을 보여 주며 자신의 느낌을 기술하고 각각의 사진이 얼마나 유쾌한지를 평가하도록 지시하였다(Buck, Miller, & Caul, 1974). 실험 도중 발신자들의 얼굴표정이 촬영되었으며 그들의 생리적 반응(피부 전도성, 심박수)도 계속해서 측정되었다. 이후 관찰자들은 소리 없이 녹화된 발신자들의 얼굴표정들을 보면서, 각 사진에 대한 발신자의 느낌을 판단하였다. 이 방법은 슬라이드 보기 패러다임(slideviewing paradigm)이라고 불린다(Buck et al., 1974). 실험 결과, 관찰자들은 여성의 얼굴표정에서 그들의 정서적 반응을 더 정확히 알아맞혔으며, 이는 여성이 남성에 비해 자신의 정서를 더 잘 전달한다는 것을 보여 준다.

한 가지 예외는 분노 표정이다. 이를 잘 보여 주는 한 연구에 따르면, 남성 참가자들이 과거의 분노 유발 사건들을 회상하면서 짓는 얼굴표정은 여성 참가자의 얼굴표정보다 남성 참가자의 얼굴표정을 더 쉽게 분노 표정으로 해석하였다(Coats & Feldman, 1996). 이 결과는 여성이 분노를 표현해서는 안 된다는 규범과 일치한다.

해석 정확성

연구들은 또한 여성이 타인의 얼굴표정을 더 정확히 읽어 낸다는 것을 보여 준다(Hall & Matsumoto, 2004; Hampson, van Anders, & Mullin, 2006; Scholten et al., 2005). 예를 들어, Thayer와 Johnsen(2000)은 여성들이 기쁜, 슬픈, 화내는, 역겨워하는, 겁먹은, 놀란, 중립적인 정서 표정들을 더 정확히 재인한다는 것을 발견하였다. 또한 다른 연구에서 여성들은 [그림 11-4]에서 제시한 것과 같이 다양한 얼굴표정을 더 신속하고 정확하게 식별하였다(Vassallo, Cooper, & Douglas, 2009).

여성이 타인의 얼굴표정을 정확히 읽어 내는 이유는 그들이 얼굴에서 정보를 얻기 위해 시각적으로 주의를 할당하는 방법과 관련되었을 가능성이 있다. 한 연구에서 연구자들은 여성과 남성이 얼굴표정을 검사할 때 무엇을 보는지를 정밀하게 조사하기 위하여 시선 추적(eye tracking) 기법을 사용했다(Vassallo et al., 2009). 실험 결과, 얼굴을 탐색할 때 여성은 남성보다 눈을 더 자주 쳐다보고, 남성은 여성보다 코와 입을 더 자주 쳐다보았다. 얼굴표정을 읽을 때 눈을 더 많이 주목하는 것은 다양한 이유로 여성에게 속도나 정확도 모두에서 이점을 제공한다(Niedenthal et al., 2010).

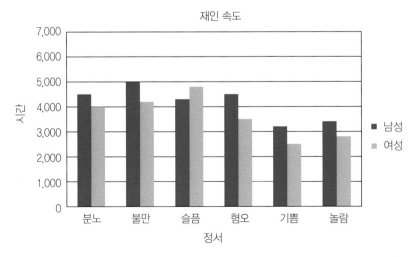

[그림 11-4] 여러 연구에서 여성이 남성보다 더 정확히 얼굴표정을 식별한다는 결과가 관찰되었다.
출처: Vassallo et al. (2009).

정서 지식

남성은 보편적으로 자신과 타인의 정서에 '둔감'할까? 이 상투적인 생각을 뒷받침하는 경험적 증거가 일부 존재한다. 특정 정서를 유발하는 상황에서 어떤 정서가 일어나는지에 대한 이해도를 검사하면, 여자아이들은 어릴 때부터 남자아이들보다 더 나은 이해를 보인다(Ontai & Thompson, 2002). 이러한 양식은 발달 후기에도 지속된다. 여성은 남성보다 더 나은 정서적 자각 능력을 보이며, 이는 자신과 타인의 정서적 반응을 보고하고 기술하는 능력으로 정의된다(Lane et al., 2000). 구체적으로, 여성들은 가상 시나리오에서 자신과 타인의 정서적 반응을 더 잘 예측할 수 있다(Barrett et al., 2000). 가상 시나리오의 예시는 다음과 같다. "당신과 당신의 가장 친한 친구는 같은 일을 하고 있다. 매년 그해의 최고 성적에는 상이 주어진다. 이 상을 받기 위해 당신과 친구는 열심히 일한다. 어느 날 밤 수상자가 발표된다. 그건 바로 당신의 친구다.", "당신은 어떤 느낌일까?", "상대는 어떤 느낌일까?" 등의 질문에 답할 때, 여성은 주로 남성보다 복잡한 정서 이해가 수반되는 정밀한 답변을 내놓는다.

전반적으로, 여자아이와 여성은 서로 다른 상황에서 그들 자신과 타인의 정서를 예상하고 이해하는 데 더 많은 뉘앙스와 정확성을 전달한다.

정서조절

남성과 여성은 그들의 정서를 어떻게 대할까? 일부 증거들은 전반적으로 남자 유아가 여자 유아보다 정서조절을 더 적게 하며, 특히 스스로 달래기(self-soothing)를 더 적게 한다고 보여 준다(Feldman, Brody, & Miller, 1980; Weinberg et al., 1999). 따라서 남아들은 여아들보다 더 많은 짜증, 긴장, 고통을 경험하고 표현하는 상황에 놓인다. 연구는 또한 여자아이들이 남자아이들보다 노력이 드는 통제 전략을 더 많이 사용한다는 것을 관찰하였다(Else-Quest et al., 2006). 여기에는 주의 초점 변화, 재평가 등의 인지적 전략과 정서적 사건에서 물러나 변화를 주기 위한 행동을 취하는 등의 행동 전략이 포함된다.

성인 남녀 또한 그들이 하는 일과 그들의 정서에서 차이를 보인다. 실제로 Tamres와 동료들(2002)의 메타분석 결과, 17가지로 구분한 조절전략 중에서 여성은 남성보다 11가지 전략을 더 많이 사용하는 것으로 나타났다. 특히 제9장에서 배운 전략들과 관련하여, 여성은 남성보다 자신의 정서를 관리하기 위해 주의 분산, 재평가, 사회적 지원을 더 많이 활용한다고 보고하였다. 몇 가지 예외는 존재한다. 연구는 남성이 여성보다 더 많은 '도피성 음주(drink to cope)'를 한다고 보고한다(Nolen-Hoeksema & Harrell, 2002; Park & Levenson, 2002). 이는 전반적으로 정서를 부정하거나 회피하는 경향이 남성이 더 큰 깃과 관련된 것으로 보인다. 게다기 여성은 술이 스트레스 대처능력을 향상시키기보다는 방해할 것이라 예측하고, 음주에 대한 사회적 제재를 두려워하기 때문에 자신의 정서를 관리하기 위한 목적으로 술을 이용하지 않는 것으로 보인다(Nolen-Hoeksema, 2004).

이 절에서 검토한 성차의 유의성을 평가하기는 어려우나, 적어도 서구 문화에서는 남성과 여성에 대한 고정관념들이 어느 정도는 실제 정서 경험과 정서 표현, 심지어 정서 지능 측면에서도 나타남이 분명하다. 이러한 차이들이 관찰될 때, 그것은 아마도 뇌의 처리 과정을 통해 형성된 것일 수 있다. 감정을 연구하는 신경과학자들은 제2장에서 소개한 신경영상 방법을 이용하여 남성과 여성의 뇌가 정서적 정보를 처리하는 방식을 탐구해 왔다.

정서의 신경적 기반

편도체(amygdala)는 정서적 반응을 지원하는 신경 회로에 관여한다(제3장 참조). 그동안 많은 신경영상 연구는 남성과 여성이 정서적 자극을 보는 동안 나타나는 편도체의 활성화를 측정하였다. 해당 연구들의 메타분석 결과는 편도체 활동에 상당한 성차가 존재함을 보여 주었다(Stevens & Hamann, 2012). 이러한 성차는 참가자가 반응하고 있는 정서적 자극의 종류가 긍정적인지, 부정적인지에 따라 달랐다. 부정적 사진의 경우, 여성의 좌측 편도체 활성화가 더 높았다. 여성은 또한 좌측 시상(left thalamus), 시상하부(hypothalamus), 좌측 꼬리핵(left caudate), 내측 전전두피질(medial prefrontal cortex)과 같은 다른 신경영역들에서도 더 큰 활성화를 나타냈다([그림 11-5] 상단). 긍정적 사진의 경우, 남성의 좌측 편도체 활성화가 더 컸다. 또한 남성은 양측 하전두회(bilateral inferior frontal gyrus) 및 우측 방추상회(right fusiform gyrus)에서 여성보다 더 큰 활성화를 보였다([그림 11-5] 하단). 이러한 결과는 남성과 여성이 각각 긍정적인 자극과 부정적인 자극에 더 강하게 반응함을 의미한다. 그러나 이것이 남성과 여성이 정서

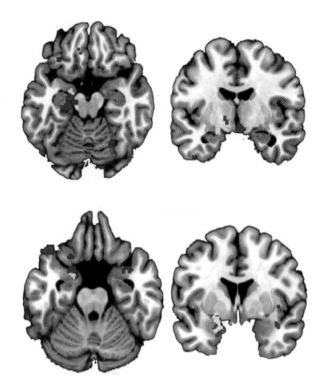

[그림 11-5] 부정적인 이미지들을 관찰하는 동안 남성보다 여성에게 유의하게 더 많이 활성화된 뇌 영역들(상단). 긍정적인 이미지들을 관찰하는 동안 여성보다 남성에게 유의하게 더 많이 활성화된 뇌 영역들(하단)

출처: Stevens & Hamann (2012).

를 처리하기 위해 뇌의 서로 다른 영역들을 사용한다는 뜻은 아니다.

성차는 여성과 남성이 공감(empathy)을 경험할 때 활성화되는 신경회로에서도 관찰되었다(Schulte-Ruether et al., 2008). 여성들은 공감적 반응을 측정하는 자기보고 척도에서 더 높은 점수를 받는 경향이 있는데(Baron-Cohen & Wheelwright, 2004), 이는 그들이 뇌에서 공감적 반응들을 불러일으키는 방식 때문일 것이다. 특히 신경영상 연구 결과들은 남성보다 여성이 타인으로부터 지각한 정서를 자신에게 재생성하는 데에 뇌를 더 많이 사용함을 시사한다. 남자들은 이러한 신경적 공명(neuronal resonance)을 덜 일으킨다. 대신 그들은 상대방이 경험하는 것이 무엇인지 생각하도록 돕는 뇌 영역들을 활성화한다. 이 후자의 활동은 때로 조망수용(perspective taking)이라 불린다. 이러한 결과는 여성과 남성이 서로 다른 방식으로 공감을 수행함을 시사한다.

요컨대, 정서적 자극을 보고 그것에 공감할 때 남성과 여성은 서로 다른 뇌 영역들을 활성화시킨다. 명심할 것은 암묵적이든(단순히 사회 구성원이 됨으로써) 명시적이든(부모나 교사의 지시를 받음으로써) 남성과 여성이 자신의 정서적 반응과 함께 정서적 행동의 특정 측면에 주목하거나(또는 하지 않거나) 특정 행동을 하도록(또는 하지 않도록) 배웠다면, 뇌의 활성화에도 다양한 변화가 발생할 것이라고 예상된다는 점이다. 유용한 과학적 전략은 남성과 여성이 자연스럽게 행동할 때 뇌에서 일어나는 일과, 남성과 여성이 정확히 동일한 과제를 수행하고 있다고 과학사가 확신할 때 뇌에서 일어나는 일 모두를 탐구하는 것이다.

정서에서의 성차의 기원

우리가 살펴본 것처럼 정서의 표현 및 경험에서의 성차에 관한 고정관념들은 그러한 행동에서 관찰된 성차들과 다소 일치한다. 여성은 남성보다 정서를 더 강하게 경험하고, 더 많이 그리고 더 자주 표현한다고 보고한다. 이는 특히 슬픔, 공포, 수치심, 죄책감의 이른바 약한 정서들뿐만 아니라 공감, 연민, 사랑 등 사회적으로 바람직한 긍정적인 정서들에도 적용된다. 반면, 남성은 분노, 경멸, 혐오, 자존심 등 보다 강한 정서들을 보다 많이 표현한다고 보고한다. 이러한 발견들은 성별 고정관념이 현실을 반영하고 있음을 나타내는 것으로 보인다.

고정관념과 실제 행동 사이의 일치는 놀라운 일이 아닌데, 고정관념이 남성과 여성의 정서 반응에 대한 기대를 만들어 내어 실재를 조성하기 때문이다. 이러한 방식으로 고정관념은 사람들의 정서에 관한 자기보고와 심지어 타인의 정서적 행동에 대한 지각까지도 영향을 미칠 수 있다(Brody & Hall, 2000). 우리는 먼저 이러한 영향들을 설명한 다음, 성차가 어디서 왔는지에 관한 더 폭넓은 이론들을 제안할 것이다.

고정관념이 차이를 만들어 낸다

앞서 보았듯 성별 고정관념은 정서가 언제, 어떻게, 누구에게 표현될 수 있는지를 규정하는 사회적, 문화적 규범으로서 기능한다. 고정관념과 일치하는 정서 반응은 사회적으로 허용되는 반면, 고정관념과 불일치하는 정서적 행동은 사회적 반감을 초래하며 이는 사람들이 고정관념에 일치하는 방식으로 행동하게 만드는 동기가 될 수 있다. 결과적으로, 성별 고정관념은 사람들이 자신의 정서를 보고하고, 타인의 정서를 지각하고, 아이들에게 정서에 대해 가르치는 방식을 편향되게 만들 수 있다.

정서의 자기보고들

성별 고정관념이 스스로 보고한 정서에 미치는 영향은 사람들이 자신의 정서에 관한 전반적 회상 보고(global retrospective report) 또는 기억 의존적 보고를 수행할 때 강하게 나타난다(Feldman Barrett et al., 1998; LaFrance & Banaji, 1992). 그러나 남성과 여성이 그들의 정서를 즉각적으로 보고한다면 이러한 차이는 사라진다. 예를 들어, Feldman Barrett과 동료들(1998)의 연구에서 정서 경험에 대한 전반적 회상에 대한 자기보고에서는 성차가 관찰되었지만, 순간적인 정서 경험에 대한 즉각적인 자기보고에서는 성차가 관찰되지 않았다. 성별 고정관념과 일치하게 전반적인 자기보고 척도에서 여성은 남성에 비해 더 높은 감정 강도와 더 많은 기쁨, 슬픔, 공포를 보고하였다. 그러나 양자 간 사회적 상호작용 직후 실시된 구체적인 정서 반응들에 대한 순간적이고 즉각적인 평가에서는 남성과 여성의 차이가 관찰되지 않았다.

감정 경험에 대한 전반적 회상 보고들과 순간적 보고들이 서로 일치하지 않는 것은 재구성(reconstruction)과 기억 편향(recollection bias)을 통해 설명될 수 있다. 슬픔, 공포 등의 경험에 대해 전반적인 요약을 제공하기 위해 개인은 수많은 사전 정서 경험에 대한 정보를 인출하고, 요약하고, 통합해야 한다. 이것은 어려운 일이므로, 그들은 전반적인 설명을 도출하기 위해 남성과 여성의 정서 반응에 관한 고정관념적 신념들에 의존할 수 있다. 이미 일어난 정서 경험들에 대한 회상적 보고 또한 개인의 정서 지식에 의해서 편향될 수 있다. 실제로 여성은 남성보다 더 복잡하고 분화된 일반적 정서 지식을 가지고 있음이 밝혀졌다. 놀랄 것도 없이 여성은 남성보다 그들 자신과 타인의 정서 경험을 더 분화되고 통합적인 방법으로 기술한다(Feldman Barrett et al., 2000).

따라서 전반적 회상 평가에서 관찰되는 성차는 아마도 정서 경험과 정서 표현의 차이 때문이라기보다는 정서 지식의 성차와 남성과 여성의 성별 고정관념에 대한 순응 때문일 수 있다. 기억에 기반한 재구성은 성차가 실제로 존재하지 않거나 거의 없는 상황에서도 성차를 만들어 내거나 증대시킬 수 있다.

지각

Plant 등(2000)은 성인이 성인의 정서적 얼굴표정을 지각하는 데 성별 고정관념의 영향을 조사하였다. 이들은 참가자들에게 슬픔과 분노가 합성된 남성과 여성의 얼굴표정

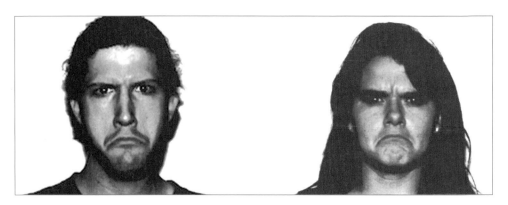

[그림 11-6] Plant 등(2000)에서 사용된 분노와 슬픔이 합성된 남성과 여성의 얼굴들

을 보여 주었다. 뒤섞인 얼굴표정의 예시는 [그림 11-6]에서 볼 수 있다. 동일한 슬픔-분노 표정은 남성보다 여성이 짓고 있을 때 더 슬프고, 덜 화난 것처럼 평가되었는데, 이는 해당 표정이 성별에 따라 상이한 정서를 전달하는 것으로 보인다는 것이다.

또 다른 연구에서 Plant, Kling과 Smith(2004)는 동일한 슬픔과 분노가 합성된 표정을 실험에 사용하였는데, 이번에는 남녀의 머리 모양과 옷을 조합하여 인물의 성별을 조작하였다. 그 결과, 모호한 슬픔-분노 표정들에 대해 성별 고정관념과 일치하는 해석이 관찰되었다. 실험에 사용된 동일한 얼굴표정은 남성보다 여성으로 꾸며졌을 때 더 슬프고, 덜 화난 것으로 판단되었다. 또한 사람들이 모호한 표정을 성별 고정관념을 이용하여 해석한다는 결과는 지각된 지배성(percieved dominance)에 미치는 성별과 머리 위치의 효과를 살펴본 연구에 의해 뒷받침된다(Mignault & Chaudhuri, 2003). 여성의 중립적인 얼굴은 기쁨과 더불어 슬픔, 수치심, 죄책감, 후회, 당혹감, 존경심 등의 약한 정서들을 표현하고, 더 적은 지배성을 표현하는 것으로 지각될 가능성이 높았다. 반면, 남성의 중립적인 얼굴은 분노와 함께 경멸, 자부심, 오만, 자기 확신 등의 강한 '우월성(superiority)' 정서들을 표현하는 것으로 지각될 가능성이 높았다.

우리는 고정관념과 규범들이 즉석에서 사회적 실재를 만들어 낼 수 있다는 것을 보았다. 정서에 관한 성별 고정관념과 규범들을 전달하고 영속화하는 더 크고 더 지속적인 사회적 현실들도 존재한다. 정서 경험, 표현 및 재인에서의 성차는 남자아이들과 여자아이들의 서로 다른 사회화 과정, 사회에서 남성과 여성이 갖는 사회적 역할의 차이, 문화적 배경을 통해 설명되어 왔다. 다음 절에서 이러한 정서의 성차를 결정하는 요인들을 하나씩 논의하고자 한다.

정서의 사회화

정서에서 성차는 여자아이들과 남자아이들이 사회적 고정관념 및 규범에 부합하는 행동을 배우는 사회화 과정으로 설명할 수 있다. 성별 고정관념과 일치하게 여자아이들은 타인과의 관계를 촉진하는 정서를 표현하도록 배운다. 여자아이들은 친절하고 다정하게 미소짓고, 공격적이거나 난폭하게 행동하지 말아야 한다고 배우는 경향이 있다. 이에 반해 남자아이들은 '남자다운' 방식, 즉 강하고 용감하게 그들 자신을 방어하되, 슬퍼하거나 겁먹거나 괴로워하는 등 나약함과 취약함의 신호들을 표현하지 말아야 한다고 배우는 경향이 있다.

이러한 규범들은 부모나 동료, 그리고 학교와 미디어 같은 다른 사회화 기관들을 통해 전파된다. 예를 들어, 자신의 성별과 일치하게 남성적이고—경쟁적이며—공격적인 방식으로 행동하는 남자아이들과 여성적이고—협력적이며—다정한 방식으로 행동하는 여자아이들은 그러한 성별 규범을 위반한 아이들보다 또래들 사이에서 더 많은 인기와 호감을 얻는 것으로 밝혀졌다(Adler, Kless, & Adler, 1992). 게다가, 부모들은 딸에게 여성적인 정서를 표현하도록 장려하고 분노와 공격성을 표현하지 못하게 하는 반면, 아들에게는 분노를 표현하도록 허용하고 그 외에는 자신의 감정에 대한 표현을 억제하도록 장려한다(Birnbaum & Croll, 1984). 최근 연구 결과는 특히 아버지들이 이러하다고 제안한다(Chaplin, Cole, & Zahn-Waxler, 2005).

아들과 딸에 대한 부모의 반응은 성별 고정관념뿐 아니라 아이의 기질, 언어 능력, 사회성처럼 아이의 성별과 관련된 특성들에 따라서 달라진다(Brody, 2000; Brody & Hall, 2000). 아이의 기질, 즉 내-외부 자극에 대한 아이의 타고난 반응성은 부모나 양육자에게 상이한 반응을 유발할 수 있다. 남자아이들은 여자아이들보다 각성 수준이 높고, 짜증을 잘 내고, 많이 놀라고, 쉽게 진정하지 않는 경향이 있다(Else-Quest, Hyde, Goldsmith, & Van Hulle, 2006). 남자아이들의 높은 각성과 활동성은 부모들로 하여금 그들의 정서 표현을 억제하고 정서를 조절하도록 가르치게 만들 수 있다. 따라서 남자아이들은 나이가 들수록 표현이 적어질 것이다. 지나치게 강하다고 지각되는 남아들의 정서를 통제하기 위해 부모로부터 더 많은 사회화 압력을 경험하기 때문이다. 또한 엄마들은 아들과 소통할 때 자신의 얼굴표정을 과장하는 것으로 밝혀졌는데, 아마도 이것은 아이의 주의를 끌어 그들의 행동을 조절하기 위함이다. 장기적으로 봤을 때 이러한 행동은 남자아이들이 미묘한 정서 표현들을 식별하는 방법을 배우지 못하게 만들고, 이는 정서 표현 단서들을 잘 읽어 내지 못하는 남성의 능력 부족을 설명할 수 있다.

이에 비해 여자아이들은 초기 언어 능력이 뛰어나고 정서 어휘가 풍부하며 다른 사람들에게 잘 반응한다. 따라서 여자아이들은 타인의 고통을 접할 때 남자아이들보다 더 큰 공감 반응을 보이고, 엄마의 겁먹은 얼굴표정에 더 강하게 반응한다. 부모들은 잘 반응하고 언어적으로도 능숙한 여자아이들과 소통할 때 긍정적인 정서를 더 많이 표현하고 정서적인 언어를 더 많이 사용하는 경향이 있다. 더불어 부모들은 아들보다는 딸과 함께 정서에 관해 더 많이 이야기하는 경향이 있다(Adams et al., 1995; Fivush & Wang, 2005).

남자아이들과 여자아이들은 문화적으로 지배적인 성별 고정관념에 순응하고 그들의 성 역할에 따라 행동하도록 사회화된다. 그러나 아이가 성별 고정관념을 따를지 여부는 자녀 양육과 가정사에 대한 그들의 아버지의 영향에 달려 있는 것으로 보인다(Brody, 1997). 아버지가 자녀와 보내는 시간은 자녀의 성별 고정관념적 정서 표현과 부적 상관관계를 지닌다. 아버지와의 사이가 가까운 여자아이들은 그렇지 않은 여자아이들보다 경쟁심, 공격성, 긍정적 정서들을 더 많이 표현하며 슬픔을 더 적게 표현한다. 그리고 아버지와의 사이가 상당히 가까운 남자아이들은 소속감, 따뜻함, 공포를 더 많이 표현하며, 경쟁심, 분노, 공격성을 더 적게 표현한다.

요컨대, 사회화 과정은 정서의 성차를 크게 좌우할 수 있다. 만약 사람들이 어린 여자아이들이 울 때는 관심을 기울이면서 남자아이들에게는 "참아"라고 말할 것이라 예상했다면, 당신은 제대로 예상한 것이다(Zeman et al., 1997).

사회적 역할

Eagley(1987)의 사회 역할 이론(Social Role Theory)은 성 역할, 즉 사회 안에서 남성과 여성이 지니는 사회적 역할의 측면에서 사회적 행동의 성차를 설명한다. 여성의 사회적 역할에는 자녀 양육, 가사 노동, 돌봄 직종(예: 간호사, 교사) 등이 포함된다. 남성의 사회적 역할은 가정에서 전형적으로 부양자와 보호자의 역할뿐만 아니라, 전문적 직업이나 사회에서 좀 더 지배적이고 권력을 행사하는 지위와 관련된다. 남성과 여성의 서로 다른 사회적 역할은 성 역할에 대한 기대, 즉 남성과 여성의 적절한 행동에 대한 기대를 만든다. 여성은 다정하고 타인의 요구에 민감하며, 따뜻하게 보살피며, 친근하고 관계 지향적으로 행동하는 등 공동체적 자질을 갖고 있을 것이라 기대된다. 남성은 독립적이며 자기 주장이 강하고 도구를 다루는 데 유능한 자질을 갖고 있을 것이라 기대된다. 이처럼 상이한 사회적 역할들을 수행함으로써 남성과 여성은 서로 다른 능력들을 발달시키게 된다. 따라서 사회적 역할 이론에 따르면 정서의 성차는 그들의 다른 정서적 기량뿐만 아니라, 서로 다르게 행동하도록 하는 그들의 성 역할에 대한 순응 때문이다.

사회적 역할 이론은 남성과 여성이 활동하는 방식과 그 본성에서 관찰되는 성차를 통해 지지받는다. 여성들은 아이와 노인을 돌보는 역할을 맡는 경우가 많고, 더 많은 개인적 보살핌과 지원을 제공하는 반면, 남성들은 더 많은 기술적, 행정적 도움을 제공한다. 결과적으로, 여성들은 정서와 관련된 기술들을 연습할 기회를 더 많이 갖는다(Grossman & Wood, 1993). 마찬가지로, 성 고정관념을 살펴본 연구는 전형적인 여성이 정서적 민감성과 표현성이 필요한 가정주부와 간병인 역할을 맡을 가능성이 높으며, 이에 따라 전형적인 남성보다 더 높은 공동체적 특성을 가졌을 것이라고 판단됨을 관찰하였다. 그러나 남성과 여성이 동일한 역할을 수행할 때는 공동체적 특성에서 성별 차이가 관찰되지 않는다(Eagly & Steffen, 1984).

Kring과 Gordon(1998)은 성 역할이 정서 표현의 차이를 유발하는지를 연구하였다. 이들은 뱀 성 역할 검사(Bem Sex Role Inventory; Bem, 1979) 점수에 근거하여 참가자들을 남성적(masculine), 여성적(feminine) 또는 양성적(androgynous; 남성과 여성 두 자질을 모두 가지고 있음) 참가자로 분류하였다. 양성적 참가자들은 남성적−도구적 자질과 여성적−표현적 자질 모두에서 높은 점수를 받은 사람들이었다. 여성적 참가자들은 여성적 특성에서 높은 점수를, 남성적 특성에서 낮은 점수를 받은 사람들이었다. 남성적 참가자들은 남성적 특성에서 높은 점수를, 여성적 특성에서 낮은 점수를 받은 사람들이었다. 분석 결과, 자기보고식 척도에서 가장 높은 기질적 표현성을 보고한 양성적 참가자들은 표현성이 가장 높다고 판단된 반면, 남성적 참가자들은 표현성이 가장 낮다고 판단되었다. 여성적 참가자들은 그 둘 사이에 위치하였다.

개개인의 울기 쉬운 정도를 살펴본 연구에서도 유사한 결과가 관찰되었다. 생물학적 성별과 별개로, 성 정체성이 남성인 참가자들은 여성 성 정체성을 가진 참가자들보다 울기를 꺼려하는 경향이 있었다(Ross & Mirowsky, 1984). 이러한 결과들은 성 역할 정체성이 적어도 그들의 생물학적 성별만큼은 아니더라도, 그에 못지않게 정서적 행동을 좌우한다는 것을 시사한다.

정서, 성별, 문화

우리가 이 장에서 검토한 성별과 정서에 관한 대부분의 연구는 서구 문화권(북미, 서유럽)에서 수행되었으며, 전반적으로 여성의 정서성이 더 크다는 결론을 지지한다. 정서성의 성차는 정시의 종류, 정서의 구성요소, 정서적 반응을 측정하는 방법, 사회적 맥락 등에 따라 달라지지만, 주로 남성과 여성이 자신의 정서를 겉으로 표현하거나 조절하는 정도에서의 차이로 특징지어진다. 문화에 걸쳐 성별과 정서를 조사한 연구들은 특히 아시아 문화권과 비교했을 때 서구 문화권의 성차가 더 뚜렷하다는 점을 발견했다(Brody, 1997; Fischer & Manstead, 2000).

예를 들어, 우는 빈도와 전반적으로 울기 쉬운 정도에서의 성차 역시 아프리카나 아시아 국가들보다 서구 국가에서 더 큰 경향이 있다(Vingerhoets & Becht, 1996; Vingerhoets & Scheirs, 2000). 그리고 정서를 자극하는 이야기에 여성이 더 많은 수치심, 공포, 불안을 보고하는 경향성은 아시아계 미국인이나 아시아인보다 유럽계 미국인에게서 더욱 뚜렷했다(Copeland, Hwang, & Brody, 1996).

정서의 성차에 문화가 미치는 영향은 문화 전반에 걸쳐 남성과 여성이 갖고 있는 서로 다른 사회적 역할들, 그들이 사회에서 지닌 상대적 지위와 권력, 사회적으로 지향하는 가치의 차이로 설명될 수 있다. Fischer와 Manstead(2000)는 문화적 가치와 노동 분업의 차이들이 정서에 대한 성차의 문화 특수적 양식을 촉진한다는 가설을 검증하였다. 이 연구자들은 세 가지 문화 측정치를 얻었다.

- 여성 권한 척도(gender empowerment measure: GEM, 여성이 정치적, 경제적 삶에 활발히 참여하는 정도)에 표기된 실제 노동분업 정도
- 성 역할 이데올로기(남성성-여성성 척도)
- 개인주의-집단주의 척도(다음 장에서 다룰 내용으로, 해당 문화가 개인적 성취 vs. 집단 화합 및 상호의존성에 상대적인 가치를 두는 정도)

다음으로, 연구자들은 이 측정치들을 이용하여 비교문화 데이터베이스에 포함된 5대륙 37개국 참가자들의 일곱 가지 정서(기쁨, 공포, 분노, 슬픔, 혐오, 수치심, 죄책감)의 자기보고 강도, 지속시간, 비언어적 표현을 예측하였다.

모든 국가에서 여성들은 남성들보다 정서를 더 강하고 지속적으로 경험하며, 정서를

더 명시적으로 표현한다고 보고하였다. 뜻밖에, 정서적 반응에서 성차는 전통적인 집단주의 국가들(아프리카, 아시아, 남미 국가들)보다 노동분업이 덜하고(높은 GEM) 개인주의 가치관이 지배적인 국가들(서유럽 국가들, 미국, 호주)에서 더 크게 나타났다. 이 결과는 사회 역할 이론이 제시한 것처럼 정서성의 성차가 남녀 간의 전통적인 노동 분업으로 축소하여 설명할 수 없음을 시사한다. 이와 반대로 개인주의 국가에서 전통적인 노동 분업이 덜한 것은 성별에 따른 정서적 분화에 대한 필요성과 관련되어 보인다.

이 예상치 못한 발견에 대한 한 가지 설명은, 개인주의 문화를 특징짓는 독립성과 자율성의 추구가 사회적 관계에 대한 인간의 기본적인 욕구를 위협한다는 것이다. 따라서 타인으로부터의 독립성 욕구와 관계성 욕구 사이의 균형을 맞추기 위해 남성은 독립성 전문가가 되도록 사회화되는 한편, 여성은 사회적 관계의 전문가가 되도록 사회화된다. 특히 남성은 주로 자신의 독립성, 권력, 지위를 위협하는 정서를 통제하도록 사회화되는 반면, 여성은 긍정적이고 타인 지향적인 정서들과 타인과의 관계를 발전시키는 정서들을 표현하도록 사회화된다. 이러한 성별에 따른 정서적 분화는 모두가 다른 사람들과의 상호의존성을 추구하고 타인에 대한 배려를 강조하는 집단주의 문화에서는 덜 요구된다. 정서적인 여성과 냉담한 남성의 이분법은 '서구식 이분법'으로 보이며, 집단주의 문화까지 일반화할 수는 없다(Fischer & Manstead, 2000).

교차성

교차성(intersectionality)은 심리학자들의 성차 연구에 대한 접근방식을 재편하는 새롭게 등장한 중요한 분야다. 이 용어를 이해하려면 먼저 교차성이 아닌 것은 무엇인지 살펴보는 것이 도움이 된다. 교차성은 정서에 관한 남성과 여성의 차이처럼, 사람들이 속한 범주 사이에서의 단순한 차이를 살펴보는 연구가 아니다. 교차성은 사람들을 사회적 범주로 나누는 다양한 방식 사이의 교차점에 관한 학문이라 할 수 있다(Cole, 2009). 예를 들어, 정서는 단순히 남성이냐 여성이냐에 따라 정해지는 것이 아니라, 어떤 특정 인종의 남성이냐, 여성이냐에 의해 결정되는 것으로 보인다. 많은 경우, 사회적 범주들은 이번 장에서 살펴본 바와 같이 권력이나 지위의 측면에서 차이가 있는 하위 유형들(성별의 경우, 여성과 남성)로 나뉜다(Else-Quest & Hyde, 2016). 이는 '인종(ethnicities)'이라는 범주의 하위 유형들에 대해서도 마찬가지다.

정서 처리를 이해하는 데 있어 성별과 인종을 모두 고려하는 것의 중요성은 Durik과 동료들의 연구에서 잘 드러난다(Durik, Hyde, Marks, Roy, Anaya, & Schultz, 2006). 이들의
연구는 이 장 첫 부분에서 배운 정서의 성별 고정관념을 조사한 Plant와 동료들의 연구
(Plant et al., 2000)를 반복 검증하는 수준이었다. 그러나 이들은 유럽계 미국인, 아프리카
계 미국인, 히스패닉계 미국인, 아시아계 미국인들과 같이 미국에 거주하는 네 가지 인종
집단으로부터 자료를 수집하였다. 이들의 주요 관심사는 유럽계 미국인의 정서에 관한
성별 고정관념과 다른 세 인종의 성별 고정관념을 비교하는 것이었다. 여성이 남성보다
약한 정서들을 더 많이 표현하고 경험할 것이라는 고정관념은 네 개 민족 모두에서 동일
하게 관찰되었다. 하지만 유럽계 미국인이 지닌 성별 고정관념에서는 성별에 따른 차이
가 가장 두드러졌다. 이러한 차이는 자부심과 사랑에서 가장 뚜렷하게 나타났다. 유럽계
미국인들은 남성이 여성보다 자부심을 더 많이 표현한다고 보고했으나, 아프리카계 미
국인들은 남성과 여성이 자부심 표현에 있어 차이가 없다고 보고했다([그림 11-7]). 이와
유사하게, 유럽계 미국인들은 여성이 남성보다 사랑을 훨씬 더 많이 표현한다고 생각했
으나, 히스패닉계 미국인과 아시아계 미국인들은 이러한 차이가 좀 더 적었다.

이 연구는 범주 간의 교차가 더 많은 성별 차이를 구체화하는 방식을 설명하는 요인
으로 권력과 지위의 역할을 조사하지 않았지만(즉, 각 인종 집단에서 남녀의 권력과 지위
가 일반적으로 다른지), 향후 연구들은 다른 사회 범주의 권력과 지위의 차이가 정서와
같은 근본적인 사회적 반응을 결정하는 중요한 요인인지 알아보아야 할 것이다(Else-
Quest & Hyde, 2016).

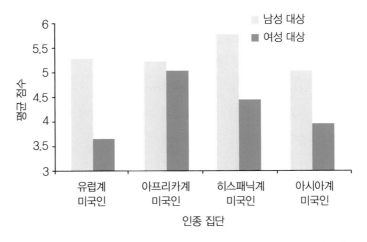

[그림 11-7] **미국의 네 가지 인종 집단의 자부심 표현에 대한 평균 평정치**

출처: Durik et al. (2006).

요약

- 현존하는 대부분의 정서 심리학 연구는 성별 이분법을 가정하고, 개인을 배타적으로 남성과 여성으로 분류한 연구 결과들을 보고하고 있다. 앞으로의 연구는 다른 가능성을 포함하는 범주를 대상으로 진행될 필요가 있다.
- 그동안 여성은 남성보다 기쁨, 당혹감, 놀람, 슬픔, 두려움, 수치심, 죄책감 등 약한 정서를 더 많이 표현하고 경험한다는 강력한 고정관념이 있어 왔다. 남성은 여성보다 분노, 경멸, 자부심 등 강한 정서들을 더 많이 표현한다고 믿어졌다.
- 남성과 여성에 대해 사회적으로 수용되는 정서적 반응을 규정하는 강력한 처방적 규범이 존재한다. 여기에는 남성은 울지 않으며, 여성은 미소로 긍정적 정서들을 표현한다는 생각이 포함된다.
- 남성과 여성은 성별 고정관념에 순응하곤 하는데, 이는 고정관념과 부합하는 행동이 사회적으로 수용되는 반면, 그렇지 않은 행동은 사회적으로 제재를 받을 가능성이 있기 때문이다.
- 행동 연구들은 남성과 여성에 대한 고정관념과 실제 정서적 행동이 어느 정도 일치함을 보여 준다.
- 성별 고정관념은 남성과 여성이 언제 어떻게 특정 정서를 경험하고 표현하는 것이 적절한지를 정한다는 점에서, 그 자체로 정서의 성차에 기여한다. 이 고정관념은 남성과 여성의 정서적 반응에 관한 기대를 만들어 내고, 그들의 정서적 행동에 영향을 미침으로써 자기충족적 예언을 만들어 낼 수 있다.
- 어떤 면에서 여성은 남성보다 정서적으로 더 유능하다. 분노의 정서를 제외하면 여성은 남성보다 얼굴표정을 더 정확히 전달하고 읽어 내며, 자신의 정서를 더 많이 자각하고 더 많은 효과적인 정서조절전략들을 구사하는 것으로 보인다.
- 성별 고정관념은 '성별에 맞는' 정서 행동을 사회화하는 데 기초를 제공한다는 점에서 정서의 성차에 간접적으로 기여한다.
- 마지막으로, 정서에서 성차는 보편적이고 불변적인 것이 아니며, 남성과 여성의 사회적 역할, 상대적 지위와 권력, 사회화의 역사 및 문화와 관련되어 있다.

▷ 학습 링크

1. 정서의 사회화에 관한 실험 결과들과 논의를 살펴보며 정서에서 성차에 관해 배우기

   https://www.youtube.com/watch?v=YagL2d4hS84

2. 정서 및 성차 연구의 전문가인 Marianne LaFrance 박사의 인터뷰 들어 보기

   https://www.youtube.com/watch?v=qxSR9U_LbSw

3. 남성과 여성 그리고 그들의 정서에 관한 Psychology Today 기사 읽어 보기

   https://www.psychologytoday.com/blog/sexual-personalities/201504/are-women-more-emotional-men

제12장
정서의 보편성과 문화적 차이

Psychology
of Emotion

이 책의 저자들은 청소년기까지 폴란드에서 자란 후, 미국에서 50년 이상 거주한 한 폴란드 남성을 알고 있다. 그는 종종 다음과 같이 말했다. "여기서 수십 년을 살았지만, 나는 아직도 미국 사람들의 정서가 온전히 편하지 않다. 이 사람들은 항상 미소짓고, 자신이 '행복하다'고 말한다. 하지만 나는 이 단어를 거의 쓰지 않는다." 한 네덜란드 친구는 다음과 같이 말한다. "알다시피 미국인과 영국인은 뭔가 잘못하면 항상 미안하다고 말한다. 하지만 그들은 진짜 미안함을 느끼지는 않는다." 많은 유럽인과 유럽계 미국인은 아시아인을 이해할 수 없는 존재라고 생각하며, 그들이 진짜 감정을 숨기는 것 같다고 여긴다. 그리고 지중해 국가 사람들은 스칸디나비아인들이 절대로 정서를 드러내지 않는 것처럼 보이기에, 그들이 실제로 정서를 그리 많이 경험하지 않을 것이라고 판단할 수 있다. 이러한 비판에 대해 스웨덴 사람들은 "네, 하지만 깊은 물은 고요히 흐르죠."라고 대답할 것이다. 한편, 어떤 핀란드 남성은 우리 중 한 명에게 핀란드 사람들은 일반적으로 자신의 정서 표현을 통제하지 못하는 어른을 이상하게 보며, 공공장소에서는 특히 그렇다고 말한 적이 있다. 그들에게 있어 호들갑스러운 정서 표현은 미숙하거나 다소 자제력을 잃은 것으로 여겨진다.

무슨 까닭일까? 이러한 이야기나 믿음은 국가나 대륙에 걸쳐 사람들이 정서를 느끼고 표현하고 이름을 붙이는 방식에 차이가 있음을 암시하는 것으로 보인다. 실제로 정서 경험에 문화적 차이가 존재하는 것일까, 아니면 앞선 발언들이 단지 근본적인 유사성을 무시한 고정관념이나 가치지향성을 반영하는 것일까? 이는 우리가 살펴본 것처럼 정서에 다양한 요소가 관여한다는 점에서 쉽게 대답하기 어려운 질문이다. 이 장에서 우리는 전 세계적으로 관찰된 정서 처리의 유사성을 먼저 고찰할 것이다. 다음으로 우리는 다르게 변형된 사례들을 살펴볼 것이다. 끝으로 우리는 세계의 문화들을 정의하고, 비교하는 구체적인 방법을 소개할 것이다. 우리는 정서 처리 과정에 있을 수 있는 문화적 차이에 관한 가설을 도출하고, 이러한 가설에 기반한 예측을 뒷받침하는 과학적 증거들을 검토할 것이다.

정서의 비교문화 연구에 관한 간략한 역사

정서에 관한 연구는 보편적 정서의 탐색으로부터 시작되었다(Mesquita, 2001;

Mesquita & Haire, 2004). 과학자들은 보편적 얼굴표정이 존재한다면, 그것은 신체, 얼굴, 느낌, 인지적 요소를 포함한 전체 요소들로 구성된, 진화적으로 형성된 총체적 정서 상태들이 존재한다는 증거가 될 것이라고 믿었다(Tomkins, 1962, 1963). 우리가 제4장에서 보았듯 정서의 보편적 표정들을 지지하는 증거들이 존재한다(Haidt & Keltner, 1999). 음성 감정 또한 마찬가지다. 많은 연구가 음성에서 보편적 정서 재인을 조사하였으며(예: Scherer, Banse, & Wallbott, 2001; Van Bezooijen, Ottto, & Heenan, 1983), 동일한 음성 자극에서 표현된 정서들이 우연 수준 이상으로 재인됨을 보여 줌으로써 음성 감정의 보편성을 시사하였다.

보편적 정서가 존재함을 지지하는 실험적 증거를 둘러싼 초기 물음들은 정서 연구의 초점을 유사성으로 제한하였다. 그러나 이러한 접근은 연구자들이 의도치 않게 차이가 나타날 수 있는 방식에 주의를 돌리지 못하게 만드는 경향이 있었다(Mesquita, 2001a; Mesquita & Haire, 2004). 대부분의 평가 이론가와 심리구성주의자는 정서의 구성요소들이 하나의 감정 프로그램의 일부라는 진화 이론의 주장을 거부한다는 내용을 떠올려 보자(제1장 참조). 그들은 정서의 구성요소(예: 생리학적 반응, 얼굴표정, 느낌들)가 동시에 발생하는 경향이 있지만, 반드시 그래야 하는 것은 아니라고 생각한다. 따라서 분노 상태 중 일부가 높은 교감 신경계 활성화, 주름진 이마, 공격 준비 등을 수반하더라도, 모든 경우에 그런 것은 아니다(Barrett, 2006; Lindquist, 2013; Moors, 2013; Scherer, 2009). 이처럼 정서의 구성요소가 단지 느슨하게 결합되어 있을 뿐이라는 과학자들의 새로운 의견 수렴은 사람들의 정서에 유사성이 존재할 뿐 아니라, 문화에 따른 차이도 존재할 수 있다는 생각을 가능하게 한다(Mesquita & Frijda, 1992; Mesquita, Frijda, & Scherer, 1997).

그러나 과연 어떤 사람들이 따르며(혹은 유사하며), 또 그렇게 되는 이유는 무엇일까? 이러한 질문에 답하기 위해 연구자들는 사람들이 함께 모여 집단을 이루는 방식에 관한 이론, 즉 문화와 문화적 집단 구성에 관한 이론을 살펴볼 필요가 있다. 이에 가장 근래에는 인류학과 민족학(Lutz, 1987, 1988; Shweder, 1993, 1994; Shweder & Haidt, 2000), 그리고 언어학(Wierzbicka, 1986, 1992) 분야에서 처음 고안된 문화 이론들을 토대로 정서 연구들이 진행되고 있다. 문화차에 관한 이론들은 문화와 정서가 서로 상호작용하며, 정서를 표현하고 관리하고 이해하는 방식에 문화가 영향을 미치고, 문화적 의미와 관습의 발달에 정서가 영향을 미친다고 언급한다(Mesquita, 2003; Shweder, 1994, 2002; Solomon, 1995; 또한 Barrett, 2006 참조).

유사성을 찾아서

정서는 신체와 얼굴에서 어떤 모습으로 나타날까? 그리고 이러한 모습과 그 의미가 전 세계에 걸쳐 동일하다는 주장에 대해 우리는 어떤 증거를 가지고 있을까? 이것은 정서의 보편성에 관한 많은 연구를 추진하게 한 질문이다.

움직임과 음악에 나타난 정서 표현

인류 역사에 걸쳐 우리는 춤과 같은 움직임과 음악으로 정서를 표현해 왔다. 실제로 일부 과학자들은 음악과 춤이 동물들의 정서 교류에서부터 진화되었다고 생각한다(Snowdon, Zimmermann, & Altenmüller, 2015). 만약 움직임과 음악의 정서 표현이 진화의 결과라면 그것은 반드시 보편적이어야 한다. 또한 움직임과 음악이 근본적으로 연관되어 있거나 비슷한 자질들을 지니고 있을 수도 있다. 예를 들어, 분노를 표현할 때 갑작스럽게 격렬하고 공격적인 움직임이 나타나는 것처럼, 음악에서도 갑작스럽고 격렬하고 공격적인 소리로서 분노가 표현되는 것을 떠올릴 수 있을 것이다.

Sievers와 동료들(2013)은 정서가 움직임과 음악에서 유사하게 표현될 가능성을 조사하였다. 이 과학자들은 애니메이션으로 제작된 빨간색 공의 움직임을 지시하거나, 같은 상황에서 음악을 제작할 수 있는 참가자용 컴퓨터 프로그램을 개발했다. 구체적으로 실험참가자들은 컴퓨터 화면의 다섯 개의 슬라이더 바를 이용하여 3차원 빨간색 공이 분노, 기쁨, 슬픔, 평화, 공포를 표현하는 것처럼 보일 때까지 움직임을 조정하였다. 이때 빨간색 공을 의인화하기 위해 하얀 '눈' 두 개를 붙여 머리처럼 보이게 했다. 슬라이더 바들은 각각 움직임 비율(속도), 지터(이동의 규칙성), 시각적 거칠기 또는 공의 부드러운 정도, 스텝 크기(튕겨진 높이), 움직임의 방향을 조절하였다([그림 12-1] 참조). 또 다른 참가자들은 동일한 요소가 좀 더 음악적인 용어로 표기된 슬라이더들을 조절하여 이전과 동일한 정서를 표현하는 음악을 만들었다. 이때 슬라이드에 표기된 음악적 용어들은 각각 비율(속도), 규칙성, 소리의 불협화음, 스텝 크기(변화의 양), 방향(점점 높아짐 또는 낮아짐)이었다.

연구의 참가자들은 우선 미국에서 모집되었다. 그 후, 캄보디아의 외딴 부족 마을에서 또 다른 참가자들이 모집되었다. 이를 통해 연구자들은 두 가지 물음을 조사할 수 있었다. 한 가지는 움직임과 음악이 동일한 물리적 자질들을 통해 동일한 방식으로 표현되는지 여부였다. 다른 한 가지는 미국인들이 움직임과 음악에서 동일한 물리적 자질들을 사용하여 동일한 정서를 표현한다는 아이디어가 캄보디아 원주민에게도 동일하게 적용되는지 여부였다. 결과는 두 질문의 답이 모두 '그렇다'라는 것을 보여 주었

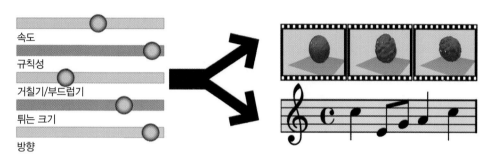

[그림 12-1] Sievers 등(2013)의 참가자들은 다섯 가지 역동적 자질들에 대응하는 컴퓨터 화면의 슬라이더 바를 조작하여 정서들을 표현하는 움직임 또는 실험자들에 의해 이름 붙여진 음악 클립들을 만들었다.

[그림 12-2] 상단: 미국인의 분노 움직임(왼쪽)과 캄보디아인(Kreung족)의 분노 움직임(오른쪽).
하단: 미국인의 기쁨 움직임(왼쪽)과 캄보디아인(Kreung족)의 기쁨 움직임(오른쪽)

다. 움직임과 음악의 자질들은 서로 강하게 연관되어 있었다. 또한 미국인과 캄보디아인은 움직임과 음악에서 동일한 방식으로 정서를 표현하였다. [그림 12-2]는 두 문화에서 분노와 기쁨의 애니메이션이 얼마나 유사한지를 보여 준다. 분노의 움직임은 거칠었으며(또한 격렬하고 혼란스러웠다), 기쁨의 움직임은 부드러웠음을(또한 통통거리며 규칙적이었다) 볼 수 있다.

정서가 움직임과 음악에서 유사하게 표현되고, 이러한 유사성이 서로 교류가 없는 아주 다른 두 문화에 걸쳐 나타난다면 얼굴표정, 느낌, 정서에 기저하는 생리학적 반응 등 정서의 다른 측면들은 어떠할까?

정서의 신체적 느낌

어떤 정서에 동반되는 심리적 상태에 대응하는 신체 상태는 무엇일까? 비록 아직까지 모든 정서와 구체적인 생리학적 반응 패턴을 연결 짓지 못했지만, 연구자들은 일부 정서, 특히 분노와 공포 정서를 특징짓는 몇몇 생리학적 변화를 발견했다. 과연 문화에 걸쳐 분노와 공포가 동일한 양상으로 특징지어질까?

생리학적 반응

제1장에서 Levenson, Ekman과 Friesen(1990)의 정서의 생리학에 관한 연구를 소개했는데, 이 연구의 참가자들은 미국 대학생들이었다. 이 연구는 참가자들이 그들의 얼굴을 명확한 정서 얼굴표정들에 맞춰 조정했을 때 구분되는 자율신경계 반응 양상이 나타남을 보여 주었다. 예를 들어, 그들이 기뻐 미소 지을 때, 심박수, 피부 전도, 손가락 온도, 근육 활동 등의 특정 패턴이 관찰되었다. 이러한 자율신경계 양상들의 보편적 특성을 시험하고자, 몇 년 후 인도네시아에서 서수마트라 출신 미낭카바우(Minangkabau) 남성들을 대상으로 동일한 연구가 실시되었다(Levenson et al., 1992). 재인 가능한 정서 얼굴 표정을 생성하기 위해, 다시 한번 실험자가 유도하는 근육 수축 절차가 사용되었다. 다음으로, 심박수, 손가락 온도, 피부 전도, 손가락 맥박, 투과 시간, 손가락 맥박 진폭, 호흡 주기, 호흡 깊이 등을 측정했다. 미낭카바우인과 (이전에 연구된) 미국인들의 생리적 반응은 유사했으며, 차이는 생리적 측정치 중 단 두 가지에서만 관찰되었다. 이는 정서의 생리적 반응에 범문화적 유사성이 존재할 수 있음을 시사한다.

Tsai와 Levenson(1997)은 동아시아와 유럽계 미국인 부부 사이에서 정서적 상태에 따른 생리적 반응의 유사성을 조사했다. 실험에 참가한 부부들은 생리적 반응 측정 장비를 부착한 상태로 기저선에 해당하는 중립적 토론에 참여한 뒤, 둘 사이에서 가장 갈등이 심한 주제에 관하여 토론을 벌였다. 대화 도중 그들의 정서에 대한 자기보고와 생리적 지표가 측정되었다. 실험 결과, 기저선 토론에 비해 갈등에 관한 토론이 훨씬 정서적이긴 했지만, 두 가지 지표에서 국가별 집단에 따른 생리적 변화의 차이는 없었다. 실제로 정서의 자기보고 또한 크게 다르지 않았다. 잘 조작된 음향 놀람 자극(펑 터지는 소음)을 이용한 또 다른 연구는, 중국계 미국인들과 멕시코계 미국인들이 동일한 수준의 생리적 반응을 나타낸다는 것을 보여 주었다(Soto, Levenson, & Ebling, 2005).

스스로 보고한 신체 감각

많은 연구자는 또한 참가자들에게 정서를 느끼는 도중 발생하는 생리적 변화를 구두로 묘사해 달라고 요청하였다. 여기서 연구자들이 궁금해한 것은 사람들이 서로 다른 정서들의 생리적 변화를 동일한 방식으로 **지각하는지** 여부였다.

일련의 연구에서 Rimé, Philippot와 Cisamolo(1990)는 같은 나라 출신의 사람들이 정서의 신체 감각들에 대해 일치되게 묘사한다는 것을 보여 주었다. 예를 들어, 연구자들은 참가자들에게 기쁨, 분노, 공포, 슬픔을 특징짓는 다음 감각의 정도를 물었다: 목멤, 호흡 문제, 복부 감각, 추위, 따뜻함, 심장 박동 가속, 근육 긴장, 근육 이완, 땀 흘림. 연구 결과 네 가지 정서는 서로 구별되었으나 관련된 말초적 신체 변화들의 패턴은 사람들 간에 상당한 일치를 보였다. 보다 중요한 것은 이와 같은 구별된 신체 경험 패턴이 벨기에, 볼리비아, 인도네시아, 이탈리아, 멕시코 및 미국 사람들에 의해서도 보고되었다는 점이다(Breugelmans et al., 2005; Philippot & Rimé, 1997).

이 연구에 대한 한 가지 주의할 점은 정서 특성들이 언어를 통해 묘사되었다는 것이다. 따라서 연구 결과를 이해하기 위해서는 번역이 이루어져야 하는데, 이 과정에서 연구자들은 문화 간 차이보다 유사성에 더욱 관심을 가졌을 수 있다. 따라서 Nummenmaa 등(2014)은 비언어적 접근법을 사용하고자 'emBODY'라는 컴퓨터 기반 신체 부위형 자기보고 방식을 개발했다. 이 절차에서 핀란드, 스웨덴, 대만의 참가자들은 정서적인 단어, 이야기, 영화, 얼굴표정 옆에 두 개의 신체 실루엣을 제시받았다. 다음으로 참가자들은 주어진 정서 상태 도중 활성화가 증가한 신체 부위를 색칠하거나(따뜻한 색), 활성화가 감소한 부위를 색칠하였다(시원한 색). 이후 참가자들의 응답을

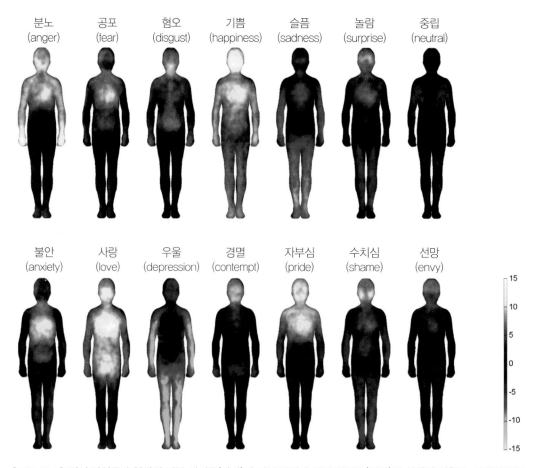

[그림 12-3] 정서 단어들과 연관된 기본 정서들(상단)과 기본 정서가 아닌 정서들(하단)의 신체적 지형도. 신체 지도들은 각 정서를 느낄 때 활성화가 증가하거나(따뜻한 색) 감소한(시원한 색) 영역들을 보여 준다.

출처: Nummenmaa et al. (2014).

평균함으로써 서로 다른 정서들에 대한 신체 감각 지도가 만들어졌다. 연구 결과, 각각의 정서들은 서로 명확히 구분되는 신체 감각 지도들과 연관되어 있었으며, 이때 유럽과 동아시아 참가자들의 신체 감각 지도는 서로 일치하였다([그림 12-3] 참조).

움직임과 음악에 관한 연구들과 더불어, 기저하는 생리적 반응을 살펴본 연구들은 다소 자동적인 정서 처리에서 문화 간 차이보다 유사성을 더 많이 보여 준다. 그렇다면 얼굴 정서 표현이나 생활 사건 및 경험들에 관한 해석처럼 사람들이 스스로 조절할 수 있는 것들은 어떨까?

차이점을 찾아서

이미 제5장에서 보았듯, 얼굴을 통해 분노, 혐오, 공포, 행복, 슬픔, 놀람을 표현하는 방식에는 문화권 전반에 걸쳐 어느 정도의 일관성이 관찰된다(Ekman, 1972; Ekman & Friesen, 1971; Izard, 1971). 그러나 해당 표정들을 재인하는 정확도와 그 표정들을 다른 표정과 혼동하는 점에서 나라마다 차이가 있다는 것은 얼굴표정의 보편성에 대해 활발한 논쟁을 유발한다(Gendron et al., 2014; Nelson & Russell, 2013). 논의의 결과가 어떠하든 문화 전반에 걸쳐 정서가 표현되는 방식에 있어서 유사점과 차이점이 모두 존재한다는 것은 부인할 수 없는 사실이다.

정서 표현 방언

연구들은 사람들이 자신과 같은 국가에 속한 집단 구성원의 정서 표현을 다른 국가에 속한 사람들의 정서 표현보다 더 정확하게 재인한다는 것을 보여 주었다. 이러한 '내집단 이익(in-group advantage)'은 182종류의 상이한 참가자 표본을 포함하는 87개 연구 결과에 대한 메타분석을 통해 뒷받침된다(Elfenbein & Ambady, 2002). 예를 들어, 일본인들은 자국인의 정서 표현을 다른 국가 집단의 정서 표현보다 잘 재인하는 것으로 나타났다.

내집단 이익은 또한 연구에 사용된 정서 표현이나 실험 방법과 독립적으로 유지되는 것으로 보인다. 앞선 메타분석은 목소리와 몸짓 등 정서의 비언어적 신호들에 있어서도 정서 재인 과정에서 내집단 이익이 나타난다는 증거를 제공하였다. 이 메타 분석의 시사점을 검증하고자 수행된 후속 연구들은 미국인, 일본인, 인도인 표현자와 관찰자 사이에서(Elfenbein et al., 2002), 그리고 백인, 중국인 표현자들을 재인한 비아시아계 미국인, 중국인 관찰자들 사이에서(Elfenbein & Ambady, 2003) 내집단 이익을 지지하는 증거들을 발견하였다.

얼굴표정의 방언 이론(dialect theory)은 이러한 내집단 이익을 설명하는 데 사용된다(Elfenbein, 2013; Elfenbein & Ambady, 2003). 이 이론은 언어의 방언과 마찬가지로 국경과 상관없이 일련의 얼굴표정(및 다른 비언어적 행동)을 우연 수준 이상으로 재인할 수 있는 생득적이고 보편적인 정서 표정의 언어가 있지만, 사람들의 언어 속에 억양이나

방언 이론

원형적 표정	퀘벡인	가봉인

슬픔

AU1+4+156	AU4	AU56

[그림 12-4] 북아메리카 사람의 원형적 표정(왼쪽)과 퀘벡인과 가봉인의 슬픔 방언들. 얼굴표정에 약간 상이한 움직임 단위들이 나타난다.

출처: Elfenbein et al. (2007).

문법, 어휘의 변이들(예컨대, 미국영어와 영국영어의 차이점들)이 존재하는 것과 마찬가지로 해당 집단에 고유한 정서 표현의 '억양'과 '어휘집'들이 추가적으로 존재한다고 가정한다. 이러한 방언들은 사회 문화적 학습의 결과물이다(Leach, 1972). 그러나 이것은 사람들에게 반드시 의식될 필요는 없으며, 사회 규범에 따라 정서조절이나 정서 표현을 포함하지 않는 경우도 있다(Elfenbein & Ambady, 2003). 따라서 내집단 이익은 특정 국가 구성원들이 보편적인 얼굴표정의 특수한 발현(방언)을 보는 데 익숙하기 때문에 발생할 가능성이 있다(Kang & Lau, 2013; Wickline, Bailey, & Nowicki, 2009; 이러한 견해에 대한 비판은 Matsumoto, 2005 참조).

　방언 이론에 대한 보다 직접적인 증거는 근육 활동 단위(action units: AU)라고도 불리는 근육 움직임의 특정 배열을 측정하는 연구에서 나온다(제2장 참조). 예를 들어, 한 연구에서 연구자들은 프랑스계 캐나다인과 가봉인 참가자들의 얼굴표정들에서 유사하지만 서로 다른 근육 활동 단위들을 식별하였다(Elfenbein et al., 2007). 이 결과는 슬픔, 기쁨 등의 전형적인 표정들이 상당히 유사하게 보이지만, 또한 방언들에 대한 분명한 지표들을 포함하고 있음을 시사한다([그림 12-4] 참조).

　종합하자면 정서 표현의 보편성과 내집단 방언들에 관한 연구들은 전 세계에 걸쳐 정서가 얼굴에 반영되는 방식에 유사성과 차이점이 함께 존재하고 있음을 밝혀내고 있다.

북부 사람과 남부 사람의 표현성

과학자들은 얼굴표정을 연구할 때 실험참가자들에게 '혐오' 등의 정서 명칭을 주고, 이에 해당하는 얼굴표정을 짓도록 요청한다. 사람들은 자신의 정서를 얼마나 많이 혹은 강하게 표현할까? 그 방식은 나라마다 다를까? Charles de Secondat Montesquieu는 1748년 「법의 정신(The Spirit of the Law)」이라는 제목의 인간 행동에 관한 논문을 발표했다. 생리학에 대한 18세기 신념을 바탕으로 한 이 책에서 그는 북쪽의 추운 날씨가 모든 종류의 자극에 피부 신경을 둔감하게 만드는 데 비해, 북반구 남쪽 나라의 따뜻한 날씨는 피부를 좀 더 이완시키고 신경 말단을 더욱 민감하게 만든다고 주장하였다. 기후의 효과에 따라, 그는 북부 국가 사람들은 일반적으로 둔감하고 성격이 무뚝뚝한 반면, 남부 국가 사람들은 더 사회적이고 정서적이라고 주장했다. 이러한 견해의 일부는 스칸디나비아인들은 표현력이 풍부하지 않고 이탈리아인들은 표현력이 풍부하다는 고정관념으로 이어진다. 과연 이 270년 묵은 이론이 타당할까?

Pennebaker, Rimé와 Blankenship(1996)은 26개국의 참가자를 모집한 뒤 자국의 북부와 남부의 사람들의 정서 표현력이 풍부한지, 그리고 그들 자신은 어떠한지에 대해 질문하였다. 결과는 Montesquieu의 가설을 지지하였으며, 특히 수천 년간 강력한 이주나 이민의 영향 없이 인구가 안정적이었던 유럽과 아시아에서 그러하였다. 참가자들은 자국의 남부 지방 사람들이 북부 지방 사람들보다 표현력이 더 풍부하다고 생각했다. 게다가 남부 참가자들은 스스로도 자신이 북부 참가자들보다 표현력이 더 풍부하다고 기술하였다.

아일랜드인들과 스칸디나비아인들은 둘 다 지리적으로는 북방 국가임에도 불구하고 각각 남부와 북부 고정관념의 내용을 체화한 것으로 보인다. 구체적으로, 아일랜드인들은 비극적인 표현들을 즐겨 사용하고, 일상적 경험을 사회적으로 공유할 때 웃음과 유머를 사용하는 것을 좋아한다(Greeley, 1979, 1981). 반면, 스칸디나비아인들은 사회 질서를 유지하는 과정에 정서 표현의 절제와 금욕주의를 중요시하는 민족으로 유명하다.

Tsai와 Chentsova-Dutton(2003)은 조작된 실험실 연구를 통해 아일랜드인과 스칸디나비아인에 대한 이러한 묘사의 타당성을 검증하는 연구를 진행하였다. 아일랜드계 미국인과 스칸디나비아계 미국인 참가자들은 효과적으로 정서를 유도하는 재경험화 정서 과제(relived emotions task)를 수행했다(예: Levenson et al., 1991; Oliveau & Willmuth,

1979). 이 과제에서 참가자들에게는 '기쁨' 등 특정 정서 명칭이 제시되었으며, 또한 '매우 원하던 일을 하거나, 원했던 일이 일어나 아주 기분이 좋았을 때' 등 목표 정서가 발생한 상황에 대한 설명이 제시되었다. 참가자들은 목표 정서를 경험했던 순간을 떠올리고 그것에 집중하여 그 경험을 다시 불러일으켜야 했다. 참가자들이 그 정서를 느낄 수 있게 되면 과제의 성공을 알리는 버튼을 눌렀다. 참가자들은 총 다섯 가지 목표 정서에 노출되었다. 참가자들이 목표 정서를 재경험하는 동안 숨겨진 카메라를 통해 그들의 얼굴표정이 녹화되었다. 이후 얼굴 움직임 코딩법(Face Action Coding System: FACS)을 이용하여 녹화된 얼굴표정들이 코딩되었다(Ekman & Friesen, 1978). 분석 결과 아일랜드계 미국인들은 스칸디나비아계 미국인들보다 자부심을 제외한 다섯 가지 정서, 특히 기쁨과 사랑의 정서에 있어 얼굴을 통한 정서 표현이 더욱 풍부하였다.

우리는 이 장의 뒷부분에서 문화적 규칙과 기대들이 정서가 얼마나 투명해야 하는지 또는 얼마나 가시적이어야 하는지를 결정하는 방식을 살펴볼 것이다. 하지만 지금은 우선 정서 반응을 유발하는 원인과 관련된 차이들을 살펴볼 것이다.

선행 사건

어떤 사건이 기쁨이나 슬픔 같은 구체적인 정서를 자극할까? 미국인, 유럽인(8개국), 일본인을 대상으로 실시한 방대한 연구에서, Scherer와 동료들(1988)은 분노, 슬픔, 기쁨, 공포 등 네 가지 정서에 대한 선행 사건을 규명하고자 했다. 참가자들은 네 가지 정서를 경험한 상황을 묘사하도록 요청받았으며, 언급된 상황들은 이후 가능한 범주들 중 하나, 또는 특정 주제로 코딩되었다. 연구자들은 국가별 집단에 걸쳐 서로 다른 상황과 주제가 언급되는 빈도에 높은 유사성이 관찰될 것이라 기대했지만 결과는 그렇지 않았다. 기쁨은 특히 일본인들에게 다양한 사건과 연관되어 있었다. 예를 들어, 유럽인과 미국인들에게는 기쁨의 선행 사건으로 문화적 즐거움, 출생, 신체적 쾌감들이 중요했으나, 일본인은 이것들을 기쁨의 선행 사건으로 훨씬 드물게 보고하였다. 게다가 성취는 일본인보다 미국인과 유럽인들에게 훨씬 더 많이 기쁨의 선행 사건으로 보고되었다.

슬픔의 선행 사건 또한 다양했다. 예를 들어, 죽음은 미국인이나 유럽인보다는 일본인들에게 훨씬 드문 슬픔의 선행 사건이었다. 미국인들은 이별로 더 자주 슬퍼했고 일본인들은 관계 문제로 더 슬퍼했다. 유럽인들은 둘 사이에 놓여 있었다. 일본인들은 미

국인과 유럽인보다 새로운 상황에 직면할 때, 그리고 관계 맥락에서 두려움을 더 많이
느꼈다.

끝으로 분노의 원인들 또한 상당히 다양했다. 미국인과 일부 유럽인들은 친밀한 관
계에서 가장 많은 분노를 경험했던 반면, 일본인들은 낯선 사람들과의 관계 맥락에서
가장 많은 분노를 경험했다. 불의는 또한 일본보다 미국인과 유럽인들에게 훨씬 더
자주 분노를 일으켰다.

나라마다 정서의 선행 사건들에 차이가 존재하는 것은 그 자체로 흥미롭다. 그러나
우리는 실제로 왜 이런 차이가 존재하는지 알지 못한다. 아마 같은 상황이라도 그 의미
가 상당히 다르기 때문에 이러한 차이가 나타날 것이다. 따라서 실제로 그러한지를 알
아보기 위해서는 정서적 상황에 대한 평가와 의미를 연구하는 것이 중요하다.

평가

전 세계 사람들에게서 평가(appraisal)가 어떻게 다를 수 있는지를 고려하는 방법은
두 가지다. 한 가지는 세계 각지의 상이한 평가 방식이 다른 정서를 유발하는지를 살
펴보는 것이다. 사실 제1장에서 검토한 것과 같이 정서의 평가 이론은 대부분 어떤
두 사람이 특정 상황에 대해 동일한 평가를 내린다면, 그에 대한 반응으로 동일한 정
서 반응을 보인다는 가정에서 출발했다. 이를 보편 수반성 가설(universal contingency
hypothesis)이라 부른다(Ellsworth, 1994; Mesquita & Ellsworth, 2001).

보편 수반성 가설은 대부분의 평가 차원을 포함하지만, 모든 평가 차원을 포함하
는 것은 아니다(예: Frijda et al., 1995; Roseman et al., 1995; Scherer, 1997). 예를 들어,
Mauro, Sato와 Tucker(1992)는 미국, 일본, 중국, 홍콩의 참가자를 대상으로 평가 차원
이 14개의 서로 다른 정서 상태의 경험과 어떻게 관련되는지를 조사했다. Mauro와 동
료들은 국가별 참가자 간에 즐거움, 확실성, 목표 기여도 평가 차원들과 구체적인 정서
들의 관련성에 거의 차이가 없을 것이라고 예상하였으며, 실제로 그런 결과를 관찰하
였다. 이러한 연구자들의 예상은 (제1장에서 본 것처럼) 해당 평가 차원들이 평가 과정
초기에 발생하며 더 적은 인지적 자원을 요구한다는 점에서 상당히 기본적이기 때문이
다(Sander, Grandjean, & Scherer, 2005). 하지만 인지적 부담이 더 큰 평가 차원(사건이 통
제 가능한 정도, 책임감, 예상되는 노력)에 의해 구분되는 구체적인 정서에는 상당한 차이
가 있었다. 이러한 평가는 문화에 걸쳐 동일한 정서를 예측하지 못했다. 이는 모든 차

원에 걸친 전체적인 평가 패턴이 문화 전반에 걸쳐 동일한 정서 경험을 예측하지 못함을 의미한다.

두 번째 가설은 일반적인 부류의 상황들이 문화 전반에 걸쳐 규칙적이고 동일한 방식으로 평가되지 않는다는 것이다. 사람마다 상황을 평가하는 방식이 다르듯이, 신뢰할 만한 문화적 차이 역시 존재할 것이다. 이러한 가설을 뒷받침하기에 충분한 증거가 있다. 예를 들어, Imada와 Ellsworth(2011)는 미국인과 일본인이 성공과 실패 상황을 어떻게 평가하는지 조사했다. 그들은 또한 참가자들에게 성공과 실패에 대해 그들이 어떻게 느끼는지를 물었다. 결과는 미국인들이 일본인들보다 성공은 자기 탓으로, 그들의 실패는 타인이나 상황 탓으로 돌리는 경향이 더 크다는 것을 보여 주었다. 미국인들이 성공의 원인을 자신에게 돌리는 경향성은 더 많은 자부심을 느끼는 것과 연관된다. 이러한 발견은 두 국가 집단이 서로의 기분을 이해하기 힘든 한 가지 이유를 설명해 준다(Roseman et al., 1995). 이는 특히 똑같은 사건처럼 보이는 것이 실제로는 세상 사람들에게 똑같은 정서적 반응을 일으키지 않음을 보여 준다.

지금까지 사람들이 정서를 경험하거나 표현하는 방식의 차이에 대해 우리가 검토한 내용들은 여러 국가를 비교하는 연구에 초점을 맞추었다. 우리는 이제 상대적으로 최근에 출현한 개념인 문화 간 비교를 살펴볼 것이다.

문화와 문화적 차이

문화(culture)란 역사적으로 파생된 신념들과 그것이 명시적, 암묵적으로 구현된 제도와 관습, 공예품의 집합이다(Kroeber & Klukhohn, 1952; Matsumoto, 2007). 문화는 사람이 삶에서 성취해야 하는 것, 서로 관계 맺는 방식, 중요하게 가치를 두어야 하는 것 등 사회적 규칙과 기대들을 효율적으로 가르치고 영속화하기 위한 수단으로서 발달되어 왔다(Kitayama, 2002; Shweder, 2003). 예를 들어, 자녀양육 관습은 그 문화가 성인에게 가치를 두는 것들을 반영하는 경향이 있다. 이러한 관습들은 가치 있는 기술들과 특성들의 성취를 촉진하고자 의도된 것이다. 문화가 제공하는 규칙들이 없다면, 사람들은 성공적으로 집단 속에서 살아가지 못할 것이다. 즉, 사회적 삶은 혼란 그 자체일 것이다. 정서는 사회적 행동의 기본 동기이므로 정서를 표현하고 조절하는 규범은 문화의 매우 중요한 부분일 가능성이 높다(Matsumoto & Hwang, 2011). 그러나 세상 사람들을 어떻게 서로 다른 문화 집단으로 나눌 수 있을까? 그리고 어떤 방식으로 문화를 기술하는 것이 정서의 문화 상대성에 대한 예측을 하는 데 가장 유용할까? 우리가 보게 될 것처럼, 문화를 기술하는 방식은 한 가지가 아니며, 다음 절에서는 연구자들이 문화 집단들을 정의한 여러 가지 방법을 개략적으로 설명한다.

문화적 구성물

문화를 비교하기 위해 과학자들은 먼저 어떤 식으로든 서로 관련되고, 근본적인 것으로 보이는 가치, 신념, 또는 환경적 영향의 군집들을 정의한다(Matsumoto, 2003; Mesquita & Markus, 2004; Smith & Schwartz, 1999). 이런 식으로 개인뿐만 아니라 국가도 더 큰 문화 집단에 할당할 수 있다. 이러한 (군집화가) 국가와 동일하게 이루어지는 것은 아니다.

개인과 국가를 정서와 관련된 문화 집단으로 분류하는 데는 적어도 세 가지 보편적인 방식이 존재한다. 하나는 사회적 지향점, 즉 개인 또는 집단이 전형적으로 관계를 맺는 방식에 따라 분류하는 것이다. 또 하나는 기본적인 종교적 지향들이 가르치는 삶의 목표에 따라 집단을 만드는 것이다. 마지막 하나는 문화적 동질성이나 이질성을 바탕으로 개인과 국가를 문화 집단에 할당하는 것이다.

사회적 지향점

모든 인류 사회는 함께 살아가고 번영하기 위하여, 개인과 그들이 속한 집단 사이의 관계를 어떻게 규정할 것인지에 대해 어느 정도 합의를 이룬다. 개인과 집단은 당신과 당신의 대학, 당신과 당신의 나라, 또는 당신과 당신의 가족일 수 있다. 이 관계를 정의하는 두 가지 방식이 개인주의(individualism) 또는 집단주의(collectivism)다.

개인주의와 집단주의

문화는 사회가 개인의 행동과 정체성 또는 자아개념의 기본적인 결정 요인과 목표를 어떻게 정의하는지에 따라 연구자에 의해 개인주의 또는 집단주의라고 분류된다 (Triandis, 1995). 해당 정의들은 〈표 12-1〉에 요약되어 있다. 개인주의 문화에서 자아 개념이나 정체성은 독립적인 것으로 특징짓는다. 즉, 사람들은 자신을 집단으로부터 분리될 수 있는 고유한 특성을 지닌 독특한 사람이라고 여긴다. 대조적으로 집단주의 문화에서 자아개념은 상호의존적인 것으로 간주된다. 즉, 사람들은 자신의 정체성을 한두 개의 더 큰 집단(초기에는 가족, 후에는 아마도 전문 집단)과 연결지으며, 그것과 불가분의 관계에 있는 것으로 여긴다(Markus & Kitayama, 2004; Mesquita & Markus, 2004). 이는 특히 상한 위계적 구조를 가진 집단의 구성원들에게 해당된다. 이러한 집단에서 대부분의 사람은 힘을 가진 위치에 있지 않기 때문이다(Yamaguchi, 1994). 중요한 것은 독립성 대 상호의존성이란 친밀함에 대한 욕망이나 타인을 돌보려는 욕구의 차이가 아니라, 사람들이 관계적 영향력 속에 포함되어 있다고 느끼는 정도를 가리킨다(Adams, Anderson, & Adonu, 2004).

두 문화에서 가치 있는 목표도 다르다. 특히 개인주의 문화는 집단주의 문화보다 개인적인 목표 추구를 장려하는 반면, 집단주의 문화는 집단의 목표 추구를 장려할 수 있다(Yamaguchi, 1994). 이와 관련하여 개인주의 문화는 개인 간의 교환 관계를 장려하는 것으로 여겨지는 반면, 이론상 집단주의 문화는 공동체적 관계를 장려한다. 끝으로 개인주의 문화에서는 개인적 태도나 정서와 같은 자신의 내적 상태를 중요한 행동의 원인으로 여기지만, 집단주의 문화에서는 규범이 좀 더 중요한 행동의 원인이다(Suh et al., 1998).

연구에 따르면, 동아시아와 일부 아프리카 국가들은 집단주의적 가치를 지향하고, 북미 국가들은 개인주의적 가치를 지향한다. 유럽 국가들은 개인주의 문화 또는 두 문화가 혼합된 것으로 묘사되어 왔다(Kitayama et al., 2009). 현재의 개인주의, 집단주의

〈표 12-1〉 개인주의 문화와 집단주의 문화에서 정체성 혹은 자아 개념의 기본적인 결정요인들과 목표의 요약

개념	개인주의	집단주의
자아	독립적 (개인적 특성들로부터의 정체성)	상호의존적 (소속 관계로부터의 정체성)
목표	개인적 독특성 발견과 표현	관계 유지, 어울림, 역할 수행
중요한 것들	개인적 성취와 실현, 권리와 자유, 자아존중감	집단 목표와 연대, 사회적 책임감과 관계, 가족 의무
대처 방법	현실을 변화시킴	현실에 순응함
도덕성	개인들에 의해 정의됨(자기 기반)	사회적 연결망에 의해 정의됨(의무 기반)
관계들	많고 잦은 일시적이거나 무심한 관계들, 대립이 용인됨	적은 수의 가깝고 오래 유지되는 관계들, 조화에 가치를 둠
인정받는 행동	개인의 성격이나 태도를 반영하는 행동	사회적 규범과 규칙을 반영하는 행동

개념은 지나치게 단순화된 것으로서, 다분히 전 세계 사람들의 가치 전반을 묘사하는 것은 아니다(Vignoles et al., 2016).

지금까지 개인주의와 집단주의 문화를 대상으로, 정서에 대한 문화적 차이를 포함하는 광범위한 가설들이 검증되어 왔다. 우리는 먼저 정서적 얼굴표정을 해석하는 데 있어 맥락의 역할을 살펴본 다음 정서조절에 관한 규칙들을 살펴볼 것이다.

얼굴표정에 대한 맥락의 영향

자신이 한 사회 집단에 속해 있고 그 집단의 다른 사람들과 본질적으로 연결되어 있다고 느끼는 사람들은 자신이 속한 집단과 분리될 수 있거나 분리되어 있다고 느끼는 사람들과 다소 상이한 방식으로 세상을 지각하는 경향이 있다(Uchida et al., 2009). 연구에 따르면, 집단주의 문화의 사람들은 개인주의 문화의 사람들보다 좀 더 전체적인 방식으로 정보를 지각한다(Oyserman & Lee, 2007; 이에 반해 긍정적 감정의 결과로서 정보를 전체적으로 처리하는 것이 어떤 의미인지 상기하고자 한다면 제3장을 참조하라). 이는 아마도 그들이 더 행복하기 때문이 아니라, 문화적 요구에 의해 단순히 개별적인 세부사항(예: 한 사람의 개별적인 행동)보다 더 큰 묶음의 사회적 정보(예: 어떤 행동이 일어나는 상황)에 주목하고 그것을 통합하도록 장려되기 때문이다(Miyamoto & Wilken, 2013; Nisbett et al., 2001). 이를 정서와 관련지어 수행한 연구들은 한 사람의 얼굴에서 정서 표정을 판단하는 데 있어 집단주의 사람들이 개인주의 사람들보다 주변 맥락의 정서적 분위기 더 많은 영향을 받는다고 제안한다(Matsumoto, Hwang, & Yamada, 2012). 예를 들어, Ito, Masuda와 Lee(2013)는 동아시아와 유럽계 캐나다 참가자들에게 슬픔이나 기쁨을 표현하고 있는 표적 인물이 [그림 12-5]처럼 같거나 다른 정서를 표현하는 다른 사람들에게 둘러싸여 있는 사진을 보여 주었다.

참가자들은 가운데 인물이 느끼는 슬픔이나 기쁨의 강도를 판단해야 했다. 예상대로, 동아시아인들은 유럽계 캐나다인들보다 가운데 인물을 둘러싼 사람들이 표현하는 정서에 더 많은 영향을 받았다. 예를 들어, 가운데 인물이 슬픔을 표현할 때 주변 사람들도 같은 정서를 표현하고 있다면, 동아시아 참가자들은 가운데 인물을 더 슬픈 것으로 평가했다. 이 결과와 유사한 다른 연구들(예: Masuda et al., 2008)의 결과는 집단주의 사람들이 개인주의 사람들보다 개인의 얼굴표정의 의미를 평가할 때 사회적 집단 구성원의 정서적 정보를 더 많이 고려한다는 의미로 해석되었다. 개인주의 문화에 속한 사람들은 개인에 대한 정서 경험을 집단의 정서와 분리하여 판단할 가능성이 더 크다.

[그림 12-5] Ito, Masuda와 Lee(2013)의 연구에 사용된 얼굴표정 자극의 예시. 상단 이미지에서는 중앙의 인물이 주변 인물들과 동일한 정서를 표현하고, 하단 이미지에서는 주변 인물들과 상이한 정서를 표현하고 있다.

정서 표현 방식의 조절

앞서 지적했듯이 개인주의 문화의 구성원은 정서를 사물이나 사건에 대한 개인적인 반응으로 생각한다. 정서 표현은 개인의 반응과 선호의 표현이다. 그러나 집단주의 문화의 구성원은 개인적 정서 표현이 사회적 관계에 부정적인 영향을 미치진 않을지 더 자주 걱정한다(Kim & Sherman, 2007; Matsumoto, Yoo, & Fontaine, 2008). 지나친 분노는 집단의 전체적인 조화를 해칠 수 있고, 지나친 기쁨은 으쓱대는 신호로 보일 수 있다(Miyamoto & Ma, 2011). 거의 모든 과한 정서는 (일부 예외를 제외하면) 자신과 자신의 요구에 대해 원치 않는 주의를 끌 수 있다. 따라서 일반적으로 집단주의 문화의 가치는 정서 표현을 억제하는 것이다. 표현 규칙(display rule)이란, "아마도 인생의 이른 시기에, 사람들이 필요에 따라 특정 상황에서 특정 정서를 표출하는 방식을 배우는 것" (Ekman & Friesen, 1975, p. 137)이다. 아이들이 3세가 될 때쯤이면 부모들은 표현 규칙을 상당히 명시적으로 가르치기 시작한다(Miller & Sperry, 1987). 표현 규칙에 대한 문화적 차이를 증명하고자 시도한 첫 번째 연구(Ekman, 1973; Friesen, 1972)는 스트레스 유발 영상에 노출된 미국인과 일본인을 대상으로 하였다. 참가자들이 홀로 영상을 시청하는 동안 그들은 모두 얼굴에서 혐오, 공포, 괴로움의 증거를 보여 주었으며 문화적 차이는 관찰되지 않았다. 다음으로, 참가자들은 더 높은 지위의 실험자 앞에서 영상을 시청하였는데, 이때 미국인 참가자들은 혐오, 공포, 괴로움의 부정적인 정서들을 계속해서 표현했던 반면, 일본인들은 그들의 부정적인 기분을 미소로 감추는 경향이 있었다.

아울러 표현 규칙에 대한 보다 구체적인 문화 분석들이 진행되었다(예: Matsumoto, 1990; Matsumoto et al., 1998). Matsumoto(1990)는 동아시아와 북미 사이에 내집단과 외집단을 대하는 방식에서 표현 규칙이 다를 것이라고 제안하였다. 구체적으로 그는 일본인들은 외집단을 향해 부정적 정서 표현을 허용하는 표현 규칙을 가질 것이라고 제안하였는데, 그러한 행동이 내-외집단 사이의 경계를 강조하고 내집단의 정체성과 결속을 다지게 하기 때문이다. 즉, 우리가 우리(us) 주변에 있을 때보다 그들(them) 주변에서 더 구분되게 행동한다면, 우리-그들 구별은 분명해질 것이다. 동시에 일본인들은 집단의 조화를 해친다는 이유에서 내집단을 향한 부정적 정서 표현을 용인하지 않는다. 그가 제안한 바에 따르면, 미국인들은 정반대의 규칙들을 적용할 것이다. 특히 미국인들은 내집단을 향해 부정적 정서를 표현해도 별다른 문제가 되지 않는데, 이는 개개인이 주어진 맥락 속에서 자신의 개성을 드러낼 수 있기 때문이다. 이와 더불어 미국인들에게 외집단을 향해 부정적 정서를 표현하는 것은 용인되지 않는데, 이는 미래에 그 집단의 일원이 될 수도 있기 때문이다.

이 연구에서 일본인과 미국인 참가자들은 분노, 혐오, 공포, 기쁨, 슬픔, 놀람을 표현하는 얼굴 사진을 본 뒤, 내집단 또는 외집단을 향해 각각의 표정을 표현하는 것이 '적절한' 정도를 평가하였다. 결과는 일부 가설들을 지지하였다. 구체적으로, 내집단을 향해 혐오와 슬픔을 표현하고, 기쁨을 공개적으로 표현하는 것은 일본인들보다 미국인들에게 더 적절한 것으로 평가되었다. 이와 함께, 외집단을 향해 분노를 표현하는 것은 미국인들보다 일본인들에게 더 적절한 것으로 여겨졌다.

정서에 관한 전반적인 표현 규칙의 차이는 광범위한 결과를 초래한다. 제9장에서 우리는 정서 표현을 억제하기 위해 소모되는 심리적, 생물학적, 건강상의 비용 일부를 확인했다(예: Gross & John, 2003). 특히 우리가 살펴본 바와 같이 정서 억제는 기억력 저하, 사회 집단 내에서의 호감도 저하, 사회적 지원 감소, 생리적 각성 증가와 연관된다

(Gross, 2008; Richards & Gross, 1999; Srivastava et al., 2009). 그러나 놀랄 것도 없이, 신체적 정서 표현을 억제하는 데 드는 비용은 집단주의 문화권 사람들에게는 동일한 수준이 아닌 것으로 보인다(Soto et al., 2011). 이는 정서를 억제하는 것이 본질적으로 건강하지 않은 것이 아니라, 정서 표현이 중요하고 기대되는 순간에 억제하는 것이 건강하지 않음을 의미한다.

명예의 문화

사회 지향적 가치의 또 다른 유형은 명예의 가치에 관한 것이다. 명예(honor)란 자신의 명성이나 지위 그리고 특히 가족과 같이 자신이 속한 집단의 평판에 의해 결정되는 개인의 자존심(self-respect) 또는 자존감(self-esteem)을 일컫는다. 소위 명예의 문화에서, 각각의 가족 구성원들은 특히 공적을 쌓는 행동과 모욕의 회피를 통해 가족의 명성을 지켜야 한다(Miller, 1993). 지중해와 남미 국가들은 미국 남부와 미국 서부의 문화와 마찬가지로 명예의 문화들(Pitt-Rivers, 1965)로 묘사되어 왔다(Cohen, 1998; Nisbett, 1993). 그러한 문화들에서 명예의 가치는 사소한 것이 아니며, 많은 사회적 행동과 사회 조직에 영향을 미치는 핵심적인 것이다(Boiger et al., 2014).

몇몇 연구자는 명예의 문화와 명예가 본질적인 가치가 아닌 북유럽 문화(유럽과 북미 모두에 해당)의 정서 경험에서 제시된 구체적인 차이들을 조사하였다(예: Cohen et al., 1996; Fischer, Manstead, & Rodriguez Mosquera, 2000; Rodriguez Mosquera, Manstead, & Fischer, 2002). 그들의 가설 중 하나는 명예의 문화에 속한 사람들이 명예에 대한 모욕에 더 자주 분노와 폭력성을 느끼고, 그것을 표현한다는 것이다(Cohen & Nisbett, 1994; Cohen et al., 1996).

Cohen과 동료들(1996)에 의해 수행된 일련의 세 연구는 이 가설을 지지한다. 연구자들은 미국 북부 또는 남부에서 자란 남성 대학생들을 실험실로 모집했다. 약간의 설문지를 작성하는 맥락에서, 실험자들은 참가자들이 복도를 지나갈 수 있게 (실제로는 실험자의 공모자였던) 다른 사람을 옆으로 비켜서게 함으로써, 참가자들로 하여금 그 사람을 불편하게 만들었다고 믿도록 했다. 참가자가 두 번째로 복도를 지나가야 했을 때, 참가자를 마주친 공모자는 그를 '멍청이'라고 불렀다. 복도에 앉아 있던 또 다른 공모자들은 이 모욕에 대한 반응으로 참가자가 보이는 행동을 주의 깊게 관찰하고 기록했다. 더불어, 일반적인 수행에서의 생리학적 상관관계에 대한 우려를 가장하여 몇몇 호르몬 측정이 실시되었다. 구체적으로, 스트레스 호르몬인 코르티솔 측정을 통해 분노 정도를 평가하였으며, 테스토스테론 측정을 통해 참가자들의 생리적 공격성을 평가하였다 (두 가지 수치는 단순히 침 샘플을 얻어 측정하였다). 상대적으로 모욕에 휘둘리지 않는 북부 사람들과 비교했을 때, 남부 사람들은 공격적이고 우위를 차지하려는 행동에 관여할 가능성이 더 높았고(공모자들의 관찰에 의하면), 모욕에 더 분노하였으며(코르티솔 수치 상승), 생리적인 공격성이 더 높았다(테스토스테론 수치 상승). 또한 네덜란드보다 스페인(명예의 문화)에서 명예에 대한 모욕으로 분노가 유발되는 경우가 더 많다는 것이 보고되었다(Fischer et al., 1999; Rodriguez Mosquera et al., 2002).

발달적 세부사항

아이들은 자신의 문화에 대한 정서적 적응을 학습한다

정서 표현과 조절은 문화적 영향력에 매우 취약한 정서 경험의 두 부분이다. 부모가 자식에게 그들의 문화적 공동체에 성공적으로 적응하도록 장려하는 표현 규칙과 전략을 가르치는 데 상당한 노력을 들이는 것은 이해할 만하다(Harkness & Super, 1996). 일련의 설문조사 연구에서 Keller와 Otto(2009)는 유아의 정서 표현과 조절에 관한 부모의 믿음을 측정했다. 특히 이 과학자들은 도시 중산층의 서구 공동체와 농업 중심 비서구 공동체 사이에서의 정서적 관습의 사회화를 비교하고자 했다. Keller와 Otto는 후자의 공동체를 대표하여 아프리카 국가 카메룬의 Nso족 농부들을 인터뷰하였다. 이후 연구자들은 Nso족 농부들과 독일의 도시 중산층 부모들의 표본을 비교하였다.

Nso족은 사회적 관계성을 우선시하는 사람들의 공동체로 묘사할 수 있는 반면, 서구 도시인들은 개인의 자율성을 우선시한다(Keller, 2003). 실제로, 초기의 설문조사 연구 결과는 독일의 어머니들은 자율적 사회화 목표를 우선시하고, Nso족 어머니들은 사회 관계성 목표를 우선시함을 보여 주었다(주의할 점은 자율성과 관계성은 둘 다 어떤 종류의 공동체에서든 충족될 필요가 있는 인간의 기본적인 욕구라는 점이다). Keller와 Otto는 이러한 목표와 일치하게 Nso족 부모들은 유아에게 정서 표현을 가르치려고 노력하기보다는 오히려 정서 표현을 통제하는 데 노력을 기울일 것이라 기대했다. 반면, 독일의 도시 환경에서는 긍정적인 정서가 자율성을 신호하고 발전시킨다는 점에서 긍정적인 정서의 표현이 장려될 것이라고 기대했다. 이들의 예측은 옳았다! 두 번째 설문조사 결과, Nso족 어머니들은 유아가 생후 3년 동안 자신의 정서 표현을 조절하는 법을 배워야 한다고 믿었던 반면, 독일 어머니들은 이러한 사회화 목표를 가지고 있지 않았다.

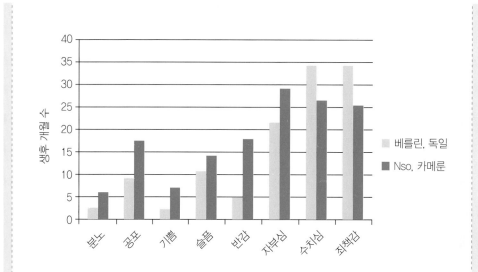

Nso족과 독일 어머니들이 구체적인 정서들을 표현하는 것이 적절하다고 생각한 유아의 나이
출처: Keller & Otto (2009).

또한 Nso족과 독일 어머니들은 구체적인 정서들을 표현해도 된다고 생각하는 나이에 대해 인터뷰를 진행했다. 그림에서 볼 수 있듯이, 그들의 사회화 목표와 일치하게 Nso족 어머니들은 독일 어머니들보다 구체적인 정서들의 표현이 더 늦게 나타나야 한다고 생각했다. 예외는 수치심과 죄책감의 표현이었다. 제6장에서 배운 대로, 이러한 표현들은 다른 모든 이에게 해당 집단에 다시 받아들여지기 원한다는 것을 알려 주므로 사회적 관계성의 목표를 잘 충족시켜 준다.

종교적 가치: 긍정 정서에 대한 변증법 vs. 최적화

지배적인 종교적 교리는 정서 경험에 대한 문화적 규칙들을 제공한다(예: Bagozzi, Wong, & Yi, 1999; Leu, Mesquita, & Ellsworth, 2005; Peng & Nisbett, 1999, 2000). 도교, 불교, 유교는 동아시아의 주요 종교다. 이들은 긍정, 부정 정서들의 경험에 대한 변증법적(dialectical) 이해를 가르친다. 변증법적 교리에서 좋은 기분들과 좋은 경험들은 본질적으로 나쁜 기분들과 나쁜 경험들로 연결된다(Ji, Nisbett, & Peng, 2001). 예를 들어, 도교는 '행복은 곧 불행'이라고 가르친다. 이와 관련하여 불교와 유교는 특히 행복을 위해 노력하는 것을 부적절하게 본다. 불교에서 행복의 추구는 욕망에 굴하지 않도록 저항하

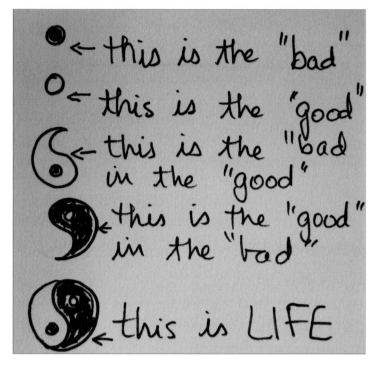

[그림 12-6] 음양의 상징이 행복과 불행의 밀접한 관계에 대한 동양의 종교적 신념을 어떻게 표현하는지에 관한 설명. 각각의 상태는 동일한 경험의 서로 다른 요소들로 여겨진다.

는 개인의 능력을 방해한다. 이러한 저항은 불교에서 인간의 근본적인 고통을 극복하는 방법으로 가르친다. 유교에서 행복의 추구는 타인의 질투를 유발하거나(Edwards, 1996) 개인주의를 강조함으로써 사회질서를 위협할 수 있다는 점에서(Heine et al., 1999) 집단의 화합을 방해할 수 있다. 이러한 종교적 신념의 결과로 정서에 대한 동아시아의 규칙은 긍정, 부정 기분 사이의 균형을 맞추기 위해 노력할 것을 포함한다(Leu et al., 2005). 이러한 관계 또는 균형은 [그림 12-6]에 설명된 음양 기호로 표현된다.

　서양의 종교적 전통은 정서에 대해 상이한 신념을 가르친다. 초기 기독교는 부정적인 경험을 개인의 종교적 덕목을 보여 주는 방법으로 규정했다. 따라서 종교개혁 이전 또는 초기 개혁 문화들에서 고결함은 신체적, 정서적 고통을 수반했다. 19세기와 서구 사회의 근대화를 거치며, 슬픔은 수동성(혹은 나태함)과의 연관성으로 인해 서서히 종교적 권위를 잃었다. 그 자리를 대신하여 특히 북미에서 쾌활함이 미덕으로 자리 잡게 된 것은 개인의 기지와 능동성과의 연관성 때문이다(Kotchemidova, 2005). 계몽주의 이후의 종교적 전통에서 행복은 중요한 극단(endpoint)이 되었으며, 이는 동아시아 모형과는 대조적이다. 따라서 긍정적인 정서를 최대화하고 부정적인 정서를 최소화하려고 노력한다는 뜻에서 서양 사람들은 긍정적 정서의 최적화(optimizing) 관점을 지닌다고 일컬어진다(Leu et al., 2005).

긍정, 부정 정서에 대해 동아시아와 북미를 비교한 연구의 결과는 사람들의 정서에 대한 변증법 대 최적화 신념을 보고한다. 일반적으로 두 문화 모두에서 긍정 정서는 부정 정서보다 바람직하고 사회적으로 적절하다. 그러나 이러한 차이는 동아시아 문화보다 서구 문화에서 더 크고, 부정 정서는 동아시아 문화보다 서구 문화에서 더 바람직하지 않다(Eid & Diener, 2001). 게다가, 미국인들은 행복을 묘사해 달라는 요청을 받았을 때, 즐거운 느낌 등 행복의 긍정적 특징들을 언급한다. 대조적으로, 동아시아인들은 행복의 덧없음이나 사회에 부정적인 영향을 미칠 가능성 등 부정적인 특징들을 함께 언급할 가능성이 더 높았다(예: 남들의 부러움을 유발한다; Uchida & Kitayama, 2009).

정서의 변증법 대 최적화 관점에서 파생될 수 있는 또 다른 가설은 다음과 같다. 먼저, 동아시아인들은 긍정적인 느낌과 부정적인 느낌을 좀 더 약하게 느끼고, 주어진 상황에서 종종 두 가지 느낌을 동시에 경험한다고 보고할 것이다. 이에 비해, 서양인들은 더욱 긍정적인 느낌을 느끼고, 주어진 상황에서 긍정적 느낌과 부정적 느낌 중 한 가지만을 느낄 뿐 두 가지 느낌을 동시에 경험하는 경우는 드물다고 보고할 것이다. Kitayama와 동료들은 이러한 예측을 지지하는 증거를 발견했다(Kitayama, Markus, & Kurokawa, 2000). 이와 관련된 연구에서, Mesquita와 Karasawa(2002)는 매우 유쾌함에서 매우 불쾌함까지의 척도를 갖는 자기보고에서, 동아시아 참가자들은 자신의 느낌을 보고할 때 척도의 중간점을 사용하는 경향이 있음을 보여 주었다. 미국인들은 척도의 긍정적인 극단을 이용하여 매우 유쾌한 느낌을 더 자주 보고하는 경향이 있었다. 또한 정서조절에 관한 연구들은 서양인들이 동양인들보다 긍정적인 정서들을 가라앉히기보다 향유할 가능성이 더 높음을 보여 준다(Miyamoto & Ma, 2011). 이러한 차이는 서양인이 동양인보다 긍정적인 느낌을 더 많이 경험하도록 기여할 가능성이 높다.

더불어, 정서 경험에 대한 보고에서 서양인은 긍정 정서와 부정 정서가 부적 상관관계를 가지지만 동양인은 그렇지 않다(Perunovic, Heller, & Rafaeli, 2007; Schimmack, Oishi, & Diener, 2002; Shiota et al., 2010). 이러한 서구 문화에서의 더 강력한 부적 상관관계는 긍정 정서 경험이 부정 정서의 부재를 내포함을 의미한다.

물론 일상생활에서 여러 언어를 쓰거나, 하나 이상의 문화적 관습들을 따른다는 의미에서 실제로 이중문화적(bicultural) 삶을 살아가는 사람들도 있다. 이것은 다수의 캐나다인과 미국인에게 사실이다. 이중문화인을 대상으로 수행된 온라인 일기 연구에서,

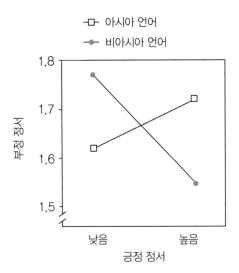

[그림 12-7] Perunovic, Heller와 Rafaeli(2007) 연구에서 상호작용하는 언어에 따른 아시아-캐나다 참가자들의 긍정 정서와 부정 정서에 관한 자기보고의 개인 내 연관성

Perunovic, Heller와 Rafaeli(2007)는 동아시아-캐나다 이중문화인이 자신을 동아시아 문화에 동일시하고 아시아 언어로 소통할 경우 긍정, 부정 정서에 관한 보고 간에 강한 상관이 없음을 보여 주었다. 그러나 그들이 자신을 서양 문화에 동일시하고 비아시아 언어를 사용할 경우 긍정, 부정 정서 간에 부적 상관이 관찰되었다. 이러한 결과는 이중 문화인이 그들이 현재 행동하는 문화에서 지속적으로 인식되고 연합되는 정서 경험을 유동적으로 채택할 수 있음을 시사한다. 이 결과는 [그림 12-7]에 묘사되어 있다.

감정 평가 이론

종교에 기반한 문화적 신념들은 우리가 정서를 경험하는 방식에 영향을 줄 뿐만 아니라, 우리가 어떤 종류의 정서 경험을 중요하게 여기는지에도 영향을 줄 수 있다. 감정 평가 이론(Affect Valuation Theory)은 이상적인 감정('어떻게 느끼는 게 옳지?')과 실제 감정('나는 어떻게 느끼고 있지?')을 구별하며, 우리가 실제 감정보다는 이상적인 감정을 위해 노력한다고 제안한다. 따라서 변증법적 관점은 동아시아인들에게 특정 유형의 저각성 긍정 정서(차분한 느낌들)를 추구하도록 가르치는 반면, 서양인들의 최적화 관점은 그들에게 보다 활성화된 유형의 긍정적인 느낌들(각성된 기쁨 또는 흥분)을 추구하도록 가르친다(Tsai, Miao, & Seppala, 2007). 이러한 가르침은 아동용 도서의 내용 분석(Tsai et al., 2007)과 그 밖의 여러 연구에서 볼 수 있다. 그중 한 연구에서, 이상적인 감정에 대해 변증법적 관점을 지지하는 참가자들은 환자들에게 저각성의 쾌적한 상태를 주려고 노력하는 의사를 선호하는 경향이 있었던 반면, 최적화 관점을 더 지지하는 참가자들은 활성화된 긍정적인 감정을 주려고 노력하는 의사를 선호하는 경향이 있었다. 이때 참가자들의 실제 감정 상태 빈도는 의사에 대한 선호를 예측하지 못했다. 따라서 사람들은 의사가 추구하는 감성 상태가 자신이 이상적으로 느끼길 원하는 방식과 일치하는지 여부에 따라 의사를 선택하는 것으로 보인다(Sims et al., 2014). 이상적인 감정에 대한 차이는 사람들의 소비자 선호에도 영향을 미친다. 예를 들어, 최적화 신념을 가진 사람들은 음악이나 차와 같은 소비재들에 대해 신나는(vs. 진정되는) 상품을 선호하는 경향이 있다(Mogilner, Aaker, & Kamvar, 2012; Tsai, Chim, & Sims, 2015).

사회 생태학적 요인: 역사적 동질성–이질성

종교처럼 환경의 사회 생태학적 측면들도 정서 문화를 만들어 낼 수 있다. 국가나 지역 이주 및 이민의 역사는 그러한 요인 중 하나다. 대부분 아시아와 유럽 국가는 같은 나라나 같은 지역 거주민 세대의 후손들이 살고 있다. 북남미 대부분과 아프리카와 중동 지역에는 여러 세기에 걸쳐 다른 많은 나라에서 해당 지역으로 이주한 사람들의 후손이 살고 있다. 만약 당신의 이웃이나 당신이 자주 들르는 가게 주인이 당신과 다른 언어를 말하고, 정서를 경험하고 표현하는 규범도 다른 나라에서 왔다면 어떨지 상상해 보라. 아마 시간이 흐를수록 당신과 당신 이웃은 투명하게 정서를 표현하는 문화를 발전시키기 시작할 것이다. 정서에 관해 공유된 언어와 문화가 없다면, 당신은 욕구와 의도를 전달하기 위하여 분명하고 어쩌면 과장되기까지 한 정서 표현을 사용하길 선호할 것이다.

이것은 Rychlowska와 동료들이 상이한 국가들의 표현 규칙에 관한 보고들을 포함하는 연구에서 살펴본 가설이다(Rychlowska et al., 2015). 이 연구는 특정 국가의 현재 인구에 지난 500년간 유입된 국가의 수로 정의되는(Putterman & Weil, 2010) 역사적 이질성(historical heterogeneity)이 정서 표현성에 관한 표현 규칙과 정적 상관을 띠고 있음을 보여 주었다. 달리 말해, 수 세기에 걸쳐 다양한 국가적 배경과 정서적 관습을 지닌 사람들이 살아온 국가에서는 그동안 인구가 동질적으로 유지된 나라들보다 정서 상태를 투명하게 표현하는 것이 선호된다. 해당 국가의 이주 역사는 개인주의–집단주의 또는 현재의 문화적 다양성 등 한 국가의 문화에 포함된 여러 다른 측면보다 표현 규칙을 더욱 잘 예측하는 요인이었다([그림 12-8] 참조).

이 차이들은 또한 스스로 보고한 표현 규칙들을 넘어선다. 또 다른 연구에서, Wood, Rychlowska와 Niedenthal(2016)은 정서 표현의 재인 정확률을 조사한 90여 건의 기존 비교문화 연구들의 데이터를 재분석했다. 이 연구에서는 76개의 서로 다른 문화에 속한 사람들이 서로 다른 여러 문화에 속한 사람들의 정서 표현을 판단하였다. 이들 자료를 재분석한 결과, 동질적인 문화에 비해 이질적인 문화에 속한 사람들이 전 세계 사람들이 더 쉽게 재인할 수 있는 얼굴표정을 짓는 것으로 나타났다. 이 결과는 심지어 지각자와 표현자가 속한 개인주의-집단주의 문화 성향을 통제한 경우에도 유지되었다. 따라서 다양한 배경을 가진 사람들이 (곧바로는 아니지만) 수 세기에 걸쳐 공존한다면 정서적 투명성 문화가 발달할 수 있다. 이것은 역사적으로 이질적인 문화권에 속한 사람들의 표현 규칙에 대한 보고와 그들의 얼굴표정이 더 쉽게 재인되는 점 모두에서 나타난다.

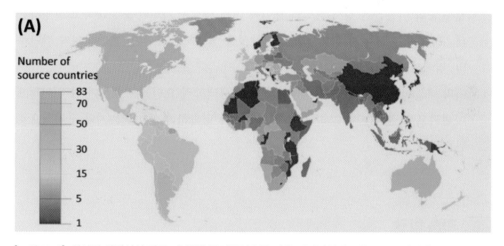

[그림 12-8] 역사적 이질성의 지도. 초록색 국가들일수록 더욱 이질적인데, 이는 그 국가의 현재 인구가 더 많은 수의 국가들에서 이주했음을 의미한다(범례 값은 이주 국가의 수를 나타냄). 이 지도는 http://gunn.co.nz/map에서 생성되었으며, 세계 이주 행렬(www.econ.brown.edu/fac/louis_putterman/world%20migration%20matrix.htm) 자료에 기초한다.

요약

- 정서와 문화에 관한 연구는 보편 정서의 탐색으로 시작되었으며, 이후 정서의 다양한 요소에 대한 문화적 변이를 다루었다. 최근 연구자들은 단순히 국가 간의 차이를 비교하기보다는 문화 이론들에서 도출된 가설들을 검증하는 것의 중요성을 강조한다.
- 우리의 정서적 삶의 어떤 측면들은 전 세계 사람들이 공유한다. 특히 정서의 생리적 요소뿐 아니라 움직임과 음악에서의 정서 표현에도 어느 정도의 유사성이 존재한다.
- 이와 동시에 정서 경험의 다른 측면들은 크게 다르다. 개별 정서 경험과 관련된 평가 방식에서 문화적 차이가 관찰되었다. 비교국가 연구들은 정서를 유발하는 상황을 평가하는 방식에서 차이를 보여 주었다. 그리고 얼굴표정에도 문화 특수적 방언들이 포함된다.
- 일부 문화 이론들은 정서 경험의 차이에 대해 새로운 가설들을 도출하고 설명하는 데 도움을 준다. 여기에는 사회적 지향성을 설명하는 방식인 개인주의와 집단주의, 명예의 문화 등이 포함된다.
- 이와 더불어 지배적인 종교의 특징과 사회 생태학적 요인들은 정서가 각각 어떻게 이해되고 조절되는지, 그리고 정서가 얼마나 명확하게 표현되는지와 구체적으로 관련된다.

학습 링크

1. 이모티콘의 해석이 문화에 따라 어떻게 다른지 읽어 보기
   http://www.npr.org/sections/thetwo-way/2016/04/12/473965971/lost-in-translation-study-finds-interpretation-of-emojis-can-vary-widely

2. 전 세계 트윗들의 정서적 내용을 추적하고 시각적으로 표현하는 상호작용 웹 어플리케이션 살펴보기
   http://wefeel.csiro.au/#/

3. 미소와 문화에 관한 토론 읽어 보기

https://www.translatemedia.com/us/blog-us/the-meaning-of-a-smile-in-different-cultures/

참고문헌

제1장 정서 이론

Anders, S., Eippert, F., Weiskopf, N., & Veit, R. (2008). The human amygdala is sensitive to the valence of pictures and sounds irrespective of arousal: An fMRI study. *Social Cognitive and Affective Neuroscience*, *3*(3), 233-243. doi:10.1093/scan/nsn017.

Anderson, A. K., Christoff, K., Stappen, I., Panitz, D., Ghahremani, D. G., Glover, G., . . . Sobel, N. (2003). Dissociated neural representations of intensity and valence in human olfaction. *Nature Neuroscience*, *6*(2), 196-202. doi:10.1038/nn1001.

Arnold, M. B. (1960). *Emotion and personality*. New York: Columbia University Press.

Barrett, L. F. (1996). Hedonic tone, perceived arousal, and item desirability: Three components of selfreported mood. *Cognition & Emotion*, *10*(1), 47-68. doi:10.1080/026999396380385.

Barrett, L. F. (2004). Feelings or words? Understanding the content in self-report ratings of experienced emotion. *Journal of Personality and Social Psychology*, *87*(2), 266. doi:10.1037/0022-3514.87.2.266.

Barrett, L. F. (2006). Are emotions natural kinds? *Perspectives on Psychological Science*, *1*(1), 28-58. doi:10.1111/j.1745-6916.2006.00003.x.

Barrett, L. F. (2009). Variety is the spice of life: A psychological construction approach to understanding variability in emotion. *Cognition and Emotion*, *23*(7), 1284-1306. doi:10.1080/02699930902985894.

Barrett, L. F., & Bliss-Moreau, E. (2009). Affect as a psychological primitive. *Advances in Experimental Social Psychology*, *41*, 167-218. doi:10.1016/s0065-2601(08)00404-8.

Barrett, L. F., & Niedenthal, P. M. (2004). Valence focus and the perception of facial affect. *Emotion*, *4*(3), 266-274. doi:10.1037/1528-3542.4.3.266.

Barrett, L. F., Ochsner, K. N., & Gross, J. J. (2007). On the automaticity of emotion. *Social Psychology and the Unconscious: The Automaticity of Higher Mental Processes*, *173*, 217.

Barrett, L. F., & Russell, J. A. (1999). The structure of current affect controversies and emerging consensus.

Current Directions in Psychological Science, 8(1), 10-14. doi:10.1111/1467-8721.00003.

Barrett, L. F., & Russell, J. A. (2009). The circumplex model of affect. In D. Sanders & K. Scherer (Eds.), *Oxford companion to emotion and the affective sciences*. New York: Oxford University Press, pp. 85-88.

Barrett, L. F., & Salovey, P. (Eds.). (2002). *The wisdom in feeling: Psychological processes in emotional intelligence*. New York: Guilford Press.

Bonanno, G., & Keltner, D. (2004). Brief report the coherence of emotion systems: Comparing "on-line" measures of appraisal and facial expressions, and self-report. *Cognition and Emotion*, 18(3), 431-444. doi:10.1080/02699930341000149.

Bradley, M. M., & Lang, P. J. (2000). Affective reactions to acoustic stimuli. *Psychophysiology*, 37(2), 204-215. doi:10.1111/1469-8986.3720204.

Buck, R. (1983). Emotional development and emotional education. In R. Plutchik & H. Kellerman (Eds.), *Emotion in early development* (pp. 259-293). New York: Academic Press.

Buck, R. (1999). The biological affects: A typology. *Psychological Review*, 106(2), 301. doi:10.1037/0033-295x.106.2.301.

Buck, R., Losow, J., Murphy, M., & Costanzo, P. (1992). Social facilitation and inhibition of emotional expression and communication. *Journal of Personality and Social Psychology*, 63(6), 962-968.

Cacioppo, J. T., Berntson, G. G., Larsen, J. T., Poehlmann, K. M., & Ito, T. A. (2000). The psychophysiology of emotion. *Handbook of Emotions*, 2, 173-191.

Cacioppo, J. T., Gardner, W. L., & Berntson, G. G. (1999). The affect system has parallel and integrative processing components: Form follows function. *Journal of Personality and Social Psychology*, 76(5), 839. doi:10.1037/0022-3514.76.5.839.

Clore, G. L., & Ortony, A. (2000). Cognition in emotion: Always, sometimes, or never. In R. D. Lane & L. Nadel (Eds.), *Cognitive Neuroscience of Emotion* (pp. 24-61). New York: Oxford University Press.

Cole, P. M., Martin, S. E., & Dennis, T. A. (2004). Emotion regulation as a scientific construct: Methodological challenges and directions for child development research. *Child Development*, 75(2), 317-333. doi:10.1111/j.1467-8624.2004.00673.x.

Cole, P. M., Zahn-Waxler, C., & Smith, K. D. (1994). Expressive control during a disappointment: Variations related to preschoolers' behavior problems. *Developmental Psychology*, 30(6), 835. http://dx.doi.org/10.1037/0012-1649.30.6.835.

Cosmides, L., & Tooby, J. (2000). Evolutionary psychology and the emotions. In M. Lewis & J. M. Haviland-Jones (Eds.), *Handbook of emotions* (2nd ed., pp. 91-115). New York: Guilford Press.

Cunningham, W. A., & Brosch, T. (2012). Motivational salience amygdala tuning from traits, needs, values, and goals. *Current Directions in Psychological Science*, 21(1), 54-59. doi:10.1177/0963721411430832.

Damasio, A. (1999). *The feeling of what happens: Body and emotion in the making of consciousness*. New York: Harcourt, Inc.

Darwin, C. (1872/1998). *The expression of emotions in man and animals*. New York: Philosophical Library. doi:10.1037/10001-000.

Davidson, R. J. (1992). Anterior cerebral asymmetry and the nature of emotion. *Brain and Cognition*, 20(1), 125-151. doi:10.1016/0278-2626(92)90065-t.

Diener, M. L., & Mangelsdorf, S. C. (1999). Behavioral strategies for emotion regulation in toddlers: Associations with maternal involvement and emotional expressions. *Infant Behavior and Development, 22*(4), 569-583. doi:10.1016/s0163-6383(00)00012-6.

Eisenberg, N., & Morris, A. S. (2002). Children's emotion-related regulation. In R. Kail (Ed.), *Advances in child development and behavior* (Vol. 30, pp. 190-229). Amsterdam: Academic Press.

Ekman, P. (1972). Universals and cultural differences in facial expression of emotion. In J. R. Cole (Ed.), *Nebraska symposium on motivation* (pp. 207-283). Lincoln, NE: University of Nebraska Press.

Ekman, P. (1992). An argument for basic emotions. *Cognition & Emotion, 6*(3-4), 169-200. doi:10.1080/02699939208411068.

Ekman, P. (1993). Facial expression and emotion. *American Psychologist, 48*(4), 384. doi:10.1037/0003-066x.48.4.384.

Ekman, P. (1994). All emotions are basic. In P. Ekman & R. Davidson (Eds.), *The nature of emotion: Fundamental questions* (pp. 15-19). New York: Oxford University Press.

Ekman, P. (1999). Facial expressions. *Handbook of Cognition and Emotion, 53*, 226-232.

Ekman, P., & Cordaro, D. (2011). What is meant by calling emotions basic. *Emotion Review, 3*(4), 364-370. doi:10.1177/1754073911410740.

Ekman, P., & Friesen, W. V. (1971). Constants across cultures in the face and emotion. *Journal of Personality and Social Psychology, 17*(2), 124. doi:10.1037/h0030377.

Ekman, P., & Friesen, W. V. (1975). *Unmasking the human face: A guide to recognizing emotions from facial expressions.* Palo Alto, CA: Consulting Psychologists' Press.

Ekman, P., & Rosenberg, E. (2005). *What the face reveals* (2nd ed.). New York: Oxford Press.

Ekman, P., Sorenson, E. R., & Friesen, W. V. (1969). Pan-cultural elements in facial displays of emotion. *Science, 164*(3875), 86-88. doi:10.1126/science.164.3875.86.

Ellsworth, P. C., & Scherer, K. R. (2003). Appraisal processes in emotion. In R. J. Davidson, K. R. Scherer & H. H. Goldsmith (Eds.), *Handbook of affective sciences* (pp. 572-595). New York: Oxford University Press.

Ellsworth, P. C., & Smith, C. A. (1988). From appraisal to emotion: Differences among unpleasant feelings. *Motivation and Emotion, 12*, 271-302.

Fehr, B., & Russell, J. A. (1984). Concept of emotion viewed from a prototype perspective. *Journal of Experimental Psychology: General, 113*(3), 464. doi:10.1037/0096-3445.113.3.464.

Feldman, L. A. (1995a). Valence focus and arousal focus: Individual differences in the structure of affective experience. *Journal of Personality and Social Psychology, 69*(1), 153. doi:10.1037/0022-3514.69.1.153.

Feldman, L. A. (1995b). Variations in the circumplex structure of mood. *Personality and Social Psychology Bulletin, 21*(8), 806-817. doi:10.1177/0146167295218003.

Fischer, A. H., & Roseman, I. J. (2007). Beat them or ban them: The characteristics and social functions of anger and contempt. *Journal of Personality and Social Psychology, 93*(1), 103. doi:10.1037/0022-3514.93.1.103.

Fredrickson, B. L. (2001). The role of positive emotions in positive psychology: The broaden-and-build theory of positive emotions. *American Psychologist, 56*(3), 218. doi:10.1037/0003-066x.56.3.218.

Fridlund, A. J., Ekman, P., & Oster, H. (1987). Facial expressions of emotion. In A. W. Siegman & S. Feldstein (Eds.), *Nonverbal behavior and communication* (2nd ed., pp. 143-223). Hillsdale, NJ: Erlbaum.

Friedman, B. H. (2010). Feelings and the body: The Jamesian perspective on autonomic specificity of emotion. *Biological Psychology*, *84*(3), 383-393. doi:10.1016/j.biopsycho.2009.10.006.

Frijda, N. H. (1986). *The emotions*. Cambridge: Cambridge University Press.

Frijda, N. H. (1988). The laws of emotion. *American Psychologist*, *43*(5), 349. doi:10.1037/ 0003-066x.43.5.349.

Frijda, N. H., Kuipers, P., & Ter Schure, E. (1989). Relations among emotion, appraisal, and emotional action readiness. *Journal of Personality and Social Psychology*, *57*(2), 212. doi:10.1037/0022-3514.57.2.212.

Heller, W. (1990). The neuropsychology of emotion: Developmental patterns and implications for psychopathology. In N. L. Stein, B. Leventhal, T. Trabasso, N. L. Stein, B. Leventhal & T. Trabasso (Eds.), *Psychological and biological approaches to emotion* (pp. 167-211). Hillsdale, NJ: Lawrence Erlbaum Associates.

Heller, W. (1993). Neuropsychological mechanisms of individual differences in emotion, personality, and arousal. *Neuropsychology*, *7*(4), 476. doi:10.1037/0894-4105.7.4.476.

Holland, P. C., & Gallagher, M. (1999). Amygdala circuitry in attentional and representational processes. *Trends in Cognitive Sciences*, *3*(2), 65-73. doi:10.1016/s1364-6613(98)01271-6.

Horstmann, G. (2003). What do facial expressions convey: Feeling states, behavioral intentions, or actions requests? *Emotion*, *3*(2), 150. doi:10.1037/1528-3542.3.2.150.

Izard, C. E. (1977). *Human emotions*. New York: Plenum Press.

Izard, C. E. (2007). Basic emotions, natural kinds, emotion schemas, and a new paradigm. *Perspectives on Psychological Science*, *2*(3), 260-280. doi:10.1111/j.1745-6916.2007.00044.x.

James, W. (1890). *The principles of psychology* (Vol. 1). New York: Holt.

Johnson-Laird, P. N., & Oatley, K. (1992). Basic emotions, rationality, and folk theory. *Cognition & Emotion*, *6*(3-4), 201-223. doi:10.1080/02699939208411069.

Kashdan, T. B., Barrett, L. F., & McKnight, P. E. (2015). Unpacking emotion differentiation transforming unpleasant experience by perceiving distinctions in negativity. *Current Directions in Psychological Science*, *24*(1), 10-16. doi:10.1177/0963721414550708.

Keltner, D., & Ekman, P. (2000). Facial expression of emotion. *Handbook of Emotions*, *2*(236-249), 2-17.

Keltner, D., Ekman, P., Gonzaga, G. C., & Beer, J. (2003). In R. Davidson, K. Scherer & H. Goldsmith (Eds.), *Handbook of affective sciences: Series in affective science* (pp. 411-559). New York: Oxford University Press.

Keltner, D., & Gross, J. J. (1999). Functional accounts of emotions. *Cognition & Emotion*, *13*(5), 467-480. doi:10.1080/026999399379140.

Keltner, D., & Haidt, J. (2001). Social functions of emotions. In T. J. Mayne & G. A. Bonanno (Eds.), *Emotions: Current issues and future directions* (pp. 192-213). New York: Guilford Press.

Keltner, D., & Kring, A. M. (1998). Emotion, social function, and psychopathology. *Review of General Psychology*, *2*(3), 320. doi:10.1037/1089-2680.2.3.320.

Kirkland, T., & Cunningham, W. A. (2012). Mapping emotions through time: How affective trajectories inform the language of emotion. *Emotion*, *12*(2), 268. doi:10.1037/a0024218.

Kreibig, S. D. (2010). Autonomic nervous system activity in emotion: A review. *Biological Psychology*, *84*(3), 394-421. doi:10.1016/j.biopsycho.2010.03.010.

Kreibig, S. D., Gendolla, G. H., & Scherer, K. R. (2010). Psychophysiological effects of emotional responding to goal attainment. *Biological Psychology*, *84*(3), 474-487. doi:10.1016/j.biopsycho.2009.11.004.

Kuppens, P., Van Mechelen, I., Smits, D. J., De Boeck, P., & Ceulemans, E. (2007). Individual differences in patterns of appraisal and anger experience. *Cognition and Emotion*, *21*(4), 689-713. doi:10.1080/02699930600859219.

Lang, P. J. (1995). The emotion probe: Studies of motivation and attention. *American Psychologist*, *50*(5), 372. doi:10.1037/0003-066x.50.5.372.

Lang, P. J., Bradley, M. M., & Cuthbert, B. N. (1990). Emotion, attention, and the startle reflex. *Psychological Review*, *97*(3), 377. doi:10.1037/0033-295x.97.3.377.

Larsen, J. T., Berntson, G. G., Poehlmann, K. M., Ito, T. A., & Cacioppo, J. T. (2008). The psychophysiology of emotion. In M. Lewis, J. M. Haviland-Jones & L. F. Barrett (Eds.), *Handbook of emotions* (3rd ed., pp. 180-195). New York: Guilford Press.

Larsen, R. J., & Diener, E. (1992). Promises and problems with the circumplex model of emotion. In M. S. Clark (Ed.), *Emotion* (pp. 25-59). Thousand Oaks, CA: Sage.

Lazarus, R. S. (1966). *Psychological stress and the coping process*. New York: McGraw-Hill.

Lazarus, R. S. (1991). *Emotion and adaptation*. New York: Oxford University Press.

Lazarus, R. S., Averill, I. R., & Opton, E. M. (1970). Towards a cognitive theory of emotion. In M. B. Arnold (Ed.), *Feelings and emotions: The Loyola symposium* (pp. 207-232). New York: Academic Press.

Levenson, R. W., Ekman, P., & Friesen, W. V. (1990). Voluntary facial action generates emotion-specific autonomic nervous system activity. *Psychophysiology*, *27*(4), 363-384. doi:10.1111/j.1469-8986.1990.tb02330.x.

Levenson, R. W., Ekman, P., Heider, K., & Friesen, W. V. (1992). Emotion and autonomic nervous system activity in the Minangkabau of West Sumatra. *Journal of Personality and Social Psychology*, *62*(6), 972. doi:10.1037/0022-3514.62.6.972.

Lewis, M. (2007). Self-conscious emotional development. In J. L. Tracy, R. W. Robins & J. P. Tangney (Eds.), *The self-conscious emotions: Theory and research* (pp. 134-149). New York: Guilford Press.

Lindquist, K. A. (2013). Emotions emerge from more basic psychological ingredients: A modern psychological constructionist model. *Emotion Review*, *5*(4), 356-368. doi:10.1177/1754073913489750.

Lindquist, K. A., & Barrett, L. F. (2008). Constructing emotion the experience of fear as a conceptual act. *Psychological Science*, *19*(9), 898-903. doi:10.1111/j.1467-9280.2008.02174.x.

Lindquist, K. A., & Gendron, M. (2013). What's in a word? Language constructs emotion perception. *Emotion Review*, *5*(1), 66-71. http://dx.doi.org/10.1177/1754073912451351.

MacLean, P. D. (1993). Cerebral evolution of emotion. In M. Lewis & J. M. Haviland (Eds.), *Handbook of emotions* (pp. 67-87). New York: Guilford Press.

Marsh, A. A., & Ambady, N. (2007). The influence of the fear facial expression on prosocial responding. *Cognition and Emotion*, *21*(2), 225-247. doi:10.1080/02699930600652234.

Marwitz, M., & Stemmler, G. (1998). On the status of individual response specificity. *Psychophysiology*, *35*(1), 1-15.

Mauss, I. B., Levenson, R. W., McCarter, L., Wilhelm, F. H., & Gross, J. J. (2005). The tie that binds? Coherence among emotion experience, behavior, and physiology. *Emotion*, 5(2), 175. doi:10.1037/1528-3542.5.2.175.

Mayer, J. D., & Gaschke, Y. N. (1988). The experience and meta-experience of mood. *Journal of Personality and Social Psychology*, 55(1), 102. doi:10.1037/0022-3514.55.1.102.

Mehu, M., & Dunbar, R. I. (2008). Naturalistic observations of smiling and laughter in human group interactions. *Behaviour*, 145(12), 1747-1780. doi:10.1163/156853908786279619.

Mendes, W. B., Blascovich, J., Hunter, S., Lickel, B., & Jost, J. (2007). Threatened by the unexpected: Physiological responses during social interactions with expectancy-violating partners. *Journal of Personality and Social Psychology, 92*, 698-716.

Moors, A. (2013). On the causal role of appraisal in emotion. *Emotion Review*, 5(2), 132-140. doi:10.1177/1754073912463601.

Moors, A., & De Houwer, J. (2001). Automatic appraisal of motivational valence: Motivational affective priming and Simon effects. *Cognition & Emotion*, 15(6), 749-766. doi:10.1080/02699930143000293.

Niedenthal, P. M., & Brauer, M. (2012). Social functionality of human emotion. *Annual Review of Psychology*, 63(1), 259-285. doi:10.1146/annurev.psych.121208.131605.

Öhman, A. (1986). Face the beast and fear the face: Animal and social fears as prototypes for evolutionary analyses of emotion. *Psychophysiology*, 23(2), 123-145. doi:10.1111/j.1469-8986.1986.tb00608.x.

Öhman, A., & Mineka, S. (2001). Fears, phobias, and preparedness: Toward an evolved module of fear and fear learning. *Psychological Review*, 108(3), 483. doi:10.1037/0033-295x.108.3.483.

Ortony, A., & Turner, T. J. (1990). What's basic about basic emotions? *Psychological Review*, 97(3), 315-331. doi:10.1037/0033-295X.97.3.315.

Panksepp, J. (1998). *Affective neuroscience: The foundations of human and animal emotions*. Oxford: Oxford University Press.

Panksepp, J. (2007). Criteria for basic emotions: Is DISGUST a primary 'emotion'? *Cognition and Emotion*, 21(8), 1819-1828. doi:10.1080/02699930701334302.

Parkinson, B., & Manstead, A. S. R. (1992). Appraisal as a cause of emotion. In M. Clarke (Ed.), *Emotion* (pp. 112-149). Thousand Oaks, CA: Sage.

Parr, L. A., Waller, B. M., Vick, S. J., & Bard, K. A. (2007). Classifying chimpanzee facial expressions using muscle action. *Emotion*, 7(1), 172. doi:10.1037/1528-3542.7.1.172.

Plutchik, R. (1980). A general psychoevolutionary theory of emotion. In R. Plutchik & H. Kellerman (Eds.), *Theories of emotion* (pp. 3-33). New York: Academic Press.

Plutchik, R. (1984). Emotions: A general psychoevolutionary theory. In K. R. Scherer & P. Ekman (Eds.), *Approaches to emotion* (pp. 197-219). Hillsdale, NJ: Lawrence Erlbaum Associates.

Pollak, S. D. (2012). The role of parenting in the emergence of human emotion: New approaches to the old nature-nurture debate. *Parenting*, 12(2-3), 232-242. doi:10.1080/15295192.2012.683363.

Pollak, S. D. (2013). Emotion and Learning: New approaches to the old nature-nurture debate. In S. Gelman & M. Banaji (Eds.), *Navigating the social world: What infants, children, and other species can teach us* (pp. 54-57). New York: Oxford University Press.

Posner, J., Russell, J. A., Gerber, A., Gorman, D., Colibazzi, T., Yu, S., . . . Peterson, B. S. (2009). The neurophysiological bases of emotion: An fMRI study of the affective circumplex using emotiondenoting words. *Human Brain Mapping, 30*(3), 883-895. doi:10.1002/hbm.20553.

Posner, J., Russell, J. A., & Peterson, B. S. (2005). The circumplex model of affect: An integrative approach to affective neuroscience, cognitive development, and psychopathology. *Development and Psychopathology, 17*(3), 715-734. doi:10.1017/s0954579405050340.

Prather, M. D., Lavenex, P., Mauldin-Jourdain, M. L., Mason, W. A., Capitanio, J. P., Mendoza, S. P., & Amaral, D. G. (2001). Increased social fear and decreased fear of objects in monkeys with neonatal amygdala lesions. *Neuroscience, 106*(4), 653-658. doi:10.1016/s0306-4522(01)00445-6.

Rainville, P., Bechara, A., Naqvi, N., & Damasio, A. R. (2006). Basic emotions are associated with distinct patterns of cardiorespiratory activity. *International Journal of Psychophysiology, 61*(1), 5-18. doi:10.1016/j.ijpsycho.2005.10.024.

Reisenzein, R. (1994). Pleasure-arousal theory and the intensity of emotions. *Journal of Personality and Social Psychology, 67*(3), 525. doi:10.1037/0022-3514.67.3.525.

Reisenzein, R. (2000). Exploring the strength of association between the components of emotion syndromes: The case of surprise. *Cognition & Emotion, 14*(1), 1-38. doi:10.1080/026999300378978.

Reisenzein, R. (2001). Appraisal processes conceptualized from a schema-theoretic perspective. In K. R. Scherer, A. Schorr & T. Johnstone (Eds.), *Appraisal processes in emotion* (pp. 187-201). Oxford, UK: Oxford University Press.

Reisenzein, R., & Hofmann, T. (1990). An investigation of dimensions of cognitive appraisal in emotion using the repertory grid technique. *Motivation and Emotion, 14*(1), 1-26. doi:10.1007/bf00995546.

Reisenzein, R., Studtmann, M., & Horstmann, G. (2013). Coherence between emotion and facial expression: Evidence from laboratory experiments. *Emotion Review, 5*(1), 16-23. doi:10.1177/1754073912457228.

Roseman, I. (1984). Cognitive determinants of emotions: A structural theory. In P. Shaver (Ed.), *Review of personality and social psychology: Vol. 5. Emotions, relationships, and health* (pp. 11-36). Beverly Hills, CA: Sage.

Roseman, I. J. (1991). Appraisal determinants of discrete emotions. *Cognition & Emotion, 5*(3), 161-200.

Roseman, I. J. (2013). Appraisal in the emotion system: Coherence in strategies for coping. *Emotion Review, 5*(2), 141-149. doi:10.1177/1754073912469591.

Roseman, I. J., & Smith, C. A. (2001). Appraisal theory: Overview, assumptions, varieties, controversies. In K. R. Scherer, A. Schorr & T. Johnstone (Eds.), *Appraisal processes in emotion: Theory, methods, research* (pp. 3-19). London: London University Press.

Russell, J. A. (1979). Affective space is bipolar. *Journal of Personality and Social Psychology, 37*(3), 345. doi:10.1037/0022-3514.37.3.345.

Russell, J. A. (1980). A circumplex model of affect. *Journal of Personality and Social Psychology, 39*(6), 1161. doi:10.1037/h0077714.

Russell, J. A. (1989). Measures of emotion. In R. Plutchik & H. Kellerman (Eds.), *Emotion: Theory, research, and experience* (Vol. 4, pp. 83-111). Toronto. Ontario, Canada: Academic Press.

Russell, J. A. (2003). Core affect and the psychological construction of emotion. *Psychological Review, 110*(1), 145. doi:10.1037/0033-295x.110.1.145.

Russell, J. A. (2009). Emotion, core affect, and psychological construction. *Cognition and Emotion, 23*(7), 1259-

1283. doi:10.1080/02699930902809375.

Russell, J. A., & Barrett, L. F. (1999). Core affect, prototypical emotional episodes, and other things called emotion: Dissecting the elephant. *Journal of Personality and Social Psychology*, *76*(5), 805-819. doi:10.1037/0022-3514.76.5.805.

Russell, J. A., & Bullock, M. (1985). Multidimensional scaling of emotional facial expressions: Similarity from preschoolers to adults. *Journal of Personality and Social Psychology*, *48*(5), 1290. doi:10.1037/0022-3514.48.5.1290.

Russell, J. A., & Fehr, B. (1994). Fuzzy concepts in a fuzzy hierarchy: Varieties of anger. *Journal of Personality and Social Psychology*, *67*(2), 186. doi:10.1037/0022-3514.67.2.186.

Saarni, C. (2008). The interface of emotional development with social context. In M. Lewis, J. M. Haviland-Jones, L. F. Barrett, M. Lewis, J. M. Haviland-Jones & L. F. Barrett (Eds.), *Handbook of emotions* (3rd ed., pp. 332-347). New York: Guilford Press.

Saarni, C., Campos, J. J., Camras, L. A., & Witherington, D. (2008). Principles of emotion and emotional competence. In W. Damon, R. M. Lerner, D. Kuhn, R. Siegler & N. Eisenberg (Eds.), *Child and adolescent development: An advanced course* (pp. 361-405). Hoboken, NJ: John Wiley & Sons.

Schachter, S., & Singer, J. (1962). Cognitive, social, and physiological determinants of emotional state. *Psychological Review*, *69*(5), 379. doi:10.1037/h0046234.

Scherer, K. R. (1984). Emotion as a multicomponent process: A model and some cross-cultural data. *Review of Personality & Social Psychology* (Vol. 5, pp. 37-63). Beverly Hills, CA: Sage.

Scherer, K. R. (2001). Appraisal considered as a process of multilevel sequential checking. *Appraisal Processes in Emotion: Theory, Methods, Research*, *92*, 120.

Scherer, K. R. (2009). The dynamic architecture of emotion: Evidence for the component process model. *Cognition and Emotion*, *23*(7), 1307-1351. doi:10.1080/ 02699930902928969.

Scherer, K. R., & Ceschi, G. (1997). Lost luggage: A field study of emotion-antecedent appraisal. *Motivation and Emotion*, *21*(3), 211-235. doi:10.1023/a:1024498629430.

Scherer, K. R., & Ellgring, H. (2007a). Multimodal expression of emotion: Affect programs or componential appraisal patterns? *Emotion*, *7*(1), 158. doi:10.1037/1528-3542.7.1.158.

Scherer, K. R., & Ellgring, H. (2007b). Are facial expressions of emotion produced by categorical affect programs or dynamically driven by appraisal? *Emotion*, *7*(1), 113. doi:10.1037/1528-3542.7.1.113.

Schwartz, C. E., Wright, C. I., Shin, L. M., Kagan, J., & Rauch, S. L. (2003). Inhibited and uninhibited infants "grown up": Adult amygdalar response to novelty. *Science*, *300*(5627), 1952-1953. doi:10.1126/ science.1083703.

Scott, J. P. (1958). *Animal behavior*. Chicago, IL: University of Chicago Press.

Siemer, M., Mauss, I., & Gross, J. J. (2007). Same situation-different emotions: How appraisals shape our emotions. *Emotion*, *7*(3), 592. doi:10.1037/1528-3542.7.3.592.

Smith, C. A. (1989). Dimensions of appraisal and physiological response in emotion. *Journal of Personality and Social Psychology*, *56*(3), 339. doi:10.1037/0022-3514.56.3.339.

Smith, C. A., & Ellsworth, P. C. (1985). Patterns of cognitive appraisal in emotion. *Journal of Personality and Social Psychology*, *48*(4), 813-838. doi:10.1037/0022-3514.48.4.813.

Smith, C. A., & Kirby, L. D. (2009). Putting appraisal in context: Toward a relational model of appraisal and emotion. *Cognition and Emotion*, *23*(7), 1352-1372. doi:10.1080/02699930902860386.

Smith, C. A., & Lazarus, R. S. (1990). Emotion and adaptation. In L. Pervin (Ed.), *Handbook of personality: Theory and research* (pp. 609-637). New York, NY: Guilford Press.

Stemmler, G. (2003). Methodological considerations in the psychophysiological study of emotion. In R. J. Davidson, K. R. Scherer & H. Goldsmith (Eds.), *Handbook of affective sciences* (pp. 225-255). New York: Oxford University Press.

Stemmler, G., & Wacker, J. (2010). Personality, emotion, and individual differences in physiological responses. *Biological Psychology*, *84*(3), 541-551. doi:10.1016/j.biopsycho.2009.09.012.

Stemmler, G., Heldmann, M., Pauls, C. A., & Scherer, T. (2001). Constraints for emotion specificity in fear and anger: The context counts. *Psychophysiology*, *38*(2), 275-291. doi:10.1111/1469-8986.3820275.

Susskind, J. M., Lee, D. H., Cusi, A., Feiman, R., Grabski, W., & Anderson, A. K. (2008). Expressing fear enhances sensory acquisition. *Nature Neuroscience*, *11*(7), 843-850. doi:10.1038/nn.2138.

Tomarken, A. J., Davidson, R. J., Wheeler, R. E., & Doss, R. C. (1992). Individual differences in anterior brain asymmetry and fundamental dimensions of emotion. *Journal of Personality and Social Psychology*, *62*(4), 676. doi:10.1037/0022-3514.62.4.676.

Tomkins, S. S. (1962). *Affect, imagery, consciousness: Vol. I: The positive affects*. New York: Springer-Verlag.

Tomkins, S. S. (1963). *Affect, imagery, consciousness: Vol. 2: The negative affects*. New York: Springer-Verlag.

Tomkins, S. S., & McCarter, R. (1964). What and where are the primary affects? Some evidence for a theory. *Perceptual and Motor Skills*, 18, 119-158. doi:10.2466/pms.1964.18.1.119.

Tooby, J., & Cosmides, L. (1990). The past explains the present: Emotional adaptations and the structure of ancestral environments. *Ethology and Sociobiology*, *11*(4), 375-424. doi:10.1016/0162-3095(90)90017-z.

Tracy, J. L., & Robins, R. W. (2004). Show your pride: Evidence for a discrete emotion expression. *Psychological Science*, *15*(3), 194-197. doi:10.1111/j.0956-7976.2004.01503008.x.

Tsai, J. L., Simeonova, D. I., & Watanabe, J. T. (2004). Somatic and social: Chinese Americans talk about emotion. *Personality and Social Psychology Bulletin*, *30*(9), 1226-1238. doi:10.1177/0146167204264014.

Waller, B. M., & Dunbar, R. I. (2005). Differential behavioural effects of silent bared teeth display and relaxed open mouth display in chimpanzees (Pan troglodytes). *Ethology*, *111*(2), 129-142. doi:10.1111/j.1439-0310.2004.01045.x.

Watson, D., & Tellegen, A. (1985). Toward a consensual structure of mood. *Psychological Bulletin*, *98*(2), 219. doi:10.1037/0033-2909.98.2.219.

Weierich, M. R., Wright, C. I., Negreira, A., Dickerson, B. C., & Barrett, L. F. (2010). Novelty as a dimension in the affective brain. *Neuroimage*, *49*(3), 2871-2878. doi:10.1016/j.neuroimage.2009.09.047.

Widen, S. C. (2013). Children's interpretation of facial expressions: The long path from valence-based to specific discrete categories. *Emotion Review*, *5*(1), 72-77. http://dx.doi.org/10.1177/1754073912451492.

Zald, D. H. (2003). The human amygdala and the emotional evaluation of sensory stimuli. *Brain Research Reviews*, *41*(1), 88-123. doi:10.1016/s0165-0173(02)00248-5.

제2장 정서과학 방법론

Apsler, R. (1975). Effects of embarrassment on behavior toward others. *Journal of Personality and Social Psychology*, *32*(1), 145. doi:10.1037/h0076699.

Aronson, E. B., & Carlsmith, M. J. M. (1985). Experimentation in social psychology. In G. Lindzey & E. Aroson (Eds.), *The handbook of social psychology* (2nd ed., Vol. 2, pp. 1-79). Reading, MA: Addison-Wesley.

Ax, A. F. (1953). The physiological differentiation between fear and anger in humans. *Psychosomatic Medicine*, *15*(5), 433-442. doi:10.1097/00006842-195309000-00007.

Barrett, L. F. (2004). Feelings or words? Understanding the content in self-report ratings of experienced emotion. *Journal of Personality and Social Psychology*, *87*(2), 266-281. doi:10.1037/0022-3514.87.2.266.

Barrett, L. F., & Barrett, D. J. (2001). An introduction to computerized experience sampling in psychology. *Social Science Computer Review*, *19*(2), 175-185. doi:10.1177/089443930101900204.

Barrett, L. F., & Wager, T. D. (2006). The structure of emotion evidence from neuroimaging studies. *Current Directions in Psychological Science*, *15*(2), 79-83. doi:10.1111/j.0963-7214.2006.00411.x.

Bartlett, D. L. (1996). Physiological responses to music and sound stimuli. In D. A. Hodges (Ed.), *Handbook of music psychology* (pp. 343-385). San Antonio, TX: Institute for Music Research Press.

Becker, J. O. (2004). *Deep listeners: Music, emotion, and trancing*. Bloomington, IN: Indiana University Press.

Blanchette, I., & Richards, A. (2010). The influence of affect on higher level cognition: A review of research on interpretation, judgement, decision making and reasoning. *Cognition & Emotion*, *24*(4), 561-595. doi:10.1080/02699930903132496.

Boiten, F. A. (1998). The effects of emotional behavior on components of the respiratory cycle. *Biological Psychology*, *49*(1), 29-51. doi:10.1016/s0301-0511(98)00025-8.

Bradley, M. M., Codispoti, M., Cuthbert, B. N., & Lang, P. J. (2001). Emotion and motivation I: Defensive and appetitive reactions in picture processing. *Emotion*, *1*(3), 276. doi:10.1037//1528-3542.1.3.276.

Bradley, M. M., Hamby, S., Low, A., & Lang, P. J. (2007). Brain potentials in perception: Picture complexity and emotional arousal. *Psychophysiology*, *44*(3), 364-373. doi:10.1111/j.1469-8986.2007.00520.x.

Bradley, M. M., & Lang, P. J. (1994). Measuring emotion: The self-assessment manikin and the semantic differential. *Journal of Behavior Therapy and Experimental Psychiatry*, *25*(1), 49-59. doi:10.1016/0005-7916(94)90063-9.

Brock, T. C., & Becker, L. A. (1966). "Debriefing" and susceptibility to subsequent experimental manipulations. *Journal of Experimental Social Psychology*, *2*(3), 314-323. doi:10.1016/0022-1031(66)90087-4.

Cacioppo, J. T., & Petty, R. E. (1981). Social psychological procedures for cognitive response assessment: The thought-listing technique. In T. Merluzzi, C. Glass & M. Genest (Eds.), *Cognitive assessment* (pp. 309-342). New York: Guilford Press.

Cacioppo, J. T., Tassinary, L. G., & Fridlund, A. J. (1990). The skeletomotor system. In J. T. Cacioppo & L. G. Tassinary (Eds.), *Principles of psychophysiology: Physical, social, and inferential elements* (pp. 325-384). New York: Cambridge University Press.

Carstensen, L. L., Turan, B., Scheibe, S., Ram, N., Ersner-Hershfield, H., Samanez-Larkin, G. R., . . . Nesselroade, J. R. (2011). Emotional experience improves with age: Evidence based on over 10 years of experience sampling. *Psychology and Aging*, *26*(1), 21. doi:10.1037/a0021285.

Christensen, T. C., Barrett, L. F., Bliss-Moreau, E., Lebo, K., & Kaschub, C. (2003). A practical guide to experience-sampling procedures. *Journal of Happiness Studies*, *4*(1), 53-78. doi:10.1023/a:1023609306024.

Cohn, J. F., Ambadar, Z., & Ekman, P. (2007). Observer-based measurement of facial expression with the facial action coding system. In J. A. Coan & J. J. B. Allen (Eds.), *The handbook of emotion elicitation and assessment. Oxford University Press Series in Affective Science* (pp. 203-221). New York: Oxford University.

Cohn, J. F., & Ekman, P. (2005). Measuring facial action by manual coding, facial EMG, and automatic facial image analysis. In J. A. Harrigan, R. Rosenthal & K. Scherer (Eds.), *Handbook of nonverbal behavior research methods in the affective sciences* (pp. 9-64). New York: Oxford.

Costa, M., Bitti, P. E. R., & Bonfiglioli, L. (2000). Psychological connotations of harmonic musical intervals. *Psychology of Music*, *28*(1), 4-22. doi:10.1177/0305735600281002.

Costa, M., Fine, P., & Ricci Bitti, P. E. (2004). Interval distributions, mode, and tonal strength of melodies as predictors of perceived emotion. *Music Perception*, *22*(1), 1-14. doi:10.1525/mp.2004.22.1.1.

Cuthbert, B. N., Schupp, H. T., Bradley, M. M., Birbaumer, N., & Lang, P. J. (2000). Brain potentials in affective picture processing: Covariation with autonomic arousal and affective report. *Biological Psychology*, *52*(2), 95-111. doi:10.1016/s0301-0511(99)00044-7.

Darwin, C. (1998/1872). *The expression of the emotions in man and animals*. New York/Oxford: Oxford University Press.

Delplanque, S., Lavoie, M. E., Hot, P., Silvert, L., & Sequeira, H. (2004). Modulation of cognitive processing by emotional valence studied through event-related potentials in humans. *Neuroscience Letters*, *356*(1), 1-4. doi:10.1016/j.neulet.2003.10.014.

Duchenne de Boulogne, G. B. (1862/1990). *The mechanism of human facial expression*. New York: Cambridge University Press.

Eisenberg, N., Fabes, R. A., Bustamante, D., Mathy, R. M., Miller, P. A., & Lindholm, E. (1988). Differentiation of vicariously induced emotional reactions in children. *Developmental Psychology*, *24*(2), 237-246. doi:10.1037/0012-1649.24.2.237.

Ekman, P., & Friesen, W. (1978). *The facial action coding system (FACS): A technique for the measurement of facial movement*. Palo Alto, CA: Consulting Psychologists Press.

Ekman, P., & Rosenberg, E. (Eds.). (2005). *What the face reveals* (2nd ed.). New York: Oxford University Press.

Ellard, K. K., Farchione, T. J., & Barlow, D. H. (2012). Relative effectiveness of emotion induction procedures and the role of personal relevance in a clinical sample: A comparison of film, images, and music. *Journal of Psychopathology and Behavioral Assessment*, *34*(2), 232-243. doi:10.1007/s10862-011-9271-4.

Evers, C., Hopp, H., Gross, J. J., Fischer, A. H., Manstead, A. S., & Mauss, I. B. (2014). Emotion response coherence: A dual-process perspective. *Biological Psychology*, *98*, 43-49. doi:10.1016/j.biopsycho.2013.11.003.

Evers, C., Stok, F. M., & de Ridder, D. T. (2010). Feeding your feelings: Emotion regulation strategies and emotional eating. *Personality and Social Psychology Bulletin*. doi:10.1037/e524372011-025.

Feldman, L. A. (1995). Valence focus and arousal focus: Individual differences in the structure of affective experience. *Journal of Personality and Social Psychology, 69*(1), 153. doi:10.1037/0022-3514.69.1.153.

Feldman Barrett, L., & Russell, J. A. (1998). Independence and bipolarity in the structure of fcurrent affect. *Journal of Personality and Social Psychology, 74*(4), 967. doi:10.1037//0022-3514.74.4.967.

Gagnon, L., & Peretz, I. (2003). Mode and tempo relative contributions to "happy-sad" judgements in equitone melodies. *Cognition & Emotion, 17*(1), 25-40. doi:10.1080/02699930302279.

Gross, J. J., & Levenson, R. W. (1995). Emotion elicitation using films. *Cognition & Emotion, 9*(1), 87-108. doi:10.1080/02699939508408966.

Harmon-Jones, E., Amodio, D. M., & Zinner, L. R. (2007). Social psychological methods in emotion elicitation. In J. A. Coan & J. J. B. Allen (Eds.), *Handbook of emotion elicitation and assessment* (pp. 91-105). New York: Oxford University Press.

Harris, C. R. (2001). Cardiovascular responses of embarrassment and effects of emotional suppression in a social setting. *Journal of Personality and Social Psychology, 81*(5), 886. doi:10.1037/e323152004-003.

Haviland, J. M., & Lelwica, M. (1987). The induced affect response: 10-week-old infants' responses to three emotion expressions. *Developmental Psychology, 23*(1), 97-104. doi:10.1037/0012-1649.23.1.97.

Hewig, J., Hagemann, D., Seifert, J., Gollwitzer, M., Naumann, E., & Bartussek, D. (2005). Brief report. *Cognition & Emotion, 19*(7), 1095-1109. doi:10.1080/02699930541000084.

Hurtado de Mendoza, A., Fernandez-Dols, J. M., Parrott, W. G., & Carrera, P. (2010). Emotion terms, category structure, and the problem of translation: The case of shame and verguenza. *Cognition & Emotion, 24*(4), 661-680. doi:10.1080/02699930902958255.

Izard, C. E., Dougherty, F. E., Bloxom, B. M., & Kotsch, N. E. (1974). *The differential emotion scale: A method of measuring the meaning of subjective experience of discrete emotions.* Nashville, TN: Vanderbilt University, Department of Psychology.

Kalisch, R. (2009). The functional neuroanatomy of reappraisal: Time matters. *Neuroscience & Biobehavioral Reviews, 33*(8), 1215-1226. doi:10.1016/j.neubiorev.2009.06.003.

Koelsch, S., Fritz, T., Muller, K., & Friederici, A. D. (2006). Investigating emotion with music: An fMRI study. *Human Brain Mapping, 27*(3), 239-250. doi:10.1002/hbm.20180.

Konecni, V. J. (1972). Some effects of guilt on compliance: A field replication. *Journal of Personality and Social Psychology, 23*, 30-32. doi:10.1037/h0032875.

Kurdi, B., Lozano, S., & Banaji, M. R. (2016). Introducing the open affective standardized image set (OASIS). *Behavior Research Methods*, 1-14. doi:10.3758/s13428-016-0715-3.

Lang, P. J., Bradley, M. M., & Cuthbert, B. N. (2005). *International affective picture system (IAPS): Digitized photographs, instruction manual, and affective ratings* (Tech. Rep. No. A-6). Gainesville: University of Florida, Center for Research in Psychophysiology.

Langner, O., Dotsch, R., Bijlstra, G., Wigboldus, D. J., Hawk, S. T., & van Knippenberg, A. (2010). Presentation and validation of the radboud faces database. *Cognition and Emotion, 24*(8), 1377-1388. doi:10.1080/02699930903485076.

Littlewort, G., Whitehill, J., Wu, T., Fasel, I., Frank, M., Movellan, J., & Bartlett, M. (2011). The computer expression recognition toolbox (CERT). *Face and Gesture, 2011*, 298-305. doi:10.1109/fg.2011.5771414.

Mauss, I. B., Evers, C., Wilhelm, F. H., & Gross, J. J. (2006). How to bite your tongue without blowing your top:

Implicit evaluation of emotion regulation predicts affective responding to anger provocation. *Personality and Social Psychology Bulletin, 32*(5), 589-602. doi:10.1177/0146167205283841.

Mauss, I. B., & Robinson, M. D. (2009). Measures of emotion: A review. *Cognition and Emotion*, 23(2), 209-237. doi:10.1080/02699930802204677.

Mayer, J. D., & Gaschke, Y. N. (1988). The experience and meta-experience of mood. *Journal of Personality and Social Psychology, 55*(1), 102. doi:10.1037/0022-3514.55.1.102.

Miller, S. M. (1987). Monitoring and blunting: Validation of a questionnaire to assess styles of information seeking under threat. *Journal of Personality and Social Psychology, 52*(2), 345. doi:10.1037//0022-3514.52.2.345.

Morris, J. D. (1995). Observations: SAM: The self-assessment manikin; an efficient cross-cultural measurement of emotional response. *Journal of Advertising Research, 35*(6), 63-68.

Niedenthal, P. M., & Dalle, N. (2001). Le mariage de mon meilleur ami: Emotional response categorization and naturally induced emotions. *European Journal of Social Psychology, 31*(6), 737-742. doi:10.1002/ejsp.66.

Ochsner, K. N., Bunge, S. A., Gross, J. J., & Gabrieli, J. D. (2002). Rethinking feelings: An FMRI study of the cognitive regulation of emotion. *Journal of Cognitive Neuroscience, 14*(8), 1215-1229. doi:10.1162/089892902760807212.

Olofsson, J. K., & Polich, J. (2007). Affective visual event-related potentials: Arousal, repetition, and time-on-task. *Biological Psychology, 75*(1), 101-108. doi:10.1016/j.biopsycho.2006.12.006.

Phan, K. L., Wager, T., Taylor, S. F., & Liberzon, I. (2002). Functional neuroanatomy of emotion: A metaanalysis of emotion activation studies in PET and fMRI. *Neuroimage, 16*(2), 331-348. doi:10.1006/nimg.2002.1087.

Philippot, P. (1993). Inducing and assessing differentiated emotion-feeling states in the laboratory. *Cognition & Emotion, 7*(2), 171-193. doi:10.1080/02699939308409183.

Posner, J., Russell, J. A., Gerber, A., Gorman, D., Colibazzi, T., Yu, S., . . . Peterson, B. S. (2009). The neurophysiological bases of emotion: An fMRI study of the affective circumplex using emotion-denoting words. *Human Brain Mapping, 30*(3), 883-895. doi:10.1002/hbm.20553.

Putnam, S. P., & Stifter, C. A. (2002). Development of approach and inhibition in the first year: Parallel findings from motor behavior, temperament ratings and directional cardiac response. *Developmental Science, 5*(4), 441-451. doi:10.1111/1467-7687.00239.

Rottenberg, J., Ray, R. D., & Gross, J. J. (2007). Emotion elicitation using films. In J. A. Coan & J. B. Allen (Eds.), *Handbook of emotion elicitation and assessment* (pp. 9-28). New York: Oxford University Press.

Schaller, M., & Cialdini, R. B. (1990). Happiness, sadness, and helping: A motivational integration. In E. T. Higgins & R. M. Sorrentino (Eds.), *Handbook of motivation and cognition: Foundations of social behavior* (Vol. 2, pp. 265-296). New York: Guilford.

Scherer, K. R. (2004). Which emotions can be induced by music? What are the underlying mechanisms? And how can we measure them? *Journal of New Music Research, 33*(3), 239 251. doi:10.1080/092982104200031 7822.

Scherer, K. R. (2005). What are emotions? And how can they be measured? *Social Science Information, 44*(4), 695-729. doi:10.1177/0539018405058216.

Scherer, K. R., & Zentner, M. R. (2001). Emotional effects of music: Production rules. In P. N. Juslin & J. A. Sloboda (Eds.), *Music and emotion: Theory and research* (pp. 361-392). Oxford, UK: Oxford University

Press.

Schwarz, N., & Clore, G. L. (1983). Mood, misattribution, and judgments of well-being: Informative and directive functions of affective states. *Journal of Personality and Social Psychology, 45*(3), 513. doi:10.1037/0022-3514.45.3.513.

Simon, T. K., De la Torre, F., Ambadar, Z., & E, J. F. (2011). Fast-FACS: A computer vision assisted system to increase the speed and reliability of manual FACS coding. *Proceedings of the HUMAINE Association Conference on Affective Computing and Intelligent Interaction.* Memphis, Tennessee.

Sloboda, J. A. (1992). Empirical studies of emotional response to music. In M. Reiss-Jones & S. Holleran (Eds.), *Cognitive bases of musical communication* (pp. 33-46). Washington, DC: American Psychological Association. doi:10.1037/10104-003.

Sloboda, J. A., & O'Neill, S. A. (2001). Emotions in everyday listening to music. In P. N. Juslin & J. A. Sloboda (Eds.), *Music and emotion: Theory and research* (pp. 71-104). New York: Oxford University Press.

Sprengelmeyer, R., Rausch, M., Eysel, U. T., & Przuntek, H. (1998). Neural structures associated with recognition of facial expressions of basic emotions. *Proceedings of the Royal Society of London B: Biological Sciences, 265*(1409), 1927-1931. doi:10.1098/rspb.1998.0522.

Stemmler, G., Heldmann, M., Pauls, C. A., & Scherer, T. (2001). Constraints for emotion specificity in fear and anger: The context counts. *Psychophysiology, 38*(2), 275-291. doi:10.1111/1469-8986.3820275.

Stenberg, C. R., Campos, J. J., & Emde, R. N. (1983). The facial expression of anger in seven-month-old infants. *Child Development, 54*(1), 178-184. doi:10.2307/1129875.

Strack, F., Schwarz, N., & Geschneidinger, E. (1985). Happiness and reminiscing: The role of time perspective, affect, and mode of thinking. *Journal of Personality and Social Psychology, 49*(6), 1460. doi:10.1037/0022-3514.49.6.1460.

Termine, N. T., & Izard, C. E. (1988). Infants' responses to their mothers' expressions of joy and sadness. *Developmental Psychology, 24*(2), 223-229. doi:10.1037/0012-1649.24.2.223.

Thompson, E. R. (2007). Development and validation of an internationally reliable short-form of the positive and negative affect schedule (PANAS). *Journal of Cross-Cultural Psychology, 38*(2), 227-242. doi:10.1177/0022022106297301.

Tomarken, A. J., Davidson, R. J., & Henriques, J. B. (1990). Resting frontal brain asymmetry predicts affective responses to films. *Journal of Personality and Social Psychology, 59*(4), 791. doi:10.1037/0022-3514.59.4.791.

Vastfjall, D. (2002). Emotion induction through music: A review of the musical mood induction procedure. *Musicae Scientiae, 5*(1 suppl), 173-211. doi:10.1177/10298649020050s107.

Wager, T. D., Davidson, M. L., Hughes, B. L., Lindquist, M. A., & Ochsner, K. N. (2008). Prefrontalsubcortical pathways mediating successful emotion regulation. *Neuron, 59*(6), 1037-1050. doi:10.1016/j.neuron.2008.09.006.

Watson, D., Clark, L. A., & Tellegen, A. (1988). Development and validation of brief measures of positive and negative affect: The PANAS scales. *Journal of Personality and Social Psychology, 54*(6), 1063. doi:10.1037/0022-3514.54.6.1063.

Westermann, R., Spies, K., Stahl, G., & Hesse, F. W. (1996). Relative effectiveness and validity of mood induction procedures: A meta-analysis. *European Journal of Social Psychology, 26*(4), 557-580. doi:10.1002/(sici)1099-0992(199607)26:4〈557::aid-ejsp769〉3.0.co;2-4.

Zuckerman, M., & Lubin, B. (1985). The multiple affect adjective check list revised. *San Diego: Educational and Industrial Testing Service.* doi:10.1037/t06153-000.

제3장 정서적 뇌

Adolphs, R., Damasio, H., Tranel, D., Cooper, G., & Damasio, A. R. (2000). A role for somatosensory cortices in the visual recognition of emotion as revealed by three-dimensional lesion mapping. *Journal of Neuroscience, 20*(7), 2683-2690.

Adolphs, R., Damasio, H., Tranel, D., & Damasio, A. R. (1996). Cortical systems for the recognition of emotion in facial expressions. *The Journal of Neuroscience: The Official Journal of the Society for Neuroscience, 16*(23), 7678-7687.

Adolphs, R., Tranel, D., Damasio, H., & Damasio, A. (1994). Impaired recognition of emotion in facial expressions following bilateral damage to the human amygdala. *Nature, 372*(6507), 669-672.

Adolphs, R., Tranel, D., Hamann, S., Young, A. W., Calder, A. J., Phelps, E. A., . . . Damasio, A. R. (1999). Recognition of facial emotion in nine individuals with bilateral amygdala damage. *Neuropsychologia, 37*(10), 1111-1117.

Ahern, G. L., Schomer, D. L., Kleefield, J., Blume, H., Cosgrove, G. R., Weintraub, S., & Mesulam, M. M. (1991). Right hemisphere advantage for evaluating emotional facial expressions. *Cortex; a Journal Devoted to the Study of the Nervous System and Behavior, 27*(2), 193-202.

Anagnostou, E., Soorya, L., Chaplin, W., Bartz, J., Halpern, D., Wasserman, S., . . . Hollander, E. (2012). Intranasal oxytocin versus placebo in the treatment of adults with autism spectrum disorders: A randomized controlled trial. *Molecular Autism, 3*(1), 16. doi:10.1186/2040-2392-3-16.

Bartz, J. A., Zaki, J., Bolger, N., & Ochsner, K. N. (2011). Social effects of oxytocin in humans: Context and person matter. *Trends in Cognitive Sciences, 15*(7), 301-309. doi:16/j.tics.2011.05.002.

Berridge, K. C., & Kringelbach, M. L. (2015). Pleasure systems in the brain. *Neuron, 86*(3), 646-664. doi:10.1016/j.neuron.2015.02.018.

Borod, J. C., Haywood, C. S., & Koff, E. (1997). Neuropsychological aspects of facial asymmetry during emotional expression: A review of the normal adult literature. *Neuropsychology Review, 7*(1), 41-60. doi:10.1007/BF02876972.

Boucher, O., Rouleau, I., Lassonde, M., Lepore, F., Bouthillier, A., & Nguyen, D. K. (2015). Social information processing following resection of the insular cortex. *Neuropsychologia, 71*, 1-10. doi:10.1016/j.neuropsychologia.2015.03.008.

Calder, A. J., Keane, J., Manes, F., Antoun, N., & Young, A. W. (2000). Impaired recognition and experience of disgust following brain injury. *Nature Neuroscience, 3*(11), 1077-1078.

Cannon, W. B. (1927). The James-Lange theory of emotions: A critical examination and an alternative theory. *The American Journal of Psychology,* (39), 106-124. doi:10.2307/1422695.

Carter, C. S., Grippo, A. J., Pournajafi-Nazarloo, H., Ruscio, M. G., & Porges, S. W. (2008). Oxytocin, vasopressin and sociality. *Progress in Brain Research*, *170*, 331-336. doi:10.1016/S0079-6123(08)00427-5.

Caruana, F., Avanzini, P., Gozzo, F., Francione, S., Cardinale, F., & Rizzolatti, G. (2015). Mirth and laughter elicited by electrical stimulation of the human anterior cingulate cortex. *Cortex*. doi:10.1016/j.cortex.2015.07.024.

Caruana, F., Jezzini, A., Sbriscia-Fioretti, B., Rizzolatti, G., & Gallese, V. (2011). Emotional and social behaviors elicited by electrical stimulation of the insula in the macaque monkey. *Current Biology: CB*, *21*(3), 195-199. doi:10.1016/j.cub.2010.12.042.

Castren, E. (2005). Is mood chemistry? *Nature Reviews Neuroscience*, *6*(3), 241-246. doi:10.1038/nrn1629.

Chelnokova, O., Laeng, B., Eikemo, M., Riegels, J., Løseth, G., Maurud, H., . . . Leknes, S. (2014). Rewards of beauty: The opioid system mediates social motivation in humans. *Molecular Psychiatry*, *19*(7), 746-747. doi:10.1038/mp.2014.1.

Churchland, P. S., & Winkielman, P. (2012). Modulating social behavior with oxytocin: How does it work? What does it mean? *Hormones and Behavior*, *61*(3), 392-399. doi:10.1016/j.yhbeh.2011.12.003.

Coan, J. A., Allen, J. J. B., & Harmon-Jones, E. (2001). Voluntary facial expression and hemispheric asymmetry over the frontal cortex. *Psychophysiology*, *38*(6), 912-925.

Cook, R., Bird, G., Catmur, C., Press, C., & Heyes, C. (2014). Mirror neurons: From origin to function. *The Behavioral and Brain Sciences*, *37*(2), 177-192. doi:10.1017/S0140525X13000903.

Corradi-Dell'Acqua, C., Tusche, A., Vuilleumier, P., & Singer, T. (2016). Cross-modal representations of first-hand and vicarious pain, disgust and fairness in insular and cingulate cortex. *Nature Communications*, 7, 10904. doi:10.1038/ncomms10904.

Craig, A. D. (2009). How do you feel-now? The anterior insula and human awareness. *Nature Reviews Neuroscience*, *10*(1), 59-70. doi:10.1038/nrn2555.

Dalgleish, T. (2004). The emotional brain. *Nature Reviews Neuroscience*, *5*(7), 582-589.

Davidson, R. J., & Fox, N. A. (1982). Asymmetrical brain activity discriminates between positive and negative affective stimuli in human infants. *Science*, *218*(4578), 1235-1237.

Davidson, R. J., & Hugdahl, K. (Eds.). (1995). *Brain asymmetry*. Cambridge, MA: MIT Press. Retrieved from https://mitpress.mit.edu/books/brain-asymmetry.

Davidson, R. J., & Irwin, W. (1999). The functional neuroanatomy of emotion and affective style. *Trends in Cognitive Science*, *3*(1), 11-21.

de Vignemont, F. (2013). Shared body representations and the "Whose" system. *Neuropsychologia*. 55, 128-136, doi:10.1016/j.neuropsychologia.2013.08.013

Decety, J., & Sommerville, J. A. (2003). Shared representations between self and other: A social cognitive neuroscience view. *Trends in Cognitive Sciences*, *7*(12), 527-533.

Demaree, H. A., Everhart, D. E., Youngstrom, E. A., & Harrison, D. W. (2005). Brain lateralization of emotional processing: Historical roots and a future incorporating "dominance." *Behavioral and Cognitive Neuroscience Reviews*, *4*(1), 3-20. doi:10.1177/1534582305276837.

di Pellegrino, G., Fadiga, L., Fogassi, L., Gallese, V., & Rizzolatti, G. (1992). Understanding motor events: A neurophysiological study. *Experimental Brain Research*, *91*(1), 176-180.

Domes, G., Heinrichs, M., Michel, A., Berger, C., & Herpertz, S. C. (2007). Oxytocin improves "mindreading" in humans. *Biological Psychiatry*, *61*(6), 731-733. doi:10.1016/j.biopsych.2006.07.015.

Donaldson, Z. R., & Young, L. J. (2008). Oxytocin, vasopressin, and the neurogenetics of sociality. *Science*, *322*(5903), 900-904. doi:10.1126/science.1158668.

Feinstein, J. S., Adolphs, R., Damasio, A., & Tranel, D. (2011). The human amygdala and the induction and experience of fear. *Current Biology: CB*, *21*(1), 34-38. doi:10.1016/j.cub.2010.11.042.

Fendt, M., & Fanselow, M. S. (1999). The neuroanatomical and neurochemical basis of conditioned fear. *Neuroscience and Biobehavioral Reviews*, *23*(5), 743-760.

Fried, I., Wilson, C. L., MacDonald, K. A., & Behnke, E. J. (1998). Electric current stimulates laughter. *Nature*, *391*(6668), 650.

Fries, A. B. W., Ziegler, T. E., Kurian, J. R., Jacoris, S., & Pollak, S. D. (2005). Early experience in humans is associated with changes in neuropeptides critical for regulating social behavior. *Proceedings of the National Academy of Sciences of the United States of America*, *102*(47), 17237-17240. doi:10.1073/pnas.0504767102.

Gallese, V., Fadiga, L., Fogassi, L., & Rizzolatti, G. (1996). Action recognition in the premotor cortex. *Brain*, *119*, 593-609.

Gendron, M., & Barrett, L. F. (2009). Reconstructing the past: A century of ideas about emotion in psychology. *Emotion Review*, *1*(4), 316-339. doi:10.1177/1754073909338877.

Hamann, S. (2012). Mapping discrete and dimensional emotions onto the brain: Controversies and consensus. *Trends in Cognitive Sciences*, *16*(9), 458-466. doi:10.1016/j.tics.2012.07.006.

Harmon-Jones, E., Gable, P. A., & Peterson, C. K. (2010). The role of asymmetric frontal cortical activity in emotion-related phenomena: A review and update. *Biological Psychology*, *84*(3), 451-462. doi:10.1016/j.biopsycho.2009.08.010.

Harrington, H. (1995). Unfinished business: Models of laterality in the nineteenth century. In R. J. Davidson & K. Hugdahl (Eds.), *Brain asymmetry* (pp. 3-28). Cambridge, MA: MIT Press. Retrieved from https://mitpress.mit.edu/books/brain-asymmetry.

Heyes, C. (2010a). Mesmerising mirror neurons. *NeuroImage*, *51*(2), 789-791. doi:10.1016/j.neuroimage.2010.02.034.

Heyes, C. (2010b). Where do mirror neurons come from? *Neuroscience and Biobehavioral Reviews*, *34*(4), 575-583. doi:10.1016/j.neubiorev.2009.11.007.

Hugdahl, K., & Westerhausen, R. (2010). *The two halves of the brain: Information processing in the cerebral hemispheres*. Cambridge, MA: MIT Press.

Iacoboni, M. (2009). Imitation, empathy, and mirror neurons. *Annual Review of Psychology*, *60*, 653-670. doi:10.1146/annurev.psych.60.110707.163604.

Iacoboni, M., & Dapretto, M. (2006). The mirror neuron system and the consequences of its dysfunction. *Nature Review Neuroscience*, *7*(12), 942-951. doi:nrn2024 [pii] 10.1038/nrn2024.

Kandel, E. R., Schwartz, G. H., Thomas, M. J., Siegelbaum, S. A., & Hudspeth, A. J. (Eds.). (2013). *Principles of neural science* (5th ed.). New York: McGraw-Hill.

Keysers, C., & Gazzola, V. (2010). Social neuroscience: Mirror neurons recorded in humans. *Current Biology*, *20*(8), R353-R354. doi:10.1016/j.cub.2010.03.013.

Keysers, C., Kaas, J. H., & Gazzola, V. (2010). Somatosensation in social perception. *Nature Reviews Neuroscience*, *11*(6), 417-428. doi:10.1038/nrn2833.

Killgore, W. D. S., & Yurgelun-Todd, D. A. (2004). Activation of the amygdala and anterior cingulate during nonconscious processing of sad versus happy faces. *NeuroImage*, *21*(4), 1215-1223. doi:10.1016/j.neuroimage.2003.12.033.

Korb, S., Malsert, J., Rochas, V., Rihs, T. A., Rieger, S. W., Schwab, S., . . . Grandjean, D. (2015). Gender differences in the neural network of facial mimicry of smiles-An rTMS study. *Cortex*, *70*, 101-114. doi:10.1016/j.cortex.2015.06.025.

Korb, S., Malsert, J., Strathearn, L., Vuilleumier, P., & Niedenthal, P. (2016). Sniff and mimic-Intranasal oxytocin increases facial mimicry in a sample of men. *Hormones and Behavior*, *84*, 64-74.

Kober, H., Barrett, L. F., Joseph, J., Bliss-Moreau, E., Lindquist, K., & Wager, T. D. (2008). Functional grouping and cortical-subcortical interactions in emotion: A meta-analysis of neuroimaging studies. *NeuroImage*, *42*(2), 998-1031. doi:10.1016/j.neuroimage.2008.03.059.

Krolak-Salmon, P., Henaff, M.-A., Isnard, J., Tallon-Baudry, C., Guenot, M., Vighetto, A., . . . Mauguiere, F. (2003). An attention modulated response to disgust in human ventral anterior insula. *Annals of Neurology*, *53*(4), 446-453. doi:10.1002/ana.10502.

Krolak-Salmon, P., Henaff, M. A., Vighetto, A., Bauchet, F., Bertrand, O., Mauguiere, F., & Isnard, J. (2006). Experiencing and detecting happiness in humans: The role of the supplementary motor area. *Ann Neurol*, *59*(1), 196-199.

Lambert, K. G. (2003). The life and career of Paul MacLean: A journey toward neurobiological and social harmony. *Physiology & Behavior*, *79*(3), 343-349. doi:10.1016/S0031-9384(03)00147-1.

Lamm, C., & Majdandžić, J. (2015). The role of shared neural activations, mirror neurons, and morality in empathy-A critical comment. *Neuroscience Research*, *90C*, 15-24. doi:10.1016/j.neures.2014.10.008.

LeDoux, J. E. (1996). *The emotional brain*. New York: Simon & Schuster.

LeDoux, J. E. (2007). The amygdala. *Current Biology: CB*, *17*(20), R868-874. doi:10.1016/j.cub.2007.08.005.

Ley, R. G., & Bryden, M. P. (1979). Hemispheric differences in processing emotions and faces. *Brain and Language*, *7*(1), 127-138.

Lindquist, K. A., Wager, T. D., Kober, H., Bliss-Moreau, E., & Barrett, L. F. (2012). The brain basis of emotion: A meta-analytic review. *The Behavioral and Brain Sciences*, *35*(3), 121-143. doi:10.1017/S0140525X11000446.

Lovheim, H. (2012). A new three-dimensional model for emotions and monoamine neurotransmitters. *Medical Hypotheses*, *78*(2), 341-348. doi:10.1016/j.mehy. 2011.11.016.

Macdonald, K., & Macdonald, T. M. (2010). The peptide that binds: A systematic review of oxytocin and its prosocial effects in humans. *Harvard Review of Psychiatry*, *18*(1), 1-21. doi:10.3109/10673220903523615.

MacLean, P. D. (1949). Psychosomatic disease and the visceral brain; recent developments bearing on the Papez theory of emotion. *Psychosomatic Medicine*, *11*(6), 338-353.

MacLean, P. D. (1967). The brain in relation to empathy and medical education. *Journal of Nervous and Mental Disease*, *144*(5), 374-382. doi:10.1097/00005053-196705000-00005.

Meyer-Lindenberg, A., Domes, G., Kirsch, P., & Heinrichs, M. (2011). Oxytocin and vasopressin in the human brain: Social neuropeptides for translational medicine. *Nature Reviews Neuroscience*, *12*(9), 524-538.

doi:10.1038/nrn3044.

Mitsuhashi, N., Fujieda, K., Tamura, T., Kawamoto, S., Takagi, T., & Okubo, K. (2009). BodyParts3D: 3D structure database for anatomical concepts. *Nucleic Acids Research*, *37*(suppl 1), D782-D785. doi:10.1093/nar/gkn613.

Molenberghs, P., Cunnington, R., & Mattingley, J. B. (2012). Brain regions with mirror properties: A metaanalysis of 125 human fMRI studies. *Neuroscience and Biobehavioral Reviews*, *36*(1), 341-349. doi:10.1016/j.neubiorev.2011.07.004.

Mukamel, R., Ekstrom, A. D., Kaplan, J., Iacoboni, M., & Fried, I. (2010). Single-neuron responses in humans during execution and observation of actions. *Current Biology*, *20*(8), 750-756. doi:10.1016/j.cub.2010.02.045.

Mukherjee, S. (2012, April 19). The Science and History of Treating Depression. *The New York Times Magazine*. Retrieved from http://www.nytimes.com/2012/04/22/magazine/the-science-and-history-oftreating-depression.html.

Niedenthal, P. M. (2007). Embodying emotion. *Science*, *316*, 1002-1005. doi:10.1126/science.1136930.

Niedenthal, P. M., Mermillod, M., Maringer, M., & Hess, U. (2010). The simulation of smiles (SIMS) model: Embodied simulation and the meaning of facial expression. *The Behavioral and Brain Sciences*, *33*(6), 417-433.

Nieuwenhuys, R. (2012). The insular cortex: A review. *Progress in Brain Research*, *195*, 123-163. doi:10.1016/B978-0-444-53860-4.00007-6.

Öhman, A. (2009). Of snakes and faces: An evolutionary perspective on the psychology of fear. *Scandinavian Journal of Psychology*, *50*(6), 543-552. doi:10.1111/j.1467-9450.2009.00784.x.

Panksepp, J. (1998). *Affective neuroscience*. New York: Oxford University Press.

Papagno, C., Pisoni, A., Mattavelli, G., Casarotti, A., Comi, A., Fumagalli, F., . . . Bello, L. (2016). Specific disgust processing in the left insula: New evidence from direct electrical stimulation. *Neuropsychologia*, *84*, 29-35. doi:10.1016/j.neuropsychologia.2016.01.036.

Papez, J. W. (1995). A proposed mechanism of emotion. 1937. *Journal of Neuropsychiatry and Clinical Neurosciences*, *7*(1), 103-112.

Pecina, S., Cagniard, B., Berridge, K. C., Aldridge, J. W., & Zhuang, X. (2003). Hyperdopaminergic mutant mice have higher "wanting" but not "liking" for sweet rewards. *The Journal of Neuroscience: The Official Journal of the Society for Neuroscience*, *23*(28), 9395-9402.

Phan, K. L., Wager, T., Taylor, S. F., & Liberzon, I. (2002). Functional neuroanatomy of emotion: A metaanalysis of emotion activation studies in PET and fMRI. *Neuroimage*, *16*(2), 331-348.

Phillips, M. L., Young, A. W., Senior, C., Brammer, M., Andrew, C., Calder, A. J., . . . David, A. S. (1997). A specific neural substrate for perceiving facial expressions of disgust. *Nature*, *389*(6650), 495-498.

Pitcher, D., Garrido, L., Walsh, V., & Duchaine, B. C. (2008). Transcranial magnetic stimulation disrupts the perception and embodiment of facial expressions. *Journal of Neuroscience*, *28*(36), 8929-8933.

Pollak, S. D. (2008). Mechanisms linking early experience and the emergence of emotions: Illustrations from the study of maltreated children. *Current Directions in Psychological Science*, *17*(6), 370-375. doi:10.1111/j.1467-8721.2008.00608.x.

Pourtois, G., Sander, D., Andres, M., Grandjean, D., Reveret, L., Olivier, E., & Vuilleumier, P. (2004). Dissociable roles of the human somatosensory and superior temporal cortices for processing social face signals. *European Journal of Neuroscience*, *20*(12), 3507-3515.

Rinn, W. E. (1984). The neuropsychology of facial expression: A review of the neurological and psychological mechanisms for producing facial expressions. *Psychological Bulletin*, *95*(1), 52-77.

Rochas, V., Gelmini, L., Krolak-Salmon, P., Poulet, E., Saoud, M., Brunelin, J., & Bediou, B. (2013). Disrupting pre-SMA activity impairs facial happiness recognition: An event-related TMS study. *Cerebral Cortex (New York: 1991)*, *23*(7), 1517-1525. doi:10.1093/cercor/bhs133.

Ross, E. D., Thompson, R. D., & Yenkosky, J. (1997). Lateralization of affective prosody in brain and the callosal integration of hemispheric language functions. *Brain and Language*, *56*(1), 27-54. doi:10.1006/brln.1997.1731.

Sackeim, H. A., Gur, R. C., & Saucy, M. C. (1978). Emotions are expressed more intensely on the left side of the face. *Science*, *202*, 434-436.

Sander, D., Grafman, J., & Zalla, T. (2003). The human amygdala: An evolved system for relevance detection. *Rev Neurosci*, *14*(4), 303-316.

Schirmer, A., & Kotz, S. A. (2006). Beyond the right hemisphere: Brain mechanisms mediating vocal emotional processing. *Trends in Cognitive Sciences*, *10*(1), 24-30. doi:10.1016/j.tics.2005.11.009.

Schwartz, J. H., & Javitch, J. A. (2013). Neurotransmitters. In E. R. Kandel, G. H. Schwartz, M. J. Thomas, S. A. Siegelbaum & A. J. Hudspeth (Eds.), *Principles of neural science* (5th ed., pp. 289-306). New York: McGraw-Hill.

Taylor, J. M., & Whalen, P. J. (2015). Neuroimaging and anxiety: The neural substrates of pathological and non-pathological anxiety. *Current Psychiatry Reports*, *17*(6), 49. doi:10.1007/s11920-015-0586-9.

Tupler, L. A., & De Bellis, M. D. (2006). Segmented hippocampal volume in children and adolescents with posttraumatic stress disorder. *Biological psychiatry*, *59*(6), 523-529. doi:10.1016/j.biopsych.2005.08.007.

van der Gaag, C., Minderaa, R. B., & Keysers, C. (2007). Facial expressions: What the mirror neuron system can and cannot tell us. *Social Neuroscience*, *2*(3-4), 179-222.

Wager, T. D., Kang, J., Johnson, T. D., Nichols, T. E., Satpute, A. B., & Barrett, L. F. (2015). A Bayesian model of category-specific emotional brain responses. *PLoS Computational Biology*, *11*(4), e1004066. doi:10.1371/journal.pcbi.1004066.

Wicker, B., Keysers, C., Plailly, J., Royet, J. P., Gallese, V., & Rizzolatti, G. (2003). Both of us disgusted in my insula: The common neural basis of seeing and feeling disgust. *Neuron*, *40*(3), 655-664.

Wise, R. A. (1980). The dopamine synapse and the notion of "pleasure centers" in the brain. *Trends in Neurosciences*, *3*(4), 91-95. doi:10.1016/0166-2236(80)90035-1.

Wood, A., Rychlowska, M., Korb, S., & Niedenthal, P. M. (2016). Fashioning the face: Sensorimotor simulation contributes to facial expression recognition. *Trends in Cognitive Sciences*, *20*(3), 227-240. doi:10.1016/j.tics.2015.12.010.

제4장 정서의 기능

Askew, C., & Field, A. P. (2007). Vicarious learning and the development of fears in childhood. *Behaviour Research and Therapy, 45*(11), 2616-2627. doi:10.1016/j.brat.2007.06.008.

Barrera, M. E., & Maurer, D. (1981). Recognition of mother's photographed face by the three-month-old infant. *Child Development, 52*(2), 714-716. doi:10.1111/j.1467-8624.1981.tb03102.x.

Barrett, K. C., & Campos, J. J. (1987). Perspectives on emotional development: II. A functionalist approach to emotions. In J. D. Osofsky (Ed.), *Handbook of infant development* (2nd ed., pp. 555-578). New York: Wiley.

Barrett, L. F. (2006). Are emotions natural kinds? *Perspectives on Psychological Science, 1*(1), 28-58. doi:10.1111/j.1745-6916.2006.00003.x.

Bar-Tal, D., Halperin, E., & De Rivera, J. (2007). Collective emotions in conflict situations: Societal implications. *Journal of Social Issues, 63*(2), 441-460. doi:10.1111/j.1540-4560.2007.00518.x.

Bell, R. Q. (1974). Contributions of human infants to caregiving and social interaction. In M. Lewis & L. Rosenblum (Eds.), *The effect of the infant on its caregiver* (p. 264). Oxford, England: Wiley-Interscience.

Berndsen, M., & McGarty, C. (2010). The impact of magnitude of harm and perceived difficulty of making reparations on group-based guilt and reparation towards victims of historical harm. *European Journal of Social Psychology, 40*(3), 500-513. doi:10.1002/ejsp.642.

Berntson, G. G., Cacioppo, J. T., & Grossman, P. (2007). Whither vagal tone. *Biological Psychology, 74*(2), 295-300. doi:10.1016/j.biopsycho.2006.08.006.

Blair, R. J. R. (1995). A cognitive developmental approach to morality: Investigating the psychopath. *Cognition, 57*(1), 1-29. doi:10.1016/0010-0277(95)00676-p.

Blair, R. J. R. (2003). Facial expressions, their communicatory functions and neuro-cognitive substrates. *Philosophical Transactions of the Royal Society B: Biological Sciences, 358*(1431), 561-572. doi:10.1098/rstb.2002.1220.

Blair, R. J. R. (2005). Responding to the emotions of others: Dissociating forms of empathy through the study of typical and psychiatric populations. *Consciousness and Cognition, 14*(4), 698-718. doi:10.1016/j.concog.2005.06.004.

Bless, H., Clore, G. L., Schwarz, N., Golisano, V., Rabe, C., & Wolk, M. (1996). Mood and the use of scripts: Does a happy mood really lead to mindlessness? *Journal of Personality and Social Psychology, 71*(4), 665. doi:10.1037/0022-3514.71.4.665.

Bosch, J. A., de Geus, E. J., Kelder, A., Veerman, E. C., Hoogstraten, J., & Amerongen, A. V. (2001). Differential effects of active versus passive coping on secretory immunity. *Psychophysiology, 38*, 836-846. doi:10.1111/1469-8986.3850836.

Brackett, M. A., Mayer, J. D., & Warner, R. M. (2004). Emotional intelligence and its relation to everyday behaviour. *Personality and Individual Differences, 36*(6), 1387-1402. doi:10.1016/s0191-8869(03)00236-8.

Brackett, M. A., Rivers, S. E., Shiffman, S., Lerner, N., & Salovey, P. (2006). Relating emotional abilities to social functioning: A comparison of self-report and performance measures of emotional intelligence. *Journal of Personality and Social Psychology, 91*(4), 780. doi:10.1037/0022-3514.91.4.780.

Branscombe, N. R., Doosje, B., & McGarty, C. (2002). Antecedents and consequences of collective guilt. In D. M. Mackie & E. R. Smith (Eds.), *From Prejudice to Intergroup Emotions: Differentiated Reactions to Social Groups* (pp.49-66). Philadelphia, PA: Psychology Press. doi:10.1177/1368430206064637.

Buck, R. (1983). Emotional development and emotional education. In R. Plutchik & H. Kellerman (Eds.), *Emotions in early development* (pp. 209-242). Beverly Hills, CA: Sage. doi:10.1016/b978-0-12-558702-0.50015-7.

Buck, R. (1988). The perception of facial expression: Individual regulation and social coordination. In T. R. Alley & L. S. Mark (Eds.), *Social and applied aspects of perceiving faces* (pp. 141-165). Hillsdale, NJ: Lawrence Erlbaum.

Buss, D. M. (1989). Sex differences in human mate preferences: Evolutionary hypotheses tested in 37 cultures. *Behavioral and Brain Sciences, 12*(1), 1-14. doi:10.1017/s0140525x00023992.

Buss, D. M. (1994). Individual differences in mating strategies. *Behavioral and Brain Sciences, 17*(3), 581-582. doi:10.1017/s0140525x00036062.

Butler, E. A., Egloff, B., Wlhelm, F. H., Smith, N. C., Erickson, E. A., & Gross, J. J. (2003). The social consequences of expressive suppression. *Emotion, 3*(1), 48. doi:10.1037/1528-3542.3.1.48.

Campos, J. J., Thein, S., & Owen, D. (2003). A Darwinian legacy to understanding human infancy. *Annals of the New York Academy of Sciences, 1000*(1), 110-134. doi:0.1196/annals.1280.040.

Cashdan, E. (1998). Smiles, speech, and body posture: How women and men display sociometric status and power. *Journal of Nonverbal Behavior, 22*(4), 209-228. doi:10.1023/A:1022967721884.

Chekroun, P., & Brauer, M. (2002). The bystander effect and social control behavior: The effect of the presence of others on people's reactions to norm violations. *European Journal of Social Psychology, 32*(6), 853-867. doi:10.1002/ejsp.126.

Chekroun, P., & Brauer, M. (2004). Contro^le social et effet spectateur: L'impact de l'implication personnelle [Social control and the bystander effect: The impact of personal implication]. *L'Anne´e Psychologique, 104*, 83102. doi:10.3406/psy.2004.3928.

Cialdini, R. B., Borden, R. J., Thorne, A., Walker, M. R., Freeman, S., & Sloan, L. R. (1976). Basking in reflected glory: Three (football) field studies. *Journal of Personality and Social Psychology, 34*(3), 366. doi:10.1037/0022-3514.34.3.366.

Clark, T. F., Winkielman, P., & McIntosh, D. N. (2008). Autism and the extraction of emotion from briefly presented facial expressions: Stumbling at the first step of empathy. *Emotion, 8*(6), 803. doi:10.1037/a0014124.

Conejero, S., & Etxebarria, I. (2007). The impact of the Madrid bombing on personal emotions, emotional atmosphere and emotional climate. *Journal of Social Issues, 63*(2), 273-287. doi:10.1111/j.1540-4560.2007.00508.x.

Cosmides, L., & Tooby, J. (2000). Evolutionary psychology and the emotions. *Handbook of Emotions, 2*, 91-115.

Crisp, R. J., Heuston, S., Farr, M. J., & Turner, R. N. (2007). Seeing red or feeling blue: Differentiated intergroup emotions and ingroup identification in soccer fans. *Group Processes & Intergroup Relations, 10*(1), 9-26. doi:10.1177/1368430207071337.

Dawel, A., Palermo, R., O'Kearney, R., Irons, J. & McKone, E. (2015), Fearful faces drive gaze-cueing and threat bias effects in children on the lookout for danger. *Developmental Science*, 18: 219-231. doi:10.1111/desc.12203.

de Rivera, J., & Paez, D. (2007). Emotional climate, human security, and cultures of peace. *Journal of Social Issues*, *63*(2), 233-253. doi:10.1111/j.1540-4560.2007.00506.x.

Derryberry, D., & Tucker, D. M. (1994). Motivating the focus of attention. In P. M. Niedenthal & S. Kitayama (Eds.), *The heart's eye: Emotional influences in perception and attention* (pp. 167-196). San Diege, CA: Academic Press. doi:10.1016/b978-0-12-410560-7.50014-4.

Doosje, B., Branscombe, N. R., Spears, R., & Manstead, A. S. (1998). Guilty by association: When one's group has a negative history. *Journal of Personality and Social Psychology*, *75*(4), 872. doi:10.1037//0022-3514.75.4.872.

Dunbar, R. I. (1993). Coevolution of neocortical size, group size and language in humans. *Behavioral and Brain Sciences*, *16*(4), 681-694. doi:10.1017/s0140525x00032325.

Ekman, P. (1992). An argument for basic emotions. *Cognition & Emotion*, *6*(3-4), 169-200. doi:10.1080/02699939208411068.

Fairchild, G., Van Goozen, S. H., Calder, A. J., Stollery, S. J., & Goodyer, I. M. (2009). Deficits in facial expression recognition in male adolescents with early-onset or adolescence-onset conduct disorder. *Journal of Child Psychology and Psychiatry*, *50*, 627-636. doi:10.1111/j.1469-7610.2008.02020.x.

Fiske, A. P. (1991). *Structures of social life: The four elementary forms of human relations: Communal sharing, authority ranking, equality matching, market pricing*. New York, NY: Free Press. doi:10. 1086/229892.

Fredrickson, B. L. (1998). What good are positive emotions? *Review of General Psychology*, *2*(3), 300. doi:10.1037/1089-2680.2.3.300.

Fredrickson, B. L. (2013). Positive emotions broaden and build. *Advances in Experimental Social Psychology*, *47*, 1-53. doi:10.1016/b978-0-12-407236-7.00001-2.

Fredrickson, B. L., & Branigan, C. (2005). Positive emotions broaden the scope of attention and thoughtaction repertoires. *Cognition & Emotion*, *19*(3), 313-332. doi:10.1080/02699930441000238.

Fredrickson, B. L., & Cohn, M. A. (2008). Positive emotions. In M. Lewis, J. Haviland-Jones & L. F. Barrett (Eds.), *Handbook of emotions* (3rd ed., pp. 777-796). New York: Guilford Press.

Fredrickson, B. L., & Levenson, R. W. (1998). Positive emotions speed recovery from the cardiovascular sequelae of negative emotions. *Cognition & Emotion*, *12*(2), 191-220. doi:10.1080/026999398379718.

Fredrickson, B. L., Tugade, M. M., Waugh, C. E., & Larkin, G. R. (2003). What good are positive emotions in crisis? A prospective study of resilience and emotions following the terrorist attacks on the United States on September 11th, 2001. *Journal of Personality and Social Psychology*, *84*(2), 365. doi:10.1037/0022-3514.84.2.365.

Friijda, N. H. (1986). *The emotions*. Cambridge, UK: Cambridge University Press.

Frijda, N. H., & Mesquita, B. (1994). The social roles and functions of emotions. In S. Kitayama & H. Marcus (Eds.), *Emotion and culture: Empirical studies of mutual influence* (pp. 51-87). Washington, DC: American Psychological Association. doi:10.1037/10152-002.

Gable, S. L., Gonzaga, G. C., & Strachman, A. (2006). Will you be there for me when things go right? Supportive responses to positive event disclosures. *Journal of Personality and Social Psychology*, *91*(5), 904.

doi:10.1037/0022-3514.91.5.904.

Gerull, F. C., & Rapee, R. M. (2002). Mother knows best: Effects of maternal modeling on the acquisition of fear and avoidance behaviour in toddlers. *Behaviour Research and Therapy*, *40*(3), 279-287. doi:10.1016/s0005-7967(01)00013-4.

Gilbert, P. (2001). Evolution and social anxiety: The role of attraction, social competition, and social hierarchies. *Psychiatric Clinics of North America*, *24*(4), 723-751. doi:10.1016/s0193-953x(05)70260-4.

Gonzaga, G. C., Keltner, D., Londahl, E. A., & Smith, M. D. (2001). Love and the commitment problem in romantic relations and friendship. *Journal of Personality and Social Psychology*, *81*(2), 247. doi:10.1037/0022-3514.81.2.247.

Gross, M. M., Crane, E. A., & Fredrickson, B. L. (2012). Effort-shape and kinematic assessment of bodily expression of emotion during gait. *Human Movement Science*, *31*(1), 202-221. doi:10.1016/j.humov.2011.05.001.

Grossman, P., & Taylor, E. W. (2007). Toward understanding respiratory sinus arrhythmia: Relations to cardiac vagal tone, evolution and biobehavioral functions. *Biological Psychology*, *74*(2), 263-285. doi:10.1016/j.biopsycho.2005.11.014.

Grossmann, T. (2010). The development of emotion perception in face and voice during infancy. *Restorative Neurology and Neuroscience*, *28*(2), 219. doi:10.3233/RNN-2010-0499.

Gump, B. B., & Kulik, J. A. (1997). Stress, affiliation, and emotional contagion. *Journal of Personality and Social Psychology*, *72*(2), 305. doi:10.1037/0022-3514.72.2.305.

Gustafson, G. E., & Harris, K. L. (1990). Women's responses to young infants' cries. *Developmental Psychology*, *26*(1), 144-152. doi:10.1037/0012-1649.26.1.144.

Haidt, J. (2003). The moral emotions. In R. J. Davidson, K. R. Scherer & H. H. Goldsmith (Eds.), *Handbook of affective sciences* (pp. 853-870). Oxford: Oxford University Press.

Harmon-Jones, E., Gable, P. A., & Price, T. F. (2013). Does negative affect always narrow and positive affect always broaden the mind? Considering the influence of motivational intensity on cognitive scope. *Current Directions in Psychological Science*, *22*(4), 301-307. doi:10.1177/0963721413481353.

Heberlein, A. S., Padon, A. A., Gillihan, S. J., Farah, M. J., & Fellows, L. K. (2008). Ventromedial frontal lobe plays a critical role in facial emotion recognition. *Journal of Cognitive Neuroscience*, *20*(4), 721-733. doi:10.1162/jocn.2008.20049.

Hertenstein, M. J., & Campos, J. J. (2004). The retention effects of an adult's emotional displays on infant behavior. *Child Development*, *75*(2), 595-613. doi:10.1111/j.1467-8624.2004.00695.x.

Hinson, J. M., Jameson, T. L., & Whitney, P. (2002). Somatic markers, working memory, and decision making. *Cognitive, Affective, & Behavioral Neuroscience*, *2*(4), 341-353. doi:10.3758/cabn.2.4.341.

Hrdy, S. B. (1999). *Mother nature: A history of mothers, infants, and natural selection*. New York: Pantheon.

Impett, E. A., Le, B. M., Kogan, A., Oveis, C., & Keltner, D. (2014). When you think your partner is holding back the costs of perceived partner suppression during relationship sacrifice. *Social Psychological and Personality Science*, *5*(5), 542-549. doi:10.1177/1948550613514455.

Isen, A. M., Johnson, M. M., Mertz, E., & Robinson, G. F. (1985). The influence of positive affect on the unusualness of word associations. *Journal of Personality and Social Psychology*, *48*(6), 1413.

doi:10.1037/0022-3514.48.6.1413.

Johnson, K. J., Waugh, C. E., & Fredrickson, B. L. (2010). Smile to see the forest: Facially expressed positive emotions broaden cognition. *Cognition and Emotion, 24*(2), 299-321. doi:10.1080/02699930903384667.

Johnson-Laird, P. N., & Oatley, K. (1992). Basic emotions, rationality, and folk theory. *Cognition & Emotion, 6*(3-4), 201-223. doi:10.1080/02699939208411069.

Kanyangara, P., Rimé, B., Philippot, P., & Yzerbyt, V. (2007). Collective rituals, emotional climate and intergroup perception: Participation in "Gacaca" tribunals and assimilation of the Rwandan genocide. *Journal of Social Issues, 63*(2), 387-403. doi:10.1111/j.1540-4560.2007.00515.x.

Kelsey, R. M., Ornduff, S. R., Reiff, S., & Arthur, C. M. (2002). Psychophysiological correlates of narcissistic traits in women during active coping. *Psychophysiology, 39*, 322-332 doi:10.1111/1469-8986.3930322.

Keltner, D., & Gross, J. J. (1999). Functional accounts of emotions. *Cognition & Emotion, 13*(5), 467-480. doi:10.1080/026999399379140.

Keltner, D., & Haidt, J. (1999). Social functions of emotions at four levels of analysis. *Cognition & Emotion, 13*(5), 505-521. doi:10.1080/026999399379168.

Keltner, D., & Haidt, J. (2001). Social functions of emotions. In T. J. Mayne & G. A. Bonanno (Eds.), *Emotions: Current issues and future directions* (pp. 192-213). New York: Guilford Press.

Keltner, D., Haidt, J., & Shiota, M. N. (2006). Social functionalism and the evolution of emotions. In M. Schaller, J. A. Simpson & D. T. Kenrick (Eds.), *Evolution and social psychology* (pp. 115-142). New York: Psychology Press.

Keltner, D., & Kring, A. M. (1998). Emotion, social function, and psychopathology. *Review of General Psychology, 2*(3), 320. doi:10.1037/1089-2680.2.3.320.

Keltner, D., Young, R. C., Heerey, E. A., Oemig, C., & Monarch, N. D. (1998). Teasing in hierarchical and intimate relations. *Journal of Personality and Social Psychology, 75*(5), 1231. doi:10.1037/0022-3514.75.5.1231.

Kennedy, D. P., Glascher, J., Tyszka, J. M., & Adolphs, R. (2009). Personal space regulation by the human amygdala. *Nature Neuroscience, 12*(10), 1226-1227. doi:10.1038/nn.2381.

Klinnert, M. D. (1984). The regulation of infant behavior by maternal facial expression. *Infant Behavior and Development, 7*(4), 447-465. doi:10.1016/s0163-6383(84)80005-3.

Klinnert, M. D., Emde, R. N., Butterfield, P., & Campos, J. J. (1986). Social referencing: The infant's use of emotional signals from a friendly adult with mother present. *Developmental Psychology, 22*(4), 427. doi:10.1037/0012-1649.22.4.427.

Kobayashi, H., & Kohshima, S. (1997). Unique morphology of the human eye. *Nature, 387*, 767-768. doi:10.1006/jhev.2001.0468.

Kobiella, A., Grossmann, T., Reid, V., & Striano, T. (2008). The discrimination of angry and fearful facial expressions in 7-month-old infants: An event-related potential study. *PCEM, 22*(1), 134-146. doi:10.1080/02699930701394256.

Kok, B. E., & Fredrickson, B. L. (2010). Upward spirals of the heart: Autonomic flexibility, as indexed by vagal tone, reciprocally and prospectively predicts positive emotions and social connectedness. *Biological Psychology, 85*(3), 432-436. doi:10.1016/j.biopsycho.2010.09.005.

Kreibig, S. D., Wilhelm, F. H., Roth, W. T., & Gross, J. J. (2007). Cardiovascular, electrodermal, and respiratory response patterns to fear- and sadness-inducing films. *Psychophysiology*, *44*(5), 787-806. doi:10.1111/j.1469-8986.2007.00550.x.

Kuckuck, A., Vibbert, M., & Bornstein, M. H. (1986). The perception of smiling and its experiential correlates in 3-month-olds. *Child Development*, *57*, 1054-1061. doi:10.1111/j.1467-8624.1986.tb00266.x.

Leach, C. W., Iyer, A., & Pedersen, A. (2006). Anger and guilt about ingroup advantage explain the willingness for political action. *Personality and Social Psychology Bulletin*, *32*(9), 1232-1245. doi:10.1177/0146167206289729.

Leary, M. R., Koch, E. J., & Hechenbleikner, N. R. (2001). Emotional responses to interpersonal rejection. In M. R. Leary (Ed.), *Interpersonal rejection* (p. 145-166). New York: Oxford University Press.

Lee, D. H., Susskind, J. M., & Anderson, A. K. (2013). Social transmission of the sensory benefits of eye widening in fear expressions. *Psychological Science*, *24*(6), 957-965. doi:10.1177/0956797612464500.

Levenson, R. W. (1992). Autonomic nervous system differences among emotions. *Psychological Science*, *3*, 23-27. doi:10.1111/j.1467-9280.1992.tb00251.x.

Levenson, R. W. (2003). Blood, sweat, and fears. *Annals of the New York Academy of Sciences*, *1000*(1), 348-366. doi:10.1196/annals.1280.016.

Lopes, P. N., Salovey, P., & Straus, R. (2003). Emotional intelligence, personality, and the perceived quality of social relationships. *Personality and Individual Differences*, *35*(3), 641-658. doi:10.1016/s0191-8869(02)00242-8.

Lorberbaum, J. P., Newman, J. D., Horwitz, A. R., Dubno, J. R., Lydiard, R. B., Hamner, M. B., . . . George, M. S. (2002). A potential role for thalamocingulate circuitry in human maternal behavior. *Biological Psychiatry*, *51*(6), 431-445. doi:10.1016/S0006-3223(01)01284-7.

Marsh, A. A., Adams, R. B., & Kleck, R. E. (2005). Why do fear and anger look the way they do? Form and social function in facial expressions. *Personality and Social Psychology Bulletin*, *31*(1), 73-86. doi:10.1177/0146167204271306.

Marsh, A. A., & Blair, R. J. R. (2008). Deficits in facial affect recognition among antisocial populations: A meta-analysis. *Neuroscience & Biobehavioral Reviews*, *32*(3), 454-465. doi:10.1016/j.neubiorev.2007.08.003.

Matthews, G., & Wells, A. (1999). The cognitive science of attention and emotion. In T. Dalgleish & M. Power (Eds.), *Handbook of cognition and emotion* (pp. 171-192). New York: Wiley. doi:10.1002/0470013494.ch9.

Mayer, J. D., Salovey, P., & Caruso, D. R. (2004). Emotional Intelligence: Theory, Findings, and Implications. Psychological inquiry, 15(3), 197-215. doi:10.1207/s15327965pli1503_02.

Mayer, J. D., Salovey, P., & Caruso, D. R. (2008). Emotional intelligence: New ability or eclectic traits? *American Psychologist*, *63*(6), 503. doi:10.1037/0003-066x.63.6.503.

McGarty, C., Pedersen, A., Wayne Leach, C., Mansell, T., Waller, J., & Bliuc, A. M. (2005). Group-based guilt as a predictor of commitment to apology. *British Journal of Social Psychology*, *44*(4), 659-680. doi:10.1348/014466604x18974.

McIntosh, D. N., Reichmann-Decker, A., Winkielman, P., & Wilbarger, J. L. (2006). When the social mirror breaks: Deficits in automatic, but not voluntary, mimicry of emotional facial expressions in autism.

Developmental Science, 9(3), 295-302. doi:10.1111/j.1467-7687.2006.00492.x.

Mineka, S., & Cook, M. (1993). Mechanisms involved in the observational conditioning of fear. *Journal of Experimental Psychology: General, 122*(1), 23. doi:10.1037/0096-3445.122.1.23.

Muhtadie, L., Koslov, K., Akinola, M., & Mendes, W. B. (2015). Vagal flexibility: A physiological predictor of social sensitivity. *Journal of Personality and Social Psychology, 109*(1), 106-120. doi:10.1037/pspp0000016.

Mumme, D. L., Fernald, A., & Herrera, C. (1996). Infants' responses to facial and vocal emotional signals in a social referencing paradigm. *Child Development, 67*(6), 3219-3237. doi:10.2307/1131775.

Niedenthal, P. M., & Brauer, M. (2012). Social functionality of human emotion. *Annual Review of Psychology, 63*(1), 259-285. doi:10.1146/annurev.psych.121208.131605.

Niedenthal, P. M., Korb, S., Wood, A., & Rychlowska, M. (2016). Smiles of love, sympathy and war and how we know one when we see it. In U. Hess (Ed.), *Emotional mimicry in social context*. Cambridge: Cambridge University Press.

Niedenthal, P. M., Mermillod, M., Maringer, M., & Hess, U. (2010). The simulation of smiles (SIMS) model: Embodied simulation and the meaning of facial expression. *Behavioral and Brain Sciences, 33*(6), 417-433. doi:10.1017/S0140525X10000865.

Oatley, K., & Duncan, E. (1992). Episode of emotion in daily life. In K. T. Strongman (Ed.), *International review of studies on emotion* (Vol. 2, pp. 249-293). Chichester: John Wiley & Sons.

Oatley, K., & Duncan, E. (1994). The experience of emotions in everyday life. *Cognition & Emotion, 8*(4), 369-381. doi:10.1080/02699939408408947.

Oatley, K., & Johnson-Laird, P. N. (1987). Towards a cognitive theory of emotions. *Cognition and Emotion, I*, 29-50. doi:10.1080/02699938708408362.

Parrott, W. G. (2001). Implications of dysfunctional emotions for understanding how emotions function. *Review of General Psychology, 5*(3), 180-186. doi:10.1037/1089-2680.5.3.180.

Plutchik, R. (1980). *Emotion: A psycho-evolutionary synthesis*. New York: Harper & Row.

Pollak, S. D. (2008). Mechanisms linking early experience and the emergence of emotions illustrations from the study of maltreated children. *Current Directions in Psychological Science, 17*(6), 370-375. doi:10.1111/j.1467-8721.2008.00608.x.

Porges, S. W. (1995). Orienting in a defensive world: Mammalian modifications of our evolutionary heritage. A polyvagal theory. *Psychophysiology, 32*(4), 301-318. doi:10.1111/j.1469-8986.1995.tb01213.x.

Porges, S. W. (2001). The polyvagal theory: Phylogenetic substrates of a social nervous system. *International Journal of Psychophysiology, 42*(2), 123-146. doi:10.1016/s0167-8760(01)00162-3.

Porges, S. W. (2007). The polyvagal perspective. *Biological Psychology, 74*(2), 116-143. doi:0.1016/j.biopsycho.2006.06.009.

Porter, F. L., Porges, S. W., & Marshall, R. E. (1988). Newborn pain cries and vagal tone: Parallel changes in response to circumcision. *Child Development, 59*(2), 495-505. doi:10.2307/1130327.

Quigley, K. S., & Barrett, L. F. (2014). Is there consistency and specificity of autonomic changes during emotional episodes? Guidance from the conceptual act theory and psychophysiology. *Biological Psychology, 98*, 82-94. doi:10.1016/j.biopsycho.2013.12.013.

Rimé, B. (2007). Interpersonal emotion regulation. In J. J. Gross (Ed.), *Handbook of emotion regulation* (pp.

466-485). New York: Guilford Press.

Ritz, T., Steptoe, A., De Wilde, S., & Costa, M. (2000). Emotions and stress increase respiratory resistance in asthma. *Psychosomatic Medicine, 62*, 401-412. doi:10.1097/00006842-200005000-00014.

Rosete, D. (2007). Does emotional intelligence play an important role in leadership effectiveness? (Unpublished doctoral dissertation). University of Wollongong, Wollongong, New South Wales, Australia.

Rowe, G., Hirsh, J. B., & Anderson, A. K. (2007). Positive affect increases the breadth of attentional selection. *Proceedings of the National Academy of Sciences, 104*(1), 383-388. doi:10.1073/pnas.0605198104.

Rubin, M. M. (1999). Emotional intelligence and its role in mitigating aggression: A correlational study of the relationship between emotional intelligence and aggression in urban adolescents. (Unpublished dissertation). Immaculata College, Immaculata, Pennsylvania.

Rychlowska, M., Miyamoto, Y., Matsumoto, D., Hess, U., Gilboa-Schechtman, E., Kamble, S., . . . Niedenthal, P. M. (2015). Heterogeneity of long-history migration explains cultural differences in reports of emotional expressivity and the functions of smiles. *PNAS Proceedings of the National Academy of Sciences of the United States of America, 112*(19), E2429-E2436. doi:10.1073/pnas.1413661112.

Salovey, P., & Mayer, J. D. (1990). Emotional intelligence. *Imagination, Cognition and Personality, 9*(3), 185-211. doi:10.2190/dugg-p24e-52wk-6cdg.

Salovey, P., Mayer, J. D., Caruso, D., & Lopes, P. N. (2003). Measuring emotional intelligence as a set of abilities with the Mayer-Salovey-Caruso emotional intelligence test. In C.R. Snyder (Ed.), *Positive psychological assessment: A handbook of models and measures*, (pp. 251-265). Washington, DC: American Psychological Association. doi:10.1037/10612-016.

Scheff, T. J. (1988). Shame and conformity: The deference-emotion system. *American Sociological Review, 53*(3), 395-406. doi:10.2307/2095647.

Schwartz, G. M., Izard, C. E., & Ansul, S. E. (1985). The 5-month-old's ability to discriminate facial expressions of emotion. *Infant Behavior and Development, 8*(1), 65-77. doi:10.1016/S0163-6383(85)80017-5.

Sell, A., Tooby, J., & Cosmides, L. (2009). Formidability and the logic of human anger. *Proceedings of the National Academy of Sciences, 106*(35), 15073-15078. doi:10.1073/pnas.0904312106.

Shiota, M. N., Campos, B., & Keltner, D. (2003). The faces of positive emotion. *Annals of the New York Academy of Sciences, 1000*(1), 296-299. doi:10.1196/annals.1280.029.

Shiota, M. N., Campos, B., Keltner, D., & Hertenstein, M. J. (2004). Positive emotion and the regulation of interpersonal relationships. In P. Philippot and R. Feldman (Eds.), *The Regulation of Emotion* (pp. 127-155). New York, NY: Psychology Press.

Shiota, M. N., Campos, B., Keltner, D., & Hertenstien, M. J. (2004). Positive emotion and the regulation of interpersonal relationships. In P. Philippot & R. S. Feldman (Eds.), *The regulation of emotion* (pp. 127-155). Mahwah, NJ: Erlbaum.

Spoor, J. R., & Kelly, J. R. (2004). The evolutionary significance of affect in groups: Communication and group bonding. *Group Processes & Intergroup Relations, 7*(4), 398-412. doi:10.1177/1368430204046145.

Srivastava, S., Tamir, M., McGonigal, K. M., John, O. P., & Gross, J. J. (2009). The social costs of emotional suppression: A prospective study of the transition to college. *Journal of Personality and Social Psychology, 96*(4), 883. doi:10.1037/a0014755.

Stemmler, G., Aue, T., & Wacker, J. (2007). Anger and fear: Separable effects of emotion and motivational direction on somatovisceral responses. *International Journal of Psychophysiology*, 66(2), 141-153. doi:10.1016/j.ijpsycho.2007.03.019.

Stemmler, G., Heldmann, M., Pauls, C. A., & Scherer, T. (2001), Constraints for emotion specificity in fear and anger: The context counts. *Psychophysiology*, 38, 275-291. doi:10.1111/1469-8986.3820275.

Striano, T., Brennan, P. A., & Vanman, E. J. (2002). Maternal depressive symptoms and 6-month-old infants' sensitivity to facial expressions. *Infancy*, 3(1), 115-126. doi:10.1207/S15327078IN0301_6.

Thomas, E. F., & McGarty, C. A. (2009). The role of efficacy and moral outrage norms in creating the potential for international development activism through group-based interaction. *British Journal of Social Psychology*, 48(1), 115-134. doi:10.1348/014466608x313774.

Tooby, J., Cosmides, L., Sell, A., Lieberman, D., & Sznycer, D. (2008). Internal regulatory variables and the design of human motivation: A computational and evolutionary approach. In Andrew J. Elliot (Ed.), *Handbook of approach and avoidance motivation* (pp. 251-271). Mahwah, NJ: Lawrence Erlbaum Associates. doi:10.4324/9780203888148.ch15.

Tracy, J. L., & Robins, R. W. (2007). Emerging insights into the nature and function of pride. *Current Directions in Psychological Science*, 16(3), 147-150. doi:10.1111/j.1467-8721.2007.00493.x.

Trainor, L. J., Austin, C. M., & Desjardins, R. N. (2000). Is infant-directed speech prosody a result of the vocal expression of emotion? *Psychological Science*, 11(3), 188-195. doi:10.1111/1467-9280.00240.

Tranel, D., Bechara, A., & Damasio, A. R. (2000). Decision making and the somatic marker hypothesis. In M. S. Gazzaniga (Ed.), *The New cognitive neurosciences* (pp. 1047-1061). Cambridge, MA: MIT Press/Bradford Books.

Trivers, R. L. (1971). The evolution of reciprocal altruism. *Quarterly Review of Biology*, 46, 35-57. doi:10.1086/406755.

Vaish, A., & Striano, T. (2004). Is visual reference necessary? Contributions of facial versus vocal cues in 12-month-olds' social referencing behavior. *Developmental Science*, 7(3), 261-269. doi:10.1111/j.1467-7687.2004.00344.x.

van Kleef, G. A. (2009). How emotions regulate social life the emotions as social information (EASI) model. *Current Directions in Psychological Science*, 18(3), 184-188. doi:10.1111/j.1467-8721.2009.01633.x.

van Zomeren, M., Fischer, A. H., & Spears, R. (2007). Testing the limits of tolerance: How intergroup anxiety amplifies negative and offensive responses to out-group-initiated contact. *Personality and Social Psychology Bulletin*, 33(12), 1686-1699. doi:10.1177/0146167207307485.

van Zomeren, M., Spears, R., Fischer, A. H., & Leach, C. W. (2004). Put your money where your mouth is! Explaining collective action tendencies through group-based anger and group efficacy. *Journal of Personality and Social Psychology*, 87(5), 649. doi:10.1037/0022-3514.87.5.649.

Vermeulen, N., Godefroid, J., & Mermillod, M. (2009). Emotional modulation of attention: Fear increases but disgust reduces the attentional blink. *PLoS One*, 4(11), e7924. doi:10.1371/journal.pone.0007924.

Wadlinger, H. A., & Isaacowitz, D. M. (2006). Positive mood broadens visual attention to positive stimuli. *Motivation and Emotion*, 30(1), 87-99. doi:10.1007/s11031-006-9021-1.

Wakslak, C. J., Jost, J. T., Tyler, T. R., & Chen, E. S. (2007). Moral outrage mediates the dampening effect of system justification on support for redistributive social policies. *Psychological Science*, *18*(3), 267-274. doi:10.1111/j.1467-9280.2007.01887.x.

Walker-Andrews, A. S., & Lennon, E. (1991). Infants' discrimination of vocal expressions: Contributions of auditory and visual information. *Infant Behavior and Development*, *14*(2), 131-142. doi:10.1016/0163-6383(91)90001-9.

Walter, F., & Bruch, H. (2008). The positive group affect spiral: A dynamic model of the emergence of positive affective similarity in work groups. *Journal of Organizational Behavior*, *29*(2), 239-261. doi:10.1002/job.505.

Waugh, C. E., & Fredrickson, B. L. (2006). Nice to know you: Positive emotions, self-other overlap, and complex understanding in the formation of a new relationship. *The Journal of Positive Psychology*, *1*(2), 93-106. doi:10.1080/17439760500510569.

Wieser, M. J., Muhlberger, A., Alpers, G. W., Macht, M., Ellgring, H., & Pauli, P. (2006). Emotion processing in Parkinson's disease: Dissociation between early neuronal processing and explicit ratings. *Clinical Neurophysiology*, *117*(1), 94-102. doi:10.1016/j.clinph.2005.09.009.

Wilder, D. A., & Shapiro, P. N. (1989). Role of competition-induced anxiety in limiting the beneficial impact of positive behavior by an out-group member. *Journal of Personality and Social Psychology*, *56*(1), 60. doi:10.1037/0022-3514.56.1.60.

Wohl, M. J., & Branscombe, N. R. (2005). Forgiveness and collective guilt assignment to historical perpetrator groups depend on level of social category inclusiveness. *Journal of Personality and Social Psychology*, *88*(2), 288. doi:10.1037/0022-3514.88.2.288.

Wohl, M. J., Branscombe, N. R., & Reysen, S. (2010). Perceiving your group's future to be in jeopardy: Extinction threat induces collective angst and the desire to strengthen the ingroup. *Personality and Social Psychology Bulletin*, 37(7), 989-910. doi:10.1177/0146167210372505.

Young-Browne, G., Rosenfeld, H. M., & Horowitz, F. D. (1977). Infant discrimination of facial expressions. *Child Development*, *48*, 555-562. doi:10.2307/1128653.

제5장 정서 표현

Adelmann, P. K., & Zajonc, R. B. (1989). Facial efference and the experience of emotion. *Annual Review of Psychology*, *40*(1), 249-280. doi:10.1146/annurev.ps.40.020189.001341.

Adolphs, R. (2002). Neural systems for recognizing emotion. *Current Opinion in Neurobiology*, *12*(2), 169-177. doi:10.1016/S0959-4388(02)00301-X.

Andrew, R. J. (1963). The origin and evolution of the calls and facial expressions of the primates. *Behaviour*, *20*(1), 1-107.

Atkinson, A. P., Dittrich, W. H., Gemmell, A. J., & Young, A. W. (2004). Emotion perception from dynamic and static body expressions in point-light and full-light displays. *Perception*, *33*(6), 717-746. doi:10.1068/p5096.

Aucouturier, J. J., Johansson, P., Hall, L., Segnini, R., Mercadie, L., & Watanabe, K. (2016). Covert digital manipulation of vocal emotion alter speakers' emotional states in a congruent direction. *Proceedings of the National Academy of Sciences, 114*(4), 948-953. doi:10.1073/pnas.1506552113.

Aviezer, H., Trope, Y., & Todorov, A. (2012). Body cues, not facial expressions, discriminate between intense positive and negative emotions. *Science, 338*(6111), 1225-1229. doi:10.1126/science.1224313.

Bachorowski, J. A. (1999). Vocal expression and perception of emotion. *Current Directions in Psychological Science, 8*(2), 53-57. doi:10.1111/1467-8721.00013.

Bänziger, T., Grandjean, D., & Scherer, K. R. (2009). Emotion recognition from expressions in face, voice, and body: The multimodal emotion recognition test (MERT). *Emotion, 9*(5), 691-704. doi:10.1037/a0017088.

Barrett, L. F. (2006). Are emotions natural kinds? *Perspectives on psychological science (Wiley-Blackwell), 1*(1), 28-58. doi:10.1111/j.1745-6916.2006.00003.x.

Brownlow, S., Dixon, A. R., Egbert, C. A., & Radcliffe, R. D. (1997). Perception of movement and dancer characteristics from point-light displays of dance. *The Psychological Record, 47*(3), 411-421.

Buck, R. (1978). The slide-viewing technique for measuring nonverbal sending accuracy: A guide for replication. *Catalog of Selected Documents in Psychology, 8*, 63.

Buck, R. (1980). Nonverbal behavior and the theory of emotion: The facial feedback hypothesis. *Journal of Personality and Social Psychology, 38*(5), 811-824. doi:10.1037/0022-3514.38.5.811.

Buck, R., Losow, J. I., Murphy, M. M., & Costanzo, P. (1992). Social facilitation and inhibition of emotional expression and communication. *Journal of Personality and Social Psychology, 63*(6), 962-968. doi:10.1037/0022-3514.63.6.962.

Camras, L. A., Holland, E. A., & Patterson, M. J. (1993). Facial expression. In M. Lewis & J. M. Haviland (Eds.), *Handbook of emotions* (pp. 199-208). New York: Guilford Press.

Castellano, G., Villalba, S. D., & Camurri, A. (2007). Recognising human emotions from body movement and gesture dynamics. In A. Paiva, R. Prada & R. Picard (Eds.), *Affective computing and intelligent interaction* (pp. 71-82). Berlin Heidelberg: Springer. doi:10.1007/978-3-540-74889-2_7.

Cattaneo, L., & Pavesi, G. (2014). The facial motor system. *Neuroscience and Biobehavioral Reviews, 38*, 135-159. doi:10.1016/j.neubiorev.2013.11.002.

Changizi, M. A., Zhang, Q., & Shimojo, S. (2006). Bare skin, blood and the evolution of primate colour vision. *Biology Letters, 2*(2), 217-221. doi:10.1098/rsbl.2006.0440.

Chovil, N. (1991). Social determinants of facial displays. *Journal of Nonverbal Behavior, 15*(3), 141-154. doi:10.1007/BF01672216.

Cross, E. S., Hamilton, A. F. D. C., & Grafton, S. T. (2006). Building a motor simulation de novo: Observation of dance by dancers. *Neuroimage, 31*(3), 1257-1267. doi:10.1016/j.neuroimage.2006.01.033.

Cummings, K. E., & Clements, M. A. (1995). Analysis of the glottal excitation of emotionally styled and stressed speech. *The Journal of the Acoustical Society of America, 98*(1), 88-98. doi:10.1121/1.413664.

Darwin, C. (1872/1998). *The expression of emotions in man and animals.* New York: Philosophical Library. doi:10.1037/10001-000.

Davila-Ross, M., Jesus, G., Osborne, J., & Bard, K. A. (2015). Chimpanzees (*Pan troglodytes*) produce the same types of 'laugh faces' when they emit laughter and when they are silent. *PLoS One, 10*(6), e0127337. doi:10.1371/journal.pone.0127337.

de Gelder, B., Bocker, K. B., Tuomainen, J., Hensen, M., & Vroomen, J. (1999). The combined perception of emotion from voice and face: Early interaction revealed by human electric brain responses. *Neuroscience Letters*, *260*(2), 133-136. doi:10.1016/S0304-3940(98)00963-X.

De Meijer, M. (1989). The contribution of general features of body movement to the attribution of emotions. *Journal of Nonverbal Behavior*, *13*(4), 247-268. doi:10.1007/BF00990296.

Dimberg, U., Thunberg, M., & Grunedal, S. (2002). Facial reactions to emotional stimuli: Automatically controlled emotional responses. *Cognition & Emotion*, *16*(4), 449-471. doi:10.1080/02699930143000356.

Dittrich, W. H., Troscianko, T., Lea, S. E., & Morgan, D. (1996). Perception of emotion from dynamic point-light displays represented in dance. *Perception*, *25*(6), 727-738. doi:10.1068/p250727.

Dolan, R. J., Morris, J. S., & de Gelder, B. (2001). Crossmodal binding of fear in voice and face. *Proceedings of the National Academy of Sciences*, *98*(17), 10006-10010. doi:10.1073/pnas.171288598.

Donovan, W. L., & Leavitt, L. A. (1985). Physiology and behavior: Parents' responses to the infant cry. In B. M. Lester & C. F. Z. Boukydis (Eds.), *Infant crying: Theoretical and research perspectives* (pp. 241-261). New York: Plenum. doi:10.1007/978-1-4613-2381-5_11.

Eibl-Eibesfeldt, I. (1973). *Love and hate: On the natural history of basic behaviour patterns*. New York: Aldine de Gruyter.

Ekman, P. (1972). Universals and cultural different in facial expression of emotion. In J. R. Cole (Ed.), *Nebraska symposium on motivation* (pp. 207-283). Lincoln, NE: University of Nebraska Press.

Ekman, P. (1973). Cross-cultural studies of facial expression. In P. Ekman (Ed.), *Darwin and facial expression* (pp. 169-220). New York: Academic Press.

Ekman, P. (1994). All emotions are basic. In P. Ekman & R. Davidson (Eds.), *The nature of emotion: Fundamental questions* (pp. 15-19). New York: Oxford University Press.

Ekman, P., & Friesen, W. V. (1971). Constants across cultures in the face and emotion. *Journal of Personality and Social Psychology*, *17*(2), 124-129. doi:10.1037/h0030377.

Ekman, P., Sorenson, E. R., & Friesen, W. V. (1969). Pan-cultural elements in facial displays of emotion. *Science*, *164*(3875), 86-88. doi:10.1126/science.164.3875.86.

Elfenbein, H. A. (2013). Nonverbal dialects and accents in facial expressions of emotion. *Emotion Review*, *5*(1), 90-96. doi:10.1177/1754073912451332.

Elfenbein, H. A., & Ambady, N. (2002). On the universality and cultural specificity of emotion recognition: A meta-analysis. *Psychological Bulletin*, *128*(2), 203-235. doi:10.1037/0033-2909.128.2.203.

Feldman, R. (2007). Parent-infant synchrony and the construction of shared timing; physiological precursors, developmental outcomes, and risk conditions. *Journal of Child Psychology and Psychiatry*, *48*(3-4), 329-354. doi:10.1111/j.1469-7610.2006.01701.x.

Finzi, E., & Rosenthal, N. E. (2014). Treatment of depression with onabotulinumtoxina: A randomized, double-blind, placebo controlled trial. *Journal of Psychiatric Research*, *52*, 1-6. doi:10.1016/j.jpsychires.2013.11.006.

Flack, W. J. (2006). Peripheral feedback effects of facial expressions, bodily postures, and vocal expressions on emotional feelings. *Cognition and Emotion*, *20*(2), 177-195. doi:10.1080/02699930500359617.

Fridlund, A. J. (1992). The behavioral ecology and sociality of human faces. In M. S. Clark (Ed.), *Emotion* (pp.

90-121). Thousand Oaks, CA: Sage Publications.

Fridlund, A. J. (1994). *Human facial expression: An evolutionary view*. San Diego, CA: Academic Press.

Fridlund, A. J. (1997). The new ethology of human facial expressions. In J. A. Russell & J. M. Fernandez-Dols (Eds.), *The psychology of facial expression* (pp. 103-129). Cambridge: Cambridge University Press. doi:10.1017/CBO9780511659911.007.

Gil, S., Teissedre, F., Chambres, P., & Droit-Volet, S. (2011). The evaluation of emotional facial expressions in early postpartum depression mood: A difference between adult and baby faces? *Psychiatry Research*, *186*(2), 281-286. doi:10.1016/j.psychres.2010.06.015.

Gutiérrez-Maldonado, J., Rus-Calafell, M., & González-Conde, J. (2014). Creation of a new set of dynamic virtual reality faces for the assessment and training of facial emotion recognition ability. *Virtual Reality*, *18*(1), 61-71. doi:10.1007/s10055-013-0236-7.

Haidt, J., & Keltner, D. (1999). Culture and facial expression: Open-ended methods find more expressions and a gradient of recognition. *Cognition and Emotion*, *13*(3), 225-266. doi:10.1080/026999399379168.

Hassin, R. R., Aviezer, H., & Bentin, S. (2013). Inherently ambiguous: Facial expressions of emotions, in context. *Emotion Review*, *5*(1), 60-65. doi:10.1177/1754073912451331.

Hess, U., Banse, R., & Kappas, A. (1995). The intensity of facial expression is determined by underlying affective state and social situation. *Journal of Personality and Social Psychology*, *69*(2), 280-288. doi:10.1037/0022-3514.69.2.280.

Hess, U., & Fischer, A. (2013). Emotional mimicry as social regulation. *Personality and Social Psychology Review*, *17*(2), 142-157. doi:10.1177/1088868312472607.

Hess, U., & Fischer, A. (2014). Emotional mimicry: Why and when we mimic emotions. *Social and Personality Psychology Compass*, *8*(2), 45-57. doi:10.1111/spc3.12083.

Hyniewska, S., & Sato, W. (2015). Facial feedback affects valence judgments of dynamic and static emotional expressions. *Frontiers in Psychology*, *6*, 291. doi:10.3389/fpsyg.2015.00291.

Izard, C. E. (1971). *The face of emotion*. New York: Appleton-Century-Crofts.

Izard, C. E. (1990). Facial expressions and the regulation of emotions. *Journal of Personality and Social Psychology*, *58*(3), 487-498. doi:10.1037/0022-3514.58.3.487.

Jakobs, E., Manstead, A. S., & Fischer, A. H. (1999). Social motives and emotional feelings as determinants of facial displays: The case of smiling. *Personality and Social Psychology Bulletin*, *25*(4), 424-435. doi:10.1177/0146167299025004003.

Jakobs, E., Manstead, A. S., & Fischer, A. H. (2001). Social context effects on facial activity in a negative emotional setting. *Emotion*, *1*(1), 51-69. doi:10.1037/1528-3542.1.1.51.

Johnson, K. J., Waugh, C. E., & Fredrickson, B. L. (2010). Smile to see the forest: Facially expressed positive emotions broaden cognition. *Cognition and Emotion*, *24*(2), 299-321. doi:10.1080/02699930903384667.

Johnstone, T., & Scherer, K. R. (2000). Vocal communication of emotion. In M. Lewis & J. M. Haviland-Jones (Eds.), *Handbook of emotions* (2nd ed., pp. 226-235). New York: Guilford Press.

Juslin, P. N. (2013). From everyday emotions to aesthetic emotions: Towards a unified theory of musical emotions. *Physics of Life Reviews*, *10*(3), 235-266. doi:10.1016/j.plrev.2013.05.008.

Juslin, P. N., & Scherer, K. R. (2005). Vocal expression of affect. In J. A. Harrigan, R. Rosenthal & K. R. Scherer

(Eds.), *The new handbook of methods in nonverbal behavior research* (pp. 65-135). New York: Oxford University Press.

Kato, M., & Konishi, Y. (2013). Where and how infants look: The development of scan paths and fixations in face perception. *Infant Behavior & Development, 36*(1), 32-41. doi:10.1016/j.infbeh.2012.10.005.

Kopel, S. A., & Arkowitz, H. S. (1974). Role playing as a source of self-observation and behavior change. *Journal of Personality and Social Psychology, 29*(5), 677-686. doi:10.1037/h0036675.

Kraft, T. L., & Pressman, S. D. (2012). Grin and bear it: The influence of manipulated facial expression on the stress response. *Psychological Science, 23*(11), 1372-1378. doi:10.1177/095679761244531.

Kraut, R. E. (1982). Social presence, facial feedback, and emotion. *Journal of Personality and Social Psychology, 42*(5), 853-863. doi:10.1037/0022-3514.42.5.853.

Kraut, R. E., & Johnston, R. E. (1979). Social and emotional messages of smiling: An ethological approach. *Journal of Personality and Social Psychology, 37*(9), 1539-1553. doi:10.1037/0022-3514.37.9.1539.

Krusemark, E. A., & Li, W. (2011). Do all threats work the same way? Divergent effects of fear and disgust on sensory perception and attention. *The Journal of Neuroscience, 31*(9), 3429-3434. doi:10.1523/jneurosci.4394-10.2011.

Künecke, J., Hildebrandt, A., Recio, G., Sommer, W., & Wilhelm, O. (2014). Facial EMG responses to emotional expressions are related to emotion perception ability. *PLoS One, 9*(1), e84053. doi:10.1371/journal.pone.0084053.

Laird, J. D. (1974). Self-attribution of emotion: The effects of expressive behavior on the quality of emotional experience. *Journal of Personality and Social Psychology, 29*(4), 475-486. doi:10.1037/h0036125.

Lakin, J. L., Jefferis, V. E., Cheng, C. M., & Chartrand, T. L. (2003). The chameleon effect as social glue: Evidence for the evolutionary significance of nonconscious mimicry. *Journal of Nonverbal Behavior, 27*(3), 145-162. doi:10.1023/A:1025389814290.

Lanzetta, J. T., Cartwright-Smith, J., & Eleck, R. E. (1976). Effects of nonverbal dissimulation on emotional experience and autonomic arousal. *Journal of Personality and Social Psychology, 33*(3), 354-370. doi:10.1037/0022-3514.33.3.354.

Lavan, N., Scott, S. K., & McGettigan, C. (2015). Laugh like you mean it: Authenticity modulates acoustic, physiological and perceptual properties of laughter. *Journal of Nonverbal Behavior, 40*, 1-17. doi:10.1007/s10919-015-0222-8.

Lee, D. H., Susskind, J. M., & Anderson, A. K. (2013). Social transmission of the sensory benefits of eye widening in fear expressions. *Psychological Science, 24*(6), 957-965. doi:10.1177/0956797612464500.

Lee, V., & Wagner, H. (2002). The effect of social presence on the facial and verbal expression of emotion and the interrelationships among emotion components. *Journal of Nonverbal Behavior, 26*(1), 3-25. doi:10.1023/A:1014479919684.

Lewis, M. B. (2012). Exploring the positive and negative implications of facial feedback. *Emotion, 12*(4), 852-859. doi:10.1037/a0029275.

Lundqvist, D., & Öhman, A. (2005). Emotion regulates attention: The relation between facial configurations, facial emotion, and visual attention. *Visual Cognition, 12*(1), 51-84. doi: 10.1080/13506280444000085.

Manstead, A. R., Fischer, A. H., & Jakobs, E. B. (1999). The social and emotional functions of facial displays. In P.

Philippot, R. S. Feldman & E. J. Coats (Eds.), *The social context of nonverbal behavior* (pp. 287-313). New York; Paris, France: Cambridge University Press.

Martinez, L., Falvello, V. B., Aviezer, H., & Todorov, A. (2015). Contributions of facial expressions and body language to the rapid perception of dynamic emotions. *Cognition and Emotion, 30*(5), 1-14. doi:10.1080/0 2699931.2015.1035229.

Matsumoto, D. (1987). The role of facial response in the experience of emotion: More methodological problems and a meta-analysis. *Journal of Personality and Social Psychology, 52*(4), 769-774. doi:10.1037/0022-3514.52.4.769.

Matsumoto, D., Keltner, D., Shiota, M. N., O'Sullivan, M., & Frank, M. (2008). Facial expressions of emotion. In M. Lewis, J. M. Haviland-Jones & L. F. Barrett (Eds.), *Handbook of emotions* (3rd ed., pp. 211-234). New York: Guilford Press.

Matsumoto, D., & Willingham, B. (2006). The thrill of victory and the agony of defeat: Spontaneous expressions of medal winners of the 2004 Athens Olympic games. *Journal of Personality and Social Psychology, 91*(3), 568-581. doi:10.1037/0022-3514.91.3.568.

Matsumoto, D., & Willingham, B. (2009). Spontaneous facial expressions of emotion of congenitally and noncongenitally blind individuals. *Journal of Personality and Social Psychology, 96*(1), 1-10. doi:10.1037/a0014037.

Matsumoto, D., Yoo, S. H., Hirayama, S., & Petrova, G. (2005). Development and validation of a measure of display rule knowledge: The display rule assessment inventory. *Emotion, 5*(1), 23-40. doi:10.1037/1528-3542.5.1.23.

Mauss, I. B., Levenson, R. W., McCarter, L., Wilhelm, F. H., & Gross, J. J. (2005). The tie that binds? Coherence among emotion experience, behavior, and physiology. *Emotion, 5*(2), 175-190. doi:10.1037/1528-3542.5.2.175.

McCanne, T. R., & Anderson, J. A. (1987). Emotional responding following experimental manipulation of facial electromyographic activity. *Journal of Personality and Social Psychology, 52*(4), 759-768. doi:10.1037/0022-3514.52.4.759.

McIntosh, D. N. (1996). Facial feedback hypotheses: Evidence, implications, and directions. *Motivation and Emotion, 20*(2), 121-147. doi:10.1007/BF02253868.

Meeren, H. K., van Heijnsbergen, C. C., & de Gelder, B. (2005). Rapid perceptual integration of facial expression and emotional body language. *Proceedings of the National Academy of Sciences of the United States of America, 102*(45), 16518-16523. doi:10.1073/pnas.0507650102.

Neal, D. T., & Chartrand, T. L. (2011). Embodied emotion perception: Amplifying and dampening facial feedback modulates emotion perception accuracy. *Social Psychological and Personality Science, 2*(6), 673-678. doi:10.1177/1948550611406138.

Nelson, N. L., & Russell, J. A. (2013). Universality revisited. *Emotion Review, 5*(1), 8-15. doi:10.1177/1754073912457227.

Niedenthal, P. M. (2007). Embodying emotion. *Science, 316*(5827), 1002-1005. doi:10.1126/ science.1136930.

Niedenthal, P. M., Brauer, M., Halberstadt, J. B., & Innes-Ker, A. H. (2001). When did her smile drop? Facial mimicry and the influences of emotional state on the detection of change in emotional expression.

Cognition & Emotion, 15(6), 853-864. doi:10.1080/02699930143000194.

Niedenthal, P. M., Mermillod, M., Maringer, M., & Hess, U. (2010). The simulation of smiles (SIMS) model: Embodied simulation and the meaning of facial expression. *Behavioral and Brain Sciences, 33*(6), 417-433. doi:10.1017/S0140525X10000865.

Panksepp, J., & Biven, L. (2012). *The archaeology of mind: Neuroevolutionary origins of human emotion.* New York: W W Norton & Co.

Parr, L. A., & Waller, B. M. (2006). Understanding chimpanzee facial expression: Insights into the evolution of communication. *Social Cognitive and Affective Neuroscience, 1*(3), 221-228. doi:10.1093/scan/nsl031.

Rinn, W. E. (1984). The neuropsychology of facial expression: A review of the neurological and psychological mechanisms for producing facial expressions. *Psychological Bulletin, 95*(1), 52-77. doi:10.1037/0033-2909.95.1.52.

Rinn, W. E. (1991). Neuropsychology of facial expression. In R. S. Feldman & B. Rimé (Eds.), *Fundamentals of nonverbal behavior* (pp. 3-30). New York; Paris, France: Cambridge University Press.

Rozin, P., & Fallon, A. E. (1987). A perspective on disgust. *Psychological Review, 94*(1), 23-41. doi:10.1037/0033-295X.94.1.23.

Ruiz-Belda, M., Fernandez-Dols, J., Carrera, P., & Barchard, K. (2003). Spontaneous facial expressions of happy bowlers and soccer fans. *Cognition and Emotion, 17*(2), 315-326. doi:10.1080/02699930302288.

Russell, J. A. (1994). Is there universal recognition of emotion from facial expressions? A review of the cross-cultural studies. *Psychological Bulletin, 115*(1), 102-141. doi:10.1037/0033-2909.115.1.102.

Rychlowska, M., Canadas, E., Wood, A., Krumhuber, E. G., Fischer, A., & Niedenthal, P. M. (2014). Blocking mimicry makes true and false smiles look the same. *PloS One, 9*(3), e90876. doi:10.1371/journal.pone.0090876.

Santana, S. E., Dobson, S. D., & Diogo, R. (2014). Plain faces are more expressive: Comparative study of facial colour, mobility and musculature in primates. *Biology Letters, 10*(5), 20140275. doi:10.1098/rsbl.2014.0275.

Sato, W., & Yoshikawa, S. (2007). Spontaneous facial mimicry in response to dynamic facial expressions. *Cognition, 104*(1), 1-18. doi:10.1016/j.cognition.2006.05.001.

Sauter, D. A., Eisner, F., Ekman, P., & Scott, S. K. (2010). Cross-cultural recognition of basic emotions through nonverbal emotional vocalizations. *Proceedings of the National Academy of Sciences, 107*(6), 2408-2412. doi:10.1073/pnas.0908239106.

Siegman, A. W., Anderson, R. A., & Berger, T. (1990). The angry voice: Its effects on the experience of anger and cardiovascular reactivity. *Psychosomatic Medicine, 52*(6), 631-643.

Sievers, B., Polansky, L., Casey, M., & Wheatley, T. (2013). Music and movement share a dynamic structure that supports universal expressions of emotion. *Proceedings of the National Academy of Sciences, 110*(1), 70-75. doi:10.1073/pnas.1209023110.

Simon-Thomas, E. R., Keltner, D. J., Sauter, D., Sinicropi-Yao, L., & Abramson, A. (2009). The voice conveys specific emotions: Evidence from vocal burst displays. *Emotion, 9*(6), 838-846. doi:10.1037/a0017810.

Snowdon, C. T., & Teie, D. (2013). Emotional communication in monkeys: Music to their ears? In E. Altenmüller, S. Schmidt & E. Zimmermann (Eds.), *The evolution of emotional communication: From sounds in nonhuman mammals to speech and music in man* (pp. 133-151). Oxford: Oxford University Press.

Stel, M., & van Knippenberg, A. (2008). The role of facial mimicry in the recognition of affect. *Psychological Science*, *19*(10), 984-985. doi:10.1111/j.1467-9280.2008.02188.x.

Stenberg, C. R., & Campos, J. J. (1990). The development of anger expressions in infancy. In N. L. Stein, B. Leventhal & T. Trabasso (Eds.), *Psychological and biological approaches to emotion* (pp. 447-282). Hillsdale, NJ, England: Lawrence Erlbaum Associates.

Strack, F., Martin, L. L., & Stepper, S. (1988). Inhibiting and facilitating conditions of the human smile: A nonobtrusive test of the facial feedback hypothesis. *Journal of Personality and Social Psychology*, *54*(5), 768-777. doi:10.1037/0022-3514.54.5.768.

Susskind, J. M., & Anderson, A. K. (2008). Facial expression form and function. *Communicative & Integrative Biology*, *1*(2), 148-149. doi:10.4161/cib.1.2.6999.

Susskind, J. M., Lee, D. H., Cusi, A., Feiman, R., Grabski, W., & Anderson, A. K. (2008). Expressing fear enhances sensory acquisition. *Nature Neuroscience*, *11*(7), 843-850. doi:10.1038/nn.2138.

Tartter, V. C. (1980). Happy talk: Perceptual and acoustic effects of smiling on speech. *Perception & Psychophysics*, *27*(1), 24-27.

Thompson, J. (1941). Development of facial expression of emotion in blind and seeing children. *Archives of Psychology (Columbia University)*, *264*, 47.

Tomkins, S. S. (1962). *Affect, imagery, consciousness: Vol. 1: The positive affects*. New York: Springer-Verlag.

Tomkins, S. S. (1963). *Affect, imagery, consciousness: Vol. 2: The negative affects*. New York: Springer-Verlag.

Tracy, J. L., & Matsumoto, D. (2008). The spontaneous expression of pride and shame: Evidence for biologically innate nonverbal displays. *Proceedings of the National Academy of Sciences*, *105*(33), 11655-11660.

Trevarthen, C. (1979). Communication and cooperation in early infancy: A description of primary intersubjectivity. In M. Bullowa (Ed.), *Before speech: The beginning of human communication* (pp. 321-347). New York: Cambridge University Press.

Van den Stock, J., Righart, R., & De Gelder, B. (2007). Body expressions influence recognition of emotions in the face and voice. *Emotion*, *7*(3), 487-494. doi:10.1037/1528-3542.7.3.487.

van Hooff, J. (1976). The comparison of the facial expressions in man and higher primates. In M. con Craanach (Ed.), *Methods of inference from animal to human behavior* (3rd ed., pp. 165-196). Chicago, IL: Aldine.

VanSwearingen, J. M., Cohn, J. F., & Bajaj-Luthra, A. (1999). Specific impairment of smiling increases the severity of depressive symptoms in patients with facial neuromuscular disorders. *Aesthetic Plastic Surgery*, *23*(6), 416-423. doi:10.1007/s002669900312.

Wagenmakers E.-J., Beek T., Dijkhoff L., Gronau Q. F., Acosta A., Adams R. B. Jr., . . . Zwaan R. A. (2016). Registered Replication Report: Strack, Martin, & Stepper(1988). Perspectives on Psychological Science, 11. doi:10.1177/1745691616674458.

Waller, B. M., & Dunbar, R. M. (2005). Differential behavioural effects of silent bared teeth display and relaxed open mouth display in chimpanzees (Pan troglodytes). *Ethology*, *111*(2), 129-142. doi:10.1111/j.1439-0310.2004.01045.x.

West, G. L., Al-Aidroos, N., Susskind, J., & Pratt, J. (2011). Emotion and action: The effect of fear on saccadic performance. *Experimental Brain Research*, *209*(1), 153-158. doi:10.1007/s00221-010-2508-8.

Wood, A., Rychlowska, M., Korb, S., & Niedenthal, P. (2016). Fashioning the face: Sensorimotor simulation contributes to facial expression recognition. *Trends in Cognitive Sciences*, *20*(3), 227-240. doi:10.1016/j.tics.2015.12.010.

Yang, B., & Lugger, M. (2010). Emotion recognition from speech signals using new harmony features. *Signal Processing*, *90*(5), 1415-1423. doi:10.1016/j.sigpro.2009.09.009.

Zajonc, R. B., Adelmann, P. K., Murphy, S. T., & Niedenthal, P. M. (1987). Convergence in the physical appearance of spouses. *Motivation and Emotion*, *11*(4), 335-346. doi:10.1007/BF00992848.

Zajonc, R. B., Murphy, S. T., & Inglehart, M. (1989). Feeling and facial efference: Implications of the vascular theory of emotion. *Psychological Review*, *96*(3), 395-416. doi:10.1037/0033-295X.96.3.395.

Zuckerman, M., Klorman, R., Larrance, D. T., & Spiegel, N. H. (1981). Facial, autonomic, and subjective components of emotion: The facial feedback hypothesis versus the externalizer-internalizer distinction. *Journal of Personality and Social Psychology*, *41*(5), 929-944. doi:10.1037/0022-3514.41.5.929.

제6장 자의식 정서

Amodio, D. M., Devine, P. G., & Harmon-Jones, E. (2007). A dynamic model of guilt implications for motivation and self-regulation in the context of prejudice. *Psychological Science*, *18*(6), 524-530. doi:10.1111/j.1467-9280.2007.01933.x.

Ausubel, D. P. (1955). Relationships between shame and guilt in the socializing process. *Psychological Review*, *62*(5), 378. doi:10.1037/h0042534.

Bagozzi, R. P., Gopinath, M., & Nyer, P. U. (1999). The role of emotions in marketing. *Journal of the Academy of Marketing Science*, *27*(2), 184-206. doi:10.1177/0092070399272005.

Belsky, J., Domitrovich, C., & Crnic, K. (1997). Temperament and parenting antecedents of individual differences in three-year-old boys' pride and shame reactions. *Child Development*, *68*(3), 456-466. doi:10.2307/1131671.

Berndsen, M., van der Pligt, J., Doosje, B., & Manstead, A. (2004). Guilt and regret: The determining role of interpersonal and intrapersonal harm. *Cognition and Emotion*, *18*(1), 55-70. doi:10.1080/02699930244000435.

Bertram, B. C. (1975). Social factors influencing reproduction in wild lions. *Journal of Zoology*, *177*(4), 463-482. doi:10.1111/j.1469-7998.1975.tb02246.x.

Bringle, R. G. (1991). Psychosocial aspects of jealousy: A transactional model. In P. Salovey (Ed.), *The Psychology of Jealousy and Envy* (pp. 103-131). New York: Guilford Press.

Bushman, B. J., & Baumeister, R. F. (1998). Threatened egotism, narcissism, self-esteem, and direct and displaced aggression: Does self-love or self-hate lead to violence? *Journal of Personality and Social Psychology*, *75*(1), 219. doi:10.1037/0022-3514.75.1.219.

Buss, A. H. (1980). *Self-consciousness and social anxiety*. San Francisco, CA: W. H. Freeman.

Buss, D. M. (1989). Sex differences in human mate preferences: Evolutionary hypotheses tested in 37 cultures. *Behavioral and Brain Sciences*, *12*(1), 1-14. doi:10.1017/s0140525x00023992.

Buss, D. M. (1995). Evolutionary psychology: A new paradigm for psychological science. *Psychological Inquiry*,

6(1), 1-30. OR Buss, D. M. (1995). Psychological sex differences: Origins through sexual selection. *American Psychologist, 50*(3), 164-168 doi:10.1037/0003-066x.50.3.164.

Buss, D. M. (2000). *The dangerous passion: Why jealousy is as necessary as love and sex.* New York: Simon and Schuster. doi:10.5860/choice.37-6552.

Buss, D. M., Larsen, R. J., Westen, D., & Semmelroth, J. (1992). Sex differences in jealousy: Evolution, physiology, and psychology. *Psychological Science, 3*(4), 251-255. doi:10.1111/j.1467-9280.1992.tb00038.x.

Buss, D. M., Shackelford, T. K., Choe, J., Buunk, B. P., & Dijkstra, P. (2000). Distress about mating rivals. *Personal Relationships, 7*(3), 235-243. doi:10.1111/j.1475-6811.2000.tb00014.x.

Buss, D. M., Shackelford, T. K., Kirkpatrick, L. A., Choe, J. C., Lim, H. K., Hasegawa, M., . . . Bennett, K. (1999). Jealousy and the nature of beliefs about infidelity: Tests of competing hypotheses about sex differences in the United States, Korea, and Japan. *Personal Relationships, 6*(1), 125-150. doi:10.1111/j.1475-6811.1999.tb00215.x.

Cheng, J. T., Tracy, J. L., & Henrich, J. (2010). Pride, personality, and the evolutionary foundations of human social status. *Evolution and Human Behavior, 31*(5), 334-347. doi:10.1016/j.evolhumbehav.2010.02.004.

Cialdini, R., Levy, A., Herman, P., Kozlowski, L., & Petty, R. (1976). Elastic shifts of opinion: Determinants of direction and durability. *Journal of Personality and Social Psychology, 34*(4), 663-672. doi:10.1037/0022-3514.34.4.663.

Cryder, C. E., Springer, S., & Morewedge, C. K. (2012). Guilty feelings, targeted actions. *Personality and Social Psychology Bulletin, 38*(5), 607-618. doi:10.1177/0146167211435796.

Daly, M., & Wilson, M. (1983). *Sex, evolution and behavior.* Boston, MA: Wadsworth. doi:10.2307/2064296.

Daly, M., Wilson, M., & Weghorst, S. J. (1982). Male sexual jealousy. *Ethology and Sociobiology, 3*(1), 11-27. doi:10.1016/0162-3095(82)90027-9.

De Hooge, I. E., Zeelenberg, M., & Breugelmans, S. M. (2007). Moral sentiments and cooperation: Differential influences of shame and guilt. *Cognition and Emotion, 21*(5), 1025-1042. doi:10.1080/02699930600980874.

De Jong, P. J. (1999). Communicative and remedial effects of social blushing. *Journal of Nonverbal Behavior, 23*(3), 197-217. doi:10.1023/a:1021352926675.

de Rivera, J. (1977). *A structural theory of emotions.* New York: International Universities Press.

DeSteno, D., Bartlett, M. Y., Braverman, J., & Salovey, P. (2002). Sex differences in jealousy: Evolutionary mechanism or artifact of measurement? *Journal of Personality and Social Psychology, 83*(5), 1103. doi:10.1037/0022-3514.83.5.1103.

DeSteno, D. A., & Salovey, P. (1995). Jealousy and envy. In A. S. R. Manstead, M. Hewstone, S. T. Fiske, M. A. Hogg, H. T. Reis & G. R. Semin (Eds.), *The Blackwell encyclopedia of social psychology* (pp. 342-343). Oxford, MA: Blackwell.

DeSteno, D. A., & Salovey, P. (1996a). Evolutionary origins of sex differences in jealousy? Questioning the "fitness" of the model. *Psychological Science, 7*(6), 367-372. doi:10.1111/j.1467-9280.1996.tb00391.x.

DeSteno, D. A., & Salovey, P. (1996b). Jealousy and the characteristics of one's rival: A self-evaluation maintenance perspective. *Personality and Social Psychology Bulletin, 22*(9), 920-932. doi:10.1177/0146167296229006.

DeSteno, D., Valdesolo, P., & Bartlett, M. Y. (2006). Jealousy and the threatened self: Getting to the heart of the green-eyed monster. *Journal of Personality and Social Psychology, 91*(4), 626. doi:10.1037/0022-3514.91.4.626.

Dienstbier, R. A. (1984). The role of emotion in moral socialization. In C. E. Izard, J. Kegan, & R. B. Zajonc (Eds.), *Emotions, cognition, and behavior* (p. 484-514). New York: Cambridge University Press.

Dijkstra, P., & Buunk, B. P. (2001). Sex differences in the jealousy-evoking nature of a rival's body build. *Evolution and Human Behavior, 22*(5), 335-341. doi:10.1016/S1090-5138(01)00070-8.

Dijkstra, P., & Buunk, B. P. (2002). Sex differences in the jealousy-evoking effect of rival characteristics. *European Journal of Social Psychology, 32*(6), 829-852. doi:10.1002/ejsp.125.

Feinberg, M., Willer, R., Stellar, J., & Keltner, D. (2012). The virtues of gossip: Reputational information sharing as prosocial behavior. *Journal of Personality and Social Psychology, 102*(5), 1015. doi:10.1037/a0026650.

Ferguson, T. J., Stegge, H., & Damhuis, I. (1991). Children's understanding of guilt and shame. *Child Development, 62*(4), 827-839. doi:10.1111/j.1467-8624.1991.tb01572.x.

Fischer, A. H., & Manstead, A. S. (2008). Social functions of emotion. *Handbook of Emotions, 3*, 456-468.

Fischer, K., & Tangney, J. (1995). *Self conscious emotions: Shame, guilt, embarrassment, and pride*. New York: Guilford. doi:10.1002/0470013494.ch26.

Fredrickson, B. L. (2001). The role of positive emotions in positive psychology: The broaden-and-build theory of positive emotions. *American Psychologist, 56*(3), 218. doi:10.1037/0003-066x.56.3.218.

Frijda, N. H., Kuipers, P., & Ter Schure, E. (1989). Relations among emotion, appraisal, and emotional action readiness. *Journal of Personality and Social Psychology, 57*(2), 212. doi:10.1037/0022-3514.57.2.212.

Giner-Sorolla, R. (2001). Guilty pleasures and grim necessities: Affective attitudes in dilemmas of selfcontrol. *Journal of Personality and Social Psychology, 80*(2), 206. doi:10.1037/0022-3514.80.2.206.

Gross, E., & Stone, G. P. (1964). Embarrassment and the analysis of role requirements. *American Journal of Sociology, 70*(1), 1-15. doi:10.1086/223733.

Haidt, J. (2003). The moral emotions. *Handbook of Affective Sciences, 11*, 852-870.

Harris, C. R. (2002). Sexual and romantic jealousy in heterosexual and homosexual adults. *Psychological Science, 13*(1), 7-12. doi:10.1111/1467-9280.00402.

Harris, C. R. (2003). Factors associated with jealousy over real and imagined infidelity: An examination of the social-cognitive and evolutionary psychology perspectives. *Psychology of Women Quarterly, 27*(4), 319-329. doi:10.1111/1471-6402.00112.

Harris, C. R., & Christenfeld, N. (1996). Gender, jealousy, and reason. *Psychological Science, 7*(6), 364-366. doi:10.1111/j.1467-9280.1996.tb00390.x.

Harris, P. L. (1989). *Children and emotion: The development of psychological understanding*. Cambridge, MA: Basil Blackwell.

Hart, D., & Karmel, M. P. (1996). Self-awareness and self-knowledge in humans, apes, and monkeys. In A. Russon, K. Bard, & S. Taylor Parker, *Reaching into Thought: The Minds of the Great Apes* (pp. 325-347). Cambridge, UK: Cambridge University Press.

Hart, S. L., Carrington, H. A., Tronick, E. Z., & Carroll, S. R. (2004). When infants lose exclusive maternal attention: Is it jealousy? *Infancy, 6*(1), 57-78. doi:10.1207/s15327078in0601_3.

Harter, S. (1999). *The construction of the self: A developmental perspective*. New York: Guilford Press. doi:10.5860/choice.37-1226.

Heider, F. (1958). *The psychology of interpersonal relations*. New York: Wiley. doi:10.1037/10628-000.

Herrald, M. M., & Tomaka, J. (2002). Patterns of emotion-specific appraisal, coping, and cardiovascular reactivity during an ongoing emotional episode. *Journal of Personality and Social Psychology*, *83*(2), 434. doi:10.1037/0022-3514.83.2.434.

Hrdy, S. B. (1979). Infanticide among animals: A review, classification, and examination of the implications for the reproductive strategies of females. *Ethology and Sociobiology*, *1*(1), 13-40. doi:10.1016/0162-3095(79)90004-9.

Izard, C. E., Ackerman, B. P., & Schultz, D. (1999). Independent emotions and consciousness: Selfconsciousness and dependent emotions. In J. A. Singer & P. Singer (Eds.), *At play in the fields of consciousness: Essays in honor of Jerome L. Singer* (pp. 83-102). Mahwah, NJ: Lawrence Erlbaum Associates.

Joireman, J. (2004). Empathy and the self-absorption paradox II: Self-rumination and selfreflection as mediators between shame, guilt, and empathy. *Self and Identity*, *3*(3), 225-238. doi:10.1080/13576500444000038.

Keltner, D. (1995). Signs of appeasement: Evidence for the distinct displays of embarrassment, amusement, and shame. *Journal of Personality and Social Psychology*, *68*(3), 441. doi:10.1037/0022-3514.68.3.441.

Keltner, D., Young, R. C., & Buswell, B. N. (1997). Appeasement in human emotion, social practice, and personality. *Aggressive Behavior*, *23*(5), 359-374. doi:10.1002/(sici)1098-2337(1997)23:5⟨359::aid-ab5⟩3.0.co;2-d.

Kemeny, M. E., Gruenewald, T. L., & Dickerson, S. S. (2004). Shame as the emotional response to threat to the social self: Implications for behavior, physiology, and health. *Psychological Inquiry*, *15*(2), 153-160.

Leary, M. R., Britt, T. W., Cutlip, W. D., & Templeton, J. L. (1992). Social blushing. *Psychological Bulletin*, *112*(3), 446. doi: 10.1037/0033-2909.112.3.446.

Leary, M. R., Landel, J. L., & Patton, K. M. (1996). The motivated expression of embarrassment following a self-presentational predicament. *Journal of Personality*, *64*(3), 619-636. doi:10.1111/j.1467-6494.1996.tb00524.x.

Lewis, H. B. (1971). *Shame and guilt in neurosis*. New York: Int. Univ. Press.

Lewis, M. (1992). *Shame: The exposed self*. New York: The Free Press.

Lewis. M. (1993). Self-conscious emotions: Embarrassment, pride, shame, and guilt. In M. Lewis & J. M. Haviland (Eds.), *Handbook of emotions* (pp. 353-364). New York: Guilford.

Lewis, M. (1995). Embarrassment: The emotion of self-exposure and evaluation. In J. P. Tangney & K. W. Fischer (Eds.), *Self-conscious emotions: The psychology of shame, guilt, embarrassment, and pride* (pp. 198-218). New York: Guilford.

Lewis, M. (2000a). The emergence of human emotions. In M. Lewis & J. M. Haviland-Jones (Eds.), *Handbook of Emotions* (2nd ed., pp. 265-280). New York: Guilford Press.

Lewis, M. (2000b). Self-conscious emotions: Embarrassment, pride, shame, and guilt. In M. Lewis & J. M. Haviland-Jones (Eds.), *Handbook of emotions* (2nd ed., pp. 623-636). New York: Guilford Press.

Lewis, M., Alessandri, S. M., & Sullivan, M. W. (1992). Differences in shame and pride as a function of children's gender and task difficulty. *Child Development*, *63*, 630-638. doi:10.2307/1131351.

Lewis, M., & Brooks-Gunn, J. (1979). Toward a theory of social cognition: The development of self. *New Directions for Child and Adolescent Development*, *1979*(4), 1-20. doi:10.1002/cd.23219790403.

Lewis, M., & Ramsay, D. (2002). Cortisol response to embarrassment and shame. *Child Development*, *73*(4), 1034-1045. doi:10.1111/1467-8624.00455.

Lewis, M., Sullivan, M. W., Stanger, C., & Weiss, M. (1989). Self-development and self-conscious emotions. *Child Development*, *60*(1), 146-156. doi:10.2307/1131080.

Lindsay-Hartz, J. (1984). Contrasting experiences of shame and guilt. *American Behavioral Scientist*, *27*, 689-704. doi:10.1177/000276484027006003.

Lindsay-Hartz, J., De Rivera, J., & Mascolo, M. F. (1995). *Differentiating guilt and shame and their effects on motivation*. In J. Tangney and K.W. Fischer (Eds.), *Self-conscious emotions: The psychology of guilt, shame and embarrassment* (pp. 274-300). New York, NY: Guilford Press

Miller, R. S. (1996). *Embarrassment: Poise and peril in everyday life*. New York: Guilford Press. doi:10.5860/choice.34-3593.

Miller, R. S. (2004). Emotion as adaptive interpersonal communication: The case of embarrassment. In L. Z. Tiedens & C. W. Leach (Eds.), *The social life of emotions* (pp. 87-105). Cambridge: Cambridge University Press.

Miller, R. S., & Leary, M. R. (1992). Social sources and interactive functions of emotion: The case of embarrassment. In M. Clark (Ed.), *Review of personality and social psychology* (Vol. 14, pp. 202-221). Newbury Park, CA: Sage.

Morf, C. C., & Rhodewalt, F. (2001). Unraveling the paradoxes of narcissism: A dynamic self-regulatory processing model. *Psychological Inquiry*, *12*(4), 177-196. doi:10.1207/s15327965pli1204_1.

Mussweiler, T., Ruter, K., & Epstude, K. (2004). The ups and downs of social comparison: Mechanisms of assimilation and contrast. *Journal of Personality and Social Psychology*, *87*, 832-844. doi:10.1037/0022-3514.87.6.832.

Neu, J. (1980). Jealous thoughts. In R. Rorty (Ed.), *Explaining emotions* (pp. 425-463). Berkeley, CA: University of California Press.

Niedenthal, P. M., & Brauer, M. (2012). Social functionality of human emotion. *Annual Review of Psychology*, *63*, 259-285.

Niedenthal, P. M., Tangney, J. P., & Gavanski, I. (1994). "If only I weren't" versus "If only I hadn't": Distinguishing shame and guilt in counterfactual thinking. *Journal of Personality and Social Psychology*, *67*(4), 585. Doi:10.1037/0022-3514.67.4.585.

Parrott, W. G. (1991). The emotional experiences of envy and jealousy. In P. Salovey (Ed.), *The psychology of jealousy and envy* (pp. 3-30). New York: The Guilford Press.

Parrott, W. G., Sabini, J., & Silver, M. (1988). The roles of self-esteem and social interaction in embarrassment. *Personality and Social Psychology Bulletin*, *14*(1), 191-202. doi:10.1177/0146167288141019.

Parrott, W. G., & Smith, R. H. (1993). Distinguishing the experiences of envy and jealousy. *Journal of Personality and Social Psychology*, *64*(6), 906. doi:10.1037/0022-3514.64.6.906.

Plutchik, R. (1980). *Emotion: A psychoevolutionary synthesis*. New York, NY: Harper & Row.

Rawls, J. (1971). *A theory of justice*. Cambridge, MA: Harvard University, Belknap Press.

Rhodewalt, F., Madrian, J. C., & Cheney, S. (1998). Narcissism, self-knowledge organization, and emotional reactivity: The effect of daily experiences on self-esteem and affect. *Personality and Social Psychology Bulletin, 24*(1), 75-87. doi:10.1177/0146167298241006.

Roese, N. J., & Olson, J. M. (Eds.). (1995). *What might have been: The social psychology of counterfactual thinking*. New York, NY: Psychology Press.

Russon, A. E., & Galdikas, B. M. (1993). Imitation in free-ranging rehabilitant orangutans (Pongo pygmaeus). *Journal of Comparative Psychology, 107*(2), 147. doi:10.1037/0735-7036.107.2.147.

Sabini, J., Siepmann, M., Stein, J., & Meyerowitz, M. (2000). Who is embarrassed by what? *Cognition & Emotion, 14*(2), 213-240. doi:10.1080/026999300378941.

Sabini, J., & Silver, M. (1982). *Moralities of everyday life* (pp. 43-4). Oxford: Oxford University Press.

Salovey, P. (Ed.). (1991). *The psychology of jealousy and envy*. New York: Guilford Press. doi:10.5860/choice.29-0604.

Salovey, P., & Rodin, J. (1984). Some antecedents and consequences of social-comparison jealousy. *Journal of Personality and Social Psychology, 47*(4), 780. doi:10.1037/0022-3514.47.4.780.

Salovey, P., & Rodin, J. (1986). The differentiation of social-comparison jealousy and romantic jealousy. *Journal of Personality and Social Psychology, 50*(6), 1100. doi:10.1037/0022-3514.50.6.1100.

Salovey, P., & Rodin, J. (1988). Coping with envy and jealousy. *Journal of Social and Clinical Psychology, 7*(1), 15-33. doi:10.1521/jscp.1988.7.1.15.

Salovey, P., & Rothman, A. (1991). Envy and jealousy: Self and society. In P. Salovey (Ed.), *The psychology of jealousy and envy* (pp. 271-286). New York: Guilford Press.

Schaubroeck, J., & Lam, S. S. (2004). Comparing lots before and after: Promotion rejectees' invidious reactions to promotees. *Organizational Behavior and Human Decision Processes, 94*(1), 33-47. doi:10.1016/j.obhdp.2004.01.001.

Scheff, T. J. (1988). Shame and conformity: The deference-emotion system. *American Sociological Review, 53*(3), 395-406. doi:10.2307/2095647.

Scheff, T. J. (1990). *Microsociology: Discourse, Emotion, and Social Structure*. Chicago and London: The University of Chicago Press.

Scherer, K. R. (2001). Appraisal considered as a process of multilevel sequential checking. *Appraisal Processes in Emotion: Theory, Methods, Research, 92*, 120.

Schoeck, H. (1969). *Envy: A theory of social behavior*. New York: Harcourt, Brace, and World.

Semin, G. R., & Manstead, A. S. R. (1982). The social implications of embarrassment displays and restitution behaviour. *European Journal of Social Psychology, 12*(4), 367-377. doi:10.1002/ejsp.2420120404.

Silfver, M., Helkama, K., Lonnqvist, J. E., & Verkasalo, M. (2008). The relation between value priorities and proneness to guilt, shame, and empathy. *Motivation and Emotion, 32*(2), 69-80. doi:10.1007/s11031-008-9084-2.

Silver, M., & Sabini, J. (1978). The perceptions of envy. *Social Psychology, 41*(2), 105-111. doi:10.2307/3033570.

Smith, R. H., & Kim, S. H. (2007). Comprehending envy. *Psychological Bulletin, 133*(1), 46. doi:10.1037/0033-2909.133.1.46.

Smith, R. H., Kim, S. H., & Parrott, W. G. (1988). Envy and jealousy: Semantic problems and experiential distinctions. *Personality and Social Psychology Bulletin*, *14*(2), 401-409. doi:10.1177/0146167288142017.

Smith, R. H., Parrott, W. G., Ozer, D., & Moniz, A. (1994). Subjective injustice and inferiority as predictors of hostile and depressive feelings in envy. *Personality and Social Psychology Bulletin*, *20*(6), 705-711. doi:10.1177/0146167294206008.

Stipek, D., Recchia, S., & McClintic, S, & Lewis, M. (1992). Self-evaluation in young children. *Monographs of the Society for Research in Child Development*, *57*, 1-84. doi:10.2307/1166190.

Stroebe, W., Insko, C. A., Thompson, V. D., & Layton, B. D. (1971). Effects of physical attractiveness, attitude similarity, and sex on various aspects of interpersonal attraction. *Journal of Personality and Social Psychology*, *18*(1), 79. doi:10.1037/h0030710.

Symons, D. (1979). *The evolution of human sexuality*. New York: Oxford University Press.

Tangney, J. P. (1990). Assessing individual differences in proneness to shame and guilt: Development of the self-conscious affect and attribution inventory. *Journal of Personality and Social Psychology*, *59*(1), 102. doi:10.1037/0022-3514.59.1.102.

Tangney, J. P. (1991). Moral affect: The good, the bad, and the ugly. *Journal of Personality and Social Psychology*, *61*(4), 598. doi:10.1037/0022-3514.61.4.598.

Tangney, J. P. (1992). Situational detenninants of shame and guilt in young adulthood. *Personality and Social Psychology Bulletin*, *18*(2), 199-206. doi:10.1177/0146167292182011.

Tangney, J. P. (1999). The self-conscious emotions: Shame, guilt, embarrassment and pride. In T. Dagleish & M. Power (Eds.), *Handbook of cognition and emotion* (pp. 541-568). Chichester, UK: Wiley. doi:10.1002/0470013494.ch26.

Tangney, J. P. (2002). Self-conscious emotions: The self as a moral guide. In A. Tesser, D. A. Stapel & J. V. Wood (Eds.), *Self and motivation: Emerging psychological perspectives* (pp. 97-117). Washington, DC: American Psychological Press.

Tangney, J. P., & Dearing, R. L. (2002). *Shame and guilt*. New York: Guilford Press. doi:10.4135/9781412950664.n388.

Tangney, J. P., & Fischer, K. W. (Eds.). (1995). *Self-conscious emotions*. New York: Guilford Press.

Tangney, J. P., & Tracy, J. (2012). Self-conscious emotions. In M. Leary & J. P. Tangney (Eds.) *Handbook of self and identity* (2nd ed., pp. 446-478). New York: Guilford Press. doi:10.1177/0146167206290212.

Taylor, G. (1985). *Pride, shame, and guilt: Emotions of self-assessment*. Oxford: Clarendon Press.

Taylor, G. (1988). Envy and jealousy: Emotions and vices. *Midwest Studies in Philosophy*, *13*(1), 233-249. doi:10.1111/j.1475-4975.1988.tb00124.x.

Tesser, A. (1988). Toward a self-evaluation maintenance model of social behavior. *Advances in Experimental Social Psychology*, *21*(181-228). doi:10.1016/s0065-2601(08)60227-0.

Tesser, A., & Campbell, J. (1982). Self-evaluation maintenance and the perception of friends and strangers. *Journal of Personality*, *50*(3), 261-279. doi:10.1111/j.1467-6494.1982.tb00750.x.

Tesser, A., Campbell, J., & Smith, M. (1984). Friendship choice and performance: Self-evaluation maintenance in children. *Journal of Personality and Social Psychology*, *46*(3), 561-574. doi:10.1037/0022-3514.46.3.561.

Tesser, A., & Smith, J. (1980). Some effects of task relevance and friendship on helping: You don't always help the one you like. *Journal of Experimental Social Psychology*, *16*(6), 582-590. doi:10.1016/0022-

1031(80)90060-8.

Tracy, J. L., Cheng, J. T., Martens, J. P., & Robins, R. W. (2011). The affective core of narcissism: Inflated by pride, deflated by shame. In W. K. Campbell & J. Miller (Eds.), *Handbook of narcissism and narcissistic personality disorder* (pp. 330-343). New York: Wiley.

Tracy, J. L., & Matsumoto, D. (2008). The spontaneous expression of pride and shame: Evidence for biologically innate nonverbal displays. *Proceedings of the National Academy of Sciences*, *105*(33), 11655-11660. doi:10.1073/pnas.0802686105.

Tracy, J. L., & Robins, R. W. (2004a). Putting the self into self-conscious emotions: A theoretical model. *Psychological Inquiry*, *15*(2), 103-125. doi:10.1207/s15327965pli1502_01.

Tracy, J. L., & Robins, R. W. (2004b). Show your pride: Evidence for a discrete emotion expression. *Psychological Science*, *15*(3), 194-197. doi:10.1111/j.0956-7976.2004.01503008.x.

Tracy, J. L., & Robins, R. W. (2006). Appraisal antecedents of shame and guilt: Support for a theoretical model. *Personality and Social Psychology Bulletin*, *32*(10), 1339-1351. doi:10.1177/0146167206290212.

Tracy, J. L., & Robins, R. W. (2007). Emerging insights into the nature and function of pride. *Current Directions in Psychological Science*, *16*(3), 147-150. doi:10.1111/j.1467-8721.2007.00493.x.

Tracy, J. L., & Robins, R. W. (2008). The nonverbal expression of pride: Evidence for cross-cultural recognition. *Journal of Personality and Social Psychology*, *94*(3), 516. doi:10.1037/0022-3514.94.3.516.

Tracy, J. L., & Robins, R. W. (2014). Conceptual and empirical strengths of the authentic/hubristic model of pride. *Emotion*, *14*(1), 33-37. doi:10.1037/a0034490.

Tracy, J. L., Robins, R. W., & Schriber, R. A. (2009). Development of a FACS-verified set of basic and self-conscious emotion expressions. *Emotion*, *9*(4), 554. doi:10.1037/a0015766.

Tracy, J. L., Shariff, A. F., Zhao, W., & Henrich, J. (2013). Cross-cultural evidence that the nonverbal expression of pride is an automatic status signal. *Journal of Experimental Psychology: General*, *142*(1), 163. doi:10.1037/a0028412.

Tracy, J. L., Weidman, A. C., Cheng, J. T., & Martens, J. P. (2014). Pride: The fundamental emotion of success, power, and status. In M. Tugade, L. Shiota & L. Kriby (Eds.), *Handbook of positive emotions* (pp. 294-310). New York: Guildford.

Van de Ven, N., Zeelenberg, M., & Pieters, R. (2009). Leveling up and down: The experiences of benign and malicious envy. *Emotion*, *9*(3), 419. doi:10.1037/a0015669.

Van de Ven, N., Zeelenberg, M., & Pieters, R. (2011). Why envy outperforms admiration. *Personality and Social Psychology Bulletin*, *37*(6), 784-795. doi:10.1177/0146167211400421.

Van de Ven, N., Zeelenberg, M., & Pieters, R. (2012). Appraisal patterns of envy and related emotions. *Motivation and Emotion*, *36*(2), 195-204. doi:10.1007/s11031-011-9235-8.

Verbeke, W., Belschak, F., & Bagozzi, R. P. (2004). The adaptive consequences of pride in personal selling. *Journal of the Academy of Marketing Science*, *32*(4), 386-402. doi:10.1177/0092070304267105.

Weiner, B. (1985). An attributional theory of achievement motivation and emotion. *Psychological Review*, *92*(4), 548. doi:10.1037/0033-295x.92.4.548.

Wells, G. L., & Gavanski, I. (1989). Mental simulation of causality. *Journal of Personality and Social Psychology*, *56*(2), 161. doi:10.1037/0022-3514.56.2.161.

Wicker, F. W., Payne, G. C., & Morgan, R. D. (1983). Participant descriptions of guilt and shame. *Motivation and Emotion, 7*(1), 25-39. doi:10.1007/bf00992963.

Williams, L. A., & DeSteno, D. (2009). Pride adaptive social emotion or seventh sin? *Psychological Science, 20*(3), 284-288. doi:10.1111/j.1467-9280.2009.02292.x.

Yang, M. L., Yang, C. C., & Chiou, W. B. (2010). When guilt leads to other orientation and shame leads to egocentric self-focus: Effects of differential priming of negative affects on perspective taking. *Social Behavior and Personality: An International Journal, 38*(5), 605-614. doi:10.2224/sbp.2010.38.5.605.

Zemack-Rugar, Y., Bettman, J. R., & Fitzsimons, G. J. (2007). The effects of nonconsciously priming emotion concepts on behavior. *Journal of Personality and Social Psychology, 93*(6), 927. doi:10.1037/0022-3514.93.6.927.

제7장 행복

Aknin, L. B., Barrington-Leigh, C. P., Dunn, E. W., Helliwell, J. F., Burns, J., Biswas-Diener, R., . . . Norton, M. I. (2013). Prosocial spending and well-being: Cross-cultural evidence for a psychological universal. *Journal of Personality and Social Psychology, 104*(4), 635-652. doi:10.1037/a0031578.

Aknin, L. B., Hamlin, J. K., & Dunn, E. W. (2012). Giving leads to happiness in young children. *PLoS One, 7*(6), e39211. doi:10.1371/journal.pone.0039211.

Baumeister, R. F., Bratslavsky, E., Finkenauer, C., & Vohs, K. D. (2001). Bad is stronger than good. *Review of General Psychology, 5*(4), 323. doi:10.1037/1089-2680.5.4.323.

Baumgardner, S. R., & Crothers, M. K. (2009). *Positive psychology.* Upper Saddle River, NJ: Prentice Hall/Pearson Education.

Ben-Shahar, T. (2007). *Happier: Learn the secrets to daily joy and lasting fulfillment* (p. 7). McGraw-Hill Companies. doi:10.1036/0071492399.

Bower, G. H. (1981). Mood and memory. *American Psychologist, 36*(2), 129-148. doi:10.1037/0003-066x.36.2.129.

Boyce, C. J., Brown, G. D., & Moore, S. C. (2010). Money and happiness rank of income, not income, affects life satisfaction. *Psychological Science, 21*(4), 471-475. doi:10.1177/ 0956797610362671.

Brefczynski-Lewis, J. A., Lutz, A., Schaefer, H. S., Levinson, D. B., & Davidson, R. J. (2007). Neural correlates of attentional expertise in long-term meditation practitioners. *Proceedings of the National Academy of Sciences, 104*(27), 11483-11488. doi:10.1073/pnas.0606552104.

Brewer, N. T., Chapman, G. B., Gibbons, F. X., Gerrard, M., McCaul, K. D., & Weinstein, N. D. (2007). Meta-analysis of the relationship between risk perception and health behavior: The example of vaccination. *Health Psychology, 26*(2), 136. doi:10.1037/0278-6133.26.2.136.

Brickman, P., Coates, D., & Janoff-Bulman, R. (1978). Lottery winners and accident victims: Is happiness relative? *Journal of Personality and Social Psychology, 36*(8), 917-927. doi:10.1037/0022-3514.36.8.917.

Cahn, B. R., & Polich, J. (2006). Meditation states and traits: EEG, ERP, and neuroimaging studies. *Psychological Bulletin, 132*(2), 180. doi:10.1037/0033-2909.132.2.180.

Carver, C. S., & Scheier, M. F. (1999). Themes and issues in the self-regulation of behavior. In R. S. Wyer Jr. (Ed.), *Perspectives on behavioral self-regulation: Advances in social cognition* (Vol. XII, pp. 1-105). Mahwah, NJ: Lawrence Erlbaum Associates Publishers.

Cohen, S. (2004). Social relationships and health. *American Psychologist*, *59*(8), 676. doi:10.1037/0003-066x.59.8.676.

Danner, D. D., Snowdon, D. A., & Friesen, W. V. (2001). Positive emotions in early life and longevity: Findings from the nun study. *Journal of Personality and Social Psychology*, *80*(5), 804. doi:10.1037/0022-3514.80.5.804.

Davidson, R. J., & Lutz, A. (2008). Buddha's brain: Neuroplasticity and meditation. *IEEE Signal Processing Magazine*, *25*(1), 176. doi:10.1109/msp.2008.4431873.

de Groot, J. H., Smeets, M. A., Rowson, M. J., Bulsing, P. J., Blonk, C. G., Wilkinson, J. E., & Semin, G. R. (2015). A sniff of happiness. *Psychological Science*, *26*, 0956797614566318. doi:10.1177/0956797614566318.

Deaton, A., & Stone, A. A. (2014). Evaluative and hedonic wellbeing among those with and without children at home. *Proceedings of the National Academy of Sciences*, *111*(4), 1328-1333. doi:10.1073/pnas.1311600111.

Diener, E. (2006). Guidelines for national indicators of subjective well-being and ill-being. *Applied Research in Quality of Life*, *1*(2), 151-157. doi:10.1007/s11482-006-9007-x.

Diener, E., & Biswas-Diener, R. (2008). *Rethinking happiness: The science of psychological wealth*. Malden, MA: Blackwell Publishing.

Diener, E., & Seligman, M. E. (2002). Very happy people. *Psychological Science*, *13*(1), 81-84. doi:10.1111/1467-9280.00415.

Dunn, E. W., Aknin, L. B., & Norton, M. I. (2008). Spending money on others promotes happiness. *Science*, *319*(5870), 1687-1688. doi:10.1126/science.1150952.

Dunn, E. W., Wilson, T. D., & Gilbert, D. T. (2003). Location, location, location: The misprediction of satisfaction in housing lotteries. *Personality and Social Psychology Bulletin*, *29*(11), 1421-1432. doi:10.1177/0146167203256867.

Easterlin, R. A., McVey, L. A., Switek, M., Sawangfa, O., & Zweig, J. S. (2010). The happiness-income paradox revisited. *Proceedings of the National Academy of Sciences*, *107*(52), 22463-22468. doi:10.1073/pnas.1015962107.

Emmons, R. A., & Crumpler, C. A. (2000). Gratitude as a human strength: Appraising the evidence. *Journal of Social and Clinical Psychology*, *19*(1), 56-69. doi:10.1521/jscp.2000.19.1.56.

Emmons, R. A., & McCullough, M. E. (2003). Counting blessings versus burdens: An experimental investigation of gratitude and subjective well-being in daily life. *Journal of Personality and Social Psychology*, *84*(2), 377. doi:10.1037//0022-3514.84.2.377.

Emmons, R. A., & Shelton, C. M. (2002). Gratitude and the science of positive psychology. *Handbook of Positive Psychology*, *18*, 459-471.

Frederick, S., & Loewenstein, G. (1999). Hedonic adaptation. In D. Kahneman, E. Diener & N. Schwarz (Eds.), *Well being: The foundations of hedonic psychology* (pp. 302-329). New York: Russell Sage Foundation.

Fredrickson, B. L. (2001). The role of positive emotions in positive psychology: The broaden-and-build theory of positive emotions. *American Psychologist*, *56*(3), 218. doi:10.1037/0003-066x.56.3.218.

Fredrickson, B. L. (2009). *Positivity*. New York, NY: Crown Publishers. doi:10.1080/ 17439760903157109.

Gilbert, D. T., Driver-Linn, E., & Wilson, T. D. (2002). The trouble with Vronsky: Impact bias in the forecasting of future affective states. In L. Feldman Barrett, & P. Salovey (Eds), *The wisdom in feeling: Psychological processes in emotional intelligence.* (pp. 114-143). New York, NY: Guilford Press.

Graham, C., Eggers, A., & Sukhtankar, S. (2004). Does happiness pay? An exploration based on panel data from Russia. *Journal of Economic Behavior & Organization*, 55(3), 319-342. doi:10.1016/s0167-2681(04)00047-2.

Grossman, P., Niemann, L., Schmidt, S., & Walach, H. (2004). Mindfulness-based stress reduction and health benefits: A meta-analysis. *Journal of Psychosomatic Research*, 57(1), 35-43. doi:10.1016/s0022-3999(03)00573-7.

Hansen, T. (2012). Parenthood and happiness: A review of folk theories versus empirical evidence. *Social Indicators Research*, 108(1), 29-64. doi:10.1007/s11205-011-9865-y.

Harbaugh, W. T., Mayr, U., & Burghart, D. R. (2007). Neural responses to taxation and voluntary giving reveal motives for charitable donations. *Science*, 316(5831), 1622-1625. doi:10.1126/science.1140738.

House, J., DeVoe, S. E., & Zhong, C. B. (2013). Too impatient to smell the roses: Exposure to fast food impedes happiness. *Social Psychological and Personality Science*, 41, 534-541. doi:10.1177/1948550613511498.

Ikemoto, S., & Panksepp, J. (1999). The role of nucleus accumbens dopamine in motivated behavior: A unifying interpretation with special reference to reward-seeking. *Brain Research Reviews*, 31(1), 6-41. doi:10.1016/s0165-0173(99)00023-5.

Iyengar, S. S., & Lepper, M. R. (2000). When choice is demotivating: Can one desire too much of a good thing? *Journal of Personality and Social Psychology*, 79(6), 995. doi:10.1037/0022-3514.79.6.995.

Jackson, K. M., & Aiken, L. S. (2000). A psychosocial model of sun protection and sunbathing in young women: The impact of health beliefs, attitudes, norms, and self-efficacy for sun protection. *Health Psychology*, 19(5), 469. doi:10.1037/0278-6133.19.5.469.

Kabat-Zinn, J. (2003). Mindfulness-based interventions in context: Past, present, and future. *Clinical Psychology: Science and Practice*, 10(2), 144-156. doi:10.1093/clipsy/bpg016.

Kahneman, D. (2011). *Thinking, fast and slow*. London: Macmillan. doi:10.1007/s00362-013-0533-y.

Kahneman, D., & Deaton, A. (2010). High income improves evaluation of life but not emotional wellbeing. *Proceedings of the National Academy of Sciences*, 107(38), 16489-16493. doi:10.1073/pnas.1011492107.

Kahneman, D., Fredrickson, B. L., Schreiber, C. A., & Redelmeier, D. A. (1993). When more pain is preferred to less: Adding a better end. *Psychological Science*, 4(6), 401-405. doi:10.1111/j.1467-9280.1993.tb00589.x.

Kahneman, D., Krueger, A. B., Schkade, D. A., Schwarz, N., & Stone, A. A. (2004). A survey method for characterizing daily life experience: The day reconstruction method. *Science*, 306(5702), 1776-1780. doi:10.1126/science.1103572.

Kahneman, D., Schkade, D. A., Fischler, C., Krueger, A. B., & Krilla, A. (2010). The structure of well-being in two cities: Life satisfaction and experienced happiness in Columbus, Ohio; and Rennes, France. *International Differences in Well-Being*, 1(9), 16-34. doi:10.1093/acprof:oso/9780199732739.003.0002.

Keller, M. C., Fredrickson, B. L., Ybarra, O., Côté, S., Johnson, K., Mikels, J., . . . Wager, T. (2005). A warm heart and a clear head the contingent effects of weather on mood and cognition. *Psychological Science*, 16(9), 724-731. doi:10.1111/j.1467-9280.2005.01602.x.

Keng, S. L., Smoski, M. J., & Robins, C. J. (2011). Effects of mindfulness on psychological health: A review of empirical studies. *Clinical Psychology Review*, *31*(6), 1041-1056. doi:10.1016/j.cpr.2011.04.006.

Keyes, C. L., Shmotkin, D., & Ryff, C. D. (2002). Optimizing well-being: The empirical encounter of two traditions. *Journal of Personality and Social Psychology*, *82*(6), 1007. doi:10.1037/0022-3514.82.6.1007.

Koots, L., Realo, A., & Allik, J. (2011). The influence of the weather on affective experience: An experience sampling study. *Journal of Individual Differences*, *32*(2), 74-84. doi:10.1027/1614-0001/a000037.

Lambert, G. W., Reid, C., Kaye, D. M., Jennings, G. L., & Esler, M. D. (2002). Effect of sunlight and season on serotonin turnover in the brain. *The Lancet*, *360*(9348), 1840-1842. doi:10.1016/s0140-6736(02)11737-5.

LeBel, J. L., & Dube, L. (2001, June). The impact of sensory knowledge and attentional focus on pleasure and on behavioral responses to hedonic stimuli. Paper presented at the 13th annual American Psychological Society Convention, Toronto, Ontario, Canada.

Lench, H. C., & Ditto, P. H. (2008). Automatic optimism: Biased use of base rate information for positive and negative events. *Journal of Experimental Social Psychology*, *44*(3), 631-639. doi:10.1016/j.jesp.2007.02.011.

Linley, P. A., & Joseph, S. (2004). Toward a theoretical foundation for positive psychology in practice. In P. A. Linley & S. Joseph (Eds), *Positive psychology in practice* (pp. 713-731). Hoboken, NJ: Wiley.

Lucas, R. E., Clark, A. E., Georgellis, Y., & Diener, E. (2003). Reexamining adaptation and the set point model of happiness: Reactions to changes in marital status. *Journal of Personality and Social Psychology*, *84*(3), 527. doi:10.1037/0022-3514.84.3.527.

Lykken, D., & Tellegen, A. (1996). Happiness is a stochastic phenomenon. *Psychological Science*, *7*(3), 186-189. doi:10.1111/j.1467-9280.1996.tb00355.x.

Lyubomirsky, S. (2007). *The how of happiness: A new approach to getting the life you want*. New York, NY: Penguin. doi:10.1007/s10902-010-9200-3.

Lyubomirsky, S., King, L., & Diener, E. (2005). The benefits of frequent positive affect: Does happiness lead to success? *Psychological Bulletin*, *131*(6), 803. doi:10.1037/0033-2909.131.6.803.

Lyubomirsky, S., Sheldon, K. M., & Schkade, D. (2005). Pursuing happiness: The architecture of sustainable change. *Review of General Psychology*, *9*(2), 111. doi:10.1037/1089-2680.9.2.111.

Madrian, B., & Shea, D. (2001). The power of suggestion: An analysis of 401(k) inertia in 401(k) participation and savings behavior. *Quarterly Journal of Economics*, *116*(4), 18-116. doi:10.1162/003355301753265543.

Marks, G. N., & Fleming, N. (1999). Influences and consequences of well-being among Australian young people: 1980-1995. *Social Indicators Research*, *46*(3), 301-323. doi:10.1023/a:1006928507272.

Medvec, V. H., Madey, S. F., & Gilovich, T. (1995). When less is more: Counterfactual thinking and satisfaction among Olympic medalists. *Journal of Personality and Social Psychology*, *69*(4), 603. doi:10.1037/0022-3514.69.4.603.

Mellers, B. A., & McGraw, A. P. (2001). Anticipated emotions as guides to choice. *Current Directions in Psychological Science*, *10*(6), 210-214. doi:10.1111/1467-8721.00151.

Munson, S. A., Lauterbach, D., Newman, M. W., & Resnick, P. (2010). Happier together: Integrating a wellness application into a social network site. In T. Ploug, P. Hasle & H. Oinas-Kukkonen (Eds.), *Persuasive Technology* (pp. 27-39). Berlin Heidelberg: Springer. doi:10.1007/978-3-642-13226-1_5.

Nes, R. B., Røysamb, E., Tambs, K., Harris, J. R., & Reichborn-Kjennerud, T. (2006). Subjective wellbeing: Genetic and environmental contributions to stability and change. *Psychological Medicine*, *36*(7), 1033-1042. doi:10.1017/s0033291706007409.

Norem, J. K., & Cantor, N. (1986). Defensive pessimism: Harnessing anxiety as motivation. *Journal of Personality and Social Psychology*, *51*(6), 1208-1217. doi:10.1037/0022-3514.51.6.1208.

Norem, J. K., & Illingworth, K. S. (1993). Strategy-dependent effects of reflecting on self and tasks: Some implications of optimism and defensive pessimism. *Journal of Personality and Social Psychology*, *65*(4), 822. doi:10.1037/0022-3514.65.4.822.

O'Doherty, J. P., Deichmann, R., Critchley, H. D., & Dolan, R. J. (2002). Neural responses during anticipation of a primary taste reward. *Neuron*, *33*(5), 815-826. doi:10.1016/s0896-6273(02)00603-7.

Ostir, G. V., Markides, K. S., Peek, M. K., & Goodwin, J. S. (2001). The association between emotional well-being and the incidence of stroke in older adults. *Psychosomatic Medicine*, *63*(2), 210-215. doi:10.1097/00006842-200103000-00003.

Otake, K., Shimai, S., Tanaka-Matsumi, J., Otsui, K., & Fredrickson, B. L. (2006). Happy people become happier through kindness: A counting kindnesses intervention. *Journal of Happiness Studies*, *7*(3), 361-375. doi:10.1007/s10902-005-3650-z.

Pressman, S. D., Gallagher, M. W., & Lopez, S. J. (2013). Is the emotion-health connection a "first-world problem"? *Psychological Science*, *24*(4), 544-549. doi:10.1177/0956797612457382

Redelmeier, D. A., & Kahneman, D. (1996). Patients' memories of painful medical treatments: Real-time and retrospective evaluations of two minimally invasive procedures. *Pain*, *66*(1), 3-8. doi:10.1016/0304-3959(96)02994-6.

Reis, H. T., & Gable, S. L. (2003). Toward a positive psychology of relationships. In C.L.M. Keyes and J. Haidt (Eds.), *Flourishing: The positive person and the good life* (pp.129-159). Washington DC: American Psychological Association. doi:10.1037/10594-006.

Roberts, B. W., Caspi, A., & Moffitt, T. E. (2003). Work experiences and personality development in young adulthood. *Journal of Personality and Social Psychology*, *84*(3), 582. doi:10.1037/0022-3514.84.3.582.

Ryan, R. M., & Deci, E. L. (2001). On happiness and human potentials: A review of research on hedonic and eudaimonic well-being. *Annual Review of Psychology*, *52*(1), 141-166. doi:10.1146/annurev.psych.52.1.141.

Schkade, D. A., & Kahneman, D. (1998). Does living in California make people happy? A focusing illusion in judgments of life satisfaction. *Psychological Science*, *9*(5), 340-346. doi:10.1111/1467-9280.00066.

Schwartz, S. H. (1999). A theory of cultural values and some implications for work. *Applied Psychology*, *48*(1), 23-47. doi:10.1080/026999499377655.

Segerstrom, S. C. (2001). Optimism and attentional bias for negative and positive stimuli. *Personality and Social Psychology Bulletin*, *27*(10), 1334-1343. doi:10.1177/ 01461672012710009.

Segerstrom, S. C. (2005). Optimism and immunity: Do positive thoughts always lead to positive effects? *Brain, Behavior, and Immunity*, *19*(3), 195-200. doi:10.1016/j.bbi.2004.08.003.

Seligman, M. E. (2004). *Authentic happiness: Using the new positive psychology to realize your potential for lasting fulfillment*. New York, NY: Simon and Schuster. doi:10.1176/appi.ajp.161.5.936.

Seligman, M. E. (2011). *Learned optimism: How to change your mind and your life*. New York, NY: Vintage.

Seligman, M. E., Steen, T. A., Park, N., & Peterson, C. (2005). Positive psychology progress: Empirical validation of interventions. *American Psychologist, 60*(5), 410. doi:10.1037/0003-066x.60.5.410.

Sharot, T. (2011). The optimism bias. *Current Biology, 21*(23), R941-R945. doi:10.1016/j.cub.2011.10.030.

Showers, C. (1992). Compartmentalization of positive and negative self-knowledge: Keeping bad apples out of the bunch. *Journal of Personality and Social Psychology, 62*(6), 1036. doi:10.1037/0022-3514.62.6.1036.

Sieber, W. J., Rodin, J., Larson, L., Ortega, S., Cummings, N., Levy, S., . . . Herberman, R. (1992). Modulation of human natural killer cell activity by exposure to uncontrollable stress. *Brain, Behavior, and Immunity, 6*(2), 141-156. doi:10.1016/0889-1591(92)90014-f.

Staw, B. M., & Barsade, S. G. (1993). Affect and managerial performance: A test of the sadder-butwiser vs. happier-and-smarter hypotheses. *Administrative Science Quarterly, 38*(2), 304-331. doi:10.2307/2393415.

Steptoe, A., Wardle, J., & Marmot, M. (2005). Positive affect and health-related neuroendocrine, cardiovascular, and inflammatory processes. *Proceedings of the National Academy of Sciences of the United States of America, 102*(18), 6508-6512. doi:10.1073/pnas.0409174102.

Taylor, S. E., & Brown, J. D. (1988). Illusion and well-being: A social psychological perspective on mental health. *Psychological Bulletin, 103*(2), 193. doi:10.1037//0033-2909.103.2.193.

Veenhoven, R. (2000). Freedom and happiness: A comparative study in forty-four nations in the early 1990s. In E. Diener & E. Suh (Eds.), *Culture and Subjective Well-Being* (pp. 257-288). Cambridge, MA: MIT Press. doi:10.1186/s13612-014-0017-4.

Wager, T. D., Scott, D. J., & Zubieta, J. K. (2007). Placebo effects on human μ-opioid activity during pain. *Proceedings of the National Academy of Sciences, 104*(26), 11056-11061. doi:10.1073/pnas.0702413104.

Waterman, A. S. (1993). Two conceptions of happiness: Contrasts of personal expressiveness (eudaimonia) and hedonic enjoyment. *Journal of Personality and Social Psychology, 64*(4), 678. doi:10.1037/0022-3514.64.4.678.

Weare, K. (2013). Developing mindfulness with children and young people: A review of the evidence and policy context. *Journal of Children's Services, 8*(2), 141-153. doi:10.1108/jcs-12-2012-0014.

Weiss, A., Bates, T. C., & Luciano, M. (2008). Happiness is a personal (ity) thing: The genetics of personality and well-being in a representative sample. *Psychological Science, 19*(3), 205-210. doi:10.1111/j.1467-9280.2008.02068.x.

Whalen, P. J., Rauch, S. L., Etcoff, N. L., McInerney, S. C., Lee, M. B., & Jenike, M. A. (1998). Masked presentations of emotional facial expressions modulate amygdala activity without explicit knowledge. *The Journal of Neuroscience, 18*(1), 411-418.

Wheeler, L., & Miyake, K. (1992). Social comparison in everyday life. *Journal of Personality and Social Psychology, 62*(5), 760. doi:10.1037/0022-3514.62.5.760.

White, M. P., & Dolan, P. (2009). Accounting for the richness of daily activities. *Psychological Science, 20*(8), 1000-1008. doi:10.1111/j.1467-9280.2009.02392.x.

Wilson, T. D., & Gilbert, D. T. (2003). Affective forecasting. *Advances in Experimental Social Psychology, 35*, 345-411. doi:10.1016/s0065-2601(03)01006-2.

Wilson, T. D., Meyers, J., & Gilbert, D. T. (2001). Lessons from the past: Do people learn from experience that emotional reactions are short-lived? *Personality and Social Psychology Bulletin*, *27*(12), 1648-1661. doi:10.1177/01461672012712008.

제8장 정서와 인지

Adolphs, R., Denburg, N. L., & Tranel, D. (2001). The amygdala's role in long-term declarative memory for gist and detail. *Behavioral Neuroscience*, *115*(5), 983. doi:10.1037/0735-7044.115.5.983.

Anderson, E., Siegel, E., White, D., & Barrett, L. F. (2012). Out of sight but not out of mind: Unseen affective faces influence evaluations and social impressions. *Emotion*, *12*(6), 1210. doi:10.1037/a0027514.

Anderson, J. R. (1983). A spreading activation theory of memory. *Journal of Verbal Learning and Verbal Behavior*, *22*(3), 261-295. doi:10.1016/b978-1-4832-1446-7.50016-9.

Bannerman, R. L., Milders, M., & Sahraie, A. (2010). Attentional bias to brief threat-related faces revealed by saccadic eye movements. *Emotion*, *10*(5), 733. doi:10.1037/a0019354.

Bar-Haim, Y., Lamy, D., Pergamin, L., Bakermans-Kranenburg, M. J., & Van Ijzendoorn, M. H. (2007). Threat-related attentional bias in anxious and nonanxious individuals: A meta-analytic study. *Psychological Bulletin*, *133*(1), 1. doi:10.1037/0033-2909.133.1.1.

Barsalou, L. W. (1999). Perceptions of perceptual symbols. *Behavioral and Brain Sciences*, *22*(04), 637-660. doi:10.1017/s0140525x99532147.

Barsalou, L. W. (2008). Grounded cognition. *Annual Review of Psychology*, *59*, 617-645. doi:10.1146/annurev.psych.59.103006.093639.

Bechara, A., Tranel, D., Damasio, H., & Damasio, A. R. (1996). Failure to respond autonomically to anticipated future outcomes following damage to prefrontal cortex. *Cerebral Cortex*, *6*(2), 215-225. doi:10.1093/cercor/6.2.215.

Becker, M. W., & Leinenger, M. (2011). Attentional selection is biased toward mood-congruent stimuli. *Emotion*, *11*(5), 1248. doi:10.1037/a0023524.

Bjälkebring, P., Västfjäll, D., Svenson, O., & Slovic, P. (2015). Regulation of experienced and anticipated regret in daily decision making. *Emotion, 16*(3), 381-386. doi:10.1037/a0039861.

Blanchette, I., & Richards, A. (2010). The influence of affect on higher level cognition: A review of research on interpretation, judgement, decision making and reasoning. *Cognition & Emotion*, *24*(4), 561-595. doi:10.1080/02699930903132496.

Bless, H., Bohner, G., Schwarz, N., & Strack, F. (1990). Mood and persuasion a cognitive response analysis. *Personality and Social Psychology Bulletin*, *16*(2), 331-345. doi:10.1177/0146167290162013.

Bless, H., Clore, G. L., Schwarz, N., Golisano, V., Rabe, C., & Wolk, M. (1996). Mood and the use of scripts: Does a happy mood really lead to mindlessness? *Journal of Personality and Social Psychology*, *71*(4), 665. doi:10.1037//0022-3514.71.4.665.

Bless, H., & Fiedler, K. (1995). Affective states and the influence of activated general knowledge. *Personality and Social Psychology Bulletin*, *21*(7), 766-778. doi:10.1177/0146167295217010.

Bodenhausen, G. V., Kramer, G. P., & Süsser, K. (1994). Happiness and stereotypic thinking in social judgment.

Journal of Personality and Social Psychology, 66(4), 621. doi:10.1037/0022-3514.66.4.621.

Bohner, G., Crow, K., Erb, H. P., & Schwarz, N. (1992). Affect and persuasion: Mood effects on the processing of message content and context cues and on subsequent behaviour. *European Journal of Social Psychology, 22*(6), 511-530. doi:10.1002/ejsp.2420220602.

Bower, G. H. (1981). Mood and memory. *American Psychologist, 36*(2), 129. doi:10.1037/0003-066X.36.2.129.

Bower, G. H. (1991). Mood congruity of social judgments. In J. Forgas (Ed.), *Emotion and social judgments* (pp. 31-53). Oxford, England: Pergamon Press.

Bower, G. H., Gilligan, S. G., & Monteiro, K. P. (1981). Selectivity of learning caused by affective states. *Journal of Experimental Psychology: General, 110*(4), 451. doi:10.1037/0096-3445.110.4.451.

Cahill, L., & McGaugh, J. L. (1995). A novel demonstration of enhanced memory associated with emotional arousal. *Consciousness and Cognition, 4*(4), 410-421. doi:10.1006/ccog.1995.1048.

Carlson, M., Charlin, V., & Miller, N. (1988). Positive mood and helping behavior: A test of six hypotheses. *Journal of Personality and Social Psychology, 55*(2), 211. doi:10.1037/0022-3514.55.2.211.

Chajut, E., & Algom, D. (2003). Selective attention improves under stress: Implications for theories of social cognition. *Journal of Personality and Social Psychology, 85*(2), 231. doi:10.1037/0022-3514.85.2.231.

Charles, S. T., Mather, M., & Carstensen, L. L. (2003). Aging and emotional memory: The forgettable nature of negative images for older adults. *Journal of Experimental Psychology: General, 132*(2), 310-324. doi:10.1037/0096-3445.132.2.310.

Christianson, S. A., & Loftus, E. F. (1991). Remembering emotional events: The fate of detailed information. *Cognition & Emotion, 5*(2), 81-108. doi:10.1080/02699939108411027.

Christianson, S. A., Loftus, E. F., Hoffman, H., & Loftus, G. R. (1991). Eye fixations and memory for emotional events. *Journal of Experimental Psychology: Learning, Memory, and Cognition, 17*(4), 693. doi:10.1037//0278-7393.17.4.693.

Clore, G. L., & Huntsinger, J. R. (2007). How emotions inform judgment and regulate thought. *Trends in Cognitive Sciences, 11*(9), 393-399. doi:10.1016/j.tics.2007.08.005.

Collins, A. M., & Loftus, E. F. (1975). A spreading-activation theory of semantic processing. *Psychological Review, 82*(6), 407. doi:10.1016/b978-1-4832-1446-7.50015-7.

Compton, R. J. (2003). The Interface between Emotion and Attention: A Review of Evidence from Psychology and Neuroscience. *Behavioral and Cognitive Neuroscience Reviews, 2*(2), 115-129. doi:10.1177/1534582303002002003.

D'Argembeau, A., & Van der Linden, M. (2005). Influence of emotion on memory for temporal information. *Emotion, 5*(4), 503-507. doi:10.1037/1528-3542.5.4.503.

Damasio, A. R. (1994). *Descartes error: Emotion, reason, and the human brain.* New York: Putnam.

Descartes, R. (1644/1988). The passions of the soul. In J. Cottingham, R. Stoothoff & D. Murdoch (Eds.), *Selected philosophical writings of Rene Descartes* (pp. 218-238). Cambridge: Cambridge University Press.

DeSteno, D., Petty, R. E., Rucker, D. D., Wegener, D. T., & Braverman, J. (2004). Discrete emotions and persuasion: The role of emotion-induced expectancies. *Journal of Personality and Social Psychology, 86*(1), 43. doi:10.1037/0022-3514.86.1.43.

DeSteno, D., Petty, R. E., Wegener, D. T., & Rucker, D. D. (2000). Beyond valence in the perception of likelihood: The role of emotion specificity. *Journal of Personality and Social Psychology*, 78(3), 397. doi:10.1037/0022-3514.78.3.397.

Easterbrook, J. A. (1959). The effect of emotion on cue utilization and the organization of behavior. *Psychological Review*, 66(3), 183. doi:10.1037/h0047707.

Ehrlichman, H., & Halpern, J. N. (1988). Affect and memory: Effects of pleasant and unpleasant odors on retrieval of happy and unhappy memories. *Journal of Personality and Social Psychology*, 55(5), 769. doi:10.1037/0022-3514.55.5.769.

Eich, E. (1995). Searching for mood dependent memory. *Psychological Science*, 6(2), 67-75. doi:10.1111/j.1467-9280.1995.tb00309.x.

Eich, E., Macaulay, D., & Ryan, L. (1994). Mood dependent memory for events of the personal past. *Journal of Experimental Psychology: General*, 123(2), 201. doi:10.1037/0096-3445.123.2.201.

Eich, E., & Metcalfe, J. (1989). Mood dependent memory for internal versus external events. *Journal of Experimental Psychology: Learning, Memory, and Cognition*, 15(3), 443. doi:10.1037/0278-7393.15.3.443.

Esses, V. M., & Zanna, M. P. (1995). Mood and the expression of ethnic stereotypes. *Journal of Personality and Social Psychology*, 69(6), 1052. doi:10.1037//0022-3514.69.6.1052.

Fenske, M. J., & Eastwood, J. D. (2003). Modulation of focused attention by faces expressing emotion: Evidence from flanker tasks. *Emotion*, 3(4), 327. doi:10.1037/1528-3542.3.4.327.

Fiedler, K., & Stroehm, W. (1986). What kind of mood influences what kind of memory: The role of arousal and information structure. *Memory & Cognition*, 14(2), 181-188. doi:10.3758/bf03198378.

Fodor, J. A. (1975). *The language of thought* (Vol. 5). Cambridge, MA: Harvard University Press.

Forgas, J. P. (2013). Don't worry, be sad! On the cognitive, motivational, and interpersonal benefits of negative mood. *Current Directions in Psychological Science*, 22(3), 225-232. doi:10.1177/0963721412474458.

Fox, E., Russo, R., Bowles, R., & Dutton, K. (2001). Do threatening stimuli draw or hold visual attention in subclinical anxiety? *Journal of Experimental Psychology: General*, 130(4), 681. doi:10.1037//0096-3445.130.4.681.

Fox, E., Russo, R., & Dutton, K. (2002). Attentional bias for threat: Evidence for delayed disengagement from emotional faces. *Cognition & Emotion*, 16(3), 355-379. doi:10.1080/02699930143000527.

Fredrickson, B. L., & Branigan, C. (2005). Positive emotions broaden the scope of attention and thoughtaction repertoires. *Cognition & Emotion*, 19(3), 313-332. doi:10.1080/02699930441000238.

Frischen, A., Eastwood, J. D., & Smilek, D. (2008). Visual search for faces with emotional expressions. *Psychological Bulletin*, 134(5), 662. doi:10.1037/0033-2909.134.5.662.

Gable, P. A., & Harmon-Jones, E. (2008). Approach-motivated positive affect reduces breadth of attention. *Psychological Science*, 19(5), 476-482. doi:10.1111/j.1467-9280.2008.02112.x.

Gable, P. A., & Harmon-Jones, E. (2010). The blues broaden, but the nasty narrows attentional consequences of negative affects low and high in motivational intensity. *Psychological Science*. 21(2), 211-215. doi:10.1177/0956797609359622.

Gasper, K., & Clore, G. L. (2002). Attending to the big picture: Mood and global versus local processing of visual information. *Psychological Science*, 13(1), 34-40. doi:10.1111/1467-9280.00406.

Gerrig, R. J., & Bower, G. H. (1982). Emotional influences on word recognition. *Bulletin of the Psychonomic*

Society, *19*(4), 197-200. doi:10.3758/bf03330231.

Greifeneder, R., Bless, H., & Pham, M. T. (2011). When do people rely on affective and cognitive feelings in judgment? A review. *Personality and Social Psychology Review*, *15*(2), 107-141. doi:10.1177/1088868310367640.

Halberstadt, J. B., Niedenthal, P. M., & Kushner, J. (1995). Resolution of lexical ambiguity by emotional state. *Psychological Science*, *6*(5), 278-282. doi:10.1111/j.1467-9280.1995.tb00511.x.

Han, S., Lerner, J. S., & Keltner, D. (2007). Feelings and consumer decision making: The appraisal-tendency framework. *Journal of Consumer Psychology*, *17*(3), 158-168. doi:10.1016/s1057-7408(07)70023-2.

Hansen, C. H., & Hansen, R. D. (1988). Finding the face in the crowd: An anger superiority effect. *Journal of Personality and Social Psychology*, *54*(6), 917. doi:10.1037//0022-3514.54.6.917.

Harmon-Jones, E., Gable, P., & Price, T. F. (2012). The influence of affective states varying in motivational intensity on cognitive scope. *Frontiers in Integrative Neuroscience*, *6*, 1-5. doi:10.3389/fnint.2012.00073.

Hirt, E. R., Levine, G. M., McDonald, H. E., Melton, R. J., & Martin, L. L. (1997). The role of mood in quantitative and qualitative aspects of performance: Single or multiple mechanisms? *Journal of Experimental Social Psychology*, *33*(6), 602-629. doi:10.1006/jesp.1997.1335.

Houston, K. A., Clifford, B. R., Phillips, L. H., & Memon, A. (2013). The emotional eyewitness: The effects of emotion on specific aspects of eyewitness recall and recognition performance. *Emotion*, *13*(1), 118. doi:10.1037/a0029220.

Hsee, C. K., Hastie, R., & Chen, J. (2008). Hedonomics: Bridging decision research with happiness research. *Perspectives on Psychological Science*, *3*(3), 224-243. doi:10.1111/j.1745-6924.2008.00076.x.

Ingram, R. E. (1984). Toward an information-processing analysis of depression. *Cognitive Therapy and Research*, *8*(5), 443-477. doi:10.1007/bf01173284.

Innes-Ker, A., & Niedenthal, P. M. (2002). Emotion concepts and emotional states in social judgment and categorization. *Journal of Personality and Social Psychology*, *83*(4), 804. doi:10.1037/0022-3514.83.4.804.

Isen, A. M. (1987). Positive affect, cognitive processes, and social behavior. In L. Berkowitz (Ed.), *Advances in experimental social psychology* (Vol. 20, pp. 203-253). New York: Academic Press.

Isen, A. M., & Means, B. (1983). The influence of positive affect on decision-making strategy. *Social Cognition*, *2*(1), 18-31. doi:10.1521/soco.1983.2.1.18.

Johnson, E. J., & Tversky, A. (1983). Affect, generalization, and the perception of risk. *Journal of Personality and Social Psychology*, *45*(1), 20. doi:10.1037/0022-3514.45.1.20.

Kalenzaga, S., Lamidey, V., Ergis, A. M., Clarys, D., & Piolino, P. (2016). The positivity bias in aging: Motivation or degradation? *Emotion*, *16*(5), 602-610. doi:10.1037/emo0000170.

Kanayama, N., Sato, A., & Ohira, H. (2008). Dissociative experience and mood-dependent memory. *Cognition and Emotion*, *22*(5), 881-896. doi:10.1080/02699930701541674.

Kennedy, Q., Mather, M., & Carstensen, L. L. (2004). The role of motivation in the agerelated positivity effect in autobiographical memory. *Psychological Science*, *15*(3), 208-214. doi:10.1111/j.0956-7976.2004.01503011.x.

Kensinger, E. A., Addis, D. R., & Atapattu, R. K. (2011). Amygdala activity at encoding corresponds with memory vividness and with memory for select episodic details. *Neuropsychologia*, *49*(4), 663-673. doi:10.1016/j.neuropsychologia.2011.01.017.

Kensinger, E. A., Garoff-Eaton, R. J., & Schacter, D. L. (2007). Effects of emotion on memory specificity: Memory trade-offs elicited by negative visually arousing stimuli. *Journal of Memory and Language*, *56*(4), 575-591. doi:10.1016/j.jml.2006.05.004.

Knott, L. M., & Thorley, C. (2014). Mood-congruent false memories persist over time. *Cognition & Emotion*, *28*(5), 903-912. doi.org/10.1080/02699931.2013.860016.

Kramer, T. H., Buckhout, R., & Eugenio, P. (1990). Weapon focus, arousal, and eyewitness memory: Attention must be paid. *Law and Human Behavior*, *14*(2), 167. doi:10.1007/bf01062971.

Krauth-Gruber, S., & Ric, F. (2000). Affect and stereotypic thinking: A test of the mood-andgeneral-knowledge model. *Personality and Social Psychology Bulletin*, *26*(12), 1587-1597. doi:10.1177/01461672002612012.

Lantermann, E. D., & Otto, J. H. (1996). Correction of effects of memory valence and emotionality on content and style of judgements. *Cognition and Emotion*, *10*, 505-527. doi:10.1080/026999396380132.

Lazarus, R. S. (1982). Thoughts on the relations between emotion and cognition. *American Psychologist*, *37*(9), 1019. doi:10.1037/0003-066x.37.9.1019.

LeDoux, J. E., 1996. *The emotional brain*. New York: Simon and Schuster.

Lerner, J. S., Li, Y., Valdesolo, P., & Kassam, K. S. (2015). Emotion and decision making. *Psychology*, *66*, 33-1. doi:10.1093/acprof:oso/9780199659890.001.0001.

Lerner, J. S., & Keltner, D. (2000). Beyond valence: Toward a model of emotion-specific influences on judgement and choice. *Cognition & Emotion*, *14*(4), 473-493. doi:10.1080/026999300402763.

Lerner, J. S., & Keltner, D. (2001). Fear, anger, and risk. *Journal of Personality and Social Psychology*, *81*(1), 146. doi:10.1037/0022-3514.81.1.146.

Lerner, J. S., & Tiedens, L. Z. (2006). Portrait of the angry decision maker: How appraisal tendencies shape anger's influence on cognition. *Journal of Behavioral Decision Making*, *19*(2), 115-137. doi:10.1002/bdm.515.

LoBue, V. (2014). Deconstructing the snake: The relative roles of perception, cognition, and emotion on threat detection. *Emotion*, *14*(4), 701. doi:10.1037/a0035898.

Loewenstein, G. F., Weber, E. U., Hsee, C. K., & Welch, N. (2001). Risk as feelings. *Psychological Bulletin*, *127*(2), 267. doi:10.1037/0033-2909.127.2.267.

Loftus, E. F., Loftus, G. R., & Messo, J. (1987). Some facts about "weapon focus." *Law and Human Behavior*, *11*(1), 55. doi:10.1007/bf01044839.

MacLeod, C., Mathews, A., & Tata, P. (1986). Attentional bias in emotional disorders. *Journal of Abnormal Psychology*, *95*(1), 15. doi:10.1037//0021-843x.95.1.15.

Mather, M. (2007). Emotional arousal and memory binding: An object-based framework. *Perspectives on Psychological Science*, *2*(1), 33-52. doi:10.1111/j.1745-6916.2007.00028.x.

Mayer, J. D., Gaschke, Y. N., Braverman, D. L., & Evans, T. W. (1992). Mood-congruent judgment is a general effect. *Journal of Personality and Social Psychology*, *63*(1), 119. doi:10.1037/0022-3514.63.1.119.

Mayer, J. D., & Salovey, P. (1988). Personality moderates the interaction of mood and cognition. In K. Fiedler & J. Forgas (Eds.), *Affect, cognition and social behavior* (pp. 87-99). Gottingen, Germany: Hogrefe. doi:10.1016/j.paid.2011.01.016.

McNamara, T. P. (1992). Theories of priming: I. Associative distance and lag. *Journal of Experimental Psychology: Learning, Memory, and Cognition*, *18*(6), 1173. doi:10.1037//0278-7393.18.6.1173.

Milders, M., Sahraie, A., Logan, S., & Donnellon, N. (2006). Awareness of faces is modulated by their emotional meaning. *Emotion*, *6*(1), 10. doi:10.1037/1528-3542.6.1.10.

Neely, J. H. (1991). Semantic priming effects in visual word recognition: A selective review of current findings and theories. In D. Besner & G. W. Humphreys (Eds.), *Basic processes in reading: Visual word recognition*, *11*, 264-336.

Newell, A., & Simon, H. A. (1972). *Human problem solving*. Englewood Cliffs, NJ: Prentice-Hall.

Niedenthal, P. M. (1990). Implicit perception of affective information. *Journal of Experimental Social Psychology*, *26*(6), 505-527. doi:10.1016/0022-1031(90)90053-O.

Niedenthal, P. M. (2007). Embodying emotion. *Science*, *316*(5827), 1002-1005. doi:10.1126/science.1136930.

Niedenthal, P. M., Barsalou, L. W., Winkielman, P., Krauth-Gruber, S., & Ric, F. (2005). Embodiment in attitudes, social perception, and emotion. *Personality and Social Psychology Review*, *9*(3), 184-211. doi:10.1207/s15327957pspr0903_1.

Niedenthal, P. M., Halberstadt, J. B., Margolin, J., & Innes-Ker, A. H. (2000). Emotional state and the detection of change in facial expression of emotion. *European Journal of Social Psychology*, *30*(2), 211-222. doi:10.1002/(sici)1099-0992(200003/04)30:2⟨211::aid-ejsp988⟩3.0.co;2-3.

Niedenthal, P. M., Halberstadt, J. B., & Setterlund, M. B. (1997). Being happy and seeing "happy": Emotional state mediates visual word recognition. *Cognition and Emotion, 11*, 403-432. doi:10.1080/026999397379863.

Niedenthal, P. M., & Setterlund, M. B. (1994). Emotion congruence in perception. *Personality and Social Psychology Bulletin*, *20*(4), 401-411. doi:10.1177/0146167294204007.

Niedenthal, P. M., Setterlund, M. B., & Jones, D. E. (1994). Emotional organization of perceptual memory. In P. Niedenthal & S. Kitayama (Eds.), *The heart's eye: Emotional infludences in perception and attention* (pp. 87-113). San Diego, CA: Academic Press. doi:10.1016/b978-0-12-410560-7.50011-9.

Niedenthal, P. M., Winkielman, P., Mondillon, L., & Vermeulen, N. (2009). Embodiment of emotion concepts. *Journal of Personality and Social Psychology*, *96*(6), 1120. doi:10.1037/a0015574.

Nielson, K. A., & Powless, M. (2007). Positive and negative sources of emotional arousal enhance longterm word-list retention when induced as long as 30 min after learning. *Neurobiology of Learning and Memory*, *88*, 40-47. doi:10.1016/j.nlm.2007.03.005.

Nygaard, L. C., & Lunders, E. R. (2002). Resolution of lexical ambiguity by emotional tone of voice. *Memory & Cognition*, *30*(4), 583-593. doi:10.3758/bf03194959.

Nygren, T. E., Isen, A. M., Taylor, P. J., & Dulin, J. (1996). The influence of positive affect on the decision rule in risk situations: Focus on outcome (and especially avoidance of loss) rather than probability. *Organizational Behavior and Human Decision Processes*, *66*(1), 59-72. doi:10.1006/obhd.1996.0038.

Öhman, A., Flykt, A., & Esteves, F. (2001). Emotion drives attention: Detecting the snake in the grass. *Journal of Experimental Psychology: General*, *130*(3), 466. doi:10.1037//0096-3445.130.3.466.

Öhman, A., Lundqvist, D., & Esteves, F. (2001). The face in the crowd revisited: A threat advantage with schematic stimuli. *Journal of Personality and Social Psychology*, *80*(3), 381. doi:10.1037//0022-3514.80.3.381.

Pasley, B. N., Mayes, L. C., & Schultz, R. T. (2004). Subcortical discrimination of unperceived objects during binocular rivalry. *Neuron*, *42*(1), 163-172. doi:10.1016/s0896-6273(04)00155-2.

Phelps, E. A. (2006). Emotion and cognition: Insights from studies of the human amygdala. *Annual Review of Psychology, 57,* 27-53. doi:10.1146/annurev.psych.56.091103.070234.

Phelps, E. A., Lempert, K. M., & Sokol-Hessner, P. (2014). Emotion and decision making: Multiple modulatory neural circuits. *Annual Review of Neuroscience, 37,* 263-287. doi:10.1146/annurev-neuro-071013-014119.

Pratto, F., & John, O. P. (1991). Automatic vigilance: The attention-grabbing power of negative social information. *Journal of Personality and Social Psychology, 61,* 380-391. doi:10.1037/0022-3514.61.3.380.

Pylyshyn, Z. W. (1984). *Computation and cognition.* Cambridge, MA: MIT press.

Reed, A. E., Chan, L., & Mikels, J. A. (2014). Meta-analysis of the age-related positivity effect: Age differences in preferences for positive over negative information. *Psychology and Aging, 29*(1), 1-15. doi:10.1037/a0035194.

Rick, S., & Loewenstein, G. (2008). The role of emotion in economic behavior. In M. Lewis, J. M. Haviland-Jones & L. F. Barrett (Eds.), *Handbook of emotions* (3rd ed., pp. 138-156). New York: Guilford Press. doi:10.2139/ssrn.954862.

Rotteveel, M., de Groot, P., Geutskens, A., & Phaf, R. H. (2001). Stronger suboptimal than optimal affective priming? *Emotion, 1*(4), 348. doi:10.1037//1528-3542.1.4.348.

Ruci, L., Tomes, J. L., & Zelenski, J. M. (2009). Mood-congruent false memories in the DRM paradigm. *Cognition and Emotion, 23*(6), 1153-1165. doi:10.1080/02699930802355420.

Schacter, D. L. (1999). The seven sins of memory: Insights from psychology and cognitive neuroscience. *American Psychologist, 54*(3), 182. doi:10.1037/0003-066x.54.3.182.

Schmidt, K., Patnaik, P., & Kensinger, E. A. (2011). Emotion's influence on memory for spatial and temporal context. *Cognition and Emotion, 25*(2), 229-243. doi:10.1080/02699931.2010.483123.

Schulreich, S., Gerhardt, H., & Heekeren, H. R. (2016). Incidental fear cues increase monetary loss aversion. *Emotion, 16*(3), 402-412. doi:10.1037/emo0000124.

Schupp, H. T., Junghofer, M., Weike, A. I., & Hamm, A. O. (2003). Attention and emotion: An ERP analysis of facilitated emotional stimulus processing. *Neuroreport, 14*(8), 1107-1110. doi:10.1097/00001756-200306110-00002.

Schwarz, N. (1990). *Feelings as information: Informational and motivational functions of affective states.* New York: Guilford Press.

Schwarz, N., Bless, H., & Bohner, G. (1991). Mood and persuasion: Affective states influence the processing of persuasive communications. *Advances in Experimental Social Psychology, 24,* 161-199. doi:10.1016/s0065-2601(08)60329-9.

Schwarz, N., & Clore, G. L. (1983). Mood, misattribution, and judgments of well-being: Informative and directive functions of affective states. *Journal of Personality and Social Psychology, 45*(3), 513. doi:10.1037/0022-3514.45.3.513.

Sedikides, C. (1995). Central and peripheral self-conceptions are differentially influenced by mood: Tests of the differential sensitivity hypothesis. *Journal of Personality and Social Psychology, 69*(4), 759. doi:10.1037//0022-3514.69.4.759.

Sharot, T., & Yonelinas, A. P. (2008). Differential time-dependent effects of emotion on recollective experience and memory for contextual information. *Cognition, 106*(1), 538-547. doi:10.1016/j.cognition.2007.03.002.

Slovic, P., Finucane, M. L., Peters, E., & MacGregor, D. G. (2007). The affect heuristic. *European Journal of Operational Research, 177*(3), 1333-1352. doi:10.4135/9781412956253.n9.

Small, D. A., & Lerner, J. S. (2008). Emotional policy: Personal sadness and anger shape judgments about a welfare case. *Political Psychology, 29*(2), 149-168. doi:10.1111/j.1467-9221.2008.00621.x.

Snyder, M., & White, P. (1982). Moods and memories: Elation, depression, and the remembering of the events of one's life. *Journal of Personality, 50*(2), 149-167. doi:10.1111/j.1467-6494.1982.tb01020.x.

Storbeck, J., & Clore, G. L. (2007). On the interdependence of cognition and emotion. *Cognition and Emotion, 21*(6), 1212-1237. doi:10.1080/02699930701438020.

Teasdale, J. D. (1983). Negative thinking in depression: Cause, effect, or reciprocal relationship? *Advances in Behaviour Research and Therapy, 5*(1), 3-25. doi:10.1016/0146-6402(83)90013-9.

Theeuwes, J., Schmidt, L. J., & Belopolsky, A. V. (2014). Attentional capture by signals of threat. *Journal of Vision, 14*(10), 321-321. doi:10.1167/14.10.321.

Tiedens, L. Z., & Linton, S. (2001). Judgment under emotional certainty and uncertainty: The effects of specific emotions on information processing. *Journal of Personality and Social Psychology, 81*(6), 973. doi:10.1037/0022-3514.81.6.973.

Wachtel, P. L. (1968). Anxiety, attention, and coping with threat. *Journal of Abnormal Psychology, 73*(2), 137. doi:10.1037/h0020118.

Weltman, G., & Egstrom, G. H. (1966). Perceptual narrowing in novice divers. *Human Factors: The Journal of the Human Factors and Ergonomics Society, 8*(6), 499-506. doi:10.1177/001872086600800604.

Williams, M., Moss, S., Bradshaw, J., & Mattingley, J. (2005). Look at me, I'm smiling: Visual search for threatening and nonthreatening facial expressions. *Visual Cognition, 12*(1), 29-50. doi:10.1080/13506280444000193.

Williams, M. A., Morris, A. P., McGlone, F., Abbott, D. F., & Mattingley, J. B. (2004). Amygdala responses to fearful and happy facial expressions under conditions of binocular suppression. *The Journal of Neuroscience, 24*(12), 2898-2904. doi:10.1523/jneurosci.4977-03.2004.

Wilson, M. (2002). Six views of embodied cognition. *Psychonomic Bulletin & Review, 9*(4), 625-636. doi:10.3758/bf03196322.

Winkielman, P., Berridge, K. C., & Wilbarger, J. L. (2005). Unconscious affective reactions to masked happy versus angry faces influence consumption behavior and judgments of value. *Personality and Social Psychology Bulletin, 31*(1), 121-135. doi:10.1177/0146167204271309.

Winkielman, P. & Kavanagh, L (2013). The embodied perspective on emotion-cognition interactions. In M.D. Robinson, E.R. Watkins, & E. Harmon-Jones (Eds.), Handbook of cognition and emotion (pp 213-230). New York, NY: Guilford.

Winkielman, P., Knutson, B., Paulus, M.P. & Trujillo, J.T. (2007). Affective influence on decisions: Moving towards the core mechanisms. Review of General Psychology, 11, 179-192.

Winkielman, P., Niedenthal, P., & Oberman, L. (2008). The embodied emotional mind. In G. R. Semin & E. R. Smith (Eds.), *Embodied grounding: Social, cognitive, affective, and neuroscientific approaches* (pp. 263-288). New York: Cambridge University Press.

Wright, J., & Mischel, W. (1982). Influence of affect on cognitive social learning person variables. *Journal of Personality and Social Psychology, 43*(5), 901. doi:10.1037/0022-3514.43.5.901.

Yang, E., Zald, D. H., & Blake, R. (2007). Fearful expressions gain preferential access to awareness during continuous flash suppression. *Emotion*, 7(4), 882. doi:10.1037/1528-3542.7.4.882.

Zajonc, R. B. (1980). Feeling and thinking: Preferences need no inferences. *American Psychologist*, 35(2), 151. doi:10.1037/0003-066x.35.2.151.

Zajonc, R. B. (1984). On the primacy of affect. *American Psychologist*, 39, 117-123. doi:10.1037//0003-066x.39.2.117.

제9장 정서조절

Aldao, A., Nolen-Hoeksema, S., & Schweizer, S. (2010). Emotion-regulation strategies across psychopathology: A meta-analytic review. *Clinical Psychology Review*, 30(2), 217-237. doi:10.1016/j.cpr.2009.11.004.

Appleton, A. A., & Kubzansky, L. D. (2014). Emotion regulation and cardiovascular disease risk. In J. J. Gross (Ed.), *Handbook of emotion regulation* (2nd ed., pp. 596-612). New York: Guilford.

Ayduk, O., & Kross, E. (2008). Enhancing the pace of recovery self-distanced analysis of negative experiences reduces blood pressure reactivity. *Psychological Science*, 19(3), 229-231. doi:10.1111/j.1467-9280.2008.02073.x.

Bennett, P., Phelps, C., Brain, K., Hood, K., & Gray, J. (2007). A randomized controlled trial of a brief self-help coping intervention designed to reduce distress when awaiting genetic risk information. *Journal of Psychosomatic Research*, 63(1), 59-64. doi:10.1016/j.jpsychores.2007.01.016.

Bonanno, G. A., Papa, A., Lalande, K., Westphal, M., & Coifman, K. (2004). The importance of being flexible: The ability to both enhance and suppress emotional expression predicts long-term adjustment. *Psychological Science*, 15(7), 482-487. doi:10.1111/j.0956-7976.2004.00705.x.

Bucci, W. (1995). The power of the narrative: A multiple code account. In J. Pennebaker (Ed.), *Emotion, disclosure, and health* (pp. 93-122). Washington, DC: American Psychological Association.

Butler, E. A., Egloff, B., Wilhelm, F. H., Smith, N. C., Erickson, E. A., & Gross, J. J. (2003). The social consequences of expressive suppression. *Emotion*, 3(1), 48-67. doi:10.1037/1528-3542.3.1.48.

Butler, E. A., Lee, T. L., & Gross, J. J. (2007). Emotion regulation and culture: Are the social consequences of emotion suppression culture-specific? *Emotion*, 7(1), 30-48. doi:10.1037/1528-3542.7.1.30.

Charles, S. T., & Carstensen, L. L. (2008). Unpleasant situations elicit different emotional responses in younger and older adults. *Psychology and Aging*, 23(3), 495-504. doi:10.1037/a0013284.

Charles, S. T., Piazza, J. R., Luong, G., & Almeida, D. M. (2009). Now you see it, now you don't: Age differences in affective reactivity to social tensions. *Psychology and Aging*, 24(3), 645-653. doi:10.1037/ a0016673.

Cole, S. W. (2009). Social regulation of human gene expression. *Current Directions in Psychological Science*, 18(3), 132-137. doi:10.1111/j.1467-8721.2009.01623.x.

Demaree, H. A., Schmeichel, B. J., Robinson, J. L., Pu, J., Everhart, D. E., & Berntson, G. G. (2006). Up-and down-regulating facial disgust: Affective, vagal, sympathetic, and respiratory consequences. *Biological Psychology*, 71(1), 90-99. doi:10.1016/j.biopsycho.2005.02.006.

Dickerson, M. (1991). Internal and external determinants of persistent gambling: Implications for treatment. In N.

Heather, W. R. Miller & J. Greeley (Eds.), *Self-control and the addictive behaviors* (pp. 317-338). Botany, Australia: MacMillan.

Erber, R., Wegner, D. M., & Therriault, N. (1996). On being cool and collected: Mood regulation in anticipation of social interaction. *Journal of Personality and Social Psychology, 70*(4), 757. doi:10.1037/0022-3514.70.4.757.

Esterling, B. A., Antoni, M. H., Fletcher, M. A., Margulies, S., & Schneiderman, N. (1994). Emotional disclosure through writing or speaking modulates latent Epstein-Barr virus antibody titers. *Journal of Consulting and Clinical Psychology, 62*(1), 130-140. doi:10.1037/0022-006X.62.1.130.

Finkenauer, C., & Rimé, B. (1998a). Socially shared emotional experiences vs. emotional experiences kept secret: Differential characteristics and consequences. *Journal of Social and Clinical Psychology, 17*(3), 295-318. doi:10.1521/jscp.1998.17.3.295.

Finkenauer, C., & Rimé, B. (1998b). Keeping emotional memories secret: Health and subjective well-being when emotions are not shared. *Journal of Health Psychology, 3*(1), 47-58. doi:10.1177/135910539800300104.

Fischer, A. H., Manstead, A. S. R., Evers, C., Timmers, M., & Valk, G. (2004). Motives and norms underlying emotion regulation. In P. Philippot & R. S. Feldman (Eds.), *The regulation of emotion* (pp. 187-210). Mahwah, NJ: Erlbaum.

Frattaroli, J. (2006). Experimental disclosure and its moderators: A meta-analysis. *Psychological Bulletin, 132*(6), 823-865. doi:10.1037/0033-2909.132.6.823.

Freud (1920/2005). *A general introduction to psychoanalysis.* New York, NY: Horace Liveright. Garnefski, N., Kraaij, V., & Spinhoven, P. (2001). Negative life events, cognitive emotion regulation and emotional problems. *Personality and Individual Differences, 30*(8), 1311-1327. doi:10.1016/S0191-8869(00)00113-6.

Garnefski, N., Van Den Kommer, T., Kraaij, V., Teerds, J., Legerstee, J., & Onstein, E. (2002). The relationship between cognitive emotion regulation strategies and emotional problems: Comparison between a clinical and a non-clinical sample. *European Journal of Personality, 16*(5), 403-420. doi:10.1002/per.458.

Gerin, W., Davidson, K. W., Christenfeld, N. J., Goyal, T., & Schwartz, J. E. (2006). The role of angry rumination and distraction in blood pressure recovery from emotional arousal. *Psychosomatic Medicine, 68*(1), 64-72. doi:10.1097/01.psy.0000195747.12404.aa.

Giuliani, N. R., & Gross, J. J. (2009). Reappraisal. In D. Sander & K. Scherer (Eds.), *Oxford companion to the affective sciences* (pp. 329-330). New York: Oxford University Press.

Giuliani, N. R., McRae, K., & Gross, J. J. (2008). The up-and down-regulation of amusement: Experiential, behavioral, and autonomic consequences. *Emotion, 8*(5), 714-719. doi:10.1037/a0013236.

Goleman, D. (1995). *Emotional intelligence: Why it can matter more than IQ.* New York: Bantam Books.

Gottman, J. M., & Levenson, R. W. (1986). Assessing the role of emotion in marriage. *Behavioral Assessment, 8*(1), 31-48.

Grandey, A. A. (2000). Emotional regulation in the workplace: A new way to conceptualize emotional labor. *Journal of Occupational Health Psychology, 5*(1), 95-110. doi:10.1037/1076-8998.5.1.95.

Gross, J. J. (1989). Emotional expression in cancer onset and progression. *Social Science & Medicine, 28*(12), 1239-1248. doi:10.1016/0277-9536(89)90342-0.

Gross, J. J. (1998). Antecedent- and response-focused emotion regulation: Divergent consequences for experience, expression, and physiology. *Journal of Personality and Social Psychology*, *74*(1), 224. doi:10.1037/0022-3514.74.1.224.

Gross, J. J. (1999). Emotion regulation: Past, present, future. *Cognition & Emotion*, *13*(5), 551-573. doi:10.1080/026999399379186.

Gross, J. J. (2002). Emotion regulation: Affective, cognitive, and social consequences. *Psychophysiology*, *39*(3), 281-291. doi:10.1017/S0048577201393198.

Gross, J. J. (2015). Emotion regulation: Current status and future prospects. *Psychological Inquiry*, *26*(1), 1-26. doi:10.1080/1047840X.2014.940781.

Gross, J. J., & John, O. P. (2003). Individual differences in two emotion regulation processes: Implications for affect, relationships, and well-being. *Journal of Personality and Social Psychology*, *85*(2), 348-362. doi:10.1037/0022-3514.85.2.348.

Gross, J. J., & Levenson, R. W. (1993). Emotional suppression: Physiology, self-report, and expressive behavior. *Journal of Personality and Social Psychology*, *64*(6), 970-986. doi:10.1037/0022-3514.64.6.970.

Gross, J. J., & Levenson, R. W. (1997). Hiding feelings: The acute effects of inhibiting negative and positive emotion. *Journal of Abnormal Psychology*, *106*(1), 95-103. doi:10.1037/0021-843X.106.1.95.

Gross, J. J., & Muñoz, R. F. (1995). Emotion regulation and mental health. *Clinical Psychology: Science and Practice*, *2*(2), 151-164. doi:10.1111/j.1468-2850.1995.tb00036.x.

Gross, J. J., & Thompson, R. A. (2007). Emotion regulation: Conceptual foundations. In J. J. Gross (Ed.), *Handbook of emotion regulation* (pp. 3-24). New York: Guilford Press.

Hochschild, A. (1983). *The managed heart: Commercialization of human feeling*. Berkeley, CA: University of California Press.

Horowitz, M. J. (1976/1992). *Stress response syndromes*. Northvale, NJ York: Jason Aronson.

John, O. P., & Gross, J. J. (2004). Healthy and unhealthy emotion regulation: Personality processes, individual differences, and life span development. *Journal of Personality*, *72*(6), 1301-1334. doi:10.1111/j.1467-6494.2004.00298.x.

Kim, H. S., & Sherman, D. K. (2007). "Express yourself": Culture and the effect of self-expression on choice. *Journal of Personality and Social Psychology*, *92*(1), 1-11. doi:10.1037/0022-3514.92.1.1.

Kim, H. S., Sherman, D. K., & Taylor, S. E. (2008). Culture and social support. *American Psychologist*, *63*(6), 518-526. doi:10.1037/0003-066X.

Koole, S. L. (2009). The psychology of emotion regulation: An integrative review. *Cognition and Emotion*, *23*(1), 4-41. doi:10.1080/02699930802619031.

Koriat, A., Melkman, R., Averill, J. R., & Lazarus, R. S. (1972). The self-control of emotional reactions to a stressful film. *Journal of Personality*, *40*(4), 601-619. doi:10.1111/j.1467-6494.1972.tb00083.x.

Kross, E., & Ayduk, O. (2009). Boundary conditions and buffering effects: Does depressive symptomology moderate the effectiveness of distanced-analysis for facilitating adaptive self-reflection? *Journal of Research in Personality*, *43*(5), 923-927. doi:10.1016/j.jrp.2009.04.004.

Kross, E., Ayduk, O., & Mischel, W. (2005). When asking "why" does not hurt distinguishing rumination from reflective processing of negative emotions. *Psychological Science*, *16*(9), 709-715. doi:10.1111/j.1467-9280.2005.01600.x.

Kune, G. A., Kune, S., Watson, L. F., & Bahnson, C. B. (1991). Personality as a risk factor in large bowel cancer: Data from the Melbourne colorectal cancer study. *Psychological Medicine*, *21*(1), 29-41. doi:10.1017/S0033291700014628.

Larsen, R. J. (2000). Toward a science of mood regulation. *Psychological Inquiry*, *11*(3), 129-141. doi:10.1207/S15327965PLI1103_01.

Lepore, S. J., Fernandez-Berrocal, P., Ragan, J., & Ramos, N. (2004). It's not that bad: Social challenges to emotional disclosure enhance adjustment to stress. *Anxiety, Stress & Coping*, *17*(4), 341-361. doi:10.1080/10615800412331318625.

Luminet IV, O., Bouts, P., Delie, F., Manstead, A. S., & Rimé, B. (2000). Social sharing of emotion following exposure to a negatively valenced situation. *Cognition & Emotion*, *14*(5), 661-688. doi:10.1080/02699930050117666.

Macrae, C. N., Bodenhausen, G. V., Milne, A. B., & Jetten, J. (1994). Out of mind but back in sight: Stereotypes on the rebound. *Journal of Personality and Social Psychology*, *67*(5), 808-817. doi:10.1037/0022-3514.67.5.808.

Manstead, A. S. R., & Fischer, A. H. (2000). Emotion regulation in full. *Psychological Inquiry*, *11*(3), 188-191.

Martin, B. (1964). Expression and inhibition of sex motive arousal in college males. *The Journal of Abnormal and Social Psychology*, *68*(3), 307-312. doi:10.1037/h0039866.

Mauss, I. B., Bunge, S. A., & Gross, J. J. (2007). Automatic emotion regulation. *Social and Personality Psychology Compass*, *1*(1), 146-167. doi:10.1111/j.1751-9004.2007.00005.x.

Mendes, W. B., Reis, H. T., Seery, M. D., & Blascovich, J. (2003). Cardiovascular correlates of emotional expression and suppression: Do content and gender context matter? *Journal of Personality and Social Psychology*, *84*(4), 771-792. doi:10.1037/0022-3514.84.4.771.

Merrill, J. E., & Read, J. P. (2010). Motivational pathways to unique types of alcohol consequences. *Psychology of Addictive Behaviors*, *24*(4), 705-711. doi:10.1037/a0020135.

Mesquita, B., & Leu, J. (2007). The cultural psychology of emotion. In S. Kitayama & D. Cohen (Eds.), *Handbook of cultural psychology* (pp. 734-759). New York: Guilford Press.

Mesquita, de Leersnyder, & Albert (2014). The cultural regulation of emotions. In J. J. Gross (Ed.), *Handbook of Emotion Regulation* (2nd ed., pp. 284-304). New York, NY: Guilford Press.

Mund, M., & Mitte, K. (2012). The costs of repression: A meta-analysis on the relation between repressive coping and somatic diseases. *Health Psychology*, *31*(5), 640-649. doi:10.1037/a0026257.

Murata, A., Moser, J. S., & Kitayama, S. (2012). Culture shapes electrocortical responses during emotion suppression. *Social Cognitive and Affective Neuroscience*, *8*(5), 595-601. doi:10.1093/scan/nss036.

Muris, P., Merckelbach, H., van den Hout, M., & de Jong, P. (1992). Suppression of emotional and neutral material. *Behaviour Research and Therapy*, *30*(6), 639-642. doi:10.1016/0005-7967(92)90009-6.

Nils, F., & Rimé, B. (2012). Beyond the myth of venting: Social sharing modes determine the benefits of emotional disclosure. *European Journal of Social Psychology*, *42*(6), 672-681. doi:10.1002/ejsp.1880.

Nolen-Hoeksema, S., & Morrow, J. (1993). Effects of rumination and distraction on naturally occurring depressed mood. *Cognition & Emotion*, *7*(6), 561-570. doi:10.1080/02699939308409206.

Ochsner, K. N., & Gross, J. J. (2005). The cognitive control of emotion. *Trends in Cognitive Sciences*, *9*(5), 242-

249. doi:10.1016/j.tics.2005.03.010.

Ochsner, K. N., & Gross, J. J. (2008). Cognitive emotion regulation insights from social cognitive and affective neuroscience. *Current Directions in Psychological Science*, *17*(2), 153–158. doi:10.1111/j.1467-8721.2008.00566.x.

Ochsner, K. N., Ray, R. D., Cooper, J. C., Robertson, E. R., Chopra, S., Gabrieli, J. D., & Gross, J. J. (2004). For better or for worse: Neural systems supporting the cognitive down-and up-regulation of negative emotion. *Neuroimage*, *23*(2), 483–499. doi:10.1016/j.neuroimage.2004.06.030.

Page, A. C., Locke, V., & Trio, M. (2005). An online measure of thought suppression. *Journal of Personality and Social Psychology*, *88*(3), 421–431. doi:10.1037/0022-3514.88.3.421.

Parrott, W. G. (1993). Beyond hedonism: Motives for inhibiting good moods and for maintaining bad moods. In D. M. Wegner & J. W. Pennebaker (Eds.), *Handbook of mental control* (pp. 278–305). Upper Saddle River, NJ: Prentice Hall.

Pasupathi, M., Carstensen, L. L., Levenson, R. W., & Gottman, J. M. (1999). Responsive listening in long-married couples: A psycholinguistic perspective. *Journal of Nonverbal Behavior*, *23*(2), 173–193.

Pennebaker, J. W. (1989). Confession, inhibition, and disease. In L. Berkowitz (Ed.), *Advances in experimental social psychology* (Vol. 22, pp. 211–244). Sand Diego, CA: Academic Press.

Pennebaker, J. W., & Beall, S. K. (1986). Confronting a traumatic event: Toward an understanding of inhibition and disease. *Journal of Abnormal Psychology*, *95*(3), 274–281. doi:10.1037/0021-843X.95.3.274.

Pennebaker, J. W., Hughes, C. F., & O'Heeron, R. C. (1987). The psychophysiology of confession: Linking inhibitory and psychosomatic processes. *Journal of Personality and Social Psychology*, *52*(4), 781–793. doi:10.1037/0022-3514.52.4.781.

Pennebaker, J. W., Kiecolt-Glaser, J. K., & Glaser, R. (1988). Disclosure of traumas and immune function: Health implications for psychotherapy. *Journal of Consulting and Clinical Psychology*, *56*(2), 239–245. doi:10.1037/0022-006X.56.2.239.

Petrie, K. J., Booth, R. J., & Davison, K. P. (1995). Repression, disclosure, and immune function: Recent findings and methodological issues. In J. W. Pennebaker (Ed.), *Emotion, disclosure, and health* (pp. 223–237). Washington, DC: American Psychological Association.

Petrie, K. J., Booth, R. J., & Pennebaker, J. W. (1998). The immunological effects of thought suppression. *Journal of Personality and Social Psychology*, *75*(5), 1264–1272. doi:10.1037/0022-3514.75.5.1264.

Quoidbach, J., Mikolajczak, M., & Gross, J. J. (2015). Positive interventions: An emotion regulation perspective. *Psychological Bulletin*, *141*(3), 655–693. doi:10.1037/a0038648.

Reich, D. A., & Mather, R. D. (2008). Busy perceivers and ineffective suppression goals: A critical role for distracter thoughts. *Personality and Social Psychology Bulletin*, *34*(5), 706–718. doi:10.1177/0146167207313732.

Richards, J. M., Butler, E. A., & Gross, J. J. (2003). Emotion regulation in romantic relationships: The cognitive consequences of concealing feelings. *Journal of Social and Personal Relationships*, *20*(5), 599–620. doi:10.1177/02654075030205002.

Richards, J. M., & Gross, J. J. (1999). Composure at any cost? The cognitive consequences of emotion suppression. *Personality and Social Psychology Bulletin*, *25*(8), 1033–1044.

doi:10.1177/01461672992511010.

Richards, J. M., & Gross, J. J. (2000). Emotion regulation and memory: The cognitive costs of keeping one's cool. *Journal of Personality and Social Psychology*, *79*(3), 410-424. doi:10.1037/0022-3514.79.3.410.

Rimé, B. (2009). Emotion elicits the social sharing of emotion: Theory and empirical review. *Emotion Review*, *1*(1), 60-85. doi:10.1177/1754073908097189.

Rimé, B., Finkenauer, C., Luminet, O., Zech, E., & Philippot, P. (1998). Social sharing of emotion: New evidence and new questions. *European Review of Social Psychology*, *9*(1), 145-189. doi:10.1080/14792779843000072.

Rimé, B., Philippot, P., Boca, S., & Mesquita, B. (1992). Long-lasting cognitive and social consequences of emotion: Social sharing and rumination. *European Review of Social Psychology*, *3*(1), 225-258. doi:10.1080/14792779243000078.

Rusting, C. L. (1998). Personality, mood, and cognitive processing of emotional information: Three conceptual frameworks. *Psychological Bulletin*, *124*(2), 165-196. doi:10.1037/0033-2909.124.2.165.

Rychlowska, M., Miyamoto, Y., Matsumoto, D., Hess, U., Gilboa-Schechtman, E., Kamble, S., . . . Niedenthal, P. M. (2015). Heterogeneity of long-history migration explains cultural differences in reports of emotional expressivity and the functions of smiles. *Proceedings of the National Academy of Sciences*, *112*(19), E2429-E2436. doi:10.1073/pnas.1413661112.

Sayette, M. A. (1993). An appraisal-disruption model of alcohol's effects on stress responses in social drinkers. *Psychological Bulletin*, *114*(3), 459-476. doi:10.1037/0033-2909.114.3.459.

Sheppes, G., Scheibe, S., Suri, G., & Gross, J. J. (2011). Emotion regulation choice. *Psychological Science*, *22*(11), 1391-1396. doi:10.1177/ 0956797611418350.

Sheppes, G., Scheibe, S., Suri, G., Radu, P., Blechert, J., & Gross, J. J. (2014). Emotion regulation choice: A conceptual framework and supporting evidence. *Journal of Experimental Psychology: General*, *143*(1), 163-181. doi:10.1037/a0030831.

Srivastava, S., Tamir, M., McGonigal, K. M., John, O. P., & Gross, J. J. (2009). The social costs of emotional suppression: A prospective study of the transition to college. *Journal of Personality and Social Psychology*, *96*(4), 883-897. doi:10.1037/a0014755.

Stemmler, G. (1997). Selective activation of traits: Boundary conditions for the activation of anger. *Personality and Individual Differences*, *22*(2), 213-233. doi:10.1016/S0191-8869(96)00189-4.

Tamir, M., & Ford, B. Q. (2009). Choosing to be afraid: Preferences for fear as a function of goal pursuit. *Emotion*, *9*(4), 488-497. doi:10.1037/a0015882.

Tamir, M., Mitchell, C., & Gross, J. J. (2008). Hedonic and instrumental motives in anger regulation. *Psychological Science*, *19*(4), 324-328. doi:10.1111/j.1467-9280.2008.02088.x.

Taylor, S. E., Welch, W. T., Kim, H. S., & Sherman, D. K. (2007). Cultural differences in the impact of social support on psychological and biological stress responses. *Psychological Science*, *18*(9), 831-837. doi:10.1111/j.1467-9280.2007.01987.x.

Thayer, R. E., Newman, J. R., & McClain, T. M. (1994). Self-regulation of mood: Strategies for changing a bad mood, raising energy, and reducing tension. *Journal of Personality and Social Psychology*, *67*(5), 910-925. doi:10.1037/0022-3514.67.5.910.

Tice, D. M., & Bratslavsky, E. (2000). Giving in to feel good: The place of emotion regulation in the context of general self-control. *Psychological Inquiry*, *11*(3), 149-159. doi:10.1207/S15327965PLI1103_03.

Tomaka, J., Blascovich, J., Kibler, J., & Ernst, J. M. (1997). Cognitive and physiological antecedents of threat and challenge appraisal. *Journal of Personality and Social Psychology*, *73*(1), 63-72. doi:10.1037/0022-3514.73.1.63.

Tsai, J. L., & Levenson, R. W. (1997). Cultural influences on emotional responding Chinese American and European American dating couples during interpersonal conflict. *Journal of Cross-Cultural Psychology*, *28*(5), 600-625. doi:10.1177/0022022197285006.

Tsai, J. L., Knutson, B., & Fung, H. H. (2006). Cultural variation in affect valuation. *Journal of Personality and Social Psychology*, *90*(2), 288-307. doi:10.1037/0022-3514.90.2.288.

Urry, H. L., & Gross, J. J. (2010). Emotion regulation in older age. *Current Directions in Psychological Science*, *19*(6), 352-357. doi:10.1177/0963721410388395.

Vogt, J., & De Houwer, J. (2014). Emotion regulation meets emotional attention: The influence of emotion suppression on emotional attention depends on the nature of the distracters. *Emotion*, *14*(5), 840-845. doi:10.1037/a0037399.

Webb, T. L., Miles, E., & Sheeran, P. (2012). Dealing with feeling: A meta-analysis of the effectiveness of strategies derived from the process model of emotion regulation. *Psychological Bulletin*, *138*(4), 775-808. doi:10.1037/a0027600.

Wegner, D. M. (1989). *White bears and other unwanted thoughts*. New York: Viking/Penguin. doi:10. 5860/ choice.27-2392.

Wegner, D. M. (1994). Ironic processes of mental control. *Psychological Review*, *101*(1), 34-52. doi:10.1037/0033-295X.101.1.34.

Wegner, D. M., & Gold, D. B. (1995). Fanning old flames: Emotional and cognitive effects of suppressing thoughts of a past relationship. *Journal of Personality and Social Psychology*, *68*(5), 782-792. doi:10.1037/0022-3514.68.5.782.

Wegner, D. M., Schneider, D. J., Carter, S. R., & White, T. L. (1987). Paradoxical effects of thought suppression. *Journal of Personality and Social Psychology*, *53*(1), 5-13. doi:10.1037/0022-3514.53.1.5.

Wegner, D. M., Schneider, D. J., Knutson, B., & McMahon, S. R. (1991). Polluting the stream of consciousness: The effect of thought suppression on the mind's environment. *Cognitive Therapy and Research*, *15*(2), 141-152. doi:10.1007/bf01173204.

Wegner, D. M., Shortt, J. W., Blake, A. W., & Page, M. S. (1990). The suppression of exciting thoughts. *Journal of Personality and Social Psychology*, *58*(3), 409-418. doi:10.1037/0022-3514.58.3.409.

Wenzlaff, R. M., & Wegner, D. M. (2000). Thought suppression. *Annual Review of Psychology*, *51*(1), 59-91. doi:10.1146/annurev.psych.51.1.59.

Wenzlaff, R. M., Wegner, D. M., & Klein, S. B. (1991). The role of thought suppression in the bonding of thought and mood. *Journal of Personality and Social Psychology*, *60*(4), 500-508. doi:10.1037/0022-3514.60.4.500.

Wetzer, I. M., Zeelenberg, M., & Pieters, R. (2005). *Motivations for socially sharing emotions: Why being specific matters*. Manuscript submitted for publication. Tilburg University, NL: Department of Psychology.

Zech, E., (1999). Is it really helpful to verbalize one's emotions? *Gedrag en Gezondheid*, *27*, 23-47.

Zech, E., & Rimé, B. (2005). Is talking about an emotional experience helpful? Effects on emotional recovery and perceived benefits. *Clinical Psychology & Psychotherapy*, *12*(4), 270-287. doi:10.1002/cpp.460.

제10장 정서와 집단 과정

Amir, Y. (1969). Contact hypothesis in ethnic relations. *Psychological Bulletin*, *71*(5), 319-342. doi:10.1037/h0027352.

Amodio, D. M., & Hamilton, H. K. (2012). Intergroup anxiety effects on implicit racial evaluation and stereotyping. *Emotion*, *12*(6), 1273-1280. doi:10.1037/a0029016.

Anderson, C., Keltner, D., & John, O. P. (2003). Emotional convergence between people over time. *Journal of Personality and Social Psychology*, *84*(5), 1054. doi:10.1037/0022-3514.84.5.1054.

Bandura, A. (1976). *Social learning theory*. Englewood Cliffs, NJ: Prentice-Hall.

Barsade, S. G. (2002). The ripple effect: Emotional contagion and its influence on group behavior. *Administrative Science Quarterly*, *47*(4), 644-675. doi:10.2307/3094912.

Bartel, C. A., & Saavedra, R. (2000). The collective construction of work group moods. *Administrative Science Quarterly*, *45*(2), 197-231. doi:10.2307/2667070.

Bavelas, J. B., Black, A., Lemery, C. R., & Mullett, J. (1986). "I show how you feel": Motor mimicry as a communicative act. *Journal of Personality and Social Psychology*, *50*(2), 322. doi:10.1037/0022-3514.50.2.322.

Bizman, A., Yinon, Y., & Krotman, S. (2001). Group-based emotional distress: An extension of self-discrepancy theory. *Personality and Social Psychology Bulletin*, *27*(10), 1291-1300. doi:10.1177/01461672012710005.

Boothby, E. J., Clark, M. S., & Bargh, J. A. (2014). Shared experiences are amplified. *Psychological Science*, *25*(12), 2209-2216. doi:10.1177/0956797614551162.

Bower, G. H. (1981). Mood and memory. *American Psychologist*, *36*(2), 129-148. doi:10.1037/0003-066X.36.2.129.

Branscombe, N. R., & Doosje, B. (2004). *Collective guilt: International perspectives*. Cambridge: Cambridge University Press. doi:10.1017/cbo9781139106931.002.

Branscombe, N. R., Doosje, B., & McGarty, C. (2002). Antecedents and consequences of collective guilt. In D. M. Mackie & E. R. Smith (Eds.), *From prejudice to intergroup relations: Differentiated reactions to social groups* (pp. 49-66). New York: Psychology Press.

Brigham, J. C. (1971). Ethnic stereotypes. *Psychological Bulletin*, *76*(1), 15-38. doi:10.1037/h0031446.

Britt, T. W., Bonieci, K. A., Vescio, T. K., Biernat, M., & Brown, L. M. (1996). Intergroup anxiety: A person× situation approach. *Personality and Social Psychology Bulletin*, *22*(11), 1177-1188. doi:10.1177/01461672962211008.

Buck, R., Losow, J. I., Murphy, M. M., & Costanzo, P. (1992). Social facilitation and inhibition of emotional expression and communication. *Journal of Personality and Social Psychology*, *63*(6), 962-968. doi:10.1037/0022-3514.63.6.962.

Bush, L. K., Barr, C. L., McHugo, G. J., & Lanzetta, J. T. (1989). The effects of facial control and facial mimicry on subjective reactions to comedy routines. *Motivation and Emotion*, *13*(1), 31-52. doi:10.1007/bf00995543.

Cialdini, R. B., Borden, R. J., Thorne, A., Walker, M. R., Freeman, S., & Sloan, L. R. (1976). Basking in reflected glory: Three (football) field studies. *Journal of Personality and Social Psychology*, *34*(3), 366. doi:10.1037/0022-3514.34.3.366.

Collins, A. L., Lawrence, S. A., Troth, A. C., & Jordan, P. J. (2013). Group affective tone: A review and future research directions. *Journal of Organizational Behavior*, *34*(S1), S43-S62. doi:10.1002/job.1887.

Corenblum, B., & Stephan, W. G. (2001). White fears and native apprehensions: An integrated threat theory approach to intergroup attitudes. *Canadian Journal of Behavioural Science/Revue canadienne des sciences du comportement*, *33*(4), 251-268. doi:10.1037/h0087147.

Cottrell, C. A., & Neuberg, S. L. (2005). Different emotional reactions to different groups: A sociofunctional threat-based approach to" prejudice". *Journal of Personality and Social Psychology*, *88*(5), 770-789. doi:10.1037/0022-3514.88.5.770.

Cottrell, C. A., Richards, D. A., & Nichols, A. L. (2010). Predicting policy attitudes from general prejudice versus specific intergroup emotions. *Journal of Experimental Social Psychology*, *46*(2), 247-254. doi:10.1016/j.jesp.2009.10.008.

Cuddy, A. J., Fiske, S. T., & Glick, P. (2007). The BIAS map: Behaviors from intergroup affect and stereotypes. *Journal of Personality and Social Psychology*, *92*(4), 631-648. doi:10.1037/0022-3514.92.4.631.

Dasgupta, N., DeSteno, D., Williams, L. A., & Hunsinger, M. (2009). Fanning the flames of prejudice: The influence of specific incidental emotions on implicit prejudice. *Emotion*, *9*(4), 585-591. doi:10.1037/a0015961.

Davis, M. H. (2004). Empathy: Negotiating the border between self and other. In L. Z. Tiedens & C. W. Leach (Eds.), *The social life of emotions* (pp. 19-42). Cambridge: Cambridge University Press.

De Waal, F. B. (2012). The antiquity of empathy. *Science*, *336*(6083), 874-876. doi:10.1126/science.1220999.

Doherty, R. W. (1997). The emotional contagion scale: A measure of individual differences. *Journal of Nonverbal Behavior*, *21*(2), 131-154. doi:10.1007/s10919-013-0166-9.

Doosje, B., Branscombe, N. R., Spears, R., & Manstead, A. S. (1998). Guilty by association: When one's group has a negative history. *Journal of Personality and Social Psychology*, *75*(4), 872-886. doi:10.1037/0022-3514.75.4.872.

Dotsch, R., & Wigboldus, D. H. (2008). Virtual prejudice. *Journal of Experimental Social Psychology*, *44*(4), 1194-1198. doi:10.1016/j.jesp.2008.03.003.

Dumont, M., Yzerbyt, V., Wigboldus, D., & Gordijn, E. H. (2003). Social categorization and fear reactions to the September 11th terrorist attacks. *Personality and Social Psychology Bulletin*, *29*(12), 1509-1520. doi:10.1177/0146167203256923.

Eisenberg, N., Fabes, R. A., Schaller, M., Miller, P., Carlo, G., Poulin, R., . . . Shell, R. (1991). Personality and socialization correlates of vicarious emotional responding. *Journal of Personality and Social Psychology*, *61*(3), 459. doi:10.1037/0022-3514.61.3.459.

Esses, V. M., & Dovidio, J. F. (2002). The role of emotions in determining willingness to engage in intergroup contact. *Personality and Social Psychology Bulletin*, *28*(9), 1202-1214. doi:10.1177/01461672022812006.

Esses, V. M., & Zanna, M. P. (1995). Mood and the expression of ethnic stereotypes. *Journal of Personality and*

Social Psychology, 69(6), 1052-1068. doi:10.1037/0022-3514.69.6.1052.

Esses, V. M., Haddock, G., & Zanna, M. P. (1993). Values, stereotypes, and emotions as determinants of intergroup attitudes. In D. M. Mackie & D. L. Hamilton (Eds.), *Affect, cognition, and stereotyping: Interactive processes in group perception* (pp. 137-166). San Diego, CA: Academic Press. doi:10.1016/b978-0-08-088579-7.50011-9.

Fiske, S. T., Cuddy, A. J., Glick, P., & Xu, J. (2002). A model of (often mixed) stereotype content: Competence and warmth respectively follow from perceived status and competition. *Journal of Personality and Social Psychology, 82*(6), 878-902. doi:10.1037/0022-3514.82.6.878.

Fowler, J. H., & Christakis, N. A. (2008). Dynamic spread of happiness in a large social network: Longitudinal analysis over 20 years in the Framingham Heart Study. *BMJ, 337*, a2338. doi:10.1136/bmj.a2338.

Fridlund, A. J. (1991). Sociality of solitary smiling: Potentiation by an implicit audience. *Journal of Personality and Social Psychology, 60*(2), 229. doi:10.1037/0022-3514.60.2.229.

George, J. M., & Bettenhausen, K. (1990). Understanding prosocial behavior, sales performance, and turnover: A group-level analysis in a service context. *Journal of Applied Psychology, 75*(6), 698. doi:10.1037/0021-9010.75.6.698.

Giner-Sorolla, R., & Maitner, A. T. (2013). Angry at the unjust, scared of the powerful emotional responses to terrorist threat. *Personality and social psychology bulletin, 39*(8), 1069-1082. doi:10.1177/0146167213490803.

Gordijn, E. H., Yzerbyt, V., Wigboldus, D., & Dumont, M. (2006). Emotional reactions to harmful intergroup behavior. *European Journal of Social Psychology, 36*(1), 15-30. doi:10.1002/ejsp.296.

Greenland, K., & Brown, R. (1999). Categorization and intergroup anxiety in contact between British and Japanese nationals. *European Journal of Social Psychology, 29*(4), 503-521. doi:10.1002/(SICI)1099-0992(199906)29:4〈503::AID-EJSP941〉3.0.CO;2-Y.

Gudykunst, W. B., & Shapiro, R. B. (1996). Communication in everyday interpersonal and intergroup encounters. *International Journal of Intercultural Relations, 20*(1), 19-45. doi:10.1016/0147-1767(96)00037-5.

Hatfield, E., Cacioppo, J. T., & Rapson, L. R. (1992). Primitive emotional contagion. In M. S. Clark (Ed.), *Review of personality and social psychology: Emotion and social behavior* (Vol. 14, pp. 151-177). Newbury Park, CA: Sage.

Hatfield, E., Cacioppo, J. T., & Rapson, R. L. (1993). Emotional contagion. *Current Directions in Psychological Science, 2*(3), 96-99. doi:10.1111/1467-8721.ep10770953.

Hatfield, E., Cacioppo, J. T., & Rapson, R. L. (1994). *Emotional contagion.* New York: Cambridge University Press.

Hess, U., Banse, R., & Kappas, A. (1995). The intensity of facial expression is determined by underlying affective state and social situation. *Journal of Personality and Social Psychology, 69*(2), 280. doi:10.1037/0022-3514.69.2.280.

Hirt, E. R., Zillmann, D., Erickson, G. A., & Kennedy, C. (1992). Costs and benefits of allegiance: Changes in fans' self-ascribed competencies after team victory versus defeat. *Journal of Personality and Social Psychology, 63*(5), 724. doi:10.1037/0022-3514.63.5.724.

Ilies, R., Wagner, D. T., & Morgeson, F. P. (2007). Explaining affective linkages in teams: Individual differences in susceptibility to contagion and individualism-collectivism. *Journal of Applied Psychology, 92*(4), 1140. doi:10.1037/0021-9010.92.4.1140.

Islam, M. R., & Hewstone, M. (1993). Dimensions of contact as predictors of intergroup anxiety, perceived out-group variability, and out-group attitude: An integrative model. *Personality and Social Psychology Bulletin, 19*(6), 700-710. doi:10.1177/0146167293196005.

Iyer, A., Leach, C. W., Pedersen, A. (2004). Racial wrongs and restitutions: the role of guilt and other group-based emotions. In N. Branscombe, & B, Doosje (Eds.), *Collective guilt: InternationalpPerspectives* (pp. 262-283). Cambridge: Cambridge University Press.

Iyer, A., Schmader, T., & Lickel, B. (2007). Why individuals protest the perceived transgressions of their country: The role of anger, shame, and guilt. *Personality and Social Psychology Bulletin, 33*(4), 572-587. doi:10.1177/0146167206297402.

Jackson, L. A., Hodge, C. N., Gerard, D. A., Ingram, J. M., Ervin, K. S., & Sheppard, L. A. (1996). Cognition, affect, and behavior in the prediction of group attitudes. *Personality and Social Psychology Bulletin, 22*(3), 306-316. doi:10.1177/0146167296223009.

Jussim, L., Nelson, T. E., Manis, M., & Soffin, S. (1995). Prejudice, stereotypes, and labeling effects: Sources of bias in person perception. *Journal of Personality and Social Psychology, 68*(2), 228-246. doi:10.1037/0022-3514.68.2.228.

Kelly, J. R., & Barsade, S. G. (2001). Mood and emotions in small groups and work teams. *Organizational Behavior and Human Decision Processes, 86*(1), 99-130. doi:10.1006/obhd.2001.2974.

Knight, A. P., & Eisenkraft, N. (2015). Positive is usually good, negative is not always bad: The effects of group affect on social integration and task performance. *Journal of Applied Psychology, 100*(4), 1214. doi:10.1037/apl0000006.

Kramer, A. D., Guillory, J. E., & Hancock, J. T. (2014). Experimental evidence of massive-scale emotional contagion through social networks. *Proceedings of the National Academy of Sciences, 111*(24), 8788-8790. doi:10.1073/pnas.1320040111.

Kraut, R. E., & Johnston, R. E. (1979). Social and emotional messages of smiling: An ethological approach. *Journal of Personality and Social Psychology, 37*(9), 1539-1553. doi:10.1037/0022-3514.37.9.1539.

Kuppens, T., & Yzerbyt, V. Y. (2014). When are emotions related to group-based appraisals? A comparison between group-based emotions and general group emotions. *Personality and Social Psychology Bulletin, 40*, 1574-1588. doi:10.1177/0146167214551542.

LaPiere, R. T. (1934). Attitudes vs. actions. *Social Forces, 13*(2), 230-237. doi:10.2307/2570339. Le Bon, G. (1895/1963). *Psychologie des foules*. Paris: Presses Universitaires de France.

Leach, C. W., Iyer, A., & Pedersen, A. (2006). Anger and guilt about ingroup advantage explain the willingness for political action. *Personality and Social Psychology Bulletin, 32*(9), 1232-1245. doi:10.1177/0146167206289729.

Leach, C. W., & Tiedens, L. Z. (2004). A world of emotions. In L. Z Tiedens & C. W. Leach (Eds.), *The social life of emotions* (pp 1-16). Cambridge: Cambridge University Press. doi:10.1017/CBO9780511819568.

Leonard, D. J., Moons, W. G., Mackie, D. M., & Smith, E. R. (2011). "We're mad as hell and we're not going to take it anymore": Anger self-stereotyping and collective action. *Group Processes & Intergroup Relations,*

14(1), 99-111. doi:10.1177/1368430210373779.

Leyen, L. P., Demoulin, S., Desert, M., Vaes, J., & Philippot, P. (2002). Expressing emotions and decoding them: Ingroups and outgroups do not share the same advantages. In D. M. Mackie & E. R. Smith (Eds.), *From prejudice to intergroup emotions: Differentiated reactions to social groups* (pp. 139-151). New York: Psychology Press.

Livingstone, A. G., Spears, R., Manstead, A. S., Bruder, M., & Shepherd, L. (2011). We feel, therefore we are: Emotion as a basis for self-categorization and social action. *Emotion, 11*(4), 754. doi:10.1037/a0023223.

Mackie, D. M., Devos, T., & Smith, E. R. (2000). Intergroup emotions: Explaining offensive action tendencies in an intergroup context. *Journal of Personality and Social Psychology, 79*(4), 602-616. doi:10.1037/0022-3514.79.4.602.

Magee, J. C., & Tiedens, L. Z. (2006). Emotional ties that bind: The roles of valence and consistency of group emotion in inferences of cohesiveness and common fate. *Personality and Social Psychology Bulletin, 32*(12), 1703-1715. doi:10.1177/0146167206292094.

Masicampo, E. J., Barth, M., & Ambady, N. (2014). Group-based discrimination in judgments of moral purity-related behaviors: Experimental and archival evidence. *Journal of Experimental Psychology: General, 143*(6), 2135-2152. doi:10.1037/a0037831.

McGarty, C., Pedersen, A., Wayne Leach, C., Mansell, T., Waller, J., & Bliuc, A. M. (2005). Group-based guilt as a predictor of commitment to apology. *British Journal of Social Psychology, 44*(4), 659-680. doi:10.1348/014466604X18974.

Miller, D. A., Smith, E. R., & Mackie, D. M. (2004). Effects of intergroup contact and political predispositions on prejudice: Role of intergroup emotions. *Group Processes & Intergroup Relations, 7*(3), 221-237. doi:10.1177/1368430204046109.

Nakahashi, W., & Ohtsuki, H. (2015). When is emotional contagion adaptive? *Journal of Theoretical Biology, 380*, 480-488. doi:10.1016/j.jtbi.2015.06.014.

Neuberg, S. L., & Cottrell, C. A. (2002). Intergroup emotions: A sociofunctional approach. In D. Mackie & E. R. Smith (Eds.), *From prejudice to intergroup emotions: Differentiated reactions to social groups* (pp. 265-283). New York: Psychology Press.

Neumann, R., Seibt, B., & Strack, F. (2001). The influence of mood on the intensity of emotional responses: Disentangling feeling and knowing. *Cognition & Emotion, 15*(6), 725-747. doi:10.1080/02699930143000266.

Neumann, R., & Strack, F. (2000). "Mood contagion": The automatic transfer of mood between persons. *Journal of Personality and Social Psychology, 79*(2), 211-223. doi:10.1037/0022-3514.79.2.211.

Niedenthal, P. M. (2007). Embodying emotion. *Science, 316*(5827), 1002-1005. doi:10.1126/science.1136930.

Niedenthal, P. M., Barsalou, L. W., Winkielman, P., Krauth-Gruber, S., & Ric, F. (2005). Embodiment in attitudes, social perception, and emotion. *Personality and Social Psychology Review, 9*(3), 184-211. doi:10.1207/s15327957pspr0903_1.

Niedenthal, P. M., & Brauer, M. (2012). Social functionality of human emotion. *Annual Review of Psychology, 63*, 259-285. doi:10.1146/annurev.psych.121208.131605.

Parkinson, B. (1996). Emotions are social. *British Journal of Psychology, 87*(4), 6. doi:10.1111/j.2044-8295.1996.

tb02615.x.

Parkinson, B., Fischer, A. H., & Manstead, A. S. R. (2005). *Emotion in social relations*. New York: Psychology Press. doi: 11245/1.269963.

Pettigrew, T. F., & Tropp, L. R. (2006). A meta-analytic test of intergroup contact theory. *Journal of Personality and Social Psychology, 90*(5), 751-783. doi: 0.1037/0022-3514.90.5.751.

Phelps, E. A., O'Connor, K. J., Cunningham, W. A., Funayama, E. S., Gatenby, J. C., Gore, J. C., & Banaji, M. R. (2000). Performance on indirect measures of race evaluation predicts amygdala activation. *Journal of Cognitive Neuroscience, 12*(5), 729-738. doi:10.1162/089892900562552.

Schachter, S., & Singer, J. (1962). Cognitive, social, and physiological determinants of emotional state. *Psychological Review, 69*(5), 379. doi:10.1037/h0046234.

Seger, C., Banerji, I., Park, S. H., Smith, E. R., & Mackie, D. (in press). Emotions as mediators of the effect of intergroup contact on prejudice. *Journal of Personality and Social Psychology.*

Shteynberg, G. (2010). A silent emergence of culture: The social tuning effect. *Journal of Personality and Social Psychology, 99*(4), 683. doi:10.1037/a0019573.

Shteynberg, G., Hirsh, J. B., Galinsky, A. D., & Knight, A. P. (2014). Shared attention increases mood infusion. *Journal of Experimental Psychology: General, 143*(1), 123. doi:10.1037/a0031549.

Smith, C. A., & Ellsworth, P. C. (1985). Patterns of cognitive appraisal in emotion. *Journal of Personality and Social Psychology, 48*(4), 813-838. doi:10.1037/0022-3514.48.4.813.

Smith, E. R. (1993). Social identity and social emotions: Toward new conceptualization of prejudice. In D. M. Mackie & D. L. Hamilton (Eds.), *Affect, cognition, and stereotyping: Interactive group processes in group perception* (pp. 297-315). San Diego, CA: Academic Press.

Stangor, C., Sullivan, L. A., & Ford, T. E. (1991). Affective and cognitive determinants of prejudice. *Social Cognition, 9*(4), 359-380. doi:10.1521/soco.1991.9.4.359.

Stephan, W. G., Boniecki, K. A., Ybarra, O., Bettencourt, A., Ervin, K. S., Jackson, L. A., . . . Renfro, C. L. (2002). The role of threats in the racial attitudes of Blacks and Whites. *Personality and Social Psychology Bulletin, 28*(9), 1242-1254. doi:10.1177/01461672022812009.

Stephan, W. G., & Stephan, C. W. (1985). Intergroup anxiety. *Journal of Social Issues, 41*(3), 157-175. doi:10.1111/j.1540-4560.1985.tb01134.x.

Stephan, W. G., Stephan, C. W., & Gudykunst, W. B. (1999). Anxiety in intergroup relations: A comparison of anxiety/uncertainty management theory and integrated threat theory. *International Journal of Intercultural Relations, 23*(4), 613-628. doi:10.1016/S0147-1767(99)00012-7.

Stocks, E. L., Lishner, D. A., Waits, B. L., & Downum, E. M. (2011). I'm embarrassed for you: The effect of valuing and perspective taking on empathic embarrassment and empathic concern. *Journal of Applied Social Psychology, 41*(1), 1-26. doi:10.1111/j.1559-1816.2010.00699.x.

Sullins, E. S. (1991). Emotional contagion revisited: Effects of social comparison and expressive style on mood convergence. *Personality and Social Psychology Bulletin, 17*(2), 166-174. doi:10.1177/014616729101700208.

Sy, T., Côté, S., & Saavedra, R. (2005). The contagious leader: Impact of the leader's mood on the mood of group members, group affective tone, and group processes. *Journal of Applied Psychology, 90*(2), 295.

doi:10.1037/0021-9010.90.2.295.

Tajfel, H. (1982). Social psychology of intergroup relations. *Annual Review of Psychology*, *33*(1), 1-39. doi:10.1146/annurev.ps.33.020182.000245.

Talaska, C. A., Fiske, S. T., & Chaiken, S. (2008). Legitimating racial discrimination: Emotions, not beliefs, best predict discrimination in a meta-analysis. *Social Justice Research*, *21*(3), 263-296. doi:10.1007/s11211-008-0071-2.

Totterdell, P., Kellett, S., Teuchmann, K., & Briner, R. B. (1998). Evidence of mood linkage in work groups. *Journal of Personality and Social Psychology*, *74*(6), 1504-1515. doi:10.1037/0022-3514.74.6.1504.

Tropp, L. R., & Pettigrew, T. F. (2004). Intergroup contact and the central role of affect in intergroup prejudice. In L.Z. Tiedens & C. W. Leach (Eds.),*The Social Life of Emotions* (pp. 246-269). Cambridge: Cambridge University Press. doi:10.1017/cbo9780511819568.014.

Turner, J. C., Hogg, M. A., Oakes, P. J., Reicher, S. D., & Wetherell, M. S. (1987). *Rediscovering the social group: A self-categorization theory*. Oxford: Blackwell.

Van Zomeren, M., Fischer, A. H., & Spears, R. (2007). Testing the limits of tolerance: How intergroup anxiety amplifies negative and offensive responses to out-group-initiated contact. *Personality and Social Psychology Bulletin*, *33*(12), 1686-1699. doi:10.1177/0146167207307485.

van Zomeren, M., Postmes, T., & Spears, R. (2008). Toward an integrative social identity model of collective action: A quantitative research synthesis of three socio-psychological perspectives. *Psychological Bulletin*, *134*(4), 504-535. doi:10.1037/0033-2909.134.4.504.

Van Zomeren, M., Spears, R., Fischer, A. H., & Leach, C. W. (2004). Put your money where your mouth is! Explaining collective action tendencies through group-based anger and group efficacy. *Journal of Personality and Social Psychology*, *87*(5), 649-664. doi:10.1037/0022-3514.87.5.649.

Vanman, E. J., Paul, B. Y., Ito, T. A., & Miller, N. (1997). The modern face of prejudice and structural features that moderate the effect of cooperation on affect. *Journal of Personality and Social Psychology*, *73*(5), 941-959. doi:10.1037/0022-3514.73.5.941.

Waters, S. F., West, T. V., & Mendes, W. B. (2014). Stress contagion physiological covariation between mothers and infants. *Psychological Science*, *25*(4), 934-942. doi:10.1177/0956797613518352.

Wilder, D. A., & Shapiro, P. (1989a). Effects of anxiety on impression formation in a group context: An anxiety-assimilation hypothesis. *Journal of Experimental Social Psychology*, *25*(6), 481-499. doi:10.1037/0022-3514.56.1.60.

Wilder, D. A., & Shapiro, P. N. (1989b). Role of competition-induced anxiety in limiting the beneficial impact of positive behavior by an out-group member. *Journal of Personality and Social Psychology*, *56*(1), 60. doi:10.1037/0022-3514.56.1.60.

Williams, S. R., Cash, E., Daup, M., Geronimi, E. M., Sephton, S. E., & Woodruff-Borden, J. (2013). Exploring patterns in cortisol synchrony among anxious and nonanxious mother and child dyads: A preliminary study. *Biological Psychology*, *93*(2), 287-295. doi:10.1016/j.biopsycho.2013.02.015.

Wohl, M. J., Giguere, B., Branscombe, N. R., & McVicar, D. N. (2011). One day we might be no more: Collective angst and protective action from potential distinctiveness loss. *European Journal of Social Psychology*, *41*(3), 289-300. doi:10.1002/ejsp.773.

Worchel, S. (1986). The role of cooperation in reducing intergroup conflict. In S. Worchel & W. Austin (Eds.), *The psychology of intergroup relations* (pp. 288-304). Chicago, IL: Nelson-Hall.

Wrightsman Jr, L. S. (1960). Effects of waiting with others on changes in level of felt anxiety. *The Journal of Abnormal and Social Psychology*, *61*(2), 216-222. doi:10.1037/h0040144.

Wyer, N. A., & Calvini, G. (2011). Don't sit so close to me: Unconsciously elicited affect automatically provokes social avoidance. *Emotion*, *11*(5), 1230-1234. doi:10.1037/a0023981.

Wyer, N. A., Calvini, G., Nash, A., & Miles, N. (2010). Priming in interpersonal contexts: Implications for affect and behavior. *Personality and Social Psychology Bulletin*, *36*(12), 1693-1705. doi:10.1177/0146167210386968.

Yzerbyt, V., Dumont, M., Wigboldus, D., & Gordijn, E. (2003). I feel for us: The impact of categorization and identification on emotions and action tendencies. *British Journal of Social Psychology*, *42*(4), 533-549. doi:10.1348/014466603322595266.

Zajonc, R. B., & Markus, H. (1984). Affect and cognition: The hard interface. In C. Izard, J. Kagan & R. B. Zajonc (Eds.), *Emotions, cognition, and behavior* (pp. 73-102). Cambridge: Cambridge University Press.

제11장 성별과 정서

Adams, S., Kuebli, J., Boyle, P. A., & Fivush, R. (1995). Gender differences in parent-child conversations about past emotions: A longitudinal investigation. *Sex Roles*, *33*(5-6), 309-323. doi:10.1007/BF01954572.

Adler, P. A., Kless, S. J., & Adler, P. (1992). Socialization to gender roles: Popularity among elementary school boys and girls. *Sociology of Education*, *65*(3), 169-187. doi:10.2307/2112807.

Baron-Cohen, S., & Wheelwright, S. (2004). The empathy quotient: An investigation of adults with asperger syndrome or high functioning autism, and normal sex differences. *Journal of Autism and Developmental Disorders*, *34*(2), 163-175. doi:10.1023/B:JADD.0000022607.19833.00.

Barrett, L. F., & Bliss-Moreau, E. (2009). She's emotional. He's having a bad day: Attributional explanations for emotion stereotypes. *Emotion*, *9*(5), 649. doi:10.1037/a0016821.

Barrett, L. F., Lane, R. D., Sechrest, L., & Schwartz, G. E. (2000). Sex differences in emotional awareness. *Personality and Social Psychology Bulletin*, *26*(9), 1027-1035. doi:10.1177/01461672002611001.

Barrett, L. F., Robin, L., Pietromonaco, P. R., & Eyssell, K. M. (1998). Are women the 'more emotional' sex? Evidence from emotional experiences in social context. *Cognition and Emotion*, *12*(4), 555-578. doi:10.1080/026999398379565.

Bem, S. L. (1979). Theory and measurement of androgyny: A reply to the Pedhazur-Tetenbaum and Locksley-Colten critiques. *Journal of Personality and Social Psychology*, *37*(6), 1047-1054. doi:10.1037/0022-3514.37.6.1047.

Birnbaum, D. W., & Croll, W. L. (1984). The etiology of children's stereotypes about sex differences in emotionality. *Sex Roles*, *10*(9-10), 677-691. doi:10.1007/BF00287379.

Birnbaum, D. W., Nosanchuk, T. A., & Croll, W. L. (1980). Children's stereotypes about sex differences in emotionality. *Sex Roles*, *6*(3), 435-443. doi:10.1007/bf00287363.

Brackett, M. A., Rivers, S. E., Shiffman, S., Lerner, N., & Salovey, P. (2006). Relating emotional abilities to social functioning: A comparison of self-report and performance measures of emotional intelligence. *Journal of Personality and Social Psychology, 91*(4), 780-795. doi:10.1037/0022-3514.91.4.780.

Bradley, M. M., Codispoti, M., Sabatinelli, D., & Lang, P. J. (2001). Emotion and motivation II: Sex differences in picture processing. *Emotion, 1*(3), 300-319. doi:10.1037/1528-3542.1.3.300.

Brebner, J. (2003). Gender and emotions. *Personality and Individual Differences, 34*(3), 387-394. doi:10.1016/S0191-8869(02)00059-4.

Brechet, C. (2013). Children's gender stereotypes through drawings of emotional faces: Do boys draw angrier faces than girls? *Sex Roles, 68*(5-6), 378-389. doi:10.1007/s11199-012-0242-3.

Brescoll, V. L., & Uhlmann, E. L. (2008). Can an angry woman get ahead? Status conferral, gender, and expression of emotion in the workplace. *Psychological Science, 19*(3), 268-275. doi:10.1111/j.1467-9280.2008.02079.x.

Brody, L. R. (1997). Gender and emotion: Beyond stereotypes. *Journal of Social Issues, 53*(2), 369-393. doi:10.1111/0022-4537.00022.

Brody, L. R. (1999). *Gender, emotion, and the family.* Cambridge, MA: Harvard University Press.

Brody, L. R. (2000). The socialization of gender differences in emotional expression: Display rules, infant temperament, and differentiation. In A. H. Fischer (Ed.), *Gender and emotion: Social psychological perspectives* (pp. 24-47). New York: Cambridge University Press. doi:10.1017/CBO9780511628191.003.

Brody, L. R., & Hall, J. A. (2000). Gender, emotion, and expression. In M. Lewis & J. M. Haviland-Jones (Eds.), *Handbook of emotions: Part IV: Social/personality issues* (2nd ed., pp. 325- 414). New York: Guilford Press.

Brody, L. R., & Hall, J. A. (2008). Gender and emotion in context. In M. Lewis, J. M. Haviland-Jones & L. F. Barrett (Eds.), *Handbook of emotions* (3rd ed., pp. 395-408). New York: Guilford Press.

Brody, L. R., & Hall, J. A. (2010). Gender, emotion, and socialization. In J. C. Chrisler & D. R. McCreary (Eds.), *Handbook of gender research in psychology, Vol 1: Gender research in general and experimental psychology* (pp. 429-454). New York: Springer Science + Business Media. doi:10.1007/978-1-4419-1465-1_21.

Buck, R., Miller, R. E., & Caul, W. F. (1974). Sex, personality, and physiological variables in the communication of affect via facial expression. *Journal of Personality and Social Psychology, 30*(4), 587-596. doi:10.1037/h0037041.

Chaplin, T. M., Cole, P. M., & Zahn-Waxler, C. (2005). Parental socialization of emotion expression: Gender differences and relations to child adjustment. *Emotion, 5*(1), 80-88. doi:10.1037/1528-3542.5.1.80.

Coats, E. J., & Feldman, R. S. (1996). Gender differences in nonverbal correlates of social status. *Personality and Social Psychology Bulletin, 22*(10), 1014-1022. doi:10.1177/ 01461672962210004.

Cole, E. R. (2009). Intersectionality and research in psychology. *American Psychologist, 64*(3), 170-180. doi:10.1037/a0014564.

Copeland, A. P., Hwang, M. S., & Brody, L. R. (1996). Asian-American adolescents: Caught between cultures. Poster presented at the Society for Research in Adolescence, Boston, MA.

Davis, M. A., LaRosa, P. A., & Foshee, D. P. (1992). Emotion work in supervisor-subordinate relations: Gender differences in the perception of angry displays. *Sex Roles*, *26*(11-12), 513-531. doi:10.1007/BF00289872.

Doherty, R. W. (1997). The emotional contagion scale: A measure of individual differences. *Journal of Nonverbal Behavior*, *21*(2), 131-154. doi:10.1023/A:1024956003661.

Durik, A. M., Hyde, J. S., Marks, A. C., Roy, A. L., Anaya, D., & Schultz, G. (2006). Ethnicity and gender stereotypes of emotion. *Sex Roles*, *54*(7-8), 429-445. doi:10.1007/s11199-006-9020-4.

Eagly, A. H. (1987). Reporting sex differences. *American Psychologist*, *42*(7), 756-757. doi:10.1037/0003-066X.42.7.755.

Eagly, A. H., & Steffen, V. J. (1984). Gender stereotypes stem from the distribution of women and men into social roles. *Journal of Personality and Social Psychology*, *46*(4), 735-754. doi:10.1037/0022-3514.46.4.735.

Eagly, A. H., & Steffen, V. J. (1986). Gender and aggressive behavior: A meta-analytic review of the social psychological literature. *Psychological Bulletin*, *100*(3), 309-330. doi:10.1037/0033-2909.100.3.309.

Else-Quest, N. M., & Hyde, J. S. (2016). Intersectionality in Quantitative Psychological Research: I. Theoretical and Epistemological Issues. *Psychology of Women Quarterly*, *40*(2), 1-16. doi:10.1177/0361684316629797.

Else-Quest, N. M., Hyde, J. S., Goldsmith, H. H., & Van Hulle, C. A. (2006). Gender differences in temperament: A meta-analysis. *Psychological Bulletin*, *132*(1), 33-72. doi:10.1037/0033-2909.132.1.33.

Fabes, R. A., & Martin, C. L. (1991). Gender and age stereotypes of emotionality. *Personality and Social Psychology Bulletin*, *17*(5), 532-540. doi:10.1177/0146167291175008.

Feldman, J. F., Brody, N., & Miller, S. A. (1980). Sex differences in non-elicited neonatal behaviors. *Merrill-Palmer Quarterly*, *26*(1), 63-73.

Ferguson, T. J., & Crowley, S. L. (1997). Gender differences in the organization of guilt and shame. *Sex Roles*, *37*(1-2), 19-44. doi:10.1023/A:1025684502616.

Ferguson, T. J., Eyre, H. L., & Ashbaker, M. (2000). Unwanted identities: A key variable in shame-anger links and gender differences in shame. *Sex Roles*, *42*(3-4), 133-157. doi:10.1023/A:1007061505251.

Fischer, A. H. (1993). Sex differences in emotionality: Fact or stereotype? *Feminism & Psychology*, *3*(3), 303-318. doi:10.1177/0959353593033002.

Fischer, A. H., & Manstead, A. R. (2000). The relation between gender and emotion in different cultures. In A. H. Fischer (Ed.), *Gender and emotion: Social psychological perspectives* (pp. 71-94). New York: Cambridge University Press. doi:10.1017/CBO9780511628191.005.

Fischer, A. H., Rodriguez Mosquera, P. M., Van Vianen, A. E., & Manstead, A. S. (2004). Gender and culture differences in emotion. *Emotion*, *4*(1), 87-94. doi: 10.1037/1528-3542.4.1.87.

Fivush, R., & Wang, Q. (2005). Emotion talk in mother-child conversations of the shared past: The effects of culture, gender, and event valence. *Journal of Cognition and Development*, *6*(4), 489-506. doi:10.1207/s15327647jcd0604_3.

Frost, W. D., & Averill, J. R. (1982). Differences between men and women in the everyday experience of anger. In J. R. Averill (Ed.), *Anger and aggression* (pp. 281-316). New York: Springer-Verlag.

Fujita, F., Diener, E., & Sandvik, E. (1991). Gender differences in negative affect and well-being: The case for emotional intensity. *Journal of Personality and Social Psychology*, *61*(3), 427-434. doi:10.1037/0022-3514.61.3.427.

Graham, J. W., Gentry, K. W., & Green, J. (1981). The self-presentational nature of emotional expression: Some evidence. *Personality and Social Psychology Bulletin*, 7(3), 467-474. doi:10.1177/014616728173016.

Gross, J. J., & John, O. P. (1995). Facets of emotional expressivity: Three self-report factors and their correlates. *Personality and Individual Differences*, 19(4), 555-568. doi:10.1016/0191-8869(95)00055-B.

Grossman, M., & Wood, W. (1993). Sex differences in intensity of emotional experience: A social role interpretation. *Journal of Personality and Social Psychology*, 65(5), 1010-1022. doi:10.1037/0022-3514.65.5.1010.

Hall, J. A. (1984). *Nonverbal sex differences: Communication accuracy and expressive style*. Baltimore, MD: Johns Hopkins University Press.

Hall, J. A., & Friedman, G. B. (1999). Status, gender, and nonverbal behavior: A study of structured interactions between employees of a company. *Personality and Social Psychology Bulletin*, 25(9), 1082-1091. doi:10.1177/01461672992512002.

Hall, J. A., & Matsumoto, D. (2004). Gender differences in judgments of multiple emotions from facial expressions. *Emotion*, 4(2), 201-206. doi:10.1037/1528-3542.4.2.201.

Hampson, E., van Anders, S. M., & Mullin, L. I. (2006). A female advantage in the recognition of emotional facial expressions: Test of an evolutionary hypothesis. *Evolution and Human Behavior*, 27(6), 401-416. doi:10.1016/j.evolhumbehav.2006.05.002.

Hatfield, E., Cacioppo, J. T., & Rapson, R. L. (1994). *Emotional contagion*. Cambridge: Cambridge University Press.

Heilman, M. E. (2001). Description and prescription: How gender stereotypes prevent women's ascent up the organizational ladder. *Journal of Social Issues*, 57(4), 657-674. doi:10.1111/0022-4537.00234.

Hess, U., Adams, R. J., & Kleck, R. E. (2005). Who may frown and who should smile? Dominance, affiliation, and the display of happiness and anger. *Cognition and Emotion*, 19(4), 515-536. doi:10.1080/02699930441000364.

Hess, U., Senecal, S., Kirouac, G., Herrera, P., Philippot, P., & Kleck, R. E. (2000). Emotional expressivity in men and women: Stereotypes and self-perceptions. *Cognition and Emotion*, 14(5), 609-642. doi:10.1080/02699930050117648.

Hutson-Comeaux, S. L., & Kelly, J. R. (2002). Gender stereotypes of emotional reactions: How we judge an emotion as valid. *Sex Roles*, 47(1-2), 1-10. doi:10.1023/A:1020657301981.

Johnson, J. T., & Shulman, G. A. (1988). More alike than meets the eye: Perceived gender differences in subjective experience and its display. *Sex Roles*, 19(1-2), 67-79. doi:10.1007/BF00292465.

Kelly, J. R., & Hutson-Comeaux, S. L. (1999). Gender-emotion stereotypes are context specific. *Sex Roles*, 40(1-2), 107-120. doi:10.1023/A:1018834501996.

Kelly, J. R., & Hutson-Comeaux, S. L. (2000). The appropriateness of emotional expression in women and men: The double-bind of emotion. *Journal of Social Behavior and Personality*, 15(4), 515-528.

King, L. A., & Emmons, R. A. (1990). Conflict over emotional expression: Psychological and physical correlates. *Journal of Personality and Social Psychology*, 58(5), 864-877. doi:10.1037/0022-3514.58.5.864.

Kring, A. M. (2000). Gender and anger. In A. H. Fischer (Ed.), *Gender and emotion: Social psychological perspectives* (pp. 211-231). New York: Cambridge University Press. doi:10.1017/CBO9780511628191.011.

Kring, A. M., & Gordon, A. H. (1998). Sex differences in emotion: Expression, experience, and physiology.

Journal of Personality and Social Psychology, 74(3), 686-703. doi:10.1037/0022-3514.74.3.686.

Kring, A. M., Smith, D. A., & Neale, J. M. (1994). Individual differences in dispositional expressiveness: Development and validation of the emotional expressivity scale. *Journal of Personality and Social Psychology, 66*(5), 934-949. doi:10.1037/0022-3514.66.5.934.

LaFrance, M., & Banaji, M. (1992). Toward a reconsideration of the gender-emotion relationship. In M. S. Clark (Ed.), *Emotion and social behavior* (pp. 178-201). Thousand Oaks, CA: Sage Publications.

LaFrance, M., & Hecht, M. A. (2000). Gender and smiling: A meta-analysis. In A. H. Fischer (Ed.), *Gender and emotion: Social psychological perspectives* (pp. 118-142). New York: Cambridge University Press. doi:10.1017/CBO9780511628191.007.

Lane, R. D., Sechrest, L., Riedel, R., Shapiro, D. E., & Kaszniak, A. W. (2000). Pervasive emotion recognition deficit common to alexithymia and the repressive coping style. *Psychosomatic Medicine, 62*(4), 492-501. doi:10.1097/00006842-200007000-00007.

Levenson, R. W., Carstensen, L. L., & Gottman, J. M. (1994). Influence of age and gender on affect, physiology, and their interrelations: A study of long-term marriages. *Journal of Personality and Social Psychology, 67*(1), 56-68. doi:10.1037/0022-3514.67.1.56.

Matsumoto, D., Takeuchi, S., Andayani, S., Kouznetsova, N., & Krupp, D. (1998). The contribution of individualism vs. collectivism to cross-national differences in display rules. *Asian Journal of Social Psychology, 1*(2), 147-165. doi:10.1111/1467-839X.00010.

Mayer, J. D., Salovey, P., & Caruso, D. R. (2004). Emotional intelligence: Theory, findings, and implications. *Psychological Inquiry, 15*(3), 197-215. doi:10.1207/s15327965pli1503_02.

Mignault, A., & Chaudhuri, A. (2003). The many faces of a neutral face: Head tilt and perception of dominance and emotion. *Journal of Nonverbal Behavior, 27*(2), 111-132. doi:10.1023/A:1023914509763.

Mirgain, S. A., & Cordova, J. V. (2007). Emotion skills and marital health: The association between observed and self-reported emotion skills, intimacy, and marital satisfaction. *Journal of Social and Clinical Psychology, 26*(9), 983-1009. doi:10.1521/jscp.2007.26.9.983.

Niedenthal, P. M., Augustinova, M., Rychlowska, M., Droit-Volet, S., Zinner, L., Knafo, A., & Brauer, M. (2012). Negative relations between pacifier use and emotional competence. *Basic and Applied Social Psychology, 34*(5), 387-394. doi:10.1080/01973533.2012.712019.

Niedenthal, P. M., Mermillod, M., Maringer, M., & Hess, U. (2010). The simulation of smiles (SIMS) model: Embodied simulation and the meaning of facial expression. *Behavioral and Brain Sciences, 33*(6), 417-433. doi:10.1017/S0140525X10000865.

Nolen-Hoeksema, S. (2004). Gender differences in risk factors and consequences for alcohol use and problems. *Clinical Psychology Review, 24*(8), 981-1010. doi:10.1016/j.cpr.2004.08.003.

Nolen-Hoeksema, S., & Harrell, Z. A. (2002). Rumination, depression, and alcohol use: Tests of gender differences. *Journal of Cognitive Psychotherapy, 16*(4), 391-403. doi:10.1891/jcop.16.4.391.52526.

Ontai, L. L., & Thompson, R. A. (2002). Patterns of attachment and maternal discourse effects on children's emotion understanding from 3 to 5 years of age. *Social Development, 11*(4), 433-450. doi:10.1111/1467-9507.00209.

Park, C. L., & Levenson, M. R. (2002). Drinking to cope among college students: Prevalence, problems and coping processes. *Journal of Studies on Alcohol*, *63*(4), 486-497. doi:10.15288/jsa.2002.63.486.

Plant, E. A., Hyde, J. S., Keltner, D., & Devine, P. G. (2000). The gender stereotyping of emotions. *Psychology of Women Quarterly*, *24*(1), 81-92. doi:10.1111/j.1471-6402.2000.tb01024.x.

Plant, E. A., Kling, K. C., & Smith, G. L. (2004). The influence of gender and social role on the interpretation of facial expressions. *Sex Roles*, *51*(3-4), 187-196. doi:10.1023/B:SERS.0000037762.10349.13.

Robinson, M. D., & Johnson, J. T. (1997). Is it emotion or is it stress? Gender stereotypes and the perception of subjective experience. *Sex Roles*, *36*(3), 235-258. doi:10.1007/BF02766270.

Ross, C. E., & Mirowsky, J. (1984). Components of depressed mood in married men and women. The center for epidemiologic studies' depression scale. *American Journal of Epidemiology*, *119*(6), 997-1004.

Rotter, N. G., & Rotter, G. S. (1988). Sex differences in the encoding and decoding of negative facial emotions. *Journal of Nonverbal Behavior*, *12*(2), 139-148. doi:10.1007/BF00986931.

Rudman, L. A. (1998). Self-promotion as a risk factor for women: The costs and benefits of counterstereotypical impression management. *Journal of Personality and Social Psychology*, *74*(3), 629-645. doi:10.1037/0022-3514.74.3.629.

Rychlowska, M., Korb, S., Brauer, M., Droit-Volet, S., Augustinova, M., Zinner, L., & Niedenthal, P. M. (2014). Pacifiers disrupt adults' responses to infants' emotions. *Basic and Applied Social Psychology*, *36*(4), 299-308. doi:10.1080/01973533.2014.915217.

Salovey, P., & Mayer, J. D. (1990). Emotional intelligence. *Imagination, Cognition and Personality*, *9*(3), 185-211. doi:10.2190/DUGG-P24E-52WK-6CDG.

Salovey, P., Mayer, J. D., Caruso, D., & Lopes, P. N. (2003). Measuring emotional intelligence as a set of abilities with the Mayer-Salovey-Caruso emotional intelligence test. In S. J. Lopez & C. R. Snyder (Eds.), *Positive psychological assessment: A handbook of models and measures* (pp. 251-265). Washington, DC: American Psychological Association. doi:10.1037/10612-016.

Scholten, M. M., Aleman, A., Montagne, B., & Kahn, R. S. (2005). Schizophrenia and processing of facial emotions: Sex matters. *Schizophrenia Research*, *78*(1), 61-67. doi:10.1016/j.schres.2005.06.019.

Schulte-Ruther, M., Markowitsch, H. J., Shah, N. J., Fink, G. R., & Piefke, M. (2008). Gender differences in brain networks supporting empathy. *Neuroimage*, *42*(1), 393-403. doi:10.1016/j.neuroimage.2008.04.180.

Schwartz, G. E., Brown, S., & Ahern, G. L. (1980). Facial muscle patterning and subjective experience during affective imagery: Sex differences. *Psychophysiology*, *17*(1), 75-82. doi:10.1111/j.1469-8986.1980.tb02463.x.

Shields, S. A. (2002). *Speaking from the heart: Gender and the social meaning of emotion*. New York: Cambridge University Press.

Stapley, J. C., & Haviland, J. M. (1989). Beyond depression: Gender differences in normal adolescents' emotional experiences. *Sex Roles*, *20*(5-6), 295-308. doi:10.1007/BF00287726.

Stevens, J. S., & Hamann, S. (2012). Sex differences in brain activation to emotional stimuli: A metaanalysis of neuroimaging studies. *Neuropsychologia*, *50*(7), 1578-1593. doi:10.1016/j.neuropsychologia.2012.03.011.

Stoppard, J. M., & Gruchy, C. G. (1993). Gender, context, and expression of positive emotion. *Personality and Social Psychology Bulletin*, *19*(2), 143-150. doi:10.1177/0146167293192002.

Tamres, L. K., Janicki, D., & Helgeson, V. S. (2002). Sex differences in coping behavior: A meta-analytic review and an examination of relative coping. *Personality and Social Psychology Review*, *6*(1), 2-30. doi:10.1207/

S15327957PSPR0601_1.

Tangney, J. P. (1990). Assessing individual differences in proneness to shame and guilt: Development of the self-conscious affect and attribution inventory. *Journal of Personality and Social Psychology*, 59(1), 102-111. doi:10.1037/0022-3514.59.1.102.

Thayer, J. F., & Johnsen, B. H. (2000). Sex differences in judgement of facial affect: A multivariate analysis of recognition errors. *Scandinavian Journal of Psychology*, 41(3), 243-246. doi:10.1111/1467-9450.00193.

Timmers, M., Fischer, A. H., & Manstead, A. R. (1998). Gender differences in motives for regulating emotions. *Personality and Social Psychology Bulletin*, 24(9), 974-985. doi:10.1177/0146167298249005.

Timmers, M., Fischer, A. H., & Manstead, A. R. (2003). Ability versus vulnerability: Beliefs about men's and women's emotional behaviour. *Cognition & Emotion*, 17(1), 41-63. doi:10.1080/02699930302277.

Vassallo, S., Cooper, S. L., & Douglas, J. M. (2009). Visual scanning in the recognition of facial affect: Is there an observer sex difference? *Journal of Vision*, 9(3), 11-11. doi:10.1167/9.3.11.

Vingerhoets, A., & Scheirs, J. (2000). Sex differences in crying: Empirical findings and possible explanations. In A. H. Fischer (Ed.), *Gender and emotion: Social psychological perspectives* (pp. 143-165). New York: Cambridge University Press. doi:10.1017/CBO9780511628191.008.

Vingerhoets, A. J. J. M., & Becht, M. C. (1996). Adult crying inventory (ACI) (Unpublished questionnaire). Department of Psychology, Tilburg University, The Netherlands.

Wagner, H. L., Buck, R., & Winterbotham, M. (1993). Communication of specific emotions: Gender differences in sending accuracy and communication measures. *Journal of Nonverbal Behavior*, 17(1), 29-53. doi:10.1007/BF00987007.

Weinberg, M. K., Tronick, E. Z., Cohn, J. F., & Olson, K. L. (1999). Gender differences in emotional expressivity and self-regulation during early infancy. *Developmental Psychology*, 35(1), 175-188. doi:10.1037/0012-1649.35.1.175.

Zammuner, V. L. (2000). Men's and women's lay theories of emotion. In A. H. Fischer (Ed.), *Gender and emotion: Social psychological perspectives* (pp. 48-70). New York: Cambridge University Press. doi:10.1017/CBO9780511628191.004.

Zeman, J., Penza, S., Shipman, K., & Young, G. (1997). Preschoolers as functionalists: The impact of social context on emotion regulation. *Child Study Journal*, 27(1), 41-67.

제12장 정서의 보편성과 문화적 차이

Adams, G., Anderson, S. L., & Adonu, J. K. (2004). The cultural grounding of closeness and intimacy. In D. Mashek & A. Aron (Eds.), *The handbook of closeness and intimacy* (pp. 321-339). Mahwah, NJ: Lawrence Erlbaum Associates.

Bagozzi, R. P., Wong, N., & Yi, Y. (1999). The role of culture and gender in the relationship between positive and negative affect. *Cognition & Emotion*, 13(6), 641-672. doi:10.1080/026999399379023.

Barrett, L. F. (2006). Are emotions natural kinds? *Perspectives on Psychological Science, 1*(1), 28-58. doi:10.1111/j.1745-6916.2006.00003.x.

Boiger, M., Gungor, D., Karasawa, M., & Mesquita, B. (2014). Defending honour, keeping face: Interpersonal affordances of anger and shame in Turkey and Japan. *Cognition and Emotion, 29*(7), 1255-1269. doi:10.1080/02699931.2014.881324.

Cohen, D. (1998). Culture, social organization, and patterns of violence. *Journal of Personality and Social Psychology, 75*(2), 408. doi:10.1037/0022-3514.75.2.408.

Cohen, D., & Nisbett, R. E. (1994). Self-protection and the culture of honor: Explaining southern violence. *Personality and Social Psychology Bulletin, 20*(5), 551-567. doi:10.1177/0146167294205012.

Cohen, D., Nisbett, R. E., Bowdle, B. F., & Schwarz, N. (1996). Insult, aggression, and the southern culture of honor: An "experimental ethnography." *Journal of Personality and Social Psychology, 70*(5), 945. doi:10.1037/0022-3514.70.5.945.

Edwards, P. (1996). Honour, shame, humiliation and modern Japan. In O. Leaman (Ed.), *Friendship East and West: Philosophical perspectives* (pp. 32-55). New York: Curzon.

Eid, M., & Diener, E. (2001). Norms for experiencing emotions in different cultures: Inter-and intranational differences. *Journal of Personality and Social Psychology, 81*(5), 869. doi:10.1037/0022-3514.81.5.869.

Ekman, P. (1972). Universal and cultural differences in facial expression of emotion. In J. R. Cole (Ed.), *Nebraska symposium on motivation, 1971* (pp. 207-283). Lincoln: Nebraska University Press.

Ekman, P. (1973). Cross-cultural studies of facial expressions. In P. Ekman (Ed.), *Darwin and facial expression: A century of research in review* (pp. 169-229). Cambridge, MA: Malor Books.

Ekman, P., & Friesen, W. V. (1971). Constants across cultures in the face and emotion. *Journal of Personality and Social Psychology, 17*(2), 124. doi:10.1037/h0030377.

Ekman, P., & Friesen, W. V. (1975). *Unmasking the face: A guide to recognizing the emotions from facial cues.* Englewood Cliffs, NJ: Prentice Hall.

Ekman, P., & Friesen, W. V. (1978). *The facial action coding system (FACS): A technique for the measurement of facial movement.* Palo Alto, CA: Consulting Psychologists' Press.

Elfenbein, H. A., & Ambady, N. (2002). On the universality and cultural specificity of emotion recognition: A meta-analysis. *Psychological Bulletin, 128*(2), 203. doi:10.1037/0033-2909.128.2.203.

Elfenbein, H. A., & Ambady, N. (2003). When familiarity breeds accuracy: Cultural exposure and facial emotion recognition. *Journal of Personality and Social Psychology, 85*(2), 276. doi:10.1037/0022-3514.85.2.276.

Elfenbein, H. A., Beaupre, M., Levesque, M., & Hess, U. (2007). Toward a dialect theory: Cultural differences in the expression and recognition of posed facial expressions. *Emotion, 7*(1), 131-146. doi:10.1037/1528-3542.7.1.131.

Elfenbein, H. A., Mandal, M. K., Ambady, N., Harizuka, S., & Kumar, S. (2002). Cross-cultural patterns in emotion recognition: Highlighting design and analytical techniques. *Emotion, 2*(1), 75. doi:10.1037/1528-3542.2.1.75.

Friesen, W. V. (1972). Cultural differences in facial expressions in a social situation: An experimental test of the concept of display rules. (Unpublished doctoral dissertation). University of California, San Francisco, CA.

Frijda, N. H. (1986). *The emotions.* Cambridge: Cambridge University Press.

Frijda, N. H., Markam, S., Sato, K., & Wiers, R. (1995). Emotions and emotion words. In J. Russell, J. Fernandez-Dols, A. Manstead & J. C. Wellenkamp (Eds.), *Everyday conceptions of emotion* (pp. 121-143). Dordrecht,

The Netherlands: Kluwer Academic Publishers. doi:10.1007/978-94-015-8484-5_7.

Gendron, M., Roberson, D., van der Vyver, J. M., & Barrett, L. F. (2014). Perceptions of emotion from facial expressions are not culturally universal: Evidence from a remote culture. *Emotion*, *14*(2), 251. doi:10.1037/a0036052.

Greeley, A. M. (1979). The American Irish: A report from Great Ireland. *International Journal of Comparative Sociology*, *20*(1-2), 67-81. doi:10.1177/002071527902000105.

Greeley, A. M. (1981). *The Irish-Americans*. New York: Harper & Row.

Gross, J. J. (2008). Emotion regulation. In M. Lewis, J. M. Haviland-Jones & L. F. Barrett (Eds.), *Handbook of emotions* (pp. 497-512). New York: Guilford Press.

Gross, J. J., & John, O. P. (2003). Individual differences in two emotion regulation processes: Implications for affect, relationships, and well-being. *Journal of Personality and Social Psychology*, *85*(2), 348. doi:10.1037/0022-3514.85.2.348.

Haidt, J., & Keltner, D. (1999). Culture and facial expression: Open-ended methods find more expressions and a gradient of recognition. *Cognition & Emotion*, *13*(3), 225-266. doi:10.1080/026999399379267.

Harkness, S., & Super, C. M. (Eds.). (1996). *Parents' cultural belief systems: Their origins, expressions, and consequences*. New York: Guilford Press.

Heine, S. J., Lehman, D. R., Markus, H. R., & Kitayama, S. (1999). Is there a universal need for positive self-regard? *Psychological Review*, *106*(4), 766-794.

Imada, T., & Ellsworth, P. C. (2011). Proud Americans and lucky Japanese: Cultural differences in appraisal and corresponding emotion. *Emotion*, *11*(2), 329-345. doi:10.1037/a0022855.

Ito, K., Masuda, T., & Li, L. M. W. (2013). Agency and facial emotion judgment in context. *Personality and Social Psychology Bulletin*, *39*(6), 763-776. doi:10.1177/0146167213481387.

Izard, C. E. (1971). *The face of emotion*. New York: Appleton-Century-Crofts.

Ji, L. J., Nisbett, R. E., & Su, Y. (2001). Culture, change, and prediction. *Psychological Science*, *12*(6), 450-456. doi:10.1111/1467-9280.00384.

Kang, S.-M., & Lau, A. S. (2013). Revisiting the out-group advantage in emotion recognition in a multicultural society: Further evidence for the in-group advantage. *Emotion*, *13*(2), 203-215. doi:10.1037/a0030013.

Keller, H. (2003). Socialization for competence: Cultural models of infancy. *Human Development*, *46*(5), 288-311. doi:10.1159/000071937.

Keller, H., & Otto, H. (2009). The cultural socialization of emotion regulation during infancy. *Journal of Cross-Cultural Psychology*, *40*(6), 996-1011. doi:10.1177/0022022109348576.

Kim, H. S., & Sherman, D. K. (2007). "Express yourself": Culture and the effect of self-expression on choice. *Journal of Personality and Social Psychology*, *92*(1), 1. doi:10.1037/0022-3514.92.1.1.

Kitayama, S. (2002). Culture and basic psychological processes-toward a system view of culture: Comment on Oyserman et al. (2002). *Psychological Bulletin*, *128*(1), 89-96.

Kitayama, S., Markus, H. R., & Kurokawa, M. (2000). Culture, emotion, and well-being: Good feelings in Japan and the United States. *Cognition & Emotion*, *14*(1), 93-124. doi:10.1080/026999300379003.

Kitayama, S., Park, H., Sevincer, A. T., Karasawa, M., & Uskul, A. K. (2009). A cultural task analysis of implicit independence: Comparing North America, Western Europe, and East Asia. *Journal of Personality and Social*

Psychology, 97(2), 236. doi:10.1037/a0015999.

Kotchemidova, C. (2005). From good cheer to" drive-by smiling": A social history of cheerfulness. *Journal of Social History, 39*(1), 5-37. doi:10.1353/jsh.2005.0108.

Kroeber, A. L., & Kluckhohn, C. (1952). Culture: A critical review of concepts and definitions. *Papers. Peabody Museum of Archaeology & Ethnology, Harvard University.*

Leach, E. (1972). The influence of cultural context on non-verbal communication in man. In R. Hinde (Ed.), *Non-verbal communication* (pp. 315-349). London: Cambridge University Press.

Levenson, R. W., Carstensen, L. L., Friesen, W. V., & Ekman, P. (1991). Emotion, physiology, and expression in old age. *Psychology and Aging, 6*(1), 28. doi:10.1037/0882-7974.6.1.28.

Levenson, R. W., Ekman, P., & Friesen, W. V. (1990). Voluntary facial action generates emotion-specific autonomic nervous system activity. *Psychophysiology, 27*(4), 363-384. doi:10.1111/j.1469-8986.1990. tb02330.x.

Levenson, R. W., Ekman, P., Heider, K., & Friesen, W. V. (1992). Emotion and autonomic nervous system activity in the Minangkabau of West Sumatra. *Journal of Personality and Social Psychology, 62*(6), 972. doi:10.1037/0022-3514.62.6.972.

Lindquist, K. A. (2013). Emotions emerge from more basic psychological ingredients: A modern psychological constructionist model. *Emotion Review,5*(4), 356-368. doi:10.1177/1754073913489750.

Lutz, C. (1987). Goals, events, and understanding in Ifaluk emotion theory. In N. Quinn & D. Holland (Eds.), *Cultural models in language and thought* (pp. 290-312). Cambridge: Cambridge University Press.

Lutz, C. (1988). *Unnatural emotions: Everyday sentiments on a Micronesian atoll and their challenge to western theory.* Chicago, IL: University of Chicago Press.

Markus, H. R., & Kitayama, S. (1994). A collective fear of the collective: Implications for selves and theories of selves. *Personality and Social Psychology Bulletin, 20*(5), 568-579. doi:10.1177/0146167294205013.

Masuda, T., Ellsworth, P. C., Mesquita, B., Leu, J., Tanida, S., & Van de Veerdonk, E. (2008). Placing the face in context: Cultural differences in the perception of facial emotion. *Journal of Personality and Social Psychology, 94*(3), 365. doi:10.1037/0022-3514.94.3.365.

Matsumoto, D. (1990). Cultural similarities and differences in display rules. *Motivation and Emotion, 14*(3), 195-214. doi:10.1007/bf00995569.

Matsumoto, D. (2003). The discrepancy between consensual-level culture and individual-level culture. *Culture & Psychology, 9*(1), 89-95. doi:10.1177/1354067x03009001006.

Matsumoto, D. (2005). Apples and oranges: Methodological requirements for testing a possible ingroup advantage in emotion judgments from facial expressions. In U. Hess & P. Philippot (Eds.), *Group dynamics and emotional expression* (pp. 140-181). New York, NY: Cambridge University Press.

Matsumoto, D. (2007). Culture, context, and behavior. *Journal of Personality, 75*(6), 1285-1320. doi:10.1111/ j.1467-6494.2007.00476.x.

Matsumoto, D., & Hwang, H. S. (2011). Evidence for training the ability to read microexpressions of emotion. *Motivation and Emotion, 35*(2), 181-191. doi:10.1007/s11031-011-9212-2.

Matsumoto, D., Hwang, H. S., & Yamada, H. (2012). Cultural differences in the relative contributions of face and context to judgments of emotion. *Journal of Cross-Cultural Psychology, 43*, 198-218.

doi:10.1177/0022022110387426.

Matsumoto, D., Takeuchi, S., Andayani, S., Kouznetsova, N., & Krupp, D. (1998). The contribution of individualism vs. collectivism to cross-national differences in display rules. *Asian Journal of Social Psychology*, *1*(2), 147-165. doi:10.1111/1467-839x.00010.

Matsumoto, D., Yoo, S. H., & Fontaine, J. (2008). Mapping expressive differences around the world: The relationship between emotional display rules and individualism versus collectivism. *Journal of Cross-Cultural Psychology*, *39*(1), 55-74. doi:10.1177/ 0022022107311854.

Mauro, R., Sato, K., & Tucker, J. (1992). The role of appraisal in human emotions: A cross-cultural study. *Journal of Personality and Social Psychology*, *62*(2), 301. doi:10.1037/0022-3514.62.2.301.

Mesquita, B. (2001). Emotions in collectivist and individualist contexts. *Journal of Personality and Social Psychology*, *80*, 68-74. doi:10.1037/0022-3514.80.1.68.

Mesquita, B. (2003). Emotions as dynamic cultural phenomena. In R. Davidson, H. Goldsmith & K. R. Scherer (Eds.), *The handbook of the affective sciences* (pp. 871-890). New York: Oxford University Press.

Mesquita, B., & Ellsworth, P. (2001). The role of culture in appraisal. In K. R. Scherer & A. Schorr (Eds.), *Appraisal processes in emotion: Theory, methods, research* (pp. 233-248). New York: Oxford University Press.

Mesquita, B., & Frijda, N. H. (1992). Cultural variations in emotions: A review. *Psychological Bulletin, 112*(2). 179-204. doi:10.1037/0033-2909.112.2.179.

Mesquita, B., Frijda, N. H., & Scherer, K. R. (1997). Culture and emotion. In J. W. Berry, P. R. Dasen & T. S. Saraswathi (Eds.), *Handbook of cross-cultural psychology: Vol. 2. Basic processes and human development* (pp. 255-297). Boston, MA: Allyn & Bacon.

Mesquita, B., & Haire, A. (2004). Emotion and culture. *Encyclopedia of Applied Psychology*, *1*, 731-737. doi:10.1016/b0-12-657410-3/00393-7.

Mesquita, B., & Karasawa, M. (2002). Different emotional lives. *Cognition & Emotion*, *16*(1), 127-141. doi:10.1080/0269993014000176.

Mesquita, B., & Markus, H. R. (2004, April). Culture and emotion. In A. Manstead, N. Frijda, & A. Fischer (Eds.), *Feelings and emotions: The Amsterdam symposium* (p. 341). Cambridge: Cambridge University Press. doi:10.1017/cbo9780511806582.020.

Miller, P., & Sperry, L. L. (1987). The socialization of anger and aggression. *Merrill-Palmer Quarterly, 1982*, 1-31.

Miller, W. I. (1993). *Humiliation and other essays on honor, social discomfort, and violence*. Ithaca, NY: Cornell University Press.

Mitchell, G., Tetlock, P. E., Mellers, B. A., & Ordonez, L. D. (1993). Judgments of social justice: Compromises between equality and efficiency. *Journal of Personality and Social Psychology*, *65*(4), 629-639. doi:10.1037/0022-3514.65.4.629.

Miyamoto, Y., & Ma, X. (2011). Dampening or savoring positive emotions: A dialectical cultural script guides emotion regulation. *Emotion*, *11*(6), 1346. doi:10.1037/a0025135.

Miyamoto, Y., & Wilken, B. (2013). Cultural differences and their mechanisms. In D. Reisberg (Ed.), *Oxford handbook of cognitive psychology* (pp. 970–985). Oxford: Oxford University Press.

Mogilner, C., Aaker, J., & Kamvar, S. D. (2012). How happiness affects choice. *Journal of Consumer Research*,

39(2), 429-443. doi:10.1086/663774.

Montesquieu, C. de (1989). *The spirit of the laws*. Cambridge: Cambridge University Press. [Original work published in 1748].

Moors, A. (2013). On the causal role of appraisal in emotion. *Emotion Review*, *5*(2), 132-140. doi:10.1177/1754073912463601.

Nelson, N. L., & Russell, J. A. (2013). Universality revisited. *Emotion Review*, *5*(1), 8-15. doi:10.1177/1754073912457227.

Nisbett, R. E. (1993). Violence and US regional culture. *American Psychologist*, *48*(4), 441. doi:10.1037/0003-066x.48.4.441.

Nisbett, R. E., Peng, K., Choi, I., & Norenzayan, A. (2001). Culture and systems of thought: Holistic versus analytic cognition. *Psychological Review*, 108(2), 291-310. doi:10.1037/0033-295x.108.2.291.

Nummenmaa, L., Glerean, E., Hari, R., & Hietanen, J. K. (2014). Bodily maps of emotions. *Proceedings of the National Academy of Sciences*, *111*(2), 646-651. doi:10.1073/pnas.1321664111.

Oliveau, D., & Willmuth, R. (1979). Facial muscle electromyography in depressed and nondepressed hospitalized subjects: A partial replication. *The American Journal of Psychiatry*, *136*, 548-550.

Oyserman, D., & Lee, S. W. S. (2007). Priming "culture". In S. Kitayama & D. Cohn, *Handbook of cultural psychology*, (pp. 255-279). New York, NY: Guilford Press.

Peng, K., & Nisbett, R. E. (1999). Culture, dialectics, and reasoning about contradiction. *American Psychologist*, *54*(9), 741. doi:10.1037/0003-066x.54.9.741.

Peng, K., & Nisbett, R. (2000). Dialectical responses to questions about dialectical thinking. *American Psychologist*, 55(9), 1067-1068. doi:10.1037/0003-066x.55.9.1067.

Pennebaker, J. W., Rimé, B., & Blankenship, V. E. (1996). Stereotypes of emotional expressiveness of northerners and southerners: A cross-cultural test of Montesquieu's hypotheses. *Journal of Personality and Social Psychology*, *70*(2), 372. doi:10.1037//0022-3514.70.2.372.

Perunovic, W. Q. E., Heller, D., & Rafaeli, E. (2007). Within-person changes in the structure of emotion the role of cultural identification and language. *Psychological Science*, *18*(7), 607-613. doi:10.1111/j.1467-9280.2007.01947.x.

Philippot, P., & Rimé, B. (1997). The perception of bodily sensations during emotion: A cross-cultural perspective. *Polish Psychological Bulletin*, *28*, 175-188.

Pitt-Rivers, J. (1965). Honor and social status. In J. G. Peristiany (Ed.), *Honor and shame: The value of Mediterranean society* (pp. 18-77). London: Weidenfeld & Nicolson.

Putterman, L., & Weil, D. N. (2010). Post-1500 Population Flows and the Long-Run Determinants of Economic Growth and Inequality. *The Quarterly Journal of Economics*, *125*(4), 1627-1682. doi:10.3386/w14448.

Richards, J. M., & Gross, J. J. (1999). Composure at any cost? The cognitive consequences of emotion suppression. *Personality and Social Psychology Bulletin*, *25*(8), 1033-1044. doi:10.1177/01461672992511010.

Rimé, B., Philippot, P., & Cisamolo, D. (1990). Social schemata of peripheral changes in emotion. *Journal of Personality and Social Psychology*, *59*(1), 38-49. doi:10.1037/0022-3514.59.1.38.

Rodriguez Mosquera, P. M., Manstead, A. S., & Fischer, A. H. (2002). The role of honour concerns in emotional reactions to offences. *Cognition & Emotion*,16(1), 143-163. doi:10.1080/02699930143000167.

Roseman, I. J., Dhawan, N., Rettek, S. I., Naidu, R. K., & Thapa, K. (1995). Cultural differences and cross-cultural similarities in appraisals and emotional responses. *Journal of Cross-Cultural Psychology*, 26(1), 23-48. doi:10.1177/0022022195261003.

Rychlowska, M., Miyamoto, Y., Matsumoto, D., Hess, U., Gilboa-Schechtman, E., Kamble, S., . . . Niedenthal, P. M. (2015). Heterogeneity of long-history migration explains cultural differences in reports of emotional expressivity and the functions of smiles. *Proceedings of the National Academy of Sciences*, 112(19), E2429-E2436. doi:10.1073/pnas.1413661112.

Sander, D., Grandjean, D., & Scherer, K. R. (2005). A systems approach to appraisal mechanisms in emotion. *Neural Networks*, 18(4), 317-352. doi:10.1016/j.neunet.2005.03.001.

Scherer, K. R. (1997). The role of culture in emotion-antecedent appraisal. *Journal of Personality and Social Psychology*, 73(5), 902. doi:10.1037/0022-3514.73.5.902.

Scherer, K. R. (2009). The dynamic architecture of emotion: Evidence for the component process model. *Cognition and Emotion*, 23(7), 1307-1351. doi:10.1080/02699930902928969.

Scherer, K. R., Banse, R., & Wallbott, H. G. (2001). Emotion inferences from vocal expression correlate across languages and cultures. *Journal of Cross-Cultural Psychology*, 32(1), 76-92. doi:10.1177/0022022101032001009.

Scherer, K. R., Matsumoto, D., Wallbott, H. G., & Kudoh, T. (1988). Emotional experience in cultural context: A comparison between Europe, Japan, and the USA. In K. R. Scherer (Ed.), *Facets of emotion: Recent research* (pp. 5-30). Hillsdale, NJ: Erlbaum.

Schimmack, U., Oishi, S., & Diener, E. (2002). Cultural influences on the relation between pleasant emotions and unpleasant emotions: Asian dialectic philosophies or individualism-collectivism? *Cognition & Emotion*, 16(6), 705-719. doi:10.1080/02699930143000590.

Shiota, M. N., Campos, B., Gonzaga, G. C., Keltner, D., & Peng, K. (2010). I love you but . . . : Cultural differences in complexity of emotional experience during interaction with a romantic partner. *Cognition and Emotion*, 24(5), 786-799. doi:10.1080/ 02699930902990480.

Shweder, R. A. (1993). The cultural psychology of the emotions. In M. Lewis & J. M. Haviland (Eds.), *Handbook of emotions* (pp. 417-443). New York: Guilford Press.

Shweder, R. A. (1994). "You're not sick, you're just in love": Emotion as an interpretive system. In P. Ekman & R. Davidson (Eds.), *The nature of emotions: Fundamental questions* (pp. 32-44). New York: Oxford University Press.

Shweder, R. A. (2002). The nature of morality: The category of bad acts. *Medical Ethics*, 9(1), 6-7.

Shweder, R. A. (2003). Toward a deep cultural psychology of shame. *Social Research*, 70: 1401-1422.

Shweder, R. A., & Haidt, J. (2000). The cultural psychology of the emotions: Ancient and new. In M. Lewis & J. Haviland (Ed.), *Handbook of emotions* (2nd ed., pp. 397-414). New York: Guilford.

Sievers, B., Polansky, L., Casey, M., & Wheatley, T. (2013). Music and movement share a dynamic structure that supports universal expressions of emotion. *Proceedings of the National Academy of Sciences*, 110(1), 70-75. doi:10.1073/pnas.1209023110.

Sims, T., Tsai, J. L., Koopmann-Holm, B., Thomas, E. A., & Goldstein, M. K. (2014). Choosing a physician depends on how you want to feel: The role of ideal affect in health-related decision making. *Emotion*, *14*(1), 187. doi:10.1037/a0034372.

Smith, P. B., & Schwartz, S. H. (1999). Values. In M. H. Segall & C. Kagitcibasi (Eds.), *Handbook of cross-cultural psychology* (Vol. 3, pp. 77-118). Boston, MA: Allyn & Bacon.

Snowdon, C. T., Zimmermann, E., & Altenmüller, E. (2015). Music evolution and neuroscience. *Progress in Brain Research*, *217*, 17-34. doi:10.1016/bs.pbr.2014.11.019.

Solomon, R. C. (1995). *A passion for justice: Emotions and the origins of the social contract*. Lanham, MD: Rowman & Littlefeld.

Soto, J. A., Levenson, R. W., & Ebling, R. (2005). Cultures of moderation and expression: Emotional experience, behavior, and physiology in Chinese Americans and Mexican Americans. *Emotion*, *5*(2), 154-165. doi:10.1037/1528-3542.5.2.154.

Soto, J. A., Perez, C. R., Kim, Y. H., Lee, E. A., & Minnick, M. R. (2011). Is expressive suppression always associated with poorer psychological functioning? A cross-cultural comparison between European Americans and Hong Kong Chinese. *Emotion*, *11*(6), 1450. doi:10.1037/a0023340.

Srivastava, S., Tamir, M., McGonigal, K. M., John, O. P., & Gross, J. J. (2009). The social costs of emotional suppression: A prospective study of the transition to college. *Journal of Personality and Social Psychology*, *96*(4), 883. doi:10.1037/a0014755.

Suh, E., Diener, E., Oishi, S., & Triandis, H. C. (1998). The shifting basis of life satisfaction judgments across cultures: Emotions versus norms. *Journal of Personality and Social Psychology*, *74*(2), 482. doi:10.1037/0022-3514.74.2.482.

Tomkins, S. S. (1962). *Affect, imagery, consciousness: Vol. 1: The positive effects*. New York: Springer-Verlag.

Triandis, H. C. (1995). *Individualism & collectivism*. Boulder, CO: Westview Press.

Tsai, J. L., & Chentsova-Dutton, U. (2003). Variation among European Americans in emotional facial expression. *Journal of Cross-Cultural Psychology*, *34*(6), 650-657. doi:10.1177/0022022103256846.

Tsai, J. L., Chim, L., & Sims, T. (2015). Consumer behavior, culture, and emotion. In S. Ng & A. Lee (Eds.), *Handbook of culture and consumer behavior* (p. 68-98). New York, NY: Oxford University Press. doi:10.1093/acprof:oso/9780199388516.003.0004.

Tsai, J. L., Levenson, R. W., & McCoy, K. (2006). Cultural and temperamental variation in emotional response. *Emotion*, *6*(3), 484. doi:10.1037/1528-3542.6.3.484.

Tsai, J. L., Louie, J. Y., Chen, E. E., & Uchida, Y. (2007). Learning what feelings to desire: Socialization of ideal affect through children's storybooks. *Personality and Social Psychology Bulletin*, *33*(1), 17-30. doi:10.1177/0146167206292749.

Tsai, J. L., Miao, F. F., & Seppala, E. (2007). Good feelings in Christianity and Buddhism: Religious differences in ideal affect. *Personality and Social Psychology Bulletin*, *33*(3), 409-421. doi:10.1177/0146167206296107.

Uchida, Y., & Kitayama, S. (2009). Happiness and unhappiness in east and west: Themes and variations. *Emotion*, *9*(4), 441. doi:10.1037/a0015634.

Uchida, Y., Townsend, S. S., Markus, H. R., & Bergsieker, H. B. (2009). Emotions as within or between people? Cultural variation in lay theories of emotion expression and inference. *Personality and Social Psychology Bulletin*, *35*(11), 1427-1439. doi:10.1177/ 0146167209347322.

Van Bezooijen, R., Otto, S. A., & Heenan, T. A. (1983). Recognition of vocal expressions of emotion: A three-nation study to identify universal characteristics. *Journal of Cross-Cultural Psychology*, 14(4), 387-406. doi: 10.1177/0022002183014004001.

Vignoles, V. L., Owe, E., Becker, M., Smith, P. B., Easterbrook, M. J., Brown, R., . . . & Lay, S. (2016). Beyond the 'East-est'Dichotomy: Global Variation in Cultural Models of Selfhood. *Journal of Experimental Psychology: General, 1145*, 966-1000.

Wickline, V. B., Bailey, W., & Nowicki, S. (2009). Cultural in-group advantage: Emotion recognition in African American and European American faces and voices. *The Journal of Genetic Psychology*, 170(1), 5-30. doi:10.3200/gntp.170.1.5-30.

Wierzbicka, A. (1986). Italien reduplication: Cross-cultural pragmatics and illocutionary semantics. *Linguistics*, 24(2). doi:10.1515/ling.1986.24.2.287.

Wierzbicka, A. (1992). Talking about emotions: Semantics, culture, and cognition. *PCEM*, 6(3), 285-319. doi:10.1080/02699939208411073.

Wood, A., Rychlowska, M., & Niedenthal, P. (2016). Heterogeneity of long-history migration predicts emotion recognition accuracy. *Emotion, 16*(4), 413-420. doi: 10.1037/emo0000137.

Yamaguchi, S. (1994). Collectivism among the Japanese: A perspective from the self. In U. Kim, H. C. Triandis, C. Kagitcibasi, S. C. Choi & G. Yoon (Eds.), *Individualism and collectivism* (pp. 175-188). Newbury Park, CA: Sage.

찾아보기

저자 소개

Paula M. Niedenthal은 University of Wisconsin-Madison 심리학과 교수이며, 자신의 이름을 딴 Niedenthal Emotions Lab의 소장이다. 그녀의 연구는 정서심리학과 감정신경과학 분야를 넘나들며 개인이 정서적 정보를 표상하고 처리하는 방식에 중심을 두고 있다.

François Ric은 Université de Bordeaux 심리학과 교수이면서 연구소장이다. 그의 연구는 사회적 행동의 기저 과정에 초점을 두고 있으며, 거기에서 정서의 역할과 암묵적인 처리에 특별한 관심을 두고 있다.

역자 소개

이동훈(Lee, Donghoon)은 부산대학교 심리학과 교수이며, 언어와 문화, 감정과학, 의사소통에 관심을 두고 연구하고 있다.

양현보(Yang, Hyeonbo)는 부산대학교 심리학과 박사과정 중이며, 언어-인지 상호작용, 구성된 정서이론에 관심을 두고 연구하고 있다.

김해진(Kim, Haejin)은 부산대학교 심리학과 박사과정 중이며, 감정비유표현, 공감적 의사소통에 관심을 두고 연구하고 있다.

감정과학
Psychology of Emotion, 2nd ed.

2022년 2월 20일 1판 1쇄 인쇄
2022년 2월 25일 1판 1쇄 발행

지은이 • Paula M. Niedenthal · François Ric
옮긴이 • 이동훈 · 양현보 · 김해진
펴낸이 • 김진환
펴낸곳 • ㈜ **학지사**

　　　　04031 서울특별시 마포구 양화로 15길 20 마인드월드빌딩
대표전화 • 02-330-5114　　팩스 • 02-324-2345
등록번호 • 제313-2006-000265호

홈페이지 • http://www.hakjisa.co.kr
페이스북 • https://www.facebook.com/hakjisabook

ISBN 978-89-997-2633-0 93180

정가 24,000원

출판 · 교육 · 미디어기업 **학지사**

간호보건의학출판 **학지사메디컬** www.hakjisamd.co.kr
심리검사연구소 **인싸이트** www.inpsyt.co.kr
학술논문서비스 **뉴논문** www.newnonmun.com
교육연수원 **카운피아** www.counpia.com